企业上市全程指引

第五版

周红 编著

中信出版集团 | 北京

图书在版编目（CIP）数据

企业上市全程指引 / 周红编著. --5 版. -- 北京：中信出版社，2022.8（2024.5重印）
ISBN 978-7-5217-4549-8

Ⅰ.①企… Ⅱ.①周… Ⅲ.①上市公司－基本知识－中国 Ⅳ.① F279.246

中国版本图书馆 CIP 数据核字 (2022) 第 119621 号

企业上市全程指引（第五版）
编著： 周红
出版发行： 中信出版集团股份有限公司
（北京市朝阳区东三环北路 27 号嘉铭中心　邮编　100020）
承印者： 北京通州皇家印刷厂

开本：787mm×1092mm 1/16　　印张：41　　字数：527 千字
版次：2022 年 8 月第 5 版　　印次：2024 年 5 月第 2 次印刷
书号：ISBN 978–7–5217–4549–8
定价：158.00 元

版权所有·侵权必究
如有印刷、装订问题，本公司负责调换。
服务热线：400–600–8099
投稿邮箱：author@citicpub.com

出版说明

亲爱的读者,大家好!

《企业上市全程指引》第五版已修订完毕与您见面了,这一版是股票发行核准制的终结,全面注册制的继续。

从 2008 年本书第一版由中信出版社出版发行以来,随着证券市场的稳步发展,相应板块的上市规则及配套政策都不断在调整、深化改革和完善中,《企业上市全程指引》一书也随之不断更新升级,从 2008 年第一版到 2022 年更新至第五版,时隔 14 年,我国的证券市场发生了巨大变化。尤其是 2021 年 9 月,在沪深证券交易所的基础上,我国又隆重推出了北京证券交易所,企业上市的发行机制也发生了根本性的改革,由注册制试点到全面实行注册制,因此,对第四版的修订与升级是非常必要的。相对于第四版,第五版从格局上做了大幅度的调整,以企业上市前、上市中、上市后及各阶段规范运作与融资为主线,由原来的十八章,修订为现在的十六章,专门增加了"北京证券交易所"作为第五章,把主板、科创板、创业板、新三板、北交所分章单立,而且章节之间既相对独立又彼此衔接,读者可以根据自身需要有针对性地选择阅读,直奔主题,简明扼要,不费功夫。

《企业上市全程指引》似一本工具书,能够让读者快速了解各板块上市"规则",而且配备了相应的参考案例,这是此书的核心价值。同时,不论是企业上市、融资,还是公司治理、建章立制、资本运作、金融工具等企业所需,本书都给予了规范性操作指南,所引用的都是证监会、上交所、深交所、新三板股份转让系统、北交所新近颁布的相应规则及细则,可以说囊括了从企业创业开始,到上市、再融资、再扩张整个过程中的法规和条件，以及避险的注意事项，构建出一个系统的知识、规则体系架构，呈现给读者。

所以，我在修订时力求每一章、每一节，甚至每一页，都能给读者以启发。换句话说，当读者拿到这本书，只要看一眼书中的目录和章节内容，就会觉得有用。本书共十六章，每一章都有对应性，比如第一章就回答了"企业为什么要上市"的问题。中国的多层次资本市场包含主板、科创板、创业板、新三板、北交所及场外交易市场，每个板块对拟上市、已上市企业都有其相应的规则和要求。所以，不论您想去哪个板上市融资，只需重点阅读相应的章节，短时间内您就会对这个板的上市条件及操作流程了然于胸。

本书里除了规则还是规则。它的编著风格不是文学作品，也不是畅销书，书中没有跌宕起伏的故事情节，也没有堆砌华丽的辞藻，但它很实用，也很方便。

今天的世界充满了机遇与挑战，创业者所处的环境也独具特色。IPO（首次公开募股）会让他们一夜之间梦想成真，瞬间成为亿万富翁，可一不留神也可能被处罚甚至退市，或者身陷囹圄。这是一个讲规则的时代，一个不讲规则的企业是没有前途的，企业想上市就得按规则办，这正是书中传递给读者的密码。

"每一个不曾起舞的日子，都是对生命的辜负。"我们越是向往高处的阳光，根须就越要伸向黑暗的地底。作为本书编者，我一直对资本市场怀揣敬畏之心，唯恐因自己才疏学浅或文字驾驭能力有限而无法满足读者的需求。所以，在编著中不敢有半点马虎，每一项规则都要找到证监会，或者是证券交易所的原文对照，才能踏实引用，每一个参考案例都真实可查。希望我的努力，能为您提供有效的帮助，尽量减少您查阅原文件的时间，让您在企业融资或上市之路上，犹如获得有效的贴身助手。这正是出版此书的初衷。

经过近一年的修订，当我看完经出版社审核排版后的清样时，内心有一种如释重负之感。我每一章、每一节、每一页地校对、排查，唯恐有误差或者原则性错误。当我读完最后一章，忐忑的心释然了。相信读者打开这本书时不会失望，我们的心血没有白费。

股票发行全面注册制正在推进中，相应的规则也在不断修订完善，如果您发现书中还有遗漏，或有与现行规则不符的地方，敬请及时指出，我将协同出版社尽快修订，并及时跟上规则替换的节奏。吾用吾心竭尽全力服务于读者！

周　红

第三版序一

在当今世界，金融资本是世界通用的"强势语言"，尤其是资本市场对创新、创业成长型中小微企业的发展支持力度更大。党的十八大和十八届三中全会为大力发展资本市场制定了一系列重大战略决策，可以预见中国资本市场正迎来新一轮大发展的重大机遇，企业挂牌上市的数量和规模也将迎来新的更大发展。

通过资本市场上市融资，是企业快速健康发展的有效途径。但企业上市是一项高度专业复杂的系统工程，企业家们迫切需要一个化繁为简、通俗易懂、专业权威，能为企业传递正能量的上市指南。而周红女士再版的《企业上市全程指引》正是这样一本好书。它具有三个特点：一是新，政策法规和上市监管规则及上市条件等最新，该指引把国家发展资本市场的重大政策和监管部门最新的IPO注册制改革、新的上市标准、程序及新三板挂牌的条件等最新的政策法规，进行了全面的介绍和解读，使企业家们了解了上市的依据和条件；二是简，该指引化繁为简，用最通俗直白的语言把复杂专业的术语和程序表达得通俗易懂，达到了大道至简的境界；三是全，该指引可操作性强，细致、深入、具体地解读了企业从改制、挂牌、上市、再融资、公司法人治理、信息披露、市值管理、IR（投资者关系）管理、公司上市后的持续发展所面临的各种问题，并辅以具体的案例和操作指引。读者参考指引可以大大提高效率，达到事半功倍的效果。

周红女士曾在证券行业从事多年投资银行业务，是公司上市、融资、并购的资深专家，在上市公司任高管多年，又在北京大学、清华大学等高校讲授资本市场融资并购、PE（私募股权投资）等课程。她拥有丰富的实践经验和深厚的理论功底。《企业上市全程指引》再版也说明了社会读者对她的认可，为此，我隆重推荐该书。

金晓斌博士

享受国务院政府特殊津贴专家

海通证券股份有限公司副总裁

海通证券投资银行委员会副主任

第三版序二

中国企业，特别是中小企业的发展，不缺少经营、技术、市场、专家，但资本运作经验丰富者在企业中通常是少得可怜。因此，弥补此方面的短板也成为许多企业家的心声。几经再版的《企业上市全程指引》，目前可能是企业家快速、全面了解资本市场的最有参考价值的一本读物。

中国经济的快速发展，造就了大批快速增长的企业，企业的发展离不开资本市场的支持，然而资本市场繁杂多样，又使不少企业家望而却步，因为缺少系统而又全面介绍资本市场的普及性读物。现在，这一困境由于《企业上市全程指引》一书的出版和再版，得到了一定的缓解。

这本书内容涉及从上市准备到上市之后的市场维护和管理以及再融资，从私募股权投资到上市后发行可转换债券，还有境内及境外不同的资本市场。即使从来没有接触过资本市场的人士，读完这本书后也会变成半个专家。本书把重点放在流程的解析和政策的解读上，其创新的编著方式和浅显易懂的内容着实让我们受益颇丰。近几年，国内出版的一些图书均为闭门造车之作，此书却给我们展示了作者长期以来从实践中总结的理论，从自身实践经验和理论的升华中总结出的有益于读者理解和学习的知识产品。作者"满足读者快速学习之需求"的理念贯穿于全书，站在读者的角度去编写此书。这恰恰也解释了此书为何一版再版，极受读者欢迎了。

作为周红女士在嘉富诚国际有限公司的同僚，亲眼看到了她作为专家辅导许多拟上市企业，实现建立融资渠道和平台的历程，也看到她善于总结和为不断提升自己所做出的努力。相信她的努力不仅能使她更飘逸地长袖善舞于资本平台上，也能使越来越多的快速增长的中国企业受益更多。

郑锦桥

嘉富诚股权投资基金管理有限公司董事长

目录

上篇 上市前做什么

第一章 为何上市 003
    第一节　上市论证　005
    第二节　推动企业上市　010
    第三节　注册制下 IPO 审核工作流程　013
    参考案例　022

第二章 沪深主板市场 024
    第一节　企业上市准备阶段　027
    第二节　企业股份制改组阶段　029
    第三节　股份制改组后如何规范运作　037
    第四节　股份有限公司运行及上市申请　044
    第五节　企业 IPO 上会被否原因　053

参考案例　055

第三章　科创板　059

　　第一节　发行条件　062

　　第二节　审核与注册程序　067

　　第三节　发行上市保荐的特别规定　076

　　第四节　发行与承销的特别规定　079

　　第五节　红筹企业和境内外事项的协调　080

　　第六节　投资者适当性管理制度　082

　　第七节　退市　092

　　第八节　监督管理和法律责任　101

　　参考案例　107

第四章　创业板　109

　　第一节　发行上市条件　110

　　第二节　申请与受理　114

　　第三节　审核程序　117

　　第四节　审核中止与终止　119

　　第五节　注册程序　124

　　第六节　股票发行上市　127

　　第七节　发行与承销　130

　　参考案例　135

第五章　北京证券交易所　137

　　第一节　递进式发展的新三板　139

　　第二节　错位发展的北交所　142

　　第三节　北交所业务规则　147

第四节　北交所转板机制　180

参考案例　189

第六章　中介机构　191

第一节　会计师　192

第二节　券商　199

第三节　律师　207

参考案例　210

第七章　上市前如何进行资本运作　213

第一节　转增股本　214

第二节　配股和增发　217

第三节　缩股、分立、换股　218

第四节　通常采用的资本运作模式　222

第五节　军民融合模式　233

第六节　企业债券　240

第七节　私募基金　243

参考案例　248

下篇　上市后的征程

第八章　信息披露　253

第一节　上海证券交易所信息披露事务　254

第二节　深圳证券交易所信息披露事务　259

第三节　北京证券交易所信息披露事务　266

第四节　新三板信息披露事务　277

第五节　科创板信息披露事务　285

第六节　创业板信息披露事务　299

参考案例　309

第九章　上市公司治理　312

第一节　董事会及议事规则　313

第二节　股东大会及议事规则　324

第三节　监事会及议事规则　328

第四节　内部控制　331

第五节　独立董事　339

第六节　推动ESG评价模型　343

参考案例　347

第十章　股权激励与员工持股　349

第一节　股权激励的规定　349

第二节　股权激励种类　356

第三节　上市公司员工持股计划　358

第四节　中央企业控股上市公司实施股权激励　363

第五节　股权激励实施程序和信息披露　373

参考案例　380

第十一章　企业并购重组　385

第一节　企业兼并、收购、资产重组　388

第二节　企业并购重组的操作过程　392

第三节　上市公司重大资产重组　398

第四节　中介机构的作用　403

第五节　申请发行新股或债券　405

第六节 重大资产重组的信息管理 409

参考案例 412

第十二章 上市公司再融资 415

第一节 融资类型与比较 416

第二节 上市公司发行新股 418

第三节 向不特定对象发行可转换公司债券 421

第四节 公司债券的发行 427

第五节 金融债券的发行 435

第六节 企业短期融资券的发行 440

第七节 证券公司债券发行 442

第八节 资产支持证券 444

参考案例 447

第十三章 停牌、复牌、终止上市、风险警示、重新上市 452

第一节 停牌与复牌 453

第二节 终止上市与重新上市 456

第三节 风险警示板及其他风险警示 476

参考案例 480

第十四章 年报编制与解读 483

第一节 年报的基本内容与披露规则 484

第二节 财务报表 503

第三节 合并会计报表 531

第四节 审计报告 534

参考案例 543

第十五章　境外融资 549

第一节　境外融资政策支持　550
第二节　境外非金融企业债务融资　555
第三节　引进战略投资者　560
第四节　外商投资证券公司　564
第五节　金融衍生产品　567
参考案例　579

第十六章　境外上市 581

第一节　境外上市的基本规定　582
第二节　上市方式　588
第三节　香港证券市场　591
第四节　英国证券市场　607
第五节　美国证券市场　616
第六节　新加坡证券市场　622
第七节　韩国证券市场　627
第八节　日本证券市场　629
参考案例　630

参考文献 633
后记 637

上篇

上市前做什么

第一章

为何上市

本章关键词：

上市动机、注册制、审核与注册、终止审核

企业上市固然是一条优秀的融资之道，但绝不仅于此。中央经济工作会议明确指出：金融是国家重要的核心竞争力。作为全方位、多层次金融支持服务体系中的重要组成部分，包括股票市场在内的资本市场也是国家核心竞争力的重要组成部分。资本市场要为实体企业服务，金融就要脱虚向实，中小企业也要脱虚向实。

尽管在股市一夜暴富已成为过去，想复制很难，但股市仍然是企业资本运作的主战场，投资家的乐园。只是中国企业的上市之路愈加规范，尤其是全面实行注册制后，必须把自律、严谨、公开、透明、公正、公平贯穿于上市的每个细节，IPO上市申请必须依照相应的法律法规要求进行审核与规范运作，上报中国证监会注册后方可向证券交易所申请公开发行股票上市。

德勤中国资本市场服务部发布了《2021年中国内地及香港新股市

场回顾及 2022 年前景展望》，该报告显示，以 2021 年新股融资额计，纳斯达克及纽约证券交易所分别居全球第一及第二位，上海证券交易所居第三位，香港交易所和深圳证券交易所分别居第四及第五位（见图 1.1）。

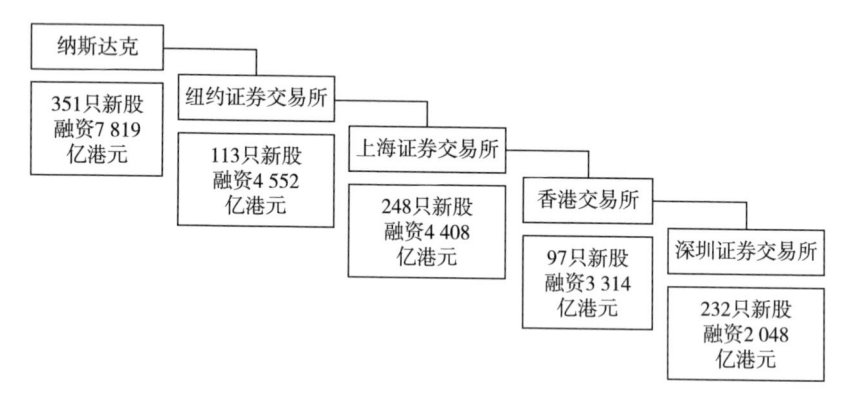

```
纳斯达克
351 只新股
融资 7 819
亿港元

纽约证券交易所
113 只新股
融资 4 552
亿港元

上海证券交易所
248 只新股
融资 4 408
亿港元

香港交易所
97 只新股
融资 3 314
亿港元

深圳证券交易所
232 只新股
融资 2 048
亿港元
```

图 1.1 2021 年全球 IPO 融资额前五大交易所

德勤中国预计，2022 年上海科创板有 170~200 只新股发行，融资 2 100 亿~2 500 亿元；210~240 只新股于创业板发行，融资 1 600 亿~1 800 亿元。上海及深圳主板预计将有 120~150 只新股发行，融资 2 000 亿~2 300 亿元。

继科创板后，习近平主席又在 2021 年 9 月 2 日中国国际服务贸易交易会全球服务贸易峰会上的致辞中宣布："我们将继续支持中小企业创新发展，深化新三板改革，设立北京证券交易所，打造服务创新型中小企业主阵地。"

根据北交所规则，新三板企业可由基础层、创新层、精选层平移北交所"层层递进"的方式实现在北交所上市的目的，为一批专精特新"小巨人"进入多层次资本市场开创了新局面。

本章重点介绍企业为何上市，上市对实体企业到底有什么好处，同时又透过不想上市的企业原因分析来换个角度看问题，说明 IPO 上市融资对某些企业而言不一定是唯一选择。还介绍了经过企业上市论证后，已具备上市条件的企业应该如何推动企业上市进程，顺利进入 IPO 上市操作流程。

第一节　上市论证

一、上市，给企业带来了什么

> 假如必须等待积累去使某些单个资本增长到能够修建铁路的程度，那么恐怕直到今天世界上还没有铁路。但是，集中通过股份公司转瞬之间就把这件事完成了。
>
> ——马克思，《资本论》

企业发展必须靠"两条腿"：一条腿是以产业为核心的纵轴，发展健康的产业市场，通过兼并、收购、资产重组等资本运作手段把企业做大做强，即建设完善的产业链和相匹配的产品线；另一条腿则是以资本为核心的横轴，提供企业运行的血库，解决企业发展中的支付问题（见图1.2）。

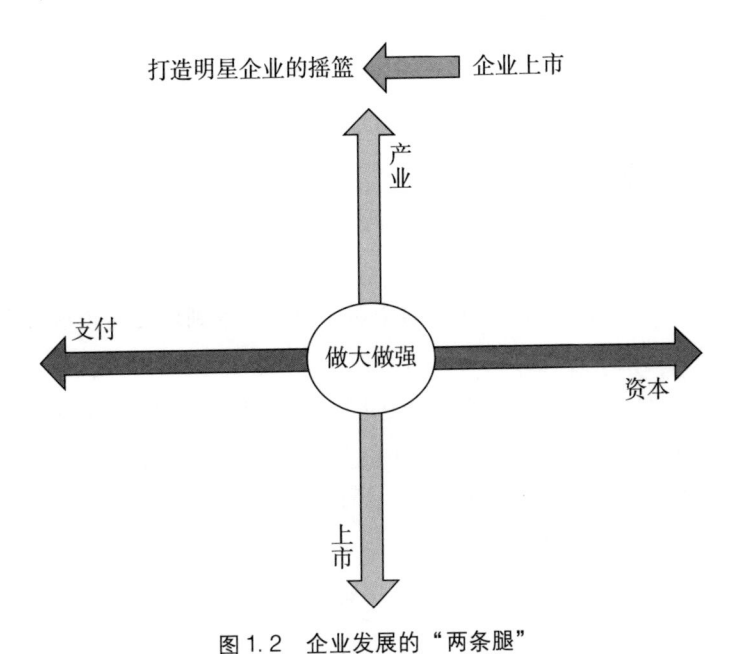

图1.2　企业发展的"两条腿"

倘若企业发展没有资本支撑，别说发展，可能连生存都成问题。对于一些规模尚属中小型甚至微型的企业，它们发展的最大困难就是资本匮乏，融资难、融资贵、融资慢。尽管有一流的企业创意与愿景，有独特的商业模式和一批怀揣创业梦想的企业家，但它们没有融资需要的抵押物与担保条件，所以银行很难给它们提供贷款，而 PE（私募股权投资）/VC（风险投资）又不在投资点上，自身的融资渠道也不足以支撑企业高速发展的资金需求，导致许多小微企业不是夭折在半道上，就是被资本所抛弃。

企业应该到哪里去 IPO 上市呢？

北交所是专精特新"小巨人"企业融资的主战场，而新三板是为解决中小微企业融资难而生的，企业通过新三板的三个层次平台递进式成长，迅速做大做强，在残酷的市场竞争中取得产业发展优势，抢夺市场制高点，夯实企业基础，待培育成熟后即可上北交所公开发行，或按主板、科创板、创业板上市要求转板交易，抑或获得境外 IPO 上市融资机会，这是今天资本市场发展赋予所有实体企业的发展际遇。

当然，如果企业只为融资而不顾一切地盲目追求上市，其结果可能是"福兮，祸之所伏"。因为融资不是目的，资本对于企业整个生命周期而言只是发展过程中的一种刚性需求，是一种解决企业支付的金融资源，并非终极目标。所以 IPO 并不是企业融资的唯一手段，也并不是所有企业在所有发展阶段均适合上市，它必须服从企业整体的战略安排和需要，有条件、有选择地做好上市准备，实现真正意义上的企业上市。

那么，什么是真正意义上的企业上市？上市到底能给企业带来什么？我们归纳了如下内容：

1. 理顺企业产权关系。通过上市过程，帮助企业理顺产权关系，尤其是对于早已民营化的企业，其历史上产权关系模糊不清，一些历史遗留问题没有解决，无法轻装上阵，在理顺的过程中可促使地方政府根据政策规定，及时出具正式文件，明确其合法的产权关系，保障私有产权不受侵害。如国企混改、企业集团主辅分离，其资产、债务、人事、技术、业务、市场、股东关系等如果混合不清，管理不力，长期"打架"，整体效益就会低下，造成资源浪费。只有理顺了企业产权关系，才能真正按市场规则运行，由市场规则来决定企业命运。

2. 谋得持续发展且稳定的长期融资渠道。不论是国企还是民企，不缺资金的毕竟是少数，90%的民企快速发展的首要任务就是融资，比如属资产密集型的制造业企业、属资本密集型的金融业企业，一旦资金链断裂，马上会面临崩盘，而上市企业融资环境相对要宽松许多。

3. 企业上市成为公众公司，有利于提升企业市场形象、品牌价值、市场信用、核心竞争力，更有利于对外扩张新的领域。穿上市公司（服饰类），吃上市公司（餐饮、食品类），戴上市公司（珠宝类），用上市公司（家电、通信、能源类），行上市公司（汽车、航空、水运类），住上市公司（地产、建筑装饰类）……无论何时何地，上市公司本身就是最好的名片与品质保证。一些企业上市的目的就是打造企业形象和核心价值，提高企业品牌效益。

4. 对抗宏观调控的能力加强，银根紧缩反而有利。企业没上市前找银行贷款不容易，而上市后，银行会主动找上门来。如某企业改制时，集团濒临亏损，外贸业务被新冠肺炎疫情及国际巨头压得几无退路，几十亿元资产规模的股份公司年利润不到4 000万元，等到上市后，迅速成长为行业龙头，具备了与国际大公司对抗的实力，创造了上市以来每年增长率均超过50%的业绩。

5. 企业上市后有利于招贤纳士和人力资源的整合。"水往低处流，人往高处走。"优秀的人才都希望投身于能实现个人价值的地方，同等条件下，上市公司的吸引力当然大于其他企业。有一家农业板块的民企集团，主营养猪及生产动物饲料等，在即将上市前，闻讯赶来的一家境外快要破产的上市企业主动把盘中残值以零出让的方式托付给这家准上市企业，以保持产业的连续性及市场渠道资源的整合，使一些名牌大学的毕业生也不介意其行业的特质而自愿投靠加盟，成为企业的骨干人才。

6. 上市是催生千万、亿万富翁的摇篮。资本市场暴富的故事可不是神话。人们熟悉的百度、阿里巴巴、腾讯、京东、小米、美团、拼多多等，是上市成就了它们的财富梦想，还是它们抓住了上市良机？这其中的复杂关系可不是一两句能说清楚的。

二、不想上市的企业

上市的理由总是相似的，而不上市的公司却各有各的理由。虽然企业上市的意义是显而易见的，但是仍然有许多企业并不急于上市，那些暂时不想上市的企业，其真实原因还不只是有钱而不需要融资，可能牵涉的具体情况是多方面的，比如：

1. 企业历史沿革不清，股权结构复杂，理顺与规范所发生的成本费用太高。一些资产型企业，如地产类公司、基础类传统产业，产权结构及归属问题已成为麻团似的历史遗留问题，多角账务关系理不清就是小马拉大车，即使上市了，也说不定哪天就会退下来。

2. 无融资需求，也不愿意与公众分享高成长的利益。一些发达地区的众多民营企业，由小作坊成长为跨国企业集团，年利润总额上亿元，这类企业主观上就不想成为公众公司，既不想接受上市公司监管，也不想与公众分享企业成果，持有"小富即安"的思想观念，认为"日子过得不错，无须上市"。

3. 在国内上市排队周期长，审核通过率相对于境外较低。从企业改制、上市辅导、报送材料，到等待审核问询、企业答复、发审委员审核、证监会注册等，企业上市是一个系统工程，每一道运作程序都将面临繁重复杂的通关考验。券商责任压实、会计师审计时真要把企业翻个底朝天，还不知道会发表什么意见，对于急需融资的企业，耐不住上市流程的煎熬，于是选择另辟蹊径。

4. "上市失败恐惧综合征"心理。多数企业经得起IPO审核，一路通关晋级。而少数企业在IPO审核中可能会被中止、终止，即便是上市公司也会遭遇强制性退市政策，注册制下这种情况会常态化，使得一些企业掌门人产生"上市失败恐惧综合征"心理。

5. 不愿意接受监管。信息披露是注册制的灵魂。上市后企业会感觉不自由，因为信息披露透明度高，包括主营业务、市场策略、高管薪酬待遇等方面的信息，会被投资者和媒体高度关注，可能对上市公司产生一定的负面影响；企业的重大经营活动及经营决策都必须经董事会、股东大会审议通过，失去了作为私人企业老板所享有的独权，经营灵活性、资金效率、资金周转率等方面明显受影响。

6. 省费用，同时不失对企业的控制权。上市是要付出成本的，如审计费、发行费、承销费等，为了实现发行上市以及上市后的系列管理活动，企业都需要支付较高的费用。同时，上市公司比私人企业需要履行更多义务、承担更多责任，管理层也将受到更大的压力，股权的分散将使管理层不可避免地失去对企业的部分控制权。

"择其善者而从之，其不善者而改之。"不想上市的企业自然有其规避的诸多不善之理由，想上市的企业当然也有择其善的地方。商者趋利也，上市或不上市兼因利而行之。

三、企业上市论证

上市有上市的理由，不想上市也有自己的主张。"天下之事，常成于困约，而败于奢靡。"人的行为动机常常表现为"为利而为，为义而为，为困而为"。多数人认为，企业上市的目的和动机就是为了融资，解决企业的资金压力。但是，只为了融资而上市的企业，如果公司治理模式及规范运作跟不上，上市成果终究会被挥霍殆尽而前途渺茫。因为上市所赋予企业的意义远不只是解决企业融资问题，它同时把利益、责任、义务、风险加载给企业承担。上市征程其实就是进入了优胜劣汰的赛道，奉行优势者领先、强者恒强的选择机制，严格的上市审核过程会让尚未准备好的企业中途出局，而经受不住市场考验的上市公司，也会面临摘牌退市的风险。

公开发行股票不是企业融资的唯一途径。如果企业不具备上市环境和条件，仅为解决企业融资而不得不申请上市，甚至"带病奔跑"，那么可能会顾此失彼而增大企业的机会成本。因为对于多层次的资本市场，企业可选择的融资方式是多元的，比如政策扶持性绿色金融、PPP（政府和社会资本合作）项目融资、银行授信、资产证券化、企业债券（包括可转换债券）等财务类融资；风险投资、私募基金、私募债、私募信托等定向募集等，不走IPO上市股权融资的道路也可以正常融到资。

企业决策要明确，选择上市或放弃上市机会，其最终评价绝无高下之分，因为不同的目的和动机会导致不同的行为结果。企业有条件不想上市和没有条件创造条件也要上市的行为动机肯定存在较大差异，只要根据自身具体情况，把握好自己，审时度势，择机缘而行，看长远谋发展而定，上市或不上市都是明智之举。

对于上市成本、机会成本、信息披露、监管风险等问题，企业不得不思量。如果企业没有认真论证好是否上市就仓促运作，支付因上市所发生的费用，以及为上市而放弃其他融资或发展机会，对企业而言也是损失。如果企业在上市审核中经受不了审核机关的严查而终止，或者终于过会通关敲钟上市了，但是没有经受住时间的考验而发生退市风险，企业也会为盲目上市而付出昂贵代价。

总之，企业上市自然有上市的价值和意义，不上市也有不上市的理由。上市论证的目的就是让企业决策者从不同的角度理清思路，不论企业选择上市还是不上市，首先要目的明确，精准对接；其次要根据可行性论证，弄明白上市或不上市的利弊；最后要形成企业集体决议的上市方案，实施操作。

第二节　推动企业上市

明确了企业上市的目的和意义，并经过上市可行性论证后，紧接着便是如何推动企业上市。我们应以科学发展观为指导，大力推动企业上市融资，切实拓宽企业直接融资渠道，为企业做大做强增添新的动力。目前，主要从以下三个方面推动企业上市。

一、外部环境向好是企业上市的助推剂

资本市场并不缺钱，而中国的资本市场没有理由不成为世界一流。直接融资具有推动产业结构调整的天然优势。在很长的时间里，中小微企业融资难、融资贵、融资慢，我们要挖掘银行的潜力，而且要积极推动民间信贷的规范化发展。中小微企业需要的是早期资本金，或者是时

间稍微长一点的债务融资，具有"投早、投小、投科技"的特点，而这种服务只能由种子期、孵化期的天使投资来提供直接融资。后新冠肺炎疫情时期，我们可能会迎来文化创意产业大发展，新医药生物科技、数字经济、人工智能等的运用与推广，必须快速促使传统产业实现转型升级，这就需要我们更多地利用资本市场解决融资需求。在企业并购市场中，资本市场可以发挥巨大的支撑作用，包括股权、债权、公募、私募、境内外融资工具等，其提供了一套融资方和投资方风险共担、利润共享的机制。

事实上，每一轮全球新兴产业的焦点都在各国资源配置的效率方面。美国之所以在20世纪80年代的高科技浪潮中独占鳌头，其资本的对接机制功不可没。比如美国的微软、苹果、脸书等公司都在资本市场遇到了非常好的机遇，同时也得益于其成熟的投资者能够敏锐捕捉到这些潜力股，投早、投小、投准，注资产业并帮助其快速成长。

目前，上市公司已成为推动国民经济发展的重要力量。我们可以学习借鉴国际、国内的先进经验和做法，根据国情和我国产业特色，勇于挑战与创新，充分发挥中国资本市场在资源配置中的基础性功能，以强化资本市场对实体经济的支持，这是应对挑战的重要手段。尤其是北交所的成立，已成为助力"专精特新"中小企业发展、培育硬科技企业攻克"卡脖子"技术的资本蓄水池。

中国的股市已成为世界瞩目的焦点，上市公司对拟上市企业起到了榜样作用，从客观上推动企业加快了上市操作节奏。

二、适应市场发展要求选择上市方向，推动企业上市

企业上市融资符合当前的政策导向和市场发展的要求。

我国有4 400多万家中小企业，截至2021年12月31日，A股共有上市公司4 697家，新股数量达520只，其中沪市主板87只，深市主板34只，科创板和创业板分别为160只和198只，北交所41只。

全国中小企业股份转让系统公布的数据显示，截至2021年12月末，新三板挂牌公司总计6 932家，总市值为22 845.4亿元，市盈率

20.48 倍。按总市值排名，北京、广东、浙江、上海、江苏位列前五，其中北京、广东超过 15 万亿元。

境内资本市场可选择性越来越大，主板、科创板、创业板、新三板、北交所上市都实行注册制，企业可根据自身条件，对照各板块上市条件，选择适合的板块，把握上市时间窗。

三、练好企业内功，借政府力量推动企业上市

练好企业内功是企业上市的关键，也可借政府力量推动企业上市。

当前我国资本市场改革发展正面临难得的新机遇，同时也有诸多挑战。我们必须立足实际，放眼长远，增强企业融资能力，借助资本市场，进一步强化企业内部管理，提高企业上市质量，做好企业上市前的基础工作；调整企业产品结构，创新拓展具有市场潜力的高科技产品；加强公司治理和制度建设，着力解决股份制改组中的历史遗留问题；控制财务风险，做好企业上市前的融资工作；吸引战略投资者加盟，用好政府出台的好政策，搭建运作良好的资本平台；把推动企业上市作为当前的工作重点，完善企业上市材料尽快进入上市流程。

政府出台支持上市的利好政策有以下两个。

（一）支持革命老区重点企业 IPO 上市融资

国务院出台政策支持符合条件的革命老区重点企业上市融资，将支持革命老区振兴发展纳入国家重大区域战略和经济区、城市群、都市圈相关规划并放在突出重要位置，加强革命老区与中心城市、城市群合作，共同探索生态、交通、产业园区等多领域合作机制。

（二）对脱贫地区继续实施企业上市"绿色通道"

脱贫攻坚目标任务完成后，设立 5 年过渡期。中共中央、国务院对脱贫地区继续实施企业上市"绿色通道"政策。《关于实现巩固拓展脱贫攻坚成果同乡村振兴有效衔接的意见》指出，做好金融服务政策衔接，继续发挥再贷款作用，现有再贷款帮扶政策在展期期间保持不变。

证监会发布了《中国证监会关于发挥资本市场作用服务国家脱贫攻坚战略的意见》，提出对全国脱贫县企业 IPO、新三板挂牌、债券发行、并购重组等开辟绿色通道。当然，IPO 绿色通道并不代表审核会放宽，而是更严格。目前共有 303 家贫困地区企业在新三板挂牌，累计融资约 162.04 亿元，交易所市场累计发行扶贫债券 87 只，金额 473.1 亿元，发行扶贫资产证券化项目 18 单，规模 110.65 亿元，有力地支持了贫困地区的经济发展。

第三节　注册制下 IPO 审核工作流程

拟上市企业在企业上市论证中，决策层首先要了解 IPO 的工作流程及每个流程都要做哪些具体工作、编制哪些报备文件，包括上报证监会核准时的核准程序，并在中介机构配合下协同完成各项工作。

一、IPO 审核注册工作流程

图 1.3 为 IPO 审核工作流程示意。

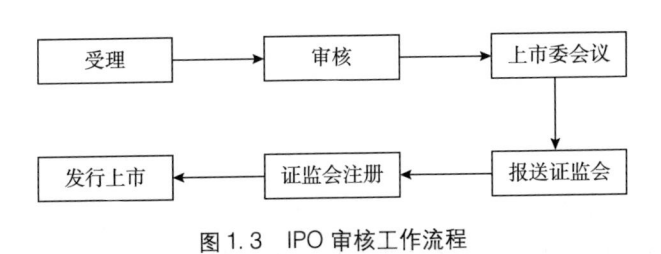

图 1.3　IPO 审核工作流程

按照依法行政、公开透明、集体决策、分工制衡的要求，IPO 的审核工作流程分为申请、受理、问询、审核、反馈、咨询委、上市委、注册、发行等主要环节，它们相互配合、相互制约。对每一个发行人的审核决定均通过会议以集体讨论的方式提出意见与合议，避免个人决断。

二、IPO 筹备工作事项

IPO 筹备流程如图 1.4 所示。

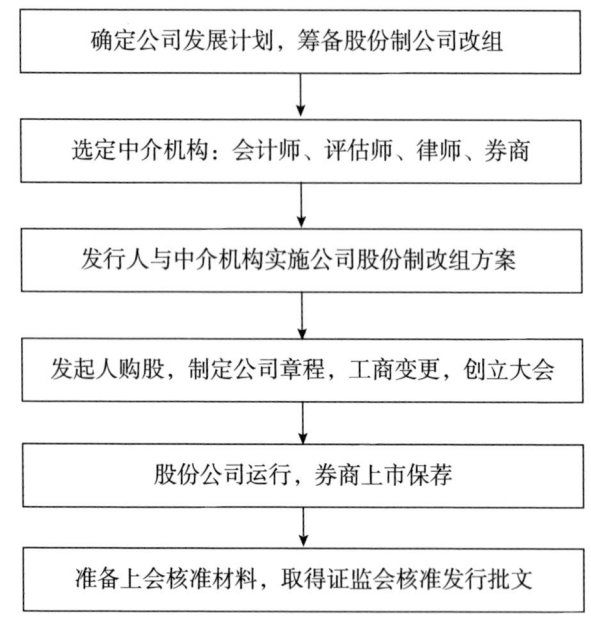

```
确定公司发展计划，筹备股份制公司改组
          ↓
选定中介机构：会计师、评估师、律师、券商
          ↓
发行人与中介机构实施公司股份制改组方案
          ↓
发起人购股，制定公司章程，工商变更，创立大会
          ↓
股份公司运行，券商上市保荐
          ↓
准备上会核准材料，取得证监会核准发行批文
```

图 1.4　IPO 筹备流程

1. 成立企业上市筹备小组，具体负责上市运作工作。

2. 聘请财务顾问或会计师、券商等中介机构，指导企业改制，设立股份有限公司。

3. 与当地证监局建立工作关系，得到相关部门关注，学习研究上市文件及政策法规。

4. 准备上会材料、保荐人推荐意见书，争取地方政府支持。

5. 交易所受理申请文件。

6. 进入审核阶段。

7. 上市委合议意见。

8. 证监会做出注册或不予注册决定。

以上各项工作是由发行人、中介机构、地方政府、交易所、证监会由低到高逐项运作完成的。企业董事会秘书及分管领导除了完善内部工作，还将配合中介机构完成相关文件，主要把好各项质量关，如企业财务审计、改制变更不留尾巴、选好券商保荐人、顺利通过上会注册等，切不可急于求成，超越法规要求。

上市委委员将按照规范程序承担上市委工作，对上交所发行上市审核进行把关和监督，提升审核工作的专业性、权威性和公信力。

科创板上市委由38名委员组成，委员来自会计师事务所、律师事务所、高校、市场机构、证监会系统相关机构，以兼职为主，委员来源分布广泛，有充分的代表性，具有履行职责所要求的任职资格。

咨询委委员将按照规范程序承担咨询委工作，为科创板建设、科技创新相关技术或产业化应用的先进性与领先性提供咨询意见，为审核工作提供专家支持。科创板咨询委由48名委员组成，委员来自高新技术产业企业、投资机构、科研院所等，委员来源分布广泛，有充分的代表性。委员均为兼职，以个人专家身份履行职责。

成立自律委主要是为了落实《关于在上海证券交易所设立科创板并试点注册制的实施意见》提出的"构建科创板股票市场化发行承销机制"要求，保障科创板股票发行与承销工作平稳有序，以发挥行业自律作用，引导形成良好稳定预期。科创板自律委由35名委员组成，包括34名市场机构委员和1名上交所委员，其中，市场机构委员由股票市场买方、卖方各17家市场机构组成，均为股票发行一级市场主要参与主体。

三、证监会审核与注册

证监会依照《证券法》《公司法》等法律、行政法规和证监会的规定，审核发行人股票发行申请和可转换公司债券等证监会认可的其他证券的发行申请，对发行人的股票发行申请文件和证监会有关职能部门的初审报告进行复核，做出准予注册或不予注册的决定。

四、交易所发行上市申请

经证监会注册后，发行人到交易所选择时间窗公开发行，制作发行上市申请文件。

申请材料制作指南请参见表 1.1。

表 1.1　企业上市申请材料详情

申请材料目录	指南
招股说明书（申报稿）	• 招股说明书文件包含发行人名称，并根据流程阶段标注"（申报稿）"、"（上会稿）"或"（注册稿）" • 中介机构签字人员离职未签字的，在招股说明书中出具离职说明，由法定代表人签字并加盖机构公章 • 招股说明书引用的财务报表应在其最近一期截止日后 6 个月内的有效期内 • Word 版文件设置文档结构图，PDF 版文件设置带超链接的目录和书签 • 文件由保荐机构董事长、总经理（或类似职责人员）、保荐代表人和项目协办人签字，加盖公章，并由保荐机构董事长、总经理（或类似职责人员）在文件中出具证明
关于本次公开发行股票并在科创板上市的申请报告	—
董事会有关本次发行并上市的决议	• 未参会董事如授权其他董事表决，需出具授权委托书 • 决议由参会董事签字，发行人加盖公章
股东大会有关本次发行并上市的决议	• 决议由参与表决的相关主体签字并加盖公章
关于符合科创板定位要求的专项说明	• 格式体例符合《上海证券交易所科创板企业发行上市申报及推荐暂行规定》要求
发行保荐书	• PDF 版文件命名为"××证券关于××股份有限公司首次公开发行股票并在科创板上市的/之发行保荐书" • 文件由保荐机构董事长、总经理（或类似职责人员）、保荐业务负责人、内核负责人、保荐代表人和项目协办人签字，加盖公章
上市保荐书	• PDF 版文件命名为"××证券关于××股份有限公司首次公开发行股票并在科创板上市的/之上市保荐书" • 文件由保荐机构董事长、总经理（或类似职责人员）、保荐业务负责人、内核负责人、保荐代表人和项目协办人签字，加盖公章
保荐工作报告	• 文件由保荐机构董事长、总经理（或类似职责人员）、保荐业务负责人、内核负责人、保荐代表人和项目协办人签字，加盖公章

续表

申请材料目录	指南
关于发行人预计市值的分析报告（如适用）	—
保荐机构相关子公司参与配售的相关文件（如有）	• 科创板试行保荐机构跟投制度，需提交保荐机构相关子公司参与战略配售的相关文件，并加盖公章
保荐人关于发行人签字保荐代表人申报的在审企业家数等执业情况的说明与承诺	• 若保荐代表人最近三年存在已完成的首发、再融资项目，文件中写明项目名称 • 请写明签字保荐代表人最近三年内受到行政处罚、自律监管的情况
财务报表及审计报告	• PDF 版文件命名为"××会计师事务所关于××股份有限公司首次公开发行股票并在科创板上市的财务报表及审计报告" • 由总所出具，并由申报会计师签字盖章，加盖会计师事务所公章，申报会计师盖章为标准私章 • 财务报表由法定代表、主管会计工作负责人、会计机构负责人签字盖章并加盖公司公章 • 会计师事务所相关业务许可证书、申报会计师 CPA（注册会计师）证书、营业执照齐全 • 财务报表及附注涵盖三年一期
发行人审计报告基准日至招股说明书签署日之间的相关财务报表及审阅报告（如有）	• 由总所出具，并由申报会计师签字盖章，加盖会计师事务所公章，申报会计师盖章应是标准私章 • 财务报表、非经常性损益明细表由法定代表人、主管会计工作负责人、会计机构负责人签字盖章并加盖公司公章
盈利预测报告及审核报告（如有）	
内部控制鉴证报告	
经注册会计师鉴证的非经常性损益明细表	
法律意见书	• PDF 版文件命名为"××律师事务所关于××股份有限公司首次公开发行股票并在科创板上市的/之法律意见书" • 由律师事务所负责人、发行人律师签字，并加盖律师事务所公章

续表

申请材料目录	指南
律师工作报告	• 由律师事务所负责人、发行人律师签字，并加盖律师事务所公章 • 文件设置文档结构图
关于发行人董事、监事、高级管理人员、发行人控股股东和实际控制人在相关文件上签字盖章的真实性的鉴证意见	• 全面核查验证所有涉及董事、监事、高管、控股股东、实际控制人签字盖章的相关申请文件，包括财务报告及审计报告、纳税申报表、原始财务报表等 • 由律师事务所负责人、发行人律师签字，并加盖律师事务所公章
关于申请电子文件与预留原件一致的鉴证意见	• 由律师事务所负责人、发行人律师签字，并加盖律师事务所公章
发行人的企业法人营业执照	—
发行人公司章程（草案）	• 章程标题处或落款处加盖发行人公章
发行人关于公司设立以来股本演变情况的说明及其董事、监事、高级管理人员的确认意见	• 由董事、监事、高级管理人员签字并加盖发行人公章
商务主管部门出具的外资确认文件（如有）	—
发行人最近三年及一期所得税纳税申报表	• 发行人及其控股子公司纳税申报表涵盖报告期，申报表所属的年份要清晰可见 • 文件需设置目录
有关发行人税收优惠、政府补助的证明文件	• 文件需设置目录
主要税种纳税情况的说明	—
注册会计师对主要税种纳税情况说明出具的意见	• 由总所出具，并由申报会计师签字盖章，加盖会计师事务所公章，申报会计师盖章应是标准私章

续表

申请材料目录	指南
发行人及其重要子公司或主要经营机构最近三年及一期纳税情况的证明	• 文件需设置目录
最近三年及一期原始财务报表	• 财务报表由法定代表人、主管会计工作负责人、会计机构负责人签字盖章并加盖公司公章
原始财务报表与申报财务报表的差异比较表	• 由法定代表人、主管会计工作负责人、会计机构负责人签字盖章并加盖公司公章
注册会计师对差异情况出具的意见	• 意见段正文后完整附上差异比较表和差异说明
发行人设立时和最近三年及一期资产评估报告（如有）	• 由资产评估师签字并盖章，并加盖资产评估机构公章，资产评估师的盖章应是标准私章
发行人历次验资报告或出资证明	—
发行人大股东或控股股东最近一年及一期的原始财务报表及审计报告（如有）	—
发行人关于募集资金运用方向的总体安排及其合理性、必要性的说明	—
募集资金投资项目的审批、核准或备案文件（如有）	• 募投项目备案后附相应的环评备案文件（如涉及），如尚未取得，保荐机构和发行人律师说明取得环评备案文件的预期时间
发行人拟收购资产（或股权）的财务报表、审计报告、资产评估报告、盈利预测报告（如有）	—

第一章 为何上市 019

续表

申请材料目录	指南
发行人拟收购资产（或股权）的合同或合同草案（如有）	—
发行人拥有或使用的对其生产经营有重大影响的商标、专利、计算机软件著作权等知识产权，以及土地使用权、房屋所有权等产权证书清单	• 按照《公开发行证券的公司信息披露内容与格式准则第42号——首次公开发行股票并在科创板上市申请文件》的要求，完整列明所有相关证书权属人、证书号、权利期限、取得方式、其他权利等项目
发行人律师就上一条清单所列产权证书出具的鉴证意见	• 附件清单与文件清单内容完全一致
特许经营权证书（如有）	—
对发行人有重大影响的商标、专利、专有技术等知识产权许可使用协议（如有）	• 文件需设置目录
重大关联交易协议（如有）	
重组协议（如有）	
特别表决权股份等差异化表决安排涉及的协议（如有）	
高管员工配售协议（如有）	
其他重要商务合同（如有）	
特定行业（或企业）的管理部门出具的相关意见（如有）	—

续表

申请材料目录	指南
发行人及其实际控制人、控股股东、持股5%以上股东以及发行人董事、监事、高级管理人员等责任主体的重要承诺以及未履行承诺的约束措施	
有关消除或避免同业竞争的协议以及发行人的控股股东和实际控制人出具的相关承诺	
发行人全体董事、监事、高级管理人员对发行申请文件真实性、准确性、完整性的承诺书	• 发行人及其相关人员承诺文件与招股说明书承诺保持一致 • 全体董事、监事、高级管理人员声明分类签字后加盖发行人公章 • 全体董事、监事、高级管理人员签字人员与招股说明书签字人员情况一致 • 发行人、保荐人承诺函加盖各自公章
发行人控股股东、实际控制人对招股说明书的确认意见	
发行人关于申请电子文件与预留原件一致的承诺函	
保荐人关于申请电子文件与预留原件一致的承诺函	
发行人保证不影响和干扰审核的承诺函	• 承诺函写明"不干扰审核机构和上市委委员审核工作"相关内容
发行人关于申请文件不适用情况的说明	• 发行人不适用/新增的文件与提交审核系统的申请文件保持一致
发行人关于招股说明书不适用情况的说明	—

第一章　为何上市

续表

申请材料目录	指南
信息披露豁免申请（如有）	• 按照《上海证券交易所科创板股票发行上市审核问答》相关规定完整提交认定文件、声明文件和申请文件。如相关认定文件等本身涉密的，以保荐机构出具核查意见等替代 • 申请文件加盖发行人公章 • 核查意见加盖保荐机构公章、律师事务所、会计师事务所公章
保荐协议	• 保荐机构、发行人分别签字、盖章
辅导备案文件	—
其他文件	• 无法确定文件归属的请在"其他文件"栏目处提交 • 第一条为"××公司关于历次保荐机构信息的说明" • 第二条为"保荐机构对本次申报中介机构及其签字人员符合执业条件要求的说明"，内容为"发行人中介机构及其签字人员最近六个月是否被中国证监会行政处罚或正在被立案调查、侦查（如为是，须写明具体情况），申报中介机构及相关人员符合受理要求" • 存在联合保荐的，请提交联合保荐的说明文件，说明法律依据、理由等 • 存在翻译文件的，请提供翻译机构的资质文件 • 报告期内境内二次申报IPO的，提交两次申报招股说明书的差异对照表及文字说明 • 存在国有股权的，请提交国有股权管理方案的批复，如尚未取得，保荐机构和律师事务所说明取得的预期时间

参考案例

灿星文化创业板上市审核不通过

深交所发布的《关于终止对灿星文化首次公开发行股票并在创业板上市审核的决定》中对于上海灿星文化上市审核未通过原因的总结如下。

1. 截至2020年10月底，发行人作为被告的未决诉讼及仲裁共计8件，累计被请求金额约2.3亿元。请发行人代表说明：

(1) 未对上述事项计提预计负债的原因及合理性。

(2) 上述事项是否对发行人的核心竞争力和持续经营能力构成重大不利影响。请保荐人代表发表明确意见。

2. 根据《共同控制协议》，发行人的共同控制人将稳定发行人控制权至上市后 36 个月。请发行人代表说明上市 36 个月后如何认定实际控制人，是否会出现控制权变动风险。请保荐人代表发表明确意见。

3. 请发行人代表说明在已经拆除红筹架构的情况下，共同控制人之一田明依然通过多层级有限合伙架构来实现持股的原因。请保荐人代表发表明确意见。

4. 灿星有限成立至红筹架构搭建期间，贺斌等 4 名中国公民根据美国新闻集团安排持有灿星有限股权，灿星有限经营范围包括当时有效的《外商投资产业指导目录》中禁止外商投资的电视节目制作发行和文化（含演出）经纪业务。请发行人代表说明，上述安排是否存在规避相关外商投资规定的情形，相关风险是否已充分披露。请保荐人代表发表明确意见。

5. 2016 年发行人收购共同控制人之一田明持有的梦响强音 100% 股权，收购价格 20.80 亿元，形成商誉 19.68 亿元。2020 年 4 月，发行人基于截至 2019 年年末的历史情况及对未来的预测，根据商誉追溯评估报告对 2016 年年末商誉减值进行追溯调整，计提减值 3.47 亿元。

请发行人代表说明：

(1) 收购价格的公允性。

(2) 报告期内未计提商誉减值的原因及合理性。

(3) 在 2020 年 4 月对 2016 年年末的商誉减值进行追溯调整是否符合《企业会计准则》的相关规定。请保荐人代表发表明确意见。

虽然发行人及保荐机构已回复，但未达到审核要求，故发行审核终止。

第二章

沪深主板市场

本章关键词：

主体资格、发行人、上市条件、规范运作、审核通过

沪深主板突出"大盘蓝筹"特色，重点支持业务模式成熟、经营业绩稳定、规模较大、具有行业代表性的优质企业。

2021年4月6日起，经证监会批准，主板与中小板正式合并，沪深两大交易所变成了"主板＋科创板＋创业板"结构。2021年9月2日北京证券交易所正式成立，中国的多层次资本市场格局如图2.1所示。

2019年7月22日，上交所正式举行了科创板首批25家公司上市仪式，这是中国资本市场IPO发行上市实行注册制的开始；两年后，创业板、新三板实行了注册制；接着实行注册制的北京证券交易所也正式开市了。2023年4月10日，证监会发布《关于核准陕西能源投资股份有限公司首次公开发行股票的批复》等文件，这标志着全面实行股票发行注册制在主板正式落地。

注册制与核准制的区别见表2.1。

注册制相关名词及解释见图2.2。

图2.3展示了中国的发行注册制的关键信息。

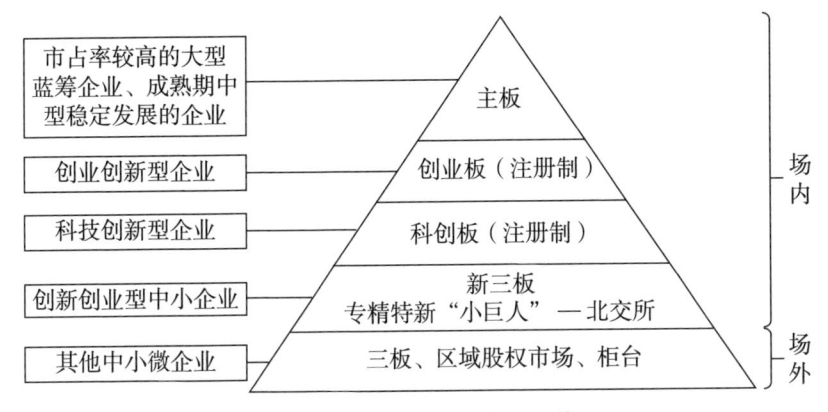

图2.1 中国的多层次资本市场格局

```
                    主板                          ┐
         创业板（注册制）                          │
        科创板（注册制）                           │ 场内
      新三板                                      │
   专精特新"小巨人"——北交所                        │
  三板、区域股权市场、柜台                          ┘ 场外
```

- 市占率较高的大型蓝筹企业、成熟期中型稳定发展的企业 → 主板
- 创业创新型企业 → 创业板（注册制）
- 科技创新型企业 → 科创板（注册制）
- 创新创业型中小企业 → 新三板 专精特新"小巨人"——北交所
- 其他中小微企业 → 三板、区域股权市场、柜台

表2.1 注册制与核准制的区别

对比项目	注册制	核准制
对发行做出实质判断的主体	中介机构	中介机构、证监会
发行监管性制度	证监会形式审核 中介机构实质性审核	中介机构和证监会 分担实质性审核职责
市场化程度	完全市场化	半市场化
发行效率	高	一般

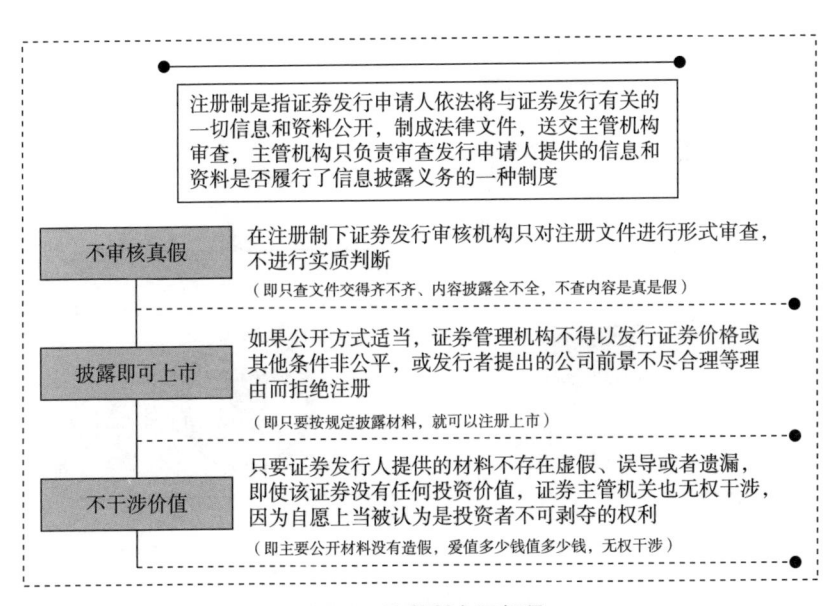

注册制是指证券发行申请人依法将与证券发行有关的一切信息和资料公开，制成法律文件，送交主管机构审查，主管机构只负责审查发行申请人提供的信息和资料是否履行了信息披露义务的一种制度

不审核真假：在注册制下证券发行审核机构只对注册文件进行形式审查，不进行实质判断
（即只查文件交得齐不齐、内容披露全不全，不查内容是真是假）

披露即可上市：如果公开方式适当，证券管理机构不得以发行证券价格或其他条件非公平，或发行者提出的公司前景不尽合理等理由而拒绝注册
（即只要按规定披露材料，就可以注册上市）

不干涉价值：只要证券发行人提供的材料不存在虚假、误导或者遗漏，即使该证券没有任何投资价值，证券主管机关也无权干涉，因为自愿上当被认为是投资者不可剥夺的权利
（即主要公开材料没有造假，爱值多少钱值多少钱，无权干涉）

图2.2 注册制名词解释

第二章 沪深主板市场

1. 发行上市审核
审核发行人的发行上市申请文件

2. 发行注册
在20个工作日内做出是否同意注册的决定

3. 交易所发行上市审核原则
依法合规、公开透明、便捷高效

4. 审核方式
- 电子化、问询式、分行业

5. 审核内容
上市条件、信息披露、发行条件

6. 审核时限
- 上交所：自受理申请之日起3个月
- 发行人及中介机构：回复审核问询的时间总计不超过3个月

7. 信息披露审核重点关注
充分、一致、可理解；真实、准确、完整；符合招股说明书内容与格式准则

8. 审核机构
上交所发行上市审核机构、上交所科创板股票上市委员会

9. 强化监管
- 强化事前、事中、事后全过程监管

10. 专业支持
- 科技创新咨询委员会：提供专业咨询、人员培训和政策建议

图2.3 一图看懂中国发行注册制

董事长是企业上市的决策者，董事会秘书是企业上市的先行官，是 IPO 上市具体工作的执行者。企业经过反复严格的上市论证后决定上市，就要制定上市规划，聘请券商及财务、律师等相关中介机构进场，对企业进行有关股份制改组、上市运作等辅导。公司治理、规范运作是企业上市前的必修课，依法建立健全股东大会、董事会、监事会，设立独立董事制度，企业董监高及管理人员都应依法履行其职责。

第一节　企业上市准备阶段

所谓企业上市准备，一般包括两个方面：一是学习，通读上市规则及相关细则；二是对标，对准拟上市板块上市条件自查企业是否有硬伤，确保不"带病冲关"。

企业上市，考验的往往是决策者与团队的信念，同时企业的底气，以及选对中介机构也是至关重要的，所以需要扎实做好以下工作。

一、董事长必须考虑的事情

1. 为什么要上市？分析上市与不上市的利弊，得出结论。
2. 自查企业家底：产权关系是否明晰、股权结构是否合理、关键人才是否稳定。
3. 募集资金规模，募投项目确认，盈利预测，风险评估。
4. 上市地选择：境内外、沪深主板、科创板、创业板、新三板、北交所。
5. 预计上市时间，估算上市费用、机会成本。
6. 组织成立企业上市筹备工作组，确定董事会秘书人选，聘请合适的中介机构。
7. 不确定因素以及应对措施。
8. 上市环境、政策导向、企业上市优势分析。

二、董事会秘书——企业上市先行官

董事会秘书扮演着非常特殊的角色，作为企业上市先行官，其专业素质直接影响着企业上市工作的质量。

董事会秘书代表发行人，是企业上市前融资、上市运作的具体执行者，在选择中介机构、企业改制、上市申请材料制作及报批主管机关、IPO 申请与接受审核、注册与发行上市等上市前的系列工作中，都始终起着关键作用。《公司法》第一百二十三条规定："上市公司设董事会秘书，负责公司股东大会和董事会会议的筹备、文件保管以及公司股东资料的管理，办理信息披露事务等事宜。"董事会秘书由董事长提名，经董事会聘任或解聘，董事会秘书应对董事会负责。

拟上市企业的董事会秘书在上市运作的整个过程中都应以上市公司董事会秘书的工作标准来要求自己，接受董事会秘书的专业培训，熟悉相关法规政策，理清思路，找准方向，审时度势，为企业拟定上市规划并报企业决策层审议通过后操作实施，同时配合中介机构进场协同作战。

三、上市运作过程

企业上市一般分为 6 个阶段，即上市筹备、中介机构进场辅导、上市申请材料制作、报送上市申请、接受审核问询、注册与发行。

1. 上市筹备。由企业一把手挂帅，CEO（首席执行官）具体负责，财务总监参与，正式成立上市领导小组，全面负责上市工作，由董事会秘书具体执行上市计划。

设立上市筹备组，主要成员有办公室（或者综合办）、财务部、法律部、生产部、市场销售部、技术开发部、后勤保障部等部门负责人，董事会秘书负责召集与协调各成员之间互相配合协同作战。主要工作有：企业财务部配合会计师及评估师进行公司财务审计、资产评估等工作；企业分管领导及董事会秘书负责协调企业与地方各有关政府部门、行业主管部门、证监会派出机构关系，并做好投资者关系管理工作；法律部与律师合作，处理上市有关法律事务，包括编写发起人改制协议、公司章程、承销协议、各种上市法律文件等；生产部、市场销售部、技术开发部负责募投项目的立项报批工作，和提供项目可行性研究报告、路演用资料；董事会秘书组织完成各类上市相关事宜的董事会决议、股东会决议，申报主管机关文件，为券商准备上市申报相关材料等，负责与媒体建立良好的资讯关系。

2. 中介机构进场辅导。企业需聘请保荐机构与承销商、具有证券从业资格的会计师事务所、资产评估机构、土地评估机构、律师事务所等，这些机构主要由董事会秘书及企业高管负责沟通与协调。与中介机构签署合作协议后，企业便在中介机构的辅导下开始股份制改组及上市工作。

其工作重心就是确定改制方式，包括整体转制、部分改制、发行人主体资格、股权结构、产权关系清理、三会一层法人治理、规范运作等。

3. 上市申请材料制作。企业要按照上市板块的上市条件制作申报材料，由发行人与中介机构合作完成，包括招股说明书申报稿、发行保荐书、上市保荐书、审计报告、法律意见书。

4. 报送上市申请。由发行人配合保荐人向证券交易所提交上市申请材料（网上报送）。

5. 接受审核问询。证券交易所受理了发行人的上市申请后进行审核，对发行人上市申请材料中所出现的问题进行问询，发行人按要求及时回复即可。

6. 注册与发行。经证监会注册后发行人选择合适的时间在证券交易所正式发行上市。工作内容主要是股票发售与承销，以向特定机构投资者询价的方式确定股票发行价格，并向战略投资者配售股票。

第二节　企业股份制改组阶段

一、股份有限公司设立与变更

根据现行《公司法》规定，设立股份有限公司，应当具备下列条件：

1. 发起人符合法定人数。

2. 有符合公司章程规定的全体发起人认购的股本总额或者募集的实收股本总额。

3. 股份发行、筹办事项符合法律规定。

4. 发起人制定公司章程，采用募集方式设立的经创立大会通过。

5. 有公司名称，建立符合股份有限公司要求的组织机构。

6. 有公司住所。

股份有限公司的设立，可以采取发起设立或者募集设立的方式。

设立股份有限公司，应当有2人以上200人以下为发起人，其中须有半数以上的发起人在中国境内有住所。

股份有限公司发起人承担公司筹办事务。

发起人应当签订发起人协议，明确各自在公司设立过程中的权利和义务。

股份有限公司采取发起设立方式设立的，注册资本为在公司登记机关登记的全体发起人认购的股本总额。在发起人认购的股份缴足前，不得向他人募集股份。

股份有限公司采取募集设立方式设立的，注册资本为在公司登记机关登记的实收股本总额。

法律、行政法规以及国务院决定对股份有限公司注册资本实缴、注册资本最低限额另有规定的，从其规定。

股份有限公司章程应当载明下列事项：

1. 公司名称和住所。

2. 公司经营范围。

3. 公司设立方式。

4. 公司股份总数、每股金额和注册资本。

5. 发起人的姓名或者名称、认购的股份数、出资方式和出资时间。

6. 董事会的组成、职权和议事规则。

7. 公司法定代表人。

8. 监事会的组成、职权和议事规则。

9. 公司利润分配办法。

10. 公司的解散事由与清算办法。

11. 公司的通知和公告办法。

12. 股东大会会议认为需要规定的其他事项。

以发起设立方式设立股份有限公司的，发起人应当书面认足公司章程规定其认购的股份，并按照公司章程规定缴纳出资。以非货币财产出资的，应当依法办理其财产权的转移手续。

发起人不依照前款规定缴纳出资的，应当按照发起人协议承担违约责任。

发起人认足公司章程规定的出资后，应当选举董事会和监事会，由董事会向公司登记机关报送公司章程以及法律、行政法规规定的其他文件，申请设立登记。

以募集设立方式设立股份有限公司的，发起人认购的股份不得少于公司股份总数的35%，但是法律、行政法规另有规定的，从其规定。

发起人向社会公开募集股份，必须公告招股说明书，并制作认股书。认股书应当载明招股说明书，应当附有发起人制定的公司章程所列事项，由认股人填写认购股数、金额、住所，并签名、盖章。认股人按照所认购股数缴纳股款。

招股说明书应当附有发起人制定的公司章程，并载明下列事项：

1. 发起人认购的股份数。

2. 每股的票面金额和发行价格。

3. 无记名股票的发行总数。

4. 募集资金的用途。

5. 认股人的权利、义务。

6. 本次募股的起止期限及逾期未募足时认股人可以撤回所认股份的说明。

发起人向社会公开募集股份，应当由依法设立的证券公司承销，签订承销协议。

发起人向社会公开募集股份，应当同银行签订代收股款协议。

代收股款的银行应当按照协议代收和保存股款，向缴纳股款的认股人出具收款单据，并负有向有关部门出具收款证明的义务。

发行股份的股款缴足后，必须经依法设立的验资机构验资并出具证明。发起人应当自股款缴足之日起30日内主持召开公司创立大会。创立大会由发起人、认股人组成。

发行的股份超过招股说明书规定的截止期限尚未募足的，或者发行股份的股款缴足后，发起人在30日内未召开创立大会的，认股人可以按照所缴股款并加算银行同期存款利息，要求发起人返还。

发起人应当在创立大会召开15日前将会议日期通知各认股人或者予以公告。创立大会应有代表股份总数过半数的发起人、认股人出席，方可举行。

创立大会行使下列职权：

1. 审议发起人关于公司筹办情况的报告。
2. 通过公司章程。
3. 选举董事会成员。
4. 选举监事会成员。
5. 对公司的设立费用进行审核。
6. 对发起人用于抵作股款的财产的作价进行审核。
7. 发生不可抗力或者经营条件发生重大变化直接影响公司设立的，可以做出不设立公司的决议。

创立大会对前款所列事项做出决议，必须经出席会议的认股人所持表决权过半数通过。

发起人、认股人缴纳股款或者交付抵作股款的出资后，除了未按期募足股份、发起人未按期召开创立大会或者创立大会决议不设立公司的情形，不得抽回其股本。

董事会应于创立大会结束后30日内，向公司登记机关报送下列文件，申请设立登记：

1. 公司登记申请书。
2. 创立大会的会议记录。
3. 公司章程。
4. 验资证明。
5. 法定代表人、董事、监事的任职文件及其身份证明。

6. 发起人的法人资格证明或者自然人身份证明。

7. 公司住所证明。

以募集方式设立股份有限公司公开发行股票的，还应当向公司登记机关报送国务院证券监督管理机构的核准文件。

股份有限公司成立后，发起人未按照公司章程的规定缴足出资的，应当补缴，其他发起人承担连带责任。

股份有限公司成立后，发现作为设立公司出资的非货币财产的实际价额显著低于公司章程所定价额的，应当由交付该出资的发起人补足其差额；其他发起人承担连带责任。

二、发行人的主体资格

《首次公开发行股票并上市管理办法》规定，发行人应当是依法设立且合法存续的股份有限公司。

经国务院批准，有限责任公司在依法变更为股份有限公司时，可以采取募集设立方式公开发行股票。

发行人自股份有限公司成立后，持续经营时间应当在3年以上，但经国务院批准的除外。

有限责任公司按原账面净资产值折股，整体变更为股份有限公司的，持续经营时间可以从有限责任公司成立之日起计算。

发行人的注册资本已足额缴纳，发起人或者股东用作出资的资产的财产权转移手续已办理完毕，发行人的主要资产不存在重大权属纠纷。

发行人的生产经营符合法律、行政法规和公司章程的规定，符合国家产业政策。

发行人最近3年内主营业务和董事、高级管理人员没有发生重大变化，实际控制人没有发生变更。

发行人的股权清晰，控股股东和受控股股东、实际控制人支配的股东持有的发行人股份不存在重大权属纠纷。

三、发起设立与募集设立

整体改制的企业毕竟是一部分,还有相当多的企业需要经历股份制改组过程。股份制改组的目的是建立规范的公司治理结构、筹集资金、确立法人财产权关系等。根据《公司法》第七十七条规定,股份有限公司的设立,可以采取发起设立或者募集设立这两种方式。

(一)发起设立

发起设立,是指由发起人认购公司应发行的全部股份而设立公司。有限责任公司必须采用发起设立方式,只有经国务院批准的有限责任公司在依法变更为股份有限公司时,可以采取募集设立方式公开发行股票。股份有限公司可在发起设立与募集设立之间自行决定。

比如,早期中央汇金投资有限责任公司、中国建银投资有限责任公司、国家电网公司、上海宝钢集团公司和中国长江电力股份有限公司这5家公司,决议共同发起设立中国建设银行股份有限公司。5家发起人出资合计1 942.3025亿元,按1∶1比例折股为1 942.3025亿股。中国建设银行将由国有独资商业银行改制为国家控股的股份制商业银行,中国建设银行股份有限公司承继原中国建设银行商业银行业务及相关资产、负债和权益。

发起设立一般包括以下5个步骤:

第一,确定发起人,签订发起人协议。自然人、法人都可以作为发起人,发起人签订发起人协议,确定设立公司的总体方案,明确各方拟认购的股份数额和应当承担的责任。

第二,申请与报批。发起人签订设立公司协议后,先要向工商行政管理部门提出企业名称预先核准的申请,然后向国务院授权部门或省级人民政府提出发行股票和设立股份有限公司的申请。

第三,发起人出资。发起人以书面认足公司章程规定发行的股份后,应立即缴纳全部股款。以实物、工业产权、非专利技术或土地使用权抵作股款的,应依法办理财产权转移手续。

第四,创立。发起人在缴付全部股款后,应当召开全体发起人大会，选举董事会和监事会成员，通过公司章程草案。

第五，登记。由董事会向公司登记机关报送设立公司的批准文件、公司章程、验资报告等文件，申请设立登记。经批准登记申请后，公司应进行公告。

（二）募集设立

募集设立，是指由发起人认购公司应发行股份的一部分，其余股份向社会公开募集或者向特定对象募集而设立公司。以募集设立方式设立股份有限公司的，发起人认购的股份不得少于公司股份总数的35%，但是法律、行政法规另有规定的，从其规定。

以募集设立方式设立股份有限公司的程序如下：

1. 发起人签订发起人协议，明确各自在公司设立过程中的权利和义务。

2. 发起人制定公司章程。

3. 发起人认购一定数额的股份。发起人认购的股份不得少于公司股份总数的35%；法律、行政法规另有规定的，从其规定。

4. 发起人公告招股说明书，并制作认股书，向社会公开募集股份。

5. 发起人与依法设立的证券公司签订承销协议并由证券公司承销。

6. 发起人同银行签订代收股款协议。

7. 发行股份的股款缴足后，经依法设立的验资机构验资并出具证明。

8. 发起人应当自股款缴足之日起30日内主持召开公司创立大会。

9. 董事会于创立大会结束后30日内，申请设立登记。

（三）设立方式的选择

设立方式的选择要具体情况具体分析，不能一概而论，一般有以下几种方式：

1. 推倒重来，发起设立。如果企业历史沿革复杂，产权结构不明晰，公司治理及规范成本高，可选用发起设立。

2. 整体变更设立。如果企业历史背景简单，产权结构清楚，无重大隐患，且企业的业绩能连续计算，可选用发起设立或募集设立。

3. 发起设立，部分上市，实行多元化企业经营模式。如果企业希望自主空间大，除了考虑整体上市，还可选择部分上市。对于民企来说，为保留部分自主空间而拿出部分上市，实行多元化企业经营模式，也是一种可操作的选择。

四、改组过程中应完全进入股份公司的资产

股份制改组中，与主营业务相对应的资产应完全进入股份公司，其中包括：

1. 相关在建工程。
2. 商标等无形资产的原始处置权的处理和移交，原则上，商标应随资产无偿进入。
3. 补贴收入等也要有明确的进入方向。
4. 以债权、债务出资，债权人同意以挂账的研发费用等待摊费用作为出资。
5. 股东以在其他企业的股权投资出资。
6. 发起人以不具产权的资产出资（如仍在海关监管期的）。
7. 发起人以集体企业的产权出资。
8. 发起人出资，如同股不同价的要进行合理计算。

五、改制过程中相关行为的规范性

1. 发行人资格的鉴定（根据《首次公开发行股票并上市管理办法》规定执行）。
2. 发行人对外投资限制（根据《公司法》、公司章程相关规定执行）。
3. 设立后原企业的注销问题。
4. 改制时的中介机构选择（参照本书第六章）。
5. 改制时的资产评估（根据《企业会计准则》《审计准则》执行）。
6. 股改时的折股比例和国有股权管理方案。

7. 同业竞争及关联交易。

以上具体事项可请企业选聘的中介机构参与,处理好细节。

六、企业改制后应达到的基本要求

1. 突出公司的主营业务,形成核心竞争力和持续发展的能力。
2. 按照《上市公司治理准则》要求独立经营,运作规范。
3. 有效避免同业竞争,减少和规范关联交易。

第三节 股份制改组后如何规范运作

一、公司治理结构

上市前的公司架构如图2.4所示。

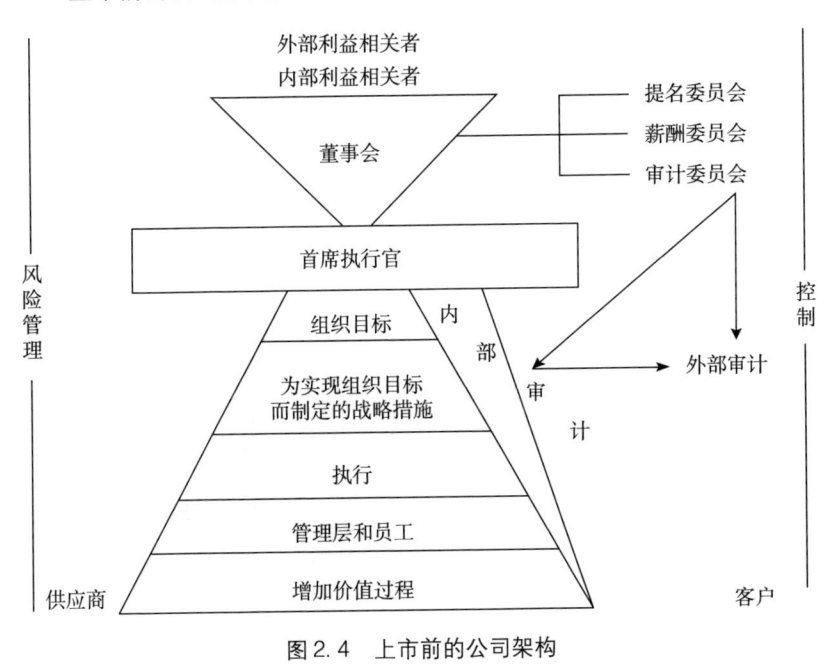

图2.4 上市前的公司架构

第二章 沪深主板市场

上市后的公司治理架构如图2.5所示。

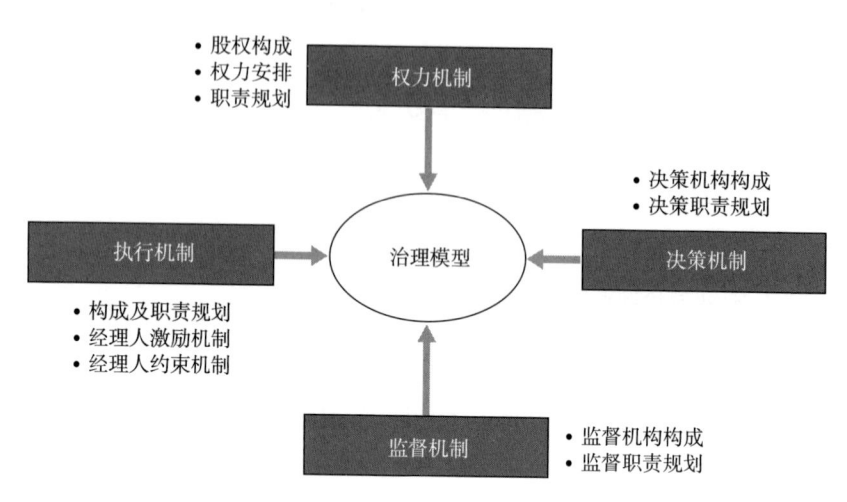

图2.5 上市后的公司治理架构

上市公司的组织体系如图2.6所示。

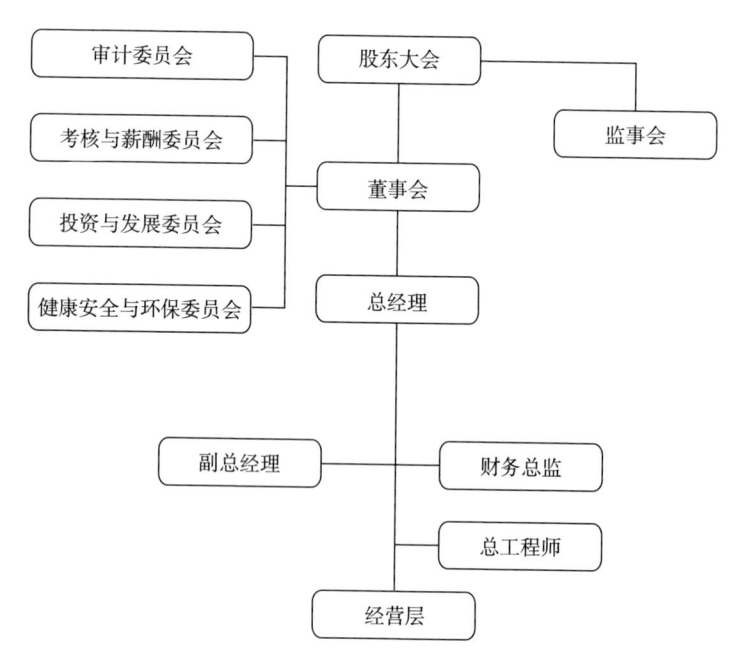

图2.6 上市公司的组织体系

上市公司的利益相关者之间的关系如图2.7所示。

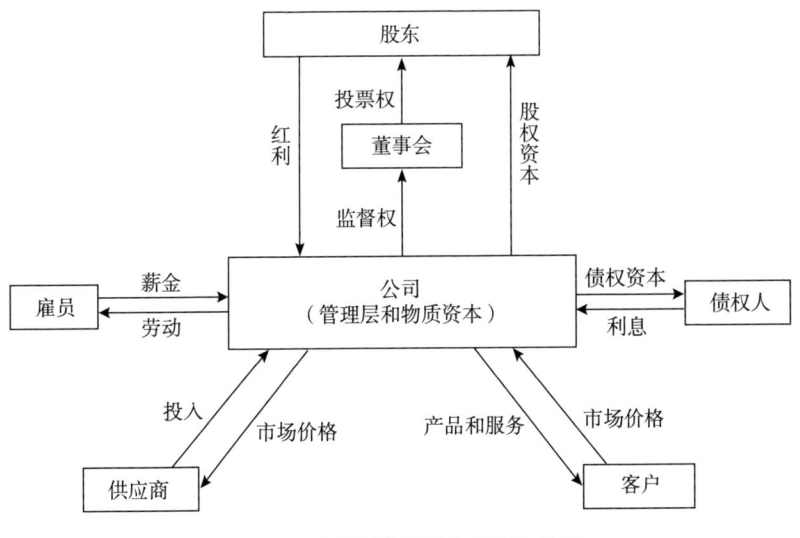

图 2.7　公司利益相关者之间的关系

三会一层是现代企业制度中最重要的组织架构。狭义的公司治理主要是指公司内部股东、董事、监事及经理层之间的关系，广义的公司治理还包括与利益相关者（如员工、客户、存款人和社会公众等）之间的关系。

二、规范运行

发行人已经依法建立健全股东大会、董事会、监事会、独立董事、董事会秘书制度，相关机构和人员能够依法履行职责。

发行人的董事、监事和高级管理人员已经了解与股票发行上市有关的法律法规，知悉上市公司及其董事、监事和高级管理人员的法定义务和责任。

发行人的董事、监事和高级管理人员符合法律、行政法规和规章规定的任职资格，且不得有下列情形：

1. 被证监会采取证券市场禁入措施尚在禁入期的。
2. 最近 36 个月内受到证监会行政处罚，或者最近 12 个月内受到证券交易所公开谴责。

3. 因涉嫌犯罪被司法机关立案侦查或者涉嫌违法违规被证监会立案调查，尚未有明确结论意见。

发行人的内部控制制度健全且被有效执行，能够合理保证财务报告的可靠性、生产经营的合法性、营运的效率与效果。

发行人不得有下列情形：

1. 最近36个月内未经法定机关核准，擅自公开或者变相公开发行过证券；或者有关违法行为虽然发生在36个月前，但目前仍处于持续状态。

2. 最近36个月内违反工商、税收、土地、环保、海关以及其他法律、行政法规，受到行政处罚，且情节严重。

3. 最近36个月内曾向证监会提出发行申请，但报送的发行申请文件有虚假记载、误导性陈述或重大遗漏；或者不符合发行条件以欺骗手段骗取发行核准；或者以不正当手段干扰证监会及其发行审核委员会审核工作；或者伪造、变造发行人或其董事、监事、高级管理人员的签字、盖章。

4. 本次报送的发行申请文件有虚假记载、误导性陈述或者重大遗漏。

5. 涉嫌犯罪被司法机关立案侦查，尚未有明确结论意见。

6. 严重损害投资者合法权益和社会公共利益的其他情形。

发行人的公司章程中已明确对外担保的审批权限和审议程序，不存在为控股股东、实际控制人及其控制的其他企业进行违规担保的情形。

发行人有严格的资金管理制度，不得有资金被控股股东、实际控制人及其控制的其他企业以借款、代偿债务、代垫款项或者其他方式占用的情形。

三、财务与会计

发行人资产质量良好，资产负债结构合理，盈利能力较强，现金流量正常。

发行人的内部控制在所有重大方面是有效的，并由注册会计师出具了无保留结论的内部控制鉴定报告。

发行人会计基础工作规范，财务报表的编制符合《企业会计准则》和相关会计制度的规定，在所有重大方面公允地反映了发行人的财务状况、经营成果和现金流量，并由注册会计师出具了无保留意见的审计报告。

发行人编制财务报表应以实际发生的交易或者事项为依据；在进行会计确认、计量和报告时应当保持应有的谨慎；对相同或者相似的经济业务，应选用一致的会计政策，不得随意变更。

发行人应完整披露关联方关系并按重要性原则恰当披露关联交易。关联交易价格公允，不存在通过关联交易操纵利润的情形。

四、民营企业 IPO 需要关注的问题

（一）担保行为要规范

对外担保事项，必须经董事会审议通过后，方可提交股东大会审批。须经股东大会审批的对外担保，包括但不限于下列情形：

1. 上市公司及其控股子公司的对外担保总额，超过最近一期经审计净资产 50% 以后提供的任何担保。

2. 为资产负债率超过 70% 的担保对象提供的担保。

3. 单笔担保额超过最近一期经审计净资产 10% 的担保。

4. 按照担保金额连续 12 个月内累计计算原则，超过公司最近一期经审计总资产 30% 的担保。

对于董事会权限范围内的担保事项，除了应当经全体董事的过半数通过，还应当经出席董事会会议的 2/3 以上董事同意；前款第 4 项担保，应当经出席会议的股东所持表决权的 2/3 以上通过。

5. 对股东、实际控制人及其关联方提供的担保。

股东大会在审议为股东、实际控制人及其关联方提供的担保议案时，该股东或受该实际控制人支配的股东，不得参与该项表决，该项表决由出席股东大会的其他股东所持表决权的半数以上通过。

应由董事会审批的对外担保，必须经出席董事会的 2/3 以上董事审

议同意并做出决议。

上市公司发生"提供担保"交易事项，应当提交董事会或者股东大会进行审议，并及时披露。

（二）借贷行为要规范

1. 及时将贷款、担保信息录入征信管理系统，以便贷款方监控。依据《担保法》《公司法》《最高人民法院关于适用〈中华人民共和国担保法〉若干问题的解释》等相关法律法规进行贷款申请的审查。

2. 依据《担保法》《公司法》《上市公司章程指引》及其他有关规定，提供贷款的金融机构对担保方审核以下事项：

第一，由上市公司提供担保的贷款申请的材料齐备性及合法合规性。

第二，上市公司对外担保履行董事会或股东大会审批程序的情况。

第三，上市公司对外担保履行信息披露义务的情况。

第四，上市公司的担保能力。

第五，贷款人的资信、偿还能力等其他事项。根据《商业银行授信工作尽职指引》等规定完善内部控制制度，控制贷款风险。对由上市公司控股子公司提供担保的贷款申请，比照规定执行。

（三）是否做到诚信经营

上市公司诚信评价、银行诚信评价、申请文件的信息披露是否属实。

（四）关于资产负债率的控制

《关于拟公开发行股票公司资产负债率等有关问题的通知》规定（如有新的文件规定应按新规定执行），发行前一年年末，资产负债率高于70%的公司申请公开发行股票，应满足以下条件：第一，发行前每股净资产不得低于1元；第二，发行后资产负债率原则上不高于70%，但银行、保险、证券、航空运输等特殊行业的公司不受此限。

（五）募集资金投向是否规范的问题

《证券法》第十五条规定，公司对公开发行股票所募集资金，必须按照招股说明书所列资金用途使用。改变招股说明书所列资金用途，必须经股东大会做出决议。擅自改变用途而未做纠正的，或者未经股东大会认可的，不得公开发行新股，上市公司也不得非公开发行新股。

《公司法》第八十六条规定，招股说明书应当载明募集资金的用途；《上市公司章程指引》第四十条规定，股东大会审议批准变更募集资金用途事项。

一般来说，关注募集资金投向，有以下3个方面：

1. 研发项目投资与补充流动资金的比例。发行人原固定资产投资和研发支出很少、募集资金后将大规模增加固定资产投资或研发支出的，主要看发行人固定资产变化与产能变动的匹配关系，新增固定资产折旧、研发支出对未来经营成果的影响。

2. 募集资金拟用于收购资产的，应获得拟收购资产的财务报告、审计报告、资产评估报告及相关资料，调查拟收购资产的评估、定价情况，拟收购资产与发行人主营业务的关系。若收购的资产为在建工程，还应取得工程资料，了解已投资情况、还需投资的金额、负债情况、建设进度、计划完成时间等。

3. 发行人董事会关于建立募集资金专项存储制度的文件，应核查发行人是否已在银行开立了募集资金专项账户。

（六）募集资金投向产生的关联交易

发行人募集资金投向涉及与关联方合资或与关联方发生交易的，应取得相关项目或交易对象的详细资料，并判断其对发行人的影响。涉及评估、审计的，应取得相关资料并予以核查；涉及项目合作或设立合资公司的，应取得公司设立或批准文件等，调查发行人对该项目或公司是否具备控制能力和经营能力，以及有关协议、合同的订立情况及已履约情况和审批手续；涉及收购资产或购买股权的，应调查交易的定价依据是否充分、公允，判断收购资产是否为发行人必需的经营性资产。对关联交易一般关注以下几方面：

1. 审批备案。
2. 交易规模不得超过上会核准前一年净资产的两倍。

3. 交易前尽可能预算准确，稳健操作。

4. 交易收益尽可能保守，可能会影响到再融资。

5. 资金投向与还贷方式，可先投资建设，抽取部分资金还贷。

6. 收购大股东资产。如果要解决同业竞争问题可以操作，一般不宜收购大股东资产。

（七）纳税和补贴收入的问题

1. 所得税的优惠问题。如福利企业的审批权限以及相应的税收优惠问题可以向当地政府申请，如注册地和经营地不同，或在国家级高新技术园区的税收优惠，企业要主动与主管机关协调解决。

2. 营改增后的财务处理。软件开发企业销售自行开发的计算机软件产品，可按17%的税率征收后，对实际税负超过3%的部分实行即征即退，所退税款用于研究开发软件产品和扩大再生产。

3. 合资企业免税问题。新税法实施后，我国不同性质、不同类别的企业，包括国有企业、集体企业、民营企业、合资企业和外资企业均适用同一部税法。

4. 补贴收入是否真实的问题。财政补贴应有相关政府机关的正式文件作为支持。

（八）财务问题

1. 销售收入的真实性。

2. 纳税的规范性。

3. 经营性现金流量的准确性。

4. 毛利率是否在正常值范围。

5. 行业性波动对利润的影响。

第四节　股份有限公司运行及上市申请

企业根据《公司法》规定，股份有限公司规范运行一段时间后，按照《首次公开发行股票并上市管理办法》（2022年4月修订）要求，已具备发行人条件的，可在中介机构的配合下制作上市申报文件，同时，会计师事务所的审计报告、评估机构的资产评估报告、律师出具的法律意见书将为招股说明书有关内容提供法律及专业依据。

发行人上市申报的工作要求如下所述。

一、发行人应当符合的具体条件

根据《首次公开发行股票并上市管理办法》，发行人应当符合下列具体条件：

1. 最近3个会计年度净利润均为正数且累计超过3 000万元，净利润以扣除非经常性损益前后较低者为计算依据。
2. 最近3个会计年度经营活动产生的现金流量净额累计超过5 000万元；或者最近3个会计年度营业收入累计超过3亿元。
3. 发行前股本总额不少于3 000万元。
4. 最近一期末无形资产（扣除土地使用权、水面养殖权和采矿权等后）占净资产的比例不高于20%。
5. 最近一期末不存在未弥补亏损。

证监会根据《关于开展创新企业境内发行股票或存托凭证试点的若干意见》等规定认定的试点企业，可不适用前款第1项、第5项规定。

发行人依法纳税，各项税收优惠符合相关法律法规的规定。发行人的经营成果对税收优惠不存在严重依赖。

发行人不存在重大偿债风险，不存在影响持续经营的担保、诉讼以及仲裁等重大或有事项。

二、发行人应当符合的市值及财务指标

根据《上海证券交易所股票上市规则》（2024年4月修订），境内发行人申请在上海证券交易所上市，市值及财务指标应当至少符合下列标准中的一项：

1. 最近3年净利润均为正,且最近3年净利润累计不低于2亿元,最近一年净利润不低于1亿元,最近3年经营活动产生的现金流量净额累计不低于2亿元或营业收入累计不低于15亿元。

2. 预计市值不低于50亿元,且最近一年净利润为正,最近一年营业收入不低于6亿元,最近3年经营活动产生的现金流量净额累计不低于2.5亿元。

3. 预计市值不低于100亿元,且最近一年净利润为正,最近一年营业收入不低于10亿元。

以上所称净利润以扣除非经常性损益前后的孰低者为准,净利润、营业收入、经营活动产生的现金流量净额均指经审计的数值。所称预计市值,是指股票公开发行后按照总股本乘以发行价格计算出来的发行人股票名义总价值。

三、红筹企业应当符合的具体条件

符合《关于开展创新企业境内发行股票或存托凭证试点若干意见》等相关规定的红筹企业,可以申请发行股票或者存托凭证并在交易所上市。

红筹企业申请首次公开发行股票或者存托凭证并在交易所上市,应当符合下列条件:

1. 符合《证券法》、中国证监会规定的发行条件。

2. 发行股票的,发行后的股份总数不低于5 000万股;发行存托凭证的,发行后的存托凭证总份数不低于5 000万份。

3. 发行股票的,公开发行(含已公开发行)的股份达到公司股份总数的25%以上;公司股份总数超过4亿股的,公开发行(含已公开发行)股份的比例为10%以上。发行存托凭证的,公开发行(含已公开发行)的存托凭证对应基础股份达到公司股份总数的25%以上;发行后的存托凭证总份数超过4亿份的,公开发行(含已公开发行)的存托凭证对应基础股份的比例为10%以上。

4. 市值及财务指标符合相关规则规定的标准。

5. 上交所要求的其他条件。

上交所可以根据市场情况，经中国证监会批准，对上市条件和具体标准进行调整。

已在境外上市的红筹企业，申请发行股票或者存托凭证并在上交所上市的，应当至少符合下列标准中的一项：

1. 市值不低于 2 000 亿元。

2. 市值 200 亿元以上，且拥有自主研发、国际领先技术，科技创新能力较强，在同行业竞争中处于相对优势地位。

未在境外上市的红筹企业，申请发行股票或者存托凭证并在上交所上市的，应当至少符合下列标准中的一项：

1. 预计市值不低于 200 亿元，且最近一年营业收入不低于 30 亿元。

2. 营业收入快速增长，拥有自主研发、国际领先技术，在同行业竞争中处于相对优势地位，且预计市值不低于 100 亿元。

3. 营业收入快速增长，拥有自主研发、国际领先技术，在同行业竞争中处于相对优势地位，且预计市值不低于 50 亿元，最近一年营业收入不低于 5 亿元。

以上规定的营业收入快速增长，应当符合下列标准之一：

1. 最近一年营业收入不低于 5 亿元的，最近 3 年营业收入复合增长率 10% 以上。

2. 最近一年营业收入低于 5 亿元的，最近 3 年营业收入复合增长率 20% 以上。

3. 受行业周期性波动等因素影响，行业整体处于下行周期的，发行人最近 3 年营业收入复合增长率高于同行业可比公司同期平均增长水平。

处于研发阶段的红筹企业和对国家创新驱动发展战略有重要意义的红筹企业，不适用"营业收入快速增长"的上述要求。

四、发行人具有表决权差异安排的应当符合的具体条件

发行人具有表决权差异安排的，市值及财务指标应当至少符合下列

标准中的一项：

1. 预计市值不低于 200 亿元，且最近一年净利润为正。

2. 预计市值不低于 100 亿元，且最近一年净利润为正，最近一年营业收入不低于 10 亿元。

拥有特别表决权的股份持有人资格、公司章程关于表决权差异安排的具体规定，应当符合《上海证券交易所股票上市规则》第四章第六节的规定。

五、上交所审核工作

根据《上海证券交易所股票发行上市审核规则》（2024 年 4 月修订），发行上市审核机构按照发行上市申请文件受理的先后顺序开始审核。

对股票首次发行上市申请，发行上市审核机构自受理之日起 20 个工作日内，通过保荐人向发行人提出首轮审核问询。

在首轮审核问询发出前，发行人及其保荐人、证券服务机构及其相关人员不得与审核人员接触，不得以任何形式干扰审核工作。

首轮审核问询后，存在下列情形之一的，发行上市审核机构收到发行人回复后 10 个工作日内可以继续提出审核问询：

1. 首轮审核问询后，发现新的需要问询事项。

2. 发行人及其保荐人、证券服务机构的回复未能有针对性地回答交易所发行上市审核机构提出的审核问询，或者交易所就其回复需要继续审核问询。

3. 发行人的信息披露仍未满足中国证监会和上交所所规定的要求。

4. 上交所认为需要继续审核问询的其他情形。

根据《上海证券交易所股票发行上市审核规则》，发行上市审核实行电子化审核，申请、受理、问询、回复等事项通过交易所发行上市审核业务系统办理。

上交所设立发行上市审核机构，对发行人的发行上市申请文件进行审核，出具审核报告。

上市审核委员会，对发行上市审核机构出具的审核报告和发行上市申请文件进行审议，提出审议意见。

上交所结合上市委员会的审议意见，出具发行人符合发行条件、上市条件和信息披露要求的审核意见或者做出终止发行上市审核的决定。

上交所依据法律、行政法规、部门规章、规范性文件、《上海证券交易所股票发行上市审核规则》及其他相关规定，对下列机构和人员在股票发行上市中的相关活动进行自律监管：

1. 发行人及其董事、监事、高级管理人员。
2. 发行人的控股股东、实际控制人及其相关人员。
3. 保荐人、保荐代表人及保荐人其他相关人员。
4. 会计师事务所、律师事务所等证券服务机构及其相关人员。
5. 其他信息披露义务人。

六、证监会"IPO 审核标准 50 条"

证监会发布的"IPO 审核标准 50 条"直击对赌协议、业绩下滑等焦点问题，首次明确何种情况暂不发 IPO 批文。

1. 持续经营能力及业绩表现仍为关注焦点。
2. 下滑幅度不超过 30% 的过会企业。

过会后的最近一期经营业绩与上年同期相比下滑幅度不超过 30%，且预计下一报告期业绩数据下滑幅度也不超过 30% 的，发行人需提供最近一期至下一报告期乃至全年主要经营状况及财务数据的专项分析报告，充分说明发行人的核心业务、经营环境、主要指标是否发生重大不利变化，业绩下滑程度与行业变化趋势是否一致或背离，发行人的经营业务和业绩水准是否仍处于正常状态，并按照及时性指引的要求在重大事项提示中披露主要经营状况与财务信息，以及下一报告期（指经审计或审阅财务报表截止日后）业绩预告情况，同时充分揭示业绩变动或下滑风险；保荐机构需对上述情况及发行人经营业绩变化趋势、持续盈利能力出具专项核查意见，详细分析发行人业绩变动的原因及合理性，明确说明业绩预计的基础及依据，核查发行人的经营与财务状况是否正常，报表项目有无异常变化，是否存在影响发行条件的重大不利影响因素。发表明确意见后，将按照相关程序安排后续是否核准发行工作。

3. 下滑幅度超过30%但不超过50%的过会企业。

过会企业最近一期或预计下一报告期经营业绩与上年同期相比下滑幅度超过30%但不超过50%的，发行人如能提供经审核的下一年度盈利预测报告，同时，提供最近一期至下一年度主要经营状况及财务数据的专项分析报告，以及保荐机构对上述情况及发行人经营业绩变化趋势、持续盈利能力出具专项核查意见，说明经营业绩下滑趋势已扭转，不存在对持续盈利或持续经营能力以及发行条件产生重大不利影响的事项，保荐机构应对上述情况予以充分核查，获取明确的证据，并发表明确意见。符合上述要求，将按照相关程序安排后续核准发行工作。

4. 下滑幅度超过50%以上的过会企业。

过会后的最近一期经营业绩与上年同期相比下滑幅度超过50%，或预计下一报告期业绩数据下滑幅度将超过50%的，基于谨慎稳妥原则，暂不予安排核准发行事项，待其业绩恢复并趋稳后再行处理或安排重新上发审会。

5. IPO发行人对赌协议同时满足4项条件的可以不清理。

6. 明确IPO发行人"三类股东"核查披露要求。

上市委员会审议时，参会委员就审核报告的内容和发行上市审核机构提出的初步审核意见发表意见，通过合议形成发行人是否符合发行条件、上市条件和信息披露要求的审议意见。

发行人存在发行条件、上市条件或者信息披露方面的重大事项有待进一步核实，无法形成审议意见的，经会议合议，上市委员会可以对该发行人的发行上市申请暂缓审议。暂缓审议时间不超过两个月。对发行人的同一发行上市申请，上市委员会只能暂缓审议一次。

交易所结合上市委员会的审议意见，出具发行人符合发行条件、上市条件和信息披露要求的审核意见或者做出终止发行上市审核的决定。

上市委员会认为发行人符合发行条件、上市条件和信息披露要求，但要求发行人补充披露有关信息的，交易所发行上市审核机构告知保荐人组织落实；发行上市审核机构对发行人及其保荐人、证券服务机构的落实情况予以核对，通报参会委员，无须再次提请上市委员会审议。发行人对相关事项补充披露后，交易所出具发行人符合发行条件、上市条件和信息披露要求的审核意见。

七、股票发行注册阶段

根据《首次公开发行股票注册管理办法》，在沪深证券交易所首次公开发行股票并上市，应当符合发行条件、上市条件以及相关信息披露要求，依法经交易所发行上市审核，并报中国证监会注册。

发行人董事会应当依法就本次发行股票的具体方案、本次募集资金使用的可行性及其他必须明确的事项做出决议，并提请股东大会批准。

发行人股东大会决议至少应当包括下列事项：

1. 本次公开发行股票的种类和数量。
2. 发行对象。
3. 定价方式。
4. 募集资金用途。
5. 发行前滚存利润的分配方案。
6. 决议的有效期。
7. 对董事会办理本次发行具体事宜的授权。
8. 其他必须明确的事项。

发行人申请首次公开发行股票并上市，应当按照中国证监会有关规定制作注册申请文件，依法由保荐人保荐并向交易所申报。

交易所收到注册申请文件，5个工作日内做出是否受理的决定。

注册申请文件受理后，未经证监会或者交易所同意，不得改动。

发生重大事项的，发行人、保荐人、证券服务机构应当及时向交易所报告，并按要求更新注册申请文件和信息披露资料。

证监会基于交易所审核意见，依法履行发行注册程序。在20个工作日内对发行人的注册申请做出予以注册或者不予注册的决定。

存在下列情形之一的，发行人、保荐人应当及时书面报告交易所或者证监会，交易所或者证监会应当中止相应发行上市审核程序或者发行注册程序：

1. 相关主体涉嫌违反《首次公开发行股票注册管理办法》第十三条第二款规定，被立案调查或者被司法机关侦查，尚未结案。

2. 发行人的保荐人以及律师事务所、会计师事务所等证券服务机构被证监会依法采取限制业务活动、责令停业整顿，指定其他机构托管、接管等措施，或者被证券交易所、国务院批准的其他全国性证券交易场所实施一定期限内不接受其出具的相关文件的纪律处分，尚未解除。

3. 发行人的签字保荐代表人、签字律师、签字会计师等中介机构签字人员被证监会依法采取认定为不适当人选等监管措施或者证券市场禁入的措施，被证券交易所、国务院批准的其他全国性证券交易场所实施一定期限内不接受其出具的相关文件的纪律处分，或者被证券业协会采取认定不适合从事相关业务的纪律处分，尚未解除。

4. 发行人及保荐人主动要求中止发行上市审核程序或者发行注册程序，理由正当且经交易所或者中国证监会同意。

5. 发行人注册申请文件中记载的财务资料已过有效期，需要补充提交。

6. 中国证监会规定的其他情形。

以上所列情形消失后，发行人可以提交恢复申请。交易所或者证监会按照规定恢复发行上市审核程序或者发行注册程序。

存在下列情形之一的，交易所或者证监会应当终止相应发行上市审核程序或者发行注册程序，并向发行人说明理由：

1. 发行人撤回注册申请或者保荐人撤销保荐。

2. 发行人未在要求的期限内对注册申请文件做出解释说明或者补

充、修改。

3. 注册申请文件存在虚假记载、误导性陈述或者重大遗漏。

4. 发行人阻碍或者拒绝证监会、交易所依法对发行人实施检查、核查。

5. 发行人及其关联方以不正当手段严重干扰发行上市审核或者发行注册工作。

6. 发行人法人资格终止。

7. 注册申请文件内容存在重大缺陷，严重影响投资者理解和发行上市审核或者发行注册工作。

8. 发行人注册申请文件中记载的财务资料已过有效期且逾期3个月未更新。

9. 发行人发行上市审核程序中止超过交易所规定的时限或者发行注册程序中止超过3个月仍未恢复。

10. 交易所认为发行人不符合发行条件或者信息披露要求。

11. 证监会规定的其他情形。

交易所认为发行人不符合发行条件或者信息披露要求，做出终止发行上市审核决定，或者证监会做出不予注册决定的，自决定做出之日起6个月后，发行人可以再次提出公开发行股票并上市申请。

第五节　企业 IPO 上会被否原因

据统计，2011—2021年（截至9月8日）已有341家企业被否，其中2018年被否率最高：170家上会，59家被否，被否率34.71%。

被否率最低的是2020年：620家上会，9家被否，被否率1.45%。

2021年以来（截至9月8日），共有316家企业上会，被否16家，被否率5.06%，仅比2020年高一些（见图2.8）。

2021年16家企业 IPO 被否（截至9月8日），数量远超2020年全年被否数。从各板块被否企业数量来看，上交所主板5家、深交所主板2家、科创板5家、创业板4家（见图2.9）。

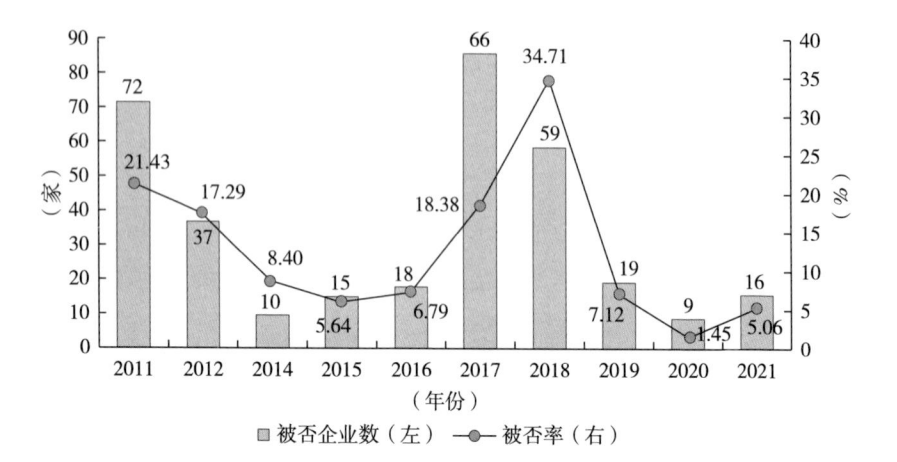

图2.8　2011—2021年（截至9月8日）各年IPO被否数及被否率
资料来源：IPO合规智库。

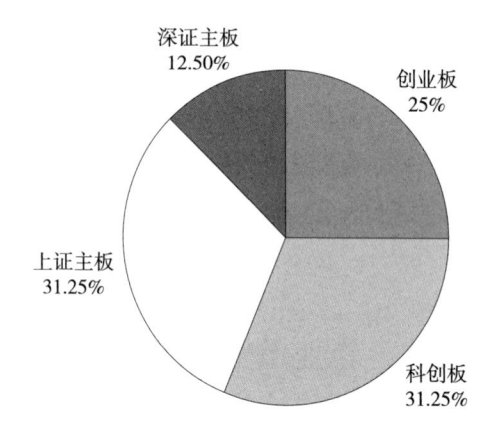

图2.9　2021年以来16家被否企业板块分布

从16个被否案例来看，持续经营能力问题、关联交易问题、内控制度问题、毛利率问题是2021年企业闯关资本市场普遍面临的"拦路虎"，同时，信息披露问题，科创板、创业板定位问题，违法违规问题也应该引起市场关注。

参考案例

广州九恒条码股份有限公司沪市主板 IPO 被否

九恒条码主营快递物流应用材料产品的研发、生产和销售业务，是快递物流应用材料整体解决方案提供商，公司产品涵盖电子面单、快递运单及快递包装材料等全系列快递物流应用材料产品。

发审委对九恒条码提出四大问题，成为其被否因素。

一是实控人与供应商关系问题。

发审委请发行人代表回答：

1. 结合发行人实控人与李拥合作情况，说明李拥与发行人及其实际控制人、大股东、董监高是否存在关联关系或其他利益安排，李拥及其持股或任职的企业与发行人、发行人实际控制人及其配偶、发行人客户或供应商是否存在资金往来。

2. 说明添城纸业成立后短期内即成为发行人的主要供应商、后又注销的原因，是否存在重大违法违规。

3. 说明发行人不直接向拥城电子及其实际控制人借款而通过其代采购原材料形成长期未归还应付账款的商业合理性，上述形成的应付账款余额是否具有对应的材料采购物流、发票及实物出入库单据支持。

4. 说明申报期及报告期发行人实际控制人配偶与供应商拥城电子、客户广州泛美、李广生资金往来原因、合理性、必要性，是否通过资金往来进行利益输送。

5. 说明发行人采购、销售收入的真实性，与供应商、客户之间是否存在异常资金往来或其他利益安排。请保荐代表人说明核查依据、过程，并发表明确核查意见。

发审委质疑公司、实际控制人及其配偶与供应商、客户等存在大额资金往来等问题。因为添城纸业成立后短期内就成了发行人 2017 年度第四大供应商，2018 年年底又注销，添城纸业及拥城电子控股股东李拥持股或任职的多家公司与发行人实际控制人及其配偶存在股权或合作关系。

二是应收账款及逾期金额问题，这是比较显性的问题。

发审委提出：说明霖格集团应收款项账龄划分是否准确、合理，在霖格集团逾期账款持续增加的情况下，仅按普通账龄法计提减值准备的依据是否足够充分，未列入单独评估信用风险的原因及合理性，是否存在少计提坏账准备调节利润的情形。

结合霖格集团的实际经营状况及财务状况，说明在报告期每年客户回款金额低于销售金额的情况下，九恒条码仍然持续与其发生大额销售的商业合理性，截至目前发行人与对方客户还款计划的执行进展与可实现性；说明九恒条码与霖格集团以及霖格集团与DHL（敦豪航空货运公司）、马来西亚邮政的合作是否存在不确定性。

发审委质疑发行人报告期各期末九恒条码应收账款及逾期金额较大的主要逾期客户为霖格集团，九恒条码对该客户按照账龄计提坏账。

三是企业经营业绩问题，涉及持续经营能力。

发审委提出：报告期九恒条码主营业务毛利率波动较大的原因；经营活动产生的现金流量净额波动较大，且与同期净利润不匹配的原因及合理性；2019年用电量与营业收入不匹配的原因及合理性。

四是涉及对赌协议问题，这一直是监管层关注的事情。

发审委提出：说明在已触发业绩对赌补偿、股份回售条款的情形下，未执行特殊条款的原因及合理性；结合上述协议的条款内容，说明各方股东结束以上特殊权益安排的时点，报告期内区分金融负债和权益工具的会计判断依据。

结合2017年5月增资时特殊条款的约定，说明股权激励授予股份公允价值与同期外部投资者投入价格之间产生差异的估值依据、重要假设和参数、估值结果是否合理；说明上述投资方解除对赌协议的原因及真实性。

老铺黄金股份有限公司深交所主板 IPO 被否

老铺黄金是集中国古法手工金器研发设计、生产加工、多渠道零售于一体的专业运营商。公司上会信息显示，老铺黄金的实际控制人为徐高明、徐东波父子。截至招股说明书签署日，徐高明、徐东波父子直接持有老铺黄金 33.89% 的股份，通过红乔金季控制公司 41.10% 的表决权，通过红乔金季间接控制天津金橙企业管理咨询合伙企业（有限合伙）持有 6.80% 的公司表决权，间接控制天津金积企业管理咨询合伙企业（有限合伙）持有 3.19% 的公司表决权，间接控制天津金咏企业管理咨询合伙企业（有限合伙）持有 1.16% 的公司表决权，间接控制天津金谛企业管理咨询合伙企业（有限合伙）持有 1.90% 的公司表决权，间接控制天津金茌企业管理咨询合伙企业（有限合伙）持有 0.92% 的公司表决权。徐高明、徐东波父子合计享有公司 88.96% 的表决权。发审委会关注到公司股权过度集中，会导致"一股独大"，有可能剥夺或损害其他小股东的权益。

招股书显示，老铺黄金连续 3 年经营性净现金流为负，与净利润走势背离。发审委主要关注以下 3 点：

1. 股权转让。

2016 年 12 月，实际控制人将金色宝藏旗下"老铺黄金"品牌黄金类业务从金色宝藏剥离，注入发行人作为主要上市资产，金色宝藏和文房文化于 2017—2018 年仍经营黄金类业务。

说明未采用原金色宝藏作为上市主体的原因及合理性，金色宝藏停止经营的具体情况，未进行注销的原因及合理性，历次股权转让是否依法履行必要程序、是否合法合规、有无纠纷及潜在纠纷；2017—2018 年金色宝藏和文房文化将黄金类制品转让给发行人的定价依据及合理性；金色宝藏剩余存货处置中将红珊瑚、和田玉及沉香等转给实际控制人后，该等存货具体用途，目前盘点情况，是否存在免费提供给发行人使用的情形；金色宝藏和文房文化在剔除资产处置损失后，报告期内仍持续大幅亏损的原因，相关成本及费用是否归属上述公司；2017—2018 年发行人仍与金色宝藏发生较大金额关联采购的原因，是否影响发行人独立性，是否存在利益输送，金色宝藏将相关黄金制品销售给发行人后又对外采购黄金的原因及合理性。

2. 收入增长较快，毛利率显著高于同行业可比公司。

说明收入增长幅度、单店销售收入、单店坪效、单店毛利率等均高于同行业可比公司的具体原因和合理性，是否与行业消费及发展趋势一致，发行人不同区域自营店铺上述指标的对比情况及差异原因；产品售价、单位成本、产品结构的变动趋势，在此情况下其产品毛利率远高于同行业可比公司的原因及合理性；同一消费者线上线下同时消费和同一消费者在不同城市线下店铺消费的具体情形，上述消费行为的合理性，存在大额现金消费的原因及合理性；在联营模式下，发行人 2017—2019 年采用净额法、2020 年采用总额法核算收入是否符合《企业会计准则》的相关规定。

3. 委托外协。

说明主要委外供应商是否专门或主要为发行人服务，发行人或其控股股东、实际控制人是否实际控制主要委外供应商或对其有重大影响，委外加工价格是否公允；加工商为客户垫料加工黄金制品是否符合行业惯例，佳得派、福缘工坊向文房文化借款用于垫料加工是否具备合理性和真实性；报告期内，发行人实际控制人、个别管理人员、关联方文房文化与委外加工商均存在较大金额资金往来的原因及合理性，往来资金的最终去向，是否存在账外支付委外商加工费用的情形，是否存在主要委外加工商资金流向发行人客户、实际控制人或相关关联方虚增收入的情形；委外加工商芳钰轩、佳得派部分团队入职发行人的商业合理性，是否影响发行人与加工商合作关系。

此案例的重点是公司规范治理及持续经营涉及的业绩问题，以规避 IPO 上市后的投资风险。

第三章

科创板

本章关键词：

卡脖子、硬科技、科创属性、包容性、市值

科创板是面向"卡脖子"硬科技企业融资的主战场。

习近平主席在 2018 年 11 月 5 日首届中国国际进口博览会开幕式上的演讲中正式宣布设立科创板。此举的目的是更好地发挥上海等地区在对外开放中的重要作用，支持上海国际金融中心和科技创新中心建设，不断完善资本市场基础制度。

科创板的创立是中国资本市场的大事件，在证监会的指导下，上交所确立了"高标准、快推进、稳起步、强功能、控风险、渐完善"的工作思路，经过两年的成功运行，已陆续推出和完善相关业务规则和配套制度，按照"市场主导、责任到位、披露为本、预期明确、监管有力"的理念，注册制经验已形成可复制可推广的典型样本而推向全板。

《上海证券交易所科创板企业发行上市申报及推荐暂行规定》第四条要求，申报科创板发行上市的发行人，应当属于下列行业领域的高新技术产业和战略性新兴产业：

1. 新一代信息技术领域，主要包括半导体和集成电路、电子信息、下一代信息网络、人工智能、大数据、云计算、软件、互联网、物联网和智能硬件等。

2. 高端装备领域，主要包括智能制造、航空航天、先进轨道交通、海洋工程装备及相关服务等。

3. 新材料领域，主要包括先进钢铁材料、先进有色金属材料、先进石化化工新材料、先进无机非金属材料、高性能复合材料、前沿新材料及相关服务等。

4. 新能源领域，主要包括先进核电、大型风电、高效光电光热、高效储能及相关服务等。

5. 节能环保领域，主要包括高效节能产品及设备、先进环保技术装备、先进环保产品、资源循环利用、新能源汽车整车、新能源汽车关键零部件、动力电池及相关服务等。

6. 生物医药领域，主要包括生物制品、高端化学药、高端医疗设备与器械及相关服务等。

7. 符合科创板定位的其他领域。

限制金融科技、模式创新企业在科创板发行上市。禁止房地产和主要从事金融、投资类业务的企业在科创板发行上市。

截至目前，科创板上市公司突破400家，首发募集资金总额超5 600亿元，总市值近5万亿元。

我们来通过图3.1了解一下什么是科创板。

1 ● 意义重大
是实施创新驱动发展战略、深化资本市场改革的重要举措

2 ● 主要服务科技创新企业
符合国家战略、拥有关键核心技术、市场认可度高

3 ● 市场化发行承销制度
以机构投资者为参与主体的市场化询价、定价和配售机制

4 ● 个人和机构投资者
50万元以上资产、24个月以上投资经验、通过适当性综合评估的个人投资者
● 符合法律法规及上交所业务规则的机构投资者

图 3.1　一图看懂科创板

2022 年 7 月 22 日，科创板开市届满 3 年，其上市公司将陆续进入 3 年解禁时期，发行人控股股东和实际控制人手中的股份也将陆续变现，这是否会引发科创板高管团队与技术队伍的人才流动呢？我们拭目以待，或许这会是新一轮科创企业兴起的潜在动力及再次备战 IPO 的种子，因为北交所、科创板极具吸引力。

按照科创板上市规则，硬科技企业到科创板上市注册需要注意以下事情：

1. 召开股东大会，就首次股票公开发行的具体方案，募投项目的可行性及其他必须明确的事项做出决议，并提请股东大会批准。

2. 准备上市申请文件，发行人委托保荐人通过上交所发行上市审核业务系统报送发行上市申请文件。

3. 上交所受理阶段。上交所收到发行上市申请文件后 5 个工作日内，对文件进行核对，做出是否受理的决定，上交所受理发行上市申请文件当日，发行人在上交所预先披露招股说明书。上交所受理发行上市申请文件后 10 个工作日内，保荐人应以电子文档形式报送保荐工作底稿。

4. 上交所审核问询阶段（6 个月）。交易所按照规定的条件和程序，3 个月内做出同意或者不同意发行人股票公开发行上市的审核意见，根据需要，交易所还向交易所科技创新咨询委员会进行行业问题咨询、约见问题与调阅资料、现场检查等，在这个过程中，企业回复交易所审核时间总计不超 3 个月。

5. 证监会履行发行注册程序。证监会在 20 个工作日内对发行人的注册申请做出同意注册或者不予注册的决定。主要关注交易所发行审核内容有无遗漏，审核程序是否符合规定，以及发行人在发行条件和信息披露要求的重大方面是否符合相关规定。可以要求交易所进一步问询。

6. 挂牌上市阶段。证监会做出注册决定，发行人股票上市交易；未通过交易所或证监会审核的，自决定做出之日起 6 个月后可再次提出上市申请。

第一节　发行条件

科创板股票公开发行条件的设定充分体现了以信息披露为中心的注册制改革理念，精简优化现行发行条件，同时突出重大性原则并强调风险防控。《科创板首次公开发行股票注册管理办法（试行）》取消了现行发行条件中关于盈利业绩、不存在未弥补亏损、无形资产占比限制等方面的要求，规定申请首发上市应当满足以下 4 个方面的基本条件：一是组织机构健全，持续经营满 3 年；二是会计基础工作规范，内控制度健全有效；三是业务完整并具有直接面向市场独立持续经营的能力；四是生产经营合法合规，相关主体不存在《科创板首次公开发行股票注册管理办法（试行）》规定的违法违规记录。

一、发行人的申请条件

科创板支持和鼓励科创板定位规定的相关行业领域中，同时符合下列 4 项指标的企业申报科创板发行上市：

1. 最近 3 年累计研发投入占最近 3 年累计营业收入比例 5% 以上，或者最近 3 年研发投入金额累计在 6 000 万元以上；其中，软件企业最近 3 年累计研发投入占最近 3 年累计营业收入比例 10% 以上。

2. 研发人员占当年员工总数的比例不低于 10%。

3. 形成主营业务收入的发明专利（含国防专利）5 项以上，软件企业除外。

4. 最近 3 年营业收入复合增长率达到 20%，或者最近一年营业收入金额达到 3 亿元。采用《上海证券交易所科创板股票发行上市审核规则》第二十二条第二款第（五）项上市标准（预计市值不低于 40 亿元）申报科创板发行上市的发行人除外。

支持和鼓励科创板定位规定的相关行业领域中，虽未达到《上海证券交易所科创板企业发行上市申报及推荐暂行规定》第五条指标，但符合下列情形之一的企业申报科创板发行上市：

1. 拥有的核心技术经国家主管部门认定，具有国际领先、引领作用或者对于国家战略具有重大意义。

2. 作为主要参与单位或者核心技术人员作为主要参与人员，获得国家自然科学奖、国家科技进步奖、国家技术发明奖，并将相关技术运用于主营业务。

3. 独立或者牵头承担与主营业务和核心技术相关的国家重大科技专项项目。

4. 依靠核心技术形成的主要产品（服务），属于国家鼓励、支持和推动的关键设备、关键产品、关键零部件、关键材料等，并实现了进口替代。

5. 形成核心技术和主营业务收入相关的发明专利（含国防专利）合计 50 项以上。

二、科创板申请条件

《上海证券交易所科创板股票上市规则》规定，发行人申请在上交所科创板上市，应当符合下列条件：

1. 符合证监会规定的发行条件。
2. 发行后股本总额不低于3 000万元。
3. 公开发行的股份达到公司股份总数的25%以上；公司股本总额超过4亿元的，公开发行股份的比例为10%以上。
4. 市值及财务指标符合本规则规定的标准。
5. 上交所规定的其他上市条件。

上交所可以根据市场情况，经证监会批准，对上市条件和具体标准进行调整。发行人申请在上交所科创板上市，市值及财务指标应当至少符合下列标准中的一项：

1. 预计市值不低于10亿元，最近两年净利润均为正且累计净利润不低于5 000万元，或者预计市值不低于10亿元，最近一年净利润为正且营业收入不低于1亿元。
2. 预计市值不低于15亿元，最近一年营业收入不低于2亿元，且最近3年累计研发投入占最近3年累计营业收入的比例不低于15%。
3. 预计市值不低于20亿元，最近一年营业收入不低于3亿元，且最近3年经营活动产生的现金流量净额累计不低于1亿元。
4. 预计市值不低于30亿元，且最近一年营业收入不低于3亿元。
5. 预计市值不低于40亿元，主要业务或产品需经国家有关部门批准，市场空间大，目前已取得阶段性成果。医药行业企业需至少有一项核心产品获准开展二期临床试验，其他符合科创板定位的企业需具备明显的技术优势并满足相应条件。

以上所称净利润以扣除非经常性损益前后的孰低者为准，所称净利润、营业收入、经营活动产生的现金流量净额均指经审计的数值。

三、发行人是红筹企业的市值及财务指标条件

符合《关于开展创新企业境内发行股票或存托凭证试点若干意见的通知》中相关规定的红筹企业，可以申请发行股票或存托凭证并在科创板上市。

营业收入快速增长，拥有自主研发、国际领先技术，在同行业竞争中处于相对优势地位的尚未在境外上市的红筹企业，申请在科创板上市的，市值及财务指标应当至少符合下列标准之一：

1. 预计市值不低于100亿元。
2. 预计市值不低于50亿元，且最近一年营业收入不低于5亿元。

根据《关于红筹企业申报科创板发行上市有关事项的通知》，红筹企业上市条件的调整适用为：

1. 红筹企业发行存托凭证的，适用《上海证券交易所科创板股票上市规则》第2.1.1条第一款第二项时，调整为"发行后的存托凭证总份数不低于3 000万份"；适用第2.1.1条第一款第三项时，调整为"公开发行的存托凭证对应基础股份达到公司股份总数的25%以上；发行后的存托凭证总份数超过4亿份的，公开发行存托凭证对应基础股份达到公司股份总数的10%以上"。

2. 适用"营业收入快速增长"要求的具体标准为：

尚未在境外上市的红筹企业申请在科创板上市，适用《科创板股票发行上市审核规则》第二十三条第二款、《上海证券交易所科创板股票上市规则》第2.1.3条有关"营业收入快速增长"的规定时，应当符合下列标准之一：

（1）最近一年营业收入不低于5亿元的，最近3年营业收入复合增长率在10%以上。

（2）最近一年营业收入低于5亿元的，最近3年营业收入复合增长率在20%以上。

（3）受行业周期性波动等因素影响，行业整体处于下行周期的，发行人最近3年营业收入复合增长率高于同行业可比公司同期平均增长水平。

处于研发阶段的红筹企业和对国家创新驱动发展战略有重要意义的红筹企业，不适用"营业收入快速增长"上述要求。

四、发行人的市值及财务指标条件

发行人具有表决权差异安排的，市值及财务指标应当至少符合下列标准中的一项：

1. 预计市值不低于 100 亿元。
2. 预计市值不低于 50 亿元，且最近一年营业收入不低于 5 亿元。

发行人特别表决权股份的持有人资格、公司章程关于表决权差异安排的具体规定，应当符合《上海证券交易所科创板股票上市规则》第四章第五节的规定，所称表决权差异安排，是指发行人依照相关法律规定，在一般规定的普通股份之外，发行拥有特别表决权的股份。每一特别表决权股份拥有的表决权数量大于每一普通股份拥有的表决权数量，其他股东权利与普通股份相同。

五、发行人应当提交的文件

发行人首次公开发行股票经证监会同意注册并完成股份公开发行后，向上交所提出股票上市申请的，应当提交下列文件：

1. 上市申请书。
2. 证监会同意注册的决定。
3. 首次公开发行结束后发行人全部股票已经中国证券登记结算有限责任公司上海分公司登记的证明文件。
4. 首次公开发行结束后，具有执行证券、期货相关业务资格的会计师事务所出具的验资报告。
5. 发行人、控股股东、实际控制人、董事、监事和高级管理人员根据相关规则要求出具的证明、声明及承诺。
6. 首次公开发行后至上市前，按规定新增的财务资料和有关重大事项的说明（如适用）。

7. 上交所要求的其他文件。

发行人及其董事、监事、高级管理人员应当保证上市申请文件真实、准确、完整，不存在虚假记载、误导性陈述或者重大遗漏。

上交所收到发行人上市申请文件后5个交易日内，做出是否同意上市的决定。发行人发生重大事项，对是否符合上市条件和信息披露要求产生重大影响的，上交所可提请科创板股票上市委员会进行审议，审议时间不计入前款规定时限。

六、发行人应当披露的文件

发行人应当于股票上市前5个交易日内，在指定媒体及上交所网站上披露下列文件：

1. 上市公告书。
2. 公司章程。
3. 上交所要求的其他文件。

第二节　审核与注册程序

发行人申请股票首次发行上市，应当符合科创板定位，面向世界科技前沿、面向经济主战场、面向国家重大需求。优先支持符合国家战略，拥有关键核心技术，科技创新能力突出，主要依靠核心技术开展生产经营，具有稳定的商业模式，市场认可度高，社会形象良好，具有较强成长性的企业。科创板受理发行人上市申请后才能进入审核与注册程序。

一、审核程序

图3.2展示了科创板上市的审核程序。

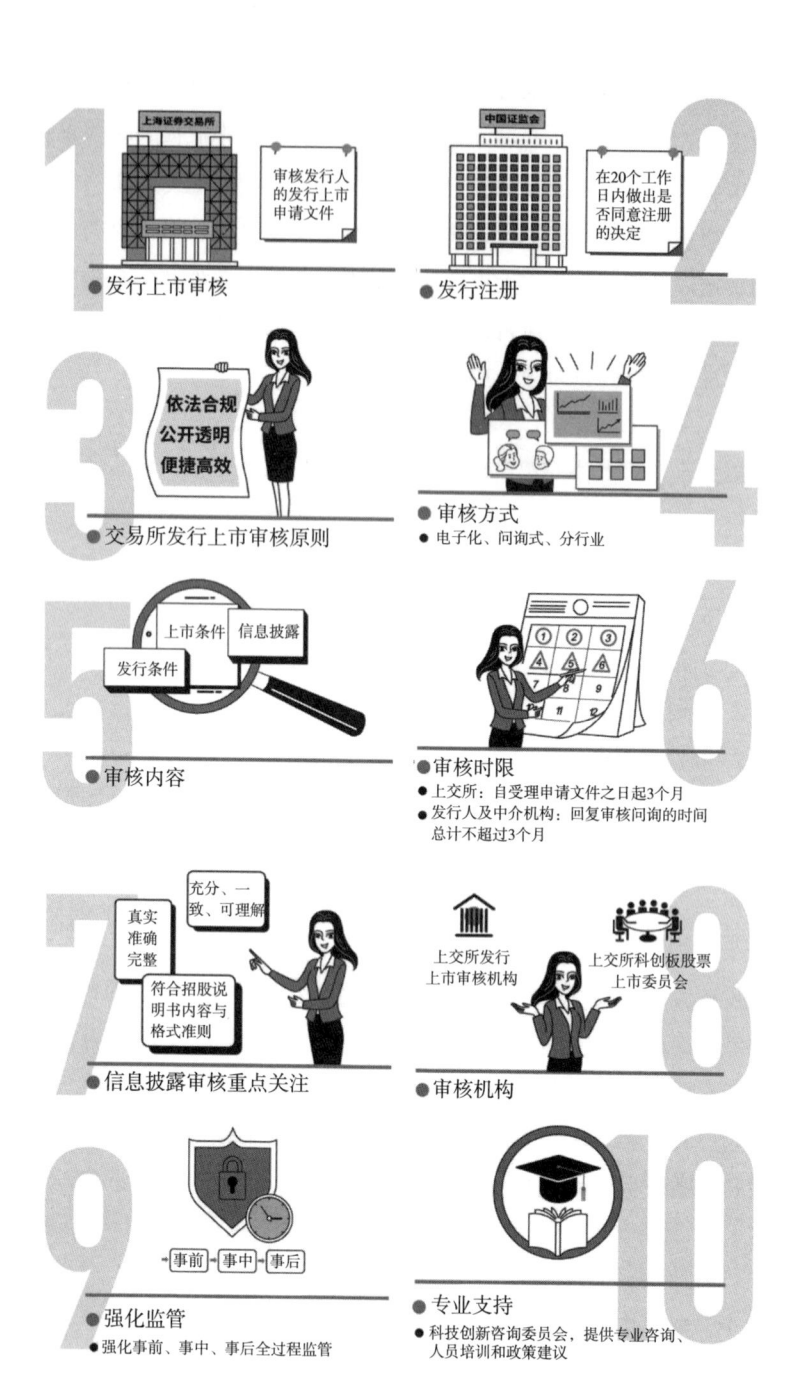

图3.2 一图看懂科创板审核程序

上市委员会进行审议时要求对发行人及其保荐人进行现场问询的，发行人代表及保荐代表人应当到会接受问询，回答委员提出的问题。

上市委员会审议时，参会委员就审核报告的内容和发行上市审核机构提出的初步审核意见发表意见，通过合议形成同意或者不同意发行上市的审议意见。

上交所结合上市委员会的审议意见，出具同意发行上市的审核意见或者做出终止发行上市审核的决定。

上市委员会同意发行人发行上市，但要求发行人补充披露有关信息的，上交所发行上市审核机构告知保荐人组织落实；发行上市审核机构对发行人及其保荐人、证券服务机构的落实情况予以核对，通报参会委员，无须再次提请上市委员会审议。发行人对相关事项补充披露后，上交所出具同意发行上市的审核意见。

二、注册程序

根据《科创板首次公开发行股票注册管理办法（试行）》，首次公开发行股票并在科创板上市，应当符合发行条件、上市条件以及相关信息披露要求，依法经上交所发行上市审核并报经证监会履行发行注册程序，主要包括以下5个方面：

1. 对科创板发行上市审核流程做出制度安排，规定上交所的发行上市审核程序和证监会发行注册程序的流程、审核机构设置、审核内容及审核时限。

2. 规定证监会与上交所建立电子化审核注册系统，实现受理和审核全流程电子化，提高审核效率，减轻企业负担。

3. 规定发行人及其控股股东、实际控制人、董事、监事、高级管理人员，以及相关中介机构及其责任人员，自注册申请文件受理之日起即承担相应法律责任。

4. 明确上交所和证监会应当提高审核和注册工作透明度，审核标准、流程、进度、反馈意见及发行人的回复情况、审议结果等全流程重要节点，均对社会公开，接受社会监督。

5. 将现场检查制度规则化，规定证监会和上交所应当建立健全信息披露质量现场检查制度。

三、上市委、咨询委和自律委

上市委将参与科创板股票发行上市审核工作，侧重于对上交所审核机构出具的审核报告和发行人的申请文件提出审议意见。委员主要来自会计师事务所、律师事务所、高校、市场机构、证监会系统相关机构，以兼职为主。上市委的组建程序，主要包括组建遴选委员会、相关机构推荐人选、任职条件初步核查、推荐机构和推荐人选执业诚信记录核查、遴选委员会审议、候选人名单公示、遴选委员会进行差额面谈并再次审议、正式聘任、委员名单公布等。

根据《上海证券交易所科创板上市委员会管理办法》，上市委委员主要由上交所以外的专家和上交所相关专业人员组成，由上交所聘任。

上市委由不超过 60 名委员组成，并购重组委由不超过 30 名委员组成。

上交所可以根据需要对上市委及并购重组委委员人数和人员构成进行调整。

上市委履行以下职责：

1. 对上交所审核机构出具的审核报告以及发行上市申请文件进行审议，就上交所审核机构提出的初步审核意见提出审议意见。

2. 对发行人提出异议的上交所不予受理、终止审核、不同意转板上市决定进行复审，提出复审意见。

3. 对上交所审核机构及相关部门提交咨询的事项进行讨论，提出咨询意见。

4. 对上市委年度工作进行讨论、研究。

5. 上交所规定的其他职责。

上市委委员应当亲自出席会议，不得委托他人代为出席。

咨询委作为专家咨询机构，将侧重于为科创板建设以及发行上市审核提供专业咨询和政策建议。委员主要由从事高新技术产业和战略性新兴产业的人员、知名企业家、资深投资专家、科研院所专家学者等权威专家组成。委员均为兼职，以个人专家身份履行职责。咨询委的组建程序，主要包括组建遴选委员会、邀请意向专家、执业诚信记录核查、遴选委员会审议、候选人名单公示、遴选委员会再次审议、上交所聘任、委员名单公布等。

自律委员会是由科创板股票发行一级市场主要参与主体组成的咨询和议事机构，负责就科创板股票发行相关政策制定提供咨询意见、对股票发行和承销等事宜提出行业倡导建议。

自律委员会通过自律委员会工作会议的形式履行职责。工作会议以合议方式开展集体讨论，形成合议意见。

自律委员会的职责包括：

1. 分析和评估科创板市场当前和今后一段时期的供需状况。

2. 根据评估情况，对如何有效保持市场供需平衡以及今后一段时期的股票发行审核工作提出意见和建议。

3. 对科创板发行与承销的相关政策和运行机制提供咨询意见。

4. 以适当方式回应市场关于科创板股票发行工作的问题和建议。

5. 上交所业务规则规定或者上交所提请办理的其他事项。

后续，上交所将按既定程序推进上市委和咨询委的组建工作。上市委、咨询委组建后，将组织委员培训，确保上市委、咨询委、自律委正常履行职责。

四、具体的注册程序

1. 发行人董事会应当依法就本次股票发行的具体方案、本次募集资金使用的可行性及其他必须明确的事项做出决议，并提请股东大会批准。

发行人股东大会就本次发行股票做出的决议，至少应当包括下列事项：

（1）本次公开发行股票的种类和数量。

（2）发行对象。

（3）定价方式。

（4）募集资金用途。

（5）发行前滚存利润的分配方案。

（6）决议的有效期。

（7）对董事会办理本次发行具体事宜的授权。

（8）其他必须明确的事项。

2. 发行人申请公开发行股票并在科创板上市，应当按照证监会有关规定制作注册申请文件，由保荐人保荐并向上交所申报。上交所收到注册申请文件后，5个工作日内做出是否受理的决定。

3. 自注册申请文件受理之日起，发行人及其控股股东、实际控制人、董事、监事、高级管理人员，以及与本次股票公开发行并上市相关的保荐人、证券服务机构及相关责任人员，即承担相应法律责任。

注册申请文件受理后，未经证监会或者上交所同意，不得改动。

发生重大事项的，发行人、保荐人、证券服务机构应当及时向上交所报告，并按要求更新注册申请文件和信息披露资料。

4. 上交所设立独立的审核部门，负责审核发行人公开发行并上市申请；设立科技创新咨询委员会，负责为科创板建设和发行上市审核提供专业咨询和政策建议；设立科创板上市委员会，负责对审核部门出具的审核报告提出审议意见。

上交所主要通过向发行人提出审核问询、发行人回答问题的方式开展审核工作，基于科创板定位，判断发行人是否符合发行条件、上市条件和信息披露要求。

5. 上交所按照规定的条件和程序，做出同意或者不同意发行人股票公开发行并上市的审核意见。同意发行人股票公开发行并上市的，将审核意见、发行人注册申请文件及相关审核资料报送证监会履行发行注册程序。不同意发行人股票公开发行并上市的，做出终止发行上市审核决定。

上交所应当自受理注册申请文件之日3个月内形成审核意见。发行人根据要求补充、修改注册申请文件，以及上交所按照规定对发行人实施现场检查，或者要求保荐人、证券服务机构对有关事项进行专项核查的时间不计算在内。

6. 上交所应当提高审核工作透明度，接受社会监督，公开下列事项：

（1）发行上市审核标准和程序等发行上市审核业务规则，以及相关监管问答。

（2）在审企业名单、企业基本情况及审核工作进度。

（3）发行上市审核问询及回复情况，但涉及国家秘密或者发行人商业秘密的除外。

（4）上市委员会会议的时间、参会委员名单、审议的发行人名单、审议结果及现场问询问题。

（5）对股票公开发行并上市相关主体采取的自律监管措施或者纪律处分。

（6）上交所规定的其他事项。

7. 证监会收到上交所报送的审核意见及发行人注册申请文件后，依照规定的发行条件和信息披露要求，在上交所发行上市审核工作的基础上，履行发行注册程序。证监会认为存在需要进一步说明或者落实事项的，可以提出反馈意见。

证监会认为上交所对影响发行条件的重大事项未予关注或者上交所的审核意见依据明显不充分的，可以退回交易所补充审核。上交所补充审核后，同意发行人股票公开发行并上市的，重新向证监会报送审核意见及相关资料，《科创板首次公开发行股票注册管理办法（试行）》第二十四条规定的注册期限重新计算。

8. 证监会依照法定条件，在 20 个工作日内对发行人的注册申请做出同意注册或者不予注册的决定。发行人根据要求补充、修改注册申请文件，以及证监会要求保荐人、证券服务机构等对有关事项进行核查的时间不计算在内。

9. 证监会同意注册的决定自做出之日 6 个月内有效，发行人应当在注册决定有效期内发行股票，发行时点由发行人自主选择。

10. 证监会做出注册决定后、发行人股票上市交易前，发行人应当及时更新信息披露文件内容，财务报表过期的，发行人应当补充财务会计报告等文件；保荐人及证券服务机构应当持续履行尽职调查职责；发生重大事项的，发行人、保荐人应当及时向上交所报告。

上交所应当对上述事项及时处理，发现发行人存在重大事项影响发行条件、上市条件的，应当出具明确意见并及时向证监会报告。

11. 证监会做出注册决定后、发行人股票上市交易前，发现可能影响本次发行的重大事项的，证监会可以要求发行人暂缓或者暂停发行、上市；相关重大事项导致发行人不符合发行条件的，可以撤销注册。

证监会撤销注册后，股票尚未发行的，发行人应当停止发行；股票已经发行尚未上市的，发行人应当按照发行价并加算银行同期存款利息返还股票持有人。

12. 上交所因不同意发行人股票公开发行并上市，做出终止发行上市审核决定，或者证监会做出不予注册决定的，自决定做出之日起1年后，发行人可以再次提出公开发行股票并上市申请。

证监会应当按规定公开股票发行注册行政许可事项相关的监管信息。

13. 存在下列情形之一的，发行人、保荐人应当及时书面报告上交所或者证监会，上交所或者证监会应当中止相应发行上市审核程序或者发行注册程序：

（1）相关主体涉嫌违反《科创板首次公开发行股票注册管理办法（试行）》第十三条第二款规定，被立案调查或者被司法机关立案侦查，尚未结案。

（2）发行人的保荐人，以及律师事务所、会计师事务所等证券服务机构因首次公开发行股票、上市公司证券发行、并购重组业务涉嫌违法违规，或者其他业务涉嫌违法违规且对市场有重大影响被证监会立案调查，或者被司法机关侦查，尚未结案。

（3）发行人的签字保荐代表人，以及签字律师、签字会计师等证券服务机构签字人员因首次公开发行股票、上市公司证券发行、并购重组业务涉嫌违法违规，或者其他业务涉嫌违法违规且对市场有重大影响被证监会调查，或者被司法机关侦查，尚未结案。

（4）发行人的保荐人，以及律师事务所、会计师事务所等证券服务机构被证监会依法采取限制业务活动、责令停业整顿、指定其他机构托管、接管等监管措施，或者被上交所实施一定期限内不接受其出具的相关文件的纪律处分，尚未解除。

（5）发行人的签字保荐代表人、签字律师、签字会计师等中介机构签字人员被证监会依法采取证券市场禁入、限制证券从业资格等监管措施，尚未解除。

（6）发行人及保荐人主动要求中止发行上市审核程序或者发行注册程序，理由正当且经上交所或者证监会批准。

（7）发行人注册申请文件中记载的财务资料已过有效期，需要补充提交。

（8）证监会规定的其他情形。

前款所列情形消失后，发行人可以提交恢复申请；因前款第（2）、（3）项规定情形中止的，保荐人以及律师事务所、会计师事务所等证券服务机构按照有关规定履行复核程序后，发行人也可以提交恢复申请；上交所或者证监会按照有关规定恢复发行上市审核程序或者发行注册程序。

14. 存在下列情形之一的，上交所或者证监会应当终止相应发行上市审核程序或者发行注册程序，并向发行人说明理由：

（1）发行人撤回注册申请文件或者保荐人撤销保荐。

（2）发行人未在要求的期限内对注册申请文件做出解释说明或者补充、修改。

（3）注册申请文件存在虚假记载、误导性陈述或者重大遗漏。

（4）发行人阻碍或者拒绝证监会、上交所依法对发行人实施检查、核查。

（5）发行人及其关联方以不正当手段严重干扰发行上市审核或者发行注册工作。

（6）发行人法人资格终止。

（7）注册申请文件内容存在重大缺陷，严重影响投资者理解和发行上市审核或者发行注册工作。

（8）发行人注册申请文件中记载的财务资料已过有效期且逾期3个月未更新。

（9）发行人中止发行上市审核程序超过上交所规定的时限或者中止

发行注册程序超过 3 个月仍未恢复。

（10）上交所不同意发行人公开发行股票并上市。

（11）证监会规定的其他情形。

15. 证监会和上交所可以对发行人进行现场检查，并要求保荐人、证券服务机构对有关事项进行专项核查并出具意见。

证监会和上交所应当建立健全信息披露质量现场检查制度，以及对保荐业务、发行承销业务的常态化检查制度，具体制度另行规定。

证监会与上交所建立全流程电子化审核注册系统，实现电子化受理、审核，以及发行注册各环节实时信息共享，并满足依法向社会公开相关信息的需要。

第三节　发行上市保荐的特别规定

《科创板首次公开发行股票注册管理办法（试行）》专门对设立科创板并试点注册制的保荐业务做出特别制度安排，并与现行《证券发行上市保荐业务管理办法》做好衔接。一是明确除特别规定外，科创板上市保荐业务适用《证券发行上市保荐业务管理办法》。二是要求保荐人应当结合科创企业特点做出针对性内部控制制度安排，控制业务风险，提高执业质量，并按规定制作、报送和披露注册申请文件，遵守发行上市审核及发行注册程序。三是明确科创板上市企业的持续督导期为证券上市当年剩余时间及其后 3 个完整会计年度。《上海证券交易所科创板上市保荐书内容与格式指引》规定，发行人申请首次公开发行股票并在科创板上市的，所聘请的保荐人应当按照本指引的要求出具上市保荐书，具体操作如下所示。

一、保荐人应当简述的内容

· 保荐人应当简述发行人基本情况，包括发行人名称、注册地及注册时间、联系方式、主营业务、核心技术、研发水平、主要经营和财务数据及指标、发行人存在的主要风险等内容。

保荐人应当简述发行人本次发行情况，包括证券种类、发行数量、发行方式等内容。

保荐人应当简述本次证券发行上市的保荐代表人、协办人及项目组其他成员情况，包括人员姓名、保荐业务执业情况等内容。

二、保荐人应当详述的内容

保荐人应当详细说明发行人与保荐人是否存在下列情形：

1. 保荐人或其控股股东、实际控制人、重要关联方持有或者通过参与本次发行战略配售持有发行人或其控股股东、实际控制人、重要关联方股份的情况。

2. 发行人或其控股股东、实际控制人、重要关联方持有保荐人或其控股股东、实际控制人、重要关联方股份的情况。

3. 保荐人的保荐代表人及其配偶、董事、监事、高级管理人员，持有发行人或其控股股东、实际控制人及重要关联方股份，以及在发行人或其控股股东、实际控制人及重要关联方任职的情况。

4. 保荐人的控股股东、实际控制人、重要关联方与发行人控股股东、实际控制人、重要关联方相互提供担保或者融资等情况。

5. 保荐人与发行人之间的其他关联关系。

存在上述情形的，应当重点说明其对保荐人及其保荐代表人公正履行保荐职责可能产生的影响。

三、保荐人应当做出的承诺

保荐人应当在上市保荐书中就《证券发行上市保荐业务管理办法》第二十九条所列相关事项做出承诺。

保荐人应当简要说明发行人是否已就本次证券发行上市履行了《公司法》《证券法》和证监会及上交所规定的决策程序。

四、保荐人应当说明的内容

保荐人应当说明针对发行人是否符合科创板定位所做出的专业判断以及相应理由和依据，并说明保荐人的核查内容和核查过程。

保荐人应当逐项说明发行人是否符合《上海证券交易所科创板股票上市规则》规定的上市条件，并明确说明发行人所选择的具体上市标准，详细载明得出每项结论的查证过程及事实依据。对于市值指标，保荐人应当结合发行人报告期外部股权融资情况、可比公司在境内外市场的估值情况等进行说明。

五、发行人为红筹企业

发行人为红筹企业的，保荐人应当说明发行人的投资者权益保护水平、特别披露事项、重大交易决策程序等是否符合《上海证券交易所科创板股票上市规则》的相关规定。

六、发行人具有表决权差异安排

发行人具有表决权差异安排的，保荐人应当说明发行人有关表决权差异安排的主要内容、相关风险及对公司治理的影响，以及依法落实保护投资者合法权益的各项措施，相关安排是否符合《上海证券交易所科创板股票上市规则》的相关规定。

七、保荐人的职责

保荐人应当说明对发行人证券上市后持续督导工作的具体安排，包括持续督导事项、持续督导期限、持续督导计划等内容。

保荐人报送上市保荐书后，发行人情况发生重大变化并影响本次证券上市条件的，保荐人应当及时对上市保荐书进行补充、更新。

发行人发行完成后，保荐人应当结合发行情况更新上市保荐书，就市值及财务指标等是否符合选定的上市标准发表明确结论意见,并将更新后的上市保荐书提交上交所。

上市保荐书应当由保荐人法定代表人、保荐业务负责人、内核负责人、保荐代表人和项目协办人签字,加盖保荐人公章并注明签署日期。

第四节 发行与承销的特别规定

《科创板首次公开发行股票注册管理办法(试行)》与《证券发行与承销管理办法》有效衔接并做出特别规定,明确科创板企业发行与承销行为一般适用《证券发行与承销管理办法》,但参与询价网下机构投资者条件及报价要求、最高报价剔除比例、网下初始配售比例、网下优先配售比例、网下网上回拨机制、网下分类配售安排、战略配售、超额配售选择权等事项适用上交所相关规定。《科创板首次公开发行股票注册管理办法(试行)》同时明确,科创板企业新股发行价格应当通过向符合条件的网下投资者询价确定。

具体操作规则如下:

1. 首次公开发行股票并在科创板上市的发行与承销行为,适用《证券发行与承销管理办法》,上交所另有规定的除外。

2. 首次公开发行股票,应当向经中国证券业协会注册的证券公司、基金管理公司、信托公司、财务公司、保险公司、合格境外机构投资者和私募基金管理人等专业机构投资者询价确定股票发行价格。

发行人和主承销商可以根据自律规则,设置网下投资者的具体条件,并在发行公告中预先披露。

3. 网下投资者可以按照管理的不同配售对象账户分别申报价格,每个报价应当包含配售对象信息、每股价格和该价格对应的拟申购股数。

首次公开发行股票价格(或者发行价格区间)确定后,提供有效报价的网下投资者方可参与新股申购。

4. 上交所应当根据《证券发行与承销管理办法》和《科创板首

次公开发行股票注册管理办法（试行）》制定科创板股票发行承销业务规则。

投资者报价要求、最高报价剔除比例、网下初始配售比例、网下优先配售比例、网下网上回拨机制、网下分类配售安排、战略配售、超额配售选择权等事项适用上交所相关规定。

《证券发行与承销管理办法》规定的战略投资者在承诺的持有期限内，可以按规定向证券金融公司借出获得配售的股票。借出期限届满后，证券金融公司应当将借入的股票返还给战略投资者。

5. 保荐人的相关子公司或者保荐人所属证券公司的相关子公司参与发行人股票配售的具体规则由上交所另行规定。

6. 获证监会同意注册后，发行人与主承销商应当及时向上交所报备发行与承销方案。上交所5个工作日内无异议的，发行人与主承销商可依法刊登招股意向书，启动发行工作。

7. 上交所对证券发行承销过程实施监管。发行承销涉嫌违法违规或者存在异常情形的，证监会可以要求上交所对相关事项进行调查处理，或者直接责令发行人和承销商暂停或者中止发行。

第五节　红筹企业和境内外事项的协调

一、有关红筹企业的特别规定

红筹企业申请发行股票或者存托凭证并在科创板上市的，适用证监会、上交所关于发行上市审核注册程序的规定。

红筹企业申请其在境内首次公开发行股票上市的，应当根据《上海证券交易所科创板股票发行上市审核规则》的规定，取得上交所出具的同意发行上市审核意见并由证监会做出同意注册决定。

红筹企业在境内发行存托凭证并上市的，还应当提交本次发行的存托凭证已经中国结算存管的证明文件、经签署的存托协议、托管协议文本以及托管人出具的存托凭证所对应基础证券的托管凭证等文件。

根据公司注册地公司法等法律法规和公司章程或者其他章程性文件规定，红筹企业无须就本次境内发行上市事宜提交股东大会审议的，其申请上市时可以不提交股东大会决议，但应当提交相关董事会决议。

红筹企业在境内发行股票或者存托凭证并在上交所科创板上市，股权结构、公司治理、运行规范等事项适用境外注册地公司法等法律法规的，其投资者权益保护水平，包括资产收益、参与重大决策、剩余财产分配等权益，总体上应不低于境内法律法规规定的要求，并保障境内存托凭证持有人实际享有的权益与境外基础证券持有人的权益相当。

红筹企业注册地公司法等法律法规或者实践中普遍认同的标准对公司董事会、独立董事职责有不同规定或者安排，导致董事会、独立董事无法按照上交所规定履行职责或者发表意见的，红筹企业应当详细说明情况和原因，并聘请律师事务所就上述事项出具法律意见。

红筹企业在上交所上市存托凭证的，应当在年度报告和中期报告中披露存托、托管相关安排在报告期内的实施和变化情况以及报告期末前10名境内存托凭证持有人的名单和持有量。发生下列情形之一的，公司应当及时披露：

1. 存托人、托管人发生变化。
2. 存托的基础财产发生被质押、挪用、司法冻结或者其他权属变化。
3. 对存托协议、托管协议做出重大修改。
4. 存托凭证与基础证券的转换比例发生变动。
5. 证监会和上交所要求披露的其他情形。

红筹企业变更存托凭证与基础证券的转换比例的，应当经上交所同意。

发生以上第1项、第2项规定的情形，或者托管协议发生重大修改的，存托人应当及时告知红筹企业，公司应当及时进行披露。

红筹企业、存托人应当合理安排存托凭证持有人权利行使的时间和方式，保障其有足够时间和便利条件行使相应权利，并根据存托协议的约定及时披露存托凭证持有人权利行使的时间、方式、具体要求和权利行使结果。

公司、存托人通过上交所或者上交所子公司提供的网络系统征集存托凭证持有人投票意愿的,具体业务流程按照上交所相关规定或者业务协议的约定办理,并由公司或者存托人按照存托协议的约定向市场公告。

红筹企业和相关信息披露义务人适用相关信息披露要求和持续监管规定,可能导致其难以符合公司注册地、境外上市地有关规定及市场实践中普遍认同的标准的,可以向上交所申请调整适用,但应当说明原因和替代方案,并聘请律师事务所出具法律意见。

二、境内外事项的协调

在上交所上市的公司同时有证券在境外证券交易所上市的,应当保证将境外证券交易所要求披露的信息及时向上交所报告,并同时在指定媒体上按照相关规则规定披露。

上市公司就同一事件向境外证券交易所提供的报告和公告应当与向上交所提供的内容一致。出现重大差异时,公司应当向上交所做出专项说明,并按照上交所要求披露更正或补充公告。

上市公司股票及其衍生品种被境外证券交易所停牌的,应当及时向上交所报告停牌的事项和原因,并提交是否需要向上交所申请停牌的书面说明。

第六节 投资者适当性管理制度

一、规则定位

交易信息、异常情况处理等基本制度与主板保持一致,有益于科创板建设,也易于为投资者接受。

《上海证券交易所科创板股票交易特别规定》集中体现科创板交易机制的差异化安排。针对科创型企业的特点,结合交易机制创新,拟在科创板推出不同于主板的交易机制改革措施,并在《上海证券交易所科创板股票交易特别规定》中集中体现。

《上海证券交易所科创板股票交易特别规定》按照如下思路制定：

1. 防止过度投机炒作，促进市场平稳运行。科创板企业具有业务模式新、不确定性大等特点，股票价格波动可能高于一般上市公司，需要在防止过度炒作的同时，维护正常交易秩序。为此，科创板将引入投资者适当性制度、适当放宽涨跌幅限制、调整单笔申报数量、上市首日开放融资融券业务等差异化机制安排。

2. 保障市场流动性，提升定价效率。二级市场出现流动性不足，会影响定价效率，并制约一级市场的融资功能。防范炒作的同时，应保障市场流动性。为此，科创板将引入盘后固定价格交易，满足投资者多样化交易需求。

3. 稳步推进，分批实施。考虑到科创板交易机制的调整市场影响面较广，全市场实施的技术复杂度较高，因此拟根据市场准备情况，分批实施差异化交易机制安排，包括做市制度、证券公司证券借入业务等交易制度。

《上海证券交易所科创板股票交易特别规定》的主要制度安排如下所示：

1. 投资者适当性管理。设立专章明确投资者适当性管理安排。考虑到科创板企业的特点，为保护投资者合法权益，拟在科创板引入投资者适当性管理制度。明确规定个人投资者的适当性条件，要求申请权限开通前20个交易日证券账户及资金账户内的资产日均不低于人民币50万元，并且参与证券交易24个月以上。上交所可根据市场情况对上述条件做出调整。

会员应当制定科创板股票投资者适当性管理的相关工作制度，对投资者进行适当性管理。

参与科创板股票交易的投资者应当符合上交所规定的适当性管理要求，个人投资者还应当通过会员组织的科创板股票投资者适当性综合评估。

2. 在科创板首次公开发行股票，网下发行比例应当遵守以下规定：

（1）公开发行后总股本不超过4亿股的，网下初始发行比例不低于本次公开发行股票数量的70%。

第三章 科创板

（2）公开发行后总股本超过 4 亿股或者发行人尚未盈利的，网下初始发行比例不低于本次公开发行股票数量的 80%。

（3）应当安排不低于本次网下发行股票数量的 40% 优先向公募基金、社保基金和养老金配售，安排一定比例的股票向根据《企业年金基金管理办法》设立的企业年金基金和符合《保险资金运用管理办法》等相关规定的保险资金配售。

（4）公募基金、社保基金、养老金、企业年金基金和保险资金有效申购不足安排数量的，发行人和主承销商可以向其他符合条件的网下投资者配售剩余部分。

（5）对网下投资者进行分类配售的，同类投资者获得配售的比例应当相同。公募基金、社保基金、养老金、企业年金基金和保险资金的配售比例应当不低于其他投资者。

（6）安排向战略投资者配售股票的，应当扣除向战略投资者配售部分后确定网下网上发行比例。

3. 个人投资者参与科创板股票交易，应当符合下列条件：

（1）申请权限开通前 20 个交易日证券账户及资金账户内的资产日均不低于 50 万元（不包括该投资者通过融资融券融入的资金和证券）。

（2）参与证券交易 24 个月以上。

（3）上交所规定的其他条件。

机构投资者参与科创板股票交易，应当符合境内法律及上交所业务规则的规定。

上交所可根据市场情况对上述条件做出调整。

4. 根据投资者持有的市值确定其网上可申购额度，持有市值达到 10 000 元以上方可参与网上申购。每 5 000 元市值可申购一个申购单位，不足 5 000 元的部分不计入申购额度。

每一个新股申购单位为 500 股，申购数量应当为 500 股或其整数倍，但最高申购数量不得超过当次网上初始发行数量的千分之一，且不得超过 9 999.95 万股，如超过则该笔申购无效。

投资者持有市值的计算，按照上交所有关规定执行。

5. 会员应当对投资者是否符合科创板股票投资者适当性条件进行

核查，并对个人投资者的资产状况、知识水平、风险承受能力和诚信状况等进行综合评估。

会员应当重点评估个人投资者是否了解科创板股票交易的业务规则与流程，以及是否充分知晓科创板股票投资风险。

会员应当动态跟踪和持续了解个人投资者交易情况，至少每两年进行一次风险承受能力的后续评估。

6. 会员应当全面了解参与科创板股票交易的投资者情况，提出明确的适当性匹配意见，不得接受不符合适当性管理要求的投资者参与科创板股票交易。

7. 会员应当通过适当方式，向投资者充分揭示科创板股票交易风险事项，提醒投资者关注投资风险，引导其理性、规范地参与科创板股票交易。

会员应当要求首次委托买入科创板股票的客户，以纸面或电子形式签署科创板股票风险揭示书，风险揭示书应当充分揭示科创板的主要风险特征。客户未签署风险揭示书的，会员不得接受其申购或者买入委托。

8. 投资者应当充分知悉和了解科创板股票交易风险事项、境内法律和上交所业务规则，结合自身风险认知和承受能力，审慎判断是否参与科创板股票交易。

二、交易一般事项

1. 投资者参与科创板股票交易，应当使用 A 股证券账户。
2. 投资者通过以下方式参与科创板股票交易：
（1）竞价交易。
（2）盘后固定价格交易。
（3）大宗交易。

盘后固定价格交易，指在收盘集合竞价结束后，上交所交易系统按照时间优先顺序对收盘定价申报进行撮合，并以当日收盘价成交的交易方式。盘后固定价格交易的具体事宜由上交所另行规定。

3. 科创板股票申报价格最小变动单位适用《上海证券交易所交易

规则》相关规定。上交所可以依据股价高低，实施不同的申报价格最小变动单位，具体事宜由上交所另行规定。

4. 科创板股票自上市首日起可作为融资融券标的，标的证券相关条件由上交所另行规定。

5. 科创板存托凭证在上交所上市交易，以份为单位，以人民币为计价货币，计价单位为每份存托凭证价格。

科创板存托凭证交易的其他相关事宜，按照《上海证券交易所科创板股票交易特别规定》《上海证券交易所交易规则》以及上交所关于股票交易的其他相关规定执行。

6. 上交所可以通过适当方式，对上市时尚未盈利以及具有表决权差异安排的发行人的股票或者存托凭证做出相应标识。

三、竞价交易

1. 根据市场需要，上交所可以接受下列方式的市价申报：
（1）最优五档即时成交剩余撤销申报。
（2）最优五档即时成交剩余转限价申报。
（3）本方最优价格申报，即该申报以其进入交易主机时，集中申报簿中本方最优报价为其申报价格。
（4）对手方最优价格申报，即该申报以其进入交易主机时，集中申报簿中对手方最优报价为其申报价格。
（5）上交所规定的其他方式。

2. 上交所对科创板股票竞价交易实行价格涨跌幅限制，涨跌幅比例为20%。

科创板股票涨跌幅价格的计算公式为：涨跌幅价格＝前日收盘价×（1±涨跌幅比例）。

首次公开发行上市、增发上市的股票，上市后的前5个交易日不设价格涨跌幅限制。

3. 上交所可以对科创板股票的有效申报价格范围和盘中临时停牌情形等另行做出规定，并根据市场情况进行调整。

4. 通过限价申报买卖科创板股票的，单笔申报数量应当不小于 200 股，且不超过 10 万股；通过市价申报买卖的，单笔申报数量应当不小于 200 股，且不超过 5 万股。卖出时，余额不足 200 股的部分，应当一次性申报卖出。

四、其他交易事项

1. 有价格涨跌幅限制的股票竞价交易出现下列情形之一的，上交所公布当日买入、卖出金额最大的 5 家会员营业部的名称及其买入、卖出金额：

（1）日收盘价格涨跌幅达到 ±15% 的前 5 只股票。

（2）日价格振幅达到 30% 的前 5 只股票，价格振幅的计算公式为：

价格振幅 =（当日最高价格 - 当日最低价格）/当日最低价格 ×100%

（3）日换手率达到 30% 的前 5 只股票，换手率的计算公式为：

换手率 = 成交股数（份额）/总股上交数（份额）×100%

收盘价格涨跌幅、价格振幅或换手率相同的，依次按成交金额和成交量选取。

2. 股票竞价交易出现下列情形之一的，属于异常波动，上交所公告该股票交易异常波动期间累计买入、卖出金额最大 5 家会员营业部的名称及其买入、卖出金额：

（1）连续 3 个交易日内日收盘价格较基准指数偏离值累计达到 ±30%。

（2）证监会或者上交所认定属于异常波动的其他情形。

基准指数由上交所向市场公告。异常波动指标自公告之日起重新计算。无价格涨跌幅限制的股票不纳入异常波动指标的计算。上交所可以根据市场情况，调整异常波动的认定标准。

五、审慎交易原则

投资者应当按照上交所相关规定，审慎开展股票交易，不得滥用资金、持股等优势进行集中交易，影响股票交易价格正常形成机制。

可能对市场秩序造成重大影响的大额交易，投资者应当选择适当的交易方式，根据市场情况分散进行。

六、会员对客户交易行为的管理

会员应当建立有效的客户交易监控系统，设定相应的监控指标和预警参数，对客户的交易行为进行监督和管理，确保申报的价格、数量等符合上交所规定，且不对市场价格产生不适当的影响。

对可能严重影响交易秩序的异常交易行为，会员应当根据与客户的协议拒绝接受其委托，并及时向上交所报告。

投资者从事严重异常交易行为，或者会员未按规定对客户交易行为进行管理的，上交所可以根据《上海证券交易所交易规则》《上海证券交易所会员管理规则》等规则实施相关纪律处分或者监管措施。情节严重的，上交所上报证监会查处。

七、绿鞋机制

科创板将引进绿鞋机制，也叫绿鞋期权，是指根据证监会2006年颁布的《证券发行与承销管理办法》第四十八条规定："首次公开发行股票数量在4亿股以上的，发行人及其主承销商可以在发行方案中采用超额配售选择权。"这其中的"超额配售选择权"俗称"绿鞋机制"。该机制可以稳定大盘股上市后的股价走势，防止股价大起大落。工行在2006年IPO时采用过绿鞋机制发行，其过程如下：

1. 绿鞋机制实施：发行人和主承销商可以在发行方案中采用超额配售选择权。采用超额配售选择权发行股票数量不得超过首次公开发行股票数量的15%。

主承销商采用超额配售选择权，应当与参与本次配售并同意做出延期交付股份安排的投资者达成协议。

2. 绿鞋机制行权：发行人股票上市之日起30日内，主承销商有权使用超额配售股票募集的资金，从二级市场购买发行人股票，但每次申报的买入价不得高于本次发行的发行价，具体事宜由上交所另行规定。

主承销商可以根据超额配售选择权行使情况，要求发行人按照超额配售选择权方案发行相应数量股票。

3. 股票资金交付：主承销商应当在发行人股票上市之日30日后的5个工作日内，根据超额配售选择权行使情况，向发行人支付超额配售股票募集的资金，向同意延期交付股票的投资者交还股票。

公司股东持有的首发前股份，应当在公司上市前托管在为公司提供首次公开发行上市保荐服务的保荐机构。保荐机构不具有经纪业务资格的，应当托管在实际控制该保荐机构的证券公司或其依法设立的其他证券公司。

八、启动发行

报备方案获证监会同意注册后，发行人与主承销商应当及时向上交所报备发行与承销方案。上交所5个工作日内无异议的，发行人与主承销商可依法刊登招股意向书，启动发行工作。

1. 配号摇号。当网上申购总量大于网上发行总量时，上交所按照每500股配一个号的规则对有效申购进行统一连续配号。

在有效申购总量大于网上发行总量时，主承销商在公证机构监督下根据总配号量和中签率组织摇号抽签，每一个中签号可认购500股新股。

2. 战略配售。首次公开发行股票数量在1亿股以上的，可以向战略投资者配售。战略投资者配售股票的总量超过本次公开发行股票数量30%的，应当在发行方案中充分说明理由。

首次公开发行股票数量不足1亿股，战略投资者获得配售股票总量不超过本次公开发行股票数量20%的，可以向战略投资者配售。

3. 战略配售要求。发行人应当与战略投资者事先签署配售协议。发行人和主承销商应当在发行公告中披露战略投资者的选择标准、向战略投资者配售的股票总量、占本次发行股票的比例以及持有期限等。

战略投资者参与股票配售，应当使用自有资金，不得接受他人委托或者委托他人参与，但依法设立并符合特定投资目的的证券投资基金等主体除外。发行人和主承销商应当对战略投资者配售资格进行核查。

战略投资者不参与网下询价，且应当承诺获得本次配售的股票持有期限不少于 12 个月，持有期自本次公开发行的股票上市之日起计算。

九、违规行为监管

发行人、证券公司、证券服务机构、投资者及其直接负责的主管人员和其他直接责任人员存在下列情形的，上交所可以视情节轻重，对其单独或者合并采取监管措施和纪律处分：

1. 在询价、配售活动中进行合谋报价、利益输送或者谋取其他不当利益。

2. 违反《科创板首次公开发行股票注册管理办法（试行）》的规定，向不符合要求的主体进行询价、配售。

3. 出具的投资价值研究报告以及发布的投资风险公告存在严重夸大、失实，误导投资者投资决策。

4. 发行人的高级管理人员与核心员工设立专项资产管理计划参与战略配售，未按规定履行决策程序和信息披露义务。

5. 未及时向上交所报备发行与承销方案，或者上交所提出异议后仍然按原方案启动发行工作。

6. 预计发行后总市值不满足选定市值与财务指标上市标准，应当中止发行而不中止发行。

7. 未按发行与承销方案中披露的标准，向战略配售、网下配售获配股票的投资者收取新股配售佣金。

8. 违反《科创板首次公开发行股票注册管理办法（试行）》关于采用超额配售选择权的规定，影响股票上市交易正常秩序。

9. 违反《科创板首次公开发行股票注册管理办法（试行）》规定的其他情形。

十、监管措施类型

发行人、证券公司、证券服务机构、投资者及其直接负责的主管人员和其他直接责任人员等违反《科创板首次公开发行股票注册管理办法（试行）》规定的，上交所可以采取下列监管措施：

1. 要求限期改正。
2. 监管谈话。
3. 口头警示。
4. 书面警示。
5. 要求公开更正、澄清或者说明。
6. 要求限期参加培训或者考试。
7. 要求保荐机构聘请第三方机构进行核查并发表意见。
8. 要求公开致歉。
9. 上交所规定的其他监管措施。

十一、实施监管

上交所对股票在科创板发行与承销的过程实施自律监管，对违反相关规则的行为单独或者合并采取监管措施和纪律处分。

发行承销涉嫌违法违规或者存在异常情形的，上交所可以要求发行人和承销商暂停或中止发行，对相关事项进行调查，并上报证监会查处。

十二、日常监管

上交所对发行人、证券公司、证券服务机构、投资者及其直接负责的主管人员和其他直接责任人员等实施日常监管，可以采取下列措施：

1. 对发行人及其保荐机构、承销商、证券服务机构发出通知和函件。
2. 约见问询发行人董事、监事、高级管理人员，以及保荐机构、承销商、证券服务机构及其相关人员。
3. 调阅和检查保荐机构、承销商、证券服务机构工作底稿。
4. 要求发行人、保荐机构、承销商、证券服务机构对有关事项做出解释和说明。
5. 对发行人、保荐机构、承销商、证券服务机构进行调查或者检查。

6. 向证监会报告涉嫌违法违规及存在异常的情况。

7. 其他必要的工作措施。

第七节 退市

一、关于退市的一般规定

上市公司触及《上海证券交易所交易规则》规定的退市情形，导致其股票存在被终止上市风险的，上交所对该公司股票启动退市程序。

上市公司股票被实施退市风险警示的，在公司股票简称前冠以"＊ST"字样，以区别于其他股票。上市公司股票被实施退市风险警示期间，不进入风险警示板交易，不适用风险警示板交易的相关规定。

上市公司出现两项以上退市风险警示、终止上市情形的，按照先触及先适用的原则实施退市风险警示、终止上市。

上市公司存在两项以上退市风险警示情形的，须满足全部退市风险警示的撤销条件，方可申请撤销风险警示。但已满足撤销条件的退市风险警示情形，不再适用其对应的终止上市程序。

上市公司申请撤销退市风险警示的，应当聘请保荐机构就公司是否符合撤销退市风险警示的条件进行核查并发表明确意见。

上市公司股票被终止上市的，不得申请重新上市。

二、重大违法强制退市

1. 相关规则所称重大违法强制退市，包括下列情形：

（1）上市公司存在欺诈发行、重大信息披露违法或者其他严重损害证券市场秩序的重大违法行为，且严重影响上市地位，其股票应当被终止上市的情形。

（2）上市公司存在涉及国家安全、公共安全、生态安全、生产安全和公众健康安全等领域的违法行为，情节恶劣，严重损害国家利益、社会公共利益，或者严重影响上市地位，其股票应当被终止上市的情形。

2. 上市公司涉及重大违法行为，存在下列情形之一的，其股票应当被终止上市：

（1）上市公司首次公开发行股票申请或者披露文件存在虚假记载、误导性陈述或重大遗漏，被证监会依据《证券法》第一百八十九条做出行政处罚决定，或者被人民法院依据《刑法》第一百六十条做出有罪生效判决。

（2）上市公司发行股份购买资产并构成重组上市，申请或者披露文件存在虚假记载、误导性陈述或者重大遗漏，被证监会依据《证券法》第一百八十九条做出行政处罚决定，或者被人民法院依据《刑法》第一百六十条做出有罪生效判决。

（3）上市公司披露的年度报告存在虚假记载、误导性陈述或者重大遗漏，根据证监会行政处罚决定认定的事实，导致其相关财务指标已实际触及《上海证券交易所交易规则》规定的退市标准。

（4）上交所根据上市公司违法行为的事实、性质、情节及社会影响等因素认定的其他严重损害证券市场秩序的情形。

3. 上市公司涉及前款规定的重大违法行为，存在下列情形之一的，其股票应当被终止上市：

（1）上市公司或其主要子公司被依法吊销营业执照、责令关闭或者被撤销。

（2）上市公司或其主要子公司被依法吊销主营业务生产经营许可证，或者存在丧失继续生产经营法律资格的其他情形。

（3）上交所根据上市公司重大违法行为损害国家利益、社会公共利益的严重程度，结合公司承担法律责任类型、对公司生产经营和上市地位的影响程度等情形，认为公司股票应当终止上市的。

4. 上交所上市委员会依据相关行政机关行政处罚决定、人民法院生效裁判认定的事实，按照《上海证券交易所交易规则》规定的标准，就是否对上市公司股票实施重大违法强制退市进行审议，做出独立的专业判断并形成审核意见。

重大违法强制退市的认定程序、信息披露要求、停复牌和听证等事宜，按照《上海证券交易所上市公司重大违法强制退市实施办法》的规定执行。

5. 上交所根据上市委员会对公司股票是否实施重大违法强制退市的审核意见，在5个交易日内做出是否终止公司股票上市的决定。

6. 上交所在做出终止上市决定之日起2个交易日内，通知公司并发布相关公告，同时报证监会备案。

公司应当在收到上交所关于终止其股票上市决定之日起的次一交易日，披露股票终止上市公告。

公司可以在收到终止上市决定之日起5个交易日内，按照相关规定申请复核。

7. 上市公司因重大违法强制退市情形，其股票被终止上市后，作为上市公司重大违法强制退市认定依据的行政处罚决定、司法裁判被依法撤销、确认无效或被依法变更的，公司可以在知道相关行政机关决定或者人民法院生效司法裁判后的10个交易日内，向上交所申请撤销对公司股票做出的终止上市决定。

8. 上交所自收到上市公司按照前条规定提出的撤销申请之日起的15个交易日内，召开上市委员会会议，根据相关行政机关决定或者人民法院生效司法裁判，审议是否撤销对公司股票做出的终止上市决定，并形成审核意见。

上交所根据上市委员会的审核意见，做出是否撤销对公司股票做出的终止上市决定的决定。

9. 上交所撤销终止上市决定的，公司股票相应还原上市地位。公司股票同时具有其他退市风险警示或者终止上市情形的，上交所对其股票实施相应退市风险警示或者终止上市。

上交所在做出撤销决定之日起2个交易日内，通知公司并发布相关公告，同时报证监会备案。

10. 公司可以在收到上交所撤销决定之日起20个交易日内，向上交所申请还原上市地位。公司股票已经转入全国中小企业股份转让系统或者上交所认可的其他转让场所挂牌转让的，上交所在公司办理完毕其股份的重新确认、登记、托管等相关手续后安排其股票上市交易。

公司应当在其股票还原上市地位前与上交所重新签订上市协议，明确双方的权利、义务及其他有关事项。公司控股股东、实际控制人、董事、监事和高级管理人员等应当签署并提交相应声明与承诺。

公司股票还原上市地位首日不设涨跌幅，不进入风险警示板交易。

三、交易类强制退市

1. 上市公司出现下列情形之一的，上交所决定终止其股票上市：

（1）通过上交所交易系统连续120个交易日实现的累计股票成交量低于200万股。

（2）连续20个交易日股票收盘价均低于股票面值。

（3）连续20个交易日股票市值均低于3亿元。

（4）连续20个交易日股东数量均低于400人。

（5）上交所认定的其他情形。前款规定的交易日，不包含公司股票停牌日和公司首次公开发行股票上市之日起的20个交易日。证券市场出现重大异常波动等情形的，上交所可以根据实际情况调整第（1）条款规定的交易指标。

2. 上市公司连续10个交易日（不包含公司股票停牌日）出现下列情形之一的，应当在次一交易日发布公司股票可能被终止上市的风险提示公告，其后每个交易日披露一次，直至相应的情形消除或者上交所做出公司股票终止上市的决定之日（以先达到的日期为准）：

（1）每日股票收盘价均低于股票面值。

（2）每日股票市值均低于3亿元。

（3）每日股东数量均低于400人。

3. 上交所在做出终止股票上市的决定之日起2个交易日内，通知公司并发布相关公告，同时报证监会备案。

公司应当在收到上交所关于终止其股票上市的决定后，及时披露股票终止上市公告。

公司可以在收到终止上市决定之日起5个交易日内，按照规定申请复核。

四、财务类强制退市

1. 上市公司出现下列情形之一,明显丧失持续经营能力,达到《上海证券交易所交易规则》规定标准的,上交所将对其股票启动退市程序:

(1) 主营业务大部分停滞或者规模极低。

(2) 经营资产大幅减少导致无法维持日常经营。

(3) 营业收入或者利润主要来源于不具备商业实质的关联交易。

(4) 营业收入或者利润主要来源于与主营业务无关的贸易业务。

(5) 其他明显丧失持续经营能力的情形。

2. 上市公司出现下列情形之一的,上交所对其股票实施退市风险警示:

(1) 最近一个会计年度经审计的扣除非经常性损益之前或者之后的净利润(含被追溯重述)为负值,且最近一个会计年度经审计的营业收入(含被追溯重述)低于1亿元。

(2) 最近一个会计年度经审计的净资产(含被追溯重述)为负值。

(3) 上交所认定的其他情形。

3. 上市公司营业收入主要来源于与主营业务无关的贸易业务或者不具备商业实质的关联交易,公司明显丧失持续经营能力的,上交所可以提交上市委员会认定在计算前款规定的营业收入指标时是否扣除前述收入,并通知上市公司。

4. 研发型上市公司主要业务、产品或者所依赖的基础技术研发失败或者被禁止使用,且公司无其他业务或者产品符合规定要求的,上交所将对其股票实施退市风险警示。

5. 上市公司收到终止上市事先告知书后,可以根据规定提出听证、陈述和申辩。

上交所上市委员会在前款规定的有关期限届满或者听证程序结束后15个交易日内,就是否终止公司股票上市事宜进行审议,做出独立的专业判断并形成审核意见。

上交所根据上市委员会的审核意见,做出是否终止股票上市的决定。

6. 上交所在做出终止股票上市的决定之日起2个交易日内,通知公司并发布相关公告,同时报证监会备案。

公司应当在收到上交所关于终止其股票上市决定后，及时披露股票终止上市公告。

公司可以在收到终止上市决定之日起 5 个交易日内，按照相关规定申请复核。

五、规范类强制退市

1. 上市公司出现下列情形之一的，上交所对其股票实施退市风险警示：

（1）因财务会计报告存在重大会计差错或者虚假记载，被证监会责令改正但公司未在规定期限内改正，此后公司在股票停牌 2 个月内仍未改正。

（2）未在法定期限内披露年度报告或者半年度报告，此后公司在股票停牌 2 个月内仍未披露。

（3）因信息披露或者规范运作等方面存在重大缺陷，被上交所责令改正但公司未在规定期限内改正，此后公司在股票停牌 2 个月内仍未改正。

（4）因公司股本总额或股权分布发生变化，导致连续 20 个交易日不再具备上市条件，此后公司在股票停牌 1 个月内仍未解决。

（5）最近一个会计年度的财务会计报告被会计师事务所出具无法表示意见或者否定意见的审计报告。

（6）公司可能被依法强制解散。

（7）法院依法受理公司重整、和解和破产清算申请。

（8）上交所认定的其他情形。

前款规定的第（3）项情形，由上交所提请上市委员会审议，并根据上市委员会的审核意见做出认定。

2. 上市公司股票因前款情形被实施退市风险警示后，符合下列对应条件的，可以向上交所申请撤销对其股票实施的退市风险警示：

（1）因前款第（1）项情形被实施退市风险警示之日起的 2 个月内，披露经改正的财务会计报告。

（2）因前款第（2）项情形被实施退市风险警示之日起的2个月内，披露相关年度报告或者半年度报告。

（3）因前款第（3）项情形被实施退市风险警示之日起2个月内，公司已按要求完成整改，具备健全的公司治理结构，运作规范，公司信息披露和内控制度无重大缺陷。

（4）因前款第（4）项情形被实施退市风险警示之日起的6个月内，解决股本总额或股权分布问题，且其股本总额或股权分布重新具备上市条件。

（5）因前款第（5）项情形被实施退市风险警示后，会计师事务所对其下一个会计年度的财务会计报告出具标准无保留审计意见。

（6）因前款第（6）项情形被实施退市风险警示后，公司可能被依法强制解散的情形已消除。

前款规定的第（3）项情形，由上交所提请上市委员会审议，并根据上市委员会审核意见做出是否撤销退市风险警示的决定。

3. 上市公司股票因前款第（7）项情形被实施退市风险警示后，符合下列条件之一的，公司可以向上交所申请撤销对其股票实施的退市风险警示：

（1）重整计划执行完毕。

（2）和解协议执行完毕。

（3）法院受理破产申请后至破产宣告前，依据《企业破产法》做出驳回破产申请的裁定，且申请人在法定期限内未提起上诉。

（4）因公司已清偿全部到期债务、第三人为公司提供足额担保或者清偿全部到期债务，法院受理破产申请后至破产宣告前，依据《企业破产法》做出终结破产程序的裁定。

六、听证与复核

上市公司收到上交所发出的终止上市事先告知书后，可以在5个交易日内，以书面形式向上交所提出听证要求，并载明具体事项及理由。

上市公司对终止上市有异议的，可以在前款规定期限内，向上交所提交相关书面陈述和申辩，并提供相关文件。

上市公司根据前条规定向上交所申请复核，应当提交下列文件：

1. 复核申请书。
2. 保荐机构就申请复核事项出具的意见书。
3. 律师事务所就申请复核事项出具的法律意见书。
4. 上交所要求的其他文件。

上交所在收到申请人提交的复核申请文件之日后的 5 个交易日内，做出是否受理的决定并通知申请人。未能按照前条规定提交复核申请文件的，上交所不受理其复核申请。

七、退市整理期

上市公司股票被上交所根据规定做出终止上市决定后，自公告终止上市决定之日起 5 个交易日后的次一交易日复牌，进入退市整理期交易。

退市整理股票的简称前冠以"退市"标识，不进入上交所风险警示板交易，不适用上交所风险警示板股票交易的相关规定。

退市整理期的交易期限为 30 个交易日。公司股票在退市整理期内全天停牌的，停牌期间不计入退市整理期，但停牌天数累计不得超过 5 个交易日。

累计停牌达到 5 个交易日后，上交所不再接受公司的停牌申请；公司未在累计停牌期满前申请复牌的，上交所于停牌期满后的次一交易日恢复公司股票交易。

上市公司股票进入退市整理期的，公司及相关信息披露义务人仍应当遵守法律法规、《上海证券交易所交易规则》及上交所有关规定，履行信息披露及相关义务。

上市公司应当于退市整理期的第一天，发布公司股票已被上交所做出终止上市决定的风险提示公告，说明公司股票进入退市整理期的起始日和终止日等事项。

上市公司应当在退市整理期前 25 个交易日内，每 5 个交易日发布一次股票将被终止上市的风险提示公告，在最后 5 个交易日内每日发布一次股票将被终止上市的风险提示公告。

退市整理期届满后 5 个交易日内，上交所对公司股票予以摘牌，公司股票终止上市，并转入股份转让场所挂牌转让。

上市公司应当在上交所做出终止其股票上市决定后，立即安排股票转入全国中小企业股份转让系统或者上交所认可的其他转让场所挂牌转让的相关事宜，保证公司股票在摘牌之日起 45 个交易日内可以挂牌转让。

八、主动终止上市

1. 上市公司出现下列情形之一的，可以向上交所申请主动终止上市：

（1）上市公司股东大会决议主动撤回其股票在上交所的交易，并决定不再在上交所交易。

（2）上市公司股东大会决议主动撤回其股票在上交所的交易，并转而申请在其他交易场所交易或转让。

（3）上市公司向所有股东发出回购全部股份或部分股份的要约，导致公司股本总额、股权分布等发生变化，不再具备上市条件。

（4）上市公司股东向所有其他股东发出收购全部股份或部分股份的要约，导致公司股本总额、股权分布等发生变化，不再具备上市条件。

（5）除上市公司股东外的其他收购人向所有股东发出收购全部股份或部分股份的要约，导致公司股本总额、股权分布等发生变化，不再具备上市条件。

（6）上市公司因新设合并或者吸收合并，不再具有独立法人资格并被注销。

（7）上市公司股东大会决议公司解散。

（8）证监会和上交所认可的其他主动终止上市情形。

2. 前款第（1）项、第（2）项规定的股东大会决议事项，除须经出席会议的全体股东所持有效表决权的 2/3 以上通过外，还须经出席会议的除下列股东以外的其他股东所持有效表决权的 2/3 以上通过：

（1）上市公司的董事、监事、高级管理人员。

（2）单独或者合计持有上市公司 5% 以上股份的股东。

3. 上市公司向上交所提出主动终止上市申请的，应当提交下列文件：

（1）主动终止上市申请书。

（2）董事会决议及独立董事意见（如适用）。

（3）股东大会决议（如适用）。

（4）主动终止上市的方案。

（5）主动终止上市后去向安排的说明。

（6）异议股东保护的专项说明。

（7）财务顾问出具的关于公司主动终止上市的专项意见。

（8）律师出具的关于公司主动终止上市的专项法律意见。

（9）上交所要求的其他材料。

上交所在收到上市公司提交的主动终止上市申请文件之日后5个交易日内，做出是否受理的决定并通知公司。公司应当在收到决定后及时披露，并提示其股票是否存在可能终止上市的风险。

主动终止上市公司可以选择在股份转让场所转让其股票，或者依法做出其他安排。

上交所在做出同意或者不同意上市公司主动终止上市决定之日起15个交易日内，以及上市公司退出市场交易之日起15个交易日内，将上市公司主动终止上市的情况报告证监会。

第八节　监督管理和法律责任

《科创板首次公开发行股票注册管理办法（试行）》建立全流程监管体系，并对责任主体加大追责力度。一是规定证监会建立对发行上市监管全流程的权力运行监督制约机制，对发行上市审核程序和发行注册程序相关内控制度运行情况进行督导督察，对廉政纪律执行情况和相关人员的履职尽责情况进行监督监察。二是规定证监会建立对上交所发行上市审核工作和发行承销过程监管的监督机制，定期检查和抽查。三是加大违法违规行为追责力度，对负有责任的发行人及其控股股东、实际控制人、保荐人、证券服务机构以及相关责任人员，采取较长时间不予受理证券发行相关文件、限制相关从业资格、认定为不适当人员、市场禁入等严厉措施。四是突出投资者保护，明确发行人通过欺诈发行上市的，证监会可以责令发行人及其控股股东、实际控制人按规定购回本次公开发行的股票。五是强化自律监管，规定上交所和中国证券业协会应当对发行上市过程中违反自律监管规则的行为采取自律监管措施或者纪律处分。具体规范如下所述。

一、证监会层面

1. 证监会负责建立健全以信息披露为中心的注册制规则体系，制定股票发行注册并上市的规章规则，依法批准上交所制定的上市条件、审核标准、审核程序、上市委员会制度、信息披露、保荐、发行承销等方面的制度规则，指导上交所制定与发行上市审核相关的其他业务规则。

2. 证监会建立对上交所发行上市审核工作和发行承销过程监管的监督机制，持续关注上交所审核情况和发行承销过程监管情况；发现上交所自律监管措施或者纪律处分失当的，可以责令上交所改正。

3. 证监会对上交所发行上市审核和发行承销过程监管等相关工作进行年度例行检查。在检查过程中，可以调阅审核工作文件，列席相关审核会议。

4. 证监会定期或者不定期按一定比例对上交所发行上市审核和发行承销过程监管等相关工作进行抽查。

证监会在检查和抽查过程中发现问题，上交所应当整改。

5. 证监会建立对发行上市监管全流程的权力运行监督制约机制，对发行上市审核程序和发行注册程序相关内控制度运行情况进行督导督察，对廉政纪律执行情况和相关人员的履职尽责情况进行监督监察。

二、上交所层面

1. 上交所应当建立内部防火墙制度，发行上市审核部门、发行承销监管部门与其他部门隔离运行。参与发行上市审核的人员，不得与发行人及其控股股东、实际控制人和相关中介机构有利害关系，不得直接或者间接与发行人、保荐人、证券服务机构有利益往来，不得持有发行人股票，不得私下与发行人接触。

2. 上交所应当建立定期报告制度，及时总结发行上市审核和发行承销监管的工作情况，并报告证监会。

3. 上交所发行上市审核工作违反《科创板首次公开发行股票注册管理办法（试行）》规定，有下列情形之一的，由证监会责令改正；情节严重的，追究直接责任人员相关责任：

（1）未按审核标准开展发行上市审核工作。

（2）未按审核程序开展发行上市审核工作。

（3）不配合证监会对发行上市审核工作和发行承销监管工作的检查、抽查，或者不按证监会的整改要求进行整改。

三、发行人层面

1. 发行人不符合发行上市条件，以欺骗手段骗取发行注册的，证监会将自确认之日起采取 5 年内不接受发行人公开发行证券相关文件的监管措施。对相关责任人员，视情节轻重，认定为不适当人选的监管措施，或者采取证券市场禁入的措施。

2. 发行人存在前款行为，已经发行上市的，证监会在做出行政处罚的同时，可以责令上市公司及其控股股东、实际控制人在一定期间从投资者手中购回本次公开发行的股票。

上市公司及其控股股东、实际控制人在法定期限内不申请行政复议或者提请行政诉讼，又不履行购回义务的，证监会可以依照《行政强制法》的规定申请人民法院强制执行。

前款所称投资者是指自发行人首次公开发行，至欺诈发行揭露日期间买入股票，且在购回时仍然持有股票的投资者。

前款所称欺诈发行揭露日是指欺诈发行在全国范围发行或者播放的报刊、电台、电视台等媒体上，或者在权威的网络媒体上首次被公开揭露之日。

上市公司及其控股股东、实际控制人购回股票时，若股票的交易价格低于投资者买入股票时的价格，应当按照买入价并加算银行同期存款利息购回股票；若股票的交易价格高于投资者买入股票时的价格，应当按照股票交易价格购回股票。

责令购回的具体规则由证监会另行规定。

3. 发行人存在注册程序第十八条第（三）项、第（四）项、第（五）项情形，或者发行人及其董事、监事、高级管理人员、控股股东、实际控制人的签名、盖章系伪造或者变造的，证监会将自确认之日起采取 3~5 年不接受发行人公开发行证券相关文件的监管措施。

4. 发行人的控股股东、实际控制人违反《科创板首次公开发行股票注册管理办法（试行）》规定，致使发行人所报送的注册申请文件和披露的信息存在虚假记载、误导性陈述或者重大遗漏，或者纵容、指使、协助发行人进行财务造假、利润操纵或者有意隐瞒其他重要信息等骗取发行注册行为的，证监会可以视情节轻重，对相关单位和责任人员采取自确认之日起 1~5 年不接受相关单位及其控制的下属单位公开发行证券相关文件，对责任人员采取认定为不适当人选等监管措施。

5. 发行人的董事、监事和高级管理人员违反《科创板首次公开发行股票注册管理办法（试行）》规定，致使发行人所报送的注册申请文件和披露的信息存在虚假记载、误导性陈述或者重大遗漏的，证监会可以对责任人员采取认定为不适当人选等监管措施。

四、保荐人层面

1. 保荐人未勤勉尽责，致使发行人信息披露资料存在虚假记载、误导性陈述或者重大遗漏的，证监会将视情节轻重，采取自确认之日起暂停保荐人业务资格 1~3 年，责令保荐人更换相关负责人的监管措施；情节严重的，撤销保荐人业务资格，对相关责任人员采取证券市场禁入的措施。

保荐代表人未勤勉尽责，致使发行人信息披露资料存在虚假记载、误导性陈述或者重大遗漏的，按规定撤销保荐代表人资格。

证券服务机构未勤勉尽责，致使发行人信息披露资料中与其职责有关的内容及其所出具的文件存在虚假记载、误导性陈述或者重大遗漏的，证监会将视情节轻重，自确认之日起采取3个月~3年不接受相关单位及其责任人员出具的发行证券专项文件的监管措施；情节严重的，对证券服务机构相关责任人员采取证券市场禁入的措施。

2. 保荐人存在以下情形的，证监会可以视情节轻重，采取自确认之日起暂停保荐人业务资格3个月~3年的监管措施；情节特别严重的，撤销其业务资格：

（1）伪造或者变造签字、盖章。

（2）重大事项未及时报告或者未及时披露。

（3）以不正当手段干扰注册审核工作。

（4）不履行其他法定职责。

保荐代表人存在前款规定情形的，视情节轻重，按规定暂停保荐代表人资格3个月~3年；情节特别严重的，按规定撤销保荐代表人资格。

证券服务机构及其相关人员存在第（1）项规定情形的，证监会可以视情节轻重，采取3个月~3年不接受相关单位及其责任人员出具的发行证券专项文件的监管措施。

3. 发行人公开发行证券上市当年利润大幅下滑导致亏损的，证监会自确认之日起暂停保荐人的保荐人资格3个月，撤销相关人员的保荐代表人资格，尚未盈利的企业除外。

4. 发行人、保荐人、证券服务机构存在以下情形的，证监会可以视情节轻重，采取责令改正、监管谈话、出具警示函、1年内不接受相关单位及其责任人员出具的与注册申请有关的文件等监管措施；情节严重的，可以同时采取3个月内不接受相关单位及其责任人员出具的发行证券专项文件的监管措施：

（1）制作或者出具的文件不齐备或者不符合要求。

（2）擅自改动注册申请文件、信息披露资料或者其他已提交文件。

（3）注册申请文件或者信息披露资料存在相互矛盾或者同一事实表述不一致且有实质性差异。

（4）文件披露的内容表述不清，逻辑混乱，严重影响投资者理解。

（5）发行人对重大事项未及时报告或者未及时披露。

五、财务审计工作

1. 发行人披露盈利预测的，利润实现数如未达到盈利预测的 80%，除因不可抗力外，其法定代表人、财务负责人应当在股东大会及证监会指定报刊上公开做出解释并道歉；证监会可以对法定代表人处以警告。

2. 利润实现数未达到盈利预测的 50% 的，除因不可抗力外，证监会在 3 年内不受理该公司的公开发行证券申请。

3. 注册会计师为上述盈利预测出具审核报告的过程中未勤勉尽责的，证监会将视情节轻重，对相关机构和责任人员采取监管谈话等监管措施，记入诚信档案并公布；情节严重的，给予警告等行政处罚。

六、监管与处罚

发行人及其控股股东和实际控制人、董事、监事、高级管理人员、保荐人、承销商、证券服务机构及其相关执业人员，在股票公开发行并上市相关的活动中存在其他违反《科创板首次公开发行股票注册管理办法（试行）》规定行为的，证监会可以视情节轻重，采取监管措施，或者采取证券市场禁入的措施。

发行人及其控股股东、实际控制人、保荐人、证券服务机构及其相关人员违反《证券法》，依法应予以行政处罚的，证监会将依法予以处罚；对欺诈发行、虚假陈述负有责任的发行人、保荐人、会计师事务所、律师事务所、资产评估机构及其责任人员依法从重处罚。涉嫌犯罪的，依法移送司法机关，追究其刑事责任。

上交所负责对发行人及其控股股东、实际控制人、保荐人、承销商、证券服务机构等进行自律监管。

中国证券业协会负责制定保荐业务、发行承销自律监管规则，对保荐人、承销商、保荐代表人、网下投资者进行自律监管。

上交所和中国证券业协会应当对发行上市过程中违反自律监管规则的行为采取自律监管措施或者纪律处分。

参考案例

联想为何"闪退"科创板

从申请 IPO 到终止 IPO，仅用了 1 个工作日，联想集团成为科创板史上最快撤回上市申请的公司。2021 年 10 月 8 日，联想集团有限公司因发行人撤回发行上市申请或者保荐人撤销保荐，根据《上海证券交易所科创板股票发行上市审核规则》第六十七条第（二）款，上交所终止其发行上市审核。

招股书显示，联想集团是一家全球领先的 ICT（信息与通信技术）科技企业，集团拥有辐射全球的销售和服务网络，除中国以外，业务还遍布美洲、亚太、欧洲、中东、非洲等全球主要市场，产品销往全球 180 多个国家及地区。

在其收入构成上，主要由智能设备业务集团和数据中心业务集团组成。2018—2020 年，联想集团智能设备业务集团是收入的最主要来源，占收入比例分别为 88.2%、89.16% 及 89.58%；数据中心业务集团占收入比例分别为 11.8%、10.84% 及 10.42%。

相关数据显示，联想集团个人电脑业务在 2019 年度与 2020 年度销量持续引领市场，产品全球市场占有率排名第一；移动设备业务中，公司 2020 年在拉美地区市场智能手机出货量排名第二；数据中心业务方面，在 2020 年 11 月全球超级计算机 500 强榜单中，联想集团的超级计算机入围 182 台，占比达 36.4%，在全球高性能计算机供应商中排名第一。

财务数据显示，2018—2020 年，联想集团实现归属净利润分别约为 38.38 亿元、46.25 亿元、77.72 亿元。

联想集团的研发投入巨大，报告期各期，公司研发投入分别为 102.03 亿元、115.17 亿元以及 120.38 亿元，占各期收入的比例分别为 2.98%、3.27% 和 2.92%。联想集团也表示，优秀的技术研发及产品开发人员是公司提高竞争力和持续发展的重要基础。截至 2021 年 3 月 31 日，公司拥有研发人员 10 216 人，占公司员工总数的 19.48%。

联想集团招股书显示，公司此次科创板上市拟募资 100 亿元，分别投向新产品及解决方案研发项目、产业战略投资项目以及补充流动资金。然而，伴随着公司 IPO 撤单，上述募资愿景也化为泡影。

联想科创板一日游是因为与科创板定位不相符吗？联想集团认为，公司符合科创板"新一代信息技术"行业定位。

科创板最大的标签就是"科创"属性，而联想集团当前近九成业务收入来自智能设备业务（主要是电脑组装、手机等传统业务），该业务的科技含量并不高，且联想集团掌握的大多是非关键性技术，其核心部件如芯片、处理器、内存等都是从外部采购的。这些，有可能是其"闪退"科创板的真正原因。

第四章

创业板

本章关键词：

三创四新、转型升级、发行、承销、审核中止

创业板是创新创业的主引擎。《创业板首次公开发行股票注册管理办法（试行）》于 2020 年 6 月 12 日公布之日起施行。

在注册制下，创业板的行业定位是"三创四新"，"三创"即"创新、创造、创意"，"四新"即传统产业与"新技术、新产业、新业态、新模式"深度融合，如图 4.1 所示。

| 创新 | 创造 | 创意 |

| 新技术 | 新产业 | 新业态 | 新模式 |

图 4.1　创业板上市的"三创四新"

创业板精准服务"三创四新"企业，赋能互联网、人工智能、新材料等新经济，为传统产业转型升级、高质量发展插上了腾飞的翅膀。

然而，面对新创立的科创板、新三板精选层——北交所，创业板面临严峻考验与挑战，机遇在哪里？

其实，创业板与之绝非水火不容、非此即彼的对立关系，而是既有错位又有交叉、相互兼容联通，同时尚存适当的竞争关系，各自匹配相适应的企业服务，侧重点不同。

创业板经过12年的实践与磨砺，已成为服务科技创新和战略性新兴产业企业的重要平台。第一批挂牌上市的28家创业板企业"孵化"出近百个亿万富翁，其中406个家族身家过亿。创业板开市首日即诞生了13位10亿元级富豪：第一名是乐普医疗蒲忠杰，首日身家38.32亿元；第二名是华谊兄弟王忠军，首日身家31.09亿元；第三名是神州泰岳王宁、李力，首日身家18.12亿元。

而12年后的今天，宁德时代市值突破万亿元，位列A股前三名之列；迈瑞医疗、爱尔眼科、汇川技术等18家公司市值超千亿元。创业板企业深耕前沿领域研究，累计总研发投入近5 000亿元，年平均研发强度超过5%。

2022年，创业板不断发布新规，并修订相关规则。如《深圳证券交易所股票上市规则（2022年修订）》《深圳证券交易所关于北京证券交易所上市公司向创业板转板办法（试行）》《深圳证券交易所上市公司自律监管指引第2号——创业板上市公司规范运作》等。

截至2022年3月11日，创业板上市公司1 114家，总股本5 234.22亿元，成交金额5 926.52亿元，总市值119 672.33亿元，平均市盈率49.16倍。

第一节　发行上市条件

创业板实行注册制后，根据《深圳证券交易所创业板企业发行上市申报及推荐暂行规定》，原则上不支持以下行业的企业在创业板申报发行上市：

1. 农林牧渔业。

2. 采矿业。

3. 酒、饮料和精制茶制造业。

4. 纺织业。

5. 黑色金属冶炼和压延加工业。

6. 电力、热力、燃气及水生产和供应业。

7. 建筑业。

8. 交通运输、仓储和邮政业。

9. 住宿和餐饮业。

10. 金融业。

11. 房地产业。

12. 居民服务、修理和其他服务业。

但是，上述行业中与互联网、大数据、云计算、自动化、新能源、人工智能等新技术、新产业、新业态、新模式深度融合的创新创业企业仍可以在创业板上市，并要求保荐人对推荐的此类企业进行尽职调查，做出专业判断，在发行保荐书中说明相关核查过程、依据和结论，充分体现创业板服务创新创业的定位。

根据《深圳证券交易所创业板股票发行上市审核规则》《深圳证券交易所创业板股票上市规则》精神，创业板 IPO 的发行条件及相关规定如下：

发行人申请首次公开发行股票并在创业板上市的，应当符合《证券法》《公司法》《关于开展创新企业境内发行股票或存托凭证试点若干意见的通知》《创业板首次公开发行股票注册管理办法（试行）》等相关法律、行政法规、部门规章和规范性文件要求，重点关注发行人是否主营业务突出，要求创业板发行人集中有限的资源主要经营一种业务，并且必须符合国家产业政策和环境保护政策，同时，募集资金只能用于发展主营业务。

一、发行人主体资格

《首次公开发行股票并在创业板上市管理办法》规定，发行人应当是依法设立且持续经营三年以上的股份有限公司，但经国务院批准的除外。有限责任公司按原账面净资产值折股整体变更为股份有限公司的，持续经营时间可以从有限责任公司成立之日起计算。

发行人必须资产完整，业务及人员、财务、机构独立，具有完整的业务体系和直接面向市场独立经营的能力。与控股股东、实际控制人及其控制的其他企业间不存在同业竞争，以及严重影响公司独立性或者显失公允的关联交易。

法人治理结构完善，发行人具有完善的公司治理结构，依法建立健全股东大会、董事会、监事会以及独立董事、董事会秘书、审计委员会制度，相关机构和人员能够依法履行职责。

二、审核重点

深交所发行上市审核基于创业板定位，重点关注并判断下列事项：
1. 发行人是否符合证监会规定的创业板股票发行条件。
2. 发行人是否符合深交所规定的创业板股票上市条件。
3. 发行人的信息披露是否符合证监会和深交所要求。

三、审核系统

深交所发行上市审核实行电子化审核，申请、受理、问询、回复等事项通过深交所发行上市审核业务系统办理。

四、上市标准

根据《深圳证券交易所创业板股票发行上市审核规则》，发行人申请股票首次发行上市的，应当至少符合下列上市标准中的一项，发行人的招股说明书和保荐人的上市保荐书应当明确说明所选择的具体上市标准：
1. 最近两年净利润均为正，且累计净利润不低于5 000万元。
2. 预计市值不低于10亿元，最近一年净利润为正且营业收入不低于1亿元。

3. 预计市值不低于 50 亿元，且最近一年营业收入不低于 3 亿元。

上述所称净利润以扣除非经常性损益前后的孰低者为准，所称净利润、营业收入均指经审计的数值。

五、红筹企业上市标准

符合《关于开展创新企业境内发行股票或存托凭证试点若干意见的通知》等相关规定，且最近一年净利润为正的红筹企业，可以申请发行股票或存托凭证并在创业板上市。营业收入快速增长，拥有自主研发、国际领先技术，在同行业竞争中处于相对优势地位的尚未在境外上市的红筹企业，申请发行股票或存托凭证并在创业板上市的，市值及财务指标应当至少符合下列上市标准中的一项，发行人的招股说明书和保荐人的上市保荐书应当明确说明所选择的具体上市标准：

1. 预计市值不低于 100 亿元，且最近一年净利润为正。
2. 预计市值不低于 50 亿元，最近一年净利润为正且营业收入不低于 5 亿元。

前款所称营业收入快速增长，指符合下列标准之一：

1. 最近一年营业收入不低于 5 亿元的，最近三年营业收入复合增长率 10% 以上。
2. 最近一年营业收入低于 5 亿元的，最近三年营业收入复合增长率 20% 以上。
3. 受行业周期性波动等因素影响，行业整体处于下行周期的，发行人最近三年营业收入复合增长率高于同行业可比公司同期平均增长水平。

处于研发阶段的红筹企业和对国家创新驱动发展战略有重要意义的红筹企业，不适用"营业收入快速增长"的规定。

六、差异化表决权的上市标准

存在表决权差异安排的发行人申请股票或者存托凭证首次公开发行并在创业板上市的，其表决权安排等应当符合《深圳证券交易所创业板股票上市规则》等规则的规定；市值及财务指标应当至少符合下列上市标准中的一项，发行人的招股说明书和保荐人的上市保荐书应当明确说明所选择的具体上市标准：

1. 预计市值不低于 100 亿元，且最近一年净利润为正。

2. 预计市值不低于 50 亿元，最近一年净利润为正且营业收入不低于 5 亿元。

七、上市条件审核重点

深交所对上市条件的审核，重点关注下列事项：

1. 发行人是否符合《深圳证券交易所创业板股票上市规则》及深交所相关规则规定的上市条件。

2. 保荐人和律师事务所等证券服务机构出具的上市保荐书、法律意见书等文件中是否就发行人选择的上市标准以及符合上市条件发表明确意见，且具备充分的理由和依据。

深交所对前述事项存在疑问的，发行人应当按照深交所要求做出解释说明，保荐人及证券服务机构应当进行核查，并相应修改发行上市申请文件。

3. 发行人存在实施员工持股计划、期权激励、整体变更前累计未弥补亏损等事项的处理，按深交所规定执行。

第二节　申请与受理

发行人在提交发行上市申请文件前，对于重大疑难、无先例事项等涉及深交所业务规则理解与适用的问题，发行人及保荐人可以通过深交所发行上市审核业务系统进行咨询；确需当面咨询的，可以通过深交所发行上市审核业务系统预约，具体操作按如下程序进行。

一、发行人应当提交的文件

发行人申请股票首次发行上市，应当按照规定聘请保荐人进行保荐，并委托保荐人通过深交所发行上市审核业务系统报送下列发行上市申请文件：

1. 证监会规定的招股说明书、发行保荐书、审计报告、法律意见书、公司章程、股东大会决议等注册申请文件。
2. 上市保荐书。
3. 深交所要求的其他文件。

发行上市申请文件的内容与格式应当符合证监会和深交所的相关规定。

二、深交所受理期限

深交所收到发行上市申请文件后 5 个工作日内，对文件进行核对，做出是否受理的决定，告知发行人及其保荐人，并在深交所网站公示。发行上市申请文件与证监会和深交所规定的文件目录不相符、文档名称与文档内容不相符、文档格式不符合证监会和深交所要求、签章不完整或者不清晰、文档无法打开或者存在深交所认定的其他不齐备情形的，发行人应当予以补正，补正时限最长不超过 30 个工作日。

发行人补正发行上市申请文件的，深交所收到发行上市申请文件的时间以发行人最终提交补正文件的时间为准。

深交所按照收到发行人发行上市申请文件的先后顺序予以受理。

三、不予受理的情况

存在下列情形之一的，深交所不予受理发行人的发行上市申请文件：

1. 招股说明书、发行保荐书、上市保荐书等发行上市申请文件不齐备且未按要求补正。
2. 保荐人、证券服务机构及其相关人员因证券违法违规被采取认定为不适当人选、限制业务活动、一定期限内不接受其出具的相关文件等相关措施，尚未解除；或者因首次公开发行并上市、上市公司发行证券、并购重组业务涉嫌违法违规，或者其他业务涉嫌违法违规且对市场有重大影响正在被立案调查、侦查，尚未结案。

四、有关申请文件的规定

发行上市申请文件的内容应当真实、准确、完整，简明清晰、通俗易懂。发行上市申请文件一经受理，发行人及其控股股东、实际控制人、董事、监事和高级管理人员以及与本次股票发行上市相关的保荐人、证券服务机构及其相关人员即须承担相应的法律责任。

未经深交所同意，不得对发行上市申请文件进行更改。

五、预先披露的文件

深交所受理发行上市申请文件当日，发行人应当在深交所网站预先披露招股说明书、发行保荐书、上市保荐书、审计报告和法律意见书等文件。

深交所受理发行上市申请后至证监会做出注册决定前，发行人应当按照《深圳证券交易所创业板股票上市规则》的规定，对预先披露的招股说明书、发行保荐书、上市保荐书、审计报告和法律意见书等文件予以更新并披露。

依照前述规定预先披露的招股说明书等文件不是发行人发行股票的正式文件，不能含有股票发行价格信息，发行人不得据此发行股票。

发行人应当在预先披露的招股说明书的显要位置声明："本公司的发行申请尚需经深圳证券交易所和中国证监会履行相应程序。本招股说明书不具有据以发行股票的法律效力，仅供预先披露之用。投资者应当以正式公告的招股说明书作为投资决定的依据。"

六、保荐人的工作

深交所受理发行上市申请文件后 10 个工作日内，保荐人应当以电子文档形式报送保荐工作底稿和验证版招股说明书，供监管备查。

第三节　审核程序

深交所发行上市审核机构按照发行上市申请文件受理的先后顺序开始审核。审核流程如图 4.2 所示。

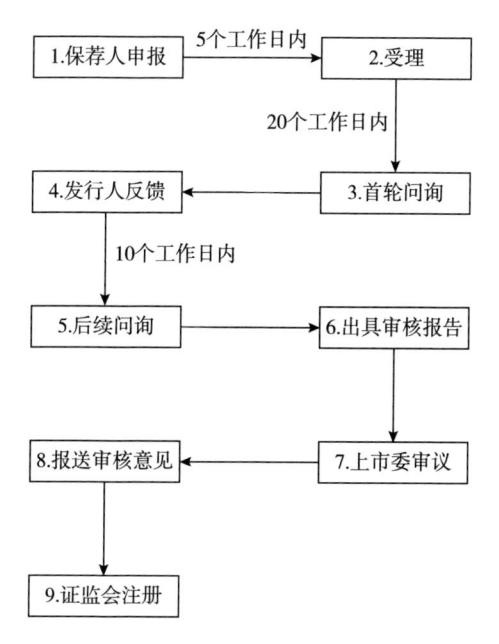

```
1.保荐人申报 --5个工作日内--> 2.受理
                                    |
                              20个工作日内
                                    ↓
4.发行人反馈 <----------------- 3.首轮问询
     |
 10个工作日内
     ↓
5.后续问询 -----------------> 6.出具审核报告
                                    |
                                    ↓
8.报送审核意见 <--------------- 7.上市委审议
     |
     ↓
9.证监会注册
```

图 4.2　审核流程

注：自受理之日起，交易所审核时间和证监会注册时间总计不超过 3 个月，发行人、中介机构回复问询时间不超过 3 个月。

1. 对股票首次发行上市申请，深交所发行上市审核机构自受理之日起 20 个工作日内，通过保荐人向发行人提出首轮审核问询。

在首轮审核问询发出前，发行人及其保荐人、证券服务机构及其相关人员不得与审核人员接触，不得以任何形式干扰审核工作。

2. 在首轮审核问询发出后，发行人及其保荐人对深交所审核问询存在疑问的，可以通过深交所发行上市审核业务系统进行沟通；确需当面沟通的，可以通过深交所发行上市审核业务系统预约。

3. 首轮审核问询后，存在下列情形之一的，深交所发行上市审核机构收到发行人回复后 10 个工作日内可以继续提出审核问询：

（1）首轮审核问询后，发现新的需要问询事项。

（2）发行人及其保荐人、证券服务机构的回复未能有针对性地回答深交所发行上市审核机构提出的审核问询，或者深交所就其回复需要继续审核问询。

（3）发行人的信息披露仍未满足证监会和深交所规定的要求。

（4）深交所认为需要继续审核问询的其他情形。

4. 发行人及其保荐人、证券服务机构应当按照深交所发行上市审核机构审核问询要求进行必要的补充调查和核查，及时、逐项回复深交所发行上市审核机构提出的审核问询，相应补充或者修改发行上市申请文件，并于上市委员会审议会议结束后 10 个工作日内汇总补充报送与审核问询回复相关的保荐工作底稿和更新后的验证版招股说明书。发行人及其保荐人、证券服务机构对深交所发行上市审核机构审核问询的回复是发行上市申请文件的组成部分，发行人及其保荐人、证券服务机构应当保证回复的真实、准确、完整，并在回复后及时在深交所网站披露问询和回复的内容。

5. 深交所发行上市审核机构可以根据需要，就发行上市申请文件中与发行人业务与技术相关的信息披露问题，向深交所行业咨询专家库中的相关专家进行咨询；相关专家所提出的咨询意见，可以供深交所审核问询参考。

6. 发行上市申请文件和对深交所发行上市审核机构审核问询的回复中，拟披露的信息属于国家秘密、商业秘密，披露后可能导致其违反国家有关保密的法律法规或者严重损害公司利益的，可以豁免披露。深交所认为豁免披露理由不成立的，发行人应当按照规定予以披露。

7. 深交所在发行上市审核中，可以根据需要，约见问询发行人的董事、监事、高级管理人员、控股股东、实际控制人以及保荐人、证券服务机构及其相关人员，调阅发行人、保荐人、证券服务机构与发行上市申请相关的资料。

8. 深交所依照相关规定，从发行上市申请文件已被深交所受理的发行人中抽取一定比例,对其信息披露质量进行现场检查。

深交所在发行上市审核中,发现发行上市申请文件存在重大疑问且发行人及其保荐人、证券服务机构回复中无法做出合理解释的,可以对发行人及其保荐人、证券服务机构进行现场检查。

9. 深交所发行上市审核机构收到发行人及其保荐人、证券服务机构对深交所审核问询的回复后,认为不需要进一步审核问询的,将出具审核报告并提交上市委员会审议。

10. 申请股票首次发行上市的,深交所在规定的时限内出具发行人符合发行条件、上市条件和信息披露要求的审核意见或者做出终止发行上市审核的决定,但发行人及其保荐人、证券服务机构回复深交所审核问询的时间不计算在内。发行人及其保荐人、证券服务机构回复深交所审核问询的时间总计不超过3个月。

自受理发行上市申请文件之日起,深交所审核和证监会注册的时间总计不超过3个月。

《深圳证券交易所创业板股票上市规则》规定的中止审核、请示有权机关、落实上市委员会意见、暂缓审议、处理会后事项、实施现场检查、要求进行专项核查,并要求发行人补充、修改申请文件等情形,不计算在前述规定的时限内。

11. 发行上市审核中,发行人回复深交所审核问询或者发生其他情形,需要更新预先披露文件的,应当修改相关信息披露文件,并在深交所发出上市委员会会议通知前,将修改后的招股说明书、发行保荐书、上市保荐书、审计报告和法律意见书等文件预先披露。

第四节 审核中止与终止

上市委员会召开审议会议,对深交所发行上市审核机构出具的审核报告及发行上市申请文件进行审议。

每次审议会议由5名委员参加,其中会计、法律专家至少各1名。

深交所结合上市委员会的审议意见,出具发行人符合发行条件、上市条件和信息披露要求的审核意见或者做出终止发行上市审核的决定。

上市委员会认为发行人符合发行条件、上市条件和信息披露要求，但要求发行人补充披露有关信息的，深交所发行上市审核机构告知保荐人组织落实；发行上市审核机构对发行人及其保荐人、证券服务机构的落实情况予以核对，通报参会委员，无须再次提请上市委员会审议。发行人对相关事项补充披露后，深交所出具发行人符合发行条件、上市条件和信息披露要求的审核意见。

证监会在注册程序中，决定退回深交所补充审核的，深交所发行上市审核机构对要求补充审核的事项重新审核，并提交上市委员会审议。深交所审核通过的，重新向证监会报送审核意见及相关资料；审核不通过的，做出终止发行上市审核的决定。

一、审核中止

出现下列情形之一的，发行人、保荐人和证券服务机构应当及时告知深交所，深交所将中止发行上市审核，通知发行人及其保荐人：

1. 发行人及其控股股东、实际控制人涉嫌贪污、贿赂、侵占财产、挪用财产或者破坏社会主义市场经济秩序的犯罪，或者涉嫌欺诈发行、重大信息披露违法或其他涉及国家安全、公共安全、生态安全、生产安全、公众健康安全等领域的重大违法行为，正在被立案调查，或者正在被司法机关立案侦查，尚未结案。

2. 发行人的保荐人或者签字保荐代表人、证券服务机构或者相关签字人员因首次公开发行并上市、上市公司发行证券、并购重组业务涉嫌违法违规，或者其他业务涉嫌违法违规且对市场有重大影响，正在被证监会立案调查，或者正在被司法机关侦查，尚未结案。

3. 发行人的保荐人、证券服务机构被证监会依法采取限制业务活动、责令停业整顿、指定其他机构托管或者接管等措施，尚未解除。

4. 发行人的签字保荐代表人、证券服务机构相关签字人员被证监会依法采取市场禁入、认定为不适当人选等监管措施，尚未解除。

5. 保荐人或者签字保荐代表人、证券服务机构或者相关签字人员，被深交所实施一定期限内不接受其出具的相关文件的纪律处分，尚未解除。

6. 发行上市申请文件中记载的财务资料已过有效期，需要补充提交。

7. 发行人及保荐人主动要求中止审核，理由正当并经深交所同意。

出现前款第 1~6 项所列情形，发行人、保荐人和证券服务机构未及时告知深交所，深交所经核实符合中止审核情形的，将直接中止审核。

二、审核终止

出现下列情形之一的，深交所将终止发行上市审核，通知发行人及其保荐人：

1. 发行上市申请文件内容存在重大缺陷，严重影响投资者理解和深交所审核。

2. 发行人撤回发行上市申请或者保荐人撤销保荐。

3. 发行人未在规定时限内回复深交所审核问询或者未对发行上市申请文件做出解释说明、补充修改。

4. 发行上市申请文件被认定存在虚假记载、误导性陈述或者重大遗漏。

5. 发行人阻碍或者拒绝深交所依法实施的检查。

6. 发行人及其关联方以不正当手段严重干扰深交所发行上市审核工作。

7. 发行人的法人资格终止。

8. 按照《深圳证券交易所创业板股票发行上市审核规则》第六十四条第一款规定的中止审核情形未能在 3 个月内消除，或者未能在规则第六十五条规定的时限内完成相关事项。

9. 深交所审核认为发行人不符合发行条件、上市条件或信息披露要求。

三、审核相关事项

深交所受理发行上市申请后至股票上市交易前，发行人及其保荐人应当密切关注公共媒体关于发行人的重大报道、市场传闻。相关报道、传闻与发行人信息披露存在重大差异，所涉事项可能对本次发行上市产生重大影响的，发行人及其保荐人应当向深交所做出解释说明，并按规定履行信息披露义务；保荐人、证券服务机构应当进行必要的核查并将核查结果向深交所报告。

深交所向市场公开发行上市审核工作的下列信息，接受社会监督：

1. 发行上市审核标准和审核程序等发行上市审核业务规则和相关监管问答。

2. 在审企业名单、企业基本信息及审核工作进度。

3. 深交所审核问询和发行人及其保荐人、证券服务机构回复，但涉及国家秘密或者发行人商业秘密的除外。

4. 上市委员会会议的时间、参会委员名单、审议的发行人名单、审议结果及现场问询问题。

5. 深交所对发行人及其控股股东、实际控制人、保荐人、证券服务机构及其相关人员采取的自律监管措施或者纪律处分。

6. 深交所认为必要的其他信息。

四、自律管理

深交所在发行上市审核中，可以根据《深圳证券交易所创业板股票上市规则》及深交所相关规则采取下列自律监管措施：

1. 书面警示。

2. 约见谈话。

3. 要求限期改正。

4. 要求公开更正、澄清或者说明。

5. 深交所规定的其他自律监管措施。

五、处分方式及违规情况

1. 深交所在发行上市审核中，可以根据《深圳证券交易所创业板股票上市规则》及深交所相关规则实施下列纪律处分：

（1）通报批评。

（2）公开谴责。

（3）6个月至5年内不接受发行人提交的发行上市申请文件。

（4）3个月至3年内不接受保荐人、证券服务机构提交的发行上市申请文件、信息披露文件。

（5）3个月至3年内不接受保荐代表人及保荐人其他相关责任人员、证券服务机构相关责任人员签字的发行上市申请文件、信息披露文件。

（6）公开认定发行人董事、监事、高级管理人员3年以上不适合担任上市公司董事、监事、高级管理人员。

（7）深交所规定的其他纪律处分。

2. 存在下列情形之一的，深交所对发行人给予1年至5年内不接受其提交的发行上市申请文件的纪律处分：

（1）发行人向深交所报送的发行上市申请文件、信息披露文件被认定存在虚假记载、误导性陈述或者重大遗漏。

（2）发行人拒绝、阻碍、逃避深交所检查，谎报、隐匿、销毁相关证据材料。

（3）发行人及其关联方以不正当手段严重干扰深交所发行上市审核工作。

（4）重大事项未向深交所报告或者未披露。

（5）发行上市申请文件中发行人或者其董事、监事、高级管理人员、控股股东、实际控制人的签字、盖章系伪造、变造。

3. 发行人的控股股东、实际控制人、董事、监事、高级管理人员违反《深圳证券交易所创业板股票上市规则》规定，致使发行人报送的发行上市申请文件、信息披露文件被认定存在虚假记载、误导性陈述或者重大遗漏的，深交所视情节轻重对相关主体给予通报批评、公开谴责、公开认定3年以上不适合担任上市公司董事、监事、高级管理人员或者1年至5年内不接受控股股东、实际控制人及其控制的其他发行人提交的发行上市申请文件等纪律处分。

4. 保荐人、证券服务机构及其相关责任人员存在下列情形之一的，深交所视情节轻重，给予3个月至3年内不接受其提交或者签字的发行上市申请文件、信息披露文件的纪律处分：

（1）伪造、变造发行上市申请文件中的签字、盖章。

（2）重大事项未报告或者未披露。

（3）以不正当手段干扰深交所发行上市审核工作。

（4）内部控制、尽职调查等制度存在缺陷或者未有效执行。

（5）通过相关业务谋取不正当利益。

（6）不履行其他法定职责。

第五节　注册程序

上市委审议后，深交所结合上市委的审议意见，出具发行人符合发行条件、上市条件和信息披露要求的审核意见或者做出终止发行上市审核的决定。深交所审核通过的，将审核意见、发行上市申请文件及相关审核资料报证监会注册。

对发行人首次公开发行股票申请予以注册，不表明证监会和交易所对该股票的投资价值或者投资者的收益做出实质性判断或者保证，也不表明证监会和交易所对注册申请文件的真实性、准确性、完整性做出保证。

发行人董事会应当依法就本次发行股票的具体方案、本次募集资金使用的可行性及其他必须明确的事项做出决议，并提请股东大会批准。

1. 发行人股东大会应当就本次发行股票做出决议，决议至少应当包括下列事项：

（1）本次公开发行股票的种类和数量。

（2）发行对象。

（3）定价方式。

（4）募集资金用途。

（5）发行前滚存利润的分配方案。

（6）决议的有效期。

（7）对董事会办理本次发行具体事宜的授权。

（8）其他必须明确的事项。

2. 发行人申请首次公开发行股票并在创业板上市，应当按照证监会有关规定制作注册申请文件，依法由保荐人保荐并向交易所申报。

交易所收到注册申请文件后，5个工作日内做出是否受理的决定。

3. 注册申请文件受理后，未经证监会或者交易所同意，不得改动。发生重大事项的，发行人、保荐人、证券服务机构应当及时向交易所报告，并按要求更新注册申请文件和信息披露资料。

4. 交易所按照规定的条件和程序，形成发行人是否符合发行条件和信息披露要求的审核意见。认为发行人符合发行条件和信息披露要求的，将审核意见、发行人注册申请文件及相关审核资料报证监会注册；认为发行人不符合发行条件或者信息披露要求的，做出终止发行上市审核决定。

5. 交易所应当自受理注册申请文件之日起在规定的时限内形成审核意见。发行人根据要求补充、修改注册申请文件，或者交易所按照规定对发行人实施现场检查，要求保荐人、证券服务机构对有关事项进行专项核查，并要求发行人补充、修改申请文件的时间不计算在内。

6. 交易所应当提高审核工作透明度，接受社会监督，公开下列事项：

（1）发行上市审核标准和程序等发行上市审核业务规则和相关业务细则。

（2）在审企业名单、企业基本情况及审核工作进度。

（3）发行上市审核问询及回复情况，但涉及国家秘密或者发行人商业秘密的除外。

（4）上市委员会会议的时间、参会委员名单、审议的发行人名单、审议结果及现场问询问题。

（5）对股票公开发行并上市相关主体采取的自律监管措施或者纪律处分。

（6）交易所规定的其他事项。

7. 证监会依法履行发行注册程序，发行注册主要关注交易所发行上市审核内容有无遗漏，审核程序是否符合规定，以及发行人在发行条件和信息披露要求的重大方面是否符合相关规定。证监会认为存在需要

第四章 创业板

进一步说明或者落实事项的，可以要求交易所进一步问询。

证监会认为交易所对影响发行条件的重大事项未予关注或者交易所的审核意见依据明显不充分的，可以退回交易所补充审核。交易所补充审核后，认为发行人符合发行条件和信息披露要求的，重新向证监会报送审核意见及相关资料，按《创业板首次公开发行股票注册管理办法（试行）》第二十三条规定的注册期限重新计算。

8. 证监会在20个工作日内对发行人的注册申请做出予以注册或者不予注册的决定。发行人根据要求补充、修改注册申请文件，或者证监会要求交易所进一步问询，要求保荐人、证券服务机构等对有关事项进行核查，对发行人现场检查，并要求发行人补充、修改申请文件的时间不计算在内。

证监会的予以注册决定，自做出之日起1年内有效，发行人应当在注册决定有效期内发行股票，发行时点由发行人自主选择。

9. 证监会做出予以注册决定后、发行人股票上市交易前，发行人应当及时更新信息披露文件内容，财务报表已过有效期的，发行人应当补充财务会计报告等文件；保荐人以及证券服务机构应当持续履行尽职调查职责；发生重大事项的，发行人、保荐人应当及时向交易所报告。

交易所应当对上述事项及时处理，发现发行人存在重大事项影响发行条件、上市条件的，应当出具明确意见并及时向证监会报告。

10. 交易所认为发行人不符合发行条件或者信息披露要求，做出终止发行上市审核决定，或者证监会做出不予注册决定的，自决定做出之日起6个月后，发行人可以再次提出公开发行股票并上市申请。

证监会应当按规定公开股票发行注册行政许可事项相关的监管信息。

11. 存在下列情形之一的，发行人、保荐人应当及时书面报告交易所或者证监会，交易所或者证监会应当中止相应发行上市审核程序或者发行注册程序：

（1）相关主体涉嫌违反相关规定，被立案调查或者被司法机关侦查，尚未结案。

（2）发行人的保荐人以及律师事务所、会计师事务所等证券服务机构因首次公开发行股票、上市公司证券发行、并购重组业务涉嫌违法违规，或者其他业务涉嫌违法违规且对市场有重大影响，正在被证监会立案调查，或者正在被司法机关侦查，尚未结案的。

（3）发行人的签字保荐代表人以及签字律师、签字会计师等证券服务机构签字人员因首次公开发行股票、上市公司证券发行、并购重组业务涉嫌违法违规，或者其他业务涉嫌违法违规且对市场有重大影响，正在被证监会立案调查，或者正在被司法机关侦查，尚未结案的。

（4）发行人的保荐人以及律师事务所、会计师事务所等证券服务机构被证监会依法采取限制业务活动、责令停业整顿、指定其他机构托管、接管等措施，或者被交易所实施一定期限内不接受其出具的相关文件的纪律处分，尚未解除。

（5）发行人的签字保荐代表人、签字律师、签字会计师等中介机构签字人员被证监会依法采取认定为不适当人选等监管措施或者证券市场禁入的措施，或者被交易所实施一定期限内不接受其出具的相关文件的纪律处分，尚未解除。

（6）发行人及保荐人主动要求中止发行上市审核程序或者发行注册程序，理由正当且经交易所或者证监会同意。

（7）发行人注册申请文件中记载的财务资料已过有效期，需要补充提交。

（8）证监会规定的其他情形。

第六节　股票发行上市

首次公开发行股票并在创业板上市，应当符合发行条件、上市条件以及相关信息披露要求，依法经交易所发行上市审核，并报证监会注册，注册通过后发行人才可以按如下要求向深交所申请创业板上市。

1. 发行人申请在深交所创业板上市，应当符合下列条件：

（1）符合证监会规定的创业板发行条件。

（2）发行后股本总额不低于 3 000 万元。

（3）公开发行的股份达到公司股份总数的25%以上；公司股本总额超过4亿元的，公开发行股份的比例为10%以上。

（4）市值及财务指标符合《深圳证券交易所创业板股票上市规则》规定的标准。

（5）深交所要求的其他上市条件。

红筹企业发行股票的，前款第（2）项调整为发行后的股份总数不低于3 000万股，前款第（3）项调整为公开发行的股份达到公司股份总数的25%以上；公司股份总数超过4亿股的，公开发行股份的比例为10%以上。

红筹企业发行存托凭证的，前款第（2）项调整为发行后的存托凭证总份数不低于3 000万份，前款第（3）项调整为公开发行的存托凭证对应基础股份达到公司股份总数的25%以上；发行后的存托凭证总份数超过4亿份的，公开发行存托凭证对应基础股份达到公司股份总数的10%以上。

深交所可以根据市场情况，经证监会批准，对上市条件和具体标准进行调整。

2. 发行人为境内企业且不存在表决权差异安排的，市值及财务指标应当至少符合下列标准中的一项：

（1）最近两年净利润均为正，且累计净利润不低于5 000万元。

（2）预计市值不低于10亿元，最近一年净利润为正且营业收入不低于1亿元。

（3）预计市值不低于50亿元，且最近一年营业收入不低于3亿元。

3. 符合《关于开展创新企业境内发行股票或存托凭证试点若干意见的通知》等相关规定且最近一年净利润为正的红筹企业，可以申请其股票或存托凭证在创业板上市。具体要求前文已做过阐述。

4. 发行人具有表决权差异安排的，市值及财务指标应当至少符合下列标准中的一项：

（1）预计市值不低于100亿元，且最近一年净利润为正。

（2）预计市值不低于50亿元，最近一年净利润为正且营业收入不低于5亿元。

发行人特别表决权股份的持有人资格、公司章程关于表决权差异安排的具体要求，应当符合《深圳证券交易所创业板股票上市规则》第四章第四节的规定。

以上所称净利润以扣除非经常性损益前后的孰低者为准，所称净利润、营业收入均指经审计的数值。

5. 发行人在境内首次公开发行股票经证监会予以注册并完成公开发行后，向深交所提出上市申请的，应当提交下列文件：

（1）上市申请书。

（2）证监会予以注册的决定。

（3）首次公开发行股票结束后发行人全部股票已经中国证券登记结算有限责任公司深圳分公司登记的证明文件。

（4）首次公开发行结束后，符合《证券法》规定的会计师事务所出具的验资报告。

（5）发行人、控股股东、实际控制人、董事、监事和高级管理人员根据《深圳证券交易所创业板股票上市规则》及深交所其他相关规定要求出具的证明、声明及承诺。

（6）首次公开发行后至上市前，按规定新增的财务资料和有关重大事项的说明（如适用）。

（7）深交所要求的其他文件。

6. 发行人应当于股票上市前5个交易日内，在深交所网站和符合证监会规定条件的媒体披露下列文件：

（1）上市公告书。

（2）公司章程。

（3）深交所要求的其他文件。

刊登招股意向书或者招股说明书后，发行人应当持续关注媒体（包括报纸、网站、股票论坛、自媒体等）对公司的相关报道或者传闻，及时向有关方面了解真实情况，相关报道或者传闻可能对公司股票及其衍生品交易价格或者投资决策产生较大影响的，应当在上市首日刊登风险提示公告，对相关问题进行说明澄清并提示公司存在的主要风险。

第七节　发行与承销

发行人取得证监会予以注册的决定后，发行人和主承销商应当及时向深交所报备发行与承销方案。发行与承销方案应当包括发行方案、初步询价公告（如有）、投资价值研究报告（如有）、战略配售方案（如有）、超额配售选择权实施方案（如有）等内容。

一、发行与承销程序

1. 深交所在收到发行与承销方案后5个工作日内无异议的，发行人和主承销商可依法刊登招股意向书，启动发行工作。

发行人和主承销商报送的发行与承销方案不符合《深圳证券交易所创业板首次公开发行证券发行与承销业务实施细则》规定，或者所披露事项不符合相关信息披露要求的，应当按照深交所要求予以补正，补正时间不计入前款规定的5个工作日内。

2. 首次公开发行证券采用直接定价方式的，发行人和主承销商向深交所报备发行与承销方案时，发行价格对应的市盈率不得超过同行业上市公司二级市场平均市盈率；已经或者同时境外发行的，直接定价确定的发行价格不得超过发行人境外市场价格。如果发行人与主承销商拟定的发行价格高于上述任何一值，或者发行人尚未盈利的，发行人和主承销商应当采用询价方式发行。

3. 首次公开发行证券采用询价方式定价的，发行人和主承销商可以在符合证监会相关规定和深交所、中国证券业协会自律规则前提下，协商设置参与询价的网下投资者具体条件，并在发行公告中预先披露。

发行人和主承销商应当充分重视公募基金、社保基金、养老金、企业年金基金和保险资金等配售对象的长期投资理念，合理设置其参与网下询价的具体条件，引导其按照科学、独立、客观、审慎的原则参与网下询价。

4. 首次公开发行证券采用询价方式定价的，网下申购前，发行人和主承销商应当披露下列信息：

（1）同行业可比上市公司二级市场平均市盈率。

（2）已经或者同时境外发行证券的境外证券市场价格。

（3）剔除最高报价部分后所有网下投资者及各类网下投资者剩余报价的中位数和加权平均数。

（4）剔除最高报价部分后公募基金、社保基金、养老金、企业年金基金和保险资金剩余报价的中位数和加权平均数。

（5）网下投资者详细报价情况，具体包括投资者名称、配售对象信息、申购价格及对应的拟申购数量、发行价格或发行价格区间确定的主要依据，以及发行价格或发行价格区间上限所对应的网下投资者超额认购倍数。

5. 证券发行价格或发行价格区间确定后，发行人和主承销商应当在T-2日（T日为网上网下申购日）15：00前向深交所提交发行公告或者中止发行公告，并在公告中说明发行人预计发行后总市值是否满足在招股说明书中明确选择的市值与财务指标上市标准。

网下投资者在初步询价时为其配售对象账户填报的拟申购价格属于有效报价的，网下投资者应当根据《网下发行实施细则》的规定按照发行价格申购，或者在发行价格区间内进行累计投标询价报价和申购。

发行人和主承销商通过累计投标询价确定发行价格的，应当根据网下投资者为其配售对象账户填写的申购价格和申购数量，审慎合理确定超额配售认购倍数及发行价格。网下投资者的申购报价和询价报价应当逻辑一致。

6. 发行人和主承销商通过累计投标询价确定发行价格的，应当在T日21：00前向深交所提交发行价格及网上中签率公告。未按上述规定提交的，应当中止发行。中止发行后，符合《深圳证券交易所创业板首次公开发行证券发行与承销业务实施细则》第十五条第三款规定的，可重新启动发行。

7. 发行人应当安排不低于本次网下发行数量的70%优先向公募基金、社保基金、养老金、企业年金基金和保险资金配售。公募基金、社保基金、养老金、企业年金基金和保险资金有效申购不足安排数量的，发行人和主承销商可以向其他符合条件的网下投资者配售剩余部分。

二、战略配售

参与发行人战略配售的投资者主要包括：

1. 与发行人经营业务具有战略合作关系或长期合作愿景的大型企业或其下属企业。

2. 具有长期投资意愿的大型保险公司或其下属企业、国家级大型投资基金或其下属企业。

3. 以公开募集方式设立，主要投资策略包括投资战略配售证券，且以封闭方式运作的证券投资基金。

4. 按照《深圳证券交易所创业板首次公开发行证券发行与承销业务实施细则》规定实施跟投的，保荐机构依法设立的另类投资子公司或者实际控制该保荐机构的证券公司依法设立的另类投资子公司（以下简称保荐机构相关子公司）。

5. 发行人的高级管理人员与核心员工参与本次战略配售设立的专项资产管理计划。

6. 符合法律法规、业务规则规定的其他战略投资者。

发行人和主承销商向战略投资者配售证券的，不得存在以下情形：

1. 发行人和主承销商向战略投资者承诺上市后股价将上涨，或者股价如未上涨将由发行人购回证券或者给予任何形式的经济补偿。

2. 主承销商以承诺对承销费用分成、介绍参与其他发行人战略配售等作为条件引入战略投资者。

3. 发行人上市后认购发行人战略投资者管理的证券投资基金。

4. 发行人承诺在战略投资者获配证券的限售期内，委任与该战略投资者存在关联关系的人员担任发行人的董事、监事及高级管理人员，但发行人的高级管理人员与核心员工设立专项资产管理计划参与战略配售的除外。

5. 除《深圳证券交易所创业板首次公开发行证券发行与承销业务

实施细则》第三十一条第三项规定的情形外，战略投资者使用非自有资金认购发行人证券，或者存在接受其他投资者委托或委托其他投资者参与本次战略配售的情形。

6. 其他直接或间接进行利益输送的行为。

主承销商应当对战略投资者的选取标准、配售资格及是否存在《深圳证券交易所创业板首次公开发行证券发行与承销业务实施细则》第三十二条规定的禁止性情形进行核查，要求发行人、战略投资者就核查事项出具承诺函，并聘请律师出具法律意见书。主承销商应当公开披露核查文件及法律意见书。

三、超额配售选择权

发行人和主承销商经审慎评估，可以在发行方案中设定超额配售选择权。采用超额配售选择权的，发行人应授予主承销商超额配售证券并使用超额配售证券募集的资金从二级市场竞价交易购买发行人证券的权利。通过联合主承销商发行证券的，发行人应授予其中一家主承销商前述权利。

主承销商与发行人签订的承销协议中，应当明确发行人对主承销商采用超额配售选择权的授权，以及获授权的主承销商的相应责任。

获授权的主承销商应当勤勉尽责，建立独立的投资决策流程及相关防火墙制度，严格执行内部控制制度，有效防范利益输送和利益冲突。

主承销商应当在超额配售选择权行使期届满或者累计购回证券数量达到采用超额配售选择权发行证券数量限额的 5 个工作日内，将应付给发行人的资金（如有）支付给发行人，应付资金按以下公式计算：

发行人因行使超额配售选择权的募集资金 = 发行价 ×（超额配售选择权累计行使数量 – 主承销商从二级市场买入发行人证券的数量）– 因行使超额配售选择权而发行证券的承销费用

在超额配售选择权行使期届满或者累计购回证券数量达到采用超额配售选择权发行证券数量限额的2个工作日内，发行人与获授权的主承销商应当披露以下情况：

1. 超额配售选择权行使期届满或者累计购回证券数量达到采用超额配售选择权发行证券数量限额的日期。

2. 超额配售选择权实施情况是否合法、合规，是否符合所披露的有关超额配售选择权的实施方案要求，是否实现预期达到的效果。

3. 因行使超额配售选择权而发行的证券数量；如未行使或部分行使，应当说明买入发行人证券的数量及所支付的总金额、平均价格、最高与最低价格。

4. 发行人本次筹资总金额。

5. 深交所要求披露的其他信息。

四、保荐机构相关子公司跟投

实施跟投的保荐机构相关子公司应当事先与发行人签署配售协议，承诺按照证券发行价格认购发行人首次公开发行证券数量2%~5%的证券，具体比例根据发行人首次公开发行证券的规模分档确定：

1. 发行规模不足10亿元的，跟投比例为5%，但不超过4 000万元。

2. 发行规模10亿元以上、不足20亿元的，跟投比例为4%，但不超过6 000万元。

3. 发行规模20亿元以上、不足50亿元的，跟投比例为3%，但不超过1亿元。

4. 发行规模50亿元以上的，跟投比例为2%，但不超过10亿元。

创业板未盈利企业、存在表决权差异安排企业、红筹企业以及发行价格（或者发行价格区间上限）超过《创业板首次公开发行证券发行与承销特别规定》第八条第二款规定的中位数、加权平均数孰低值的企业，试行保荐机构相关子公司跟投制度。发行人为上述企业之一的，其保荐机构相关子公司应当参与本次公开发行战略配售，并对获配证券设定限售期。保荐机构通过证监会和深交所认可的其他方式履行前款规定的，应当遵守《深圳证券交易所创业板首次公开发行证券发行与承销业务实施细则》关于保荐机构相关子公司跟投的规定和监管要求。

参考案例

民爆光电 IPO 终止审核

深圳民爆光电股份有限公司于 2020 年 7 月 22 日创业板申请受理，2020 年 8 月 19 日~2021 年 9 月 30 日，民爆光电历经五轮问询，深交所对其决定终止 IPO 审核，原因是民爆光电和保荐机构主动撤回了上市申请，IPO 状态为"终止（撤回）"。

民爆光电作为专业从事 LED（发光二极管）照明灯具产品的 ODM（原始设计制造商）生产商，依托成熟的产品设计开发体系和小批量柔性化的生产制造模式，主要为境外中小区域品牌商和工程商提供个性化、多样化的照明产品，解决客户对产品应用和功能的差异化需求。

民爆光电在递交了招股书后先后经历了深交所的五轮问询，重点关注"关于股份权属清晰""关于业绩下滑""关于股份支付"三个问题。尽管民爆光电回复了五轮问询，但似乎未能令人信服，因此民爆光电不得已主动撤回 IPO 申请材料，这也是拟 IPO 公司中非常罕见的。

发行人要想继续冲击 IPO 上市获得最后胜利，还得强练内功，治愈硬伤。

淄博鲁华泓锦新材料股份有限公司 IPO 终止（审核不通过）

创业板上市委员会审议认为：发行人重要子公司天津鲁华多次出现涉及生态安全、生产安全的违法违规行为，发行人实际控制人郭强与其亲属、发行人员工存在大额资金往来，且发行人未能充分说明相关资金往来的合理性。发行人未能建立相关的内部控制制度且有效执行，以合理保证发行人合法合规和财务报告的可靠性，不符合《创业板首次公开发行股票注册管理办法（试行）》第十一条，以及《深圳证券交易所创业板股票发行上市审核规则》第十八条的规定。

根据以上规定，结合创业板上市委员会认为公司不符合发行条件、上市条件和信息披露要求的审议意见，深交所决定对该公司首次公开发行股票并在创业板上市申请予以终止审核。

第五章

北京证券交易所

本章关键词：

专精特新、递进式发展、错位发展、制度体系、小巨人、单项冠军

政府继续支持中小企业创新发展，深化新三板改革，因此设立北京证券交易所，打造服务创新型中小企业主阵地。

建设北京证券交易所的主要思路是，严格遵循《证券法》，按照分步实施、循序渐进的原则，总体平移精选层各项基础制度，坚持北京证券交易所上市公司由新三板创新层公司产生，维持新三板基础层、创新层与北京证券交易所"层层递进"的市场结构，同步试点证券发行注册制。在实施过程中，将重点把握好以下原则：

1. 坚守"一个定位"。北京证券交易所牢牢坚持服务创新型中小企业的市场定位，尊重创新型中小企业发展规律和成长阶段，提升制度包容性和精准性。

2. 处理好"两个关系"。一是北京证券交易所与沪深交易所、区域性股权市场坚持错位发展与互联互通，发挥好转板上市功能；二是北京

证券交易所与新三板现有创新层、基础层坚持统筹协调与制度联动，维护市场结构平衡。

3. 实现"三个目标"。一是构建一套契合创新型中小企业特点的涵盖发行上市、交易、退市、持续监管、投资者适当性管理等基础制度安排，补足多层次资本市场发展普惠金融的短板；二是畅通北京证券交易所在多层次资本市场的纽带作用，形成相互补充、相互促进的中小企业直接融资成长路径；三是培育一批专精特新中小企业，形成创新创业热情高涨、合格投资者踊跃参与、中介机构归位尽责的良性市场生态。

北交所是专精特新"小巨人"企业上市融资的主战场。2019—2021年，工信部已陆续公布了三批共4 762家专精特新"小巨人"企业名单，首批248家、第二批1 584家、第三批2 930家。其中包括5批596家单项冠军企业，带动各地培育省级的"专精特新"中小企业4万多家。工信部运行监测协调局负责人表示：2022年带动各省培育"专精特新"中小企业约5万家。

2021年11月15日，北交所正式开市交易，首批上市公司共81家，其中"专精特新"小巨人企业有17家。至2022年1月，在366家新三板挂牌的国家级"专精特新"企业中，89家创新层企业满足申请北交所上市条件。公募基金等机构，以及保险、社保基金等长线资金将陆续进入北交所，在进一步提升市场流动性支持的同时，也将更加丰富北交所的投资者类型。

北交所依托却独立于新三板，而新三板是北交所的种子基地，是上市企业来源的蓄水池。新三板还是中国多层次资本市场为实体经济发展尤其是解决中小企业融资难融资贵融资慢难题的前沿阵地。自2013年正式运营以来，通过不断的改革探索，它已发展成为资本市场服务中小企业的重要融资平台。2019年7月，证监会推出了精选层、建立公开发行制度、引入连续竞价和转板机制等一系列改革举措，激发了市场活力，吸引了一批"小而美"的优质中小企业挂牌交易，取得了积极成效，这也为北交所的推出和发展奠定了坚实基础。

截至2022年3月4日，新三板合计有6 888家挂牌公司，其中创新层1 216家，基础层5 672家，也就是说新三板为北交所培育了1 216家以上的存量上市企业。

第一节　递进式发展的新三板

新三板采取分层运作模式，拥有基础层、创新层与北交所"层层递进"逐级发展的市场结构，而精选层平移北交所后，创新层便是输送企业登陆北交所上市的桥头堡。

2022年3月4日，全国股转公司第四次修订的《全国中小企业股份转让系统分层管理办法》及配套指南正式发布。修订后，优化了进层频次、进层财务条件，调整了非财务条件，强化了规范要求，压实了各方责任，严格了降层安排等，这都为新三板创新层公司进入北交所提供了制度保障及技术支持。

新办法在进层时间安排上做了重大调整，由此前每年4月30日启动定期调入，改为上半年2~6月逐月实施，下半年9月一次实施。全国股转公司2022年共拟实施4次创新层进层实施工作，详见表5.1。

表5.1　创新层进层实施工作排期

进层启动日	全国股转公司发送核查信息时间	主办券商提交核查表时间
3月31日	4月1日24：00前	4月8日24：00前
4月29日	5月5日24：00前	5月11日24：00前
5月31日	6月1日24：00前	6月7日24：00前
8月31日	9月1日24：00前	9月7日24：00前

全国股转系统设置创新层和基础层，全国中小企业股份转让系统有限责任公司对挂牌公司实行分层管理，包括公司申请挂牌同时进入创新层，基础层挂牌公司进入创新层，以及创新层挂牌公司调整至基础层。但是，挂牌公司所属市场层级及其调整，不代表全国股转公司对挂牌公司投资价值的判断。

申请挂牌公司符合挂牌条件，但未进入创新层的，应当自挂牌之日起进入基础层。而已挂牌公司未进入创新层和精选层的，应当进入基础层。

1.《全国中小企业股份转让系统业务规则（试行）》规定，进入基础层的六项挂牌条件所形成的基本标准如下：

（1）存续满两年（有限公司整体改制可以连续计算）。

（2）业务明确，具有持续经营能力。

（3）公司治理机制健全，合法规范经营。

（4）股权明晰，股票发行和转让行为合法合规。

（5）主办券商推荐并持续督导。

（6）全国股份转让系统公司要求的其他条件。

2. 挂牌公司进入创新层，应当符合下列条件之一：

（1）最近两年净利润均不低于1 000万元，最近两年加权平均净资产收益率平均不低于6%，截至进层启动日的股本总额不少于2 000万元。

（2）最近两年营业收入平均不低于8 000万元，且持续增长，年均复合增长率不低于30%，截至进层启动日的股本总额不少于2 000万元。

（3）最近两年研发投入累计不低于2 500万元，截至进层启动日的24个月内，定向发行普通股融资金额累计不低于4 000万元（不含以非现金资产认购的部分），且每次发行完成后以该次发行价格计算的股票市值均不低于3亿元。

（4）截至进层启动日的120个交易日内，最近有成交的60个交易日的平均股票市值不低于3亿元；采取做市交易方式的，截至进层启动日做市商家数不少于4家；采取集合竞价交易方式的，前述60个交易日通过集合竞价交易方式实现的股票累计成交量不低于100万股；截至进层启动日的股本总额不少于5 000万元。

3. 挂牌公司进入创新层，同时还应当符合下列条件：

（1）挂牌同时或挂牌后已完成定向发行普通股、优先股或可转换公司债券（以下简称可转债），且截至进层启动日完成的发行融资金额累计不低于1 000万元（不含以非现金资产认购的部分）。

（2）最近一年期末净资产不为负值。

（3）公司治理健全，截至进层启动日，已制定并披露经董事会审议通过的股东大会、董事会和监事会制度、对外投资管理制度、对外担保管理制度、关联交易管理制度、投资者关系管理制度、利润分配管理制度和承诺管理制度，已设董事会秘书作为信息披露事务负责人并公开披露。

（4）证监会和全国股转公司规定的其他条件。

挂牌公司完成发行融资的时间，以定向发行普通股、优先股或可转债的挂牌交易日或挂牌转让日为准。

4. 以每年 8 月的最后一个交易日为进层启动日的挂牌公司，还应当同时符合以下条件：

（1）当年所披露中期报告的财务会计报告应当经符合《证券法》规定的会计师事务所审计，审计意见应当为标准无保留意见。

（2）中期报告载明的营业收入和净利润均不低于上年同期水平。

5. 挂牌公司或其他相关主体在截至进层启动日的 12 个月内或进层实施期间出现下列情形之一的，挂牌公司不得进入创新层：

（1）挂牌公司或其控股股东、实际控制人因贪污、贿赂、侵占财产、挪用财产或者破坏社会主义市场经济秩序的行为被司法机关做出有罪判决，或刑事处罚未执行完毕。

（2）挂牌公司或其控股股东、实际控制人因欺诈发行、重大信息披露违法或者其他涉及国家安全、公共安全、生态安全、生产安全、公众健康安全等领域的重大违法行为被处以罚款等处罚且情节严重，或者导致严重环境污染、重大人员伤亡、社会影响恶劣等情形。

（3）挂牌公司或其控股股东、实际控制人、董事、监事、高级管理人员被证监会及其派出机构采取行政处罚；或因证券市场违法违规行为受到全国股转公司等自律监管机构公开谴责。

（4）挂牌公司或其控股股东、实际控制人、董事、监事、高级管理人员因涉嫌犯罪正被司法机关立案侦查或涉嫌违法违规正被证监会及其派出机构立案调查，尚未有明确结论意见。

（5）挂牌公司或其控股股东、实际控制人被列入失信被执行人名单且情形尚未消除。

（6）未按照全国股转公司规定在每个会计年度结束之日起 4 个月内编制并披露年度报告，或者未在每个会计年度的上半年结束之日起 2 个月内编制并披露中期报告，因不可抗力等特殊原因导致未按期披露的除外。

（7）最近两年财务会计报告被会计师事务所出具非标准审计意见的审计报告；仅根据《全国中小企业股份转让系统分层管理办法》第七条第二项规定条件进入创新层的，最近三年财务会计报告被会计师事务所出具非标准审计意见的审计报告。

（8）证监会和全国股转公司规定的其他情形。

6. 申请挂牌同时进入创新层的公司，应当符合下列条件之一：

（1）最近两年净利润均不低于1 000万元，最近两年加权平均净资产收益率平均不低于6%，股本总额不少于2 000万元。

（2）最近两年营业收入平均不低于8 000万元，且持续增长，年均复合增长率不低于30%，股本总额不少于2 000万元。

（3）最近两年研发投入不低于2 500万元，完成挂牌同时定向发行普通股后，融资金额不低于4 000万元（不含以非现金资产认购的部分），且公司股票市值不低于3亿元。

（4）在挂牌时即采取做市交易方式，完成挂牌同时定向发行普通股后，公司股票市值不低于3亿元，股本总额不少于5 000万元，做市商家数不少于4家，且做市商做市库存股均通过本次定向发行取得。

前款所称市值是指以申请挂牌公司挂牌同时定向发行普通股价格计算的股票市值。

7. 申请挂牌同时进入创新层的公司，同时还应当符合下列条件：

（1）完成挂牌同时定向发行普通股、优先股或可转债，且融资金额不低于1 000万元（不含以非现金资产认购的部分）。

（2）符合《全国中小企业股份转让系统分层管理办法》第八条第一款第二项和第三项的规定。

（3）不存在《全国中小企业股份转让系统分层管理办法》第十条第一项至第五项、第七项规定的情形。

（4）证监会和全国股转公司规定的其他条件。

8. 申请挂牌公司符合挂牌条件，但未进入创新层的，应当自挂牌之日起进入基础层。挂牌公司未进入创新层的，应当进入基础层。

第二节　错位发展的北交所

北京证券交易所于2021年11月15日开市，新三板市场精选层71

家公司全部平移进入北交所。

从首批上市公司的业绩来看，绝大多数表现优异。71家公司2021年前三季度几乎全部实现盈利，仅诺思兰德、殷图网联两家亏损。截至2021年年底，更是70家公司实现盈利，仅诺思兰德一家亏损。

同时，北交所发布上市与审核4件基本业务规则及6件配套细则和指引自2021年11月15日起施行。

北交所差异化的制度安排，将突出市场特色，与沪深交易所错位发展。

一是在市场功能方面，北交所服务创新型中小企业，服务对象更早、更小、更新。

二是在制度安排方面，北交所制定契合中小企业的制度，坚持向沪深交易所的转板机制。

三是在市场运行方面，以合格投资者为主，投资者结构会与沪深交易所有差异。

证监会特别指出，北交所将坚守"一个定位"、处理好"两个关系"、实现"三个目标"，其中一个关系就是与沪深交易所、区域性股权市场坚持错位发展与互联互通，发挥好转板上市功能。

北交所要完成的使命就是继续支持中小企业创新发展，深化新三板改革，打造服务创新型中小企业主阵地，尤其是重点支持"专精特新"企业上市融资。

三家交易所脉络趋向如图5.1所示，充分体现了我国多层次资本市场框架下各"证券交易场所"之间的联动关系。

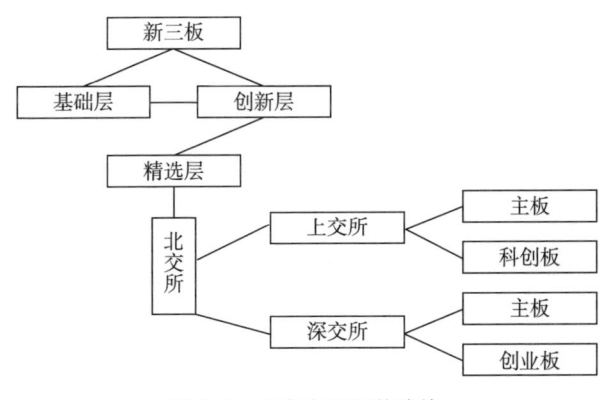

图5.1 三家交易所的脉络

从法理上看，北交所与沪深交易所具有同等地位，北交所的推出及设立无疑成为后疫情时期中国资本市场重要的事件之一，且影响深远，其意义如下所述。

一、借鉴国际经验，打造中国版"纳斯达克"

放眼全球资本市场，孕育北交所的新三板，与美国纳斯达克交易所高度相似，都具有层层递进的分层市场结构。纳斯达克交易所从设立初期的柜台交易（OTC）市场间的自动报价系统，发展成为全球第二大证券交易所，与其分层的市场机制设计、独特的转板制度密不可分。纳斯达克全球精选市场、全球市场和资本市场的分层管理，使得纳斯达克交易所自带聚集、扶持、挑选优质上市公司的资源，苹果、微软、惠普、谷歌、亚马逊等均为纳斯达克上市公司。

根据北交所规则，新三板企业可由基础层、创新层、精选层平移北交所"层层递进"的方式实现在北交所上市。北交所上市公司由创新层产生，而基础层为转入创新层的重要手段，非挂牌企业尚不可直接在北交所上市。首批登陆北交所的存量上市公司超1 300家，与当年的创业板、科创板基数是不同的。

在北交所挂牌的公司来源于创新层，其企业规模较沪深交易所"更早、更小、更新"，基础层+创新层是北交所和新三板的连环组合拳。

从新三板基础层、创新层到北交所层层递进的资本市场结构，充分体现了多层次资本市场的包容性和服务精准性，强化各市场板块之间的功能互补，有利于实现良性循环，不断扩大资本市场覆盖面，提高直接融资比重，有利于打造出一个服务中小企业的更加高效、更加专业化的平台，为专精特新"小巨人"抓新机开新局。

不同于会员制的交易所，北交所实行公司制。新股上市首日不设涨跌幅限制，第二天涨跌幅设置为30%。其差异化的制度安排，突出市场特色，与沪深交易所错位发展。同时北交所可以转板沪深科创板、创业板，三所之间互通。

二、坚持投资者适当性管理制度

北交所发布的上市与审核 4 件基本业务规则及 6 件配套细则和指引实施后,有以下方面需要重点关注:

一是在公开发行并上市方面,总体平移精选层关于盈利能力、成长性、市场认可度、研发能力等晋层标准作为上市条件,保持包容性和精准性。同时,落实注册制试点要求,明确了交易所审核与证监会注册的衔接分工,组建上市委员会,充分发挥专业把关作用。发行承销制度保留询价、直接定价等多样化发行定价方式;同时对余股配售进行优化调整,由"按时间优先"调整为"按申购数量优先,数量相同的时间优先",缓解投资者集中申购压力;强化报价行为监管,维护发行市场秩序。

二是在上市公司融资并购方面,《再融资审核规则》《重组审核规则》及相关细则明确了再融资和重大资产重组的审核程序与自律监管等方面的具体要求,构建了普通股、优先股、可转债并行的多元化融资工具体系。在发行机制上明确上市公司证券发行需由证券公司保荐承销,明确了主承销商在发行定价、发售过程中的责任,同时引入了竞价发行机制;设立并购重组委员会,提高重组审核的专业性和透明度。

三是在上市公司持续监管方面,制度要求与现行上市公司主要监管安排接轨,不再实行主办券商制度,由保荐机构履行规定期限的持续督导;同时充分考虑创新型中小企业的经营特点和发展规律,强化公司自治和市场约束。

三、规则体系

北交所实行制度先行,更具包容性,是在规范中发展,在正式开板前,就密集出台了相关制度及细则,其推出时间点及规则体系如下所示。

(一)规则推出时间点

北交所的规则推出时间点详见图 5.2。

2021年9月2日 深化新三板改革，设立北交所，打造服务创新型中小企业主阵地

2021年9月5日 新三板自律规则公开征求意见

2021年9月17日 投资者适当性规定发布，北交所个人投资者准入门槛为50万元

2021年10月30日 北交所发布上市与审核4件基本规则及6件配套细则和指引

2021年9月3日 证监会部门规章公开征求意见

2021年9月10日 北交所官方网站上线试运行

2021年10月30日 北交所主要制度规则正式发布

2021年11月2日 北交所发布交易和会员管理2件基本业务规则

图5.2 北交所规则推出时间点

（二）规则体系

北交所的具体规则体系详见图5.3。

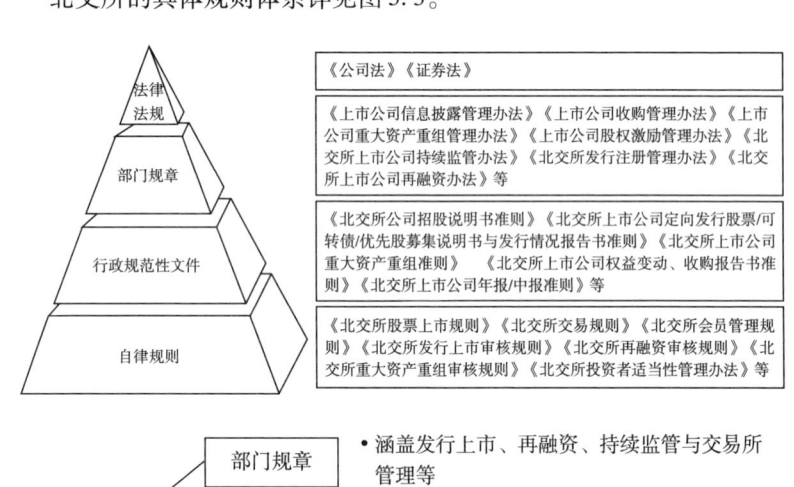

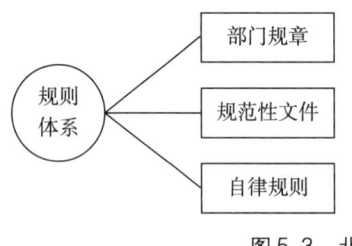

法律法规：《公司法》《证券法》

部门规章：《上市公司信息披露管理办法》《上市公司收购管理办法》《上市公司重大资产重组管理办法》《上市公司股权激励管理办法》《北交所上市公司持续监管办法》《北交所发行注册管理办法》《北交所上市公司再融资办法》等

行政规范性文件：《北交所公司招股说明书准则》《北交所上市公司定向发行股票/可转债/优先股募集说明书与发行情况报告书准则》《北交所上市公司重大资产重组准则》《北交所上市公司权益变动、收购报告书准则》《北交所上市公司年报/中报准则》等

自律规则：《北交所股票上市规则》《北交所交易规则》《北交所会员管理规则》《北交所发行上市审核规则》《北交所再融资审核规则》《北交所重大资产重组审核规则》《北交所投资者适当性管理办法》等

规则体系：
- 部门规章 · 涵盖发行上市、再融资、持续监管与交易所管理等
- 规范性文件 · 涵盖转板、发行上市、持续融资、定期报告、并购重组等
- 自律规则 · 分为上市类、审核类、会员类、交易类、投资者适当性管理等

图5.3 北交所规则体系架构

(三) 制度特色

特点一：融资准入包容精准。突出创新型中小企业经营特点，总体平移精选层现有的四套挂牌标准作为上市条件，关注要点仍集中于企业的盈利能力、成长性、市场认可度、研发能力等方面，继续提升精准性和包容性。完善公开发行、定向发行融资机制，丰富市场融资工具，提供直接定价、询价、竞价等多种定价方式，进一步贴合中小企业多元化需求。

特点二：交易制度灵活高效。坚持精选层现有的较为灵活的交易制度，实行连续竞价交易，新股上市首日不设涨跌幅限制，自次日起涨跌幅限制为30%，增加市场弹性。坚持合适的投资者适当性管理制度，持续评估北交所建设和运行情况，根据市场发展需求，不断优化投资者适当性要求，促进买卖力量均衡，防范市场投机炒作。

特点三：持续监管宽严适度。严格遵循上市公司监管法律框架。一方面，与《证券法》《公司法》关于上市公司的基本规定接轨；另一方面，延续精选层贴合中小企业实际的市场特色，在公司治理、信息披露、股权激励、股份减持等方面形成差异化的制度安排，平衡企业融资需求和规范成本。

特点四：退出安排更为多元。维持"有进有出""能进能出"的市场生态，构建多元化的退市指标体系，完善定期退市和即时退市制度，在尊重中小企业经营特点的基础上，强化市场出清功能。建立差异化退出安排，北交所退市公司符合条件的，可以退至创新层或基础层继续交易，存在重大违法违规的，应当直接退出市场。

特点五：市场连接顺畅有序。在新三板创新层、基础层培育壮大的企业，鼓励继续在北交所上市，同时坚持转板机制，培育成熟的北交所上市公司可以选择到沪深交易所继续发展。

第三节　北交所业务规则

北交所于2021年9月3日注册成立，是经国务院批准设立的我国第一家公司制证券交易所，受证监会监督管理。经营范围为依法为证券集中交易提供场所和设施、组织和监督证券交易以及证券市场管理服务等业务。

北交所建设坚持错位发展、突出特色，更好地服务创新型中小企业高质量发展。

《北京证券交易所向不特定合格投资者公开发行股票注册管理办法（试行）》规定，发行人应具备相应的条件，并遵守注册流程要求。

一、发行上市审核规则体系

（一）证监会规定

证监会相关规定详见图 5.4。

证监会规定：

- 北交所公开发行注册办法
  - 试点证券公开发行注册制，各项制度安排与科创板、创业板总体保持一致
  - 总体平移精选层制度安排，突出北交所服务创新型中小企业的市场定位（发行条件等）
  - 细化明确各方责任，切实提高信息披露质量

- 证券发行上市保荐业务管理办法
  - 按照《北交所公开发行注册办法》规定，北交所发行上市保荐适用《保荐办法》

- 准则第46号——招股说明书
  - 总体平移精选层公开发行说明书相关规定
  - 以投资者需求为导向；对曾在挂牌期间合规披露的信息（如历史沿革信息）适度精简；各方归位尽责

- 准则第47号——公开发行申请文件
  - 总体平移精选层申请文件相关规定
  - 增加监事会意见，减少自律监管意见函

图 5.4　证监会规定

（二）北交所规定

北交所相关规定详见图5.5。

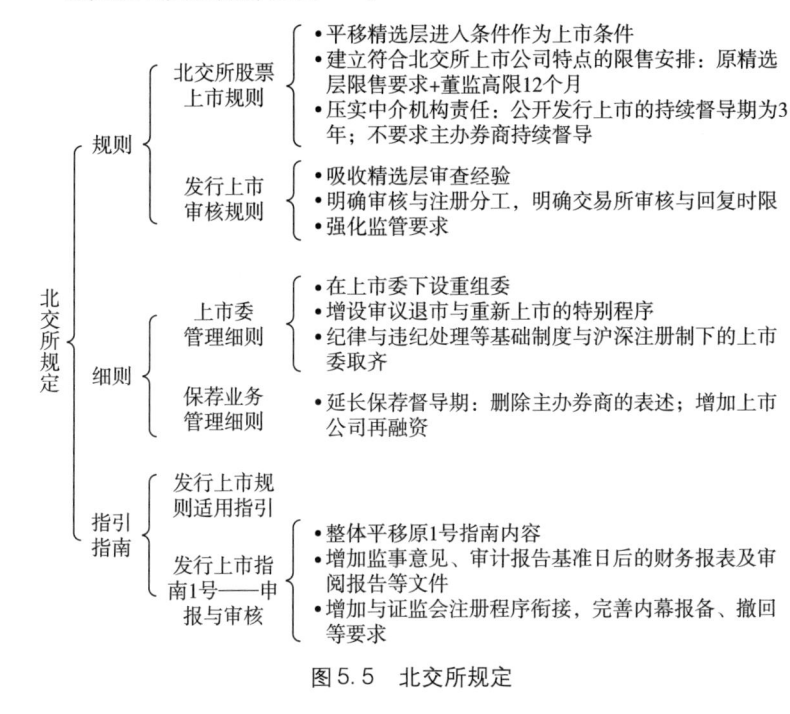

```
                ┌ 北交所股票    • 平移精选层进入条件作为上市条件
                │ 上市规则      • 建立符合北交所上市公司特点的限售安排：原精选
                │                层限售要求+董监高限12个月
       ┌ 规则 ─┤              • 压实中介机构责任：公开发行上市的持续督导期为3
       │        │                年；不要求主办券商持续督导
       │        │ 发行上市      • 吸收精选层审查经验
       │        └ 审核规则      • 明确审核与注册分工，明确交易所审核与回复时限
       │                        • 强化监管要求
       │
       │        ┌ 上市委        • 在上市委下设重组委
北交所 │        │ 管理细则      • 增设审议退市与重新上市的特别程序
规定 ──┤ 细则 ─┤              • 纪律与违纪处理等基础制度与沪深注册制下的上市
       │        │                委取齐
       │        │ 保荐业务      • 延长保荐督导期：删除主办券商的表述；增加上市
       │        └ 管理细则        公司再融资
       │
       │        ┌ 发行上市规
       │        │ 则适用指引
       └ 指引 ─┤
         指南   │ 发行上市指    • 整体平移原1号指南内容
                │ 南1号——申  • 增加监事意见、审计报告基准日后的财务报表及审
                └ 报与审核        阅报告等文件
                                • 增加与证监会注册程序衔接，完善内幕报备、撤回
                                  等要求
```

图5.5 北交所规定

（三）申报前

申报前的准备工作详见图5.6。

中小股东单独计票	• 对出席会议的持股比例在5%以下的中小股东表决情况单独计票并予以披露（原为10%）
内幕知情人报备	• 董事会决议披露之日起10个交易日内，报送内幕信息知情人报备文件 • 自查期间：首次披露公发上市事项的前6个月至董事会决议披露之日 • 异常交易处理：拟推进，消除影响；无法消除，特别风险提示及中介意见
自愿限售	• 控股股东、实际控制人及其亲属、可控制10%以上表决权的股东，以及董监高应当及时办理自愿限售（原无董监高） • 申报时说明是否办理自愿限售手续

图5.6 申报前准备工作

（四）审核与注册

审核与注册的相关工作详见图 5.7。

申报文件
- 增加监事会对招股说明书真实性、准确性、完整性的书面审核意见
- 增加审计报告基准日后的财务报表及审阅报告，过基准日4个月需提供
- 删除发行人授权委托书、精选层挂牌推荐书等
- 优化《发行人、保荐机构关于本次申报符合受理要求的说明》相关要求

披露与停复牌等
- 受理、问询、回复及披露
- 撤回申报的，披露决议及撤回等公告
- 自主终止发行并上市的，披露董事会、股东大会决议及终止等公告
- 申报办理停牌，撤回申报、终止审核或上市办理复牌

问询回复时限
- 回复总时限为3个月
- 除总时限外，保留问询后20个工作日内回复、可延期20个工作日的规定
- 在审企业：精选层在审项目平移至北交所，审核时限、回复时限自11月5日起算

图 5.7　审核与注册相关工作

（五）发行上市条件

1. 发行上市的基本要求详见表 5.2。

表 5.2　发行上市的基本要求

主体要求	• 发行人应当为全国股转系统挂牌满一年的创新层公司
规范条件	• 具备健全且运行良好的组织机构 • 具有持续经营能力，财务状况良好 • 最近 3 年财务会计报告无虚假记载，被出具无保留意见审计报告 • 依法规范经营
负面情形	• 最近 36 个月内发行人、控股股东、实际控制人存在重大违法行为 • 最近 12 个月内发行人、控股股东、实际控制人、董监高被行政处罚、公开谴责或前述主体被司法机关立案侦查、立案调查尚无明确结论 • 发行人、控股股东、实际控制人被列入失信被执行人名单，且情形尚未消除 • 最近 36 个月内未按规定披露年度报告、中期报告 • 对经营稳定性、直接面向市场独立持续经营能力有重大不利影响的其他情形
其他要求	• 如有表决权差异安排，平稳运行超过一个完整会计年度

2. 根据《北京证券交易所股票上市规则》，发行人申请公开发行并上市，应当符合下列条件：

（1）发行人为在全国股转系统连续挂牌满 12 个月的创新层挂牌公司。

（2）符合证监会规定的发行条件。

（3）最近一年期末净资产不低于 5 000 万元。

（4）向不特定合格投资者公开发行（以下简称公开发行）的股份不少于 100 万股，发行对象不少于 100 人。

（5）公开发行后，公司股本总额不少于 3 000 万元。

（6）公开发行后，公司股东人数不少于 200 人，公众股东持股比例不低于公司股本总额的 25%；公司股本总额超过 4 亿元的，公众股东持股比例不低于公司股本总额的 10%。

（7）市值及财务指标符合本规则规定的标准。

（8）北交所规定的其他上市条件。

3. 发行人申请公开发行并上市，市值及财务指标应当至少符合图 5.8 中所列标准中的一项。

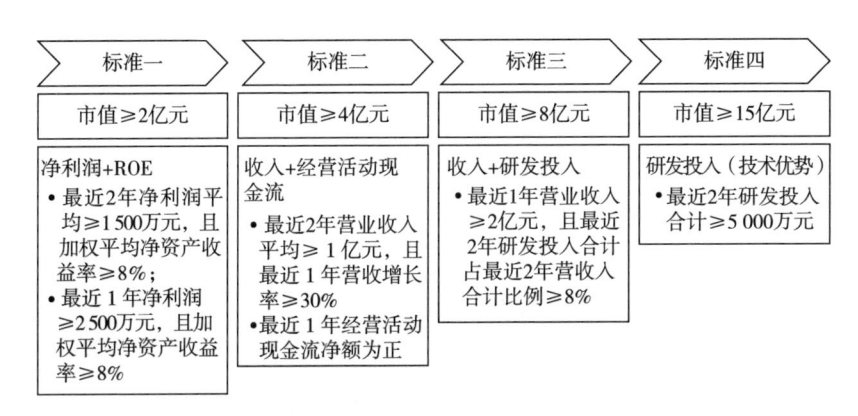

标准一	标准二	标准三	标准四
市值≥2亿元	市值≥4亿元	市值≥8亿元	市值≥15亿元
净利润+ROE • 最近2年净利润平均≥1 500万元，且加权平均净资产收益率≥8%； • 最近1年净利润≥2 500万元，且加权平均净资产收益率≥8%	收入+经营活动现金流 • 最近2年营业收入平均≥1亿元，且最近1年营收增长率≥30% • 最近1年经营活动现金流净额为正	收入+研发投入 • 最近1年营业收入≥2亿元，且最近2年研发投入合计占最近2年营收入合计比例≥8%	研发投入（技术优势） • 最近2年研发投入合计≥5 000万元

图 5.8 财务条件（四选一）

（六）不得发行股票的情形

发行人及其控股股东、实际控制人存在下列情形之一的，发行人不得公开发行股票：

1. 最近3年内存在贪污、贿赂、侵占财产、挪用财产或者破坏社会主义市场经济秩序的刑事犯罪。

2. 最近3年内存在欺诈发行、重大信息披露违法或者其他涉及国家安全、公共安全、生态安全、生产安全、公众健康安全等领域的重大违法行为。

3. 最近1年内受到证监会行政处罚。

二、注册程序

具体注册程序可参见图5.9。

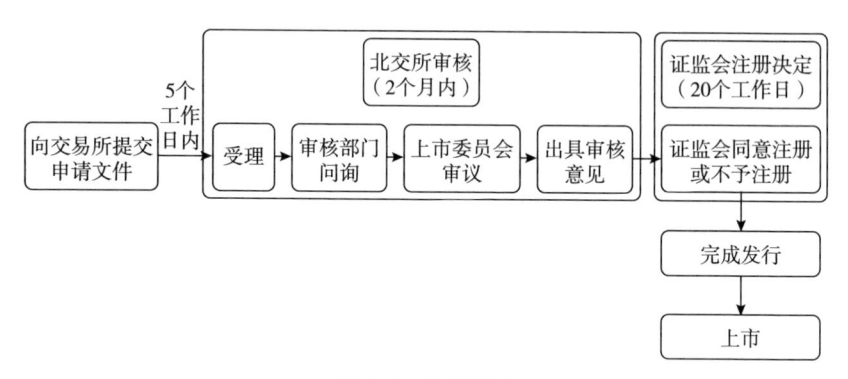

图5.9 注册程序

1. 发行人董事会应当依法就本次股票发行的具体方案、本次募集资金使用的可行性及其他必须明确的事项做出决议，并提请股东大会批准。

2. 发行人股东大会就本次股票发行做出决议，至少应当包括下列事项：

（1）本次公开发行股票的种类和数量。

（2）发行对象的范围。

（3）定价方式、发行价格（区间）或发行底价。

（4）募集资金用途。

（5）决议的有效期。

（6）对董事会办理本次发行具体事宜的授权。

（7）发行前滚存利润的分配方案。

（8）其他必须明确的事项。

3. 发行人股东大会就本次股票发行事项做出决议，必须经出席会议的股东所持表决权的 2/3 以上通过。发行人应当对出席会议的持股比例在 5% 以下的股东表决情况单独计票并予以披露。

发行人就本次股票发行事项召开股东大会，应当提供网络投票的方式，发行人还可以通过其他方式为股东参加股东大会提供便利。

4. 发行人申请公开发行股票，应当按照证监会有关规定制作注册申请文件，依法由保荐人保荐并向北交所申报。北交所收到注册申请文件后，应当在 5 个工作日内做出是否受理的决定。保荐人应当指定保荐代表人负责具体保荐工作。

5. 自注册申请文件受理之日起，发行人及其控股股东、实际控制人、董事、监事、高级管理人员，以及与本次股票公开发行相关的保荐人、证券服务机构及相关责任人员，即承担相应法律责任。

6. 注册申请文件受理后，未经证监会或者北交所同意，不得改动。

发生重大事项的，发行人、保荐人、证券服务机构应当及时向北交所报告，并按要求更新注册申请文件和信息披露资料。

7. 北交所设立独立的审核部门，负责审核发行人公开发行并上市申请；设立上市委员会，负责对审核部门出具的审核报告和发行人的申请文件提出审议意见。北交所可以设立行业咨询委员会，负责为发行上市审核提供专业咨询和政策建议。

北交所应当根据发行上市审核业务规则，报证监会批准。

8. 北交所主要通过向发行人提出审核问询、发行人回答问题的方式开展审核工作，判断发行人是否符合发行条件、上市条件和信息披露要求。

9. 北交所按照规定的条件和程序，形成发行人是否符合发行条件和信息披露要求的审核意见。认为发行人符合发行条件和信息披露要求的，将审核意见、发行人注册申请文件及相关审核资料报送证监会注册；认为发行人不符合发行条件或者信息披露要求的，做出终止发行上市审核决定。

10. 北交所应当自受理注册申请文件之日起两个月内形成审核意见。通过对发行人实施现场检查，要求保荐人和证券服务机构对有关事项进行专项核查等方式要求发行人补充、修改申请文件的时间不计算在内。

11. 证监会在 20 个工作日内对发行人的注册申请做出同意注册或不予注册的决定。通过要求北交所进一步问询、要求保荐人和证券服务机构等对有关事项进行核查、对发行人现场检查等方式要求发行人补充、修改申请文件的时间不计算在内。

12. 证监会的予以注册决定，自做出之日起一年内有效，发行人应当在注册决定有效期内发行股票，发行时点由发行人自主选择。

13. 证监会做出予以注册决定后、发行人股票上市交易前，发行人应当及时更新信息披露文件内容，财务报表已过有效期的，发行人应当补充财务会计报告等文件；保荐人以及证券服务机构应当持续履行尽职调查责任；发生重大事项的，发行人、保荐人应当及时向北交所报告。北交所应当对上述事项及时处理，发现发行人存在重大事项影响发行条件、上市条件的，应当出具明确意见并及时向证监会报告。

证监会做出予以注册决定后、发行人股票上市交易前，发生可能影响本次发行的重大事项的，证监会可以要求发行人暂缓发行、上市；相关重大事项导致发行人不符合发行条件的，应当撤销注册。证监会撤销注册后，股票尚未发行的，发行人应当停止发行；股票已经发行尚未上市的，发行人应当按照发行价并加算银行同期存款利息返还股票持有人。

14. 北交所认为发行人不符合发行条件或者信息披露要求，做出终止发行上市审核决定，或者证监会做出不予注册决定的，自决定做出之日起 6 个月后，发行人可以再次提出公开发行股票并上市申请。

15. 北交所应当提高审核工作透明度，接受社会监督，公开下列事项：

（1）发行上市审核标准和程序等发行上市审核业务规则和相关业务细则。

（2）在审企业名单、企业基本情况及审核工作进度。

（3）发行上市审核问询及回复情况，但涉及国家秘密或者发行人商业秘密的除外。

（4）上市委员会会议的时间、参会委员名单、审议的发行人名单、审议结果及现场问询问题。

（5）对股票公开发行并上市相关主体采取的自律监管措施或者纪律处分。

（6）北交所规定的其他事项。

证监会应当按规定公开股票发行注册相关的监管信息。

16. 存在下列情形之一的，发行人、保荐人应当及时书面报告北交所或者证监会，北交所或者证监会应当中止相应发行上市审核程序或者发行注册程序：

（1）发行人及其控股股东、实际控制人涉嫌贪污、贿赂、侵占财产、挪用财产或者破坏社会主义市场经济秩序的犯罪，或者涉嫌欺诈发行、重大信息披露违法或其他涉及国家安全、公共安全、生态安全、生产安全、公众健康安全等领域的重大违法行为，被立案调查或者被司法机关立案侦查，尚未结案。

（2）发行人的保荐人或者签字保荐代表人以及律师事务所、会计师事务所等证券服务机构或者相关签字人员因公开发行股票并上市、上市公司证券发行、并购重组业务涉嫌违法违规，或者其他业务涉嫌违法违规且对市场有重大影响，正在被证监会立案调查，或者正在被司法机关侦查，尚未结案。

（3）发行人的保荐人以及律师事务所、会计师事务所等证券服务机构被证监会依法采取限制业务活动、责令停业整顿、指定其他机构托管、接管等措施，或者被北交所实施一定期限内不接受其出具的相关文件的纪律处分，尚未解除。

（4）发行人的签字保荐代表人、签字律师、签字会计师等中介机构签字人员被证监会依法采取认定为不适当人选等监管措施或者证券市场禁入的措施，或者被北交所实施一定期限内不接受其出具的相关文件的纪律处分，尚未解除。

（5）发行人及保荐人主动要求中止发行上市审核程序或者发行注册程序，理由正当且经北交所或者证监会同意。

（6）发行人注册申请文件中记载的财务资料已过有效期，需要补充提交。

（7）证监会规定的其他情形。

前款所列情形消失后，发行人可以提交恢复申请；因前款第（2）项规定情形中止的，保荐人以及律师事务所、会计师事务所等证券服务机构按照有关规定履行复核程序后，发行人也可以提交恢复申请。北交所或者证监会按照规定恢复发行上市审核程序或者发行注册程序。

17. 存在下列情形之一的，北交所或者证监会应当终止相应发行上市审核程序或者发行注册程序，并向发行人说明理由：

（1）发行人撤回注册申请或者保荐人撤销保荐。

（2）发行人未在要求的期限内对注册申请文件做出解释说明或者补充、修改。

（3）注册申请文件存在虚假记载、误导性陈述或者重大遗漏。

（4）发行人阻碍或者拒绝证监会、北交所依法对发行人实施检查、核查。

（5）发行人及其关联方以不正当手段严重干扰发行上市审核或者发行注册工作。

（6）发行人法人资格终止。

（7）注册申请文件内容存在重大缺陷，严重影响投资者理解和发行上市审核或者发行注册工作。

（8）发行人注册申请文件中记载的财务资料已过有效期且逾期3个月未更新。

（9）发行人发行上市审核程序中止超过北交所规定的时限或者发行注册程序中止超过3个月仍未恢复。

（10）北交所认为发行人不符合发行条件或者信息披露要求。

（11）证监会规定的其他情形。

18. 证监会和北交所可以对发行人进行现场检查，可以要求保荐人、证券服务机构对有关事项进行专项核查并出具意见。

三、强化信息披露要求

信息披露是注册制的灵魂，企业必须遵守北交所信息披露的相关规则。

（一）一般规定

一般规定的具体要求详见表5.3。

表5.3 信息披露的一般规定

披露类型	具体内容
自愿披露	• 自愿披露与投资者做出价值判断和投资决策有关的信息 • 保持信息披露的完整性、持续性、一致性,避免选择性信息披露,不得误导投资者,不得从事市场操纵、内幕交易 • 发生重大变化的,应及时披露进展公告
豁免披露/暂缓披露	• 拟披露的信息属于商业秘密、商业敏感信息、国家秘密,披露可能导致不当竞争、损害公司及投资者利益或违反法律法规、危害国家安全 • 不得随意扩大暂缓、豁免事项的范围,相关内幕知情人应当书面承诺做好保密
行业和风险信息披露	• 结合行业特点,充分披露行业经营信息 • 充分披露可能对公司核心竞争力、经营活动和未来发展产生重大不利影响的风险因素 • 公司未盈利的,充分披露尚未盈利的成因以及对公司的影响

基本原则：真实、准确、完整、及时、公平。

披露信息：定期报告和临时报告。

临时公告触发条件：发生可能对公司股票交易价格、投资者投资决策产生较大影响的重大事件。

重大事件披露时点：最先触及下列任一时点：(1)董事会或者监事会作出决议时；(2)有关各方签署意向书或协议时；(3)董事、监事或者高级管理人员知悉或者应当知悉该重大事件发生时。

(二) 责任认定

责任认定的具体规定详见图5.10。

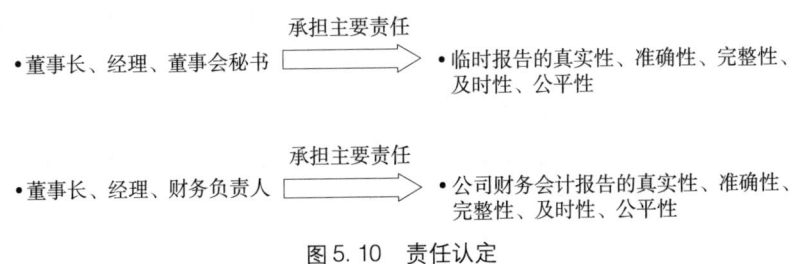

• 董事长、经理、董事会秘书 —承担主要责任→ • 临时报告的真实性、准确性、完整性、及时性、公平性

• 董事长、经理、财务负责人 —承担主要责任→ • 公司财务会计报告的真实性、准确性、完整性、及时性、公平性

图5.10 责任认定

董事长对信息披露事务管理承担首要责任。

董事会秘书负责组织和协调信息披露管理事务，应当积极督促公司制定、完善和执行信息披露事务管理制度，做好相关信息披露工作。

勤勉尽责：董事、监事、高级管理人员应当关注信息披露文件的编制情况，保证定期报告、临时报告在规定期限内披露，配合上市公司履行信息披露义务。

告知义务：股东、实际控制人、收购人等信息披露义务人应及时告知上市公司控制权变更、权益变动和其他重大事项，主动配合公司履行信息披露义务。

（三）监管方式

监管方式的具体内容详见图5.11。

- 北交所根据有关法律法规、北交所业务规则，对上市公司和相关信息披露义务人的信息披露文件进行形式审查，对其内容的真实性不承担责任
- 北交所可以根据监管需要调阅、检查工作底稿、证券业务活动记录及相关资料，相关主体应当积极配合

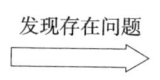

发现存在问题 ⟹

- 可以采用要求说明、公开问询等方式，要求上市公司及相关信息披露义务人、保荐机构和其他证券服务机构等相关主体进行解释、说明、更正和补充，相关主体应当及时回复，并保证回复内容的真实、准确、完整

图5.11　监管方式

（四）具体操作事项

1. 发行人应当按照证监会制定的信息披露规则，编制并披露招股说明书。发行人应当以投资者需求为导向，结合所属行业的特点和发展趋势，充分披露自身的创新特征。证监会制定的信息披露规则是信息披露的最低要求。不论上述规则是否有明确规定，凡是投资者做出价值判断和投资决策所必需的信息，发行人均应当充分披露。

2. 证监会依法制定招股说明书内容与格式准则等信息披露规则，对相关信息披露文件的内容、格式等做出规定。

北交所可以依据证监会部门规章和规范性文件，制定信息披露细则或指引，在证监会确定的信息披露内容范围内，对信息披露提出细化和

补充要求。

3. 北交所受理注册申请文件后，发行人应当按规定将招股说明书、发行保荐书、上市保荐书、审计报告和法律意见书等文件在北交所网站预先披露。

北交所将发行人注册申请文件报送证监会时，前款规定的文件应当同步在北交所网站和证监会网站公开。

预先披露的招股说明书及其他注册申请文件不能含有价格信息，发行人不得据此发行股票。

4. 发行人在发行股票前应当在符合《证券法》规定的信息披露平台刊登经注册生效的招股说明书，同时将其置备于公司住所、北交所，供社会公众查阅。发行人可以将招股说明书以及有关附件刊登于其他报刊、网站，但披露内容应当完全一致，且不得早于在符合《证券法》规定的信息披露平台的披露时间。

四、发行承销

1. 发行人公开发行股票，应当聘请具有证券承销业务资格的证券公司承销，按照《证券法》有关规定签订承销协议，确定采取代销或包销方式。

2. 证券公司承销公开发行股票，应当依据相关办法以及依法制定的业务规则和行业自律规范的有关风险控制和内部控制等相关规定，制定严格的风险管理制度和内部控制制度，加强定价和配售过程管理，落实承销责任。为股票发行出具相关文件的证券服务机构和人员，应当按照行业公认的业务标准和道德规范，严格履行法定职责，对其所出具文件的真实性、准确性和完整性承担责任。

3. 发行人可以与主承销商自主协商直接定价，也可以通过合格投资者网上竞价，或者网下询价等方式确定股票发行价格和发行对象。发行人和主承销商应当在招股说明书和发行公告中披露本次发行股票采用的定价方式。

发行人应当对定价依据及定价方式、定价的合理性做出充分说明并披露，主承销商应当对本次发行价格的合理性、相关定价依据和定价方法的合理性、是否损害现有股东利益等发表意见。

4. 发行人通过网下询价方式确定股票发行价格和发行对象的，询价对象应当是经中国证券业协会注册的网下投资者。

发行人和主承销商可以根据北交所和中国证券业协会相关自律规则的规定，设置网下投资者的具体条件，并在发行公告中预先披露。

5. 获证监会同意注册后，发行人与主承销商应当及时向北交所报送发行与承销方案。

6. 公开发行股票可以向战略投资者配售。发行人的高级管理人员、核心员工可以参与战略配售。

前款所称的核心员工，应当由公司董事会提名，并向全体员工公示和征求意见，由监事会发表明确意见后，经股东大会审议批准。

发行人应当与战略投资者事先签署配售协议。发行人和主承销商应当在发行公告中披露战略投资者的选择标准、向战略投资者配售的股票总量、占本次发行股票的比例以及持有期限等。

7. 发行人、承销机构及相关人员不得存在以下行为：

（1）泄露询价或定价信息。

（2）以任何方式操纵发行定价。

（3）夸大宣传，或以虚假广告等不正当手段诱导、误导投资者。

（4）向投资者提供除招股意向书等公开信息以外的公司信息。

（5）以提供透支、回扣或者证监会认定的其他不正当手段诱使他人申购股票。

（6）以代持、信托持股等方式谋取不正当利益或向其他相关利益主体输送利益。

（7）直接或通过其利益相关方向参与申购的投资者提供财务资助或者补偿。

（8）以自有资金或者变相通过自有资金参与网下配售。

（9）与投资者互相串通，协商报价和配售。

（10）收取投资者回扣或其他相关利益。

（11）证监会规定的其他情形。

五、发行上市保荐的特别规定

(一) 保荐机构要求

保荐机构应当为具有保荐业务资格，且取得北交所会员资格的证券公司。

1. 公开发行并上市的发行人应当聘请在申报时为其提供持续督导服务的主办券商担任保荐机构，主办券商不具有保荐业务资格的，可以由其控股的具有保荐业务资格的子公司担任。

2. 设置目的：鼓励主办券商"培早培新"，服务中小企业实现跨层次、递进式发展，形成市场良性生态。

(二) 持续督导

1. 保荐机构：督导上市公司建立健全并有效执行公司治理制度、财务内控制度和信息披露制度；督导上市公司按照《北京证券交易所股票上市规则》的规定履行信息披露及其他相关义务；审阅信息披露文件及其他相关文件；保证制作、出具的文件真实、准确、完整，不存在虚假记载、误导性陈述和重大遗漏。

2. 保荐机构及其保荐代表人：督导上市公司的控股股东、实际控制人、董事、监事和高级管理人遵守北交所业务规则，履行其所做出的承诺。

(三) 履行责任

1. 发表意见：关联交易、提供担保、变更募集资金用途；主要业务停滞或出现重大风险事件，经营业绩异常波动；控股股东、实际控制人及其一致行动人所持股份被司法冻结且可能导致控制权变动；控股股东、实际控制人及其一致行动人质押股份比例超过所持股份80%或被强制处置。

2. 现场核查：未在规定期限内披露年报、半年报；控股股东、实际控制人或其他关联方涉嫌违规占用或转移资金、资产或其他资源；关联交易显失公允或未履行审议程序和信息披露义务；违规使用募集资金，违规为他人提供担保或借款；上市公司及其董监高、控股股东、实际控制人涉嫌重大违法违规；存在重大财务造假嫌疑。

（四）其他规定

公开发行股票并在北交所上市的保荐业务，适用《证券发行上市保荐业务管理办法》，《北京证券交易所向不特定合格投资者公开发行股票注册管理办法（试行）》另有规定的除外。

北交所应当根据《证券发行上市保荐业务管理办法》和《北京证券交易所向不特定合格投资者公开发行股票注册管理办法（试行）》制定发行保荐业务规则，并报证监会批准。

保荐人应当按照证监会和北交所的规定制作、报送和披露发行保荐书、上市保荐书、回复意见等相关文件，遵守证监会和北交所的规定，配合证监会和北交所工作，自提交保荐文件之日起，保荐人及其保荐代表人应承担相应的责任。

保荐人持续督导期间为公开发行股票上市当年剩余时间及其后两个完整会计年度。

六、申请与受理

1. 发行人申请股票公开发行并上市的，应当按照规定聘请保荐机构进行保荐，并委托保荐机构通过审核系统报送下列文件：

（1）证监会规定的招股说明书、发行保荐书、审计报告、法律意见书、公司章程、股东大会决议等注册申请文件。

（2）上市保荐书。

（3）北交所要求的其他文件。

发行上市申请文件的内容与格式应当符合证监会和北交所的相关规定。

2. 在提交发行上市申请文件前，发行人及其保荐机构可以就重大疑难、重大无先例事项等涉及业务规则理解与适用的问题，向北交所提出书面咨询；确需当面咨询的，应当预约。

3. 北交所收到发行上市申请文件后，对申请文件的齐备性进行核对，并在 5 个工作日内做出是否受理的决定。发行上市申请文件齐备的，出具受理通知；发行上市申请文件不齐备的，一次性告知需要补正的事项。补正时限最长不得超过 30 个工作日。多次补正的，补正时间累计计算。发行人补正发行上市申请文件的，北交所收到发行上市申请文件的时间以发行人最终提交补正文件的时间为准。北交所按照收到发行人发行上市申请文件的先后顺序予以受理。

4. 存在下列情形之一的，北交所不予受理：

（1）发行上市申请文件不齐备且未按要求补正。

（2）保荐机构、证券服务机构及其相关人员不具备相关资质；或者因证券违法违规，被采取认定为不适当人选、限制业务活动、一定期限内不接受其出具的相关文件等相关措施，尚未解除；或者因公开发行股票并上市、上市公司证券发行、并购重组业务涉嫌违法违规，或其他业务涉嫌违法违规且对市场有重大影响被立案调查、侦查，尚未结案。

（3）存在尚未实施完毕的股票发行、重大资产重组、可转换为股票的公司债券发行、收购、股票回购等情形。

（4）北交所规定的其他情形。保荐机构报送的发行上市申请文件在 12 个月内累计两次被不予受理的，自第二次收到北交所不予受理通知之日起 3 个月后，方可报送新的发行上市申请文件。

5. 发行人提交的发行上市申请文件的内容应当真实、准确、完整。发行上市申请文件一经受理，发行人及其控股股东、实际控制人、董事、监事和高级管理人员，以及保荐机构、证券服务机构及其相关人员即须承担相应的法律责任。未经北交所同意，不得对已受理的发行上市申请文件进行更改。

6. 北交所受理发行上市申请文件当日，发行人应当在北交所网站预先披露招股说明书、发行保荐书、上市保荐书、审计报告和法律意见书等文件。北交所受理发行上市申请后至证监会做出注册决定前，发行人应当按照《北京证券交易所向不特定合格投资者公开发行股票并上市审核规则（试行）》的规定，对预先披露的招股说明书、发行保荐书、上市保荐书、审计报告和法律意见书等文件予以更新并披露。

依照前款规定预先披露的招股说明书等文件不是发行人发行股票的正式文件,不能含有股票发行价格信息,发行人不得据此发行股票。

发行人应当在预先披露的招股说明书的显要位置声明:"本公司的发行申请尚需经北京证券交易所和中国证监会履行相应程序。本招股说明书不具有据以发行股票的法律效力,仅供预先披露之用。投资者应当以正式公告的招股说明书作为投资决定的依据。"

七、审核内容与方式

1. 北交所在发行条件、上市条件的审核中重点关注下列事项:

(1) 发行人是否符合《北京证券交易所上市公司证券发行注册管理办法(试行)》及证监会规定的发行条件。

(2) 发行人是否符合《北京证券交易所股票上市规则(试行)》及北交所规定的上市条件。

(3) 保荐机构、证券服务机构出具的文件是否就发行人符合发行条件、上市条件逐项发表明确意见,且具备充分的理由和依据。

北交所对前款规定的事项存在疑问的,发行人应当按照北交所要求做出解释说明,保荐机构及证券服务机构应当进行核查,并相应修改发行上市申请文件。

2. 北交所在股票公开发行并上市的信息披露审核中重点关注以下事项:

(1) 发行上市申请文件及信息披露内容是否达到真实、准确、完整的要求,是否符合证监会和北交所有关要求。

(2) 发行上市申请文件及信息披露内容是否包含对投资者做出投资决策有重大影响的信息,披露程度是否达到投资者做出投资决策所必需的水平,包括但不限于是否充分、全面披露相关规则要求的内容,是否充分揭示可能对发行人经营状况、财务状况产生重大不利影响的所有因素。

(3) 发行上市申请文件及信息披露内容是否一致、合理和具有内在逻辑性,包括但不限于财务数据是否钩稽合理,是否符合发行人实际情况,财务信息与非财务信息是否相互印证,保荐机构、证券服务机构核查依据是否充分，能否对财务数据的变动或者与同行业公司存在的差异做出合理解释。

（4）发行上市申请文件披露的内容是否简明易懂，是否便于投资者阅读和理解，包括但不限于是否使用事实描述性语言，是否言简意赅、通俗易懂、逻辑清晰，是否结合发行人自身特点进行有针对性的信息披露。

3. 北交所在发行上市审核中，对发行条件具体审核标准等涉及证监会部门规章及规范性文件理解和适用的重大疑难问题、重大无先例情况以及其他需要证监会决定的事项，将及时请示证监会。

4. 北交所主要通过提出问题、回答问题等多种方式，督促发行人及其保荐机构、证券服务机构真实、准确、完整地披露信息。北交所可以视情况在审核问询中对发行人、保荐机构及证券服务机构提出下列要求：

（1）解释和说明相关问题及原因。
（2）补充核查相关事项。
（3）补充提供新的证据或材料。
（4）修改或更新信息披露内容。

八、审核程序

北交所上市审核程序详见图5.12。

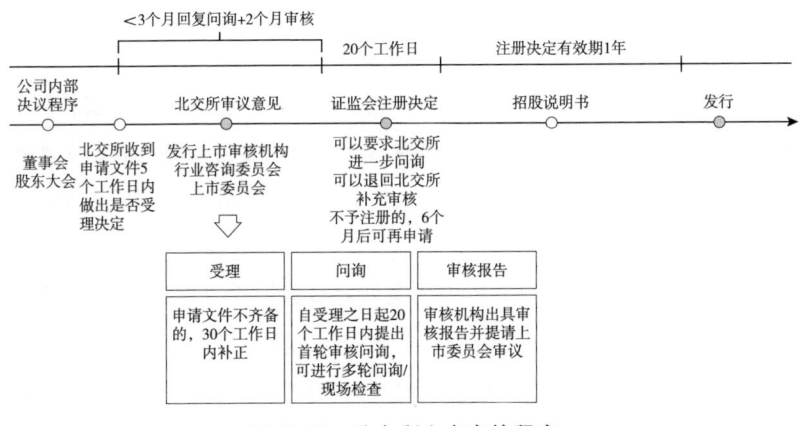

图5.12 北交所上市审核程序

1. 北交所审核机构按照发行上市申请文件受理顺序开始审核，自受理之日起 20 个工作日内，通过审核系统发出首轮审核问询。

2. 在首轮审核问询发出前，发行人、保荐机构、证券服务机构及其相关人员不得与审核人员接触，不得以任何形式干扰审核工作。

3. 首轮审核问询后，存在下列情形之一的，北交所审核机构收到发行人回复后 10 个工作日内可以继续提出审核问询：

（1）首轮审核问询后，发现新的需要问询事项。

（2）发行人及其保荐机构、证券服务机构的回复未能有针对性地回答北交所审核机构提出的审核问询，或者北交所就其回复需要继续审核问询。

（3）发行人的信息披露仍未满足证监会和北交所规定的要求。

（4）北交所认为需要继续审核问询的其他情形。

4. 上市委员会审议时，参会委员就审核报告的内容和审核机构提出的初步审核意见发表意见，通过合议形成发行人是否符合发行条件、上市条件和信息披露要求的审议意见。

发行人存在发行条件、上市条件或者信息披露方面的重大事项有待进一步核实，无法形成审议意见的，经会议合议，上市委员会可以对该发行人的发行上市申请暂缓审议，暂缓审议时间不超过两个月。对发行人的同一发行上市申请，上市委员会只能暂缓审议一次。

5. 北交所结合上市委员会审议意见，出具发行人符合发行条件、上市条件和信息披露要求的审核意见或做出终止发行上市审核的决定。

上市委员会认为发行人符合发行条件、上市条件和信息披露要求，但要求发行人补充披露有关信息的，北交所审核机构通知保荐机构组织落实，并对落实情况进行核对，通报参会委员。发行人补充披露相关事项后，北交所出具发行人符合发行条件、上市条件和信息披露要求的审核意见。

6. 北交所自受理发行上市申请文件之日起两个月内形成审核意见，但发行人及其保荐机构、证券服务机构回复北交所审核问询的时间不计算在内。发行人及其保荐机构、证券服务机构回复北交所审核问询的时间总计不超过 3 个月。

《北京证券交易所上市公司证券发行上市审核规则（试行）》规定的中止审核、请示有权机关、落实上市委员会意见、暂缓审议、处理会后事项、实施现场检查、要求进行专项核查，并要求发行人补充、修改申请文件等情形，不计算在前款规定的时限内。

7. 北交所审核通过的，向证监会报送发行人符合发行条件、上市条件和信息披露要求的审核意见、相关审核资料和发行人的发行上市申请文件。

8. 发行人在取得证监会予以注册的决定后，启动股票公开发行前，应当在北交所网站披露招股意向书或招股说明书。

9. 中止审核。出现下列情形之一的，发行人、保荐机构和证券服务机构应当及时报告北交所，北交所中止发行上市审核：

（1）发行人及其控股股东、实际控制人涉嫌贪污、贿赂、侵占财产、挪用财产或者破坏社会主义市场经济秩序的犯罪，或者涉嫌欺诈发行、重大信息披露违法或其他涉及国家安全、公共安全、生态安全、生产安全、公众健康安全等领域的重大违法行为，被立案调查或者被司法机关立案侦查，尚未结案。

（2）发行人的保荐机构或者签字保荐代表人以及律师事务所、会计师事务所等证券服务机构或者相关签字人员因公开发行股票并上市、上市公司证券发行、并购重组业务涉嫌违法违规，或者其他业务涉嫌违法违规且对市场有重大影响，正在被证监会立案调查，或者正在被司法机关侦查，尚未结案。

（3）发行人的保荐机构以及律师事务所、会计师事务所等证券服务机构被证监会依法采取限制业务活动、责令停业整顿、指定其他机构托管、接管等措施，或者被北交所实施一定期限内不接受其出具的相关文件的纪律处分，尚未解除。

（4）发行人的签字保荐代表人、签字律师、签字会计师等中介机构签字人员被证监会依法采取认定为不适当人选等监管措施或者证券市场禁入的措施，或者被北交所实施一定期限内不接受其出具的相关文件的纪律处分，尚未解除。

（5）发行上市申请文件中记载的财务资料已过有效期，需要补充提交。

（6）发行人及保荐机构主动要求中止审核，理由正当并经北交所同意。

（7）北交所规定的其他情形。

10. 终止审核。出现下列情形之一的，北交所将终止审核，通知发行人及其保荐机构：

（1）发行人撤回申请或者保荐机构撤销保荐。

（2）发行人的法人资格终止。

（3）发行上市申请文件被认定存在虚假记载、误导性陈述或者重大遗漏。

（4）发行上市申请文件内容存在重大缺陷，严重影响投资者理解和北交所审核。

（5）发行人未在规定时限内回复北交所审核问询或者未对发行上市申请文件做出解释说明、补充修改。

（6）《北京证券交易所上市公司证券发行上市审核规则（试行）》第五十条第一款规定的中止审核情形未能在 3 个月内消除，或者未能在第五十一条规定的时限内完成相关事项。

（7）发行人拒绝、阻碍或逃避北交所依法实施的检查、核查。

（8）发行人及其关联方以不正当手段严重干扰北交所审核工作。

（9）北交所审核认为发行人不符合发行条件、上市条件或信息披露要求。

11. 复审与复核。发行人对北交所做出的终止发行上市审核的决定有异议的，可以在收到终止审核决定后 5 个工作日内，向北交所申请复审。但因发行人撤回发行上市申请或者保荐机构撤销保荐而终止审核的，发行人不得申请复审。

发行人申请复审的，应当提交下列申请文件：

（1）复审申请书。

（2）保荐机构就复审事项出具的意见书。

（3）律师事务所就复审事项出具的法律意见书。

（4）北交所规定的其他文件。

北交所收到复审申请后 20 个工作日内，召开上市委员会复审会议，审议复审申请。复审期间，原决定效力不受影响。

上市委员会复审会议认为申请复审理由成立的，北交所对发行人的发行上市申请重新审核，审核时限自重新审核之日起算，北交所另有规定的除外；复审会议认为申请复审理由不成立的，北交所维持原决定。

对北交所做出的终止发行上市审核的决定，发行人只能提出一次复审申请。复审决议做出后，发行人不得再次申请复审。

北交所对发行上市申请做出不予受理决定或按照规则规定做出复审决定的，发行人可以按照北交所相关规定申请复核。

九、北交所投资门槛

2021年9月17日下午，北京证券交易所发布《北京证券交易所投资者适当性管理办法（试行）》，根据该办法，个人投资者参与北交所市场股票交易的门槛为50万元：

1. 申请权限开通前20个交易日证券账户和资金账户内的资产日均不低于50万元（不包括该投资者通过融资融券融入的资金和证券）。

2. 参与证券交易24个月以上。

北交所指出，此次规则发布后至北交所开市交易前，投资者参与精选层股票交易仍需满足100万元证券资产标准。

同时，全国股转公司发布修改后的全国中小企业股份转让系统投资者适当性管理办法，投资者参与创新层股票交易的门槛为100万元：

1. 实收资本或实收股本总额100万元以上的法人机构。

2. 实缴出资总额100万元以上的合伙企业。

3. 申请权限开通前10个交易日，本人名下证券账户和资金账户内的资产日均100万元以上（不含该投资者通过融资融券融入的资金和证券），且具有《北京证券交易所投资者适当性管理办法（试行）》第六条规定的投资经历、工作经历或任职经历的自然人投资者。

基础层股票交易的门槛仍为200万元：

1. 实收资本或实收股本总额200万元以上的法人机构。

2. 实缴出资总额200万元以上的合伙企业。

3. 申请权限开通前 10 个交易日，本人名下证券账户和资金账户内的资产日均 200 万元以上（不含该投资者通过融资融券融入的资金和证券），且具有《北京证券交易所投资者适当性管理办法（试行）》第六条规定的投资经历、工作经历或任职经历的自然人投资者。

十、再融资规则

（一）证监会层面

证监会层面的再融资规则见图 5.13。

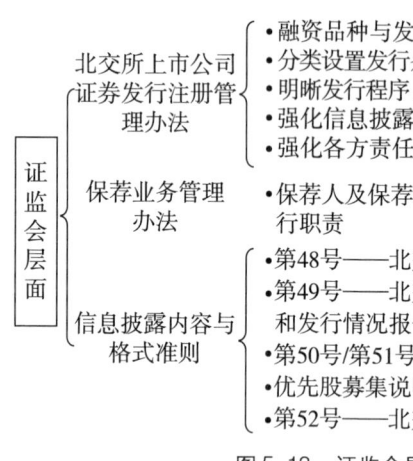

证监会层面		
	北交所上市公司证券发行注册管理办法	• 融资品种与发行方式 • 分类设置发行条件：定向发行、公开发行、发行可转债 • 明晰发行程序：审议，审核，注册，明确定价与限售等 • 强化信息披露要求：按准则披露，重要节点披露 • 强化各方责任追究
	保荐业务管理办法	• 保荐人及保荐代表人应当按照注册办法、保荐办法履行职责
	信息披露内容与格式准则	• 第48号——北交所上市公司公开发行股票募集说明书 • 第49号——北交所上市公司定向发行股票募集说明书和发行情况报告书 • 第50号/第51号——北交所上市公司定向发行可转债/优先股募集说明书和发行情况报告书 • 第52号——北交所上市公司发行证券申请文件

图 5.13 证监会层面的再融资规则

（二）北交所层面

北交所层面的再融资规则见图 5.14。

（三）定向发行制度

定向发行制度见图 5.15。

（四）公开发行制度

公开发行制度见图 5.16。

北交所层面

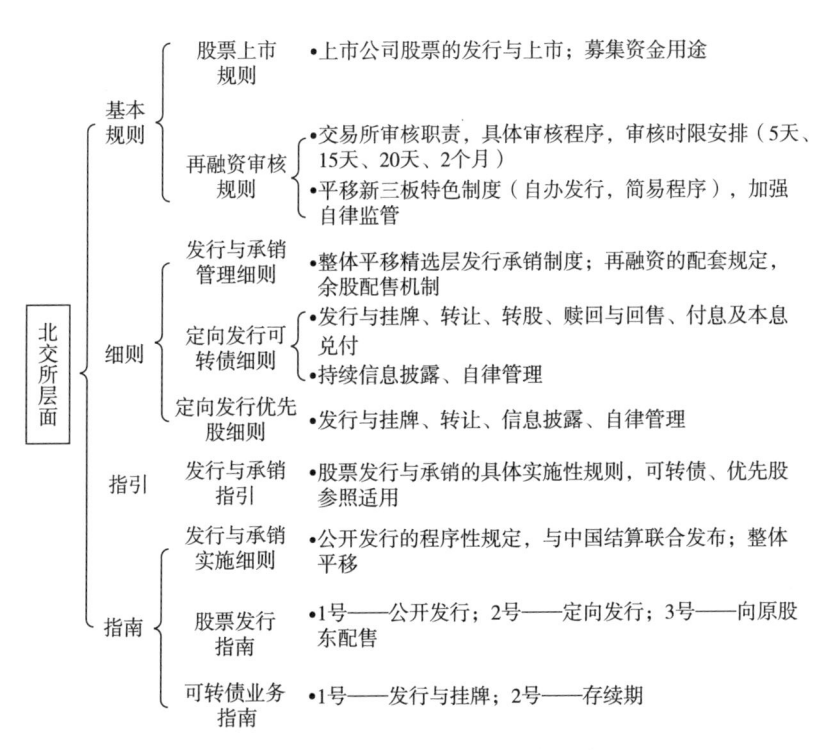

- **基本规则**
  - 股票上市规则：上市公司股票的发行与上市；募集资金用途
  - 再融资审核规则：
    - 交易所审核职责，具体审核程序，审核时限安排（5天、15天、20天、2个月）
    - 平移新三板特色制度（自办发行，简易程序），加强自律监管

- **细则**
  - 发行与承销管理细则：整体平移精选层发行承销制度；再融资的配套规定，余股配售机制
  - 定向发行可转债细则：
    - 发行与挂牌、转让、转股、赎回与回售、付息及本息兑付
    - 持续信息披露、自律管理
  - 定向发行优先股细则：发行与挂牌、转让、信息披露、自律管理

- **指引**
  - 发行与承销指引：股票发行与承销的具体实施性规则，可转债、优先股参照适用

- **指南**
  - 发行与承销实施细则：公开发行的程序性规定，与中国结算联合发布；整体平移
  - 股票发行指南：1号——公开发行；2号——定向发行；3号——向原股东配售
  - 可转债业务指南：1号——发行与挂牌；2号——存续期

图 5.14　北交所层面的再融资规则

定向发行股票

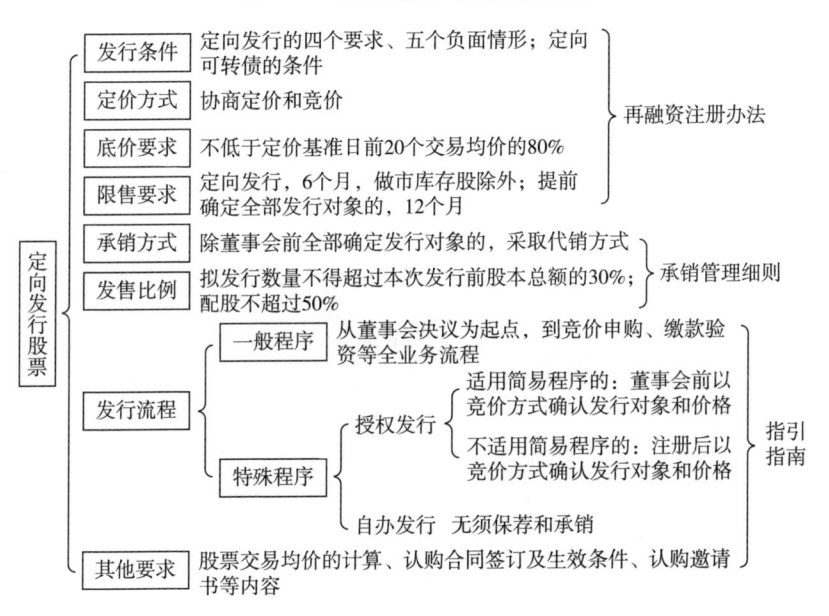

- **发行条件**：定向发行的四个要求、五个负面情形；定向可转债的条件 ┐
- **定价方式**：协商定价和竞价   ├ 再融资注册办法
- **底价要求**：不低于定价基准日前20个交易均价的80%   │
- **限售要求**：定向发行，6个月，做市库存股除外；提前确定全部发行对象的，12个月 ┘

- **承销方式**：除董事会前全部确定发行对象的，采取代销方式 ┐
- **发售比例**：拟发行数量不得超过本次发行前股本总额的30%；配股不超过50% ┘ 承销管理细则

- **发行流程**
  - 一般程序：从董事会决议为起点，到竞价申购、缴款验资等全业务流程
  - 特殊程序：
    - 授权发行：
      - 适用简易程序的：董事会前以竞价方式确认发行对象和价格
      - 不适用简易程序的：注册后以竞价方式确认发行对象和价格
    - 自办发行　无须保荐和承销
  ┤指引指南

- **其他要求**：股票交易均价的计算、认购合同签订及生效条件、认购邀请书等内容

图 5.15　定向发行制度

公开发行股票

- **发行条件**：除符合向特定对象发行的条件外，还要符合《公开发行注册办法》固定的其他条件
- **发行价格**：不低于公告招股意向书前20个交易日或前1个交易日股票均价
- **发行类别**：可以全部或部分向原股东优先配售，优先配售后剩余部分可以向网上发行，也可以向网上和网下发行
- **组织方式**："网下发行"+"网上发行"："网上发行"通过交易系统进行，"网下发行"可由承销商自行组织
- **网下发行**：参与网下发行的投资者，具体条件由发行人和主承销在发行公告中确定并披露
- **参与方式**：允许投资者同时通过多种方式参与，原股东参与优先配售后，符合条件的还可以参与网下发行与网上发行，网下投资者可以同时参与网上发行与网下发行
- **申购缴款**：网上发行全额申购，网下发行保证金申购，保证金比例由发行人和主承销商约定，但不得超过20%
- **二次配售**：在弃购较多或市场发生重大变化的情况下可组织二次配售

图 5.16　公开发行制度

十一、重组审核规则

（一）证监会层面

证监会层面的重组审核规则见图 5.17。

证监会层面：

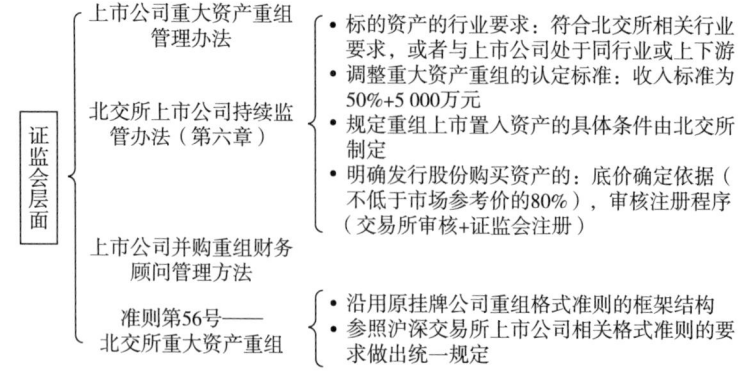

- 上市公司重大资产重组管理办法
- 北交所上市公司持续监管办法（第六章）
  - 标的资产的行业要求：符合北交所相关行业要求，或者与上市公司处于同行业或上下游
  - 调整重大资产重组的认定标准：收入标准为50%+5 000万元
  - 规定重组上市置入资产的具体条件由北交所制定
  - 明确发行股份购买资产的：底价确定依据（不低于市场参考价的80%），审核注册程序（交易所审核+证监会注册）
- 上市公司并购重组财务顾问管理方法
- 准则第56号——北交所重大资产重组
  - 沿用原挂牌公司重组格式准则的框架结构
  - 参照沪深交易所上市公司相关格式准则的要求做出统一规定

图 5.17　证监会层面的重组审核规则

(二) 北交所层面

北交所层面的重组审核规则见图 5.18。

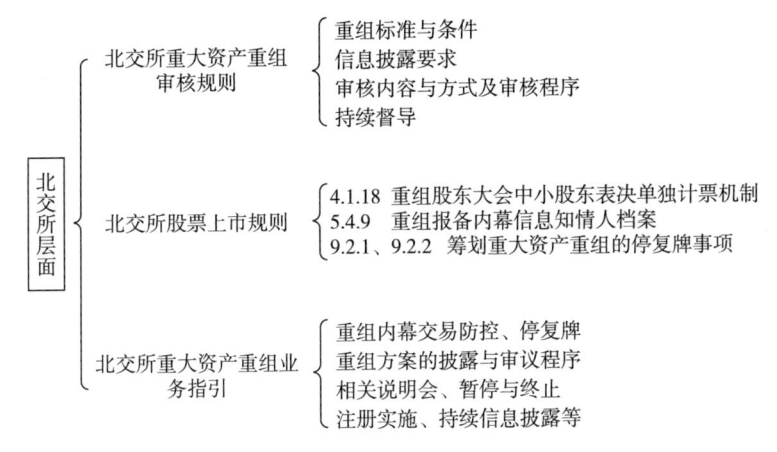

```
北交所层面
├─ 北交所重大资产重组审核规则
│   ├─ 重组标准与条件
│   ├─ 信息披露要求
│   ├─ 审核内容与方式及审核程序
│   └─ 持续督导
├─ 北交所股票上市规则
│   ├─ 4.1.18 重组股东大会中小股东表决单独计票机制
│   ├─ 5.4.9 重组报备内幕信息知情人档案
│   └─ 9.2.1、9.2.2 筹划重大资产重组的停复牌事项
└─ 北交所重大资产重组业务指引
    ├─ 重组内幕交易防控、停复牌
    ├─ 重组方案的披露与审议程序
    ├─ 相关说明会、暂停与终止
    └─ 注册实施、持续信息披露等
```

图 5.18 北交所层面的重组审核规则

(三) 重组分类

重组分类的具体内容见表 5.4。

表 5.4 重组分类

	现金购买/出售资产构成重组	发行股份购买资产
不构成重组上市	● 纳入日常信息披露监管	(不计资产规模) ● 并购重组委审议 ● 证监会注册
构成重组上市	● 并购重组委审议	● 并购重组委审议 ● 证监会注册

(四) 重组上市条件

重组上市条件见表 5.5。

表5.5 重组上市条件

取其一		财务条件	发行上市	重组上市
财务条件	标准一	最近两年净利润≥1 500万元或最近一年净利润≥2 500万元，且净资产收益率≥8%	√	√
	标准二	最近两年营业收入平均≥1亿元，且增长率≥30%，最近一年经营活动现金流量净额为正	√	√
	标准三	最近一年营业收入≥2亿元，最近两年研发投入合计占营业收入比例≥8%	√	
	标准四	最近两年研发投入合计≥5 000万元	√	

（五）重组审核程序

重组审核程序见图5.19。

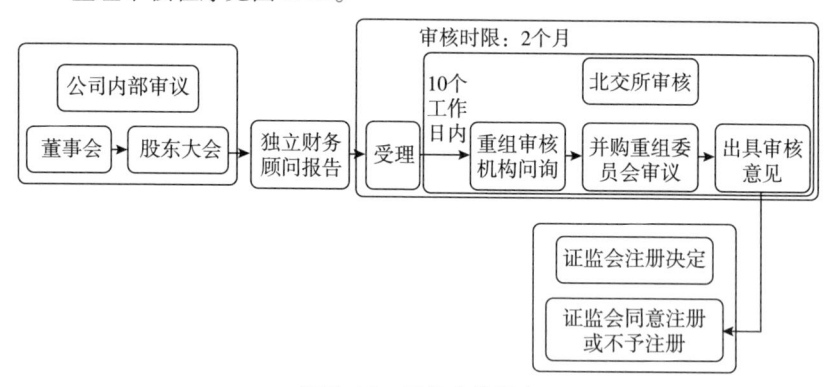

图5.19 重组审核程序

十二、退市

退市机制的相关内容见图5.20。

上市公司触及《北京证券交易所股票上市规则（试行）》规定的退市情形，导致其股票存在被终止上市风险的，北交所对该公司股票启动退市程序。

退市包括强制终止上市（简称强制退市）和主动终止上市（简称主动退市）。强制退市分为交易类强制退市、财务类强制退市、规范类强制退市和重大违法类强制退市4类情形。上市公司股票被实施退市风

图 5.20 退市机制

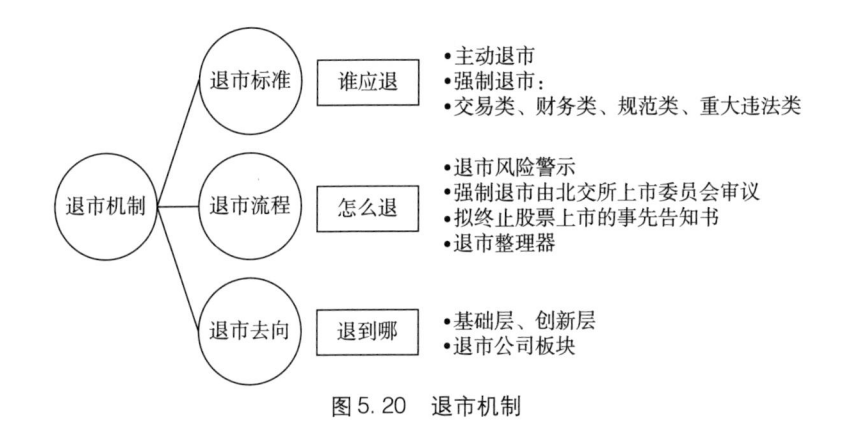

险警示的，在公司股票简称前冠以"*ST"字样。

（一）强制退市

强制退市的分类见图 5.21。

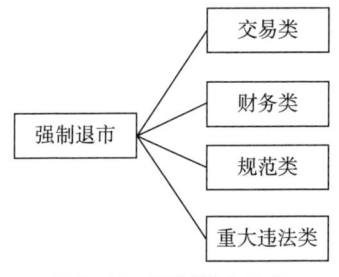

图 5.21 强制退市分类

1. 交易类强制退市。

上市公司连续 60 个交易日出现下列情形之一的，北交所决定终止其股票上市：

（1）股票每日收盘价均低于每股面值。

（2）股东人数均少于 200 人。

（3）股票交易市值均低于 3 亿元。

（4）北交所认定的其他情形。前款规定的交易日，不包含公司股票停牌日和公开发行股票并上市之日起的 20 个交易日。

2. 财务类强制退市。

上市公司出现下列情形之一的，北交所对其股票实施退市风险警示：

（1）最近一个会计年度经审计的净利润为负值且营业收入低于 5 000 万元，或追溯重述后最近一个会计年度净利润为负值且营业收入低于 5 000 万元。

（2）最近一个会计年度经审计的期末净资产为负值，或追溯重述后最近一个会计年度期末净资产为负值。

（3）最近一个会计年度的财务会计报告被出具无法表示意见或否定意见的审计报告。

（4）证监会及其派出机构行政处罚决定书表明公司已披露的最近一个会计年度经审计的年度报告存在虚假记载、误导性陈述或者重大遗漏，导致该年度相关财务指标实际已触及第（1）、（2）项情形的。

（5）北交所认定的其他情形。

上述净利润以扣除非经常性损益前后孰低者为准，营业收入应当扣除不具备商业实质的收入。负责审计的会计师事务所应当就公司营业收入扣除事项是否符合前述规定及扣除后的营业收入金额出具专项核查意见。

3. 规范类强制退市。

上市公司出现下列情形之一的，北交所对其股票实施退市风险警示：

（1）未在法定期限内披露年度报告或者中期报告，且在公司股票停牌 2 个月内仍未披露。

（2）半数以上董事无法保证公司所披露年度报告或中期报告的真实性、准确性和完整性，且未在法定期限内改正，此后股票停牌 2 个月内仍未改正。

（3）财务会计报告存在重大会计差错或者虚假记载，被证监会及其派出机构责令改正，但公司未在要求期限内改正，且在公司股票停牌 2 个月内仍未改正。

（4）信息披露或者规范运作等方面存在重大缺陷，北交所限期改正但公司未在规定期限内改正，且公司在股票停牌 2 个月内仍未改正。

（5）公司股本总额或公众股东持股比例发生变化，导致连续 60 个交易日不再具备上市条件，且公司在股票停牌 1 个月内仍未解决。

（6）公司可能被依法强制解散。

（7）法院依法受理公司重整、和解或破产清算申请。

（8）北交所认定的其他情形。

4. 重大违法类强制退市。

《北京证券交易所股票上市规则（试行）》所称重大违法类强制退市，包括下列情形：

（1）涉及国家安全、公共安全、生态安全、生产安全和公众健康安全等领域的重大违法行为被追究法律责任，导致上市公司或其主要子公司依法被吊销营业执照、责令关闭或者被撤销，依法被吊销主营业务生产经营许可证，或存在丧失继续生产经营法律资格的其他情形。

（2）上市公司公开发行并上市，申请或者披露文件存在虚假记载、误导性陈述或重大遗漏，被证监会及其派出机构依据《证券法》第一百八十一条做出行政处罚决定，或者被人民法院依据《刑法》第一百六十条做出有罪生效判决。

（3）上市公司发行股份购买资产并构成重组上市，申请或者披露文件存在虚假记载、误导性陈述或者重大遗漏，被证监会及其派出机构依据《证券法》第一百八十一条做出行政处罚决定，或者被人民法院依据《刑法》第一百六十条做出有罪生效判决。

（4）上市公司披露的年度报告存在虚假记载、误导性陈述或者重大遗漏，根据证监会及其派出机构行政处罚决定认定的事实，导致连续会计年度财务类指标已实际触及财务类强制退市规定的退市标准。

（5）北交所认定的其他情形。

（二）主动退市

上市公司基于自身发展战略、维护合理估值、稳定控制权、充分利用证券市场比较优势以及成本效益等方面的考虑，认为不再需要继续维持上市地位，或者继续维持上市地位不再有利于公司发展，依据《证券法》和证券交易所退市规则，主动向证券交易所申请其股票终止上市交易。具体情形如下：

1. 经上市公司股东大会双2/3[①]审议通过的，可以申请主动退市。

[①] 双2/3是指除须经出席会议的全体股东所持有效表决权的2/3以上通过外，还须经出席会议的中小股东所持有效表决权的2/3以上通过。

2. 上市公司出现下列情形之一的，应当申请主动退市：

（1）上市公司股东大会决议解散公司。

（2）上市公司因新设合并或者吸收合并，将不再具有独立主体资格并被注销。

（3）上市公司因回购或要约收购导致公众股东持股比例、股东人数等发生变化不再具备上市条件。

（4）转板申请已获同意。

（5）北交所认定的其他申请终止上市的情形。

3. 上市公司向北交所申请终止股票上市，应当同时符合下列条件：

（1）终止上市决策程序、信息披露和股票停复牌安排符合北交所业务规则的规定。

（2）上市公司已在法定期限内披露最近一期年度报告或中期报告，或未在法定期限内披露最近一期年度报告或中期报告，但已在期满后2个月内补充披露。

（3）上市公司应制定合理的异议股东保护措施，对股东权益保护做出安排，转板申请已获同意的除外。

（4）北交所要求的其他条件。

（三）退市流程

退市流程见图5.22。

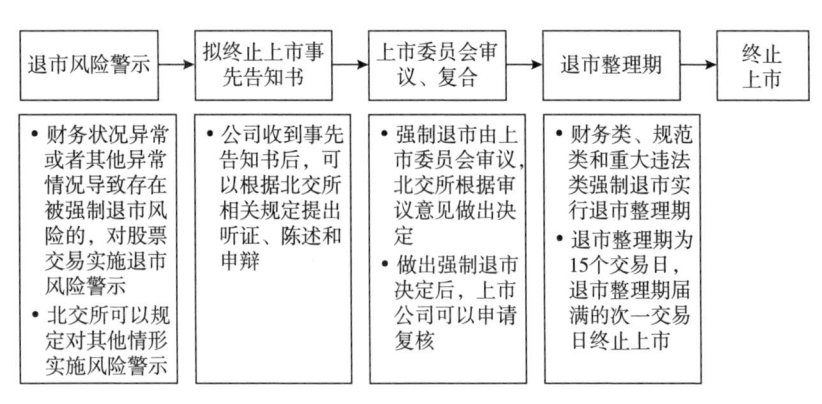

退市风险警示	拟终止上市事先告知书	上市委员会审议、复合	退市整理期	终止上市
• 财务状况异常或者其他异常情况导致存在被强制退市风险的，对股票交易实施退市风险警示 • 北交所可以规定对其他情形实施风险警示	• 公司收到事先告知书后，可以根据北交所相关规定提出听证、陈述和申辩	• 强制退市由上市委员会审议，北交所根据审议意见做出决定 • 做出强制退市决定后，上市公司可以申请复核	• 财务类、规范类和重大违法类强制退市实行退市整理期 • 退市整理期为15个交易日，退市整理期届满的次一交易日终止上市	

图5.22 退市流程

(四) 退市去向

退市去向见图 5.23。

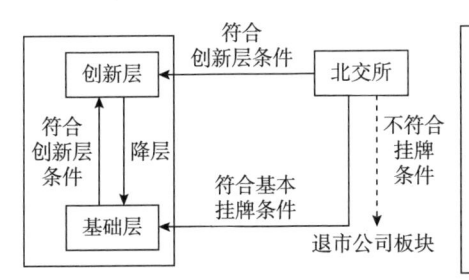

图 5.23 退市去向

十三、退市整理期

上市公司被北交所做出强制终止上市决定的，在进入退市整理期之前，可以根据北交所相关规定申请复核。

上市公司提出复核申请的，应在当日披露关于已提出复核申请的公告，并在收到北交所复核决定当日披露公告，说明复核决定的主要内容以及公司股票停复牌的具体安排。

上市公司未提出复核申请的，应当在复核期限届满当日，披露关于未提出复核申请的提示性公告。

退市整理期的交易期限为 15 个交易日。上市公司股票在退市整理期全天停牌的，停牌期间不计入退市整理期，但停牌天数不超过 5 个交易日。

北交所做出强制终止上市决定后，上市公司未提出复核申请的，公司股票自申请复核期限届满后的第 6 个交易日起复牌，进入退市整理期，并于第 21 个交易日终止上市。

上市公司提出复核申请，北交所做出维持强制终止上市决定的，公司股票自做出维持终止上市决定后的第 6 个交易日起复牌，进入退市整理期，并于退市整理期届满的次一交易日终止上市。

股票在退市整理期，上市公司应当于每个交易日开盘前披露一次股票将被终止上市的风险提示公告。北交所对其进行特殊标识，证券简称为"××退"。

第四节　北交所转板机制

观典防务是北交所首家成功转板科创板上市的企业。2022年1月27日，上交所科创板上市委员会2022年第7次审议会议上，观典防务技术股份有限公司符合转板上市条件和信息披露要求，成功过会。

观典防务于2015年4月15日在新三板挂牌，2020年7月27日作为首批企业进入精选层，2021年11月15日，北交所开市，观典防务也成为首批81家上市企业之一。

翰博高新于2022年3月10日由创业板上市委审议过会，成为第一家北交所转板创业板的上市公司。

翰博高新于2015年11月在新三板挂牌，2020年7月在精选层公开发行，2021年11月成为首批北交所上市公司。

观典防务、翰博高新作为北交所首批成功转板科创板、创业板的上市公司，意味着A股转板上市制度的真正落地，北交所、沪深交易所三所互联互通开启了新航程。

那么，北交所上市公司转板科创板、创业板都有哪些要求呢？

一、从北交所转板科创板

转板公司申请转板至科创板上市的，应当在北交所连续上市一年以上，转板公司在北交所上市前，已在全国中小企业股份转让系统原精选层挂牌的，原精选层挂牌时间与北交所上市时间合并计算。

（一）转板条件

根据《北京证券交易所上市公司向上海证券交易所科创板转板办法》，转板公司申请转板至科创板上市，应当符合以下条件：

1.《科创板首次公开发行股票注册管理办法（试行）》第十条至第十三条规定的发行条件。

2. 转板公司及其控股股东、实际控制人不存在最近 3 年受到证监会行政处罚，因涉嫌违法违规被证监会立案调查，尚未有明确结论意见，或者最近 12 个月受到北交所、全国中小企业股份转让系统有限责任公司公开谴责等情形。

3. 股本总额不低于 3 000 万元。

4. 股东人数不少于 1 000 人。

5. 公众股东持股比例达到转板公司股份总数的 25% 以上；转板公司股东总额超过 4 亿元的，公众股东持股的比例为 10% 以上。

6. 董事会审议通过转板相关事宜决议公告日前连续 60 个交易日（不包括股票停牌日）通过竞价交易方式实现的股票累计成交量不低于 1 000 万股。

7. 市值及财务指标符合《北京证券交易所上市公司向上海证券交易所科创板转板办法》规定的标准。

8. 上交所规定的其他转板条件。

不具有表决权差异安排的转板公司申请转板至科创板上市，市值及财务指标应当至少符合《上海证券交易所科创板股票上市规则》第 2.1.2 条规定的 5 项标准中的一项。

具有表决权差异安排的转板公司申请转板至科创板上市，市值及财务指标应当至少符合《上海证券交易所科创板股票上市规则》第 2.1.4 条规定的两项标准中的一项，表决权差异安排应当符合《上海证券交易所科创板股票上市规则》的规定。

（二）转板审核

转板公司申请转板至科创板上市的，应当按照规定聘请保荐人进行保荐，并委托保荐人通过上交所发行上市审核业务系统报送下列转板申请文件：

1. 转板报告书。

2. 股东大会决议及公司章程。

3. 上市保荐书及相关文件。

4. 法律意见书、审计报告等证券服务机构出具的文件。

5. 上交所要求的其他文件。

转板申请文件的内容与格式应当符合证监会与上交所的相关规定。

转板申请文件中提交的财务报告应当已在法定期限内披露。申请文件中与转板公司公开发行并进入原精选层申请报告期间或公开发行并在北交所上市申请报告期间重合事项，保荐人可依据时任保荐人意见等尽职调查证据发表专业意见。转板公司在进入原精选层后或在北交所上市后，已公开披露的信息，保荐人可依据公开披露信息等尽职调查证据发表专业意见。保荐人在引用相关意见和公开披露信息时，应对所引用的内容负责。

（三）转板决议

转板公司申请转板，董事会应当依法就转板事宜做出决议，并提请股东大会批准。股东大会应当就转板做出决议，决议应当至少包括下列事项：

1. 转入的交易所及板块。

2. 转板的证券种类和数量。

3. 以取得上交所做出同意上市决定为生效条件的股票在北交所终止上市事项。

4. 决议的有效期。

5. 对董事会办理本次转板具体事宜的授权。

6. 其他必须明确的事项。

（四）上市保荐人

转板公司申请转板的，应当聘请同时具有保荐业务资格和北交所会员资格的证券公司作为上市保荐人，并与保荐人签订保荐协议，明确双方权利和义务。

保荐人应当根据《证券发行上市保荐业务管理办法》等相关规定，履行上市保荐职责，向上交所提交包括下列内容的上市保荐书：

1. 本次转板的基本情况。

2. 对本次转板是否符合上交所规定的转板条件的逐项说明。

3. 对转板公司在科创板上市后持续督导工作的具体安排。

4. 保荐人及其关联方与公司及其关联方之间的利害关系及主要业务往来情况。

5. 是否存在可能影响公正履职情形的说明。

6. 相关承诺事项。

7. 证监会或者上交所要求的其他事项。

（五）转板申请受理决定

上交所收到申请文件后，在 5 个工作日内对申请文件的齐备性进行审查，做出是否受理的决定。

存在下列情形之一的，上交所不予受理转板公司的转板申请文件：

1. 转板申请文件不齐备且未按要求补正。

2. 转板公司存在尚未实施完毕的股票发行、重大资产重组、股票回购等事项。

3. 上市保荐人、证券服务机构及其相关人员因证券违法违规被采取认定为不适当人选、限制业务活动、一定期限内不接受其出具的相关文件等相关措施，尚未解除；或者因首次公开发行并上市、上市公司发行证券、并购重组业务涉嫌违法违规，或者其他业务涉嫌违法违规且对市场有重大影响被立案调查、侦查，尚未结案。

上交所受理转板申请文件当日，转板公司应当通过上交所网站披露转板报告书、上市保荐书、审计报告、法律意见书等文件。

上交所受理转板申请后至上交所做出同意上市的决定前，转板公司应当按照《北京证券交易所上市公司向上海证券交易所科创板转板办法》及上交所相关规定，对上述申请文件予以更新并披露。

（六）转板公司上市安排

上交所同意上市的决定自做出之日起 6 个月有效，转板公司应当在决定有效期内完成上市的所有准备工作并向上交所申请股票在科创板上市交易。暂缓上市不计算在决定有效期内。

转板公司应当在科创板上市前，按照中国证券登记结算有限责任公司的相关规定，办理转板证券登记相关业务。

转板公司应当在其股票在科创板上市交易前与上交所签订上市协议，明确双方的权利、义务和其他有关事项。上市相关程序及要求参照适用《上海证券交易所科创板股票上市规则》关于首次公开发行股票并上市的相关规定。

（七）股份限售期

转板公司控股股东、实际控制人及其一致行动人自公司在科创板上市之日起 12 个月内，不得转让或者委托他人管理其直接和间接持有的本公司在科创板上市前已经发行股份（转板前股份），也不得提议由转板公司回购该部分股份；限售期届满后 6 个月内减持股份的，不得导致公司控制权发生变更。

转板公司没有或者难以认定控股股东、实际控制人的，参照控股股东、实际控制人进行股份限售的股东范围，应当适用科创板首次公开发行股票并上市的相关规定，股份限售期为公司在科创板上市之日起 12 个月。

转板公司董事、监事、高级管理人员所持本公司转板前股份，自公司在科创板上市之日起 12 个月内不得转让。

转板公司核心技术人员自公司在科创板上市之日起 4 年内，每年转让的本公司转板前股份不得超过上市时所持公司转板前股份总数的 25%，减持比例可以累积使用。

二、从北交所转板创业板

《深圳证券交易所关于北京证券交易所上市公司向创业板转板办法（试行）》规定如下。

(一) 转板条件

转板公司申请转板，应当在北交所连续上市一年以上。转板公司在北交所上市前，已在全国中小企业股份转让系统原精选层挂牌的，原精选层挂牌时间与北交所上市时间合并计算。转板公司申请转板，应当符合以下条件：

1. 《创业板首次公开发行股票注册管理办法（试行）》规定的发行条件。

2. 公司及其控股股东、实际控制人不存在最近 3 年受到证监会行政处罚，因涉嫌违法违规被证监会立案调查且尚未有明确结论意见，或者最近 12 个月受到全国中小企业股份转让系统有限责任公司、北交所公开谴责等情形。

3. 股本总额不低于 3 000 万元。

4. 股东人数不少于 1 000 人。

5. 社会公众持有的公司股份达到公司股份总数的 25% 以上；公司股本总额超过 4 亿元的，社会公众持股的比例达到 10% 以上。

6. 董事会审议通过转板相关事宜决议公告日前 60 个交易日（不包括股票停牌日）通过竞价交易方式实现的股票累计成交量不低于 1 000 万股。

7. 市值及财务指标符合《深圳证券交易所创业板股票上市规则》规定的上市标准，具有表决权差异安排的转板公司申请转板，表决权差异安排应当符合《深圳证券交易所创业板股票上市规则》的规定。

8. 深交所规定的其他上市条件。

转板公司所选的上市标准涉及市值指标的，以向深交所提交转板申请日前 20 个、60 个和 120 个交易日（不包括股票停牌日）收盘市值算术平均值的孰低值为准。

深交所可以根据市场情况，对转板条件和具体标准进行调整。转板公司应当符合《创业板首次公开发行股票注册管理办法（试行）》等规定的创业板定位。

（二）重点关注事项

深交所对转板条件的审核，重点关注下列事项：

1. 转板公司是否符合《深圳证券交易所关于北京证券交易所上市公司向创业板转板办法（试行）》规定的转板条件。

2. 保荐人和律师事务所等证券服务机构出具的上市保荐书、法律意见书等文件中是否就转板公司符合转板条件逐项发表明确意见，且具备充分的理由和依据。

深交所对前款规定的事项存在疑问的，转板公司应当按照深交所要求做出解释说明，保荐人及证券服务机构应当进行核查，并相应修改转板申请文件。

（三）转板程序

转板公司申请转板，董事会应当依法就转板事宜做出决议，并提请股东大会批准。股东大会决议至少包括下列事项：

1. 转入的交易所及板块。

2. 转板的证券种类和数量。

3. 以取得深交所同意上市决定为生效条件的股票在北交所终止上市事项。

4. 决议的有效期。

5. 对董事会办理本次转板具体事宜的授权。

6. 其他必须明确的事项。

（四）聘请保荐人

转板公司申请转板，应当聘请同时具有保荐业务资格和深交所会员资格的证券公司作为上市保荐人，并与保荐人签订保荐协议，明确双方权利和义务。

保荐人应当根据《证券发行上市保荐业务管理办法》等相关规定，履行上市保荐职责，向深交所提交上市保荐书。上市保荐书的内容应当包括：

1. 本次转板的基本情况。

2. 逐项说明本次转板是否符合《深圳证券交易所关于北京证券交易所上市公司向创业板转板办法（试行）》规定的转板条件。

3. 对在创业板上市后持续督导工作的具体安排。

4. 保荐人及其关联方与转板公司及其关联方之间的利害关系及主要业务往来情况。

5. 是否存在可能影响公正履职情形的说明。

6. 相关承诺事项。

7. 证监会或深交所要求的其他事项。

（五）转板申请文件

转板公司应当委托保荐人通过深交所发行上市审核业务系统提交下列转板申请文件：

1. 转板报告书、上市保荐书、审计报告、法律意见书、公司章程、股东大会决议等申请文件。

2. 深交所要求的其他文件。

（六）不予受理转板申请情况

存在下列情形之一的，深交所不予受理转板公司的转板申请文件：

1. 转板申请文件不齐备且未按要求补正。

2. 转板公司存在尚未实施完毕的股票发行、重大资产重组、股票回购等事项。

3. 上市保荐人、证券服务机构及其相关人员因证券违法违规被采取认定为不适当人选、限制业务活动、一定期限内不接受其出具的相关文件等相关措施，尚未解除；或者因转板、首次公开发行并上市、上市公司发行证券、并购重组业务涉嫌违法违规，或者其他业务涉嫌违法违规且对市场有重大影响正在被立案调查、侦查，尚未结案。

（七）上市安排

深交所同意上市的决定自做出之日起 6 个月内有效，转板公司应在

第五章　北京证券交易所

决定有效期内在创业板上市交易。暂缓上市不计算在决定有效期限内。

转板公司在创业板上市前，应当按照中国证券登记结算有限责任公司的相关规定办理转板证券登记相关业务，并与深交所签订上市协议，明确双方的权利、义务和有关事项。上市相关程序及要求参照适用《深圳证券交易所创业板股票上市规则》关于创业板首次公开发行股票上市的相关规定。

（八）股份限售期

转板公司控股股东、实际控制人及其一致行动人自公司在创业板上市之日起 12 个月内不得减持或者委托他人管理其直接和间接持有的转板前股份，也不得提议由公司回购该部分股份。上述限售期满后 6 个月内，控股股东、实际控制人及其一致行动人减持股份的，不得导致公司控制权发生变更。

转板公司无控股股东、实际控制人的，应当参照控股股东、实际控制人进行股份限售的股东范围，参照适用创业板首次公开发行股票上市的相关规定，股份限售期为公司在创业板上市之日起 12 个月。

转板公司董事、监事、高级管理人员自公司在创业板上市之日起 12 个月内不得减持转板前股份。

转板公司在创业板上市时未盈利的，在实现盈利前，控股股东、实际控制人及其一致行动人自公司在创业板上市之日起 3 个完整会计年度内，不得减持转板前股份；自公司在创业板上市之日起第 4 个和第 5 个完整会计年度内，每年减持的转板前股份不得超过公司股份总数的 2%。

转板公司在创业板上市时未盈利的，在实现盈利前，董事、监事、高级管理人员自公司在创业板上市之日起 3 个完整会计年度内，不得减持转板前股份；在限售期间内离职的，应当继续遵守本款规定。

转板公司实现盈利后，前两款规定的股东可以自当年年度报告披露后次日起减持转板前股份，但应当遵守《深圳证券交易所创业板股票上市规则》关于股份变动管理的其他规定。

参考案例

观典防务——首家北交所转板科创板公司

上海证券交易所科创板上市委员会2022年第7次审议会议于2022年1月27日上午召开，会议审议结果为：观典防务技术股份有限公司（转板上市）符合转板上市条件和信息披露要求。

观典防务作为我国禁毒无人机的"先行者"，于2021年7月入选工信部第三批专精特新"小巨人"企业名单。北交所强调"创新性"，科创板强调"硬科技"，观典防务属于知识密集型企业，其创新研发能力及各项科创属性指标均要达到科创板转板标准才能顺利过会。

作为首家获得转板审核通过的观典防务，审核机关非常严格，经过两轮问询与回复，共有20个实质性的敏感问题（可查阅问询函），转板公司的回复能让上市委专家们认可不太容易。比如，上市委现场问询：

1. 请转板公司代表：

（1）说明在国家对数据采集及使用加强监管的背景下，转板公司未来持续使用因从事禁毒业务而获取的数据对外提供服务是否可能面临限制。

（2）结合中科智蓝的数据来源、是否已经取得空天院授权对外合法出售数据等情况，说明转板公司向中科智蓝采购数据的合规性。

（3）说明转板公司如若为提供禁毒以外服务而自主开展飞行作业以获取相关数据，该等飞行作业能否获得有关部门的批准，相关操作能否满足非禁毒领域服务的地域范围与时效性需求。请保荐代表人发表明确意见。

2. 请转板公司代表说明转板公司在包括军品在内的非禁毒领域拓展业务所面临的挑战、采取的措施及获得的最新进展。请保荐代表人发表明确意见。

3. 请转板公司代表结合在研项目的情况，分析转板公司研发费用率显著低于同行业可比公司平均值、设计开发支出在研发费用中占比较低的原因及合理性，说明核心技术通过定制设计开发在无人机产品业务中的体现及运用,进一步论证无人机产品并非简单集成。请保荐代表人发表明确意见。

4. 需进一步落实事项:请转板公司基于高明与李振冰系同胞兄弟的事实,说明未将李振冰认定为高明的一致行动人的依据及合理性。请保荐人和转板公司律师发表明确核查意见。

5.《转板公司及保荐机构关于审核中心意见落实函的回复》中关于信息披露的问询:请转板公司按照转板规则的相关规定,全面梳理"重大事项提示"各项内容,突出重大性,强化风险导向,删除针对性不强的表述,按重要性进行排序,并补充、完善以下内容:

(1) 无人机禁毒服务收入占比较高,较大程度依赖政府部门在禁毒领域的财政投入。

(2) 无人机系统及智能防务装备业务与同行业龙头企业相比,规模较小,技术水平有待进一步提升,毛利率存在波动,相关产品面临较大竞争压力。

(3) 无人机技术及产品具有更新换代较快的特点,公司研发团队人员较少,研发能力和持续投入还需进一步提高。

最终,保荐机构关于公司回复的总体意见为:对本回复材料中的公司回复,本机构均已进行核查,确认并保证其真实、完整、准确。

第六章

中介机构

本章关键词：
发行人保荐书、审计报告、法律意见书、问询函

拟上市企业，在股份制改组时就要聘请具有从事证券相关业务资格的会计审计机构、资产评估机构、律师事务所、保荐机构及主承销商等中介机构进场共同完成全过程。

中介机构的执业水准关系到企业能否顺利完成股份制改组、上市辅导期、顺利进入上市发行申请通道，通过审核、注册、发行，包括上市后的公司治理、规范运作、再融资等系列具体事项。但与什么样的中介机构合作对企业来说既省心又省钱，且达到效率最大化，这确实是难以回答的问题。企业在接触中介机构前，必须首先了解其工作职能及对整个企业股份制改组上市过程中所负的责任和义务，如果可能的话，尽量查访所选择的中介机构曾经做过的企业案例，考察其与本企业是否匹配。

企业决定聘请的中介机构要审慎调查其服务对象，券商将召集所有中介机构参加分工协调会，就发行上市的重大问题，如股份公司设立方

案、资产重组方案、股本结构、财务审计、资产评估、土地评估、盈利预测、科创属性、上市板块的上市条件要求等事项进行讨论，并及时向企业提出整改意见，协调会将根据工作进展情况不定期召开。

根据《首次公开发行股票并上市辅导监管规定》，辅导工作应当促进辅导对象具备成为上市公司应有的公司治理结构、会计基础工作、内部控制制度，充分了解多层次资本市场各板块的特点和属性，树立进入证券市场的诚信意识、自律意识和法治意识。

辅导验收应当对辅导机构辅导工作的开展情况及成效做出评价，但不对辅导对象是否符合发行上市条件做实质性判断。

拟申请发行股票的公司，设立时应聘请有证券从业资格许可证的中介机构承担验资、资产评估、审计等业务。若设立聘请没有证券从业资格许可证的中介机构承担上述业务的，应在股份公司运行满三年后提出发行申请，在申请发行股票前需另聘有证券从业资格许可证的中介机构复核并出具专业报告。

本章就中介机构为发行人分工服务部分做一个梳理，供发行人参考。

第一节 会计师

根据上市规则，发行人选择了上市板块，就要对标上市条件，自查企业的财务状况是否符合上市的财务指标要求，会计师能帮助发行人确认相关财务指标是否真实、准确，选择的上市标准是否体现了企业价值，尤其是发行定价区间的合理性等。会计师越尽职，发行人风险越小。

拟上市企业挑选会计师首先是确认其是否具有从事证券相关业务资质及背景，然后参考其做过的成功案例，还要调查其是否有违规受处罚的记录，最后看其是否与本企业匹配，以及商量费用等具体事宜。

会计师进场首先就是摸企业家底的，所以好多企业上市后感慨：会计师把企业翻了个底朝天。此语虽有些夸张，但确实说明了会计师的操作态度是严谨的，没有对企业资产财务及负债的全面审查，哪怕是埋下一丝隐患，也会给企业上市留下莫大遗憾。

一、会计师在企业股份制改组上市过程中所要完成的工作及审计报告

会计师事务所在股份制改组上市中的主要业务包括：审计会计报表、审验存量资产、审核盈利预测、企业上市改组中的合并与分立的审计、审验股本、资产评估等工作。通常需要完成以下事项。

(一) 参与企业上市改组策划

注册会计师在明确企业准备上市的特点和改组旨意的基础上，参与企业上市改组方案的制订，充分发挥注册会计师的专长，指导企业清理债务，划清资产权限，帮助企业从法律上理顺产权关系，及早规划未来重大的投资项目及经营发展等。

(二) 参与企业内部和外部的协调

注册会计师可以在一个由经验丰富的专业人士（证券商、律师、注册会计师、财务顾问等）组成的上市改组顾问团中发挥自己应有的作用，与其他成员彼此合作，及时沟通，部署整个上市改组工作计划。与此同时，协助企业加强与证券主管机构、资产评估管理机构、证券交易管理机构、税务当局等部门的协调与沟通，及时解决上市改组中可能遇到的问题。

(三) 参与上市公司正式成立时建立新账的工作

上市公司正式成立日即为建立新账之日，上市公司在建账时会涉及审计结果与资产评估结果的调整入账，以及持续经营期间资产、负债的再剥离和经营成果的再分配等重大会计问题。即便是一家原为定向募集方式设立的股份有限公司改组上市，也会涉及审计结果与资产评估结果的调整入账和持续经营期间经营成果的再分配等会计问题。虽然这类工作是上市公司管理当局的会计责任，但由于技术性强，操作难度大，上市公司可聘请参与上市改组审计的注册会计师进行指导，甚至代为实施并出具相关报告，如：

1. 对各发起人的出资及实际到位情况进行检验，并出具验资报告。
2. 负责协助公司进行有关账目的调整，使公司的财务处理符合规定。
3. 协助公司建立股份公司的财务会计制度、财务管理制度。
4. 对公司前三年经营业绩进行审计，以及审核公司的盈利预测。
5. 对公司的内部控制制度进行检查，出具内部控制制度评价报告。

二、资产评估事务所在企业股份制改组上市过程中所要完成的工作及审计报告

资产评估事务所是指组织专业人员依照国家数据资料，按照特定的目的，遵循适当的原则、方法和计价标准，对资产价格进行评定估算的专门机构。

资产评估事务所必须具备以下基本条件：

1. 必须是已经取得省级以上国有资产评估资格，被授予正式资产评估资格的评估机构。
2. 必须是业务水平高、职业道德好、社会信誉高并拥有丰富评估经验的机构，以往没有发生过明显工作失误或违反职业道德的行为。
3. 评估机构中的专职人员不得少于10人，其中职龄人员不得少于5人；专职人员超过17人的评估机构，其中职龄人员所占比例不得少于1/3。
4. 评估机构中的专职人员必须具有较高的资产评估水平、经验和技能，并具有丰富的证券业务及相关金融、法律、经济方面的知识，其中骨干人员应参加过股份制改造的资产评估工作。
5. 评估机构的实有资本金不得少于30万元，风险准备金不得少于5万元，自取得从事证券业务资格的那年起，每年从业务收入中计提不少于4%的风险准备金。

在证券市场上的资产评估业务主要有以下几个方面：

1. 国有企业的股份制改造需要进行评估。
2. 上市公司资产重组需要进行资产评估。
3. 上市公司年度报告也可能涉及资产评估。上市公司每年公布年度报告或中期报告时，如果公司资产价值发生非经营性因素的变动，如

土地使用权的增值等，也需要进行资产评估。

按照国家有关规定，企业改组为股份有限公司发行股票并上市，应当进行资产评估；报经国家国有资产管理部门确认的净资产值作为折股、溢价和确定股权比例的依据，评估结果作为企业调账、建账的依据。

在需要的情况下，对各发起人投入的资产评估出具资产评估报告。

三、土地评估机构在企业股份制改组上市过程中所要完成的工作及审计报告

我国土地估价机构资格实行分级制，即 A、B 级。A 级土地估价机构，可在全国范围内从事土地估价工作；B 级土地估价机构，只能在估价机构所在地的县级行政区域内从事土地估价工作。

凡持有国家或省级土地管理部门颁发的土地估价资格证书的估价机构，可承担相应的土地估价工作，并接受土地管理部门的监督和管理。只有取得土地估价资格的机构，经具有土地估价师资格的人员认可，才可派专人到估价对象所在地的土地管理部门，申请查阅与估价土地有关的土地登记文件、地价信息和图片文件等。

在企业股份制改组上市过程中土地评估机构对纳入股份公司股本的土地使用权进行评估。

四、股份制改组中的核查、评估、审计等具体事宜

（一）清产核资的内容

主要包括账务清理、资产清查、价值重估、损益认定、资金核实和完善制度等。按照国资委的规定，国有企业在改制前，首先要进行清产核资，在清产核资的基础上再进行资产评估。

（二）国有资产的折股及折股比率

国有资产折股时，不得低估作价折股，一般应以评估确认后的净资

产折为国有股股本。折股比率为国有股股本除以发行前国有净资产，一般不得低于65%，股票发行溢价倍率为股票发行价格除以股票面值，应不低于折股倍数（即发行前国有净资产除以国有股股本），净资产未全部折股的差额部分应计入资本公积金，不得以任何形式将资本（净资产）转为负债。净资产折股后股东权益等于净资产。

（三）所占用国有土地的处置方式

公司改组为上市公司时，对上市公司占用的国有土地可采用以下处置方式：

1. 以土地使用权作价入股。

2. 缴纳土地出入金，直接取得土地使用权。

3. 缴纳土地年租金。国家以租赁方式将土地使用权交给股份有限公司定期收取租金。

（四）授权经营

对于省级以上人民政府批准实行授权经营或国家控股公司试点的企业，可采用授权经营方式配置土地。

1. 将非经营性资产和经营性资产完全划分开，非经营性资产或留在原企业，或组建为新的第三产业服务性单位。

2. 完全分离经营性资产和非经营性资产，公司的社会职能分别由保险公司、教育系统、医疗系统等社会公共服务系统承担，其他非经营性资产以变卖、拍卖、赠与等方式处置。

（五）无形资产的处置

无形资产包括商标权、专利权、著作权、专有技术、土地使用权等。对作为出资的实物、工业产权、非专利技术或者土地使用权，必须进行评估作价，核实财产，并折合为股份。发起人以工业产权、非专利技术作价出资的金额不得超过股份有限公司注册资本的20%，高新技术企业另有规定。

（六）资产评估的范围

评估的资产包括固定资产、长期投资、流动资产、无形资产、其他资产及负债。按资产评估范围的不同，可以分为单项资产评估、部分资产评估及整体资产评估。

（七）资产评估的基本方法

1. 收益现值法：指将评估对象剩余寿命期间每年（或每月）的预期收益，用适当的折现率折现，累加得出评估基准日的现值，以此估算资产价值的方法。收益现值法通常适用于收益企业的整体评估及无形资产评估。

2. 重置成本法：

（1）被评估资产价值 = 重置全价 – 实质性陈旧贬值 – 功能性贬值 – 经济性贬值

（2）被评估资产的价值 = 重置全价 × 成新率

3. 现行市价法：

（1）被评估资产价值 = 被评估资产全新市价 – 折旧

（2）被评估资产价值 = 被评估资产全新市价 × 成新率

现行市价法的适用条件：一是存在着3个或3个以上具有可比性的参照物；二是价值影响因素明确并可量化。

4. 清算价格法：此方法适用于经人民法院宣告破产的公司，采用时应当根据公司清算时其资产可变现的价值，评估重估价值。

（八）股份制改组的会计报表审计

会计报表的审计是指从审计工作开始到审计报告完成的整个过程，分为3个阶段：

1. 计划阶段：

（1）调查、了解被审计单位的基本情况。

（2）与被审计单位签订审计业务约定书。

（3）执行分析程序。

（4）确定重要性水平，即财务会计报表等信息的漏报或错报程度足以影响使用者根据财务报表所做出的决策。

（5）分析审计风险，审计风险＝固有风险×控制风险×检查风险。

（6）编制审计计划。

2. 实施审计阶段：根据计划阶段所确定的范围、要点、步骤和方法，进行取证、评价并形成审计目标的中间过程，是审计全过程的中间环节。

3. 审计完成阶段：此阶段的主要工作有形成审计结论、分级复核工作底稿、审计期后事项和或有损失、完成审计报告。

期后事项是指被审计单位的资产负债表截止日到审计报告日发生的，以及审计报告日至会计报表公布日发生的对会计报表产生影响的事项。

或有损失是指由某一特定的经济业务所造成的，有可能会发生，并要由被审计单位承担的潜在损失。

修订后的《证券法》规定，会计师事务所从事证券服务业务由审批管理改为备案管理。财政部、证监会联合发布的《会计师事务所从事证券服务业务备案管理办法》规定，会计师事务所从事证券服务业务，应当向财政部、证监会备案，并对备案材料和方式、核验和公告程序等进行明确。备案由财政部、证监会联合实施，联合操作。

五、回复审核机构问询

发行人在接受审核期间会经历几轮问询，其中涉及财务的问题相对多，会计师事务所将回复问询或出具专项报告。比如，某发行人首轮问询涉及如下财务问题：

1. 研发支出资本化的依据及无形资产核算合规性。
2. 收入确认合规性及依据是否充分、客观。
3. 产品升级与发行人存货跌价计提充分性。
4. 纳入合并范围的合规性。
5. 政府补助和税收优惠对经营业绩影响较大。
6. 其他财务问题。

二轮回复还涉及同样的财务问题：

1. 收入确认合规性及确认依据是否充分、客观。
2. 未签约发货的情况是否属于行业惯例。
3. 报告期内经营业绩变动的合理性。
4. 研发投入归集准确性及资本化的依据充分性。
5. 核心技术先进性及创新性。
6. 本次募投项目的必要性和合理性。
7. 相关风险揭示不充分。
8. 调整发行底价对本次发行的影响。
9. 其他问题。

两轮问询都涉及"收入确认合规性及确认"，最终发行人被审核终止。

第二节 券商

创业板上市委员会2022年第11次审议会议于2022年3月10日召开，会议审议结果为：翰博高新材料（合肥）股份有限公司符合转板条件和信息披露要求。这是首家从北交所转板深交所创业板的上市公司。深交所在审议时，上市委会议向转板公司提出问询的主要问题如下：

1. 报告期内转板公司对京东方销售占比分别为79.34%、86.97%、87.48%和85.05%。请转板公司说明是否对京东方存在重大依赖，是否在客户稳定性及业务持续性方面存在重大风险。请保荐人发表明确意见。

2. 请转板公司说明，报告期扣除非经常性损益后归属于公司股东的净利润变动趋势与背光显示模组行业可比公司存在较大差异的合理性。请保荐人发表明确意见。

3. 请转板公司结合报告期营业收入和净利润变动情况，说明转板公司是否具有成长性。请保荐人发表明确意见。

接着，上市委再强调转板公司需进一步落实事项：

1. 请转板公司在转板上市报告书"重大事项提示"中补充披露报告期主要产品对京东方的销售占比情况，以及对京东方存在重大依赖的情况及风险。请保荐人发表明确意见。

2. 请转板公司补充披露报告期扣除非经常性损益后归属于公司股东的净利润变动趋势与背光显示模组行业可比公司存在较大差异的原因及合理性。请保荐人、申报会计师发表明确意见。

3. 请转板公司结合报告期营业收入和净利润变动情况，补充披露业绩下滑风险。请保荐人发表明确意见。

我们从以上案例可以看出，"请保荐人发表明确意见"这句话的分量不轻。同一个事项从不同角度审核，如果保荐人回复经不起审核推敲，发行人就将面临中止或终止审核的考验。注册制下，"保荐+跟投"模式打破了以往券商"只荐不保"的业务格局，开展专项检查，前移问责关口，真正压实券商责任，提升券商保荐质量，这是证监会监管新规督促证券公司归位尽责的具体落实。

企业不论是在新三板、北交所挂牌上市，还是在沪深交易所 IPO 上市，都离不开券商的保驾护航。前期主要是培育辅导企业达到上市标准，辅导券商的实力与服务专业度直接决定着企业的上市质量与速度。然后就是券商保荐和承销，即便企业上市了，也只是发行人与券商合作的起点，因为上市公司持续督导，上市后的定向增发、收购、并购等资本运作，都与券商的专业服务能力、资源整合能力有关。

企业作为发行人与券商合作，分为上市前、上市中、上市后几个持续性工作阶段，每个阶段完成的任务目标是不同的。

一、上市辅导期

券商在这一阶段主要是辅导企业规范治理，练内功，把公司做大做强，做一个合格的上市发行人，同时还有对企业财务、税务、法律、知识产权管理等方面的专业辅导。这一阶段的重点是处理好辅导机构、辅导对象、验收机构的关系。

（一）辅导协议

根据《首次公开发行股票并上市辅导监管规定》，辅导机构和辅导对象应当签订书面辅导协议，明确约定协议双方的权利义务。辅导协议可以包括以下内容：

1. 辅导人员的构成。
2. 辅导对象接受辅导的人员范围。
3. 辅导内容、计划及实施方案。
4. 辅导方式、辅导期间及各阶段的工作重点。
5. 辅导费用及付款方式。
6. 双方的权利、义务。
7. 辅导协议的变更与终止。
8. 违约责任。

辅导对象可以在辅导协议中约定：辅导机构保荐业务资格被撤销、被暂停，或因其他原因被监管部门认定无法履行保荐职责期间，辅导对象可以解除辅导协议。

（二）辅导备案

签订辅导协议后 5 个工作日内，辅导机构应当向验收机构进行辅导备案。验收机构应当在收到齐备的辅导备案材料后 5 个工作日内完成备案，并在完成备案后及时披露辅导机构、辅导对象、辅导备案时间、辅导状态。

确有必要进行当面沟通的，辅导对象、辅导机构可以预约验收机构工作人员进行当面沟通。

辅导机构办理辅导备案时，应当提交下列材料：

1. 辅导协议。
2. 辅导机构辅导立项完成情况说明。
3. 辅导备案报告。
4. 辅导机构及辅导人员的资格证明文件。
5. 辅导对象全体董事、监事、高级管理人员、持股 5% 以上股东和实际控制人（或其法定代表人）名单。
6. 证监会要求的其他材料。

（三）提交辅导验收材料

辅导机构完成辅导工作，且已通过首次公开发行股票并上市的内核程序的，应当向验收机构提交下列辅导验收材料：

1. 辅导情况报告，包括重点辅导工作开展情况、辅导过程中发现的问题及改进情况等。

2. 辅导机构内核会议记录（或会议决议）及关注事项说明。

3. 辅导对象近三年及一期财务报表及审计报告、经内核会议审定的招股说明书。

4. 辅导工作相关底稿。

5. 辅导对象的律师、会计师向辅导机构就辅导工作中遇到的问题所出具的初步意见。

6. 证监会要求的其他材料。

辅导机构保荐业务资格被撤销、被暂停保荐业务资格、因其他原因被监管部门认定无法履行保荐职责期间，不得提交辅导验收材料。

辅导机构未按以上规定提交辅导验收材料的，验收机构可以要求其补充。

二、券商分类监管

证监会根据证券公司评价计分的高低，将证券公司分为 A（AAA、AA、A）、B（BBB、BB、B）、C（CCC、CC、C）、D、E 五大类 11 个级别。

证监会每年根据行业发展情况，结合以前年度分类结果，事先确定 A、B、C 三大类别公司的相对比例，并根据评价计分的分布情况，具体确定各类别、各级别公司的数量，其中 B 类 BB 级及以上公司的评价计分应高于基准分 100 分，评价计分低于 60 分的证券公司，定为 D 类公司。被依法采取责令停业整顿、指定其他机构托管、接管、行政重组等风险处置措施的证券公司，评价计分为 0 分，定为 E 类公司。

1. A 类公司风险管理能力在行业内最高，能较好地控制新业务、新产品方面的风险。

2. B 类公司风险管理能力在行业内较高，在市场变化中能较好地控制业务扩张的风险。

3. C 类公司风险管理能力与其现有业务相匹配。

4. D 类公司风险管理能力低，潜在风险可能超过公司可承受范围。

（1）证券公司在评价期内存在挪用客户资产、违规委托理财、财务信息虚假、恶意规避监管或股东虚假出资、抽逃出资等违法违规行为的，将公司分类结果下调 3 个级别；情节严重的，将公司分类结果直接认定为 D 类。

（2）证券公司在自评时，若不如实标注存在问题，存在遗漏、隐瞒等情况，将在应扣分事项上加倍扣分；自评时存在隐瞒重大事项或者报送、提供的信息和资料有虚假记载、误导性陈述或重大遗漏的，将视情节轻重将公司分类结果下调 1~3 个级别。

（3）证券公司未在规定日期之前上报自评结果的，将公司分类结果下调一个级别；未在确定分类结果期限之前上报自评结果的，将公司分类结果直接认定为 D 类。

5. E 类公司潜在风险已经变为现实风险，已被采取风险处置措施。

三、保荐人进场尽职调查工作

尽职调查越充分、越仔细，发现问题就解决问题，不留尾巴，审核问询阶段的难度系数就越小，通关也就更容易，主要包括以下方面：

1. 发行人基本情况调查。

2. 业务与技术调查。

3. 同业竞争与关联交易调查。

4. 高管人员调查。

5. 组织结构与内部控制调查。

6. 财务与会计调查。

7. 业务发展目标调查。

8. 募集资金运用调查。

9. 风险因素及其他重要事项调查。

10. 创新能力及知识产权调查。

四、券商具体辅导事项

1. 上市论证与策划。

2. 制订股份公司改制方案。

3. 对股份公司设立的股本总额、股权结构、招股筹资、配售新股等制订方案并进行操作指导和业务服务。

4. 推荐具有证券从业资格的其他中介机构，协调各方的业务关系、工作步骤及工作结果，充当公司改制及股票发行上市全过程的总策划与总协调人。

5. 起草、汇总、报送全套 IPO 申报材料。

6. 组织承销团包 A 股，承担 A 股发行上市的组织工作。

7. 内核发行人质量及评估上市风险。

五、组织制作上市申报公告材料及回复问询函事宜

1. 招股说明书。

2. 发行保荐书。

3. 上市保荐书。

4. 财务报告、审计报告。

5. 法律意见书。

6. 回复问询函。

六、主承销商

一般股票发行的主承销商又是发行人的财务顾问，而且经常还是发行人上市的推荐人。如果发行人向全球发行股票，那承销商又是为发行人发行股票的全球协调人。概括来说，主承销商在发行人发行股票和上

市过程中主要有以下作用：

1. 与发行人就有关发行方式、日期、发行价格、发行费用等进行磋商，达成一致。
2. 编制向主管机构提供的有关文件。
3. 组织承销团。
4. 筹划组织召开承销会议。
5. 承担承销团发行股票的管理。
6. 协助发行人申办有关法律方面的手续。
7. 向认购人交付股票并清算价款。
8. 包销未能售出的股票。
9. 做好发行人的宣传工作和促进其股票在二级市场的流动性。
10. 其他跟进服务，如协助发行人筹谋新的融资方式或融资渠道等。
11. 在我国，主承销商一般还担任发行人上市前后的辅导工作。

七、券商保荐与投资

根据《证券发行上市保荐业务管理办法》，保荐机构对发行人投资、联合保荐相关事项明确如下。

（一）关于证券公司保荐和投资

实行注册制后，发行人拟公开发行并在证券交易所上市的，保荐机构对发行人提供保荐服务前后，保荐机构或者控股该保荐机构的证券公司，及前述机构的相关子公司，均可对发行人进行投资。

适当放宽保荐机构对发行人投资的相关要求。放开保荐机构直接投资上市公司的时点限制，即可以"先保荐、后直投"。

（二）关于联合保荐

综合考虑市场发展情况和注册制推进安排，发行人拟公开发行并在上交所和深交所上市的，《证券发行上市保荐业务管理办法》第四十二条中所述"通过披露仍不能消除影响"，暂按以下标准掌握：保荐机构及其控股股东、实际控制人、重要关联方持有发行人股份合计超过7%，或者发行人持有、控制保荐机构股份超过7%的，保荐机构在推荐发行人证券发行上市时，应联合1家无关联保荐机构共同履行保荐职责，且该无关联保荐机构为第一保荐机构。发行人拟公开发行并在北交所上市的，保荐机构及关联方的持股比例不适用上述标准。

随着市场的发展，主办券商在持续督导过程中会出现一些新情况，需要通过进一步完善相关规则予以解决。

（三）券商保荐职责

证监会要求，对通过发审会的拟发行公司，在获准上市前，主承销商和相关专业中介机构应遵循勤勉尽责、诚实信用的原则，继续认真履行尽职调查义务，对拟发行公司是否发生重大事项给予持续、必要的关注。

所谓重大事项，是指可能影响本次发行上市及对投资者做出投资决策有重大影响的应予披露的事项。

发行人申请从事下列发行事项，依法采取承销方式的，应当聘请具有保荐业务资格的证券公司履行保荐职责：

1. 首次公开发行股票。

2. 上市公司发行新股、可转换公司债券。

3. 公开发行存托凭证。

4. 证监会认定的其他情形。

发行人申请公开发行法律、行政法规规定实行保荐制度的其他证券的，依照上述规定办理。

在实施证券发行核准制的板块，发行人应当就上述已发行证券的上市事项聘请具有保荐业务资格的证券公司履行保荐职责。

拟上市企业寻找券商合作时，首先是确认其是否具有从事证券相关业务资格，然后看券商分类等级，参考其做过的成功案例，进行合作前景分析，最后是探讨运作周期及成本费用等具体操作事宜。

在保荐业务的资格管理方面，证券公司申请保荐业务资格，应当具备下列条件：

1. 注册资本不低于 1 亿元，净资本不低于 5 000 万元。

2. 具有完善的公司治理和内部控制制度，风险控制指标符合相关规定。

3. 保荐业务部门具有健全的业务规程、内部风险评估和控制系统，内部机构设置合理，具备相应的研究能力、销售能力等后台支持。

4. 具有良好的保荐业务团队且专业结构合理，从业人员不少于 35 人，其中最近 3 年从事保荐相关业务的人员不少于 20 人。

5. 保荐代表人不少于 4 人。

6. 最近 3 年内未因重大违法违规行为受到行政处罚。

7. 证监会规定的其他条件。

第三节　律师

律师参与拟上市企业运作的全过程，是发行人是否规范运作的见证人，律师出具的每一份法律意见书都将直接影响企业上市审核过程中对发行人的信心。

拟上市企业寻找律师合作时，首先是确认其是否具有从事证券相关业务资格。企业从筹备上市工作伊始就离不开律师的帮助，律师对企业产权保护及规范运作起着重要作用，当然，律师的职业经验、背景资源、客户评价也是不可忽视的。

一、改制重组、设立股份公司

1. 协助公司及券商制订改制重组方案，确定股份公司的主营业务、资产范围等。在此项工作中，根据公司实际情况尽量避免同业竞争及关联交易是关键，要使之符合相关要求，同时不影响公司的整体利益。

2. 方案一经确定，律师将展开尽职调查。调查方式包括全面、大量收集各方相关资料，实地考察，与相关人员谈话及向有关部门调查核实等。

3. 指导企业相关人员，规范企业行为，初步建立现代企业制度的架构，为股份公司的设立铺路。

4. 协助企业编制并签署《发起人协议》《股份公司章程》等一系列相关法律文件。

5. 在完成调查核实工作后，律师将依据改制方案及实际情况，就股份公司的设立编制《法律意见书》，该文件内容涉及股份公司的资产、业务、人员、财务、机构等，是设立申报材料中必备的法律文件之一。

6. 协助企业及中介机构准备申报材料，并就相关问题提供专业的法律意见。

7. 参与股份公司创立大会工作。

8. 企业及中介机构要求的其他工作。

二、辅导申报阶段

1. 律师要对企业、董事、监事、高管，包括持股5%以上的股东进行法律培训和辅导，辅导的内容包括《公司法》、《证券法》、公司运作的相关规定、信息披露的相关规定等。通过这个辅导，让公司的实际控制人以及董监高对将来上市公司怎么运作、相互之间承担什么法律责任有一个大概认识。这个培训表面上看有些虚，但大部分董监高听完之后，感觉收获很大。

2. 协助企业办理相关资产、证件的过户或更名手续。因为有限公司整体变更股份公司以后会导致后续烦琐的工作，公司名称变了，所有证照、权利证书都必须办理更名手续。

3. 继续规范和解决历史遗留问题。前期改制重组阶段大部分问题都解决掉了，但还会有一些独立性问题没有解决好。

4. 获取税务、工商、国土、海关、劳动等部门的无违法违规记录证明。

5. 协助企业制定或规范三会议事规则、公司内部各种规章制度。

6. 撰写《律师工作报告》和《法律意见书》，撰写过程中要注意与招股说明书的一致性。

7. 协助保荐机构撰写、修改和完善招股说明书。

8. 就证监会反馈意见，对有关问题进行补充核查，并发表补充法律意见。

三、股份公司股票的发行与上市

1. 股份公司设立后，券商、律师将协助完善企业制度，强化企业管理机制，严格依照股份公司的要求规范企业行为，达到发行与上市的目的。
2. 参加或列席公司相关会议，协助公司高管人员的工作，协助企业起草经营过程中的法律文书。
3. 收集股份公司相关资料，依法进行全面的尽职调查，编制股份公司股票发行与上市的《法律意见书》。
4. 参与起草招股说明书，就其是否存在法律风险做出公正的判断，并就其中相关问题提出专项法律意见。
5. 依法出具主管部门要求的其他相关法律文件。
6. 与各中介机构共同协助企业编制发行申报材料，尽可能使之完美，力争早日通过审查。
7. 完成企业或中介机构的其他工作。

四、其他法律顾问服务

在具体操作过程中，律师将及时提供法律、法规、规章及国家政策信息，随时解答法律咨询问题，为企业排忧解难。

1. 为上市公司增发股份、配股以及发行可转换债券出具法律意见书，见证上市公司股东大会并出具意见。
2. 见证上市公司重大购买或出售资产的行为及此行为的实施结果并出具意见。
3. 为上市公司新任董事、监事解释《董事声明及承诺书》《监事声明及承诺书》，并出具法律意见书等。
4. 为主承销商、承销商制作的招股说明书、配股说明书出具验证笔录等。

5. 见证股东年会并出具法律意见书。

6. 协助股份有限公司在国内和海外公开发行或以私募的方式发行股票，并将该等股票在国内或海外的证券交易市场上市交易。

7. 为证券投资基金和基金管理公司发起人所设立的基金是否具备发行与上市的法定条件出具法律意见书等。

8. 为境内企业到中国香港创业板和境外交易所发行股票，或涉及境内权益相关的境外公司在境外发行股票提供法律顾问服务。

五、回复审核机构问询

发行人在接受审核期间会经历几轮问询，其中涉及法律的问题就会请律师事务所回复问询或出具专项报告。

参考案例

深交所《关于终止对伟邦科技首次公开发行股票并在创业板上市审核的决定》

审核机关在首轮《发行人及保荐机构问询函》中共提出23个问题，其中问题2关于收入。发行人申报文件显示：

1. 发行人产品包括电梯人机交互系统、电梯光电传感器、电梯监控系统等。营业收入由2017年的10 567.56万元增至2019年的17 416.77万元，年复合增长率为28.38%。

2. 报告期内电梯人机交互系统销售收入分别为7 957.27万元、9 919.17万元、13 119.45万元、8 966.19万元，收入占比分别为75.33%、74.30%、76.73%、68.50%，其中电梯操纵系统为主要产品，包括电梯外召箱、梯内操纵箱、液晶显示设备、智能识别系统、电梯操纵终端等。发行人未披露电梯操纵系统主要产品的销售收入明细。

3. 报告期内发行人电梯光电传感器分别为2 367.28万元、1 916.54万元、1 760.85万元和1 290.37万元，2017—2019年呈明显下降趋势，发行人称系考虑市场竞争情况后，调整电梯光电传感器单价以及产品结构所致。

4. 报告期内发行人其他非电梯领域的人机交互等产品销售收入分别为 223.55 万元、494.67 万元、641.97 万元、1 813.84 万元，收入占比分别为 2.12%、3.71%、3.75% 和 13.86%，逐年增加，发行人称上述产品领域为未来主要发展方向，2020 年 1~9 月增长较多系推出了人脸识别测温终端等智能化产品。

5. 发行人产品主要销往华南地区和华东地区，报告期内销往两地区的主营业务收入比例分别为 84.89%、87.24%、86.41% 和 85.41%。

针对以上问题，审核机关请发行人说明：

1. 结合报告期内主要客户电梯销量及增长情况，分析并披露发行人报告期内收入增速较快的原因，是否具有可持续性。

2. 结合可比公司产品名称，说明"人机交互系统"是否为符合行业的规范表述，并按液晶显示设备、智能识别系统、电梯操纵终端等产品类别，披露报告期内电梯操纵系统的收入构成。

3. 结合与可比公司的对比情况，披露电梯光电传感器营业收入下滑的原因，未来是否存在进一步下滑的可能性，并在招股说明书中进行重大风险提示。

4. 披露其他非电梯领域的人机交互产品明细，并结合发行人发展战略、技术水平、下游客户情况、市场需求等方面因素，分析并披露发行人非电梯领域营业收入快速增长是否具有稳定性和可持续性，并在招股说明书中进行重大风险提示。

5. 按省份列示报告期销售收入金额及占比，分析并披露发行人是否存在地域依赖，可比公司是否存在区域销售占比较高的情形，发行人产品是否因运输费等因素存在一定的销售半径，并在招股说明书中进行重大风险提示。

请保荐人、申报会计师发表明确意见。

问询函中问题 10 关于应收账款，请发行人说明：

1. 结合对主要客户信用政策的变化，分析并披露报告期内应收账款快速增加的原因，是否存在对新增客户应收账款余额较高的情形，是否存在放宽信用政策刺激销售的情形。

2. 分析并披露报告期内应收账款周转率显著低于可比公司平均值且逐年下降的原因；发行人在应收账款周转率较低的情况下，坏账计提比例和同行业可比公司不存在明显差异的合理性。

3. 披露报告期各期末应收账款逾期情况，包括客户名称、逾期金额、逾期时间、逾期原因、期后回款情况、是否单项计提坏账准备以及坏账准备计提是否充分。

4. 分析并披露截至目前发行人各期前十大客户是否存在业绩大幅下滑或财务经营困难的情形，结合相关客户的应收账款期后回款、逾期情况，分析发行人主要客户的信用或财务状况是否出现大幅恶化、坏账准备计提是否充分。

请保荐人、申报会计师发表明确意见，并说明对应收账款的函证情况。

发行人及保荐人、会计师回复的信息未满足上市要求，故终止审核。

第七章

上市前如何进行资本运作

本章关键词：

配股、增发、换股、并购重组、私募基金、军民融合

中小企业融资难，千军万马去上市，其目的之一就是解决融资难的现实问题。但是，不是所有企业都要等到上市了、实现了融资才去发展，那是不可能的。如果我国民营企业平均寿命大约是 3.7 年，中小企业的平均寿命只有 2.5 年是事实的话，那么融资难、融资贵、融资慢可能是不可回避的关键性问题。

企业发展最难的就是上市前怎么解决融资的问题，除了银行、政策性扶持，或者其他渠道债权融资，通过资本运作的方式去实现股权变现也是重要的融资手段和最常用的融资模式。

什么是资本运作？资本运作的实质就是按照资本的逻辑，对资源进行重新整合与优化配置，让有效资源能够迅速与资本接轨实现交易变现而让其价值增值。资本运作具有流动性、增值性和不确定性特征，它和投融资、并购重组、商品经营、资产经营在本质上既存在着紧密联系，

同时又存在着区别，投融资、并购重组是资本运作的手段，不能将资产经营、商品经营与资本运作相等同。

企业上市前的资本运作方式很多，要选择对企业适用的操作模式。本章重点介绍了企业通常采用的资本运作模式，既保护股东利益，又推动企业高质量发展，选择资本市场适合的板块实现上市。

企业资本运作的理想效果就是资源优化配置，实现强强联合，优势互补，盘活企业存量，用好增量，加快产业转型升级，让企业财富效应放大。在战略上，要么横向整合，成为头部企业；要么纵深发展，实现完全产业链。在操作上，一是把企业内部的存量资产进行资产重组，剥离与优化，与外部资本市场接轨，产生新的具有活性的有机体；二是通过企业改制，增资扩股，引进战略投资者，推动企业进入资本市场的主赛道；三是对原有企业实行吸收合并、新设合并等方式，改变企业资本结构或股权结构，重新确立企业控制权；四是把企业剥离出来的资产进行置换、出售、转让等，都可以改善企业债务结构和资金问题。比如，把剥离出来的价值资产通过资产证券化实现其价值。

企业资本运作的动力就是有利可图，前提是要有可变现的价值资产，无米之炊是不可能的。所以，企业只有在具备一定条件下的资本运作才可能达到目标，比如甲方握有项目资源，或者有存量优质资产、技术、专利、人才等无形资产，就是缺资金，而乙方正揣着资金找项目，双方恰好资源对接，优势互补，一拍即合。

资本运作模式是因具体事件和企业具体状况而定，不能一概而论，必须具体情况具体分析，趋利避害，选择合适的实施方案。

第一节　转增股本

《公司法》、公司章程规定，企业上市前如果存有大量未分配利润或未转增的资本公积，为保护企业老股东的合法权益，或扩大公司股本规模，可采取送红股或转增股本的方式消化这部分留存未分配利润和资本公积。

转增股本是指公司将资本公积转化为股本向全体股东转增，扩大公司股本总规模，又不改变股东的权益。资本公积主要来源于投资者（或股东）实际缴付的出资额超出其资本金的资本溢价和股票溢价；接受捐赠的资产；法定财产重估增值，即资产的评估确认价值或者合同、协议约定价值超过原账面净值的部分；资本汇率折算差额等。因为转增股本部分来自公司资本公积，所以它可以不受公司本年度可分配利润的多少及时间的限制，只要将公司账面上的资本公积金减少一些、增加相应的注册资本金即可。

一、转增股本的意义

（一）维护老股东合法权益

股东权益分为实收资本、资本公积、盈余公积及未分配利润 4 个部分，转增股本是公司将资本公积转化为股本向全体股东转增，维护股东权益。资本公积是由股东投入，但不能构成"股本"或"实收资本"的资金部分，它主要包括股本溢价、接受捐赠实物资产、投入资本汇兑损益、法定财产重估增值以及投资准备金等。

企业在取得年度利润以后，分配当年税后利润时，应当提取利润的 10% 列入公司法定公积金。《公司法》第三十七条规定，股东大会有权审议批准公司的利润分配和弥补亏损方案、对公司增加或者减少注册资本做出决议；《公司法》第一百六十八条规定，公司的公积金用于弥补公司的亏损，扩大公司生产经营或者转为增加公司资本。股份有限公司经股东大会决议将公积金转为资本时，按照股东持有的股份比例分配。但法定公积金转为资本时，所留存的该项公积金不得少于转增前公司注册资本的 25%。

（二）反映企业的股本扩张能力

用资本公积转增股本，不会增加企业负债率，由于转增股本后企业总股本规模扩大，有利于提高公司整体实力，所以，资本公积金在很大程度上反映了公司的股本扩张能力。

二、转增股本与送红股的异同

（一）送红股与转增股本

送红股是公司将当年的利润留在公司里、发放股票作为红利，从而将利润转为股本。送红股后，公司的资产、负债、股东权益的总额及结构并没有发生改变，但股本总额增大，同时每股净资产降低。

转增股本是指公司将资本公积金转为股本，这并没有改变股东的权益，却增加了股本规模，因而客观结果与送红股相似。

（二）两者异同

相同之处：送红股与转增股本都表现为扩大公司股本规模、股东不需要缴纳认购款项。

不同之处：送红股和转增股本的本质区别在于两者的来源不同，红股来自公司该年度税后利润，因此只有在公司盈利的情况下，才能向股东送红股；而转增股本来自资本公积金，它可以不受公司该年度可分配利润的多少及时间的限制，只是将公司账面上的资本公积金减低，并相应增加注册资本。而且，公积金除了来源于历年税后利润分配外，主要包括以超过股票票面金额的发行价格发行股份所得的溢价款，因此从严格意义上来说，转增股本并不是对股东的分红回报。

三、转增股本或分红股尚需考虑的情况

1. 公司盈亏状况及其盈利前景。公司当年没有盈利或往年存在亏损，尚未弥补，则不可能做利润分配。如公司预期以后年度可能出现亏损，基于公积金具有弥补亏损的作用，公司也不会以公积金转增股本。

2. 公司的现金压力。在公司盈利的情况下，如现金压力较小，可能会以现金方式支付股利；如现金压力大，则分配红股既可达到分红的目的，又不对公司正常的经营造成重大影响。

3. 公司在资本扩张上的战略。由于采取分配红股或公积金转增股本会造成公司的股本总额增大，相应的每股净资产、每股收益等财务指

标也会下降,因而公司在做战略发展规划、拟在资本市场进行后续融资时,也会有所考虑。

4. 不论是转增股本还是送红股,都要按照《公司法》及公司章程的规定履行内部管理及股东大会决议程序,并聘请审计机构办理验资手续,出具验资报告,然后持有关文件到工商行政管理部门办理变更登记手续。

第二节 配股和增发

一、向老股东配股

企业上市前给老股东配股其实也是维护股东权益的一种股本扩张。向原股东配售,股东按配股价格和配股数量缴纳配股款。原股东可以按配股比例掏钱认购新发行的股票,也可以放弃。股东数量没有增加,总股本增加,如果股东全体参与配售,则持股比例没有变动;如果部分股东放弃配售,则放弃配售的股东持股比例下降,参与配售的股东持股比例上升。企业上市前所配股是不能上市交易的,等企业上市后即按上市公司规定上市交易。配股分为有偿配股与无偿配股两种。

1. 有偿配股:公司办理现金增资,股东得按持股比例拿钱认购股票。此种配股除权,除的是"新股认购权"。

2. 无偿配股:公司经营好,赚了钱,依股东大会决议分配盈余。盈余分配有配息与配股二法,配息是股东依持股比例无偿领取现金,一般称为除息。而配股则是股东依持股比例无偿领取股票,既称无偿,则股东无须拿钱出来认购。此种配股除权,除的是"盈余分配权"。

二、增发

上市前企业定向增发是指非公开发行即向特定投资者(机构)发行新股,实际上就是境外常见的私募。定向增发指向的是特定机构,其目的往往是为了引入该机构的特定能力,如管理、渠道等。定向增发的对象可以是老股东,也可以是新的投资者。总之,定向增发完成之后,公司的股权结构往往会发生较大变化,甚至发生控股权变更的情况。

(一) 定向增发的特点

1. 定向增发是发行方和认购方协商的结果,认购人一般只限于少数有资金的机构或个人。

2. 定向增发有利于引进战略投资者,为公司的长期发展打下坚实的基础。

3. 企业上市前定向增发类似于"私募",不是上市公司向全体社会公众发售股票,所以不会像上市公司增发新股一样对二级市场资金需求产生较大影响。

(二) 定向增发与配股的关注点

1. 增发与配股都使公司资产增加,有利于公司的发展,但是股本扩大了,要保持每股收益率不变的话,就必须增强公司盈利能力。增发是可以向特定的非股东发行,即引入新的合作伙伴,它将可能改变企业的股权结构甚至控制权,而配股则多指向老股东,一般不会影响企业控制权。

2. 定向增发和配股都属于发行新股,是企业上市前的资本运作,所以必须按照《公司法》及公司章程等相关法规履行审批及表决程序方可实施。

第三节 缩股、分立、换股

一、缩股

缩股是股本分割的一种方式。企业上市前为了降低股本泡沫,控股股东以一定价格回购本公司股份然后注销,这样总股本被缩小,每股收益及每股净资产等指标将得到提升,有利于正式发行后股价上行,而且也给企业上市后股本扩张提供了空间。

企业采取缩股的运作模式，其原因是多方面的，这里简单介绍几个案例以窥见一斑。

(一) 重组救急型

泰阳证券因资不抵债，不得不火线重组，方正集团成为最佳重组方。依据泰阳证券的资产质量以及严重的债务问题，泰阳证券老股东按1∶0.02比例缩股，公司股本由12.05亿元缩减为0.24亿元；方正集团出资6亿元，方正证券出资2.56亿元联合收购，合计占公司新注册股本的81.5%。原10家债权人债权转股权作价1.7亿元。泰阳证券存活下来了，但折股比例却是市场少见。

(二) 投资获利型

兰生股份持有海通证券2.926亿股，在海通证券借壳都市股份的方案中，海通证券与都市股份的换股比例为1∶0.347。那么兰生股份持有海通证券的股权就变成了1.015322亿股。兰生股份的总股本较小，只有2.8亿元，所以买一股兰生股份就相当于买海通证券0.362615股。兰生股份因为海通证券上市而增加了20亿元左右。

(三) 名缩实扩型

在福星科技案例中，由于非流通股按"1∶0.63"缩股，流通股持股比例由股改前的37.75%上升为股改后的49.04%，持股比例增幅为30%，因此该方案相当于10送3的送股方式；而泰豪科技非流通股按"1∶0.7"缩股后，流通股持股比例由30.06%上升到38.04%，增幅为26.5%，因此相当于10送2.65股。

二、分立

公司分立指将一家公司分成两个以上具有相互独立的法律地位而互不具有股权连接关系的公司，公司进行分立的主要原因在于：经营不同业务的综合性公司分立成几家上市公司，可以提高财务报表的透明度，有利于资本市场对不同业务的分别估值。分立出去的公司的价值将被提高，这有助于新公司独立地从资本市场以更高的价格进行融资，更便捷地进行资本运作。

公司将其拥有的某一子公司的全部股份，按比例分配给母公司的股东，从而在法律和组织上将子公司的经营从母公司的经营中分离出去。通过这种资本运营方式，形成一个与母公司有着相同股东和股权结构的新公司。在分立过程中，不存在股权和控制权向第三方转移的情况，母公司的价值实际上没有改变，但子公司却有机会单独面对市场，有了自己的独立的价值判断。公司分立通常可分为标准式分立、换股式分立和解散式分立。

建设银行股份制改造中一个非常重要的环节，就是将建设银行分为两部分，其一为建设银行股份公司，其二为建设银行集团公司，创金融企业分立先河。分立后，建设银行股份公司将承继建设银行现有商业银行业务和相关资产，除此以外的建设银行业务和资产则由建设银行集团公司承接。

长江证券改制分立，将非证券类资产通过公司存续分立的方式剥离出去。公司分立为两个公司后，一个是存续公司，将继续保留长江证券的名称，主要经营证券业务；另一个为新设的有限责任公司，主要经营公司现有的非证券资产和不良资产。分立后原股东在两个公司的持股比例和其在长江证券的持股比例一致。在适当时候，存续公司将整体变更为股份有限公司，申请公开发行股票及上市。

中粮集团将港交所上市的中粮国际分拆成中国食品和中粮控股，成功完成分拆上市。

三、换股

换股是指企业并购业务中比较简单的一种股权交换方式，既能节省并购目标的现金支出，又能达到借道上市的目的。常见的有以下方式：

（一）换股并购

并购公司将目标的股权按一定比例换成本公司的股权，目标公司被终止，或成为并购公司的子公司，视具体情况可分为增资换股、库存股换股、母子公司交叉换股等。换股并购对于目标公司股东而言，可以推迟收益时间，达到合理避税或延迟交税的目标，亦可分享并购公司价值增值的好处。对并购方而言，即使其负于即付现金的压力，也不会挤占营运资金，比现金支付成本要小许多。

（二）换股与现金回购方式

以现 A 股公司股票按一定比例置换成拟整体上市的 A 股公司集团公司股票，或者拟上市的 A 股集团公司通过现金回购原 A 股上市公司股票，最后达到注销原 A 股公司股票、集团公司整体上市的目的。典型的案例是百联集团的整体上市。百联集团下的子公司——两家 A 股上市公司第一百货和华联商厦就是通过换股方式退出 A 股市场，取而代之的是百联集团的上市。

但换股并购也存在着不少缺陷，譬如"淡化"了原有股东的权益，每股盈余可能发生不利变化，改变了公司的资本结构，稀释了原有股东对公司的控制权等。

换股模式比较适于中央企业整合下属上市公司，中央企业旗下上市公司数量达 200 多家，因而有可能通过换股进行整合的公司不在少数。

比如，中国铝业与包头铝业进行合并，将采用换股吸收合并的方式，中国铝业为吸收方和存续方，包头铝业为被吸收合并方，包头铝业全体股东所持有的包头铝业股份，将全部按照 1∶1.48 的换股比例转换为中国铝业股份，即每股包头铝业将换取 1.48 股中国铝业。此次换股吸收合并同时将向包头铝业的股东提供现金选择权，包头铝业的股东有权以其持有的包头铝业股份，按照 21.67 元/股的价格申报行使现金选择权。

（三）选择换股方式实现整体上市

选择何种路径实现整体上市，是由上市公司及其母公司的具体情况决定的。如果拟上市资产量远远超出上市公司总资产，那么换股的方式比较适用，一方面可以避免支付大量资产，解决以往与母公司之间的关联方关系；另一方面可以充分利用市场机制进行定价，反映各参与主体的利益，因此，这将是我国未来资本市场交易定价的基本形式。比较典型的例子如实施换股合并的上港集箱，换股吸收前的总市值为 18.04 亿元，而上港集团的总市值高达 185.69 亿元，是上港集箱的 10 倍以上。但是这一方式也有一些局限性，体现在换股模式要求母公司本身具备上市条件，比如已经完成股份制改造，而且资产状况及公司治理情况都比较好等。

虽然从长期看，无论走哪种途径，整体上市都有助于减少关联交易、优化公司治理、产生协同效应，但两种模式形成的盈利机会在短期内是有重要差别的。在定向增发中，大股东认股价格、注入资产相对于二级市场估值水平的折价率、拟进入资产与上市公司现有资产的比例这三项因素都与每股收益的增加幅度呈正相关的关系，投资者可以从这三方面对定向增发式整体上市进行评估。而对于采用换股吸收合并的方式的整体上市案例，换股比例、存续公司的 IPO 价格、存续公司的股本规模决定了换股收益情况。

第四节　通常采用的资本运作模式

企业上市前的资本运作目的很简单，一是通过并购重组方式扩大企业规模，获得行业竞争优势，提高产品市场占有率；二是通过对已上市公司的股权投资、股权置换等方式间接上市，当对已上市公司的控股比例达到一定的控制地位时，便举牌收购，成为正式的上市公司控制人。一般的资本运作模式有以下几种。

一、并购重组

并购重组是指企业通过兼并、收购、资产重组等手段，以现金、证券或其他形式有偿转让其他企业的产权、使其丧失法人资格或改变法人实体，并购方取得这些企业决策控制权后，把其纳入本企业或企业集团中，再经过资产重组或债务重组进行资源的重新配置，把剥离出来的有效资产进行资产证券化，产生新的资本源，获取新的经济效益和社会效益，或者达到借壳上市目的的资本运作过程。

现实中，并购重组的案例在我国几乎每天都在发生，其动机不一，有产业融合，实现完全产业链的，如中粮集团等；有跨行业并购重组，实现行业多元化经营或企业转型升级的，如宝武钢铁、上海汽车、南北车、南北船等；也有"曲线"上市的，如要约收购举牌、反向收购、整体上市、分拆上市，像平安拿下深发展、宇信易诚、酷6等都是反向收购"曲线"上市的经典案例。

资本运作是资本市场永恒的话题，在中国上市前进行资本运作的高手不胜枚举。

二、股权投资

股权投资指通过投资取得被投资企业的股份。企业（或者个人）购买其他企业（可以是准备上市、未上市公司）的股权，或以货币资金、无形资产和其他实物资产直接投资于其他企业，最终目的是获得较大的经济利益，这种经济利益可以通过分得企业利润或股利获取，也可以通过其他方式取得。

投资方成为被投资方的股东，按所持股份比例享有权益并承担相应责任与风险。

股权投资分为以下4种类型：

1. 参股并控股：是指有权决定一个企业的财务和经营政策，并能据以从该企业的经营活动中获取利益。

2. 参股不控股，共同拥有：是指按合同约定对某项经济活动所共有的控制。

3. 重大影响：是指对一个企业的财务和经营政策有参与决策的权力，但并不决定这些政策。

4. 少量持股：无控制、无共同控制且无重大影响，表现为合作关系。

有股权投资就必然有股权融资，股权融资是指企业的股东愿意让出部分企业所有权，通过企业增资的方式引进新的股东的融资方式。股权融资所获得的资金，企业无须还本付息，但新股东将与老股东同样分享企业的盈利与增长。

股权融资按融资的渠道来划分，主要有两大类——公开市场发售和私募发售。

股权融资有如下特点：

1. 长期性。股权融资筹措的资金具有永久性，无到期日，不需归还。

2. 不可逆性。企业采用股权融资无须还本，投资人欲收回本金，需借助于流通市场。

3. 无负担性。股权融资没有固定的股利负担，股利的支付与否和支付多少视公司的经营需要而定。

三、吸收股份并购模式

被兼并企业的所有者将被兼并企业的净资产作为股金投入并购方，成为并购方的一个股东。并购后，目标企业的法人主体地位不复存在。

2021 年 8 月，《中国葛洲坝集团股份有限公司关于中国能源建设股份有限公司换股吸收合并中国葛洲坝集团股份有限公司暨关联交易事项获得中国证监会核准批复的公告》发布，可以看出这是典型的吸收合并模式，其意义为：

1. 有利于消除潜在同业竞争和关联交易，更有效地发挥全产业链优势。
2. 有利于缩短管理链条，优化资源配置，提升管理效率。
3. 有利于发展壮大支柱与重要业务群，推动业务转型升级与持续发展。
4. 有利于更好地保护合并双方股东的利益，提高中小股东投资回报。
5. 有利于拓宽融资渠道，增强企业竞争优势。

（一）合并方案

中国能源建设拟通过向葛洲坝除葛洲坝集团以外的股东发行 A 股股

票的方式换股吸收合并葛洲坝。本次合并完成后，葛洲坝将终止上市，接收方将承继及承接葛洲坝的全部资产、负债、业务、合同、资质、人员及其他一切权利与义务，葛洲坝最终将注销法人资格。中国能源建设因本次合并所发行的A股股票将申请在上交所主板上市流通。中国能源建设原内资股将转换为A股并申请在上交所主板上市流通。

(二) 换股吸收合并的具体方案

1. 合并双方。本次合并的合并方为中国能源建设，被合并方为葛洲坝。

2. 合并方式。中国能源建设以换股方式吸收合并葛洲坝，即中国能源建设向葛洲坝除葛洲坝集团以外的股东发行A股股票，交换该等股东所持有的葛洲坝股票。葛洲坝集团所持有的葛洲坝股票不参与换股且不行使现金选择权，该等股票将在本次合并后予以注销。

本次合并完成后，葛洲坝将终止上市，中国能源建设作为存续公司，将通过接收方葛洲坝集团承继及承接葛洲坝的全部资产、负债、业务、合同、资质、人员及其他一切权利与义务，葛洲坝最终将注销法人资格。

3. 换股发行的股票种类及面值。中国能源建设为本次合并之目的发行的股票种类为境内上市人民币普通股（A股），每股面值为1元。

4. 换股对象及合并实施股权登记日。本次换股的对象为合并实施股权登记日收市后登记在册的除葛洲坝集团以外的葛洲坝所有股东，即于合并实施股权登记日，未申报、部分申报、无权申报或无效申报行使现金选择权的葛洲坝股东持有的葛洲坝股票，以及现金选择权提供方因提供现金选择权而持有的葛洲坝股票（但中国能源建设或其下属公司作为现金选择权提供方的除外），将全部按照换股比例转换为中国能源建设因本次合并发行的A股股票。

合并双方董事会将在本次合并获得证监会核准后，另行公告合并实施股权登记日。

5. 换股价格与发行价格。

（1）葛洲坝A股换股价格。葛洲坝换股价格为8.76元/股。综合考虑股票价格波动的风险并对葛洲坝换股股东进行风险补偿，葛洲坝换股价格以定价基准日前 20 个交易日的均价 6.04 元/股为基准，给予 45% 的溢价率，即 8.76 元/股。

若葛洲坝自定价基准日起至换股日（包括首尾两日）发生派送现金股利、股票股利、资本公积金转增股本、配股等除权除息事项，则上述换股价格将做相应调整。其他情况下，葛洲坝换股价格不再进行调整。

（2）中国能源建设 A 股发行价格。中国能源建设本次 A 股发行价格为 1.98 元/股。中国能源建设发行价格是以兼顾合并双方股东的利益为原则，综合考虑合并双方的总体业务情况、盈利能力、增长前景、抗风险能力、行业可比公司估值水平等因素确定的。

若中国能源建设自定价基准日起至换股日（包括首尾两日）发生派送现金股利、股票股利、资本公积金转增股本、配股等除权除息事项，则上述发行价格将做相应调整。其他情况下，中国能源建设发行价格不再进行调整。

6. 换股比例。换股比例计算公式为：换股比例 = 葛洲坝 A 股换股价格 ÷ 中国能源建设 A 股发行价格（计算结果按四舍五入保留四位小数）。本次中国能源建设换股吸收合并葛洲坝的换股比例为 1∶4.4242，即葛洲坝换股股东所持有的每股葛洲坝股票可以换得 4.4242 股中国能源建设本次发行的 A 股股票。

若合并双方任何一方自定价基准日起至换股日（包括首尾两日）发生派送现金股利、股票股利、资本公积金转增股本、配股等除权除息事项，则上述换股比例将做相应调整。其他情况下，换股比例不再进行调整。

7. 换股发行股份的数量。截至本预案摘要签署日，葛洲坝总股本为 4 604 777 412 股，除葛洲坝集团持有的葛洲坝股份外，参与本次换股的葛洲坝股份合计 2 632 286 188 股。按照上述换股比例计算，则中国能源建设为本次合并发行的股份数量合计为 11 645 760 553 股。

若合并双方任何一方自定价基准日起至换股日（包括首尾两日）发生派送现金股利、股票股利、资本公积金转增股本、配股等除权除息事项，则上述换股发行的股份数量将做相应调整。

8. 中国能源建设 A 股股票的上市流通。本次合并完成后，中国能源建设为本次合并发行的 A 股股票，以及中国能源建设原内资股转换的

A 股股票将申请于上交所上市流通。

9. 零碎股处理方法。葛洲坝换股股东取得的中国能源建设 A 股股票应当为整数，如其所持有的葛洲坝股票数量乘以换股比例后的数额不是整数，则按照其小数点后尾数大小排序，每一位股东依次送一股，直至实际换股数与计划发行股数一致。如遇尾数相同者多于剩余股数时，则采取计算机系统随机发放的方式，直至实际换股数与计划发行股数一致。

10. 权利受限的葛洲坝股份的处理。对于存在权利限制的葛洲坝股份，该等股份在换股时均应转换成中国能源建设发行的 A 股股份，原在葛洲坝股份上已存在的权利限制状态将在换取的相应中国能源建设 A 股股份上继续维持有效。

11. 股份锁定期安排。

（1）中国能源建设之股东中国能建集团承诺。

（2）中国能源建设之股东电规院承诺。

（3）中国能源建设之股东国新控股承诺。

（4）中国能源建设之股东诚通金控承诺。

12. 异议股东的保护机制。

（1）中国能源建设异议股东的保护机制。

（2）葛洲坝异议股东的保护机制。

（3）葛洲坝异议股东现金选择权价格的调整机制。

13. 本次合并涉及的债权债务处置及债权人保护的相关安排。

14. 过渡期安排。

15. 本次合并涉及的相关资产过户或交付的安排。

16. 员工安置。

17. 滚存未分配利润安排。

四、资产置换式重组模式

资产置换将增强企业的造血功能，非上市公司和已上市公司均可运用。常见信息披露的资产置换是指上市公司的控股股东以优质资产或现金置换上市公司的呆滞资产，或以主营业务资产置换非主营业务资产等情况，包括整体资产置换和部分资产置换等形式。资产置换后，公司的产业结构将得以调整，资产状况将得以改善。

资产置换中应注意的问题如下：

1. 双方的公允价值和计税价值。
2. 换出资产的税后处理和换入资产进项税的处理。
3. 换出资产在换前的业务处理（比如换出固定资产要先通过清理）。
4. 换入资产的入账价值。
5. 流转税和所得税。
6. 有关部门的文件。

企业根据未来发展战略，用对企业未来发展用处不大的资产来置换企业未来发展所需的资产，从而可能导致企业产权结构的实质性变化。

资产置换的优点有：

1. 并购企业间可以不出现现金流动，并购方无须或只需少量支付现金，大大降低了并购成本。
2. 可以有效地进行存量资产调整，将公司对整体收益效果不大的资产剔掉，将对方的优质资产或与自身产业关联度大的资产注入，可以更为直接地转变企业的经营方向和资产质量，且不涉及企业控制权的改变。
3. 其主要不足在于信息交流不充分的条件下，难以寻找合适的置换对象。

五、以债权换股权模式

以债权换股权是解决企业债务问题的一种方法，即并购企业将过去对并购企业负债无力偿还的企业的不良债权作为对该企业的投资，转换为股权，如果需要，再进一步追加投资以达到控股目的。中国首例债权转股权案是中国信达资产管理公司与北京建材集团共同签订了北京水泥厂债转股协议书。北京水泥厂也由此成为中国首家债转股试点企业。北京水泥厂是日产 2 000 吨水泥的国有大型骨干企业，实施债权转股权是国务院决定的搞活国有大中型企业、实现三年国企脱困的重大举措。

在我国，这样的案例并不鲜见，如义乌成功登记首家债权转股权企业。2013年12月19日，义乌市工商局成功受理义乌市曙光投资有限公司注册资本（实收资本）变更登记，并为其颁发了新的企业法人营业执照，标志着该市首家债权转股权企业诞生。这是工商部门帮助企业拓展出资方式，解决融资难题，服务企业发展的又一重大举措。

2012年，光耀集团通过以债权换股权的方式掌握了壳资源，在当时壳资源尚有价值的情况下先掌握壳资源，等时机成熟了，便能择机注入房地产业务完成借壳上市。此前，润旺矿产欠光耀集团1.35亿元。润旺矿产通过全资子公司瀚明投资间接持有新都酒店13.83%股份，是最大股东。润旺矿产同意以其持有的瀚明投资的100%的股权抵偿润旺矿产拖欠光耀集团的债务。润旺矿产持有的瀚明投资的100%股权共折价1.35亿元作为抵债财产，用于抵偿光耀集团对润旺矿产1.35亿元的债权。通过以债权换股权，光耀集团轻松地控股新都酒店，掌握了一个上市公司的资源。详见图7.1。

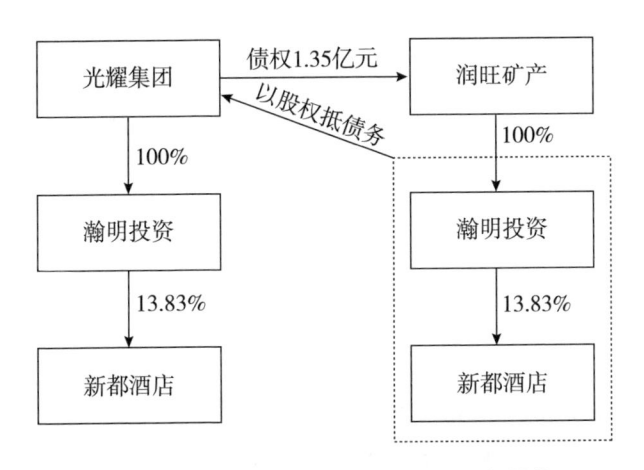

图7.1 以债权换股权掌握壳资源的股权结构

新都酒店是深圳"老字号"，也是深圳酒店业唯一的上市公司，有着20多年的酒店经营管理经验和精锐的管理团队。不排除光耀地产以此次股权转让为契机，借力新都酒店进军商务旅游领域的可能。

债权换股权的优点有：

1. 可以解决国企由于投资体制缺陷造成的资本金匮乏、负债率过高的"先天不足"，适合中国国情。

2. 对并购方而言，也是变被动为主动的一种方式。

六、合资控股式

合资控股又称注资入股，即由并购方和目标企业各自出资组建一个新的法人单位。目标企业以资产、土地及人员等出资，并购方以技术、资金、管理等出资，占控股地位。目标企业原有的债务仍由目标企业承担，以新建企业分红偿还。这种方式严格来说属于合资，但实质上出资者收购了目标企业的控股权，应该属于企业并购的一种特殊形式。

其优点如下：

1. 以少量资金控制多量资本，节约了控制成本。

2. 目标公司为国有企业时，让当地的原有股东享有一定的权益，同时合资企业仍向当地企业缴纳赋税，有助于获得当地政府的支持，从而突破区域限制等不利因素。

3. 将目标企业的经营性资产剥离出来与优势企业合资，规避了目标企业历史债务的积累以及隐性负债、潜亏等财务陷阱。

不足之处在于，此种只收购资产而不收购企业的操作易招来非议；同时如果目标企业身处异地，资产重组容易受到"条块分割"的阻碍。

七、在香港注册后再合资模式

在香港注册公司后，可将境内资产并入香港公司，为公司在香港或境外上市打下坚实基础。如果公司目前经营欠佳，需流动资金或无款更新设备，也难以从境内银行贷款，可以选择在香港注册公司，借助在香港的公司作为申请贷款或接款单位，以境内的资产（厂房、设备、楼房、股票、债券等）作为抵押品，向香港的银行申请贷款，然后以投资形式注入合资公司，等机会成熟后可以申请境外上市。

该模式的优点在于：

1. 合资企业生产的产品可以比较容易地进入境内或境外市场，较易创品牌，从而获得较大的市场份额。

2. 香港公司属于全球性经营的公司，注册地址在境外，经营地点不限，可在境外或境内各地区开展商务，也可在各地设立办事处、商务处及分公司。

3. 香港公司无经营范围的限制，可进行进出口、转口、制造、投资、房地产、电子、化工、管理、经纪、信息、中介、代理、顾问等业务。

八、股权拆细

对于高科技企业而言，与其追求可望而不可即的上市集资，还不如通过拆细股权，以股权换资金的方式，获得发展壮大所必需的血液。实际上，西方国家类似的做法也是常见的，即使是微软公司，在刚开始的时候走的也是这条路——高科技企业寻找资金合伙人，然后推出产品或技术，取得现实的利润回报，这在成为上市公司之前几乎是必经的过程。

九、杠杆收购

杠杆收购指收购公司利用目标公司资产的经营收入，来支付兼并价金或作为此种支付的担保。换言之，收购公司不必拥有巨额资金（用以支付收购过程中必需的律师、会计师、资产评估师等费用），加上以目标公司的资产及营运所得作为融资担保、还款资金来源所贷得的金额，即可兼并任何规模的公司，由于此种收购方式在操作原理上类似杠杆，故而得名。杠杆收购在 20 世纪 60 年代出现于美国，之后迅速发展，80 年代已风行于欧美。具体说来，杠杆收购具有如下特征：

1. 收购公司用以收购的自有资金与收购总价金相比微不足道，前后者之间的比例通常为 10%~15%。

2. 绝大部分收购资金系借贷而来，贷款方可能是金融机构、信托基金，甚至可能是目标公司的股东（并购交易中的卖方允许买方分期给付并购资金）。

3. 用来偿付贷款的款项来自目标公司营运产生的资金，即从长远来讲，目标公司将支付它自己的售价。

4. 收购公司除投资非常有限的资金外，不负担进一步投资的义务，同时贷出绝大部分并购资金的债权人，只能向目标公司（被收购公司）求偿，而无法向真正的贷款方——收购公司求偿。实际上，贷款方往往在被收购公司资产上设有保障，以确保优先受偿地位。

银河数码动力收购香港电信就是这种资本运营方式的经典案例。由"小超人"李泽楷执掌的银河数码动力相对于在香港联交所上市的蓝筹股香港电信而言，只是一个小公司，李泽楷以将被收购的香港电信资产作为抵押，向中国银行集团等几家大银行筹措了大笔资金，从而成功收购了香港电信，此后再以香港电信的运营收入作为还款来源。

十、战略联盟模式

战略联盟是指由两个或两个以上有着对等实力的企业，为达到共同拥有市场、共同使用资源等战略目标，通过各种契约而结成的优势相长、风险共担、要素双向或多向流动的松散型网络组织。根据构成联盟的各合伙方相互学习转移，共同创造知识的程度不同，传统的战略联盟可以分为两个极端——产品联盟和知识联盟。

（一）产品联盟

在医药行业，我们可以看到产品联盟的典型。制药业务的两端（研究开发和经销）代表了格外高的固定成本，在这一行业，公司一般采取产品联盟的形式，即竞争对手或潜在竞争对手之间相互经销具有竞争特征的产品，以降低成本。在这种合作关系中，短期的经济利益是最大的出发点。产品联盟可以帮助公司抓住时机，保护自身，还可以通过与其他伙伴合作，快速、大量地卖掉产品，收回投资。

（二）知识联盟

以学习和创造知识作为联盟的中心目标，它是企业发展核心能力的重要途径。知识联盟有助于一个公司学习另一个公司的专业能力，有助于两个公司的专业能力优势互补，创造新的交叉知识。与产业联盟相比，知识联盟具有以下3个特征：

1. 联盟各方合作更紧密。两个公司要学习、创造和加强专业能力，所以每个公司的员工必须在一起紧密合作。

2. 知识联盟的参与者的范围更为广泛。企业与经销商、供应商、大学实验室都可以形成知识联盟。

3. 知识联盟可以形成强大的战略潜能。知识联盟可以帮助一个公司扩展和改善它的基本能力，有助于从战略上更新核心能力或创建新的核心能力。

此外，在资本运营的实际操作中，除采用以上阐述的几种形式或其组合外，还可借鉴国外上市公司资产重组的经验，大胆探索各种有效的运作方法，进一步加大资本运营的广度和深度。

十一、投资控股收购重组模式

该模式指上市公司对被并购公司进行投资，从而将其改组为上市公司子公司的并购行为。这种以现金和资产入股的形式进行相对控股或绝对控股，可以实现以少量资本控制其他企业并为我所有的目的。

第五节　军民融合模式

军民融合是内涵很深的资本运作模式，对上市前、上市中、上市后的企业都适合。尤其是对没有上市通道融资的民企来说，选择军民融合的产业模式进入资本市场，更利于资本运作；上市前的时机与节奏把握得好，可以分享政策红利，提速上市，赢得投资者的认可，实现产业与资本的有效结合，打造新型的硬科技产业品牌。

军民融合就是把国防和军队现代化建设深深融入经济社会发展体系之中，全面推进经济、科技、教育、人才等各个领域的军民融合，在更广范围、更高层次、更深程度上把国防和军队现代化建设与经济社会发展结合起来，为实现国防和军队现代化提供丰厚的资源和可持续发展的后劲。

美国建立的国防科技工业体系即是"军民融合"的一个典型。美国国会的一份研究报告显示，军民融合给美国国防部每年节约300亿美元，相当于其采办费用总额的20%以上。

2015年，我国首次提出把军民融合发展上升为国家战略。

2017年1月22日，中共中央政治局召开会议，决定设立中央军民融合发展委员会，由习近平任主任。中央军民融合发展委员会是中央层面军民融合发展重大问题的决策和议事协调机构，统一领导军民融合深度发展，向中央政治局、中央政治局常务委员会负责。

2018年11月15日，中央军民融合办举办军民融合发展总体情况第三方评估成果报告会，深入学习贯彻习近平总书记关于军民融合发展重要论述，传达学习中央军民融合发展委员会第二次会议精神和全国军民融合发展工作座谈会精神，研讨交流军民融合发展总体情况第三方评估成果。

军民融合与企业发展，其融资模式与资本运作手段有如下特点。

一、军民融合关乎企业长远发展

中国政府在军民融合中扮演两种角色，一是直接干预军工企业的并购活动，参与有关军工企业改革、并购的重大决策；二是以社会管理者的身份，通过法律、经济等间接的方式影响军工企业。

从欧洲与美国来看，政府充分发挥"管理者"进行宏观调控的作用，在国防工业购并中采取发动、鼓励等间接手段，促进军民融合发展。而俄罗斯在军转民中，由于政府未担当起宏观调控人的角色，使得军工企业与民用企业生产相同的产品，造成企业间不必要的竞争。这就要求我国政府把军民融合作为国家战略，对军工企业的产业结构布局和调整进行长远规划，对"军转民"实施政策引导，使军工企业更好地适应市场经济环境。

2018年10月20日，世界上在研最大的水陆两栖飞机"鲲龙"

AG600 在湖北荆门漳河机场成功实现水上首飞起降。这是我国军用、民用飞机设计制造体系的完美协同和融合。2018 年年初，高端察打一体无人机"翼龙-Ⅱ"刷新了"五发五中"的靶试新纪录，这也是"技术上军转民、产品上外促内、装备上民参军"军民融合之路的丰硕成果。2018 年 1 月 12 日，中国战机第一股中航沈飞正式在上交所挂牌上市，这是军工主业证券化、混合所有制改革以及军民融合携手走向资本市场的典范。

二、军民融合产业模式

军民融合包括空天领域、海洋工程装备、智能化装备与无人系统、网络与信息安全、生命科学与生物技术等，这些产业领域既有广阔的民用应用价值，也有巨大的潜在军用价值。

军民融合涉及的范围很广，实现国防建设和经济建设深度融合的目标也非一朝一夕就可以实现，因此推进军民融合一定要坚持"先易后难、稳扎稳打、标本兼治"的原则。近期的政策突破点预计包括引入社会资本参与一般军工企业的混合所有制改革、军工科研院所的分类改革、军标与民标统一范围将进一步扩展、国防科研与装备生产招投标范围的进一步开放等。其发展趋势和产业链架构可见图 7.2 和图 7.3。

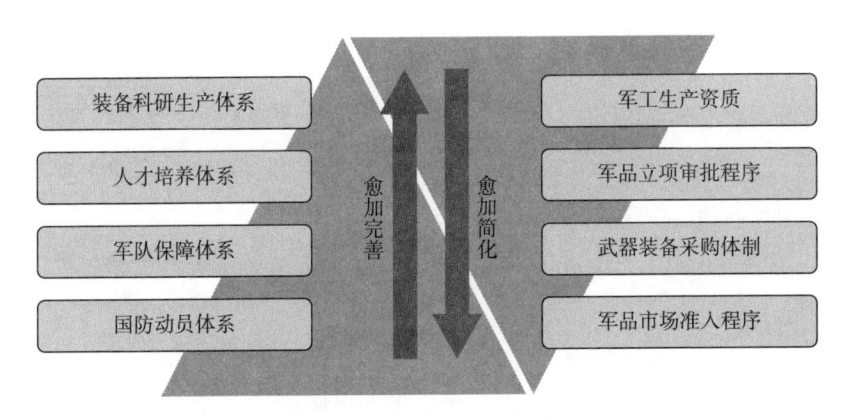

图 7.2 军民融合的发展趋势

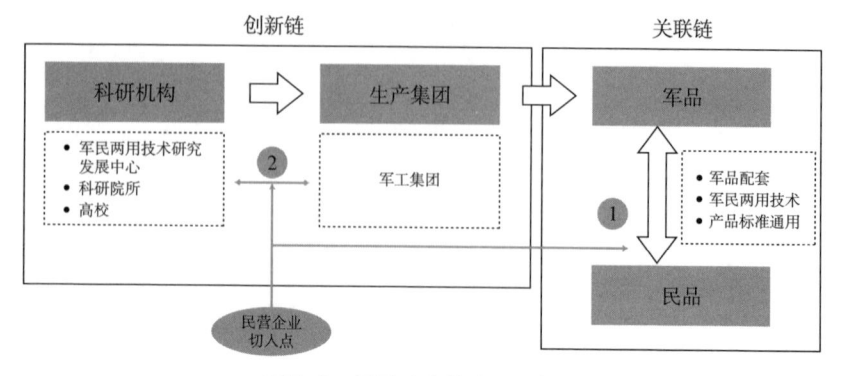

图7.3 军民融合的产业链架构

军民融合产业模式在操作上分为两个方面。

(一)"军转民"

这是指把军事装备等军品的生产设备和人员向民用生产领域转移。军企主辅分离,进行混合所有制改革,军工技术及人才分流转向民企民品。

(二)"民参军"

"民参军",即民营企业、民营资本,或者以民品为主的国资进入军工行业。中国的"民参军"尚处于起步阶段,兼具机制灵活、效费比高等诸多优点,未来拥有更为广阔的发展前景。

中国民营企业进入中国国防科技工业主要有以下3层含义:

1. 进入军用产品和技术市场,参与军品的研制和生产,或进行零部件的配套研制和生产。

2. 进入军工资本市场,参与国有军工企业的股份制改造,或合资合作组建新的股份制项目公司。

3. 进入军工人才市场,各类民营科技和经营管理人才应聘于军工企业。

据统计,截至2016年3月,中国已有1 000多家民营企业获得武器装备科研生产许可证,比"十一五"末期增加127%,而在2010年中国参军的民用企业仅为700多家。

"民参军"的方式有：

1. 通过参加国家机关和军工集团组织的项目招投标活动直接参与。
2. 与现有的军工企业合作研制或配套生产。
3. 收购或兼并现有的军工企业。
4. 参与军用高科技企业的股份制改造。

三、军民融合融资模式及其金融产品

创新投融资体系，探索多元化金融服务。从财政为主到多元化金融服务转型的军民融合是军事能力与经济发展能力相融合，是国防战略和经济发展战略融为一体，主要表现为构建军民统一的科技基础、工业基础、人才基础、设施基础，其融资工具可多元化。

（一）提高军民融合产业发展基金规模

基金是股票和债券的组合，它可以广泛吸纳社会资金，并凭借其雄厚的资金，在法律允许的投资范围内，以科学的投资组合，按照政府指导、市场运作、专业管理的原则，进行多样化投资运作。通过设立基金，可以为军民融合企业提供强大的资金支持，有利于调整企业融资结构，提高融资能力，以及促进军民融合产业和金融资本深度结合。

在国务院国资委的指导下，中国航天科技集团公司委托航天投资控股有限公司，联合各军工集团及中央企业的投资平台和大型金融机构，于2016年9月5日创立了国华军民融合产业发展基金。该基金首期规模为302亿元，项目储备预计投资额超过1 000亿元，意在全面支持各军工集团军民融合发展、资产证券化和国际化。

河北省于2016年4月成立军民融合产业股权投资基金，首期到位10.1亿元，争取用3年时间将基金规模做到百亿元。四川成都和绵阳是军民融合产业发展的重要基地，对军民融合企业的投融资问题非常重视，例如2016年成都也积极成立了规模为20亿元的军民融合产业投资基金，其中市级出资5亿元，其余部分为吸收社会资本。该基金重点用于军民融合企业改组改制、军用技术转移转化、军民融合公共服务平台建设等领域。除了军民融合产业投资基金,还将设立军民融合产业专项扶持资金支持军民融合产业发展,通过补助、奖励、贴息等方式促进军民深度融合。

设立军民融合发展的专项基金,能够提高军工技术转化速度,扩大军工产业市场化规模,促进军工集团转型升级,进而推进军民融合深度发展。所以不仅要设立基金,还应适度扩大基金规模,以此拓宽军民融合企业融资渠道,最终达到军民融合纵深发展的目的。

(二)加大银行金融创新力度

银行贷款目前仍然是军民融合企业主要的融资方式,但是银行贷款的审批流程烦琐,成本较高,所以银行应在金融产品和流程上共同创新,加大对军民融合企业的金融服务力度,可以有针对性地设计并推出创新型金融产品,丰富金融服务军民融合企业的产品线。

比较成功的典型是四川省。中国工商银行在四川省绵阳市成立了"军民融合金融服务中心",该中心服务的对象主要是绵阳市军民融合企业。为保障企业正常生产经营,通过设置专员专柜、建立信贷绿色通道、简化贷款审批流程,尽可能让企业在最短时间获得贷款资金。绵阳的其他银行也相继推出创新金融产品,比如中国农业银行在绵阳推出"科创税E贷"金融产品,目前已发放了1 000万元贷款,担保方式是根据企业的纳税情况确定的;绵阳市商业银行也对军民融合企业推出了"科技宝""勿等贷""专利权质押贷"等科技型金融贷款产品。不仅如此,在国家政策和政府的积极倡导下,四川省银行业机构与政府、创投、保险公司合作,推出了各种军民融合的专项信贷产品,例如军工研发贷、项目贷、技改贷、订单贷、采购贷、补贴贷等。

其他省市可以参考借鉴四川省绵阳市银行的金融创新举措,这对中小型军民融合企业融资发展尤为重要。

（三）军民融合企业尝试 ABS 与 BT 相结合的融资模式

在我国军工企业的日常融资中，建议企业注重自身对资本的积累，适当扩大内源性融资，毕竟内源融资成本低，风险小。当然，如果仅依靠内源融资，一来企业价值难以大幅度上升，二来难以满足现在军工企业飞速发展的资金需求，这时，我们可以考虑通过债权市场进行融资。

资产抵押债券即 ABS 模式，是通过在资本市场发行债券来募集资金。该证券化融资方式以项目所拥有的资产为基础，以项目资产可以带来的预期收益为保证。

通过发行债券筹集资金的 ABS 模式，可以在很大程度上弥补我国军工企业债券融资比例小的问题，我们也可以利用这种模式来调整目前军工企业的融资结构和融资顺序，有选择性地减少股权融资，增加债券融资，降低融资风险。ABS 模式的重点有 3 个：一是资产，二是债券，三是国际市场。这种模式既可以在企业日常的融资活动中使用，也可以在有重大项目需要融资时使用，前提是企业必须上市，并在国家的支持下逐步打开国际市场。利用 ABS 模式的优势，将流动性较差的部分资产转变为流动性较强的债券，在国际范围内筹集资金，还不会损害到未抵押的资产，可以在企业融资模式中优先考虑。此外，在现阶段资本市场大力发展以及军民融合的大背景下，我国军工行业在利用 ABS 模式时，可以与其他行业联合进行资产证券化，通过 SPV（特殊目的机构）实现风险的有效隔离。

BT 模式是项目融资中一种较为创新的方式，可以"超前消费，分期回购"。BT 模式是政府利用非政府资金，来进行基础非经营性设施建设项目的一种融资模式，将公共产品的使用功能与货币价值适度分离。该模式如果应用于军工企业的生产，可以有效缓解企业的资金压力，资金来源也更加多元化。同时，它为投资建设方提供了新的投资途径，提高了投资管理效率，二者利益共享，风险共担。

建议在军工企业有重大研制或生产项目时考虑使用 BT 模式，而对于项目中一些比较重要、核心的部分，仍然可以采用 ABS 模式，因为 ABS 模式中的投资者不必参加到项目的具体实施之中。而对于一些可以对外公开的部分，则可以按照 BT 模式挑选合适的项目公司，由它们组织实施后，一次性或者分期支付一定的报酬，减轻企业自身融资压力。

军民融合的深度发展需要强大的资金支持，利用金融市场稳定军民融合企业融资渠道，可以为企业的不断发展提供强有力的资金保障。因为金融的主要功能，就是积极调动社会和市场的资源流动，合理配置所有资源，减少资本流动过程中的信息交易成本，在资本的不断聚集下，促进高新科技的发展和经济的增长。所以通过金融手段，借力金融市场，依托国家信用，通过市场化运作，必将推动军民融合的深度发展。

第六节　企业债券

企业债券是指从事生产、贸易、运输等经济活动的企业发行的债券。企业债券目前主要有地方企业债券、重点企业债券、附息票企业债券、利随本清的存单式企业债券、产品配额企业债券和企业短期融资券等。地方企业债券，是由全民所有制工商企业发行的债券；重点企业债券，是由电力、冶金、有色金属、石油、化工等国家重点企业向企业、事业单位发行的债券；附息票企业债券，是附有息票，期限为 5 年左右的中期债券；利随本清的存单式企业债券，是平价发行，期限为 1~5 年，到期一次还本付息的债券，各地企业发行的大多为这种债券；产品配额企业债券，是由发行企业以本企业产品等价支付利息，到期偿还本金的债券；企业短期融资券，是期限为 3~9 个月的短期债券，面向社会发行，以缓和由于银根抽紧而造成的企业流动资金短缺的情况。

一、企业债券类型

1. 按照期限划分，企业债券有短期企业债券、中期企业债券和长期企业债券。
2. 按是否记名划分，企业债券可分为记名企业债券和不记名企业债券。
3. 按债券有无担保划分，企业债券可分为信用债券和担保债券。
4. 按债券可否提前赎回划分，企业债券可分为可提前赎回债券和不可提前赎回债券。
5. 按债券票面利率是否变动，企业债券可分为固定利率债券、浮动利率债券和累进利率债券。
6. 按发行人是否给予投资者选择权分类，企业债券可分为附有选择权的企业债券和不附有选择权的企业债券。
7. 按发行方式分类，企业债券可分为公募债券和私募债券。

二、企业债券发行条件

根据《企业债券管理条例》第三章第十二条和第十六条规定，企业债券发行条件为：
1. 企业规模达到国家规定的要求。
2. 企业财务会计制度符合国家规定。
3. 具有偿债能力。
4. 企业经济效益良好，发行企业债券前连续 3 年盈利。
5. 企业发行企业债券的总面额不得大于该企业的自有资产净值。
6. 所筹资金用途符合国家产业政策。

三、企业债券发行核准办理流程

企业债券发行核准办理流程如图 7.4 所示。

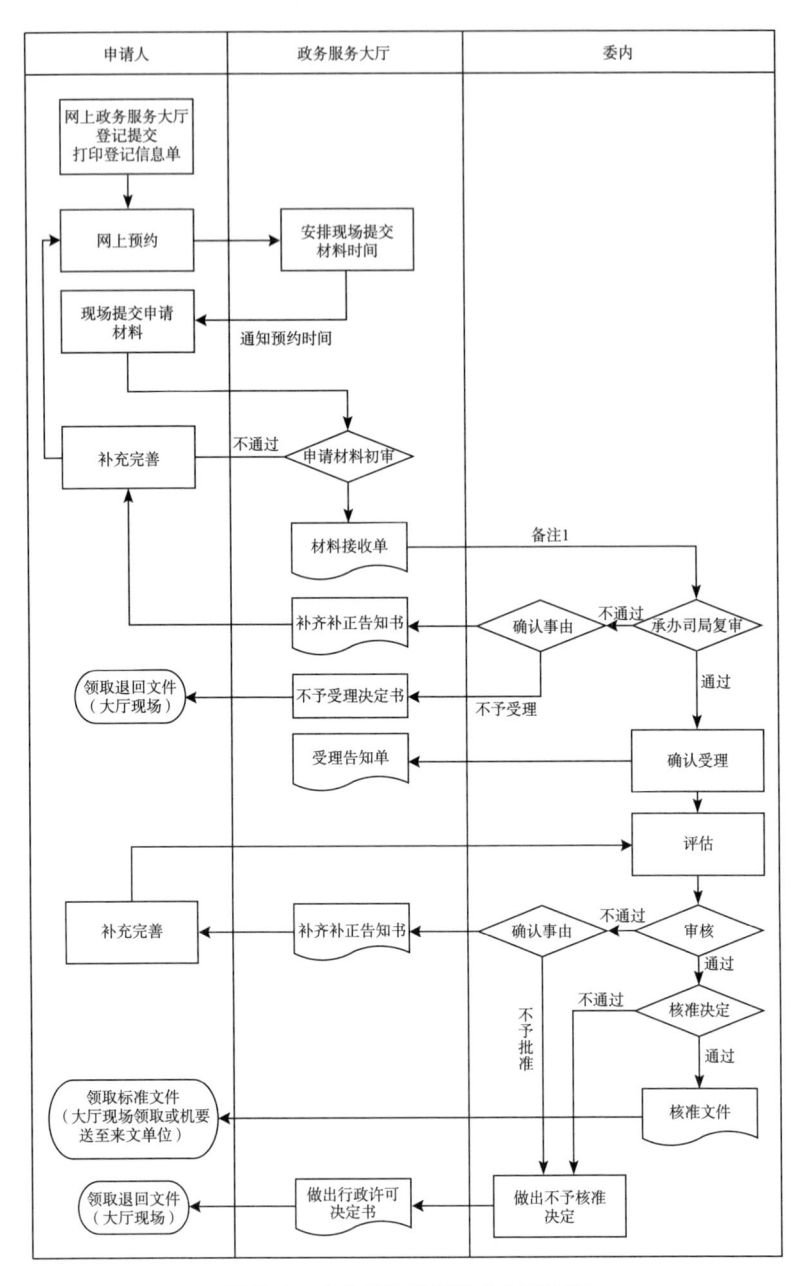

图 7.4 企业债券发行核准办理流程

第七节 私募基金

一、私募基金的含义

相对于公募而言,私募又称不公开发行或内部发行,私募在我国多被称为定向发行,是指面向少数特定的投资人发行证券的方式。私募发行的对象大致有两类,一类是个人投资者,例如公司老股东或发行机构自己的员工;另一类是机构投资者,如大的金融机构或与发行人有密切往来关系的企业等。私募发行有确定的投资人,发行手续简单,可以节省发行时间和费用。私募发行的不足之处是投资者数量有限,流通性较差,而且也不利于提高发行人的社会信誉。

公募发行和私募发行各有优劣,一般来说,公募是证券发行中最基本、最常用的方式。然而在西方成熟的证券市场中,随着养老基金、共同基金和保险公司等机构投资者的迅速增长,私募发行近年来呈现出逐渐增长的趋势。我国境内上市外资股(B股)的发行几乎全部采用私募方式进行。

私募基金,是指通过非公开方式,面向少数机构投资者募集资金而设立的基金。由于私募基金的销售和赎回都是通过基金管理人与投资者私下协商来进行的,因此它又被称为向特定对象募集的基金。

二、私募基金的优势

与封闭基金、开放式基金等公募基金相比,私募基金具有公募基金无法比拟的优势。

1. 私募基金通过非公开方式募集资金。在美国,共同基金和退休金基金等公募基金,一般通过公开媒体做广告来招徕客户,而按有关规定,私募基金则不得利用任何传播媒体做广告宣传,其参加者主要通过获得的所谓"投资可靠消息",或者直接认识基金管理者的形式加入。

2. 在募集对象上，私募基金的对象只是少数特定的投资者，圈子虽小门槛却不低。如在美国，对冲基金对参与者有非常严格的规定：若以个人名义参加，最近两年个人年收入至少在 20 万美元以上；若以家庭名义参加，家庭近两年的收入至少在 30 万美元以上；若以机构名义参加，其净资产至少在 100 万美元以上，而且对参与人数也有相应的限制。因此，私募基金具有针对性较强的投资目标，它更像为中产阶级投资者量身定做的投资服务产品。

3. 和公募基金严格的信息披露要求不同，私募基金这方面的要求低得多，加之政府监管也相对比较宽松，因此私募基金的投资更具隐蔽性，运作也更为灵活，相应获得高收益回报的机会也更大。

4. 私募基金一个显著的特点就是基金发起人、管理人必须以自有资金投入基金管理公司，基金运作的成功与否与他们的自身利益紧密相关。从国际目前通行的做法来看，基金管理者一般要持有基金 3%~5% 的股份，一旦发生亏损，管理者拥有的股份将首先被用来支付参与者，因此，私募基金的发起人、管理人与基金是一个唇齿相依、荣辱与共的利益共同体，这也在一定程度上较好地解决了公募基金与生俱来的经理人利益约束弱化、激励机制不够等弊端。

三、私募基金的组织形式

（一）公司式

公司式私募基金有完整的公司架构，运作比较正式和规范。目前公司式私募基金在中国成立也是比较方便的，半开放式私募基金也可以用某种变通的方式进行运作，不必接受严格的审批和监管，投资策略也就可以更加灵活。比如：

1. 用"投资公司"的名头，其"投资公司"的业务范围含有价证券投资类。

2. "投资公司"的股东数目不要太多，出资额一般都比较大，这样既保证了私募性质，又具有较大的资金规模。

3. "投资公司"的资金由资金管理人专门管理，按国际惯例，管理人收取资金管理费与效益激励费,并计入公司运营成本。

4. "投资公司"的注册资本每年在某个特定的时点重新登记一次,进行名义上的增资扩股或减资缩股,如有需要,出资人每年可在某一特定的时点将其出资赎回一次,在其他时间投资者之间可以进行股权协议转让或上柜交易。该"投资公司"实质上就是一种随时扩募,但每年只赎回一次的公司式私募基金。

当然,公司式私募基金也有不足的地方,即存在双重征税,解决的办法有:

1. 将私募基金注册于避税地,如中国香港、开曼群岛、百慕大等地。

2. 将公司式私募基金注册为高科技企业(可享受诸多优惠),并注册于税收比较优惠的地方。

3. 借壳,即在基金的设立运作中联合或收购一家可以享受税收优惠的企业(最好是非上市公司),并把它作为载体。

(二) 契约式

契约式基金的组织结构比较简单,具体的做法为:

1. 证券公司作为基金的管理人,选取一家银行作为其托管人。

2. 募到一定数额的金额开始运作,每个月开放一次,向基金持有人公布一次基金净值,办理一次基金赎回。

3. 为了吸引基金投资者,应尽量降低手续费,证券公司作为基金管理人,根据业绩表现收取一定数量的管理费。其优点是可以避免双重征税,但要接受证券管理部门的审批和监管。

(三) 虚拟式

虚拟式私募基金表面看来像委托理财,但它实际上是按基金方式进行运作。比如,虚拟式私募基金在设立和扩募时,表面上是与每个客户签订委托理财协议,但这些委托理财账户是合在一起进行基金式运作,在买入和赎回基金单元时,按基金净值进行结算。具体的做法为:

1. 每个基金持有人以其个人名义单独开立分账户。

第七章 上市前如何进行资本运作

2. 基金持有人共同出资组建一个主账户。

3. 证券公司作为基金的管理人，统一管理各账户，所有账户统一计算基金单位净值。

4. 证券公司尽量使每个账户的实际市值与根据基金单位的净值计算的市值相等，如果二者不相等，在赎回时由主账户与分账户的资金差额划转平衡。

虚拟式的特点是设立灵活，不需要证券管理部门对基金设立与运作方面的审批与监管，免了双重征税；按照委托理财的规则执行，在筹集资金方面需要法律规范，对资金运作方面证券管理部门要对券商进行监管，在资金规模扩张上有一定的规范要求。

(四) 组合式

为了发挥上述 3 种组织形式的优越性，可以设立一个基金组合，将几种组织形式结合起来进行集合投资运作，从而形成以下 4 种组合式基金：

1. 公司式与虚拟式的组合。

2. 公司式与契约式的组合。

3. 契约式与虚拟式的组合。

4. 公司式、契约式与虚拟式的组合。

四、我国私募股权投资基金的发展

按照中国目前的法律框架，私募股权投资基金必须采取非公开募集的方式。其运营模式在于投资企业股权，并对企业进行内在改造从而获得企业增值，然后转让退出，实现基金盈利。在操作上，通过"募、投、管、退" 4 个环节完成。

私募股权投资主要是根据企业不同的成长阶段划分，包括并购基金、成长资本、重振资本、夹层资本、上市前融资资本、上市公司股权投资等。投资于企业种子期和萌芽期的创业投资叫天使基金，成长期注入的风险投资也属于私募股权投资的一种。私募股权投资基金的分类与所投企业成长阶段存在一定的对应关系，比如 PIPE 资本主要投资于已上市企业。私募股权投资基金与企业成长阶段大致的对应关系如图 7.5 所示。

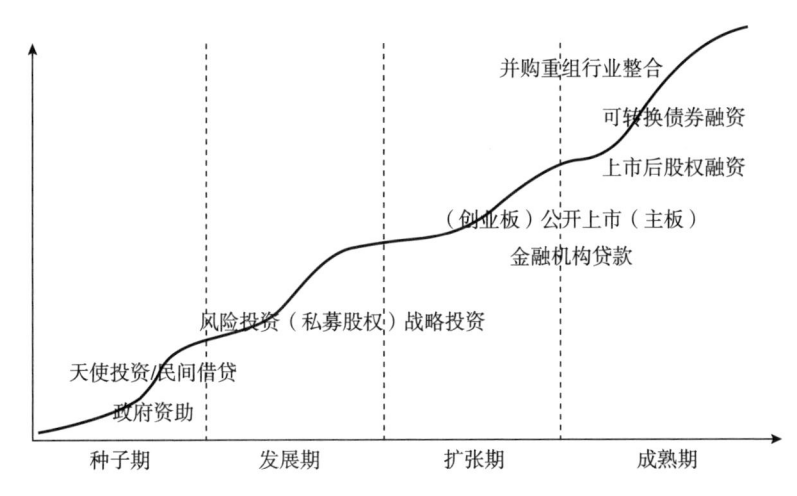

图 7.5　私募股权基金与企业成长阶段的对应关系

当然，随着基金业务的不断发展，私募股权投资基金的类型与具体投资业务已经出现交叉混合的趋势，即使是界线比较明确的风险投资和私募股权投资目前也存在业务重叠。

私募股权投资基金可以有效解决中小企业的融资困难问题。这也是私募股权投资基金问世的最初动机。目前中小企业的融资渠道主要还是间接融资，而银行出于盈利和安全动机，一般倾向于向大企业提供融资，尤其是国家产业政策、财政政策、货币政策扶持的行业、企业和项目。

中国已经成为仅次于美国的全球第二大私募股权投资市场，大中华区在全球私募股权投资基金的市场份额已经达到 24%。

随着北交所的推出，私募股权基金迎来了新的投资机遇，为所投项目的退出增加了一个前所未有的良性通道。如果所投企业质地优良，属于小而美、专精特新"小巨人"企业，上市速度快，盈利有保障，投资人就能获得预期收益。当然，能否运作得好，也是对私募股权基金硬实力的考验。

参考案例

中关村军民融合产业园

位于北京市海淀区的中关村军民融合产业园是军民融合军地对接平台，军委联合参谋部、海军、空军、火箭军、战略支援部队等13家军队单位，在这里挂牌成立联络处。这在机制上是一个历史性突破。军地双方把军民融合发展纳入中关村国家自主创新示范区核心区建设，仅3年多时间，就靠速度与激情走出了一条独具特色的"海淀之路"。

2016年7月4日，中关村军民融合产业联盟迎来空军指挥学院空军团级指挥班后勤专业学员。双方围绕军民融合组织专场交流，拉开海淀区相关产业与军队兵种间专题对接的序幕。

作为军民融合核心园区，园区拿出4 300平方米的空间，为军民双方搭建起"五大服务平台"，其中包括中小微军民融合企业创新创业平台、军民技术双向转化平台、军民科技创新战略协作平台、军民融合展示交流平台、军民融合综合服务保障平台。

设立产业基金，使实体经济发展与金融投资相互促进。由园区发起设立产业基金，通过银行、基金公司、券商、信托等金融投资机构，以及会计师事务所、律师事务所等中介机构，为园区企业提供财务顾问、股权债权融资、并购咨询、股权激励、股份改制、公司治理等全面的金融增值和咨询服务。这些服务一方面为园区企业发展解决了投融资难的问题，助力园区企业发展，并为园区企业的并购整合和IPO提供直接支撑和快速通道；另一方面丰富了园区服务内容，促进招商工作，并能够从参与企业资本化运作中获利，增加园区收入渠道，提高了园区的盈利能力，并通过资本运作实现企业上市。

中简科技获批向特定对象发行股票

中简科技股份有限公司于2022年1月26日发布公告称，收到证监会出具的《关于中简科技股份有限公司向特定对象发行股票注册的批复》，批复文件的主要内容如下：

1. 同意公司向特定对象发行股票的注册申请。

2. 公司本次发行应严格按照报送深圳证券交易所的申报文件和发行方案实施。

3. 本批复自同意注册之日起 12 个月内有效。

中简科技是我国高端碳纤维领域的重要供应商，于 2020 年 11 月入选工信部第二批专精特新"小巨人"企业。公司 ZT7 系列产品已被批量稳定应用于我国航空航天八大型号，有望充分享受特种装备上量带来的红利。军工行业供应链系统稳定、客户黏性较强，一旦某一型号定型以后，后续一般不会更换供应商，说明其收入的稳定性。本次募投项目主要涉及建筑工程费用、设备购置费用、安装工程费用。

鼎晖创新与成长基金

鼎晖 VGC 是鼎晖投资旗下专注于创新与成长投资的基金，兼具创投的创新视野和成长型投资的专业严谨，主要覆盖医疗健康、面向个人的新消费、面向企业的企业服务以及硬科技创新四大投资领域。创新与成长基金募资 58 亿元，投资了超过 60 家创新头部企业，代表项目包括先导药物、康立明、灵动科技、中通快运、京东物流、丰巢、小电科技、壹米滴答等，医疗健康是鼎晖 VGC 尤其倚重的板块。

下篇

上市后的征程

第八章

信息披露

本章关键词：

董事会秘书、信息披露、定期报告、关联关系、重大交易

上市公司与非上市公司相比，最大的区别之一就是信息披露，而信息披露是证券发行注册制的灵魂。因为有严格的信息披露规定，企业透明度提高，上市公司就不再神秘了。而且，董事长或总经理是实施信息披露事务管理制度的第一责任人，上市公司董事、监事、高级管理人员应当保证信息披露的内容真实、准确、完整，没有虚假记载、误导性陈述或者重大遗漏。不能保证公告内容真实、准确、完整的，应当在公告中做出相应声明并说明理由。

根据《首次公开发行股票并上市管理办法》，发行人应当按照证监会的有关规定编制和披露招股说明书，而招股说明书的有效期为6个月，自证监会核准发行申请前招股说明书最后一次签署之日起计算。

申请文件受理后、发行审核委员会审核前，发行人应当将招股说明书（申报稿）在证监会网站预先披露。

预先披露的招股说明书（申报稿）不是发行人发行股票的正式文件，不能含有价格信息，发行人不得据此发行股票。

发行人应当在预先披露的招股说明书（申报稿）的显要位置声明："本公司的发行申请尚未得到中国证监会核准。本招股说明书（申报稿）不具有据以发行股票的法律效力，仅供预先披露之用。投资者应当以正式公告的招股说明书全文作为做出投资决定的依据。"

保荐人出具的发行保荐书、证券服务机构出具的有关文件应当作为招股说明书的备查文件，在证监会指定的网站上披露，并置备于发行人住所、拟上市证券交易所、保荐人、主承销商和其他承销机构的住所，以备公众查阅。

发行人及其全体董事、监事和高级管理人员应当保证预先披露的招股说明书（申报稿）的内容真实、准确、完整。

第一节 上海证券交易所信息披露事务

《上海证券交易所股票上市规则》第二章规定，信息披露的基本原则为：上市公司及相关信息披露义务人应当按照法律法规、本规则以及本所其他规定，及时、公平地披露信息，并保证所披露的信息真实、准确、完整，简明清晰、通俗易懂，不得有虚假记载、误导性陈述或者重大遗漏。

上市公司及相关信息披露义务人披露信息，应当使用事实描述性的语言，简洁明了、逻辑清晰、语言浅白、易于理解，不得含有宣传、广告、恭维、诋毁等性质的词句。

一、一般规定

1. 上市公司及相关信息披露义务人应当在涉及的重大事项触及下列任一时点及时履行信息披露义务：

（1）董事会或者监事会做出决议。

（2）签署意向书或者协议（无论是否附加条件或期限）。

（3）公司（含任一董事、监事或者高级管理人员）知悉或者应当知悉该重大事项发生。

2. 重大事项尚处于筹划阶段，但在前款规定的时点之前出现下列情形之一的，公司及相关信息披露义务人应当及时披露相关筹划情况和既有事实：

（1）该重大事项难以保密。

（2）该重大事项已经泄露或者出现市场传闻（以下简称传闻）。

（3）公司股票及其衍生品种的交易发生异常波动。

3. 上市公司按照《上海证券交易所股票上市规则》第2.2.7条规定暂缓披露或豁免披露其信息的，应当符合以下条件：

（1）相关信息未泄露。

（2）有关内幕信息知情人已书面承诺保密。

（3）公司股票及其衍生品种交易未发生异常波动。

暂缓、豁免披露的原因已经消除的，公司应当及时披露相关信息，并说明未及时披露的原因、公司就暂缓或者豁免披露已履行的决策程序和已采取的保密措施等情况。

公司暂缓、豁免信息披露不符合本条第一款和第2.2.7条要求的，公司应当及时履行信息披露及相关义务。

4. 上市公司及相关信息披露义务人不得通过股东大会、投资者说明会、分析师会议、路演、接受投资者调研、接受媒体采访等形式，向任何单位和个人提供公司尚未披露的重大信息。

公司及相关信息披露义务人确有需要的，可以在非交易时段通过新闻发布会、媒体专访、公司网站、网络自媒体等方式对外发布重大信息，但应当于最近一个信息披露时段内披露相关公告。

5. 上市公司控股子公司及控制的其他主体发生《上海证券交易所股票上市规则》规定的相关重大事项，视同上市公司发生的重大事项，从其规定。

二、信息披露管理制度

上市公司应当制定并严格执行信息披露事务管理制度，信息披露事务管理制度应当经公司董事会审议通过并披露。

1. 上市公司应当配备信息披露所必需的通信设备，建立与上交所的有效沟通渠道，并保证对外咨询电话的畅通。

2. 上市公司应当制定规范董事、监事和高级管理人员及其他相关主体对外发布信息的行为规范，明确发布程序、方式等事项。

公司控股股东、实际控制人应当比照前款要求，规范与上市公司有关的信息发布行为。

3. 上市公司应当建立和执行内幕信息知情人登记管理制度，内幕信息知情人登记管理制度应当经公司董事会审议通过并披露。

公司及相关信息披露义务人和其他内幕信息知情人在信息披露前，应当将该信息的知情人控制在最小范围内。

4. 上市公司信息披露采用直通披露和非直通披露两种方式。

信息披露原则上采用直通披露方式，上交所可以根据公司信息披露质量、规范运作情况等，调整直通披露公司范围。

直通披露的公告范围由上交所确定，上交所可以根据业务需要进行调整。

5. 上交所根据法律法规及上交所相关规定，对上市公司及相关信息披露义务人披露的信息进行形式审查，对其内容的真实性不承担责任。

三、定期报告

上市公司应当披露的定期报告包括年度报告、中期报告。凡是对投资者做出价值判断和投资决策有重大影响的信息，均应当披露。

年度报告中的财务会计报告应当经符合《证券法》规定的会计师事务所审计。

1. 年度报告应当记载以下内容：

（1）公司基本情况。

（2）主要会计数据和财务指标。

（3）公司股票、债券发行及变动情况，报告期末股票、债券总额、股东总数，公司前十大股东持股情况。

（4）持股5%以上股东、控股股东及实际控制人情况。

（5）董事、监事、高级管理人员的任职情况、持股变动情况、年度报酬情况。

（6）董事会报告。

（7）管理层讨论与分析。

（8）报告期内重大事件及对公司的影响。

（9）财务会计报告和审计报告全文。

（10）证监会规定的其他事项。

2. 中期报告应当记载以下内容：

（1）公司基本情况。

（2）主要会计数据和财务指标。

（3）公司股票、债券发行及变动情况，股东总数，公司前十大股东持股情况，控股股东及实际控制人发生变化的情况。

（4）管理层讨论与分析。

（5）报告期内重大诉讼、仲裁等重大事件及对公司的影响。

（6）财务会计报告。

（7）证监会规定的其他事项。

3. 定期报告中财务会计报告被出具非标准审计意见的，上市公司董事会应当针对该审计意见涉及事项做出专项说明。

定期报告中财务会计报告被出具非标准审计意见，证券交易所认为涉嫌违法的，应当提请证监会立案调查。

四、临时报告

发生可能对上市公司证券及其衍生品种交易价格产生较大影响的重大事件，投资者尚未得知时，上市公司应当立即披露，说明事件的起因、目前的状态和可能产生的影响。

重大事件包括：

1. 《证券法》第八十条第二款规定的重大事件。

2. 公司发生大额赔偿责任。

3. 公司计提大额资产减值准备。

4. 公司出现股东权益为负值。

5. 公司主要债务人出现资不抵债或者进入破产程序，公司对相应债权未提取足额坏账准备。

6. 新公布的法律、行政法规、规章、行业政策可能对公司产生重大影响。

7. 公司开展股权激励、回购股份、重大资产重组、资产分拆上市或者挂牌。

8. 法院裁决禁止控股股东转让其所持股份；任一股东所持公司5%以上股份被质押、冻结、司法拍卖、托管、设定信托或者被依法限制表决权等，或者出现被强制过户风险。

9. 主要资产被查封、扣押或者冻结；主要银行账户被冻结。

10. 上市公司预计经营业绩发生亏损或者发生大幅变动。

11. 主要或者全部业务陷入停顿。

12. 获得对当期损益产生重大影响的额外收益，可能对公司的资产、负债、权益或者经营成果产生重要影响。

13. 聘任或者解聘为公司审计的会计师事务所。

14. 会计政策、会计估计重大自主变更。

15. 因前期已披露的信息存在差错、未按规定披露或者虚假记载，被有关机关责令改正或者经董事会决定进行更正。

16. 公司或者其控股股东、实际控制人、董事、监事、高级管理人员受到刑事处罚，涉嫌违法违规被证监会立案调查或者受到证监会行政处罚，或者受到其他有权机关重大行政处罚。

17. 公司的控股股东、实际控制人、董事、监事、高级管理人员涉嫌严重违纪违法或者职务犯罪被纪检监察机关采取留置措施且影响其履行职责。

18. 除董事长或者经理外的公司其他董事、监事、高级管理人员因身体、工作安排等原因无法正常履行职责达到或者预计达到 3 个月以上，或者因涉嫌违法违规被有权机关采取强制措施且影响其履行职责。

19. 证监会规定的其他事项。上市公司的控股股东或者实际控制人对重大事件的发生、进展产生较大影响的，应当及时将其知悉的有关情况书面告知上市公司，并配合上市公司履行信息披露义务。

第二节　深圳证券交易所信息披露事务

根据《深圳证券交易所股票上市规则》第二章，信息披露的基本原则及一般规定如下所述。

1. 上市公司及相关信息披露义务人应当根据法律、行政法规、部门规章、规范性文件、本规则以及本所发布的细则、指引和通知等相关规定，及时、公平地披露信息，并保证所披露的信息真实、准确、完整，不得有虚假记载、误导性陈述或者重大遗漏。

2. 上市公司董事、监事、高级管理人员应当保证公司所披露的信息真实、准确、完整，不能保证披露的信息内容真实、准确、完整的，应当在公告中做出相应声明并说明理由。

3. 上市公司股东、实际控制人、收购人等相关信息披露义务人，应当按照有关规定履行信息披露义务，积极配合上市公司做好信息披露工作，及时告知上市公司已发生或者拟发生的重大事件，并严格履行其所做出的承诺。

4. 深交所根据有关法律、行政法规、部门规章、规范性文件、《深圳证券交易所股票上市规则》以及深交所发布的细则、指引和通知等相关规定，对上市公司及相关信息披露义务人披露的信息进行形式审核，对其内容的真实性不承担责任。

深交所对定期报告实行事前登记、事后审核；对临时报告依不同情况实行事前审核或者事前登记、事后审核。

定期报告或者临时报告出现任何错误、遗漏或者误导，深交所可以要求公司做出说明并公告，公司应当按照深交所要求办理。

5. 上市公司拟披露的信息存在不确定性、属于临时性商业秘密或者深交所认可的其他情形，及时披露可能会损害公司利益或者误导投资者，且符合以下条件的，公司可以向深交所提出暂缓披露申请，说明暂缓披露的理由和期限：

（1）拟披露的信息未泄漏。

（2）有关内幕人士已书面承诺保密。

（3）公司股票及其衍生品种交易未发生异常波动。

经深交所同意，公司可以暂缓披露相关信息。暂缓披露的期限一般不超过两个月。暂缓披露申请未获深交所同意、暂缓披露的原因已经消除或者暂缓披露的期限届满的，公司应当及时披露。

6. 保荐人及其保荐代表人、证券服务机构及其相关人员为发行人、上市公司及相关信息披露义务人的证券业务活动制作、出具上市保荐书、审计报告、资产评估报告、财务顾问报告、资信评级报告或者法律意见书等文件，应当勤勉尽责，对所制作、出具的文件内容的真实性、准确性、完整性进行核查和验证。其制作、出具的文件不得有虚假记载、误导性陈述或者重大遗漏。

保荐人及其保荐代表人、证券服务机构及其相关人员应当及时制作工作底稿，完整保存发行人、上市公司及相关信息披露义务人的证券业务活动记录及相关资料。

深交所可以根据监管需要调阅、检查工作底稿、证券业务活动记录及相关资料。

7. 业绩预告和业绩快报。上市公司预计年度经营业绩和财务状况出现下列情形之一的，应当在会计年度结束之日起1个月内进行预告：

（1）净利润为负值。

（2）净利润实现扭亏为盈。

（3）实现盈利，且净利润与上年同期相比上升或者下降50%以上。

（4）扣除非经常性损益前后的净利润孰低者为负值，且扣除与主营业务无关的业务收入和不具备商业实质的收入后的营业收入低于1亿元。

（5）期末净资产为负值。

（6）公司股票交易因触及本规则第9.3.1条第一款规定的情形被实施退市风险警示后的首个会计年度。

（7）深交所认定的其他情形。

8. 上市公司预计报告期实现盈利且净利润与上年同期相比上升或者下降50%以上，但存在下列情形之一的，可以免于披露相应业绩预告：

（1）上一年年度每股收益绝对值低于或者等于0.05元，可免于披露年度业绩预告。

（2）上一年半年度每股收益绝对值低于或者等于0.03元，可免于披露半年度业绩预告。

9. 上市公司出现下列情形之一的，应当及时披露业绩快报：

（1）在定期报告披露前向有关机关报送未公开的定期财务数据，预计无法保密。

（2）在定期报告披露前出现业绩泄露，或者因业绩传闻导致公司股票及其衍生品种交易异常波动。

（3）拟披露第一季度业绩但上一年度报告尚未披露。

10. 上市公司年度报告中的财务会计报告应当经会计师事务所审计。

公司半年度报告中的财务会计报告可以不经审计，但有下列情形之一的，公司应当审计：

（1）拟依据半年度财务数据派发股票股利、进行公积金转增股本或者弥补亏损。

（2）证监会或者深交所认为应当进行审计的其他情形。

公司季度报告中的财务资料无须审计，但证监会或者深交所另有规定的除外。

上市公司应当在定期报告经董事会审议通过后及时向深交所提交下列文件：

（1）年度报告全文及其摘要、半年度报告全文及其摘要或者季度报告。

（2）审计报告（如适用）。

（3）董事会和监事会决议。

（4）董事、监事、高级管理人员书面确认意见。

（5）按要求制作的载有定期报告和财务数据的电子文件。

（6）深交所要求的其他文件。

上市公司财务会计报告被出具非标准审计意见的，应当按照证监会《公开发行证券的公司信息披露编报规则第14号——非标准审计意见及其涉及事项的处理》的规定，在报送定期报告的同时，向深交所提交以下文件并披露：

（1）董事会针对该审计意见涉及事项所做的符合第14号编报规则要求的专项说明，审议此专项说明的董事会决议以及决议所依据的材料。

（2）独立董事对审计意见涉及事项的意见。

（3）监事会对董事会有关说明的意见和相关决议。

（4）负责审计的会计师事务所及注册会计师出具的符合第14号编报规则要求的专项说明。

（5）证监会和深交所要求的其他文件。

11. 发行可转换公司债券的上市公司，还应当在年度报告和半年度报告中披露以下内容：

（1）转股价格历次调整、修正的情况，经调整、修正后的最新转股价格。

（2）可转换公司债券发行后累计转股的情况。

（3）前十名可转换公司债券持有人的名单和持有量。

（4）担保人盈利能力、资产状况和信用状况发生重大变化的情况（如适用）。

（5）公司的负债情况、资信变化情况以及在未来年度偿债的现金安排。

（6）证监会和深交所规定的其他内容。

12. 信息披露管理制度。上市公司应当制定并严格执行信息披露事务管理制度。信息披露事务管理制度应当经公司董事会审议通过并披露。

（1）上市公司应当配备信息披露所必需的通信设备，建立与深交所的有效沟通渠道，并保证对外咨询电话的畅通。

（2）上市公司应当制定董事、监事、高级管理人员及其他相关主体对外发布信息的行为规范，明确发布程序、方式和未经公司董事会许可不得对外发布的情形等事项。

公司控股股东、实际控制人应当比照前款要求，规范与上市公司有关的信息发布行为。

（3）上市公司应当建立和执行内幕信息知情人登记管理制度。内幕信息知情人登记管理制度应当经公司董事会审议通过并披露。

公司及相关信息披露义务人和其他知情人在信息披露前，应当将该信息的知情者控制在最小范围内。

内幕信息知情人在内幕信息依法披露前，不得公开或者泄露内幕信息、买卖或者建议他人买卖公司股票及其衍生品种。

（4）上市公司及相关信息披露义务人应当关注关于本公司的传闻以及本公司股票及其衍生品种的交易情况，及时向相关方了解真实情况。传闻可能对公司股票及其衍生品种的交易情况产生较大影响的，公司及相关信息披露义务人应当向相关方核实情况，及时披露公告予以澄清说明。

上市公司信息披露采用直通披露和非直通披露两种方式。

信息披露原则上采用直通披露方式，深交所可以根据公司信息披露质量、规范运作情况等，调整直通披露公司范围。

13. 重大交易信息披露。所称重大交易，包括除上市公司日常经营活动之外发生的下列类型的事项：

（1）购买资产。

（2）出售资产。

（3）对外投资（含委托理财、对子公司投资等）。

（4）提供财务资助（含委托贷款等）。

（5）提供担保（含对控股子公司担保等）。

（6）租入或者租出资产。

（7）委托或者受托管理资产和业务。

（8）赠与或者受赠资产。

（9）债权或者债务重组。

（10）转让或者受让研发项目。

（11）签订许可协议。

（12）放弃权利（含放弃优先购买权、优先认缴出资权利等）。

（13）深交所认定的其他交易。

上市公司发生的交易达到下列标准之一的，应当及时披露：

（1）交易涉及的资产总额占上市公司最近一期经审计总资产的 10% 以上，该交易涉及的资产总额同时存在账面值和评估值的，以较高者为准。

（2）交易标的（如股权）涉及的资产净额占上市公司最近一期经审计净资产的 10% 以上，且绝对金额超过 1 000 万元，该交易涉及的资产净额同时存在账面值和评估值的，以较高者为准。

（3）交易标的（如股权）在最近一个会计年度相关的营业收入占上市公司最近一个会计年度经审计营业收入的 10% 以上，且绝对金额超过 1 000 万元。

（4）交易标的（如股权）在最近一个会计年度相关的净利润占上市公司最近一个会计年度经审计净利润的 10% 以上，且绝对金额超过 100 万元。

（5）交易的成交金额（含承担债务和费用）占上市公司最近一期经审计净资产的 10% 以上，且绝对金额超过 1 000 万元。

（6）交易产生的利润占上市公司最近一个会计年度经审计净利润的 10% 以上，且绝对金额超过 100 万元。

上述指标计算中涉及数据为负值的，取其绝对值计算。

14. 上市公司发生的交易达到下列标准之一的，应当及时披露并提交股东大会审议：

（1）交易涉及的资产总额占上市公司最近一期经审计总资产的 50% 以上，该交易涉及的资产总额同时存在账面值和评估值的，以较高者为准。

（2）交易标的（如股权）涉及的资产净额占上市公司最近一期经审计净资产的 50% 以上，且绝对金额超过 5 000 万元，该交易涉及的资产净额同时存在账面值和评估值的，以较高者为准。

（3）交易标的（如股权）在最近一个会计年度相关的营业收入占

上市公司最近一个会计年度经审计营业收入的50%以上，且绝对金额超过5 000万元。

（4）交易标的（如股权）在最近一个会计年度相关的净利润占上市公司最近一个会计年度经审计净利润的50%以上，且绝对金额超过500万元。

（5）交易的成交金额（含承担债务和费用）占上市公司最近一期经审计净资产的50%以上，且绝对金额超过5 000万元。

（6）交易产生的利润占上市公司最近一个会计年度经审计净利润的50%以上，且绝对金额超过500万元。

15. 上市公司提供财务资助，除应当经全体董事的过半数审议通过外，还应当经出席董事会会议的2/3以上董事审议同意并做出决议，并及时对外披露。

财务资助事项属于下列情形之一的，应当在董事会审议通过后提交股东大会审议，深交所另有规定的除外：

（1）单笔财务资助金额超过上市公司最近一期经审计净资产的10%。

（2）被资助对象最近一期财务报表数据显示资产负债率超过70%。

（3）最近12个月内财务资助金额累计计算超过上市公司最近一期经审计净资产的10%。

（4）深交所或者公司章程规定的其他情形。

公司提供资助对象为公司合并报表范围内且持股比例超过50%的控股子公司，且该控股子公司其他股东中不包含上市公司的控股股东、实际控制人及其关联人的，可以免于适用前两款规定。

上市公司提供担保，除应当经全体董事的过半数审议通过外，还应当经出席董事会会议的2/3以上董事审议同意并做出决议，并及时对外披露。

上市公司提供担保属于下列情形之一的，还应当在董事会审议通过后提交股东大会审议：

（1）单笔担保额超过上市公司最近一期经审计净资产的10%。

（2）上市公司及其控股子公司对外提供的担保总额，超过上市公司最近一期经审计净资产50%以后提供的任何担保。

（3）上市公司及其控股子公司对外提供的担保总额，超过上市公司最近一期经审计总资产30%以后提供的任何担保。

（4）被担保对象最近一期财务报表数据显示资产负债率超过70%。

（5）最近12个月内担保金额累计计算超过公司最近一期经审计总资产的30%。

（6）对股东、实际控制人及其关联人提供的担保。

（7）深交所或者公司章程规定的其他情形。

上市公司股东大会审议前款第（5）项担保事项时，应当经出席会议的股东所持表决权的2/3以上通过。

上市公司的对外担保事项出现下列情形之一时，应当及时披露：

（1）被担保人于债务到期后15个交易日内未履行还款义务的。

（2）被担保人出现破产、清算及其他严重影响还款能力情形的。

第三节　北京证券交易所信息披露事务

依据《北京证券交易所股票上市规则》第五章，北交所信息披露基本原则是上市公司及相关信息披露义务人应当及时、公平地披露所有可能对公司股票交易价格、投资者投资决策产生较大影响的信息，并保证信息披露内容的真实、准确、完整，不存在虚假记载、误导性陈述或重大遗漏。

上市公司的董事、监事、高级管理人员应当忠实、勤勉地履行职责，保证公司及时、公平地披露信息，所披露的信息真实、准确、完整。

保荐机构、会计师事务所、律师事务所、其他证券服务机构及其从业人员根据北交所业务规则的规定，对所出具文件的真实性、准确性、完整性负责。

上市公司及相关信息披露义务人应当同时向所有投资者公开披露重大信息，确保所有投资者可以平等地获取同一信息，不得实行差别对待政策，不得提前向特定对象单独披露、透露或者泄露未公开的重大信息。上市公司向股东、实际控制人及其他第三方报送文件，涉及尚未公开的重大信息的，应当按照北交所规则予以披露。

公司董事长对信息披露事务管理承担首要责任。上市公司应当设董事会秘书，董事会秘书为公司的高级管理人员，负责信息披露事务、股东大会和董事会会议的筹备、投资者关系管理、股东资料管理等工作。

上市公司应当为董事会秘书履行职责提供便利条件。

董事会秘书为履行职责有权了解公司的财务和经营情况，参加相关会议，查阅有关文件，并要求公司有关部门和人员及时提供相关资料和信息。董事、监事、财务负责人及其他高级管理人员和公司相关人员应当支持、配合董事会秘书的工作。董事会秘书在履行职责过程中受到不当妨碍或者严重阻挠时，可以向北交所报告。

一、一般要求

上市公司及相关信息披露义务人披露的信息包括定期报告和临时报告。

发生可能对公司股票交易价格、投资者投资决策产生较大影响的重大事件，上市公司及相关信息披露义务人应当及时披露临时报告。

除监事会公告外，临时报告应当加盖董事会公章并由公司董事会发布。

上市公司及相关信息披露义务人按照北交所业务规则披露的信息，应当在规定信息披露平台发布。上市公司在其他媒体披露信息的时间不得早于在规定信息披露平台披露的时间。

上市公司同时有证券在境外证券交易所上市的，其在境外证券交易所披露的信息应当在规定信息披露平台同时披露。

1. 上市公司应当在重大事件最先触及下列任一时点后，及时履行首次披露义务：

（1）董事会或者监事会做出决议时。

（2）有关各方签署意向书或协议时。

（3）董事、监事、高级管理人员知悉或者应当知悉该重大事件发生时。

2. 上市公司筹划的重大事项存在较大不确定性，立即披露可能会损害公司利益或者误导投资者，且有关内幕信息知情人已书面承诺保密的，公司可以暂不披露，但最迟应当在该重大事项形成最终决议、签署最终协议、交易确定能够达成时对外披露。

相关信息确实难以保密、已经泄露或者出现市场传闻，导致公司股票交易价格发生大幅波动的，公司应当立即披露相关筹划和进展情况。

上市公司筹划重大事项，持续时间较长的，应当按照重大性原则，分阶段披露进展情况，及时提示相关风险，不得仅以相关事项结果尚不确定为由不予披露。

3. 上市公司和相关信息披露义务人确有需要的，可以在非交易时段对外发布重大信息，但应当在下一交易时段开始前披露相关公告，不得以新闻发布或者答记者问等形式替代信息披露。

上市公司履行首次披露义务时，应当按照北交所业务规则披露重大事件的起因、目前的状态和可能产生的法律后果等。编制公告时相关事实尚未发生的，公司应当客观公告既有事实，待相关事实发生后，再按照要求披露重大事件的进展情况。

上市公司已披露的重大事件出现可能对上市公司股票交易价格或投资者决策产生较大影响的进展或者变化的，应当及时披露进展或者变化情况，包括协议执行发生重大变化、被有关部门批准或否决、无法交付过户等。

上市公司控股子公司发生本规则规定的重大事项，视同上市公司的重大事项，适用本规则。

二、信息披露监管方式

北交所根据有关法律法规、北交所业务规则，对上市公司和相关信息披露义务人的信息披露文件进行形式审查，对其内容的真实性不承担责任。

1. 北交所对上市公司及相关信息披露义务人的信息披露文件进行审查，发现存在问题的，可以采用要求说明、公开问询等方式，要求上市公司及相关信息披露义务人、保荐机构和其他证券服务机构等相关主体进行解释、说明、更正和补充，相关主体应当及时回复，并保证回复内容的真实、准确、完整。

北交所可以根据监管需要调阅、检查工作底稿、证券业务活动记录及相关资料，相关主体应当积极配合。

2. 上市公司董事、监事、高级管理人员应当对公司信息披露的真实性、准确性、完整性、及时性、公平性负责，但有充分证据表明其已经履行勤勉尽责义务的除外。

上市公司董事长、经理、董事会秘书应当对公司临时报告的真实性、准确性、完整性、及时性、公平性承担主要责任。

上市公司董事长、经理、财务负责人应当对公司财务会计报告的真实性、准确性、完整性、及时性、公平性承担主要责任。

三、信息披露事务管理

上市公司应当制定信息披露事务管理制度，经董事会审议并披露。信息披露事务管理制度应当包括：

1. 公司应当披露的信息和披露标准。
2. 未公开信息的传递、审核、披露流程。
3. 董事和董事会、监事和监事会、高级管理人员等在信息披露中的职责。
4. 董事、监事、高级管理人员履行职责的记录和保管制度。
5. 未公开信息的保密措施，内幕信息知情人的范围和保密责任。
6. 财务管理和会计核算的内部控制及监督机制。
7. 对外发布信息的申请、审核、发布流程，与投资者、证券服务机构、媒体等的信息沟通制度。
8. 信息披露相关文件、资料的档案管理。
9. 控股子公司的信息披露事务管理和报告制度。
10. 未按规定披露信息的责任追究机制，对违反规定人员的处理措施。

上市公司应当制定董事、监事、高级管理人员以及其他相关人员对外发布信息的内部规范，明确发布程序、方式和未经董事会许可不得对外发布的事项等。

四、报备内幕信息知情人档案

上市公司应当按照证监会和北交所相关规定，对内幕信息知情人进行登记管理，在披露以下重大事项时，应当按照上交所相关规定报备内幕信息知情人档案：

1. 年度报告、中期报告。
2. 证券发行。
3. 股份回购。
4. 重大资产重组。
5. 公司被收购。
6. 公司合并、分立。
7. 申请转板或向境外其他证券交易所申请股票上市。
8. 证监会和北交所规定的其他重大事项。

公司披露重大事项后，相关事项发生重大变化的，应当及时向北交所补充报送内幕信息知情人档案。

五、定期报告编制和披露要求

上市公司应当披露的定期报告包括年度报告、中期报告和季度报告。

1. 上市公司应当按照证监会和北交所相关规定编制并披露定期报告，并按照《企业会计准则》的要求编制财务报告。

上市公司应当按照证监会和北交所行业信息披露相关规定的要求在年度报告中披露相应信息。

2. 上市公司应当在规定的期限内编制并披露定期报告，在每个会计年度结束之日起 4 个月内编制并披露年度报告，在每个会计年度的上半年结束之日起 2 个月内编制并披露中期报告；在每个会计年度前 3 个月、9 个月结束后的 1 个月内编制并披露季度报告。第一季度报告的披露时间不得早于上一年的年度报告。公司预计不能在规定期限内披露定期报告的,应当及时向北交所报告,并公告不能按期披露的原因、解决方案及延期披露的最后期限。

3. 上市公司年度报告的财务报告应当经符合《证券法》规定的会计师事务所审计。

(1) 上市公司不得随意变更会计师事务所,如确需变更的,应当由董事会审议后提交股东大会审议。

(2) 上市公司拟实施送股或者以资本公积转增股本的,所依据的中期报告或者季度报告的财务报告应当经符合《证券法》规定的会计师事务所审计。仅实施现金分红的,可免于审计。

上市公司董事会应当编制和审议定期报告,确保公司定期报告按时披露。董事会因故无法对定期报告形成决议的,应当以董事会公告的方式披露具体原因和存在的风险,并披露独立董事意见。

(3) 上市公司不得披露未经董事会审议通过的定期报告,董事会已经审议通过的,不得以董事、高级管理人员对定期报告内容有异议为由不按时披露定期报告。

(4) 上市公司监事会应当对董事会编制的定期报告进行审核并提出书面审核意见,说明董事会对定期报告的编制和审核程序是否符合法律法规、证监会和北交所的规定,报告的内容是否能够真实、准确、完整地反映公司实际情况。

(5) 上市公司董事、监事、高级管理人员应当对公司定期报告签署书面确认意见。董事、监事、高级管理人员不得以任何理由拒绝对定期报告签署书面意见。

(6) 上市公司董事、监事和高级管理人员无法保证定期报告内容的真实性、准确性、完整性或者有异议的,应当在书面确认意见中发表意见并陈述理由,公司应当在定期报告中披露相关情况。公司不予披露的,董事、监事和高级管理人员可以直接申请披露。

4. 上市公司财务会计报告被会计师事务所出具非标准审计意见的,按照证监会关于非标准审计意见处理的相关规定,公司在披露定期报告的同时,应当披露下列文件:

(1) 董事会对审计意见涉及事项的专项说明和决议。

（2）独立董事对审计意见涉及事项发表的意见。

（3）监事会对董事会专项说明的意见和决议。

（4）会计师事务所和注册会计师出具的专项说明。

（5）证监会和北交所要求的其他文件。

上市公司财务报告的非标准审计意见涉及事项属于违反会计准则及相关信息披露规范性规定的，上市公司应当对有关事项进行纠正，并及时披露纠正后的财务会计资料和会计师事务所出具的审计报告或专项鉴证报告等有关材料。

六、业绩预告和业绩快报

上市公司定期报告披露前出现业绩泄露，或者出现业绩传闻且公司股票交易出现异常波动的，应当及时披露业绩快报。

1. 上市公司预计不能在会计年度结束之日起 2 个月内披露年度报告的，应当在该会计年度结束之日起 2 个月内披露业绩快报。

业绩快报中的财务数据包括但不限于营业收入、净利润、总资产、净资产以及净资产收益率。

2. 上市公司在年度报告披露前，预计上一会计年度净利润发生重大变化的，应当在北交所规定的时间内进行业绩预告；预计半年度和季度净利润发生重大变化的，可以进行业绩预告。

3. 业绩预告应当披露净利润的预计值以及重大变化的原因。

重大变化的情形包括净利润同比变动超过 50% 且大于 500 万元、发生亏损或者由亏损变为盈利。

4. 上市公司因《北京证券交易所股票上市规则》第 10.3.1 条规定的情形，其股票被实施退市风险警示的，应当在会计年度结束之日起两个月内预告全年营业收入、净利润、扣除非经常性损益后的净利润和净资产。

公司业绩快报、业绩预告中的财务数据与实际数据差异幅度达到 20% 以上的，应当及时披露修正公告，并在修正公告中向投资者致歉、说明差异的原因。

七、重大交易信息披露

"交易"包括下列事项：

1. 购买或者出售资产。

2. 对外投资（含委托理财、对子公司投资等，设立或者增资全资子公司及购买银行理财产品除外）。

3. 提供担保（即上市公司为他人提供的担保，含对控股子公司的担保）。

4. 提供财务资助。

5. 租入或者租出资产。

6. 签订管理方面的合同（含委托经营、受托经营等）。

7. 赠与或者受赠资产。

8. 债权或者债务重组。

9. 研究与开发项目的转移。

10. 签订许可协议。

11. 放弃权利。

12. 证监会及北交所认定的其他交易。

上述购买或者出售资产，不包括购买原材料、燃料和动力，以及出售产品或者商品等与日常经营相关的交易行为。

上市公司发生的交易（除提供担保、提供财务资助外）达到下列标准之一的，应当及时披露：

1. 交易涉及的资产总额（同时存在账面值和评估值的，以孰高为准）占上市公司最近一期经审计总资产的10%以上。

2. 交易的成交金额占上市公司最近一期经审计净资产的10%以上，且超过1 000万元。

3. 交易标的（如股权）最近一个会计年度相关的营业收入占上市公司最近一个会计年度经审计营业收入的10%以上，且超过1 000万元。

4. 交易产生的利润占上市公司最近一个会计年度经审计净利润的10%以上，且超过150万元。

5. 交易标的（如股权）最近一个会计年度相关的净利润占上市公司最近一个会计年度经审计净利润的 10% 以上，且超过 150 万元。

上述指标计算中涉及的数据如为负值，取其绝对值计算。

上市公司发生的交易（除提供担保、提供财务资助外）达到下列标准之一的，应当提交股东大会审议：

1. 交易涉及的资产总额（同时存在账面值和评估值的，以孰高为准）占上市公司最近一期经审计总资产的 50% 以上。

2. 交易的成交金额占上市公司最近一期经审计净资产的 50% 以上，且超过 5 000 万元。

3. 交易标的（如股权）最近一个会计年度相关的营业收入占上市公司最近一个会计年度经审计营业收入的 50% 以上，且超过 5 000 万元。

4. 交易产生的利润占上市公司最近一个会计年度经审计净利润的 50% 以上，且超过 750 万元。

5. 交易标的（如股权）最近一个会计年度相关的净利润占上市公司最近一个会计年度经审计净利润的 50% 以上，且超过 750 万元。

上述指标计算中涉及的数据如为负值，取其绝对值计算。

上市公司提供担保的，应当提交公司董事会审议并对外披露。董事会审议担保事项时，必须经出席董事会会议的 2/3 以上董事审议同意。符合以下情形之一的，还应当提交公司股东大会审议：

1. 单笔担保额超过上市公司最近一期经审计净资产 10% 的担保。

2. 上市公司及其控股子公司提供担保的总额，超过上市公司最近一期经审计净资产 50% 以后提供的任何担保。

3. 为资产负债率超过 70% 的担保对象提供的担保。

4. 按照担保金额连续 12 个月累计计算原则，超过上市公司最近一期经审计总资产 30% 的担保。

5. 证监会、北交所或者公司章程规定的其他担保。

股东大会审议前款第 4 项担保事项时，必须经出席会议的股东所持表决权的 2/3 以上通过。

上市公司为全资子公司提供担保，或者为控股子公司提供担保且控股子公司其他股东按所享有的权益提供同等比例担保，不损害公司利益的，可以豁免适用北交所上市规则第7.1.11条第二款第一至三项的规定，但是公司章程另有规定的除外。上市公司应当在年度报告和中期报告中汇总披露前述担保。

上市公司提供财务资助，应当经出席董事会会议的2/3以上董事同意并做出决议，及时履行信息披露义务。

上市公司对外提供财务资助事项属于下列情形之一的，经董事会审议通过后还应当提交公司股东大会审议：

1. 被资助对象最近一期的资产负债率超过70%。

2. 单次财务资助金额或者连续12个月内累计提供财务资助金额超过公司最近一期经审计净资产的10%。

3. 证监会、北交所或者公司章程规定的其他情形。

上市公司不得为董事、监事、高级管理人员、控股股东、实际控制人及其控制的企业等关联方提供资金等财务资助。对外财务资助款项逾期未收回的，上市公司不得对同一对象继续提供财务资助或者追加财务资助。

上市公司发生符合以下标准的关联交易（除提供担保外），应当及时披露：

1. 公司与关联自然人发生的成交金额在30万元以上的关联交易。

2. 与关联法人发生的成交金额占公司最近一期经审计总资产0.2%以上的交易，且超过300万元。

上市公司与关联方发生的成交金额（除提供担保外）占公司最近一期经审计总资产2%以上且超过3 000万元的交易，应当比照北交所上市规则第7.1.17条的规定提供评估报告或者审计报告，提交股东大会审议。与日常经营相关的关联交易可免于审计或者评估。

上市公司与关联方进行下列关联交易时，可以免予按照关联交易的方式进行审议和披露：

1. 一方以现金方式认购另一方公开发行的股票、公司债券或者企业债券、可转换公司债券或者其他衍生品种。

2. 一方作为承销团成员承销另一方公开发行股票、公司债券、企业债券、可转换公司债券或者其他衍生品种。

3. 一方依据另一方股东大会决议领取股息、红利或者报酬。

4. 一方参与另一方公开招标或者拍卖，但是招标或者拍卖难以形成公允价格的除外。

5. 上市公司单方面获得利益的交易，包括受赠现金资产、获得债务减免、接受担保和资助等。

6. 关联交易定价为国家规定的。

7. 关联方向上市公司提供资金，利率水平不高于中国人民银行规定的同期贷款基准利率，且上市公司对该项财务资助无相应担保的。

8. 上市公司按与非关联方同等交易条件，向董事、监事、高级管理人员提供产品和服务的。

9. 证监会、北交所认定的其他交易。

股票异常波动和传闻澄清信息披露。上市公司异常波动公告应当包括以下内容：

1. 股票交易异常波动的具体情况。

2. 对信息披露相关重要问题的关注、核实情况说明。

3. 是否存在应当披露而未披露重大信息的声明。

4. 董事会核实公司及控股股东、实际控制人、董事、监事、高级管理人员异常波动期间是否存在交易公司股票的情况。

5. 向市场提示异常波动股票投资风险。

6. 北交所要求的其他内容。

上市公司和相关信息披露义务人应当密切关注公共媒体关于公司的重大报道、市场传闻。

如果相关传闻可能或者已经对公司股票交易价格或者投资决策产生较大影响的，公司应当及时核实，并视情况披露或者澄清。

北交所认为相关传闻可能对公司股票交易价格产生较大影响的，可以要求公司予以核实、澄清。公司应当在北交所要求的期限内核实，及时披露传闻澄清公告。

第四节　新三板信息披露事务

根据《全国中小企业股份转让系统挂牌公司信息披露规则》，股票在全国中小企业股份转让系统挂牌公开转让的公司，以及其他信息披露义务人的信息披露及相关行为适用该规则。证监会、全国中小企业股份转让系统有限责任公司对特定行业挂牌公司，或者对挂牌公司股票发行、收购重组、股权激励、股份回购以及股票终止挂牌等事项，或者对优先股、公司债券等其他证券品种的信息披露另有规定的，从其规定。

挂牌公司及其他信息披露义务人披露的信息包括定期报告和临时报告。

挂牌公司根据公司所属市场层级适用差异化的信息披露规定，但可以自愿选择适用更高市场层级的信息披露要求。

除依法或者按照《全国中小企业股份转让系统挂牌公司信息披露规则》和相关规则需要披露的信息外，挂牌公司可以自愿披露与投资者做出价值判断和投资决策有关的信息，但不得与依法或者按照《全国中小企业股份转让系统挂牌公司信息披露规则》和相关规则披露的信息相冲突，不得误导投资者。

1. 挂牌公司及其他信息披露义务人按照《全国中小企业股份转让系统挂牌公司信息披露规则》和相关规则披露的信息，应当在符合《证券法》规定的信息披露平台（以下简称规定信息披露平台）发布。挂牌公司在其他媒体披露信息的时间不得早于在规定信息披露平台披露的时间。

2. 挂牌公司同时有证券在境外证券交易所上市的，其在境外证券交易所披露的信息应当在规定信息披露平台同时披露。

3. 挂牌公司编制信息披露文件，并将信息披露文件及备查文件送达主办券商。拟披露信息经主办券商事前审查后，由主办券商上传至规定信息披露平台，全国股转公司另有规定的除外。挂牌公司应当与主办券商约定预留合理的审查时间。

4. 主办券商应当指导和督促挂牌公司规范履行信息披露义务，发现拟披露或已披露信息存在任何错误、遗漏或者误导的，或者发现存在应当披露而未披露事项的，主办券商应当要求挂牌公司进行更正或补充。

挂牌公司拒不更正或补充的，主办券商应当在两个交易日内发布风险揭示公告并向全国股转公司报告。挂牌公司如需更正、补充信息披露文件的，应当履行相应程序。

5. 由于国家秘密、商业秘密等特殊原因导致《全国中小企业股份转让系统挂牌公司信息披露规则》规定的某些信息确实不便披露的，挂牌公司可以不予披露，但应当在相关定期报告、临时报告中说明未按照规定进行披露的原因。证监会、全国股转公司认为需要披露的，挂牌公司应当披露。

6. 定期报告。挂牌公司应当在定期报告披露前及时向主办券商提供下列文件：

（1）定期报告全文。

（2）审计报告（如适用）。

（3）董事会、监事会决议及其公告文稿。

（4）公司董事、高级管理人员的书面确认意见及监事会的书面审核意见。

（5）按照全国股转公司要求制作的定期报告和财务数据的电子文件。

（6）全国股转公司及主办券商要求的其他文件。

挂牌公司财务报告被注册会计师出具非标准审计意见的，公司在向主办券商送达定期报告时应当提交下列文件，并与定期报告同时披露：

（1）董事会针对该审计意见涉及事项所做的专项说明和相关决议。

（2）监事会对董事会有关说明的意见和相关决议。

（3）负责审计的会计师事务所及注册会计师出具的专项说明。

（4）全国股转公司及主办券商要求的其他文件。

负责审计的会计师事务所和注册会计师按《全国中小企业股份转让系统挂牌公司信息披露规则》第十九条出具的专项说明应当至少包括以下内容：

（1）出具非标准审计意见的依据和理由。

（2）非标准审计意见涉及事项对报告期公司财务状况和经营成果的影响。

（3）非标准审计意见涉及事项是否违反《企业会计准则》及相关信息披露规范性规定。

《全国中小企业股份转让系统挂牌公司信息披露规则》第二十条所述非标准审计意见涉及事项属于违反会计准则及相关信息披露规范性规定的，主办券商应当督促挂牌公司对有关事项进行纠正。

挂牌公司定期报告存在差错、未按规定披露或者虚假记载，被证监会或全国股转公司要求改正或者董事会决定更正的，应当在被要求改正或者董事会做出相应决定后，及时进行更正。对年度财务报告中会计差错进行更正的，应当披露会计师事务所出具的专项说明。

挂牌公司年度报告中出现下列情形之一的，全国股转公司对股票交易实行风险警示，在公司股票简称前加注标识并公告：

（1）最近一个会计年度的财务报告被出具否定意见或者无法表示意见的审计报告。

（2）最近一个会计年度经审计的期末净资产为负值。

（3）全国股转公司规定的其他情形。年度报告出现上述风险警示情形，或者挂牌公司因更正年度报告、追溯调整财务数据导致其触发创新层退出情形的，主办券商应当最迟在披露当日向全国股转公司报告。

7. 临时报告。临时报告是指自取得挂牌同意函之日起，挂牌公司及其他信息披露义务人按照法律法规和证监会、全国股转公司有关规定发布的除定期报告以外的公告。

挂牌公司应当在重大事件最先触及下列任一时点后，及时履行首次披露义务：

（1）董事会或者监事会做出决议时。

（2）有关各方签署意向书或协议时。

（3）董事、监事、高级管理人员知悉或者应当知悉该重大事件发生时。挂牌公司筹划的重大事项存在较大不确定性，立即披露可能会损害公司利益或者误导投资者，且有关内幕信息知情人已书面承诺保密的，公司可以暂不披露，但最迟应当在该重大事项形成最终决议、签署最终协议、交易确定能够达成时对外披露。

相关信息确实难以保密、已经泄露或者出现市场传闻，导致公司股票及其他证券品种交易价格发生大幅波动的，公司应当立即披露相关筹划和进展情况。

8. 交易事项信息披露。

挂牌公司发生以下交易，达到披露标准的，应当及时披露：

（1）购买或者出售资产。

（2）对外投资（含委托理财、对子公司投资等）。

（3）提供担保。

（4）提供财务资助。

（5）租入或者租出资产。

（6）签订管理方面的合同（含委托经营、受托经营等）。

（7）赠与或者受赠资产。

（8）债权或者债务重组。

（9）研究与开发项目的转移。

（10）签订许可协议。

（11）放弃权利。

（12）证监会、全国股转公司认定的其他交易。

上述购买或者出售资产，不包括购买原材料、燃料和动力，以及出售产品或者商品等与日常经营相关的交易行为。

创新层挂牌公司发生的交易（除提供担保外）达到下列标准之一的，应当及时披露：

（1）交易涉及的资产总额（同时存在账面值和评估值的，以孰高为准）或成交金额占公司最近一个会计年度经审计总资产的10%以上。

（2）交易涉及的资产净额或成交金额占公司最近一个会计年度经审计净资产绝对值的10%以上，且超过300万元。

基础层挂牌公司发生的交易（除提供担保外）达到下列标准之一的，应当及时披露：

（1）交易涉及的资产总额（同时存在账面值和评估值的，以孰高为准）或成交金额占公司最近一个会计年度经审计总资产的20%以上。

（2）交易涉及的资产净额或成交金额占公司最近一个会计年度经审计净资产绝对值的20%以上，且超过300万元。

挂牌公司与其合并报表范围内的控股子公司发生的或者上述控股子公司之间发生的交易，除另有规定或者损害股东合法权益外，免于按照本节规定披露。

挂牌公司提供担保的，应当提交公司董事会审议并及时披露董事会决议公告和相关公告。

9. 挂牌公司出现下列重大风险情形之一的，应当自事实发生之日起及时披露：

（1）停产、主要业务陷入停顿。

（2）发生重大债务违约。

（3）发生重大亏损或重大损失。

（4）主要资产被查封、扣押、冻结，主要银行账号被冻结。

（5）公司董事会、股东大会无法正常召开会议并形成决议。

（6）董事长或者经理无法履行职责，控股股东、实际控制人无法取得联系。

（7）公司其他可能导致丧失持续经营能力的风险。

挂牌公司出现以下情形之一的，应当自事实发生或董事会决议之日起及时披露：

（1）变更公司名称、证券简称、公司章程、注册资本、注册地址、主要办公地址等，其中公司章程发生变更的，还应在股东大会审议通过后披露新的公司章程。

（2）经营方针和经营范围发生重大变化。

（3）挂牌公司控股股东、实际控制人及其一致行动人，或第一大股东发生变更。

（4）挂牌公司控股股东、实际控制人及其控制的企业占用公司资金。

（5）挂牌公司实际控制人及其控制的其他企业从事与公司相同或者相似业务的情况发生较大变化。

第八章　信息披露　　281

（6）法院裁定禁止控股股东、实际控制人转让其所持挂牌公司股份。

（7）挂牌公司董事、监事、高级管理人员发生变动。

（8）挂牌公司减资、合并、分立、解散及申请破产，或者依法进入破产程序、被责令关闭。

（9）订立重要合同、获得大额政府补贴等额外收益，可能对公司的资产、负债、权益和经营成果产生重大影响。

（10）挂牌公司提供担保，被担保人于债务到期后15个交易日内未履行偿债义务，或者被担保人出现破产、清算或其他严重影响其偿债能力的情形。

（11）营业用主要资产的抵押、质押、出售或者报废一次超过该资产的30%。

（12）挂牌公司发生重大债务。

（13）挂牌公司变更会计政策、会计估计（法律法规或者国家统一会计制度要求的除外），变更会计师事务所。

（14）挂牌公司或其控股股东、实际控制人、董事、监事、高级管理人员被纳入失信联合惩戒对象。

（15）挂牌公司取得或丧失重要生产资质、许可、特许经营权，或生产经营的外部条件、行业政策发生重大变化。

（16）挂牌公司涉嫌违法违规被证监会及其派出机构或其他有权机关调查，被移送司法机关或追究刑事责任，受到对公司生产经营有重大影响的行政处罚，或者被证监会及其派出机构采取行政监管措施或行政处罚。

（17）挂牌公司董事、监事、高级管理人员、控股股东或实际控制人涉嫌违法违规被证监会及其派出机构或其他有权机关调查、采取留置、强制措施或者追究重大刑事责任，被证监会及其派出机构处以证券市场禁入、认定为不适当人员等监管措施，受到对公司生产经营有重大影响的行政处罚。

（18）因已披露的信息存在差错、虚假记载或者未按规定披露，被有关机构要求改正或者经董事会决定进行更正。

（19）法律法规规定的，或者证监会、全国股转公司认定的其他情形。

挂牌公司发生违规对外担保，或者资金、资产被控股股东、实际控制人及其控制的企业占用的，应当披露相关事项的整改进度情况。

10. 信息披露事务管理。挂牌公司应当制定信息披露事务管理制度，经董事会审议并披露。

信息披露事务管理制度应当包括：

（1）公司应当披露的信息和披露标准。

（2）未公开信息的传递、审核、披露流程。

（3）董事和董事会、监事和监事会、高级管理人员和信息披露事务负责人等在信息披露中的职责。

（4）董事、监事、高级管理人员和信息披露事务负责人履行职责的记录和保管制度。

（5）未公开信息的保密措施，内幕信息知情人登记管理要求，内幕信息知情人的范围和保密责任。

（6）财务管理和会计核算的内部控制及监督机制。

（7）对外发布信息的申请、审核、发布流程，与投资者、证券服务机构、媒体等的信息沟通制度。

（8）信息披露相关文件、资料的档案管理。

（9）控股子公司的信息披露事务管理和报告制度。

（10）未按规定披露信息的责任追究机制，对违反规定人员的处理措施。

11. 违反信息披露规则的，全国股转公司可以视情节轻重采取以下自律监管措施：

（1）口头警示。

（2）约见谈话。

（3）要求提交书面承诺。

（4）出具警示函。

（5）限期改正。

（6）要求公开更正、澄清或说明。

第八章　信息披露

（7）要求公开致歉。

（8）要求限期参加培训或考试。

（9）要求限期召开投资者说明会。

（10）暂停解除挂牌公司控股股东、实际控制人的股票限售。

（11）建议挂牌公司更换相关任职人员。

（12）暂停证券账户交易。

（13）限制证券账户交易。

（14）全国股转公司规定的其他自律监管措施。

情节轻微未造成不良影响的，全国股转公司可以通过监管工作提示等方式对其进行提醒教育。

12. 违反《全国中小企业股份转让系统挂牌公司信息披露规则》的，全国股转公司可以视情节轻重采取以下纪律处分：

（1）通报批评。

（2）公开谴责。

（3）认定其不适合担任公司董事、监事、高级管理人员。

（4）全国股转公司规定的其他纪律处分。

全国股转公司发现相关主体涉嫌违反法律法规和证监会相关规定，情节严重的，向证监会报告。

挂牌公司及其他信息披露义务人存在以下情形之一的，全国股转公司可以对挂牌公司及相关责任主体采取自律监管措施或纪律处分：

（1）将不存在的事实在信息披露文件中予以记载，构成虚假记载的。

（2）通过信息披露文件做出使投资者对其投资行为发生错误判断并产生重大影响的陈述，构成误导性陈述的。

（3）信息披露文件未完整记载应当披露的事项，或未按照信息披露文件内容与格式的相关规定进行编制，构成重大遗漏的。

（4）无正当理由未在《全国中小企业股份转让系统挂牌公司信息披露规则》规定的期限内披露定期报告或临时报告的。

（5）对外提供未在规定信息披露平台披露的重大信息，或者未以全国股转公司规定的方式公开披露应当披露的信息。

（6）拒不更正已披露文件差错、修正已披露财务数据，或者更正已披露文件产生较大影响的。

（7）未按要求回复全国股转公司对信息披露文件进行解释说明、更正和补充的要求，或者公开问询的。

（8）会计核算体系、财务管理和风险控制制度执行不到位，无法确保公司财务报告真实可靠的。

（9）未按规定建立、执行信息披露事务管理制度，或拒不履行《全国中小企业股份转让系统挂牌公司信息披露规则》规定的信息报备义务。

（10）全国股转公司认定的其他违规行为。挂牌公司无正当理由，未在规定期限内披露年度报告或者中期报告的，全国股转公司将给予挂牌公司及相关责任主体公开谴责的纪律处分。

第五节　科创板信息披露事务

根据《上海证券交易所科创板股票上市规则》第五章，上市公司应当设立董事会秘书，负责公司的信息披露事务。

上市公司董事会秘书为高级管理人员，应当具备相应任职条件和资格，忠实、勤勉履行职责。

董事会秘书空缺期间，上市公司应当及时指定一名董事或者高级管理人员代行董事会秘书职责。空缺超过3个月的，公司法定代表人应当代行董事会秘书职责。

上市公司应当为董事会秘书履行职责提供便利条件，董事、监事、其他高级管理人员和相关工作人员应当配合董事会秘书的工作。

董事会秘书有权了解公司的经营和财务情况，参加有关会议，查阅相关文件，要求有关部门和人员提供资料和信息。

上市公司解聘董事会秘书应当有充分的理由，不得无故解聘。

上市公司应当设立证券事务代表，协助董事会秘书履行职责。董事会秘书不能履行职责或董事会秘书授权时，证券事务代表应当代为履行职责。在此期间，并不当然免除董事会秘书对公司信息披露所负有的责任。

上市公司董事会聘任董事会秘书和证券事务代表后，应当及时公告并向上交所提交下述资料：

1. 董事会秘书、证券事务代表聘任书或者相关董事会决议。

2. 董事会秘书、证券事务代表的通信方式，包括办公电话、住宅电话、移动电话、传真、通信地址及专用电子邮箱地址等。

上交所接受董事会秘书、代行董事会秘书职责的人员或者证券事务代表以上市公司名义办理的信息披露与股权管理事务。

一、科创板信息披露基本原则

上市公司和相关信息披露义务人应当同时向所有投资者公开披露重大信息，确保所有投资者可以平等获取信息，不得向单个或部分投资者透露或泄露。

上市公司和相关信息披露义务人通过业绩说明会、分析师会议、路演、接受投资者调研等形式，与任何机构和个人进行沟通时，不得提供公司尚未披露的重大信息。

上市公司向股东、实际控制人及其他第三方报送文件，涉及尚未公开的重大信息的，应当依照《上海证券交易所科创板股票上市规则》披露。

出现下列情形之一的，上市公司和相关信息披露义务人应当及时披露重大事项：

1. 董事会或者监事会已就该重大事项形成决议。
2. 有关各方已就该重大事项签署意向书或者协议。
3. 董事、监事或者高级管理人员已知悉该重大事项。
4. 其他发生重大事项的情形。

上市公司筹划的重大事项存在较大不确定性，立即披露可能会损害公司利益或者误导投资者，且有关内幕信息知情人已书面承诺保密的，公司可以暂不披露，但最迟应当在该重大事项形成最终决议、签署最终协议、交易确定能够达成时对外披露。

相关信息确实难以保密、已经泄露或者出现市场传闻，导致公司股票交易价格发生大幅波动的，公司应当立即披露相关筹划和进展情况。

二、信息披露一般要求

1. 上市公司应当披露能够充分反映公司业务、技术、财务、公司治理、竞争优势、行业趋势、产业政策等方面的重大信息，充分揭示上市公司的风险因素和投资价值，便于投资者合理决策。

上市公司应当对业绩波动、行业风险、公司治理等相关事项进行针对性信息披露，并持续披露科研水平、科研人员、科研资金投入、募集资金重点投向领域等重大信息。

2. 上市公司筹划重大事项，持续时间较长的，应当按照重大性原则，分阶段披露进展情况，及时提示相关风险，不得仅以相关事项结果尚不确定为由不予披露。

上市公司和相关信息披露义务人认为相关信息可能影响公司股票交易价格或者有助于投资者决策，但不属于《上海证券交易所科创板股票上市规则》要求披露的信息，可以自愿披露。

上市公司和相关信息披露义务人自愿披露信息，应当审慎、客观，不得利用该等信息不当影响公司股票交易价格、从事内幕交易或者其他违法违规行为。

上市公司和相关信息披露义务人按照规则披露信息的，在发生类似事件时，应当按照同一标准予以披露，避免选择性信息披露。

3. 上市公司的公告文稿应当重点突出、逻辑清晰、语言浅白、简明易懂，避免使用大量专业术语、过于晦涩的表达方式和外文及其缩写，避免模糊、模板化和冗余重复的信息，不得含有祝贺、宣传、广告、恭维、诋毁等性质的词语。公告文稿应当采用中文文本，同时采用外文文本的，应当保证两种文本内容的一致。两种文本不一致的，以中文文本为准。

4. 上市公司和相关信息披露义务人拟披露的信息属于商业秘密、商业敏感信息，按照规则披露或者履行相关义务可能引致不当竞争、损害公司及投资者利益或者误导投资者的，可以按照北交所相关规定暂缓或者豁免披露该信息。

拟披露的信息被依法认定为国家秘密，按规则披露或者履行相关义务可能导致其违反境内法律法规或危害国家安全的，可以按照上交所相关规定豁免披露。

上市公司和相关信息披露义务人应当审慎确定信息披露暂缓、豁免事项，不得随意扩大暂缓、豁免事项的范围。暂缓披露的信息已经泄露的，应当及时披露。

5. 上市公司股票的停牌和复牌，应当遵守《上海证券交易所科创板股票上市规则》及上交所相关规定。上市公司未按规定申请停牌和复牌的，上交所可以决定对公司股票实施停牌和复牌。

上市公司筹划重大事项或者具有其他上交所认为合理的理由，可以按照相关规定申请对其股票停牌与复牌。

证券市场交易出现极端异常情况的，上交所可以根据证监会的决定或者市场实际情况，暂停办理上市公司停牌申请，维护市场交易的连续性和流动性，维护投资者正当的交易权利。

上市公司出现下列情形，上交所可以视情况决定公司股票的停牌和复牌：

（1）严重违反法律法规及上交所其他规定，且在规定期限内拒不按要求改正。

（2）定期报告或者临时公告披露存在重大遗漏或者误导性陈述，但拒不按照要求就有关内容进行解释或者补充。

（3）在公司运作和信息披露方面涉嫌违反法律法规或者上交所其他规定，情节严重而被有关部门调查。

（4）无法保证与上交所的有效联系，或者拒不履行信息披露义务。

（5）其他上交所认为应当停牌或者复牌的情形。

（6）上市公司被要约收购的，要约收购期限届满至要约收购结果公告前，公司股票应当停牌。公司股票应当于要约结果公告日复牌。

三、信息披露监管方式

上交所通过审阅信息披露文件、提出问询等方式，进行信息披露事中事后监管，督促信息披露义务人履行信息披露义务，督促保荐机构、证券服务机构履行职责。

信息披露涉及重大复杂、无先例事项的，上交所可以实施事前审核。

上交所对信息披露文件实施形式审核，对其内容的真实性不承担责任。

上市公司或者相关信息披露义务人公告屡次出现虚假记载、误导性陈述或者重大遗漏等情形的，上交所可以决定对其暂停适用信息披露直通车业务。

四、信息披露管理制度

1. 上市公司应当建立信息披露事务管理制度，经董事会审议通过并披露。上市公司应当建立与上交所的有效沟通渠道，保证联系畅通。

2. 上市公司应当制定董事、监事、高级管理人员以及其他相关人员对外发布信息的内部规范制度，明确发布程序、方式和未经董事会许可不得对外发布的情形等事项。

上市公司控股股东、实际控制人应当比照前款要求，规范与上市公司有关的信息发布行为。

3. 上市公司和相关信息披露义务人不得以新闻发布或者答记者问等其他形式代替信息披露或泄露未公开重大信息。

上市公司和相关信息披露义务人确有需要的，可以在非交易时段通过新闻发布会、媒体专访、公司网站、网络自媒体等方式对外发布应披露的信息，但公司应当于下一交易时段开始前披露相关公告。

4. 上市公司应当建立内幕信息管理制度。上市公司及其董事、监事、高级管理人员和其他内幕信息知情人在信息披露前，应当将内幕信息知情人控制在最小范围。

内幕信息知情人在内幕信息公开前，不得买卖公司股票、泄露内幕信息或者建议他人买卖公司股票。

5. 相关信息披露义务人应当积极配合上市公司做好信息披露工作，及时告知公司已发生或者可能发生的重大事件，严格履行承诺。

相关信息披露义务人通过上市公司披露信息的，上市公司应当予以协助。

6. 上市公司应当建立与投资者的有效沟通渠道，保障投资者合法权益。

上市公司应当积极召开投资者说明会，向投资者说明公司重大事项，澄清媒体传闻。

五、定期报告

1. 定期报告编制和披露要求。上市公司应当在规定的期间内，依照证监会和上交所的要求编制并披露定期报告。定期报告包括年度报告、半年度报告和季度报告。

2. 上市公司应当在每个会计年度结束之日起 4 个月内披露年度报告，在每个会计年度的上半年结束之日起 2 个月内披露半年度报告，在每个会计年度前 3 个月、9 个月结束之日起 1 个月内披露季度报告。第一季度季度报告的披露时间不得早于上一年度年度报告的披露时间。

上市公司预计不能在规定期限内披露定期报告的，应当及时公告不能按期披露的原因、解决方案以及预计披露的时间。

3. 上市公司董事、高级管理人员应当对定期报告签署书面意见，保证定期报告真实、准确、完整；对定期报告内容存在异议的，应当说明原因并披露。董事、高级管理人员不得以任何理由拒绝对定期报告签署书面意见。

4. 为上市公司定期报告出具审计意见的会计师事务所，应当严格按照注册会计师执业准则以及相关规定发表审计意见，不得无故拖延，影响定期报告按时披露。

上市公司年度报告的财务会计报告应当经具有执行证券、期货相关业务资格的会计师事务所审计。

上市公司拟实施送股或者以资本公积转增股本的，所依据的半年度报告或者季度报告的财务会计报告应当审计；仅实施现金分红的，可免于审计。

5. 上市公司财务会计报告被会计师事务所出具非标准审计意见的，

按照《公开发行证券的公司信息披露编报规则第 14 号——非标准审计意见及其涉及事项的处理》的规定，公司在披露定期报告的同时，应当披露下列文件：

（1）董事会对审计意见涉及事项的专项说明和决议。

（2）独立董事对审计意见涉及事项发表的意见。

（3）监事会对董事会专项说明的意见和决议。

（4）会计师事务所和注册会计师出具的专项说明。

（5）证监会和上交所要求的其他文件。

上市公司财务会计报告被会计师事务所出具非标准审计意见，涉及事项属于明显违反会计准则及相关信息披露规定的，上市公司应当对有关事项进行纠正，并及时披露纠正后的财务会计资料和会计师事务所出具的审计报告或专项鉴证报告等有关材料。

6. 业绩预告和业绩快报。上市公司预计年度经营业绩将出现下列情形之一的，应当在会计年度结束之日起 1 个月内进行业绩预告：

（1）净利润为负值。

（2）净利润与上年同期相比上升或者下降 50% 以上。

（3）实现扭亏为盈。

上市公司预计半年度和季度业绩出现前述情形之一的，可以进行业绩预告。上市公司董事、监事、高级管理人员应当及时、全面了解和关注公司经营情况和财务信息，并和会计师事务所进行必要的沟通，审慎判断是否达到本条规定情形。

7. 上市公司可以在定期报告披露前发布业绩快报，披露本期及上年同期营业收入、营业利润、利润总额、净利润、总资产、净资产、每股收益、每股净资产和净资产收益率等主要财务数据和指标。

上市公司在定期报告披露前向国家有关机关报送未公开的定期财务数据，预计无法保密的，应当及时发布业绩快报。

定期报告披露前出现业绩提前泄露，或者因业绩传闻导致公司股票交易异常波动的，上市公司应当及时披露业绩快报。

8. 上市公司披露业绩预告后，预计本期业绩与业绩预告差异幅度达到 20% 以上或者盈亏方向发生变化的，应当及时披露更正公告。

定期报告披露前，上市公司发现业绩快报与定期报告财务数据和指标差异幅度达到 10% 以上的，应当及时披露更正公告。

六、重大交易信息披露

"交易"包括下列事项：

1. 购买或者出售资产。

2. 对外投资（购买银行理财产品的除外）。

3. 转让或受让研发项目。

4. 签订许可使用协议。

5. 提供担保。

6. 租入或者租出资产。

7. 委托或者受托管理资产和业务。

8. 赠与或者受赠资产。

9. 债权、债务重组。

10. 提供财务资助。

11. 上交所认定的其他交易。

上述购买或者出售资产，不包括购买原材料、燃料和动力，以及出售产品或商品等与日常经营相关的交易行为。

七、上市交易信息披露

上市公司发生的交易（提供担保除外）达到下列标准之一的，应当及时披露：

1. 交易涉及的资产总额（同时存在账面值和评估值的，以高者为准）占上市公司最近一期经审计总资产的 10% 以上。

2. 交易的成交金额占上市公司市值的 10% 以上。

3. 交易标的（如股权）的最近一个会计年度资产净额占上市公司市值的 10% 以上。

4. 交易标的（如股权）最近一个会计年度相关的营业收入占上市公

司最近一个会计年度经审计营业收入的10%以上，且超过1 000万元。

5. 交易产生的利润占上市公司最近一个会计年度经审计净利润的10%以上，且超过100万元。

6. 交易标的（如股权）最近一个会计年度相关的净利润占上市公司最近一个会计年度经审计净利润的10%以上，且超过100万元。

八、上市交易提交股东大会审议

上市公司发生的交易（提供担保除外）达到下列标准之一的，应当提交股东大会审议：

1. 交易涉及的资产总额（同时存在账面值和评估值的，以高者为准）占上市公司最近一期经审计总资产的50%以上。

2. 交易的成交金额占上市公司市值的50%以上。

3. 交易标的（如股权）的最近一个会计年度资产净额占上市公司市值的50%以上。

4. 交易标的（如股权）最近一个会计年度相关的营业收入占上市公司最近一个会计年度经审计营业收入的50%以上，且超过5 000万元。

5. 交易产生的利润占上市公司最近一个会计年度经审计净利润的50%以上，且超过500万元。

6. 交易标的（如股权）最近一个会计年度相关的净利润占上市公司最近一个会计年度经审计净利润的50%以上，且超过500万元。

九、日常交易信息披露

上市公司发生日常经营范围内的交易，达到下列标准之一的，应当及时进行披露：

1. 交易金额占上市公司最近一期经审计总资产的50%以上，且绝对金额超过1亿元。

2. 交易金额占上市公司最近一个会计年度经审计营业收入或营业成本的50%以上，且超过1亿元。

3. 交易预计产生的利润总额占上市公司最近一个会计年度经审计净利润的 50% 以上，且超过 500 万元。

4. 其他可能对上市公司的资产、负债、权益和经营成果产生重大影响的交易。

十、担保披露

上市公司提供担保的，应当提交董事会或者股东大会进行审议，并及时披露。

上市公司下列担保事项应当在董事会审议通过后提交股东大会审议：

1. 单笔担保额超过公司最近一期经审计净资产 10% 的担保。

2. 公司及其控股子公司的对外担保总额，超过公司最近一期经审计净资产 50% 以后提供的任何担保。

3. 为资产负债率超过 70% 的担保对象提供的担保。

4. 按照担保金额连续 12 个月累计计算原则，超过公司最近一期经审计总资产 30% 的担保。

5. 上交所或者公司章程规定的其他担保。

对于董事会权限范围内的担保事项，除应当经全体董事的过半数通过外，还应当经出席董事会会议的 2/3 以上董事同意；前款第 4 项担保，应当经出席股东大会的股东所持表决权的 2/3 以上通过。

十一、关联交易信息披露

上市公司与关联人发生的交易（提供担保除外）达到下列标准之一的，应当及时披露：

1. 与关联自然人发生的成交金额在 30 万元以上的交易。

2. 与关联法人发生的成交金额占上市公司最近一期经审计总资产或市值 0.1% 以上的交易，且超过 300 万元。

上市公司与关联人发生的交易金额（提供担保除外）占上市公司最近一期经审计总资产或市值 1% 以上的交易，且超过 3 000 万元，应当比照相关规定，提供评估报告或审计报告，并提交股东大会审议。

与日常经营相关的关联交易可免于审计或者评估。

十二、免予关联交易信息披露

上市公司与关联人发生的下列交易，可以免予按照关联交易的方式审议和披露：

1. 一方以现金方式认购另一方公开发行的股票、公司债券或企业债券、可转换公司债券或者其他衍生品种。

2. 一方作为承销团成员承销另一方公开发行的股票、公司债券或企业债券、可转换公司债券或者其他衍生品种。

3. 一方依据另一方股东大会决议领取股息、红利或者薪酬。

4. 一方参与另一方公开招标或者拍卖，但是招标或者拍卖难以形成公允价格的除外。

5. 上市公司单方面获得利益的交易，包括受赠现金资产、获得债务减免、接受担保和资助等。

6. 关联交易定价为国家规定。

7. 关联人向上市公司提供资金，利率水平不高于中国人民银行规定的同期贷款基准利率，且上市公司对该项财务资助无相应担保。

8. 上市公司按与非关联人同等交易条件，向董事、监事、高级管理人员提供产品和服务。

9. 上交所认定的其他交易。

十三、应当披露的行业信息

上市公司应当在年度报告中，结合其所属行业的政策环境和发展状况，披露下列行业信息：

1. 所处行业的基本特点、主要技术门槛，报告期内新技术、新产业、新业态、新模式的发展情况和未来发展趋势。

2. 核心竞争优势，核心经营团队和技术团队的竞争力分析，以及报告期内获得相关权利证书或者批准文件的核心技术储备。

3. 当期研发支出金额及占销售收入的比例、研发支出的构成项目、费用化及资本化的金额及比重。

4. 在研产品或项目的进展或阶段性成果；研发项目预计总投资规模、应用前景以及可能存在的重大风险。

5. 其他有助于投资者决策的行业信息。

上市公司可以在《企业会计准则》规定范围外，披露息税前利润、自由现金流等反映公司价值和行业核心竞争力的参考指标。

第 1 条规定事项发生重大变化的，上市公司应当及时披露。

上市公司开展与主营业务行业不同的新业务，或者进行可能导致公司业务发生重大变化的收购或资产处置等交易，应当及时披露下列信息：

1. 原因及合理性，包括现有业务基本情况及重大风险，新业务与上市公司主营业务是否具备协同性等。

2. 公司准备情况，包括在业务、资金、技术、人才等方面的储备，以及开展新业务对公司财务状况、现有业务的影响。

3. 新业务的行业情况，包括所依赖的技术水平、研发进展、商业化情况、市场成熟度、政策环境及市场竞争等。

4. 新业务的管理情况，包括开展新业务后，公司实际控制人对公司的控制情况是否发生变化，公司能否控制新业务。

5. 新业务审批情况，包括已经取得或者尚待有关部门审批的说明（如适用）。

6. 新业务的风险提示，包括上市公司经营风险、财务风险、新业务风险等。

7. 独立董事、监事会对公司开展新业务的意见。

8. 上交所或公司认为应当披露的其他重要内容。

十四、应当披露的经营风险

1. 上市公司年度净利润或营业收入与上年同期相比下降 50% 以上，或者净利润为负值的，应当在年度报告中披露下列信息：

（1）业绩大幅下滑或者亏损的具体原因。

（2）主营业务、核心竞争力、主要财务指标是否发生重大不利变化，是否与行业趋势一致。

（3）所处行业景气情况，是否存在产能过剩、持续衰退或者技术替代等情形。

（4）持续经营能力是否存在重大风险。

（5）对公司具有重大影响的其他信息。

2. 上市公司应当在年度报告中遵循关联性和重要性原则，识别并披露下列可能对公司核心竞争力、经营活动和未来发展产生重大不利影响的风险因素：

（1）核心竞争力风险，包括技术更迭、产品更新换代或竞争加剧导致市场占有率和用户规模下降，研发投入超出预期或进程未达预期，关键设备被淘汰等。

（2）经营风险，包括单一客户依赖、原材料价格上涨、产品或服务价格下降等。

（3）行业风险，包括行业出现周期性衰退、产能过剩、市场容量下滑或增长停滞、行业上下游供求关系发生重大不利变化等。

（4）宏观环境风险，包括相关法律、税收、外汇、贸易等政策发生重大不利变化。

（5）其他重大风险。

3. 上市公司发生下列重大风险事项的，应当及时披露其对公司核心竞争力和持续经营能力的具体影响：

（1）国家政策、市场环境、贸易条件等外部宏观环境发生重大不利变化。

（2）原材料采购价格、产品售价或市场容量出现重大不利变化，或者供销渠道、重要供应商或客户发生重大不利变化。

（3）核心技术人员离职。

（4）核心商标、专利、专有技术、特许经营权或者核心技术许可丧失、到期或者出现重大纠纷。

（5）主要产品、业务或者所依赖的基础技术研发失败或者被禁止使用。

（6）主要产品或核心技术丧失竞争优势。

（7）其他重大风险事项。

4. 出现下列重大事故或负面事件的，应当及时披露具体情况及其影响：

（1）发生重大环境、生产及产品安全事故。

（2）收到政府部门限期治理、停产、搬迁、关闭的决定通知。

（3）不当使用科学技术或违反科学伦理。

（4）其他不当履行社会责任的重大事故或负面事件。

5. 上市公司出现下列重大风险事项之一，应当及时披露具体情况及其影响：

（1）可能发生重大亏损或者遭受重大损失。

（2）发生重大债务或者重大债权到期未获清偿。

（3）可能依法承担重大违约责任或者大额赔偿责任。

（4）计提大额资产减值准备。

（5）公司决定解散或者被有权机关依法吊销营业执照、责令关闭或者被撤销。

（6）预计出现股东权益为负值。

（7）主要债务人出现资不抵债，公司对相应债权未提取足额坏账准备。

（8）主要资产被查封、扣押、冻结，或者被抵押、质押。

（9）主要银行账户被查封、冻结。

（10）主要业务陷入停顿。

（11）董事会、股东大会会议无法正常召开并形成决议。

（12）被控股股东及其关联方非经营性占用资金或违规对外担保。

（13）控股股东、实际控制人或者上市公司因涉嫌违法违规被有权机关调查，或者受到重大行政、刑事处罚。

（14）实际控制人、公司法定代表人或者经理无法履行职责，董事、监事、高级管理人员、核心技术人员因涉嫌违法违纪被有权机关调查或者采取强制措施，或者受到重大行政、刑事处罚。

（15）上交所或者公司认定的其他重大风险情况。

6. 上市公司申请或者被债权人申请破产重整、和解或破产清算的，应当及时披露下列进展事项：

（1）法院裁定受理重整、和解或破产清算申请。

（2）重整、和解或破产清算程序的重大进展或法院审理裁定。

（3）法院裁定批准公司破产重整计划、和解协议或者清算。

（4）破产重整计划、和解协议的执行情况。

进入破产程序的上市公司，除应当及时披露上述信息外，还应当及时披露定期报告和临时公告。

十五、异常波动和传闻澄清

上市公司股票交易出现上交所业务规则规定或者上交所认定的异常波动的，上交所可以根据异常波动程度和监管需要，采取下列措施：

1. 要求上市公司披露股票交易异常波动公告。
2. 要求上市公司停牌核查并披露核查公告。
3. 向市场提示异常波动股票投资风险。
4. 上交所认为必要的其他措施。

第六节　创业板信息披露事务

根据《深圳证券交易所创业板股票上市规则》第五章，上市公司及相关信息披露义务人应当根据法律、行政法规、部门规章、规范性文件、本规则及深交所其他相关规定，及时、公平地披露所有可能对公司股票及其衍生品种交易价格或者投资决策产生较大影响的信息或事项，并保证所披露的信息真实、准确、完整，简明清晰，通俗易懂，不得有虚假记载、误导性陈述或者重大遗漏。

一、信息披露一般要求

上市公司披露的信息包括定期报告和临时报告。

公司及相关信息披露义务人应当通过深交所上市公司网上业务专区和深交所认可的其他方式，将公告文稿和相关备查文件及时报送深交所，报送文件应当符合深交所要求。

公司及相关信息披露义务人报送的公告文稿和相关备查文件应当采用中文文本，同时采用外文文本的，信息披露义务人应当保证两种文本的内容一致。两种文本发生歧义时，以中文文本为准。

上市公司公告文件应当通过符合条件的媒体对外披露。上市公司公告（监事会公告除外）应当加盖董事会公章并向深交所报备。

公司未能按照既定时间披露，或者在符合条件媒体披露的文件内容与报送深交所登记的文件内容不一致的，应当立即向深交所报告并披露。

上市公司信息披露采用直通披露（事后审查）和非直通披露（事前审查）两种方式。

信息披露原则上采用直通披露方式，深交所可以根据公司信息披露质量、规范运作情况等，调整直通披露公司范围。

直通披露的公告范围由深交所确定，深交所可以根据业务需要进行调整。

1. 上市公司应当在涉及的重大事项最先触及下列任一时点后及时履行披露义务：

（1）董事会、监事会做出决议时。

（2）签署意向书或者协议（无论是否附加条件或者期限）时。

（3）公司（含任一董事、监事或者高级管理人员）知悉或者理应知悉重大事项发生时。

（4）筹划阶段事项难以保密、发生泄露、引起公司股票及其衍生品种交易异常波动时。

上市公司筹划重大事项，持续时间较长的，应当分阶段披露进展情况，及时提示相关风险，不得仅以相关事项结果不确定为由不予披露。已披露的事项发生重大变化，可能对公司股票及其衍生品种交易价格或者投资决策产生较大影响的，公司应当及时披露进展公告。

2. 上市公司及相关信息披露义务人拟披露的信息属于国家秘密、商业秘密等情形，按照《深圳证券交易所创业板股票上市规则》披露或者履行相关义务可能导致其违反境内外法律法规、引致不当竞争、损害公司及投资者利益或者误导投资者的，可以按照深交所相关规定豁免披露。

上市公司拟披露的信息存在不确定性、属于临时性商业秘密等情形，及时披露可能会损害公司利益或者误导投资者，且有关内幕信息知情人已书面承诺保密的，公司可以按照深交所相关规定暂缓披露。

上市公司及相关信息披露义务人应当审慎确定信息披露暂缓、豁免事项，不得随意扩大暂缓、豁免事项的范围。

暂缓披露的信息确实难以保密、已经泄露或者出现市场传闻，导致公司股票及其衍生品种交易价格发生大幅波动的，公司应当立即披露相关事项筹划和进展情况。

上市公司及相关信息披露义务人不得以新闻发布或者答记者问等其他形式代替信息披露或者泄露未公开重大信息。

3. 上市公司出现下列情形的，深交所可以视情况决定公司股票及其衍生品种的停牌和复牌：

（1）严重违反法律法规、《深圳证券交易所创业板股票上市规则》及深交所其他相关规定，且在规定期限内拒不按要求改正。

（2）信息披露存在重大遗漏或者误导性陈述，且拒不按照要求就有关内容进行更正、解释或者补充。

（3）公司运作和信息披露方面涉嫌违反法律法规、《深圳证券交易所创业板股票上市规则》或者深交所其他相关规定，情节严重而被有关部门调查。

（4）无法保证与深交所的有效联系，或者拒不履行信息披露义务。

（5）其他深交所认为应当停牌或者复牌的情形。

4. 上市公司收购人履行要约收购义务，要约收购期限届满至要约收购结果公告前，公司股票及其衍生品种应当停牌。根据收购结果，被收购上市公司股权分布仍符合上市条件的，公司股票及其衍生品种应当于要约收购结果公告日复牌。公告日为非交易日的，自次一交易日起复牌。

根据收购结果，被收购上市公司股权分布不再符合上市条件，且收购人以终止公司上市地位为收购目的的，公司股票及其衍生品种应当于要约收购结果公告日继续停牌，并依照《深圳证券交易所创业板股票上市规则》第十章第八节有关规定执行；收购人不以终止公司上市地位为收购目的的，公司股票及其衍生品种应当于要约收购结果公告日继续停牌，并参照《深圳证券交易所创业板股票上市规则》第10.4.1条第五项情形相应的程序执行。

二、信息披露管理制度及监管

信息披露事务管理制度应当经董事会审议并披露。

1. 上市公司应当制定董事、监事、高级管理人员以及其他相关人员对外发布信息的内部规范制度，明确发布程序、方式和未经董事会许可不得对外发布的情形等事项。

2. 上市公司应当建立健全内幕信息知情人登记管理制度，加强未公开重大信息内部流转过程中的保密工作，尽量缩小知情人员范围，防止泄露未公开重大信息。

内幕信息知情人在重大信息公开前，不得买卖公司股票、泄露内幕信息或者建议他人买卖公司股票。

3. 上市公司股东、实际控制人、收购人等相关信息披露义务人，应当按照有关规定履行信息披露义务，及时告知公司已发生或者拟发生的重大事项，主动配合公司做好信息披露工作。

4. 保荐机构及其保荐代表人、证券服务机构及其相关人员应当及时制作工作底稿，完整保存发行人、上市公司及相关信息披露义务人的证券业务活动记录及相关资料。

三、定期报告

上市公司年度报告中的财务会计报告必须经审计。

公司半年度报告中的财务会计报告可以不经审计，但有下列情形之一的，公司应当聘请会计师事务所进行审计：

1. 拟依据半年度报告进行利润分配（仅进行现金分红的除外）、公积金转增股本或者弥补亏损的。

2. 证监会或者深交所认为应当进行审计的其他情形。公司季度报告中的财务资料无须审计，但证监会或者深交所另有规定的除外。

上市公司的财务会计报告被注册会计师出具非标准审计意见的，公司应当按照证监会《公开发行证券的公司信息披露编报规则第14号——非标准审计意见及其涉及事项的处理》的规定，在报送定期报告的同时向深交所提交下列文件：

1. 董事会针对该审计意见涉及事项所出具的符合第14号编报规则要求的专项说明，审议此专项说明的董事会决议以及决议所依据的材料。

2. 独立董事对审计意见涉及事项的意见。

3. 监事会对董事会有关说明的意见和相关的决议。

4. 负责审计的会计师事务所及注册会计师出具的符合第14号编报规则要求的专项说明。

5. 证监会和深交所要求的其他文件。

四、更正披露

上市公司最近一个会计年度的财务会计报告被注册会计师出具否定或者无法表示意见的审计报告，应当于其后披露的首个半年度报告和三季度报告中说明导致否定或者无法表示意见的情形是否已经消除。

上市公司因前期已公开披露的财务会计报告存在差错或者虚假记载被责令改正，或者经董事会决定改正的，应当在被责令改正或者董事会做出相应决定时，及时予以披露，并按照证监会《公开发行证券的公司信息披露编报规则第19号——财务信息的更正及相关披露》等有关规定的要求更正及披露。

五、业绩预告和业绩快报

上市公司预计年度经营业绩或者财务状况将出现下列情形之一的，应当在会计年度结束之日起 1 个月内进行预告：

1. 净利润为负。
2. 净利润与上年同期相比上升或者下降 50% 以上。
3. 实现扭亏为盈。
4. 期末净资产为负。

鼓励上市公司在定期报告公告前披露业绩快报。

上市公司在定期报告披露前向国家有关机关报送未公开的定期财务数据，预计无法保密的，应当及时披露业绩快报。

上市公司在定期报告披露前出现业绩泄露，或者因业绩传闻导致公司股票及其衍生品种交易异常波动的，应当及时披露业绩快报。

上市公司董事会预计实际业绩或者财务状况与已披露的业绩预告或业绩快报差异较大的，应当及时披露修正公告。

六、重大交易信息披露

"交易"包括下列事项：

1. 购买或者出售资产。
2. 对外投资（含委托理财、对子公司投资等，设立或者增资全资子公司除外）。
3. 提供财务资助（含委托贷款）。
4. 提供担保（指上市公司为他人提供的担保，含对控股子公司的担保）。
5. 租入或者租出资产。
6. 签订管理方面的合同（含委托经营、受托经营等）。
7. 赠与或者受赠资产。
8. 债权或者债务重组。
9. 研究与开发项目的转移。
10. 签订许可协议。

11. 放弃权利（含放弃优先购买权、优先认缴出资权利等）。

12. 深交所认定的其他交易。

上市公司下列活动不属于前款规定的事项：

1. 购买与日常经营相关的原材料、燃料和动力（不含资产置换中涉及购买、出售此类资产）。

2. 出售产品、商品等与日常经营相关的资产（不含资产置换中涉及购买、出售此类资产）。

3. 虽进行前款规定的交易事项但属于公司的主营业务活动。

上市公司发生的交易（提供担保、提供财务资助除外）达到下列标准之一的，应当及时披露：

1. 交易涉及的资产总额占上市公司最近一期经审计总资产的10%以上，该交易涉及的资产总额同时存在账面值和评估值的，以较高者作为计算依据。

2. 交易标的（如股权）在最近一个会计年度相关的营业收入占上市公司最近一个会计年度经审计营业收入的10%以上，且绝对金额超过1 000万元。

3. 交易标的（如股权）在最近一个会计年度相关的净利润占上市公司最近一个会计年度经审计净利润的10%以上，且绝对金额超过100万元。

4. 交易的成交金额（含承担债务和费用）占上市公司最近一期经审计净资产的10%以上，且绝对金额超过1 000万元。

5. 交易产生的利润占上市公司最近一个会计年度经审计净利润的10%以上，且绝对金额超过100万元。

上述指标计算中涉及的数据如为负值，取其绝对值计算。

上市公司发生的交易（提供担保、提供财务资助除外）达到下列标准之一的，应当提交股东大会审议：

1. 交易涉及的资产总额占上市公司最近一期经审计总资产的50%以上，该交易涉及的资产总额同时存在账面值和评估值的，以较高者作为计算依据。

2. 交易标的（如股权）在最近一个会计年度相关的营业收入占上

市公司最近一个会计年度经审计营业收入的 50% 以上，且绝对金额超过 5 000 万元。

3. 交易标的（如股权）在最近一个会计年度相关的净利润占上市公司最近一个会计年度经审计净利润的 50% 以上，且绝对金额超过 500 万元。

4. 交易的成交金额（含承担债务和费用）占上市公司最近一期经审计净资产的 50% 以上，且绝对金额超过 5 000 万元。

5. 交易产生的利润占上市公司最近一个会计年度经审计净利润的 50% 以上，且绝对金额超过 500 万元。

上述指标计算中涉及的数据如为负值，取其绝对值计算。

七、财务资助信息披露

上市公司提供财务资助，应当经出席董事会会议的 2/3 以上董事同意并做出决议，及时履行信息披露义务。

财务资助事项属于下列情形之一的，应当在董事会审议通过后提交股东大会审议：

1. 被资助对象最近一期经审计的资产负债率超过 70%。

2. 单次财务资助金额或者连续 12 个月内提供财务资助累计发生金额超过公司最近一期经审计净资产的 10%。

3. 深交所或者公司章程规定的其他情形。

上市公司以对外提供借款、贷款等融资业务为其主营业务，或者资助对象为公司合并报表范围内且持股比例超过 50% 的控股子公司，免于适用前两款规定。

八、担保信息披露

上市公司提供担保的，应当经董事会审议后及时对外披露。担保事项属于下列情形之一的，应当在董事会审议通过后提交股东大会审议：

1. 单笔担保额超过公司最近一期经审计净资产 10% 的担保。

2. 公司及其控股子公司的提供担保总额，超过公司最近一期经审计净资产50%以后提供的任何担保。

3. 为资产负债率超过70%的担保对象提供的担保。

4. 连续12个月内担保金额超过公司最近一期经审计净资产的50%且绝对金额超过5 000万元。

5. 连续12个月内担保金额超过公司最近一期经审计总资产的30%。

6. 对股东、实际控制人及其关联人提供的担保。

7. 深交所或者公司章程规定的其他担保情形。

董事会审议担保事项时，必须经出席董事会会议的2/3以上董事审议同意。股东大会审议前款第5项担保事项时，必须经出席会议的股东所持表决权的2/3以上通过。

股东大会在审议为股东、实际控制人及其关联人提供的担保议案时，该股东或者受该实际控制人支配的股东，不得参与该项表决，该项表决由出席股东大会的其他股东所持表决权的半数以上通过。

上市公司为全资子公司提供担保，或者为控股子公司提供担保且控股子公司其他股东按所享有的权益提供同等比例担保，属于《深圳证券交易所创业板股票上市规则》第7.1.14条第二款第一项至第四项情形的，可以豁免提交股东大会审议，但是公司章程另有规定的除外。

对于已披露的担保事项，上市公司应当在出现下列情形之一时及时披露：

1. 被担保人于债务到期后15个交易日内未履行还款义务。

2. 被担保人出现破产、清算或者其他严重影响还款能力情形。

上市公司与其合并范围内的控股子公司发生的或者上述控股子公司之间发生的交易，除证监会或者另有规定外，可以豁免按照以上规定披露和履行相应程序。

九、关联交易信息披露

上市公司的关联交易，是指上市公司或者其控股子公司与上市公司关联人之间发生的转移资源或者义务的事项，包括：

1. 《深圳证券交易所创业板股票上市规则》第 7.1.1 条第一款规定的交易事项。

2. 购买原材料、燃料、动力。

3. 销售产品、商品。

4. 提供或者接受劳务。

5. 委托或者受托销售。

6. 关联双方共同投资。

7. 其他通过约定可能造成资源或者义务转移的事项。

十、关联人交易信息披露

上市公司与关联人发生的交易（提供担保、提供财务资助除外）达到下列标准之一的，应当及时披露：

1. 与关联自然人发生的成交金额超过 30 万元的交易。

2. 与关联法人发生的成交金额超过 300 万元，且占公司最近一期经审计净资产绝对值 0.5% 以上的交易。

上市公司与关联人发生的交易（提供担保除外）金额超过 3 000 万元，且占公司最近一期经审计净资产绝对值 5% 以上的，应当提交股东大会审议，并参照《深圳证券交易所创业板股票上市规则》第 7.1.10 条的规定披露评估或者审计报告。

十一、风险事项信息披露

上市公司出现下列风险事项，应当立即披露相关情况及对公司的影响：

1. 发生重大亏损或者遭受重大损失。

2. 发生重大债务、未清偿到期重大债务或者重大债权到期未获清偿。

3. 可能依法承担重大违约责任或者大额赔偿责任。

4. 计提大额资产减值准备。

5. 公司决定解散或者被有权机关依法吊销营业执照、责令关闭或者强制解散。

6. 预计出现净资产为负值。

7. 主要债务人出现资不抵债或者进入破产程序，上市公司对相应债权未计提足额坏账准备。

8. 营业用主要资产被查封、扣押、冻结，被抵押、质押或者报废超过该资产的30%。

9. 公司因涉嫌违法违规被有权机关调查或者受到重大行政处罚、刑事处罚，控股股东、实际控制人涉嫌违法违规被有权机关调查、采取强制措施或者受到重大行政处罚、刑事处罚。

10. 公司董事、监事和高级管理人员无法正常履行职责，或者因涉嫌违法违规被有权机关调查、采取强制措施，或者受到重大行政处罚、刑事处罚。

11. 公司核心技术团队或者关键技术人员等对公司核心竞争力有重大影响的人员辞职或者发生较大变动。

12. 公司在用的核心商标、专利、专有技术、特许经营权等重要资产或者核心技术许可到期、出现重大纠纷、被限制使用或者发生其他重大不利变化。

13. 主要产品、核心技术、关键设备、经营模式等面临被替代或者被淘汰的风险。

14. 重要研发项目研发失败、终止、未获有关部门批准，或者公司放弃对重要核心技术项目的继续投资或者控制权。

15. 发生重大环境、生产及产品安全事故。

16. 收到政府部门限期治理、停产、搬迁、关闭的决定通知。

17. 不当使用科学技术、违反科学伦理。

18. 深交所或者公司认定的其他重大风险情况、重大事故或者负面事件。

参考案例

上海电气涉嫌信息披露违法违规，被立案调查

上海电气2021年7月5日晚间发布公告称，当日收到证监会对公司

的《调查通知书》，因公司涉嫌信息披露违法违规，根据《证券法》的有关规定，决定对公司立案调查。在调查期间，公司将积极配合证监会的调查工作，并严格按照监管要求履行信息披露义务。

上海电气曾在2021年5月底向外界披露，因控股子公司通讯公司应收账款普遍逾期而可能遭受83亿元的损失。

除了信息披露合规性接受调查，与上海电气事件相关联的其他信息也被挖出。一是牵涉金额巨大，据不完全统计，已经提示出现应收、预付等资产可能产生的损失金额或超过240亿元，而相关媒体统计的交易规模或超过900亿元；二是牵涉面之广，牵扯上市公司或超15家，如上海电气、宏达新材、瑞斯康达、中天科技、汇鸿集团、凯乐科技、中利集团、康隆达、*ST华讯、ST新海、宁通信B、航天发展、江苏舜天、浙大网新、亨通光电均牵涉其中，具有国资背景的客户集中逾期的原因及事件前后人事变动等关联问题均受到市场高度关注。

*ST永林因信息披露违规被处罚

福建省永安林业（集团）股份有限公司于2021年9月22日收到证监会福建监管局下发的《关于对福建省永安林业（集团）股份有限公司16名时任董事、监事、高级管理人员采取出具警示函措施的决定》，现将决定全文内容公告如下（省去被公告人名）：

经查，福建省永安林业（集团）股份有限公司（以下简称永安林业）存在以下违法事实：

1. 永安林业2016年度报告的财务数据存在虚假记载。
2. 永安林业2017年度报告的财务数据存在虚假记载。

永安林业的行为违反了《上市公司信息披露管理办法》第二条的规定（已另案处理）。

依照《上市公司信息披露管理办法》第五十九条的规定，我局决定对16名时任董事、监事、高级管理人员（省去被公告人名）采取出具警示函的监督管理措施。

如果对本监督管理措施不服，可以在收到本决定书之日起 60 日内向中国证券监督管理委员会提出行政复议申请，也可以在收到本决定书之日起 6 个月内向有管辖权的人民法院提起诉讼。复议与诉讼期间，上述监督管理措施不停止执行。

第九章

上市公司治理

本章关键词：

法人治理、董事会、股东会、监事会、议事规则、ESG

在资本市场能获得资本认可的往往是那些公司治理规范的企业，在通往 IPO 上市的路上，审核人员也喜欢公司治理好的真公司、硬核企业。许多申报公司在审核中被多轮问询、回复仍不被认可、上会不通过，大多是因为实控人、财务、治理模式等问题的影响。上市不是企业的终极目标，上市公司更具公司治理的规范标准，良好的公司治理模式是推动上市企业高质量发展的保障，也为非上市公司提供了参考经验和依据。

现代企业法人治理结构由股东大会、董事会、监事会和高层经理人员 4 部分组成。

公司治理的实质就是对公司的各个参与者的责任、权力、义务三者关系的确认与权衡，我国的公司治理结构是采用"三权分立"制度，即决策权、经营管理权、监督权分属于股东大会、董事会或执行董事、监事会，引进独立董事制度，通过权力的制衡，使各机关各司其职，又相互制约，保证公司顺利运行。其治理模式如图 9.1 所示。

- 股权构成
- 权力安排
- 职责规划

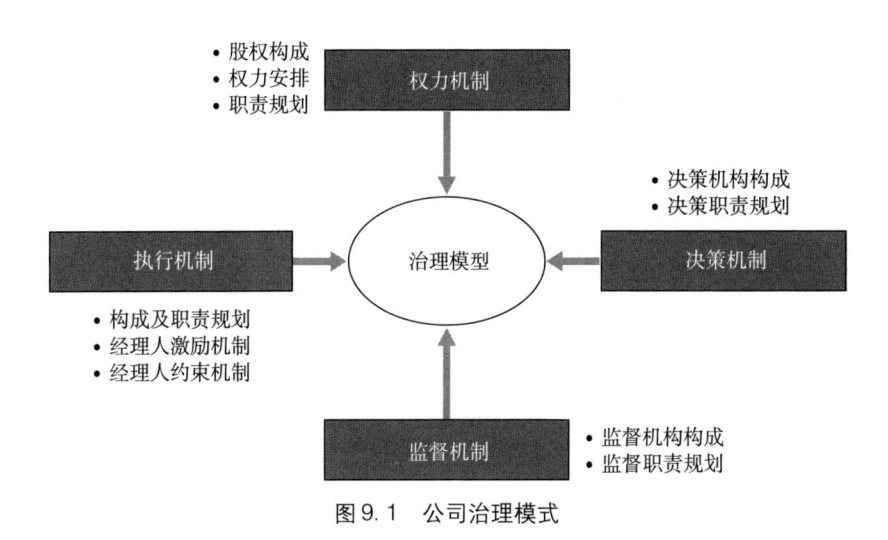

权力机制

决策机构构成
决策职责规划

执行机制 → 治理模型 ← 决策机制

- 构成及职责规划
- 经理人激励机制
- 经理人约束机制

监督机制

- 监督机构构成
- 监督职责规划

图 9.1 公司治理模式

第一节 董事会及议事规则

一、制定依据

根据《公司法》《证券法》《上市公司治理准则》《股票上市规则》等有关法律法规以及公司章程的规定制作，进一步规范董事会的议事方式和决策程序，促使董事和董事会有效地履行职责，提高董事会规范运作和科学决策水平。

二、专门委员会

根据《公司法》和上海、深圳、北京三大证券交易所的《股票上市规则》，股份有限公司可以按照公司章程的规定在董事会中设置由董事组成的审计委员会等专门委员会（见图9.2）。

上市公司董事会应当设立审计委员会，并可以根据需要设立战略、提名、薪酬与考核等相关专门委员会。专门委员会对董事会负责，依照公司章程和董事会授权履行职责，专门委员会的提案应当提交董事会审

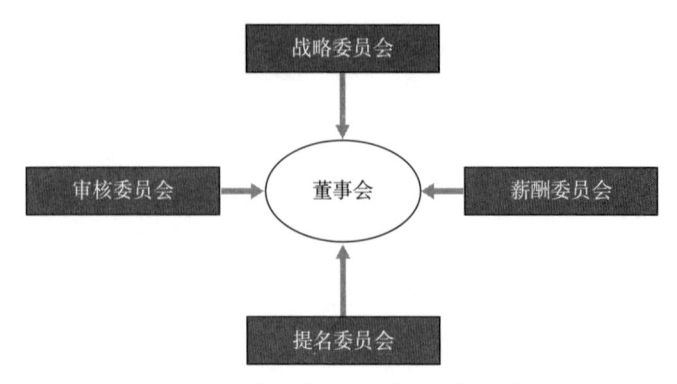

图9.2　董事会所设立的专门委员会

议决定。

专门委员会成员全部由董事组成，其中审计委员会、提名委员会、薪酬与考核委员会中独立董事应当占多数并担任召集人，审计委员会的召集人应当为会计专业人士。

1. 审计委员会的主要职责包括：

（1）监督及评估外部审计工作，提议聘请或者更换外部审计机构。

（2）监督及评估内部审计工作，负责内部审计与外部审计的协调。

（3）审核公司的财务信息及其披露。

（4）监督及评估公司的内部控制。

（5）负责法律法规、公司章程和董事会授权的其他事项。

2. 战略委员会的主要职责是对公司长期发展战略和重大投资决策进行研究并提出建议。

3. 提名委员会的主要职责包括：

（1）研究董事、高级管理人员的选择标准和程序并提出建议。

（2）遴选合格的董事人选和高级管理人员人选。

（3）对董事人选和高级管理人员人选进行审核并提出建议。

4. 薪酬与考核委员会的主要职责包括：

（1）研究董事与高级管理人员考核的标准，进行考核并提出建议。

（2）研究和审查董事、高级管理人员的薪酬政策与方案。

专门委员会可以聘请中介机构提供专业意见。专门委员会履行职责的有关费用由上市公司承担。

三、董事会的职责

1. 召集股东大会，并向股东大会报告工作。
2. 执行股东大会的决议。
3. 决定公司的经营计划和投资方案。
4. 制订公司的年度财务预算方案、决算方案。
5. 制订公司的利润分配方案和弥补亏损方案。
6. 制订公司增加或者减少注册资本、发行债券或其他证券及上市方案。
7. 拟订公司重大收购、收购本公司股票或者合并、分立、解散及变更公司形式的方案。
8. 在股东大会授权范围内，决定公司对外投资、收购出售资产、资产抵押、对外担保事项、委托理财、关联交易等事项。
9. 决定公司内部管理机构的设置。
10. 聘任或者解聘公司经理、董事会秘书；根据经理的提名，聘任或者解聘公司副经理、财务负责人等高级管理人员，并决定其报酬事项和奖惩事项。
11. 制定公司的基本管理制度。
12. 制订公司章程的修改方案。
13. 管理公司信息披露事项。
14. 向股东大会提请聘请或更换为公司审计的会计师事务所。
15. 听取公司经理的工作汇报并检查经理的工作。
16. 法律、行政法规、部门规章或公司章程授予的其他职权。

注意：公司股东大会可以授权公司董事会按照公司章程的约定向优先股股东支付股息。超过股东大会授权范围的事项，应当提交股东大会审议。

四、董事会办公室

董事会下设董事会办公室，处理董事会日常事务。

（一）董事会会议

董事会会议分为定期会议和临时会议。定期会议是指年度、半年度会议，董事会每年应当至少在上下两个半年度各召开一次定期会议；临时会议是指除定期会议以外的会议，可多次召开。

（二）定期会议的提案

在发出召开董事会定期会议的通知前，董事会秘书处应当充分征求各董事的意见，初步形成会议提案后交董事长拟定。

董事长在拟定提案前，应当视需要征求总经理和其他高级管理人员的意见。

根据有关法律、法规及证监会、证券交易所的规定，需会前征得独立董事认可的议案，应于会前得到 1/2 以上独立董事认可后，方可提交董事会审议。

（三）临时会议

有下列情形之一的，董事会应当召开临时会议：

1. 代表 1/10 以上表决权的股东提议时。
2. 1/3 以上董事联名提议时。
3. 监事会提议时。
4. 董事长认为必要时。
5. 1/2 以上独立董事提议时。
6. 总经理提议时。
7. 证券监管部门要求召开时。
8. 公司章程规定的其他情形。

（四）临时会议的提议程序

按照前条规定提议召开董事会临时会议的，应当通过董事会办公室或者直接向董事长提交经提议人签（盖章）的书面提议。书面提议中应当载明下列事项：

1. 提议人的姓名或者名称。
2. 提议理由或者提议所基于的客观事由。
3. 提议会议召开的时间或者时限、地点和方式。
4. 明确和具体的提案。
5. 提议人的联系方式和提议日期等。

提案内容应当属于公司章程规定的董事会职权范围内的事项，与提案有关的材料应当一并提交。

董事会办公室在收到上述书面提议和有关材料后，应当于当日转交董事会秘书。董事会秘书认为提案内容不明确或者有关材料不充分的，可以要求提议人修改或者补充。

董事长自接到或者董事会秘书转交的提议或者证券监管部门的要求后认为无异议，应当于 10 日内召集董事会会议并主持会议。

（五）会议的召集和主持

董事会会议由董事长召集和主持；董事长不能履行职务或者不履行职务的，由半数以上董事共同推举一名董事召集和主持。

（六）会议通知内容

书面会议通知包括以下内容，但不限于：

1. 会议日期和地点。
2. 会议期限。
3. 事由及议题。
4. 发出通知的日期。
5. 会议的召开方式。
6. 会议召集人和主持人、临时会议的提议人及其书面提议。
7. 董事表决所必需的会议材料。
8. 董事应当亲自出席或者委托其他董事代为出席会议的要求。
9. 联系人和联系方式。

口头会议通知至少应包括上述第 1、2、3 项内容，以及情况紧急需要尽快召开董事会临时会议的说明。

（七）会议的召开

董事会会议应当有过半数的董事出席方可举行。有关董事拒不出席或者怠于出席会议导致无法满足会议召开的最低人数要求时，董事长和董事会秘书应当及时向监管部门报告。

监事可以列席董事会会议；总经理和董事会秘书未兼任董事的，应当列席董事会会议。会议主持人认为有必要的，可以通知其他有关人员列席董事会会议。

（八）亲自出席和委托出席

董事原则上应当亲自出席董事会会议。因故不能出席会议的，应当事先审阅会议材料，形成明确的意见，书面委托其他董事代为出席。

委托书应当载明：

1. 委托人和受托人的姓名。
2. 委托人对每项提案的简要意见。
3. 委托人的授权范围、有效期限和对提案表决意向的指示。
4. 委托人的签字、日期等。

委托其他董事对定期报告代为签署书面确认意见的，应当在委托书中进行专门授权。

受托董事应当向董事会办公室提交书面委托书，在会议签到簿上说明受托出席的情况。

董事连续两次未能亲自出席，也不委托其他董事代为出席董事会会议的；独立董事连续3次未能亲自出席董事会会议的，均视为不能履行职责，董事会应当建议股东大会予以撤换。

（九）关于委托出席的限制

委托和受托出席董事会会议应当遵循以下原则：

1. 在审议关联交易事项时，非关联董事不得委托关联董事代为出席；关联董事也不得接受非关联董事的委托。
2. 独立董事不得委托非独立董事代为出席，非独立董事也不得接受独立董事的委托。

3. 一名董事不得接受超过两名董事（不包括两名）的委托，董事也不得委托已经接受两名其他董事委托的董事代为出席。

（十）会议审议程序

会议主持人应按预定时间宣布开会，并报告出席会议人员情况和会议议题。

会议主持人应当提请出席董事会会议的董事对各项提案发表明确的意见。

对于根据规定需要独立董事事前认可的提案，会议主持人应当在讨论有关提案前，指定一名独立董事宣读独立董事达成的书面认可意见。

董事阻碍会议正常进行或者影响其他董事发言的，会议主持人应当及时制止。

对列入会议议程的内容，主持人根据实际情况，可以采取提案人集中报告，与会董事集中审议后逐项表决的方式；也可以采取提案人逐项报告，与会董事逐项审议、逐项表决的方式。每一个议案均应给予合理的讨论时间。

集中审议的议案，一项议案未审议完毕，不得审议下一项议案；逐项审议、表决的议案，一项议案未审议完毕，不得进入议案的表决。

除征得全体与会董事的一致同意外，董事会会议不得就未包括在会议通知中的提案进行表决。董事接受其他董事委托代为出席董事会会议的，不得代表其他董事对未包括在会议通知中的提案进行表决。

（十一）发表意见及会议表决

董事应当认真阅读有关会议材料，在充分了解情况的基础上独立、审慎地发表意见。

董事可以在会前向董事会办公室、会议召集人、总经理和其他高级管理人员、各专门委员会、会计师事务所和律师事务所等有关人员和机构了解决策所需要的信息，也可以在会议进行中向主持人建议请上述人员和机构代表与会解释有关情况。

每项提案经过充分讨论后,主持人应当适时提请与会董事进行表决。

会议表决实行一人一票,以投票方式进行。

董事会在做出决议之前,应当充分听取列席人员的意见。列席人员有发言权,但无表决权。

董事的表决意向分为同意、反对和弃权。与会董事应当从上述意向中选择其一,未做选择或者同时选择两个以上意向的,会议主持人应当要求有关董事重新选择,拒不选择的,视为弃权;中途离开会场不回而未做选择的,视为弃权。董事会对通知中列明的事项原则上应当进行表决,但经全体董事的过半数同意可以不进行表决。

列入董事会议程的议案,在交付表决前,提案人要求撤回的,对该议案的审议即行终止。

代为出席会议的董事应当在授权范围内行使董事的权利。董事未出席董事会会议,亦未委托代表出席的,视为放弃在该次会议上的表决权。

(十二) 决议的形成

董事会审议通过会议提案并形成相关决议,必须有超过公司全体董事人数之半数的董事对该提案投赞成票。法律、行政法规和公司章程规定董事会形成决议应当取得更多董事同意的,从其规定。

不同决议在内容和含义上出现矛盾的,以形成时间在后的决议为准。

(十三) 回避表决及暂缓表决

出现下述情形的,董事应当对有关提案回避表决:

1. 《股票上市规则》规定董事应当回避的情形。

2. 公司章程规定的因董事与会议提案所涉及的企业有关联关系而须回避的其他情形。

在董事回避表决的情况下,有关董事会会议由过半数的无关联关系董事出席即可举行，形成决议须经无关联关系董事过半数通过。出席会议的无关联关系董事人数不足 3 人的，不得对有关提案进行表决，而应当将该事项提交股东大会审议。

3. 1/2 以上的与会董事或两名以上独立董事认为提案不明确、不具体，或者因会议材料不充分等其他事由导致其无法对有关事项做出判断时，会议主持人应当要求会议对该议题进行暂缓表决。

提议暂缓表决的董事应当对提案再次提交审议应满足的条件提出明确要求。

列入董事会议程的议案，在审议过程中发现有重大问题需要进一步研究的，可以暂不表决，并组成专门工作组，或授权经营管理班子进一步考察，提出考察报告后提交下次董事会审议。

（十四）会议纪要和决议记录

除会议记录外，董事会秘书还可以视需要安排董事会办公室工作人员对会议召开情况做简明扼要的会议纪要，根据统计的表决结果就会议所形成的决议制作单独的决议记录。

与会董事应当代表其本人和委托其代为出席会议的董事对会议决议进行签字确认。

董事对会议记录或者决议记录有不同意见的，可以在签字时做出书面说明。必要时，应当及时向监管部门报告，也可以发表公开声明。

董事既不按前款规定进行签字确认，又不对其不同意见做出书面说明或者向监管部门报告、发表公开声明的，视为完全同意会议记录和决议记录的内容。

（十五）决议公告

董事会决议公告事宜，由董事会秘书根据证券交易所《股票上市规则》的有关规定办理。在决议公告披露之前，与会董事和会议列席人员、记录和服务人员等负有对决议内容保密的义务。

董事会会议档案，包括会议通知和会议材料、会议签到簿、董事代为出席的授权委托书、会议录音资料，经与会董事签字确认的会议记录、会议纪要、决议记录、决议公告等，由董事会秘书负责保存。

董事会会议档案的保存期限不少于10年。

五、利润分配和资本公积金转增股本

上市公司应当在董事会审议通过利润分配或资本公积金转增股本方案后，及时披露方案的具体内容。

上市公司在实施方案前，应当向证券交易所提交下列文件：

1. 方案实施公告。

2. 股东大会决议。

3. 中国结算确认方案具体实施时间的文件。

4. 证券交易所要求的其他文件。

上市公司应当于实施方案的股权登记日前3~5个交易日披露方案实施公告。

方案实施公告应当包括以下内容：

1. 通过方案的股东大会届次和日期。

2. 派发现金股利、股份股利、资本公积金转增股本的比例（以每10股表述）、股本基数（按实施前实际股本计算），以及是否含税和扣税情况等。

3. 股权登记日、除权（息）日、新增股份（未完成股权分置改革的上市公司为"新增可流通股份"）上市日。

4. 方案实施办法。

5. 股本结构变动表（按变动前总股本、本次派发红股数、本次转增股本数、变动后总股本、占总股本比例等项目列示）。

6. 派发股份股利、资本公积金转增股本后，按新股本摊薄计算的上年度每股收益或者本年半年度每股收益。

7. 有关咨询办法。

上市公司应当在股东大会审议通过方案后两个月内，完成利润分配及转增股本事宜。

六、独立董事发表意见

公司董事会应依据审计委员会提供的内控总结报告，对公司内部控制情况进行审议评估，形成内部控制自我评价报告。独立董事应对此报告发表意见。

自我评价报告至少应包括以下内容：

1. 说明公司内部控制制度是否建立健全和有效运行，是否存在缺陷。
2. 重点关注的控制活动的自查和评估情况。
3. 说明内部控制缺陷和异常事项的改进措施（如适用）。
4. 说明上一年度的内部控制缺陷及异常事项的改善进展情况（如适用）。

七、专项说明

注册会计师对公司内部控制有效性表示异议的，公司董事会应针对该审核意见涉及事项做出专项说明，专项说明至少应包括以下内容：

1. 异议事项的基本情况。
2. 该事项对公司内部控制有效性的影响程度。
3. 公司董事会对该事项的意见。
4. 消除该事项及其影响的可能性。
5. 消除该事项及其影响的具体措施。

八、附则

1. 本议事规则未尽事宜，依照国家有关法律、法规、公司章程及其他规范性文件的有关规定执行。
2. 本规则由董事会制定报股东大会批准后生效，修改时亦同。
3. 本议事规则自股东大会审议通过之日起生效执行。

4. 本规则由董事会解释。

第二节 股东大会及议事规则

一、制定依据

为完善公司法人治理结构，规范股东大会的运作程序，以充分发挥股东大会的决策作用，根据《公司法》《证券法》《上市公司股东大会规则》及公司章程的规定，制定公司股东大会议事示范规则。

二、股东大会行使的职责

股东大会是公司的权力机构，应当在《公司法》和公司章程规定的范围内依法行使下列职权：

1. 决定公司的经营方针和投资计划。
2. 选举和更换董事、监事，决定有关董事、监事的报酬事项。
3. 审议批准董事会的报告。
4. 审议批准监事会的报告。
5. 审议批准公司的年度财务预算方案、决算方案。
6. 审议批准公司的利润分配方案和弥补亏损方案。
7. 对公司增加或者减少注册资本做出决议。
8. 对发行公司债券做出决议。
9. 对公司合并、分立、解散、清算或者变更公司形式做出决议。
10. 修改公司章程。
11. 公司章程规定的其他职权。

三、股东大会的召开

股东大会分为年度股东大会和临时股东大会。年度股东大会每年召开一次，应当于上一会计年度结束后的 6 个月内举行。临时股东大会不定期召开，出现《公司法》第一百条规定的应当召开临时股东大会的情形时，临时股东大会应当在 2 个月内召开。

上市公司在上述期限内不能召开股东大会的，应当报告公司所在地证监会派出机构和公司股票挂牌交易的证券交易所，说明原因并公告。

四、有权提议召开临时股东大会的机构

1. 独立董事有权向董事会提议召开临时股东大会。

对独立董事要求召开临时股东大会的提议，董事会应当根据法律、行政法规和公司章程的规定，在收到提议后 10 日内提出同意或不同意召开临时股东大会的书面反馈意见。

董事会同意召开临时股东大会的，应当在做出董事会决议后的 5 日内发出召开股东大会的通知；董事会不同意召开临时股东大会的，应当说明理由并公告。

2. 监事会有权向董事会提议召开临时股东大会。

监事会向董事会提议召开临时股东大会，并应当以书面形式向董事会提出。董事会应当根据法律、行政法规和公司章程的规定，在收到提议后 10 日内提出同意或不同意召开临时股东大会的书面反馈意见。

董事会同意召开临时股东大会的，应当在做出董事会决议后的 5 日内发出召开股东大会的通知，通知中对原提议的变更，应当征得监事会的同意。

董事会不同意召开临时股东大会，或者在收到提议后 10 日内未做出书面反馈的，视为董事会不能履行或者不履行召集股东大会会议职责，监事会可以自行召集和主持。

3. 单独或者合计持有公司 10% 以上股份的股东有权向董事会请求召开临时股东大会。

单独或者合计持有公司 10% 以上股份的股东向董事会请求召开临时股东大会，并应当以书面形式向董事会提出。董事会应当根据法律、行政法规和公司章程的规定，在收到请求后 10 日内提出同意或不同意召

开临时股东大会的书面反馈意见。

董事会同意召开临时股东大会的，应当在做出董事会决议后的 5 日内发出召开股东大会的通知，通知中对原请求的变更，应当征得相关股东的同意。

董事会不同意召开临时股东大会，或者在收到请求后 10 日内未做出反馈的，单独或者合计持有公司 10% 以上股份的股东有权向监事会提议召开临时股东大会，并应当以书面形式向监事会提出请求。

监事会同意召开临时股东大会的，应在收到请求 5 日内发出召开股东大会的通知，通知中对原请求的变更，应当征得相关股东的同意。

监事会未在规定期限内发出股东大会通知的，视为监事会不召集和主持股东大会，连续 90 日以上单独或者合计持有公司 10% 以上股份的股东可以自行召集和主持。

监事会或股东决定自行召集股东大会的，应当书面通知董事会，同时向公司所在地证监会派出机构和证券交易所备案。

在股东大会决议公告前，召集股东持股比例不得低于 10%。

五、股东大会的主持

股东大会由董事长主持。董事长不能履行职务或不履行职务时，由副董事长主持；副董事长不能履行职务或者不履行职务时，由半数以上董事共同推举的一名董事主持。

监事会自行召集的股东大会，由监事会主席主持。监事会主席不能履行职务或不履行职务时，由监事会副主席主持；监事会副主席不能履行职务或者不履行职务时，由半数以上监事共同推举的一名监事主持。

股东自行召集的股东大会，由召集人推举代表主持。

召开股东大会时，会议主持人违反议事规则使股东大会无法继续进行的，经现场出席股东大会有表决权过半数的股东同意，股东大会可推举一人担任会议主持人，继续开会。

六、股东大会决议

股东大会决议分为普通决议和特别决议。

股东大会做出普通决议，应当由代表 1/2 以上表决权的股东通过。

股东大会做出特别决议，应当由代表 2/3 以上表决权的股东通过。

下列事项由股东大会以特别决议通过：

1. 公司增加或者减少注册资本。
2. 公司的分立、合并、解散和清算。
3. 公司章程的修改。
4. 公司在一年内购买、出售重大资产或者担保金额超过公司最近一期经审计总资产 30% 的。
5. 股权激励计划。
6. 法律、行政法规或公司章程规定的，以及股东大会以普通决议认定会对公司产生重大影响的、需要以特别决议通过的其他事项。

上述以外其他事项由股东大会以普通决议通过。

七、股东大会的法律意见

上市公司召开股东大会，应当聘请律师对以下问题出具法律意见并公告：

1. 会议的召集、召开程序是否符合法律、行政法规、上市公司股东大会规则和公司章程的规定。
2. 出席会议人员的资格、召集人资格是否合法有效。
3. 会议的表决程序、表决结果是否合法有效。
4. 应上市公司要求对其他有关问题出具的法律意见。

八、监管措施

上市公司无正当理由不召开股东大会的，证券交易所有权对该公司挂牌交易的股票及衍生品种予以停牌，并要求董事会做出解释并公告。

股东大会的召集、召开和相关信息披露不符合法律、行政法规、《上市公司股东大会规则》和公司章程要求的，证监会及其派出机构有权责令上市公司或相关责任人限期改正，并由证券交易所予以公开谴责。

董事、监事或董事会秘书违反法律、行政法规、《上市公司股东大会规则》和公司章程的规定，不切实履行职责的，证监会及其派出机构有权责令其改正，并由证券交易所予以公开谴责；对于情节严重或不予改正的，证监会可对相关人员实施证券市场禁入。

股东有权对董事长、董事、监事或总经理及其他高级管理人员提出质询，董事、监事、高级管理人员在股东大会上应就股东的质询做出解释和说明。

九、附则

《股东大会议事规则》应在证监会指定报刊上刊登有关信息披露内容。公告或通知篇幅较长的，上市公司可以选择在证监会指定报刊上对有关内容做摘要性披露，但全文应当同时在证监会指定的网站上公布。

股东大会补充通知应当在刊登会议通知的同一指定报刊上公告。

凡是与《公司法》《证券法》和《上市公司股东大会规则》及公司章程相违背的地方，应以《公司法》《证券法》和《上市公司股东大会规则》及公司章程规定为准。

《股东大会议事规则》由公司董事会负责解释。

第三节 监事会及议事规则

一、制定依据

根据《公司法》《证券法》《上市公司治理准则》《股票上市规则》

等有关法律法规以及公司章程的规定制作，进一步规范监事会的议事方式和决策程序，促使监事和监事会有效地履行职责，对股东大会负责，并向其报告工作，提高监事会规范运作和公司经营管理的监督职能。

二、监事会及监事的资格及任职

监事会由 3 名监事组成，其中 2 名监事由股东大会选举，1 名监事由公司的员工代表大会民主推举；监事会设主席 1 人，由全体监事过半数选举产生。

监事不得兼任董事、总经理、财务负责人及其他高级管理人员。

监事由股东代表和公司职工代表出任，股东代表出任的监事由股东大会选举和更换，职工代表出任的监事由公司职工民主选举产生或更换。公司职工代表出任的监事不少于监事人数的 1/3。公司监事为自然人，有下列情形之一的，不能担任公司的监事：

1. 无民事行为能力或者限制民事行为能力。

2. 因贪污、贿赂、侵占财产、挪用财产或者破坏社会主义市场经济秩序，被判处刑罚，执行期满未逾 5 年，或者因犯罪被剥夺政治权利，执行期满未逾 5 年。

3. 担任破产清算的公司、企业的董事或者厂长、经理，对该公司、企业的破产负有个人责任的，自该公司、企业破产清算完结之日起未逾 3 年。

4. 担任因违法被吊销营业执照、责令关闭的公司、企业的法定代表人，并负有个人责任的，自该公司、企业被吊销营业执照之日起未逾 3 年。

5. 个人所负数额较大的债务到期未清偿。

6. 被证监会处以证券市场禁入处罚，期限未满的。

7. 法律、行政法规或部门规章规定的其他内容。

违反规定选举、委派监事的，该选举、委派或者聘任无效。监事在任职期间出现上述情形的，公司解除其职务。

监事的任期每届为 3 年。监事任期届满，连选可以连任。

第九章　上市公司治理

三、监事会职权与义务

(一) 监事会的职权

1. 对董事会编制的公司定期报告进行审核并提出书面审核意见。
2. 检查公司财务。
3. 对董事、高级管理人员执行公司职务的行为进行监督,对违反法律、行政法规、公司章程或者股东大会决议的董事、高级管理人员提出罢免的建议。
4. 当董事、高级管理人员的行为损害公司的利益时,要求董事、高级管理人员予以纠正。
5. 提议召开临时股东大会,在董事会不履行《公司法》规定的召集和主持股东大会职责时召集和主持股东大会。
6. 向股东大会提出提案。
7. 依照《公司法》第一百五十一条的规定,对董事、高级管理人员提起诉讼。
8. 发现公司经营情况异常,可以进行调查;必要时,可以聘请会计师事务所、律师事务所等专业机构协助其工作,费用由公司承担。

(二) 监事行使监督权利的方式

1. 向监事会报告,并形成监事会决议。
2. 委托注册会计师、审计师对监事会监督职权范围内的事项进行审查。
3. 根据审查结果决定是否有必要召开临时股东大会。
4. 建议召开临时股东大会。

四、监事会会议

监事会主席召集和主持监事会会议;监事会主席不能履行职务或者不履行职务的,由半数以上监事共同推举一名监事召集和主持监事会会议。

监事会每 6 个月至少召开一次会议。会议通知应当在会议召开 10 日以前书面送达全体监事。

监事会会议通知包括以下内容：

1. 举行会议的日期、地点和会议期限。
2. 事由及议题。
3. 发出通知的日期。

监事会应有 2/3 以上监事出席，方可进行。遇有公司章程规定的情况，可召开监事会临时会议。

监事会应由监事本人出席，监事因故不能出席，可以委托其他监事代为出席。授权委托书应当载明代理人的姓名、代理事项、权限和有效期限，并经委托人签名后有效。

监事会可要求公司董事、总经理、其他高级管理人员、内部、外部审计人员出席监事会，回答所关注的问题。

监事会行使职权时，必要时可以聘请律师事务所、会计师事务所等专业机构给予帮助，由此发生的费用由公司承担。

监事会决议采取举手表决方式。每名监事有一票表决权。监事会决议仅可在获出席会议的过半数监事表决赞成后，方可通过。

监事对于会议的议项有利害关系而可能损害本公司利益时，不得参加表决。

出席会议的监事应本着认真负责的态度，对议案进行审议并充分表达个人意见；监事对其个人的投票承担责任。

监事会会议应有记录，出席会议的监事和记录人应当在会议记录上签名。监事有权要求在记录上对其在会议上的发言做出某种说明性记载。

监事会会议记录和决议文本作为公司档案由董事会秘书保存，保存期为 15 年。

第四节 内部控制

为规范上市公司（主板）运作，提升上市公司治理水平，保护投资者合法权益，推动提高上市公司质量，促进资本市场健康稳定发展，根据《公司法》《证券法》《证券交易所管理办法》《上市公司治理准则》等法律、行政法规、部门规章、规范性文件和《股票上市规则》而制定自律监管规则。

上市公司及其董事、监事、高级管理人员、股东或者存托凭证持有人、实际控制人、收购人及其他权益变动主体，重大资产重组、再融资、重大交易、破产事项等有关各方，为前述主体提供服务的中介机构及其相关人员，以及法律法规规定的对上市、信息披露、停复牌、退市等事项承担相关义务的其他主体，应当遵守法律法规，诚实守信，自觉接受自律监管，并承担相应法律责任。

上市公司应当根据法律法规、建立有效的公司治理结构，完善股东大会、董事会、监事会议事规则，规范董事、监事和高级管理人员的任职管理及履职行为，完善内部控制制度，履行信息披露义务，积极承担社会责任，采取有效措施保护投资者特别是中小投资者的合法权益。

一、自律监控

根据《上海证券交易所上市公司自律监管指引第 1 号——规范运作》，控股股东和实际控制人应当遵守诚实信用原则，依法行使股东权利、履行股东义务，不得隐瞒其控股股东、实际控制人身份，逃避相关义务和责任。

控股股东和实际控制人应当维护公司独立性，不得滥用股东权利、控制地位损害上市公司和其他股东的合法权益，不得利用对公司的控制地位牟取非法利益。控股股东、实际控制人应当在相关制度中至少明确以下内容：

1. 涉及上市公司的重大信息的范围。

2. 未披露重大信息的报告流程。

3. 内幕信息知情人登记制度。

4. 未披露重大信息保密措施。

5. 对外发布信息的流程。

6. 配合上市公司信息披露工作的程序。

7. 相关人员在信息披露事务中的职责与权限。

8. 其他信息披露管理制度。

二、独立性

控股股东、实际控制人应当维护上市公司的独立性，采取切实措施保障公司资产完整、人员独立、财务独立、机构独立和业务独立。

控股股东、实际控制人依照法律法规或者有权机关授权履行国有资本出资人职责的，从其规定。

1. 控股股东、实际控制人应当维护上市公司资产完整，不得通过以下方式影响公司资产的完整性：

（1）与生产型公司共用与生产经营有关的生产系统、辅助生产系统和配套设施。

（2）与非生产型公司共用与经营有关的业务体系及相关资产。

（3）以显失公平的方式与公司共用商标、专利、非专利技术等。

（4）以无偿或者以明显不公平的条件占有、使用、收益或者处分公司的资产。

（5）未按照法律规定及合同约定及时办理投入或者转让给公司资产的过户手续。

（6）法律法规、交易所相关规定或者认定的其他情形。

2. 控股股东、实际控制人应当维护上市公司人员独立，不得通过以下方式影响公司人员的独立性：

（1）通过行使提案权、表决权等法律法规、交易所相关规定及公司章程规定的股东权利以外的方式，影响公司人事任免或者限制公司董事、监事和高级管理人员履行职责。

（2）聘任公司高级管理人员在控股股东、实际控制人或者其控制的企业担任除董事、监事以外的其他行政职务。

（3）要求公司人员为其无偿提供服务。

（4）向公司高级管理人员支付薪金或者其他报酬。

（5）指使公司董事、监事和高级管理人员以及其他在上市公司任职的人员实施损害公司利益的决策或者行为。

（6）法律法规、交易所相关规定或者认定的其他情形。

3. 控股股东、实际控制人应当维护上市公司财务独立，不得通过以下方式影响公司财务的独立性：

（1）与公司共用或者借用公司银行账户等金融类账户，或者将公司资金以任何方式存入控股股东、实际控制人及其关联人控制的账户。

（2）通过各种方式非经营性占用公司资金。

（3）要求公司违法违规提供担保。

（4）将公司财务核算体系纳入控股股东、实际控制人管理系统之内，如共用财务会计核算系统或者控股股东、实际控制人可以通过财务会计核算系统直接查询公司经营情况、财务状况等信息。

（5）法律法规、交易所相关规定或者认定的其他情形。

控股股东、实际控制人控制的财务公司为上市公司提供日常金融服务的，应当按照法律法规及交易所相关规定，督促财务公司以及相关各方配合上市公司履行关联交易的决策程序和信息披露义务，监督财务公司规范运作，保证上市公司存储在财务公司资金的安全，不得利用支配地位强制上市公司接受财务公司的服务。

4. 上市公司控股股东、实际控制人及其他关联人不得以下列方式占用公司资金：

（1）要求公司为其垫付、承担工资、福利、保险、广告等费用、成本和其他支出。

（2）要求公司有偿或者无偿、直接或者间接拆借资金给其使用（含委托贷款）。

（3）要求公司委托其进行投资活动。

（4）要求公司为其开具没有真实交易背景的商业承兑汇票，以及在没有商品和劳务对价情况下或者明显有悖商业逻辑的情况下以采购款、资产转让款、预付款等方式提供资金。

（5）要求公司代其偿还债务。

（6）法律法规、交易所相关规定或者认定的其他情形。

控股股东、实际控制人及其他关联人不得以"期间占用、期末归还"或者"小金额、多批次"等形式占用公司资金。

三、完善内部控制制度

上市公司应当完善内部控制制度，确保董事会、监事会和股东大会等机构合法运作和科学决策，建立有效的激励约束机制，树立风险防范意识，培育良好的企业精神和内部控制文化，创造全体职工充分了解并履行职责的环境。

1. 公司应当建立健全印章管理制度，明确印章的保管职责和使用审批权限，并指定专人保管印章和登记使用情况。

公司董事会应当对公司内部控制制度的制定和有效执行负责。

上市公司的内部控制制度应当涵盖经营活动的所有环节，包括销货及收款、采购及付款、存货管理、固定资产管理、货币资金管理、担保与融资、投资管理、研发管理、人力资源管理等环节。

除涵盖经营活动各个环节外，公司的内部控制制度还应当包括各方面专项管理制度，包括印章使用管理、票据领用管理、预算管理、资产管理、职务授权及代理制度、信息系统管理与信息披露管理制度等。

2. 上市公司的人员应当独立于控股股东。公司的高级管理人员在控股股东不得担任除董事、监事以外的其他行政职务。控股股东高级管理人员兼任公司董事、监事的，应当保证有足够的时间和精力承担公司的工作。

3. 上市公司的资产应当独立完整、权属清晰，不被董事、监事、高级管理人员、控股股东、实际控制人及其他关联人占用或者支配。

4. 上市公司应当建立健全独立的财务核算体系，能够独立做出财务决策，具有规范的财务会计制度和对分公司、子公司的财务管理制度。

5. 上市公司应当加强对关联交易、提供担保、募集资金使用、重大投资、信息披露等活动的控制，按照交易所相关规定的要求建立相应控制政策和程序。

6. 上市公司应当设立内部审计部门，对内部控制制度的建立和实施、财务信息的真实性和完整性等情况进行检查监督。

内部审计部门应当保持独立性，不得置于财务部门的领导之下，或者与财务部门合署办公。

内部审计部门对董事会审计委员会负责，向审计委员会报告工作。

7. 董事会审计委员会监督及评估内部审计工作，应当履行下列职责：

（1）指导和监督内部审计制度的建立和实施。

（2）审阅公司年度内部审计工作计划。

（3）督促公司内部审计计划的实施。

（4）指导内部审计部门的有效运作。公司内部审计部门应当向审计委员会报告工作，内部审计部门提交给管理层的各类审计报告、审计问题的整改计划和整改情况应当同时报送审计委员会。

（5）向董事会报告内部审计工作进度、质量以及发现的重大问题等。

（6）协调内部审计部门与会计师事务所、国家审计机构等外部审计单位之间的关系。

上市公司内部审计部门应当履行下列主要职责：

（1）对公司各内部机构、控股子公司以及对公司具有重大影响的参股公司的内部控制制度的完整性、合理性及其实施的有效性进行检查和评估。

（2）对公司各内部机构、控股子公司以及对公司具有重大影响的参股公司的会计资料及其他有关经济资料，以及所反映的财务收支及有关经济活动的合法性、合规性、真实性和完整性进行审计，包括但不限于财务报告、业绩预告、业绩快报、自愿披露的预测性财务信息等。

（3）协助建立健全反舞弊机制，确定反舞弊的重点领域、关键环节和主要内容，并在内部审计过程中关注和检查可能存在的舞弊行为。

（4）至少每季度向审计委员会报告一次，内容包括但不限于内部审计计划的执行情况以及内部审计工作中发现的问题。

（5）每一年度结束后向审计委员会提交内部审计工作报告。

（6）对公司内部控制缺陷及实施中存在的问题，督促相关责任部门制定整改措施和整改时间，并进行内部控制的后续审查，监督整改措施的落实情况，如发现内部控制存在重大缺陷或者重大风险，应当及时向审计委员会报告。

内部审计人员获取的审计证据应当具备充分性、相关性和可靠性。内部审计人员应当将获取审计证据的名称、来源、内容、时间等信息清晰、完整地记录在工作底稿中。内部审计部门应当建立工作底稿制度，并依据有关法律、法规的规定，建立相应的档案管理制度，明确内部审计工作报告、工作底稿及相关资料的保存时间。

8. 除法律法规另有规定外，董事会审计委员会应当督导内部审计部门至少每半年对下列事项进行一次检查，出具检查报告并提交审计委员会。检查发现上市公司存在违法违规、运作不规范等情形的，应当及时向交易所报告：

（1）公司募集资金使用、提供担保、关联交易、证券投资与衍生品交易、提供财务资助、购买或者出售资产、对外投资等重大事件的实施情况。

（2）公司大额资金往来以及与董事、监事、高级管理人员、控股股东、实际控制人及其关联人的资金往来情况。

审计委员会应当根据内部审计部门提交的内部审计报告及相关资料，对公司内部控制有效性出具书面的评估意见，并向董事会报告。董事会或者审计委员会认为公司内部控制存在重大缺陷或者重大风险的，或者保荐人、会计师事务所指出公司内部控制有效性存在重大缺陷的，董事会应当及时向交易所报告并予以披露。公司应当在公告中披露内部控制存在的重大缺陷或者重大风险、已经或者可能导致的后果，以及已采取或者拟采取的措施。

9. 上市公司董事会或者其审计委员会应当根据内部审计部门出具的评价报告及相关资料，出具年度内部控制自我评价报告。内部控制评价报告应当包括下列内容：

（1）董事会对内部控制评价报告真实性的声明。

（2）内部控制评价工作的总体情况。

（3）内部控制评价的依据、范围、程序和方法。

（4）内部控制存在的缺陷及其认定情况。

（5）对上一年度内部控制缺陷的整改情况。

（6）对本年度内部控制缺陷拟采取的整改措施。

（7）内部控制有效性的结论。

会计师事务所应当参照主管部门相关规定对公司内部控制评价报告进行核实评价。

董事会或者审计委员会应当根据上市公司内部审计工作报告及相关信息，评价公司内部控制的建立和实施情况，形成内部控制评价报告。董事会应当在审议年度报告等事项的同时，对公司内部控制评价报告形成决议。

公司应当在披露年度报告的同时，披露年度内部控制评价报告，并同时披露会计师事务所出具的内部控制审计报告。

10. 如会计师事务所对上市公司内部控制有效性出具非标准审计报告，或者指出公司非财务报告内部控制存在重大缺陷的，公司董事会、监事会应当针对所涉及事项做出专项说明，专项说明至少应当包括下列内容：

（1）所涉及事项的基本情况。

（2）该事项对公司内部控制有效性的影响程度。

（3）公司董事会、监事会对该事项的意见。

（4）消除该事项及其影响的具体措施。

11. 上市公司应当重点加强对控股子公司实行管理控制，主要包括：

（1）建立对各控股子公司的控制制度，明确向控股子公司委派的董事、监事及重要高级管理人员的选任方式和职责权限等。

（2）根据上市公司的战略规划，协调控股子公司的经营策略和风险管理策略，督促控股子公司据以制定相关业务经营计划、风险管理程序和内部控制制度。

（3）制定控股子公司的业绩考核与激励约束制度。

（4）制定控股子公司重大事项的内部报告制度，及时向上市公司报告重大业务事件、重大财务事件以及其他可能对上市公司股票及其衍生品种交易价格产生较大影响的信息，并严格按照授权规定将重大事件报上市公司董事会审议或者股东大会审议。

（5）要求控股子公司及时向上市公司董事会秘书报送其董事会决议、股东大会决议等重要文件。

（6）定期取得并分析各控股子公司的季度或者月度报告，包括营运报告、产销量报表、资产负债表、利润表、现金流量表、向他人提供资金及对外担保报表等，并根据相关规定，委托会计师事务所审计控股子公司的财务报告。

（7）对控股子公司内控制度的实施及其检查监督工作进行评价。

上市公司存在多级下属企业的，应当相应建立和完善对各级下属企业的管理控制制度。

上市公司对分公司和具有重大影响的参股公司的内控制度应当比照上述要求做出安排。

第五节　独立董事

根据《公司法》，上市公司设独立董事。独立董事不得在上市公司担任除董事以外的其他职务，且不得与上市公司存在任何可能影响其独立客观判断的关系。

一、充分发挥独立董事的作用

（一）上市公司应当赋予独立董事的特别职权

1. 重大关联交易（指上市公司拟与关联人达成的总额高于300万元或高于上市公司最近经审计净资产值的5%的关联交易）应由独立董事认可后，提交董事会讨论；独立董事做出判断前，可以聘请中介机构出具独立财务顾问报告，作为其判断的依据。

2. 向董事会提议聘用或解聘会计师事务所。

3. 向董事会提请召开临时股东大会。

4. 提议召开董事会。

5. 独立聘请外部审计机构和咨询机构。

6. 可以在股东大会召开前公开向股东征集投票权。

独立董事行使上述职权应当取得全体独立董事的1/2以上同意。如上述提议未被采纳或上述职权不能正常行使，上市公司应将有关情况予以披露。

如果上市公司董事会下设薪酬、审计、提名等委员会的，独立董事应当在委员会成员中占有1/2以上的比例。

（二）独立董事应当对上市公司重大事项发表独立意见

1. 提名、任免董事。

2. 聘任或解聘高级管理人员。

3. 公司董事、高级管理人员的薪酬。

4. 上市公司的股东、实际控制人及其关联企业对上市公司现有或新发生的总额高于300万元或高于上市公司最近经审计净资产值的5%的借款或其他资金往来，以及公司是否采取有效措施回收欠款。

5. 独立董事认为可能损害中小股东权益的事项。

6. 公司章程规定的其他事项。

独立董事应当就上述事项发表以下几类意见之一：同意、保留意见及其理由、反对意见及其理由、无法发表意见及其障碍。

如有关事项属于需要披露的事项，上市公司应当将独立董事的意见予以公告，独立董事出现意见分歧无法达成一致时，董事会应将各独立董事的意见分别披露。

（三）上市公司应当为独立董事提供必要的条件

1. 上市公司应当保证独立董事享有与其他董事同等的知情权。

凡须经董事会决策的事项，上市公司必须按法定的时间提前通知独立董事并同时提供足够的资料，独立董事认为资料不充分的，可以要求补充。当2名或2名以上独立董事认为资料不充分或论证不明确时，可联名书面向董事会提出延期召开董事会会议或延期审议该事项，董事会应予以采纳。

上市公司向独立董事提供的资料，上市公司及独立董事本人应当至少保存5年。

2. 上市公司应提供独立董事履行职责所必需的工作条件。上市公司董事会秘书应积极为独立董事履行职责提供协助，如介绍情况、提供材料等。独立董事发表的独立意见、提案及书面说明应当公告的，董事会秘书应及时到证券交易所办理公告事宜。

3. 独立董事行使职权时，上市公司有关人员应当积极配合，不得拒绝、阻碍或隐瞒，不得干预其独立行使职权。

4. 独立董事聘请中介机构的费用及其他行使职权时所需的费用由上市公司承担。

5. 上市公司应当给予独立董事适当的津贴。津贴的标准应当由董事会制订预案，股东大会审议通过，并在公司年报中进行披露。

除上述津贴外，独立董事不应从该上市公司及其主要股东或有利害关系的机构和人员取得额外的、未予披露的其他利益。

6. 上市公司可以建立必要的独立董事责任保险制度，以降低独立董事正常履行职责可能引致的风险。

二、担任独立董事应当符合的基本条件

1. 根据法律、行政法规及其他有关规定，具备担任上市公司董事的资格。
2. 具有法规所要求的独立性。
3. 具备上市公司运作的基本知识，熟悉相关法律、行政法规、规章及规则。
4. 具有5年以上法律、经济或者其他履行独立董事职责所必需的工作经验。
5. 公司章程规定的其他条件。

三、不得担任独立董事的人员

1. 在上市公司或者其附属企业任职的人员及其直系亲属、主要社

会关系（直系亲属是指配偶、父母、子女等；主要社会关系是指兄弟姐妹、岳父母、儿媳女婿、兄弟姐妹的配偶、配偶的兄弟姐妹等）。

2. 直接或间接持有上市公司已发行股份 1% 以上或者是上市公司前 10 名股东中的自然人股东及其直系亲属。

3. 在直接或间接持有上市公司已发行股份 5% 以上的股东单位或者在上市公司前 5 名股东单位任职的人员及其直系亲属。

4. 最近一年内曾经具有前 3 项所列举情形的人员。

5. 为上市公司或者其附属企业提供财务、法律、咨询等服务的人员。

6. 公司章程规定的其他人员。

7. 证监会认定的其他人员。

四、独立董事的提名、选举和更换

1. 上市公司董事会、监事会、单独或者合并持有上市公司已发行股份 1% 以上的股东可以提出独立董事候选人，并经股东大会选举决定。

2. 独立董事的提名人在提名前应当征得被提名人的同意。提名人应当充分了解被提名人职业、学历、职称、详细的工作经历、全部兼职等情况，并对其担任独立董事的资格和独立性发表意见，被提名人应当就其本人与上市公司之间不存在任何影响其独立客观判断的关系发表公开声明。

在选举独立董事的股东大会召开前，上市公司董事会应当按照规定公布上述内容。

3. 在选举独立董事的股东大会召开前，上市公司应将所有被提名人的有关材料同时报送证监会、公司所在地证监会派出机构和公司股票挂牌交易的证券交易所。上市公司董事会对被提名人的有关情况有异议的，应同时报送董事会的书面意见。证监会在 15 个工作日内对独立董事的任职资格和独立性进行审核。对证监会持有异议的被提名人，可作为公司董事候选人，但不作为独立董事候选人。在召开股东大会选举独立董事时，上市公司董事会应对独立董事候选人是否被证监会提出异议的情况进行说明。对于《关于在上市公司建立独立董事制度的指导意见》发布前已担任上市公司独立董事的人士，上市公司应将前述材料在本意见发布实施起一个月内报送证监会、公司所在地证监会派出机构和公司股票挂牌交易的证券交易所。

4. 独立董事每届任期与该上市公司其他董事任期相同，任期届满，连选可以连任，但是连任时间不得超过6年。

5. 独立董事连续3次未亲自出席董事会会议的，由董事会提请股东大会予以撤换。除出现上述情况及《公司法》中规定的不得担任董事的情形外，独立董事任期届满前不得无故被免职。提前免职的，上市公司应将其作为特别披露事项予以披露，被免职的独立董事认为公司的免职理由不当的，可以做出公开的声明。

6. 独立董事在任期届满前可以提出辞职。独立董事辞职应向董事会提交书面辞职报告，对任何与其辞职有关或其认为有必要引起公司股东和债权人注意的情况进行说明。如因独立董事辞职导致公司董事会中独立董事所占的比例低于《关于在上市公司建立独立董事制度的指导意见》规定的最低要求时，该独立董事的辞职报告应当在下任独立董事填补其缺额后生效。

第六节　推动 ESG 评价模型

上市公司高质量发展，将推动 ESG（环境、社会及公司治理）快速在境内崛起。香港交易所于 2019 年 12 月 17 日发布新版 ESG 指引并相应调整相关上市规则，从 2020 年 7 月 1 日开始生效，这意味着，赴港上市的公司和拟赴港上市的公司，必须遵照新版指引进行 ESG 披露。国际两大指数和数据供应商 MSCI（明晟）和富时罗素也相继宣布，加强对于 ESG 评级和指数的发布和管理，表明国际投资关注重心已经逐渐从 CSR（企业社会责任）转向 ESG。公开数据显示，目前全球 90% 的大型跨国企业主动公开披露其在 ESG 方面的表现，表明 ESG 发展势头迅猛。

2020 年是与国际接轨的中国市场的"ESG 元年"。中国资本市场的开放，以及寻求上市公司实现高质量发展路径，都在努力适应国际投资重心从 CSR 向 ESG 演变和进化的趋势。《国务院关于进一步提高上市公司质量的意见》（国发〔2020〕14 号）提出了 6 个方面 17 项重要举措，其中第一个方面就是提高上市公司治理水平，特别提到要加强治理状况信息披露，并要求上市公司切实履行社会责任。证监会 2018 年发布的新修订的《上市公司治理准则》，也确立了环境、社会及公司治理的披露框架。

那么 ESG 究竟对企业或上市公司造成了哪些改变？

以前我们常说，评判一个企业是否值得投资，多半是从企业基本面、财务指标等方面来分析，比如企业规范运作、核心竞争力、盈利状况、偿债能力、现金流等。而 ESG 理念及评价体系的内容包括了企业在经营中需要考虑的多层次多维度的因素。根据三大国际组织（非营利性 ESG 组织、ESG 市场主体、ESG 监管机构）的指引（ISO2600 社会实践、SASB 准则、GRI 可持续发展报告）、ESG 评级公司关于 ESG 评级的披露信息，以及 12 家国际上的交易所发布的 ESG 投资指引，这些因素主要包括以下维度。

一、E——环境（Environmental）

碳中和、碳达峰在 2022 年两会被正式写入了政府工作报告，金融委会议中也格外强调了将大力发展企业的绿色转型。

针对越来越恶化的气候环境，近年来，国家出台了各项政策，都在往绿色金融上大着笔墨。

公司的生产环节中，是不是可以做到对节能减排、污水治理等进行评价，其实就是 ESG 中 E 的部分——环境保护。这其中就涉及碳及温室气体排放、环境政策、废物污染及管理政策、能源使用/消费、自然资源（特别是水资源）使用和管理政策、生物多样性、合理性、员工环境意识、绿色采购政策、节能减排措施、环境成本核算、绿色技术等。

二、S——社会责任（Social Responsibility）

这其中包括性别及性别平衡政策、人权政策及违反情况、社团（或社区）、健康安全、管理培训、劳动规范、产品责任、职业健康安全、产品质量、供应链责任管理、精准扶贫、公益慈善及其他等。

上市公司可以根据自身特点拟定年度社会责任报告的具体内容，说明公司在促进社会、环境及生态、经济可持续发展等方面的工作。社会责任报告的内容至少应当包括：

1. 关于职工保护、环境污染、商品质量、社区关系等方面的社会责任制度的建设和执行情况。

2. 履行社会责任存在的问题和不足、与相关指引存在的差距及其原因。

3. 改进措施和具体时间安排。

三、G——治理（Governance）

这其中包括公司治理、贪污受贿政策、反不公平竞争、风险管理、税收透明、公平的劳动实践、道德行为准则、合规性、董事会独立性及多样性、组织结构、投资者关系等。

国务院国资委、责任云研究院发布了《中央企业上市公司 ESG 蓝皮书（2021）》，并公布了"央企 ESG·先锋 50 指数"。

该蓝皮书披露，中央企业上市公司在 ESG 管治、创造社会价值、防范社会环境风险方面取得进展。"央企 ESG·先锋 50 指数"以 440 家中央企业控股上市公司为评价对象，通过对 ESG 管治、社会价值和社会环境风险管理的综合评价，选出华润电力、蒙牛乳业、中国石化等 50 家上市公司，为国务院国资委统筹推动央企上市公司 ESG 工作提供参考。

为直观展现央企上市公司 ESG 水平，课题组将 ESG 评级得分划分为 7 个等级。

华润电力达到五星级卓越者水平。蒙牛乳业、中国石化、中国铝业、中国移动、中国联通/中国联通（香港）、宝钢股份、中国电信、招商港口、华润医疗、中国东航、中国海洋石油、中国通号、华润医药、龙源电力、华润燃气、中航产融、华润置地、招商证券、中船防务、中国神华、东风集团股份、中航光电、保利发展到四星半级领先者水平。

中海油服、昆仑能源、冠捷科技、云南铜业、航发动力、中国中冶、中化国际、海康威视、中远海能、中国建筑、中国巨石、中国通信服务、中国中车、中国石油、中国外运、中国建材、中国长城、中煤能源、招商银行、辽港股份、大唐新能源、太钢不锈、长安汽车、中国民航信息网络、中国中铁、马钢股份达到四星级优秀者水平。

专业的 ESG 评级，是一个可以帮助我们进行"排雷"的辅助工具。海外的整个 ESG 投资流程是比较成熟的：首先，上市公司按要求披露 ESG 信息；然后，评级机构进行 ESG 评级；接着，指数编制机构根据评级结果编制 ESG 指数；最后，投资机构据此做出投资决策。比如 MSCI 的 ESG 评价体系每年会给全球上市公司评级，然后编制出上百个 ESG 指数。

2018 年 6 月，A 股公司也开始被纳入 MSCI 新兴市场指数和 MSCI 全球指数。随着 MSCI、富时等海外主流指数进入国内，国际机构投资者也开始布局中国市场，带来了 ESG 理念和投资需求。

根据券商统计，我国所在的新兴市场中，MSCI 的 ESG 指数累计涨幅比综合指数要高不少（见图 9.3）。

目前，国内市场主要还是跟踪国内指数公司编制的 ESG 指数。比如

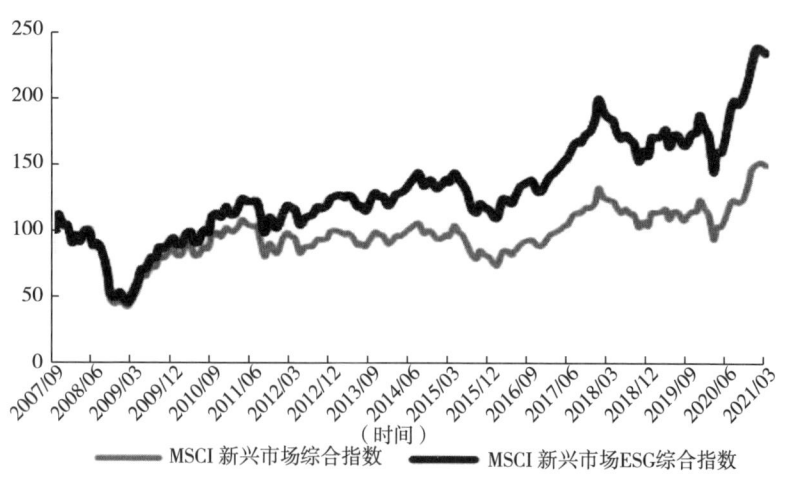

图 9.3　ESG 投资策略在新兴市场表现较好

第一批 ESG 主题 ETF（交易型开放式指数基金）获批：
- 浦银安盛中证 ESG120 策略 ETF。
- 鹏华国证 ESG300ETF。
- 富国沪深 300ESG 基准 ETF。
- 富国中证 ESG120 策略 ETF。

和发达国家成熟的 ESG 生态不同，国内的 ESG 投资还在起步阶段。许多依然是泛 ESG 主题的基金，比如环保、新能源等。

参考案例

关于终止对四川东立科技股份有限公司公开发行股票并在北京证券交易所上市审核的决定

《关于四川东立科技股份有限公司精选层挂牌申请文件的审查问询》中的问题 13 涉及企业内部控制的有效性，根据申请材料，报告期内，发行人存在：

1. 公司实际控制人与亚平宁商贸协商，将部分支付给亚平宁商贸的预付款（资金或背书的票据）拆借给兴中钛业及其子公司兴中矿业。

2. 曾因亚平宁商贸无法按时交货而接受其贸用价值 2 110.84 万元的钛白粉用作抵账。

3. 发行人曾与攀枝花钢企欣宇化工有限公司、兴中钛业签订三方抵债协议。

4. 发行人存在向银行贷款向供应商亚平宁商贸支付货款后，又通过亚平宁商贸转回的情形。

5. 2018 年 7 月东立磷制品股权转让过渡期时，因其银行借款到期，发行人向东立磷制品提供借款 670.19 万元。

请发行人：

1. 补充披露公司相关内部控制的设计、执行情况，并结合上述情况，说明公司内部控制的有效性及依据，上述情况是否构成资金占用。

2. 补充披露控股股东、实际控制人及其关联方是否通过上述财务不规范行为、关联交易等非经营性占用发行人资金，是否存在关联方为发行人承担各类成本费用、对发行人进行利益输送或存在其他利益安排的情形，是否存在体外循环或虚构业务的情形。

请保荐机构、申报会计师详细说明对控股股东、实际控制人及其关联方控制的账户、员工的账户和其他账户核查工作范围、程序、测试比例、核查结论及依据，发行人在报告期是否存在其他类似情况，保荐机构、会计师的核查结果是否能够说明发行人报告期中收入、成本、费用真实、完整，发行人内控计划和运行能否有效控制类似风险。

联想集团蝉联"2021中国企业ESG最佳案例奖"

作为国内较早践行ESG理念的先锋企业，多年来，联想集团致力于推动ESG实践的创新与落实，积极探索从环保、公益、企业治理等多维度多领域，参与构建绿色生态，用心回馈社会发展。

联想集团连续15年发布关于企业社会责任和可持续发展议题的报告，2021年9月6日，联想集团发布《2020/2021财年环境、社会和公司治理报告》，这一报告全面披露了联想过去一年在应对气候变化、积极承担企业社会责任、优化公司治理结构以推动核心业务可持续增长等方面所取得的成果。

2021年度中国企业ESG案例评选榜单发布，联想集团获评"2021中国企业ESG最佳案例奖"。作为中国企业ESG实践的先行者，这也是联想集团继2020年获奖后，再次获得这一奖项。

2020年1月，联想签署了Valuable 500包容性倡议，旨在推动积极、有意义的变革，并将包容残障人士纳入企业领导议程。截至2021年3月，联想已减少二氧化碳7 500吨，相当于37平方千米森林一年可吸收的温室气体量。

联想集团董事长兼CEO杨元庆表示："多年来，我们ESG工作的重点在于提高企业自身韧性，并为解决人类面临的最重大挑战发挥作用。我们始终坚信，联想的创新与增长必须服务于让生活更美好、社会更多元包容、环境更可持续发展的目的。这份使命感驱动着我们不断追求绿色创新，为所有人创造一个更智慧、更坚韧、更美好的未来。"

第十章

股权激励与员工持股

本章关键词：

激励对象、股票来源、限制性股票、行权规定、股份支付、员工持股

股权激励是指上市公司以本公司股票为标的，对其董事、高级管理人员及其他员工进行的长期性激励，是上市公司建立、健全激励与约束机制，加强公司治理的有效措施。其主要依据是《公司法》《证券法》《上市公司股权激励管理办法》《关于上市公司实施员工持股计划试点的指导意见》《股票上市规则》等相关法律、行政法规的规定。

第一节 股权激励的规定

一、股权激励的要素与概念

1. 激励对象：激励对象可以包括上市公司的董事、高级管理人员、核心技术人员或者核心业务人员，以及公司认为应当激励的对公司经营业绩和未来发展有直接影响的其他员工，但不应当包括独立董事和监

事。外籍员工任职上市公司董事、高级管理人员、核心技术人员或者核心业务人员的，可以成为激励对象。

激励对象为外籍员工的，可以向证券登记结算机构申请开立证券账户。

持股5%以上的主要股东或实际控制人原则上不得成为激励对象。除非经股东大会表决通过，且股东大会对该事项进行投票表决时，关联股东须回避表决。

持股5%以上的主要股东或实际控制人的配偶及直系近亲属若符合成为激励对象的条件，可以成为激励对象，但其所获授权益应关注是否与其所任职务相匹配。同时股东大会对该事项进行投票表决时，关联股东须回避表决。

2. 激励方式：股票、股票期权、认股权证。

3. 股票来源：公开发行新股预留股份、向激励对象发行股份。股东不得直接向激励对象赠予（或转让）股份。股东拟提供股份的，应当先将股份赠予（或转让）上市公司，并视为上市公司以零价格（或特定价格）向这部分股东定向回购股份。然后，按照经证监会备案无异议的股权激励计划，由上市公司将股份授予激励对象。上市公司对回购股份的授予应符合相关法规的规定，即必须在一年内将回购股份授予激励对象。

4. 激励数额：总数不得超过公司股本总额的10%，任何一名激励对象通过股权激励计划获授的公司股票累计不得超过公司股本总额的1%。

5. 期权资金来源的限制：资金来源只能有激励基金一条途径，上市公司尤其不得提供贷款和贷款担保。

6. 期权行权价格的基准：期权行权价格的基准是以股权激励计划草案摘要公布前一日的公司股票收盘价或股权激励计划草案摘要公布前30个交易日内的公司股票平均收盘价来定的。

7. 期权有效期：从授权日计算不得超过10年。在有效期内，激励对象应分期按比例行权。

8. 认股权证行权价格的基准：以二级市场股票价格为依据，与期权行权价格的确定方法相同。

9. 认股权证数额：激励对象每年转让的认股权证数量不得超过其所持同种认股权证总数的25%。

二、股权激励计划发展趋势

2021年10月A股共计65家上市公司推出股权激励计划，其中48家推出限制性股票激励计划，股票期权激励计划10家，7家既推出了限制性股票计划，也推出了股票期权激励计划，另外16家推出了员工持股计划（见图10.1）。

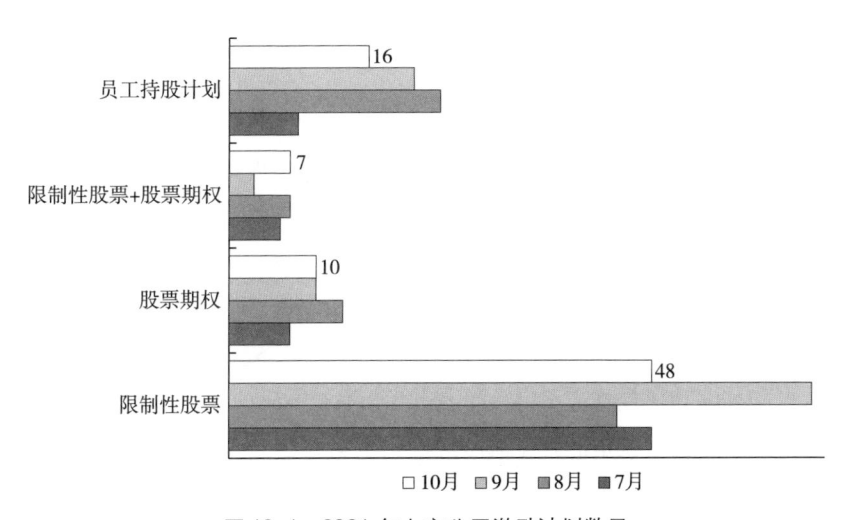

图10.1 2021年上市公司激励计划数量

而在限制性股票股权激励方案中，同时采用第一类限制性股票和第二类限制性股票的有2家，分别是瑞凌股份（通用设备制造业）、芳源股份（文化艺术业）；采用"第二类限制性股票"的有23家，其中创业板块有12家，科创板块有12家。其中宁德时代（电气机械及器材制造业）、电声股份（商务服务业）同时采用了第二类限制性股票和股票期权。

从行业分布上看，制造业是推出股权激励计划最多的行业，有47家，其次是信息传输、软件和信息技术服务业，有7家。

三、股权激励的一般规则

1. 上市公司具有下列情形之一的,不得实行股权激励:

(1) 最近一个会计年度财务会计报告被注册会计师出具否定意见或者无法表示意见的审计报告。

(2) 最近一个会计年度财务报告内部控制被注册会计师出具否定意见或无法表示意见的审计报告。

(3) 上市后最近 36 个月内出现过未按法律法规、公司章程、公开承诺进行利润分配的情形。

(4) 法律法规规定不得实行股权激励的。

(5) 证监会认定的其他情形。

2. 下列人员不得成为激励对象:

(1) 最近 12 个月内被证券交易所认定为不适当人选。

(2) 最近 12 个月内被证监会及其派出机构认定为不适当人选。

(3) 最近 12 个月内因重大违法违规行为被证监会及其派出机构行政处罚或者采取市场禁入措施。

(4) 具有《公司法》规定的不得担任公司董事、高级管理人员情形的。

(5) 法律法规规定不得参与上市公司股权激励的。

(6) 证监会认定的其他情形。

3. 上市公司依照相关办法制定股权激励计划的,应当在股权激励计划中载明下列事项:

(1) 股权激励的目的。

(2) 激励对象的确定依据和范围。

(3) 拟授出的权益数量,拟授出权益涉及的标的股票种类、来源、数量及占上市公司股本总额的百分比;分次授出的,每次拟授出的权益数量、涉及的标的股票数量及占股权激励计划涉及的标的股票总额的百分比、占上市公司股本总额的百分比;设置预留权益的,拟预留权益的数量、涉及标的股票数量及占股权激励计划的标的股票总额的百分比。

（4）激励对象为董事、高级管理人员的，其各自可获授的权益数量、占股权激励计划拟授出权益总量的百分比；其他激励对象（各自或者按适当分类）的姓名、职务、可获授的权益数量及占股权激励计划拟授出权益总量的百分比。

（5）股权激励计划的有效期，限制性股票的授予日、限售期和解除限售安排，股票期权的授权日、可行权日、行权有效期和行权安排。

（6）限制性股票的授予价格或者授予价格的确定方法，股票期权的行权价格或者行权价格的确定方法。

（7）激励对象获授权益、行使权益的条件。

（8）上市公司授出权益、激励对象行使权益的程序。

（9）调整权益数量、标的股票数量、授予价格或者行权价格的方法和程序。

（10）股权激励会计处理方法、限制性股票或股票期权公允价值的确定方法、涉及估值模型重要参数取值合理性、实施股权激励应当计提费用及对上市公司经营业绩的影响。

（11）股权激励计划的变更、终止。

（12）上市公司发生控制权变更、合并、分立以及激励对象发生职务变更、离职、死亡等事项时股权激励计划的执行。

（13）上市公司与激励对象之间相关纠纷或争端解决机制。

（14）上市公司与激励对象的其他权利义务。

4. 拟实行股权激励的上市公司，可以下列方式作为标的股票来源：

（1）向激励对象发行股份。

（2）回购本公司股份。

（3）法律、行政法规允许的其他方式。

5. 对激励对象的规定：激励对象参与股权激励计划的资金来源应当合法合规，不得违反法律、行政法规及证监会的相关规定。

上市公司不得为激励对象依股权激励计划获取有关权益提供贷款以及其他任何形式的财务资助，包括为其贷款提供担保。

四、国有控股上市公司实施股权激励制度的有关规定

1. 严格股权激励的实施条件，加快完善公司法人治理结构。上市公司在达到外部董事（包括独立董事）占董事会成员一半以上、薪酬委员会全部由外部董事组成的要求之后，要进一步优化董事会的结构，健全通过股东大会选举和更换董事的制度，按专业化、职业化、市场化的原则确定董事会成员人选，逐步减少国有控股股东的负责人、高级管理人员及其他人员担任上市公司董事的数量，增加董事会中由国有资产出资人代表提名的、由公司控股股东以外人员任职的外部董事或独立董事数量，督促董事提高履职能力，恪守职业操守，使董事会真正成为各类股东利益的代表和重大决策的主体，董事会选聘、考核、激励高级管理人员的职能必须到位。

2. 完善股权激励业绩考核体系。科学设置业绩指标和水平业绩考核指标应包含反映股东回报和公司价值创造等综合性指标，如净资产收益率（ROE）、经济增加值（EVA）、每股收益等；反映公司赢利能力及市场价值等成长性指标，如净利润增长率、主营业务收入增长率、公司总市值增长率等；反映企业收益质量的指标，如主营业务利润占利润总额比重、现金营运指数等。上述三类业绩考核指标原则上至少各选一个。相关业绩考核指标的计算应符合现行会计准则等相关要求。

上市公司授予激励对象股权时的业绩目标水平，应不低于公司近3年平均业绩水平及同行业（或选取的同行业境内、外对标企业，行业参照证券监管部门的行业分类标准确定，下同）平均业绩（或对标企业50分位值）水平。

上市公司激励对象行使权利时的业绩目标水平，应结合上市公司所处行业特点和自身战略发展定位，在授予时业绩水平的基础上有所提高，并不得低于公司同行业平均业绩（或对标企业75分位值）水平。凡低于同行业平均业绩（或对标企业75分位值）水平以下的，不得行使。

对科技类上市公司实施股权激励的业绩指标，可以根据企业所处行业的特点及成长规律等实际情况，确定授予和行使的业绩指标及其目标水平。

对国有经济占控制地位的、关系国民经济命脉和国家安全的行业以及依法实行专营专卖的行业，相关企业的业绩指标，应通过设定经营难度系数等方式，剔除价格调整、宏观调控等政策因素对业绩的影响。

3. 合理控制股权激励收益水平，实行股权激励收益与业绩指标增长挂钩浮动。在达到实施股权激励业绩考核目标要求的基础上，以期初计划核定的股权激励预期收益为基础，按照股权行使时间限制表，综合上市公司业绩和股票价格增长情况，对股权激励收益增幅进行合理调控。具体方法如下：

（1）对股权激励收益在计划期初核定收益水平以内且达到考核标准的，可按计划予以行权。

（2）对行权有效期内股票价格偏高，致使股票期权（或股票增值权）的实际行权收益超出计划核定的预期收益水平的上市公司，根据业绩考核指标完成情况和股票价格增长情况合理控制股权激励实际收益水平。即在行权有效期内，激励对象股权激励收益占本期股票期权（或股票增值权）授予时薪酬总水平（含股权激励收益，下同）的最高比重，境内上市公司及境外 H 股公司原则上不得超过 40%，境外红筹股公司原则上不得超过 50%。股权激励实际收益超出上述比重的，尚未行权的股票期权（或股票增值权）不再行使或将行权收益上交公司。

4. 完善限制性股票授予方式，以业绩考核结果确定限制性股票的授予水平。上市公司应以严格的业绩考核作为实施限制性股票激励计划的前提条件。上市公司授予限制性股票时的业绩目标应不低于下列业绩水平的高者：公司前 3 年平均业绩水平；公司上一年度实际业绩水平；公司同行业平均业绩（或对标企业 50 分位值）水平。

强化对限制性股票激励对象的约束。限制性股票激励的重点应限于对公司未来发展有直接影响的高级管理人员。限制性股票的来源及价格的确定应符合证券监管部门的相关规定，且股权激励对象个人出资水平不得低于按证券监管规定确定的限制性股票价格的 50%。

5. 限制性股票收益（不含个人出资部分的收益）的增长幅度不得高于业绩指标的增长幅度（以业绩目标为基础）。上市公司股权激励的重点应是对公司经营业绩和未来发展有直接影响的高级管理人员和核心技术骨干，不得随意扩大范围。未在上市公司任职、不属于上市公司的人员（包括控股股东公司的员工）不得参与上市公司股权激励计划。境内、境外上市公司监事不得成为股权激励的对象。严格股权激励对象范围，规范股权激励对象离职、退休等行为的处理方法。

股权激励对象正常调动、退休、死亡、丧失民事行为能力时，授予的股权当年已达到可行使时间限制和业绩考核条件的，可行使的部分可在离职之日起的半年内行使，尚未达到可行使时间限制和业绩考核条件的不再行使。股权激励对象辞职、被解雇时，尚未行使的股权不再行使。

6. 规范上市公司配股、送股、分红后股权激励授予数量的处理。上市公司因发行新股、转增股本、合并、分立、回购等原因导致总股本发生变动或其他原因需要调整股权授予数量或行权价格的，应重新报国有资产监管机构备案后由股东大会或授权董事会决定。对于其他原因调整股票期权（或股票增值权）授予数量、行权价格或其他条款的，应由董事会审议后经股东大会批准；同时，上市公司应聘请律师就上述调整是否符合国家相关法律法规、公司章程以及股权激励计划规定出具专业意见。

建立上市公司国有控股股东与国有资产监管机构沟通协调机制。上市公司国有控股股东在上市公司董事会审议其股权激励计划之前，应与国有资产监管机构进行沟通协调，并应在上市公司股东大会审议公司股权激励计划之前，将上市公司董事会审议通过的股权激励计划及相应的管理考核办法等材料报国有资产监管机构审核，经股东大会审议通过后实施。

第二节　股权激励种类

一、限制性股票

限制性股票是指激励对象按照股权激励计划规定的条件，从上市公司获得的一定数量的本公司股票。上市公司授予激励对象限制性股票，应当在股权激励计划中规定激励对象获授股票的业绩条件、禁售期限。

上市公司在授予激励对象限制性股票时，应当确定授予价格或授予价格的确定方法。授予价格不得低于股票票面金额，且原则上不得低于下列价格较高者：

1. 股权激励计划草案公布前 1 个交易日的公司股票交易均价的 50%。

2. 股权激励计划草案公布前 20 个交易日、60 个交易日或者 120 个交易日的公司股票交易均价之一的 50%。

上市公司采用其他方法确定限制性股票授予价格的，应当在股权激励计划中对定价依据及定价方式做出说明。

3. 限制性股票授予日与首次解除限售日之间的间隔不得少于 12 个月。

4. 在限制性股票有效期内，上市公司应当规定分期解除限售，每期时限不得少于 12 个月，各期解除限售的比例不得超过激励对象获授限制性股票总额的 50%。

当期解除限售的条件未成就的，限制性股票不得解除限售或递延至下期解除限售，应当按照相关规定处理。

二、股票期权

上市公司在授予激励对象股票期权时，应当确定行权价格或者行权价格的确定方法。行权价格不得低于股票票面金额，且原则上不得低于下列价格较高者：

1. 股权激励计划草案公布前 1 个交易日的公司股票交易均价。

2. 股权激励计划草案公布前 20 个交易日、60 个交易日或者 120 个交易日的公司股票交易均价之一。

上市公司采用其他方法确定行权价格的，应当在股权激励计划中对定价依据及定价方式做出说明。

3. 股票期权授权日与获授股票期权首次可行权日之间的间隔不得少于 12 个月。

4. 在股票期权有效期内，上市公司应当规定激励对象分期行权，每期时限不得少于 12 个月，后一行权期的起算日不得早于前一行权期的届满日。每期可行权的股票期权比例不得超过激励对象获授股票期权总额的 50%。

当期行权条件未成就的，股票期权不得行权或递延至下期行权，并应当按照《上市公司股权激励管理办法》第三十二条第二款规定处理。

5. 股票期权各行权期结束后，激励对象未行权的当期股票期权应当终止行权，上市公司应当及时注销。

出现《上市公司股权激励管理办法》第十八条、第三十一条规定情形，或者其他终止实施股权激励计划的情形或激励对象不符合行权条件的，上市公司应当注销对应的股票期权。

三、行权规定

激励对象应当在上市公司定期报告公布后第 2 个交易日，至下一次定期报告公布前 10 个交易日内行权，但不得在下列期间内行权：

1. 重大交易或重大事项决定过程中至该事项公告后 2 个交易日。
2. 其他可能影响股价的重大事件发生之日起至公告后 2 个交易日。

上市公司在下列期间内不得向激励对象授予股票期权：

1. 定期报告公布前 30 日。
2. 重大交易或重大事项决定过程中至该事项公告后 2 个交易日。
3. 其他可能影响股价的重大事件发生之日起至公告后 2 个交易日。

第三节　上市公司员工持股计划

员工持股计划是指上市公司根据员工意愿，将应付员工工资、奖金等现金薪酬的一部分委托资产管理机构管理，通过二级市场购入本公司股票并长期持有，股份权益按约定分配给员工的制度安排。

上市公司实施员工持股计划，应当符合法律、行政法规和《上市公司员工持股计划管理暂行办法》的规定。证监会对上市公司实施员工持股计划及其相关活动进行监督管理。

一、员工持股计划的一般规定

1. 参与对象：上市公司员工持股计划的参加对象为公司员工，包括管理层人员。

2. 资金来源：每年度用于实施员工持股计划的资金来源于最近12个月公司应付员工的工资、奖金等现金薪酬，且数额不得高于其现金薪酬总额的30%。员工用于参加员工持股计划的资金总额不得高于其家庭金融资产的1/3，应当如实向公司说明其家庭金融资产情况，且公司应当向员工充分揭示风险并根据员工资产情况核定其应获股份权益的具体数额上限。

3. 持股有效期：员工持股计划长期持续有效，在其存续期间可以约定按照年、季、月的时间间隔定期实施，也可以不定期实施。

每次实施员工持股计划，其所购股票的持股期限不得低于36个月，自上市公司公告本次股票购买完成时起算。

4. 持股总数：上市公司全部有效的员工持股计划所持有股票总数累计不得超过股本总额的10%，单个员工所获股份权益对应的股票总数累计不得超过公司股本总额的1%。

前款规定的股票总数单独计算，不包括员工在公司首发上市前获得的股份、通过二级市场自行购买的股份及通过股权激励获得的股份。股本总额是最近一次实施员工持股计划前公司的股本总额。

5. 监督机制：参加员工持股计划的员工可以通过员工持股计划持有人会议选出代表或设立相应机构，监督员工持股计划的日常管理，代表员工持股计划持有人行使股东权利或者授权资产管理机构行使股东权利。

二、员工持股计划应明确的事项

1. 员工持股计划的目的、原则。
2. 参加员工的范围和确定标准。
3. 用于员工持股计划资金的构成、数额或数额确定方式。
4. 员工持股计划拟购买的公司股票数量及占上市公司股本总额的比例。
5. 员工持股计划的存续期限。
6. 员工持股计划实施的程序和具体管理模式。
7. 公司发生控制权变更、合并、分立时员工持股计划持有股票的处置办法。
8. 参加员工持股计划的员工离职、退休、死亡以及发生不再适合参加持股计划事由等情况时,其所持股份权益的处置办法。
9. 员工持股计划的变更、终止。
10. 员工持股计划期满后员工所持股份权益的处置办法。
11. 员工持股计划持有人代表或机构的选任。
12. 资产管理机构的选任、资产管理协议主要条款、资产管理费用的计提及支付方式。
13. 其他重要事项。

三、员工持股计划的管理

上市公司应当将员工持股计划委托给下列资产管理机构进行管理。
1. 信托公司。
2. 保险资产管理公司。
3. 证券公司。
4. 基金管理公司。
5. 其他符合条件的资产管理机构。

资产管理机构不得管理本公司及本公司控股的上市公司的员工持股计划,也不得管理其控股股东、实际控制人及与其受同一控制下的公司的员工持股计划。

四、股东大会应当对员工持股计划中进行表决的内容

1. 员工持股计划拟购入股票的数量。
2. 参加员工的范围和确定标准。
3. 员工持股计划的存续期限。
4. 员工获授股份权益的条件。
5. 员工持股计划的变更、终止需要履行的程序。
6. 授权董事会办理员工持股计划的相关事宜。
7. 资产管理机构的选任及撤换程序。
8. 其他需要股东大会表决的事项。

公司股东大会就持股计划有关事项进行投票表决时，应当在提供现场投票方式的同时，提供网络投票方式；公司股东大会做出决议，应当经出席会议的股东所持表决权的半数以上通过。

五、法律意见书

上市公司应当聘请律师事务所对员工持股计划出具法律意见书，并在召开关于审议员工持股计划的股东大会前公告法律意见书。法律意见书应当发表如下意见：

1. 员工持股计划是否符合法律、行政法规及《上市公司员工持股计划管理暂行办法》的规定。
2. 员工持股计划的制订和提出是否履行了必要的法定程序。
3. 员工持股计划的范围和条件。
4. 员工持股计划是否损害上市公司及全体股东的利益。
5. 上市公司是否已经履行了充分的信息披露义务。
6. 员工持股计划的资产管理机构是否合格。
7. 资产管理协议是否符合有关规定。
8. 其他应当说明的事项。

六、员工持股计划草案内容

上市公司员工持股计划草案全文应当至少包括以下内容：

1. 员工持股计划的参加对象、确定标准。
2. 员工持股计划的资金、股票来源。
3. 员工持股计划的最低持股期限（锁定期）、存续期限和管理模式。
4. 员工持股计划持有人会议的召集及表决程序。
5. 员工持股计划持有人代表或机构的选任程序。
6. 员工持股计划管理机构的选任、管理协议的主要条款、管理费用的计提及支付方式（如有）。
7. 公司融资时员工持股计划的参与方式。
8. 员工持股计划变更和终止的情形及决策程序。
9. 员工出现不适合继续参加持股计划情形时，其所持股份权益的处置办法。
10. 员工持股计划期满后所持股份的处置办法。
11. 其他重要事项。

七、定期报告员工持股计划的实施情况

上市公司应当在定期报告中披露报告期内员工持股计划的实施情况：

1. 报告期内持股员工的范围、人数及其变更情况。
2. 实施员工持股计划的资金来源。
3. 报告期内员工持股计划持有的股票总额及占上市公司股本总额的比例。
4. 因员工持股计划持有人处分权利引起的股份权益变动情况。
5. 资产管理机构的选任及变更情况。
6. 其他应当披露的事项。

八、惩罚条款

1. 上市公司实施员工持股计划不符合《上市公司员工持股计划管理暂行办法》规定的，证监会责令其改正，对公司及相关责任人依法予以处罚。

2. 上市公司未按照《上市公司员工持股计划管理暂行办法》及其他相关规定披露员工持股计划相关信息或者所披露的信息有虚假记载、误导性陈述或者重大遗漏的，证监会责令其改正，对公司及相关责任人依法予以处罚。

3. 为上市公司员工持股计划出具专业意见的证券服务机构及从业人员未履行勤勉尽责义务，所发表的意见存在虚假记载、误导性陈述或者重大遗漏的，证监会依法予以处罚。

4. 利用员工持股计划进行虚假陈述、操纵证券市场、内幕交易等违法行为的，证监会依法予以处罚，并可依法对相关责任人员采取市场禁入等监管措施；涉嫌犯罪的，证监会移送司法机关处理。

第四节　中央企业控股上市公司实施股权激励

为进一步推动中央企业控股上市公司建立健全长效激励约束机制，完善股权激励计划的制订和实施工作，充分调动上市公司核心骨干人才的积极性，促进国有资产保值增值，推动国有资本做强做优做大，根据《公司法》《企业国有资产法》《关于修改〈上市公司股权激励管理办法〉的决定》和国有控股上市公司实施股权激励的有关政策规定制订实施方案。

一、上市公司实施股权激励应当具备的条件

1. 公司治理规范，股东大会、董事会、监事会、经理层组织健全，职责明确。股东大会选举和更换董事的制度健全，董事会选聘、考核、

激励高级管理人员的职权到位。

2. 外部董事（包括独立董事）人数应当达到董事会成员的半数以上。薪酬与考核委员会全部由外部董事组成，薪酬与考核委员会制度健全，议事规则完善，运行规范。

3. 基础管理制度规范，内部控制制度健全，三项制度改革到位，建立了符合市场竞争要求的管理人员能上能下、员工能进能出、收入能增能减的劳动用工、业绩考核、薪酬福利制度体系。

4. 发展战略明确，资产质量和财务状况良好，经营业绩稳健。近三年无财务会计、收入分配和薪酬管理等方面的违法违规行为。

5. 健全与激励机制对称的经济责任审计、信息披露、延期支付、追索扣回等约束机制。

6. 证券监督管理机构规定的其他条件。

二、制订股权激励计划的一般规定

上市公司股权激励计划应当依据法律法规和股票交易上市地监管规定科学制订，对上市公司、激励对象具有约束力。股权激励计划应当包括下列事项：

1. 股权激励的目的。
2. 激励对象的确定依据和范围。
3. 激励方式、标的股票种类和来源。
4. 拟授出的权益数量，拟授出权益涉及标的股票数量及占上市公司股本总额的百分比；分期授出的，本计划拟授予期数，每期拟授出的权益数量、涉及标的股票数量及占股权激励计划涉及标的股票总额的百分比、占上市公司股本总额的百分比；设置预留权益的，拟预留权益的数量、涉及标的股票数量及占股权激励计划涉及标的股票总额的百分比。
5. 激励对象为董事、高级管理人员的，其各自可获授的权益数量、权益授予价值占授予时薪酬总水平的比例；其他各类激励对象可获授的权益数量、占股权激励计划拟授出权益总量的百分比。

6. 股票期权（股票增值权）的行权价格及其确定方法，限制性股票的授予价格及其确定方法。

7. 股权激励计划的有效期，股票期权（股票增值权）的授予日、生效日（可行权日）、行权有效期和行权安排，限制性股票的授予日、限售期和解除限售安排。

8. 激励对象获授权益、行使权益的条件，包括公司业绩考核条件及激励对象个人绩效考核条件，上市公司据此制定股权激励业绩考核办法。

9. 上市公司授出权益、激励对象行使权益的程序，上市公司据此制定股权激励管理办法。

10. 调整权益数量、标的股票数量、授予价格或者行权价格的方法和程序。

11. 股权激励会计处理方法、限制性股票或股票期权公允价值的确定方法、涉及估值模型重要参数取值合理性、实施股权激励应当计提费用及对上市公司经营业绩的影响。

12. 股权激励计划的变更、终止。

13. 上市公司发生控制权变更、合并、分立以及激励对象发生职务变更、离职、死亡等事项时股权激励计划的执行。

14. 上市公司与激励对象之间相关纠纷或争端解决机制。

15. 上市公司与激励对象其他的权利义务，以及其他需要说明的事项。

三、激励方式和标的股票来源

上市公司股权激励方式包括股票期权、股票增值权、限制性股票，以及法律法规允许的其他方式。

1. 股票期权，是指上市公司授予激励对象在未来一定期限内以预先确定的价格和条件购买本公司一定数量股票的权利。激励对象有权行使或者放弃这种权利。股票期权不得转让、用于担保或偿还债务。

2. 股票增值权，是指上市公司授予激励对象在一定的时期和条件下，获得规定数量的股票价格上升所带来的收益的权利。股权激励对象不拥有这些股票的所有权，也不拥有股东表决权、配股权。股票增值权不得转让、用于担保或偿还债务。

3. 限制性股票，是指上市公司按照股权激励计划规定的条件授予激励对象转让等权利受到限制的本公司股票。激励对象自授予日起享有限制性股票的所有权，但在解除限售前不得转让、用于担保或偿还债务。

上市公司应当根据实施股权激励的目的，按照股票交易上市地监管规定，结合所处行业经营规律、企业改革发展实际、股权激励市场实践等因素科学确定激励方式。

股票增值权原则上适用于境内注册、发行中国香港上市外资股的上市公司（H股公司）。股票增值权应当由公司统一管理，达到可行权条件后原则上由公司统一组织行权，并根据激励对象个人业绩完成情况兑现收益。

上市公司确定实施股权激励所需标的股票来源，应当符合法律法规、股票交易上市地监管规定和上市规则。应当根据企业实际情况，采取向激励对象发行股份（增量）、回购本公司股份（存量）及其他合规方式确定标的股票来源，不得仅由国有股东等部分股东支付股份或其衍生权益。对于股票市场价格低于每股净资产或股票首次公开发行价格的，鼓励通过回购本公司股份的方式确定标的股票来源。

四、股权激励对象

股权激励对象应当聚焦核心骨干人才队伍，一般为上市公司董事、高级管理人员以及对上市公司经营业绩和持续发展有直接影响的管理、技术和业务骨干。

上市公司确定激励对象，应当根据企业高质量发展需要、行业竞争特点、关键岗位职责、绩效考核评价等因素综合考虑，并说明其与公司业务、业绩的关联程度，以及其作为激励对象的合理性。

上市公司国有控股股东或中央企业的管理人员在上市公司担任除监

事以外职务的，可以参加上市公司股权激励计划，但只能参加一家任职上市公司的股权激励计划，应当根据所任职上市公司对控股股东公司的影响程度、在上市公司担任职务的关键程度决定优先参加其中一家所任职上市公司的股权激励计划。

中央和国资委党委管理的中央企业负责人不参加上市公司股权激励。市场化选聘的职业经理人可以参加任职企业的股权激励。

激励对象不得以"代持股份"或者"名义持股"等不规范方式参加上市公司股权激励计划。

下列人员不得参加上市公司股权激励计划：

1. 未在上市公司或其控股子公司任职、不属于上市公司或其控股子公司的人员。

2. 上市公司独立董事、监事。

3. 单独或合计持有上市公司5%以上股份的股东或者实际控制人及其配偶、父母、子女。

4. 国有资产监督管理机构、证券监督管理机构规定的不得成为激励对象的人员。

上市公司公告董事会审议通过股权激励计划草案和实施方案（亦称授予方案）后，应当将股权激励对象姓名、职务等信息在公司内部进行公示，履行民主监督程序。监事会应当对股权激励名单进行审核，充分听取公示意见。

上市公司应当按照股票交易上市地监管规定和上市规则履行激励对象的信息披露程序。

五、股权激励的业绩要求

上市公司实施股权激励，应当建立完善的公司业绩考核体系，结合企业经营特点、发展阶段、所处行业等情况，科学设置考核指标，体现股东对公司经营发展的业绩要求和考核导向，原则上应当包含以下3类考核指标：

1. 反映股东回报和公司价值创造等综合性指标，如净资产收益率、总资产报酬率、净资产现金回报率、投资资本回报率等。

2. 反映企业持续成长能力的指标，如净利润增长率、营业利润增长率、营业收入增长率、创新业务收入增长率、经济增加值增长率等。

3. 反映企业运营质量的指标，如经济增加值改善值、资产负债率、成本费用占收入比重、应收账款周转率、营业利润率、总资产周转率、现金营运指数等。中央企业主营业务上市公司，一般应当选择经济增加值或经济增加值改善值作为考核指标。债务风险较高的企业（资产负债率超过80%），一般应当选择资产负债率作为考核指标。净利润的计算口径一般为扣除非经常性损益后归属于母公司所有者的净利润，或根据对标企业情况选择相同的口径。

上市公司应当同时采取与自身历史业绩水平纵向比较和与境内外同行业优秀企业业绩水平横向对标方式确定业绩目标水平。

1. 选取的同行业企业或者对标企业，均应当在股权激励计划或者考核办法中载明所属行业范围、选择的原则与依据及对标企业名单。

2. 对标企业在权益授予后的考核期内原则上不调整，如因对标企业退市、主营业务发生重大变化、重大资产重组导致经营业绩发生重大变化等特殊原因需要调整的，应当由董事会审议确定，并在公告中予以披露及说明。

在权益授予和生效环节，应当与公司业绩考核指标完成情况进行挂钩。业绩目标水平的设定应当结合公司经营趋势、发展战略综合确定，并经股东大会审议通过。

1. 权益授予环节的业绩目标，是股权激励计划设定的分期授予权益的业绩条件，体现股东对公司持续发展的绩效考核基本要求。目标水平根据公司发展战略规划，结合计划制订时公司近三年平均业绩水平、上一年度实际业绩水平、同行业平均业绩（或者对标企业50分位值）水平合理确定。股权激励计划无分期实施安排的，可以不设置权益授予环节的业绩考核条件。

2. 权益生效（解锁）环节的业绩目标，是各期授予权益在生效（解锁）时的考核要求，由分期实施方案具体确定，体现股东对公司高质量发展的绩效挑战目标。目标水平应在授予时业绩目标水平的基础上有所提高，根据分期实施方案制订时公司近三年平均业绩水平、上一年度实际业绩水平、同行业平均业绩（或者对标企业75分位值）水平，结合公司经营趋势、所处行业特点及发展规律科学设置，体现前瞻性、挑战性。行业发展波动较大，难以确定业绩目标绝对值水平的，可以通过与境内外同行业优秀企业业绩水平横向对标的方式确定。

3. 分期实施股权激励计划的，各期实施方案设置的公司业绩指标和目标值原则上应当保持一致性、可比性，后期实施方案的公司业绩目标低于前期方案的，上市公司应当充分说明其原因与合理性。

上市公司应当在公告股权激励计划草案、实施方案的同时披露所设定指标的科学性和合理性。

对政府调控市场价格、依法实行专营专卖的行业，相关企业的业绩指标，应当事先约定剔除价格调整、政府政策调整等不可抗力因素对业绩影响的方法或原则。

上市公司业绩指标的考核，应当采用公司年度报告披露的财务数据，并且应当在对外披露中就股权激励业绩考核指标完成情况予以说明。

上市公司未满足股权激励计划设定的权益授予业绩目标的，当年不得授予权益。未满足设定的权益生效（解锁）业绩目标的，由公司按照以下办法处理：

1. 当年计划生效的股票期权、股票增值权不得生效，予以注销。

2. 当年计划解锁的限制性股票不得解除限售，由上市公司回购，回购价不高于授予价格与股票市价的较低者。

六、激励对象绩效考核评价

上市公司应当建立健全股权激励对象绩效考核评价机制，切实将权益的授予、生效（解锁）与激励对象个人绩效考核评价结果挂钩，根据考核评价结果决定其参与股权激励计划的资格，并分档确定权益生效（解锁）比例。

激励对象绩效考核评价不合格的，由公司按照《中央企业控股上市公司实施股权激励工作指引》第四十三条办法处理。

授予上市公司董事、高级管理人员的权益，应当根据任期考核结果行权或者兑现。境外上市公司授予的股票期权，应当将不低于获授量的20%留至限制期满后的任期（或者任职）期满考核合格后行权，或在激励对象行权后，持有不低于获授量20%的公司股票，至限制期满后的任期（或者任职）期满考核合格后方可出售；授予的股票增值权，其行权所获得的现金收益需进入上市公司为股权激励对象开设的账户，账户中现金收益应当有不低于20%的部分至任期（或者任职）期满考核合格后方可提取；授予的限制性股票，应当将不低于获授量的20%锁定至任期（或者任职）期满考核合格后解锁。如果任期考核不合格或者经济责任审计中发现经营业绩不实、国有资产流失、经营管理失职以及存在重大违法违纪的行为，对于相关责任人任期内已经行权的权益应当建立退回机制，由此获得的股权激励收益应当上交上市公司。

七、责任追究和特殊情形处理

上市公司有下列情形之一的，国有控股股东应当依法行使股东权利，提出取消当年度可行使权益，同时终止实施股权激励计划，经股东大会或董事会审议通过，一年内不得向激励对象授予新的权益，激励对象也不得根据股权激励计划行使权益或者获得激励收益：

1. 未按照规定程序和要求聘请会计师事务所开展审计的。

2. 年度财务报告、内部控制评价报告被注册会计师出具否定意见或者无法表示意见的审计报告。

3. 国有资产监督管理机构、监事会或者审计部门对上市公司业绩或者年度财务报告提出重大异议。

4. 发生重大违规行为，受到证券监督管理机构及其他有关部门处罚。

股权激励对象有下列情形之一的，上市公司国有控股股东应当依法行使股东权利，提出终止授予其新的权益、取消其尚未行使权益的行使资格、追回已获得的相关股权激励收益，并依据法律及有关规定追究其相应责任：

1. 经济责任审计等结果表明未有效履职或者严重失职、渎职的。
2. 违反国家有关法律法规、上市公司章程规定的。
3. 激励对象在任职期间，有受贿索贿、贪污盗窃、泄露上市公司商业和技术秘密、实施关联交易损害上市公司利益、声誉和对上市公司形象有重大负面影响等违法违纪行为，并受到处分的。
4. 激励对象未履行或者未正确履行职责，给上市公司造成较大资产损失以及其他严重不良后果的。

股权激励计划实施过程中，上市公司的财务会计文件或信息披露文件有虚假记载、误导性陈述或者重大遗漏，导致不符合授予权益或行使权益安排的，激励对象尚未行使的权益不再行使，上市公司应当收回激励对象由相关股权激励计划所获得的全部利益，不得再向负有责任的对象授予新的权益。

股权激励对象因调动、免职、退休、死亡、丧失民事行为能力等客观原因与企业解除或者终止劳动关系时，授予的权益当年达到可行使时间限制和业绩考核条件的，可行使部分可以在离职（或可行使）之日起半年内行使，半年后权益失效；当年未达到可行使时间限制和业绩考核条件的，原则上不再行使。尚未解锁的限制性股票，可以按授予价格由上市公司进行回购（可以按照约定考虑银行同期存款利息）。

股权激励对象辞职、因个人原因被解除劳动关系的，尚未行使的权益不再行使。尚未解锁的限制性股票按授予价格与市场价格孰低原则进行回购，已获取的股权激励收益按授予协议或股权激励管理办法规定协商解决。

八、财务处理和税收规定

国有控股股东应当要求和督促上市公司在实施股权激励计划的财务会计及税收处理等方面，严格执行境内外有关法律法规、财务制度、会计准则、税务制度和上市规则。

上市公司应当在股权激励计划中明确说明股权激励会计处理方法，

测算并列明实施股权激励计划对公司各期业绩的影响；同时根据股权激励计划设定的条件，业绩指标完成情况以及实际行使权益情况等后续修正信息，按照会计准则有关规定确认对公司各期财务报告的影响，规范报表列报和信息披露。

股权激励对象应当承担行使权益或者购买股票时所发生的费用。上市公司不得直接或通过关联方间接为激励对象依股权激励计划获取有关权益提供贷款以及其他任何形式的财务资助，包括为其贷款提供担保。

股权激励对象应当就取得的股权激励收益依法缴纳个人所得税。具体计税规定按照国家有关规定执行。境外上市公司股权激励对象，应当同时遵守境外有关税收规定。

九、信息披露和报告

国有控股股东应当要求和督促上市公司按照有关规定严格履行信息披露义务，及时披露股权激励计划及其实施情况等相关信息。

上市公司分期实施股权激励的，实施方案经董事会审议通过后，上市公司应当及时披露董事会决议公告，对拟授出的权益价格、行使权益安排、是否符合股权激励计划的安排等内容进行说明。

因标的股票除权、除息或者其他原因调整权益价格或者数量的，调整议案经董事会审议通过后，上市公司应当及时披露董事会决议公告。

上市公司董事会应当在授予权益及股票期权行权登记完成后、限制性股票解除限售前，及时披露相关实施情况的公告。

上市公司向激励对象授出权益时，应当按照规定履行信息披露义务，并再次披露股权激励会计处理方法、公允价值确定方法、涉及估值模型重要参数取值的合理性、实施股权激励应当计提的费用及对上市公司业绩的影响。

上市公司董事会对激励对象获授权益、行使权益的条件是否成就进行审议的，上市公司应当及时披露董事会决议公告，同时公告独立董事、监事会等方面的意见。

上市公司应当按照有关监管规定和上市规则要求，在年度报告中披

露报告期内股权激励的实施情况和业绩考核情况,包含以下内容:

1. 各期次股权激励的授予时间和有效期、激励方式、激励对象范围和人数、权益授予价格和授予数量。

2. 各期次股权激励所涉权益的授予价格、权益数量历次调整的情况,以及经调整后的最新权益价格和权益数量。

3. 报告期初各期次权益累计已行使、失效情况和尚未行使的权益数量。

4. 报告期内全部激励对象各期次权益的授予、行使和失效总体情况,以及所引起的股本变动情况,至报告期末累计已授出但尚未行使的权益总额。

5. 公司董事、高级管理人员各自的姓名、职务以及各期次权益的获授价格、获授数量、有效期限,在报告期内历次获授权益行使价格、行使数量和失效的情况,至报告期末其所持权益数量。

6. 公司实施股权激励业绩考核情况,以及对各期次权益的解锁和生效的影响。

7. 股权激励的会计处理方法,以及股权激励费用对公司业绩的影响等。

8. 报告期内激励对象获授权益、行使权益的条件是否成就的说明。

9. 报告期内终止实施股权激励的情况及原因。

10. 有关监管规定要求披露的其他内容。

国有控股股东应当在上市公司年度报告披露之日起 10 个工作日内将上述情况报告中央企业集团公司。中央企业集团公司应当汇总所控股上市公司股权激励年度实施情况,报告国资委。

第五节 股权激励实施程序和信息披露

一、实施程序

(一) 董事会审议

上市公司董事会下设的薪酬与考核委员会负责拟订股权激励计划草

案。薪酬与考核委员会应当建立完善的议事规则，其拟订的股权激励计划草案应当提交董事会审议。

(二) 股东大会审议批准

除非得到股东大会明确授权，上市公司变更股权激励计划中下列事项的，应当提交股东大会审议批准。

1. 股权激励计划所涉及的权益数量，所涉及的标的股票种类、来源和数量。

2. 激励对象的确定依据和范围。

3. 股权激励计划中董事、监事各自被授予的权益数额或权益数额的确定方法；高级管理人员和其他激励对象（各自或按适当分类）被授予的权益数额或权益数额的确定方法。

4. 股权激励计划的有效期、标的股票禁售期。

5. 激励对象获授权益、行权的条件。

6. 限制性股票的授予价格或授予价格的确定方法，股票期权的行权价格或行权价格的确定方法。

7. 股权激励计划涉及的权益数量、标的股票数量、授予价格及行权价格的调整方法和程序。

8. 股权激励计划的变更、终止。

9. 对董事会办理有关股权激励计划相关事宜的授权。

10. 其他需要股东大会表决的事项。

股东大会就上述事项做出决议，必须经出席会议的股东所持表决权的 2/3 以上通过。

(三) 独立董事意见

独立董事应当就股权激励计划是否有利于上市公司的持续发展，是否存在明显损害上市公司及全体股东利益发表独立意见。

独立董事应当就股权激励计划向所有的股东征集委托投票权。

（四）法律意见书

上市公司应当聘请律师对股权激励计划出具法律意见书，至少对以下事项发表专业意见：

1. 股权激励计划是否符合《上市公司员工持股计划管理暂行办法》的规定。
2. 股权激励计划是否已经履行了法定程序。
3. 上市公司是否已经履行了信息披露义务。
4. 股权激励计划是否存在明显损害上市公司及全体股东利益和违反有关法律、行政法规的情形。
5. 其他应当说明的事项。

（五）独立财务顾问发表专业意见

上市公司董事会下设的薪酬与考核委员会认为必要时，可以要求上市公司聘请独立财务顾问，对股权激励计划的可行性、是否有利于上市公司的持续发展、是否损害上市公司利益以及对股东利益的影响发表专业意见。

独立财务顾问应当出具独立财务顾问报告，至少对以下事项发表专业意见：

1. 股权激励计划是否符合《上市公司员工持股计划管理暂行办法》的规定。
2. 公司实行股权激励计划的可行性。
3. 对激励对象范围和资格的核查意见。
4. 对股权激励计划权益授出额度的核查意见。
5. 公司实施股权激励计划的财务测算。
6. 公司实施股权激励计划对上市公司持续经营能力、股东权益的影响。
7. 对上市公司是否为激励对象提供任何形式的财务资助的核查意见。
8. 股权激励计划是否存在明显损害上市公司及全体股东利益的

情形。

9. 上市公司绩效考核体系和考核办法的合理性。

10. 其他应当说明的事项。

（六）股权激励计划备案材料

董事会审议通过股权激励计划后，上市公司应将有关材料报证监会备案，同时抄报证券交易所及公司所在地证监局。

上市公司股权激励计划备案材料应当包括以下文件：

1. 董事会决议。

2. 股权激励计划。

3. 法律意见书。

4. 聘请独立财务顾问的，还需独立财务顾问报告。

5. 上市公司实行股权激励计划依照规定需要取得有关部门批准的，还需有关批复文件。

6. 证监会要求报送的其他文件。

（七）证监会异议

证监会自收到完整的股权激励计划备案申请材料之日起20个工作日内未提出异议的，上市公司可以发出召开股东大会的通知，审议并实施股权激励计划。在上述期限内，证监会提出异议的，上市公司不得发出召开股东大会的通知审议及实施该计划。

（八）证券登记结算

激励对象的股票期权的行权申请以及限制性股票的锁定和解锁，经董事会或董事会授权的机构确认后，上市公司应当向证券交易所提出行权申请，经证券交易所确认后，由证券登记结算机构办理登记结算事宜。

已行权的股票期权应当及时注销。

（九）股票期权、股票锁定

上市公司应当按照证券登记结算机构的业务规则，在证券登记结算机构开设证券账户，用于股权激励计划的实施。

尚未行权的股票期权，以及不得转让的标的股票，应当予以锁定。

证券登记结算机构应当在其业务规则中明确股权激励计划所涉及的登记结算业务的办理要求。

二、信息披露

(一) 董事会决议

上市公司应当在董事会审议通过股权激励计划草案后的 2 个交易日内，公告董事会决议、股权激励计划草案摘要、独立董事意见。

(二) 股权激励计划草案摘要

股权激励计划草案摘要至少应当包括以下内容：

1. 股权激励计划的目的。
2. 激励对象的确定依据和范围。
3. 股权激励计划拟授予的权益数量、所涉及的标的股票种类、来源、数量及占上市公司股本总额的百分比；若分次实施的，每次拟授予的权益数量、所涉及的标的股票种类、来源、数量及占上市公司股本总额的百分比。
4. 激励对象为董事、监事、高级管理人员的，其各自可获授的权益数量、占股权激励计划拟授予权益总量的百分比；其他激励对象（各自或按适当分类）可获授的权益数量及占股权激励计划拟授予权益总量的百分比。
5. 股权激励计划的有效期、授权日、可行权日、标的股票的禁售期。
6. 限制性股票的授予价格或授予价格的确定方法，股票期权的行权价格或行权价格的确定方法。
7. 激励对象获授权益、行权的条件，如绩效考核体系和考核办法，以绩效考核指标为实施股权激励计划的条件。
8. 股权激励计划所涉及的权益数量、标的股票数量、授予价格或行权价格的调整方法和程序。

9. 股权激励计划的变更、终止。

(三) 中介机构报告

上市公司在发出召开股东大会通知时,应当同时公告法律意见书;聘请独立财务顾问的,还应当同时公告独立财务顾问报告。

上市公司应当按照有关规定在财务报告中披露股权激励的会计处理。

(四) 股权激励计划的实施情况公告

上市公司应当在定期报告中披露报告期内股权激励的实施情况,包括:

1. 报告期内激励对象的范围。

2. 报告期内授出、行使和失效的权益总额。

3. 至报告期末累计已授出但尚未行使的权益总额。

4. 报告期内权益价格、权益数量历次调整的情况以及经调整后的最新权益价格与权益数量。

5. 董事、高级管理人员各自的姓名、职务以及在报告期内历次获授、行使权益的情况和失效的权益数量。

6. 因激励对象行使权益所引起的股本变动情况。

7. 股权激励的会计处理方法及股权激励费用对公司业绩的影响。

8. 报告期内激励对象获授权益、行使权益的条件是否成就的说明。

9. 报告期内终止实施股权激励的情况及原因。

三、员工持股计划信息披露原则

员工因参加员工持股计划,其股份权益发生变动,依据《证券法》及《上市公司收购管理办法》应履行相关法定义务的,应当按照规定履行报告及披露义务;员工持股计划持有公司股票达到公司已发行股份总数的5%时,应当按照《证券法》的规定履行报告和信息披露义务。

上市公司应在定期报告中披露报告期内下列员工持股计划实施情况：

1. 报告期内持股员工的范围、人数。
2. 报告期内员工持股计划持有的股票总额及占上市公司股本总额的比例。
3. 因员工持股计划持有人处分权利引起的股份权益变动情况。
4. 资产管理机构的变更情况。
5. 其他应予披露的事项。

证券交易所应当在其业务规则中明确员工持股计划所涉及的信息披露要求。证券登记结算机构应当在其业务规则中明确员工持股计划所涉及的登记结算业务的办理要求。

四、股权激励违规处罚条款

1. 上市公司的财务会计文件有虚假记载的，负有责任的激励对象自该财务会计文件公告之日起 12 个月内由股权激励计划所获得的全部利益应当返还给公司。

2. 上市公司不符合《上市公司员工持股计划管理暂行办法》的规定实行股权激励计划的，证监会责令其改正，对公司及相关责任人依法予以处罚；在责令改正期间，证监会不受理该公司的申请文件。

3. 上市公司未按照《上市公司员工持股计划管理暂行办法》及其他相关规定披露股权激励计划相关信息或者所披露的信息有虚假记载、误导性陈述或者重大遗漏的，证监会责令其改正，对公司及相关责任人依法予以处罚。

4. 利用股权激励计划虚构业绩、操纵市场或者进行内幕交易，获取不正当利益的，证监会依法没收违法所得，对相关责任人员采取市场禁入等措施；构成犯罪的，移交司法机关依法查处。

5. 为上市公司股权激励计划出具意见的相关专业机构未履行勤勉尽责义务，所发表的专业意见存在虚假记载、误导性陈述或者重大遗漏的，证监会对相关专业机构及签字人员采取监管谈话、出具警示函、责令整改等措施，并移交相关专业机构主管部门处理；情节严重的，处以警告、罚款等处罚；构成证券违法行为的，依法追究法律责任。

参考案例

宁德时代新能源科技股份有限公司2021年股票期权与限制性股票激励计划（草案）

一、激励对象的确定依据

1. 法律依据。

本激励计划激励对象根据《公司法》《证券法》《上市公司股权激励管理办法》《深圳证券交易所创业板上市规则》《创业板上市公司业务办理指南第5号——股权激励》等有关法律、行政法规、规范性文件，和公司章程的相关规定，结合公司实际情况而确定。

2. 职务依据。

本激励计划的激励对象为公司（含子公司，下同）中层管理人员及核心骨干员工（包括外籍员工，不包括独立董事、监事及单独或合计持有公司5%以上股份的股东或实际控制人及其配偶、父母、子女），以上激励对象是对公司经营业绩和未来发展中起重要作用的管理人员和核心人员，符合本激励计划的目的。对符合本激励计划的激励对象范围的人员，由薪酬委员会拟定名单，并经公司监事会核实确定。

二、激励对象的范围

本激励计划首次授予的激励对象共计4 483人，包括：
1. 中层管理人员。
2. 核心骨干员工。

以上激励对象中，不包括宁德时代独立董事、监事及单独或合计持有公司5%以上股份的股东或实际控制人及其配偶、父母、子女。

本激励计划所有激励对象必须在本激励计划的有效期内在公司任职并与公司或子公司签署劳动合同或聘用合同。

以上激励对象包含部分公司外籍员工，公司将其纳入本激励计划的原因在于：公司推行全球化战略，在海外陆续布局生产基地、研发中心、销售子公司及售后服务站点，近年来海外营业收入占比持续提升，海外市场对公司的重要性日益凸显。参与本次激励计划的外籍激励对象在海外市场开发、技术支持、产品研发、售后服务等关键岗位发挥重要的作用，公司将该部分外籍人员纳入中长期股权激励计划，能进一步推进公司国际化团队的建设。因此本激励计划将部分外籍员工作为激励对象符合公司的实际情况和发展需要，符合《股票上市规则》等相关法律法规的规定，具有必要性和合理性。

预留授予部分的激励对象由本激励计划经股东大会审议通过后12个月内确定，经董事会提出、独立董事及监事会发表明确意见、律师发表专业意见并出具法律意见书后，公司在指定网站按要求及时准确披露当次激励对象相关信息。超过12个月未明确激励对象的，预留权益失效。预留激励对象的确定标准参照首次授予的标准确定。

激励对象不得存在下述情形：

1. 最近12个月内被证券交易所认定为不适当人选。

2. 最近12个月内被证监会及其派出机构认定为不适当人选。

3. 最近12个月内因重大违法违规行为被证监会及其派出机构行政处罚或者采取市场禁入措施。

4. 具有《公司法》规定的不得担任公司董事、高级管理人员情形的。

5. 法律法规规定不得参与上市公司股权激励的。

6. 证监会认定的其他情形。

若在本激励计划实施过程中，激励对象出现以上任何情形的，公司将终止其参与本激励计划的权利，已获授但尚未行权的股票期权取消行权，由公司注销；已获授但尚未归属的限制性股票取消归属，并作废失效。

三、激励对象的核实

1. 公司董事会审议通过本激励计划后，公司将通过公司网站或者其他途径,在公司内部公示激励对象的姓名和职务,公示期不少于10天。

2. 公司监事会将对激励对象名单进行审核,充分听取公示意见。公司将在股东大会审议本激励计划前3~5日披露监事会对激励对象名单审核及公示情况的说明。经公司董事会调整的激励对象名单亦应经公司监事会核实。

四、股票期权激励计划

1. 股票期权激励计划的股票来源。股票期权激励计划的股票来源为公司向激励对象定向发行公司A股普通股股票。

2. 股票期权激励计划标的股票数量。公司拟向激励对象授予294.0300万份股票期权,涉及的标的股票种类为A股普通股,约占本激励计划草案公告日公司股本总额232 900.7802万股的0.1262%。其中首次授予204.128万份,占本激励计划拟授出股票期权总数的69.42%,占本激励计划草案公告日公司股本总额232 900.7802万股的0.0876%;预留89.9020万份,占本激励计划拟授出股票期权总数的30.58%,占本激励计划草案公告日公司股本总额232 900.780万股的0.0386%。在满足行权条件的情况下,每份股票期权拥有在行权有效期内以行权价格购买1股公司股票的权利。

3. 股票期权激励计划激励对象获授的股票期权分配情况。

4. 股票期权激励计划的有效期、授权日、行权安排和禁售期。

通化葡萄酒股份有限公司关于终止实施2021年度限制性股票股权激励计划的公告

通化葡萄酒股份有限公司第七届董事会第三十四次会议、第七届监事会第二十四次会议审议通过了《关于终止实施2021年度限制性股票股权激励计划的议案》,一致同意终止《通化葡萄酒股份有限公司2021年度限制性股票股权激励计划(草案)》及相关议案,具体情况如下。

一、股权激励计划简述

1. 2021年3月18日，公司召开第七届董事会第三十一次会议，审议通过《关于〈通化葡萄酒股份有限公司2021年度限制性股票股权激励计划（草案）〉及其摘要的议案》《关于〈通化葡萄酒股份有限公司2021年度限制性股票股权激励计划实施考核管理办法〉的议案》以及《关于提请公司股东大会授权董事会办理股权激励计划有关事项的议案》。

2. 2021年3月18日，公司召开第七届监事会第二十一次会议，审议通过《关于〈通化葡萄酒股份有限公司2021年度限制性股票股权激励计划（草案）〉及其摘要的议案》《关于〈通化葡萄酒股份有限公司2021年度限制性股票股权激励计划实施考核管理办法〉的议案》及《关于〈通化葡萄酒股份有限公司2021年度限制性股票股权激励计划激励对象名单〉的议案》。

3. 2021年4月7日，公司召开2021年第一次临时股东大会，审议通过《关于〈通化葡萄酒股份有限公司2021年度限制性股票股权激励计划（草案）〉及其摘要的议案》《关于〈通化葡萄酒股份有限公司2021年度限制性股票股权激励计划实施考核管理办法〉的议案》及《关于提请公司股东大会授权董事会办理股权激励计划有关事项的议案》。

二、终止本次股权激励计划的原因

根据中准会计师事务所（特殊普通合伙）于2021年4月29日出具的《通化葡萄酒股份有限公司2020年度内部控制审计报告》（中准审字[2021] 2119号），其认为公司于2020年12月31日未能按照《企业内部控制基本规范》和相关规定在所有重大方面保持了有效的财务报告内部控制。因此公司实际不再符合《上市公司股权激励管理办法》中实施股权激励的相关条件，经董事会审慎考虑后，根据2021年第一次临时股东大会的授权，决定终止实施本计划，无须再次提交股东大会审议通过。

三、终止本次股权激励计划对公司的影响及后续措施

公司本次2021年度限制性股票股权激励计划尚未完成实际授出，

激励对象未实际获得限制性股票，因此本次终止事项不产生相关股份支付费用，不存在损害公司及全体股东利益的情形，不存在违反法律、法规相关规定的情形，亦不会对公司的财务状况、发展战略、经营规划造成影响。

根据《上市公司股权激励管理办法》等规定，公司承诺，终止本次股权激励计划后 3 个月内，不再审议股权激励计划。本次限制性股票激励计划终止实施后，公司将继续通过优化薪酬体系、完善绩效考核制度等方式来充分调动公司管理层以及核心骨干等员工的积极性，减少取消股权激励对公司的影响。

四、独立董事意见

我们认为公司本次拟终止实施 2021 年度限制性股票股权激励计划事宜，决策依据和决策程序符合《公司法》《证券法》《上市公司股权激励管理办法》等有关法律法规和规范性文件以及公司章程的规定。同时，由于本次激励计划公司尚未完成权益授出，激励对象未实际获得限制性股票，因此本次终止事项不产生相关股份支付费用，不存在损害公司全体股东利益和违反有关法律法规的情形，不会对公司的经营业绩和财务状况产生重大影响，也不会影响公司管理团队的勤勉尽职。我们同意公司终止实施 2021 年度限制性股票股权激励计划。

五、监事会意见

公司决定终止实施 2021 年度限制性股票股权激励计划的议案，决策依据和决策程序符合《公司法》《证券法》《上市公司股权激励管理办法》等有关法律法规和规范性文件以及公司章程的规定。同时，由于本次激励计划公司尚未完成权益授出，激励对象未实际获得限制性股票，因此本次终止事项不产生相关股份支付费用，不存在损害公司全体股东利益和违反有关法律法规的情形，不会对公司的经营业绩和财务状况产生重大影响，也不会影响公司管理团队的勤勉尽职。同意终止 2021 年度限制性股票股权激励计划事宜。

第十一章

企业并购重组

本章关键词：

横向并购、纵向并购、混合并购、资产重组、债务重组、尽职调查、财务顾问

并购重组的实质就是公司通过收买其他企业部分或全部的股份，取得对这家企业的控制权，并对企业进行重新整合的产权交易行为。我们要推动中国经济转型与产业升级，离开并购重组的资本运作是不行的。通过并购重组的手段实现资产证券化，就可以"盘活存量，用好增量"，改变企业的生存模式。

企业在由内部增长型的有机成长模式向外延式扩张的无机成长模式转换，进入跨越式发展阶段的过程中，常常通过兼并、收购、资产重组的手段进行资本运作，从而实现企业做大做强的目标。一般来说，企业并购的法律形式分以下几种情况。

1. 按照并购双方的产业特征：

（1）横向并购。

（2）纵向并购。

（3）混合并购。

2. 按照并购价款的支付方式：

（1）现金支付型。

（2）换股并购型。

（3）零成本收购型。

（4）划拨型。

（5）债权支付型。

3. 按照并购后的法律状态：

（1）新设法人型。

（2）吸收合并型。

（3）控股型。

4. 按照并购双方是否友好协商：

（1）善意并购。

（2）敌意并购。

5. 按照是否通过证券交易所：

（1）要约并购。

（2）协议并购。

6. 按照并购行为的角度：

（1）直接并购。

（2）间接并购。

7. 其他主要的并购类型：

（1）杠杆收购（LBO）。

（2）管理层收购（MBO）。

我国国有企业并购重组的主要形式有如下几种：

1. 通过协议收购上市公司非流通股直接控股上市公司。

2. 通过收购上市公司流通股直接控股上市公司。

3. 上市公司向外资定向增发B股以使其达到并购目的。

4. 通过换股的方式直接并购上市公司。

5. 上市公司向外资发行定向可转换债券以达到收购目的。

6. 外资通过收购上市公司的核心资产实现并购目的。

7. 利用债转股市场并购国有企业。

近5年,IPO与再融资合计超过5.5万亿元,上市公司并购重组交易金额达11.2万亿元,我国已成为全球第二大并购市场。强化私募股权基金支持创新的本源,私募股权和创投基金累计投资未上市公司股权超8万亿元。

2021年上半年中国的并购活动交易数量达到6 177宗,与2020年下半年相比增长11%。

按照交易量和交易额计算,中国约占全球并购市场的14%,在全球市场中扮演着越来越重要的角色。高水平的对外开放、"产业升级"、"双循环"、新能源、环保行业等政府战略和政策正在影响中国并购市场。同时,西部陆海新通道、"区域全面经济伙伴关系协定"(RCEP)以及"一带一路"倡议将为中国带来更多机会,大幅提升中国优势产业和优秀企业的全球竞争力,推动更多有实力的中资企业"走出去"。

尽管所有行业的交易活跃度都有所增长,并购交易数量的增长驱动力主要还是来源于产业升级、技术升级及消费升级的需求(见图11.1)。

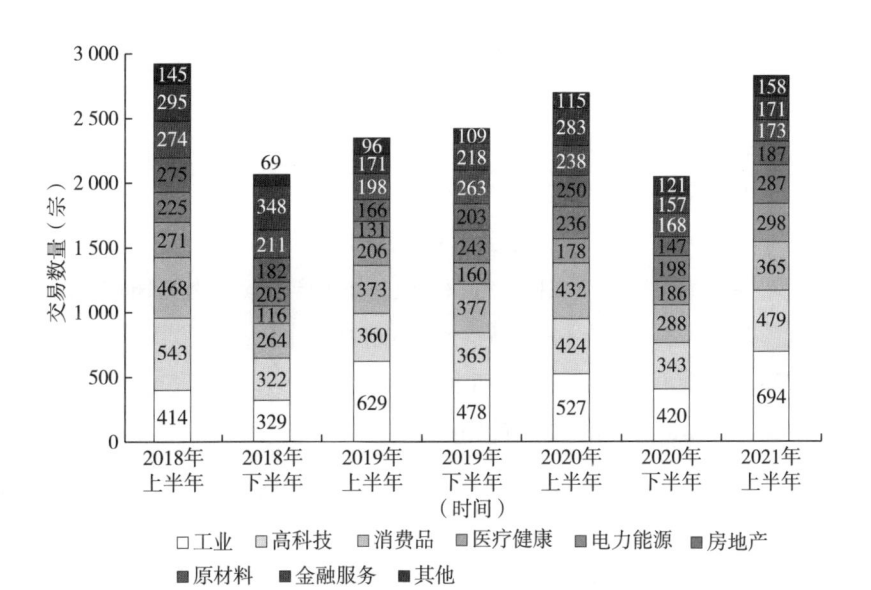

图11.1 2018—2021年战略投资者并购交易数量总览(按标的行业分类)

第十一章 企业并购重组

第一节　企业兼并、收购、资产重组

一、兼并

兼并是指通过产权的有偿转让，把其他企业并入本企业或企业集团中，使被兼并的企业失去法人资格或改变法人实体的经济行为。通常是指一家企业以现金、证券或其他形式购买取得其他企业的产权，使其他企业丧失法人资格或改变法人实体，并取得对这些企业决策控制权的经济行为。

兼并是合并的形式之一，等同于我国《公司法》中的吸收合并，指一个公司吸收其他公司而存续，被吸收公司解散。常见的兼并形态如图11.2所示。

兼并	吸收合并	A公司续存，B公司解散，A+B=A B公司续存，A公司解散，A+B=B
	新设合并	A公司、B公司都解散，新设一家新公司 A+B=C

图11.2　兼并形态

兼并主要有3种类型：

1. 横向兼并：两个在同一行业，并在生产经营上处于同一阶段的企业的兼并。例如上海汽车制造公司对南汽的兼并。

2. 纵向兼并：两个在同一行业，但是在生产经营上处于不同阶段的企业的兼并。例如汽车制造厂商对汽车配件厂商的兼并。

3. 混合兼并：不同行业中两个厂商的兼并。

兼并交易应遵循的原则有以下几个。

（一）合法性原则

在涉及所有权、使用权、经营权、抵押权、质权和其他物权，专利、商标、著作权、发明权、发现权、其他科技成果权等知识产权，以及购销、租赁、承包、借贷、运输、委托、雇佣、技术、保险等各种债权的设立、变更和终止时，毫无疑问的是，只有合法，才能得到法律的保护，才能避免无数来自国家的、地方的、部门的、他人的法律风险。

(二) 合理性原则

在合理的范畴中首先是合理的目标——效益性。股东利润最大化是所有经营方式包括购并的终极目标。在组合各种资产、人员等要素的过程中效益始终是第一位的。其次是合理的前提——稳定性。在"稳定是第一位的"这句话后面是对中国文化和心态的深刻了解，只有在稳定衔接的基础上才能出效益。再次是合理地操作——诚信原则。只有诚信地履行兼并协议，才能让重新组合的各个股东和雇员对新的环境树立信心，对任何企业来说，"人气"都是十分重要的。最后是结构合理——互补性。注意各要素的有机组合，达到互补的效果。一句话，只有做得公平合理，事情才能做得好。

(三) 可操作性原则

所有的步骤和程序应当是在一定条件下可以操作的，或者操作所需的条件是在一定的时间内可创造的，不存在不可逾越的法律和事实障碍。同时，整合的程序和结果应是便于股东了解、理解并控制的。

(四) 全面性原则

要切实处理好中国企业的九大关系——党、政、群、人、财、物、产、供、销，才能不留后遗症，否则后患无穷。进行兼并整合首先需要的是一个整合班子，其中，兼并财务经营顾问、兼并律师和注册会计师是班子里的核心人物。当然，所有的兼并整合策略都应在上述兼并整合的原则下操作。

(五) 产业政策导向原则

企业兼并要以产业政策与经济发展战略为指导，以提高经济效益、社会效益为目标。企业兼并行为是否合理，其衡量标准主要看其资产存量是否向需要发展的重点产业、新兴产业和生产短线产品的企业流动，是否能提高企业的整体素质和社会经济效益。

（六）自愿互利原则

企业兼并是市场竞争优胜劣汰的结果，既不能一厢情愿，也不能强迫包办，只能在双方自愿的情况下才能成交。而这种自愿又是建立在互利基础之上的，买卖行为的确立应当有利于双方利益的实现，即一方寻求出路和生存，另一方获得扩张和发展。对于产权出卖者来说，产权出卖后，其资产由实物形态转化为货币形态，不仅可以甩掉原来的亏损"包袱"，减少经营不善带来的损失，还可以存入银行保值，免去种种风险，也可以用于其他投资，使资产在另一种存在形态上获得更大收益。对于产权的购买者或兼并者来说，通过兼并其他企业，可以使生产和资本迅速集中，从而在更大规模上获得收益。

（七）有偿转让原则

企业兼并要通过买卖关系有偿进行。因为在市场经济条件下，企业兼并实际上是将企业作为商品推向市场，其产权在不同的所有者之间发生转移，它们之间完全是一种商品买卖关系，这就要求资产转让具有有偿性。即使兼并发生在全民所有制企业之间，由于属于不同利益的主体，它们之间的兼并也仍然必须支付相应的资产转让费。只有这样，才能较好地处理中央与地方、地方与地方的关系。特别是在"两权分离"后，在同一财政隶属关系的全民所有制之间的兼并，也同样存在产权（包括占有权、支配权、使用权）转移的问题。企业之间的产权转让，既可以是全部产权的转让，也可以是部分产权的转让，但无论哪种转让形式，都必须遵循资产有偿转让的原则。这是企业兼并与"关停并转"的重要区别。

（八）市场竞争原则

企业兼并离不开竞争，因为它本身就是一种市场竞争行为。它与行政性合并的本质区别就在于它是"以优吞劣"而不是对等合并。正是这种优胜劣汰的竞争性，使它成为实现社会资源重新优化配置的有效机制。而企业兼并的竞争性又与市场环境分不开。兼并需要市场为其提供各种信息，提供众多的选择机会，提供产权交易的场所。离开了市场环境，兼并可供选择的范围必然十分狭小，其竞争性将受到抑制，重新配置社会资源的合理程度将十分有限。

企业兼并的案例在我国几乎每天都在发生，近来比较有代表性的如阿里巴巴收购饿了么、美团收购摩拜单车、联想控股收购卢森堡国际银行等。

二、收购

收购是指一个公司通过产权交易取得其他公司一定程度的控制权，以实现一定经济目标的经济行为。收购是企业资本经营的一种形式，既有经济意义，又有法律意义。收购的经济意义是指一家企业的经营控制权易手，原来的投资者丧失了对该企业的经营控制权，实质是取得控制权。

收购类型也分为横向、纵向、混合收购。

收购上市公司分为两种方式：要约收购和协议收购。

要约收购是指收购人通过向目标公司（即被公开收购的股份有限公司）的股票持有人以市值价格购入所欲收购的股票，在达到法定比例时，向目标公司的所有股东发出购买其所持有的该公司股份的书面意思表示，并按照其依法公告的收购要约中所规定的收购条件、收购价格、收购期限以及其他规定事项，收购目标公司股份的收购方式。要约收购不需要事先征得目标公司管理层的同意，是上市公司收购的一种最常见、最典型的方式。

协议收购是指收购人通过与目标公司的管理层或者目标公司的股东反复磋商，达成协议，并按照协议所规定的收购条件、收购价格、收购期限以及其他规定事项，收购目标公司股份的收购方式。协议收购须与目标公司的管理层或者目标公司的股东达成书面的转让股权的协议。

三、资产重组

资产重组是指企业资产的拥有者、控制者与企业外部的经济主体进行的，对企业资产的分布状态进行重新组合、调整、配置的过程，或对设在企业资产上的权利进行重新配置的过程。主要有以下类型：

1. 资产的重新组合。
2. 业务整合。
3. 资源配置。
4. 产权的理顺。

中国近几年金额最大的上市公司并购案之一发生在汽车行业，交易金额达到291亿元。如上海汽车向上汽集团及工业有限公司发行股份购买其持有的从事独立零部件业务、服务贸易业务、新能源汽车业务相关公司股权及其他资产。其发行价格为人民币16.53元/股。重组后，上海汽车母公司上汽集团持有上海汽车的股份将从以前的72.95%增至77.21%，上汽集团由此成为上海率先实现整体上市的大型国企。

2019年，央地企业联合重组联合工作组成立了具体负责中车产投混改引资及上市公司重大资产重组工作。

四川长虹与海信、PPTV三大激光电视品牌携手苏宁，达成战略合作，并现场签订2019年全年苏宁渠道10万台的销售大单，期望共同推动激光电视在高端市场的全面普及。

在资本层面，"长虹系"也在加快重大重组。

第二节　企业并购重组的操作过程

在并购重组的实务操作过程中，首先要选择适合的并购标的，经过专业论证后初步立项，再聘请第三方中介机构或自有的专业团队进行审慎尽职调查得出结论，做出并购决策，给出一个合理的交易价格，在律师的见证下完成相关的法务事项，具体操作流程如图11.3所示。

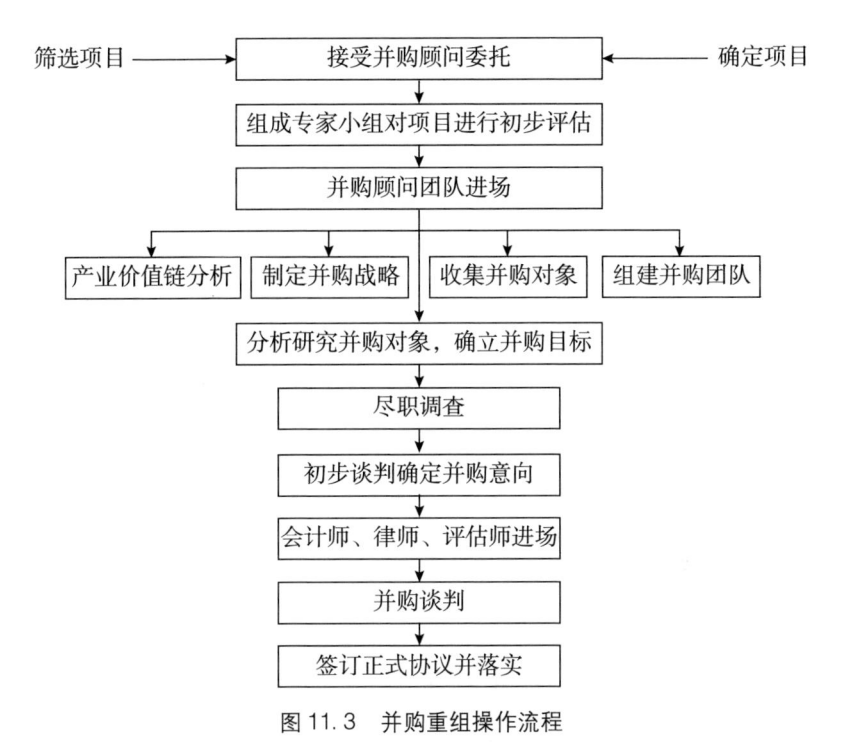

```
筛选项目 ──→  接受并购顾问委托  ←── 确定项目
                    ↓
         组成专家小组对项目进行初步评估
                    ↓
              并购顾问团队进场
          ↙        ↓        ↓       ↘
   产业价值链分析  制定并购战略  收集并购对象  组建并购团队
                    ↓
         分析研究并购对象，确立并购目标
                    ↓
                尽职调查
                    ↓
            初步谈判确定并购意向
                    ↓
            会计师、律师、评估师进场
                    ↓
                并购谈判
                    ↓
            签订正式协议并落实
```

图 11.3　并购重组操作流程

对于并购方而言，要把握好以下几个事项。

一、公司发展战略制定

1. 加强型战略——优势互补，强强联合模式。
2. 扩张型战略——希望达到垄断地位。
3. 防御型战略——增加内部实力及团队的稳定性。

二、并购战略原则

1. 并购动机与目的。
2. 并购的基本要求与计划。
3. 并购的准则及操作实施方案。

第十一章　企业并购重组

三、并购流程

1. 并购目标的选择。
2. 并购目标的调查、评估。
3. 沟通、协商、谈判。
4. 并购协议的签订。
5. 协议的实施。

四、尽职调查

1. 为何要做尽职调查？是为了解决信息不对称，处理好业务/市场、资产、负债、财务、税务、经营、战略、法律等方方面面的问题。需要注意的事项是：选择有实力的中介机构进场调查；除报表分析外，还要关注报表之外的信息，特别是可能存在的陷阱。

2. 尽职调查流程，详见图11.4。

3. 尽职调查的目的是发现、规避风险，实现企业价值。调查原则为全面调查，突出重点。

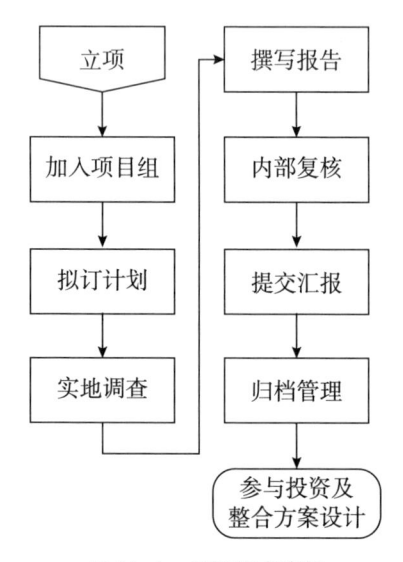

图11.4 尽职调查流程

4. 重点调查对并购项目起决定性影响的财务指标，如图 11.5 所示。

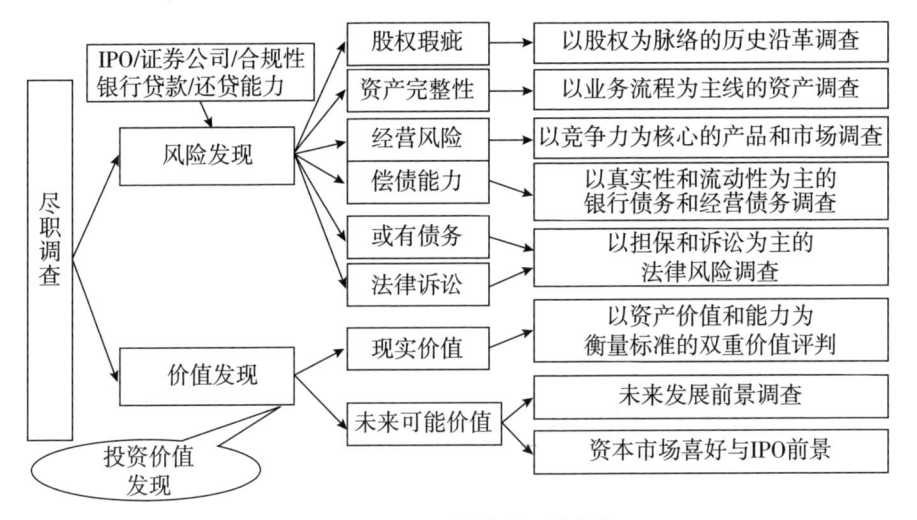

图 11.5　尽职调查相关财务指标

财务调查要点有：

（1）会计报表项目或财务指标异常或发生重大波动。

（2）主营业务不突出，或非经常性收益所占比重非常大。

（3）与同业相比，获利能力过高，增长速度过快。

（4）账面利润增长，但经营活动净现金流为负。

（5）财务状况和盈利能力突然好转。

（6）以毛利率、存货周转率、应收账款周转率为指标，对市场情况以及市场地位进行调查。

（7）以利润率为指标，对成本进行分解调查。

（8）经营现金流分析。

（9）行业比较分析。

（10）会计政策对利润核算有重大影响，应该了解。

五、交易架构设计

1. 好的交易结构的特点：

（1）满足交易各方的目的。

（2）平衡交易各方的风险与收益关系。

（3）简单透明，以尽可能少的条款涵盖所有可能发生的情况，并适用于交易各方。

（4）适应投资东道国（被并购公司所在国）的法律与税收环境。

（5）提供灵活的退出方式。

2. 交易架构设计的目的和原则：

（1）政府的税收政策、利率政策，以及在某些情况下的外汇管制政策、行业准入政策、对跨国并购的行政审批政策、国有资产转让的特殊政策等及其变动，对跨国并购的交易成本和交易风险都很重要。

（2）设计交易结构的首要出发点是在不违反法律法规的前提下，选择一种法律安排，以便尽可能满足交易双方的意愿，在交易双方之间平衡并降低交易成本和交易风险，并最终实现并购交易。

（3）设计交易结构的目的：在某种法律框架下确定未来交易双方在被收购企业中的地位、权利和责任，进而在某种程度上确定了企业未来发展方向的决定权的归属。同时，降低交易风险。

3. 典型的架构类型：

（1）直接和间接股权并购，详见图11.6。

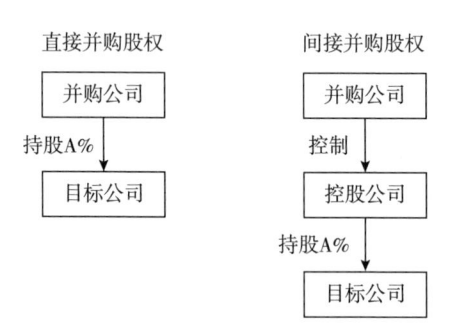

图11.6 直接和间接股权并购示意

（2）增资扩股后股权转让，详见图11.7。

（3）作价出资后股权转让，详见图11.8。

（4）公司分立后股权转让，详见图11.9。

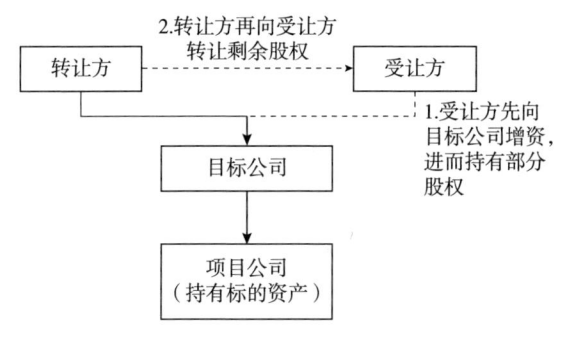

图 11.7 增资扩股后股权转让示意

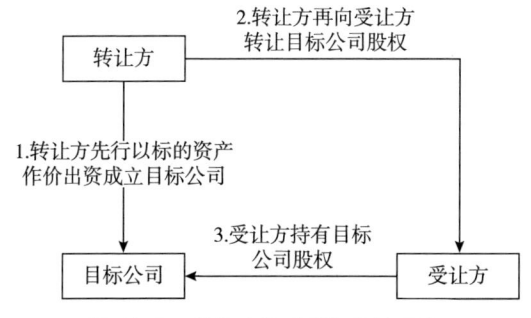

图 11.8 作价出资后股权转让示意

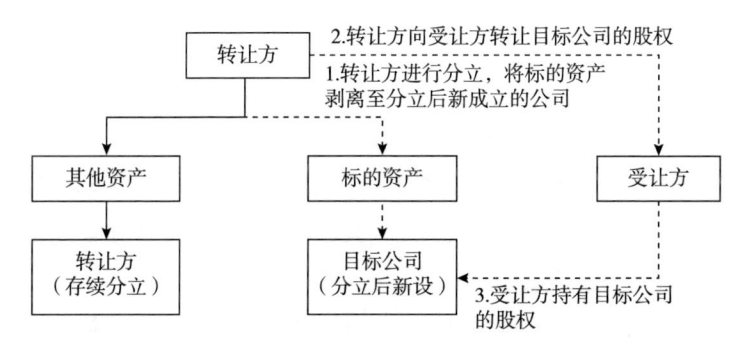

图 11.9 公司分立后股权转让

第十一章 企业并购重组

(5) AB股交易，详见图11.10。

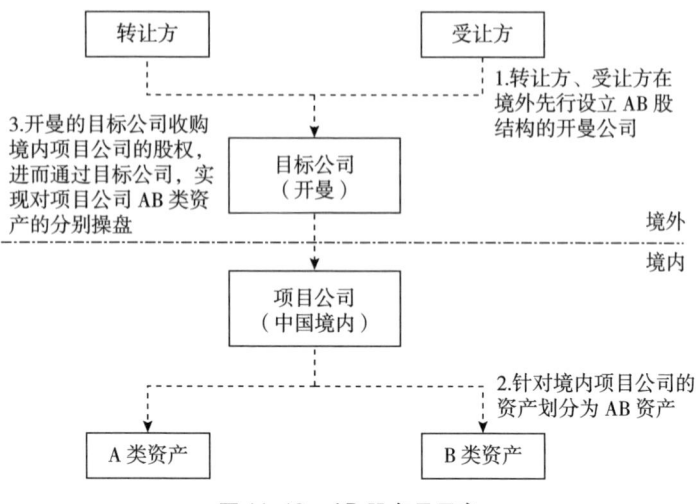

图 11.10 AB股交易示意

第三节 上市公司重大资产重组

上市公司的董事、监事和高级管理人员在重大资产重组活动中，应当诚实守信、勤勉尽责，维护公司资产的安全，保护公司和全体股东的合法权益。

为重大资产重组提供服务的证券服务机构和人员，应当遵守法律、行政法规和证监会的有关规定，遵循本行业公认的业务标准和道德规范，严格履行职责，不得谋取不正当利益，并应当对其所制作、出具文件的真实性、准确性和完整性承担责任。

任何单位和个人对所知悉的重大资产重组信息在依法披露前负有保密义务。禁止任何单位和个人利用重大资产重组信息从事内幕交易、操纵证券市场等违法活动。

鼓励依法设立的并购基金、股权投资基金、创业投资基金、产业投资基金等投资机构参与上市公司并购重组。

证监会依法对上市公司重大资产重组行为进行监管，在发行审核委员会中设立上市公司并购重组审核委员，以投票方式对提交其审议的重大资产重组申请进行表决，提出审核意见。

一、上市公司实施重大资产重组应当符合的要求

上市公司实施重大资产重组，应当就本次交易符合下列要求做出充分说明，并予以披露：

1. 符合国家产业政策和有关环境保护、土地管理、反垄断等法律和行政法规的规定。

2. 不会导致上市公司不符合股票上市条件。

3. 重大资产重组所涉及的资产定价公允，不存在损害上市公司和股东合法权益的情形。

4. 重大资产重组所涉及的资产权属清晰，资产过户或者转移不存在法律障碍，相关债权债务处理合法。

5. 有利于上市公司增强持续经营能力，不存在可能导致上市公司重组后主要资产为现金或者无具体经营业务的情形。

6. 有利于上市公司在业务、资产、财务、人员、机构等方面与实际控制人及其关联人保持独立，符合证监会关于上市公司独立性的相关规定。

7. 有利于上市公司形成或者保持健全有效的法人治理结构。

二、重大资产重组的界定

上市公司及其控股或者控制的公司购买、出售资产，达到下列标准之一的，构成重大资产重组：

1. 购买、出售的资产总额占上市公司最近一个会计年度经审计的合并财务会计报告期末资产总额的比例达到50%以上。

2. 购买、出售的资产在最近一个会计年度所产生的营业收入占上市公司同期经审计的合并财务会计报告营业收入的比例达到50%以上。

3. 购买、出售的资产净额占上市公司最近一个会计年度经审计的合并财务会计报告期末净资产额的比例达到50%以上，且超过5 000万元。

购买、出售资产未达到前款规定标准，但证监会发现存在可能损害上市公司或者投资者合法权益的重大问题的，可以根据审慎监管原则，责令上市公司按照《上市公司重大资产重组管理办法》的规定补充披露相关信息、暂停交易、聘请独立财务顾问或者其他证券服务机构补充核查并披露专业意见。

三、控股权发生变更后构成重大资产重组的情形

上市公司自控制权发生变更之日起 36 个月内，向收购人及其关联人购买资产，导致上市公司发生以下根本变化情形之一的，构成重大资产重组，应当按照《上市公司重大资产重组管理办法》的规定报经证监会核准：

1. 购买的资产总额占上市公司控制权发生变更的前一个会计年度经审计的合并财务会计报告期末资产总额的比例达到 100% 以上。

2. 购买的资产在最近一个会计年度所产生的营业收入占上市公司控制权发生变更的前一个会计年度经审计的合并财务会计报告营业收入的比例达到 100% 以上。

3. 购买的资产在最近一个会计年度所产生的净利润占上市公司控制权发生变更的前一个会计年度经审计的合并财务会计报告净利润的比例达到 100% 以上。

4. 购买的资产净额占上市公司控制权发生变更的前一个会计年度经审计的合并财务会计报告期末净资产额的比例达到 100% 以上。

5. 为购买资产发行的股份占上市公司首次向收购人及其关联人购买资产的董事会决议前一个交易日的股份的比例达到 100% 以上。

6. 上市公司向收购人及其关联人购买资产虽未达到以上第 1~5 项标准，但可能导致上市公司主营业务发生根本变化。

7. 证监会认定的可能导致上市公司发生根本变化的其他情形。

四、重大变化的资产交易行为界定

上市公司及其控股或者控制的公司在日常经营活动之外购买、出售

资产或者通过其他方式进行资产交易达到规定的比例，导致上市公司的主营业务、资产、收入发生重大变化的资产交易行为，包括：

1. 与他人新设企业、对已设立的企业增资或者减资。

2. 受托经营、租赁其他企业资产或者将经营性资产委托他人经营、租赁。

3. 接受附义务的资产赠与或者对外捐赠资产。

4. 证监会根据审慎监管原则认定的其他情形。

上述资产交易实质上构成购买、出售资产，且按照《上市公司重大资产重组管理办法》规定的标准计算的相关比例达到50%以上的，应当按照《上市公司重大资产重组管理办法》的规定履行信息披露等相关义务并报送申请文件。

五、重大资产重组计算的原则和标准

根据《上市公司重大资产重组管理办法》计算重大资产重组的比例时，应当遵守下列规定：

1. 购买的资产为股权的，其资产总额以被投资企业的资产总额与该项投资所占股权比例的乘积和成交金额二者中的较高者为准，营业收入以被投资企业的营业收入与该项投资所占股权比例的乘积为准，资产净额以被投资企业的净资产额与该项投资所占股权比例的乘积和成交金额二者中的较高者为准；出售的资产为股权的，其资产总额、营业收入以及资产净额分别以被投资企业的资产总额、营业收入以及净资产额与该项投资所占股权比例的乘积为准。

购买股权导致上市公司取得被投资企业控股权的，其资产总额以被投资企业的资产总额和成交金额二者中的较高者为准，营业收入以被投资企业的营业收入为准，净利润以被投资企业扣除非经常性损益前后的净利润的较高者为准，资产净额以被投资企业的净资产额和成交金额二者中的较高者为准；出售股权导致上市公司丧失被投资企业控股权的，其资产总额、营业收入以及资产净额分别以被投资企业的资产总额、营业收入以及净资产额为准。

2. 购买的资产为非股权资产的，其资产总额以该资产的账面值和成交金额二者中的较高者为准，资产净额以相关资产与负债的账面值差额和成交金额二者中的较高者为准；出售的资产为非股权资产的，其资产总额、资产净额分别以该资产的账面值、相关资产与负债账面值的差额为准；该非股权资产不涉及负债的，不适用《上市公司重大资产重组管理办法》第十二条第一款第（三）项规定的资产净额标准。

3. 上市公司同时购买、出售资产的，应当分别计算购买、出售资产的相关比例，并以二者中比例较高者为准。

4. 上市公司在 12 个月内连续对同一或者相关资产进行购买、出售的，以其累计数分别计算相应数额。已按照《上市公司重大资产重组管理办法》的规定编制并披露重大资产重组报告书的资产交易行为，无须纳入累计计算的范围。证监会对《上市公司重大资产重组管理办法》第十三条第一款规定的重大资产重组的累计期限和范围另有规定的，从其规定。

交易标的资产属于同一交易方所有或者控制，或者属于相同或者相近的业务范围，或者证监会认定的其他情形下，可以认定为同一或者相关资产。

六、对创业板上市公司的限定

创业板上市公司自控制权发生变更之日起，向收购人及其关联人购买资产，不得导致"购买的资产总额占上市公司控制权发生变更的前一个会计年度经审计的合并财务会计报告期末资产总额的比例达到 100%以上"规定的情形。

上市公司自控制权发生变更之日起，向收购人及其关联人购买的资产属于金融、创业投资等特定行业的，由证监会另行规定。

七、上市公司应当披露的文件及股东大会的决议内容

上市公司应当在董事会做出重大资产重组决议后的次一工作日至少

披露下列文件：

1. 董事会决议及独立董事的意见。

2. 上市公司重大资产重组预案。本次重组的重大资产重组报告书、独立财务顾问报告、法律意见书以及重组涉及的审计报告、资产评估报告或者估值报告至迟应当与召开股东大会的通知同时公告。上市公司自愿披露盈利预测报告的，该报告应当经具有相关证券业务资格的会计师事务所审核，与重大资产重组报告书同时公告。

上市公司应当在至少一种证监会指定的报刊公告董事会决议、独立董事的意见，并应当在证券交易所网站全文披露重大资产重组报告书及其摘要、相关证券服务机构的报告或者意见。

上市公司股东大会就重大资产重组做出的决议，至少应当包括下列事项：

1. 本次重大资产重组的方式、交易标的和交易对方。
2. 交易价格或者价格区间。
3. 定价方式或者定价依据。
4. 相关资产自定价基准日至交割日期间损益的归属。
5. 相关资产办理权属转移的合同义务和违约责任。
6. 决议的有效期。
7. 对董事会办理本次重大资产重组事宜的具体授权。
8. 其他需要明确的事项。

上市公司股东大会就重大资产重组事项做出决议，必须经出席会议的股东所持表决权的2/3以上通过。

上市公司重大资产重组事宜与本公司股东或者其关联人存在关联关系的，股东大会就重大资产重组事项进行表决时，关联股东应当回避表决。

第四节 中介机构的作用

上市公司应当聘请独立财务顾问、律师事务所以及具有相关证券业务资格的会计师事务所等证券服务机构就重大资产重组出具意见。

独立财务顾问和律师事务所应当审慎核查重大资产重组是否构成关联交易，并依据核查确认的相关事实发表明确意见。重大资产重组涉及关联交易的，独立财务顾问应当就本次重组对上市公司非关联股东的影响发表明确意见。

资产交易定价以资产评估结果为依据的，上市公司应当聘请具有相关证券业务资格的资产评估机构出具资产评估报告。

证券服务机构在其出具的意见中采用其他证券服务机构或者人员的专业意见的，仍然应当进行尽职调查，审慎核查其采用的专业意见的内容，并对利用其他证券服务机构或者人员的专业意见所形成的结论负责。

1. 上市公司重大资产重组发生下列情形的，独立财务顾问应当及时出具核查意见，向证监会及其派出机构报告，并予以公告：

（1）证监会做出核准决定前，上市公司对交易对象、交易标的、交易价格等做出变更，构成对原重组方案重大调整的。

（2）证监会做出核准决定后，上市公司在实施重组过程中发生重大事项，导致原重组方案发生实质性变动的。

2. 独立财务顾问应当按照证监会的相关规定，对实施重大资产重组的上市公司履行持续督导职责。持续督导的期限自证监会核准本次重大资产重组之日起，应当不少于1个会计年度。实施《上市公司重大资产重组管理办法》第十二条规定的重大资产重组，持续督导的期限自证监会核准本次重大资产重组之日起，应当不少于3个会计年度。

3. 独立财务顾问应当结合上市公司重大资产重组当年和实施完毕后的第一个会计年度的年报，自年报披露之日起15日内，对重大资产重组实施的下列事项出具持续督导意见，向派出机构报告，并予以公告：

（1）交易资产的交付或者过户情况。

（2）交易各方当事人承诺的履行情况。

（3）盈利预测的实现情况。

（4）管理层讨论与分析部分提及的各项业务的发展现状。

（5）公司治理结构与运行情况。

（6）与已公布的重组方案存在差异的其他事项。

独立财务顾问还应当结合《上市公司重大资产重组管理办法》第十二条规定的重大资产重组实施完毕后的第二和第三个会计年度的年报，自年报披露之日起15日内，对前款第（2）~（6）项事项出具持续督导意见，向派出机构报告，并予以公告。

4. 上市公司聘请的独立财务顾问和律师事务所应当对重大资产重组的实施过程、资产过户事宜和相关后续事项的合规性及风险进行核查，发表明确的结论性意见。独立财务顾问和律师事务所出具的意见应当与实施情况报告书同时报告、公告。

第五节　申请发行新股或债券

一、发行新股或者公司债券

经证监会审核后获得核准的重大资产重组实施完毕后，上市公司申请公开发行新股或者公司债券，同时符合下列条件的，重大资产重组前的业绩在审核时可以模拟计算：

1. 进入上市公司的资产是完整经营实体。

2. 重大资产重组实施完毕后，重组方的承诺事项已经如期履行，上市公司经营稳定、运行良好。

3. 重大资产重组实施完毕后，上市公司和相关资产实现的利润达到盈利预测水平。

上市公司在本次重大资产重组前不符合证监会规定的公开发行证券条件，或者本次重组导致上市公司实际控制人发生变化的，上市公司申请公开发行新股或者公司债券，距此次重组交易完成的时间应当不少于一个完整会计年度。

《上市公司重大资产重组管理办法》所称完整经营实体，应当符合下列条件：

1. 经营业务和经营资产独立、完整，且在最近两年未发生重大变化。

2. 在进入上市公司前已在同一实际控制人之下持续经营两年以上。

3. 在进入上市公司之前实行独立核算，或者虽未独立核算，但与其经营业务相关的收入、费用在会计核算上能够清晰划分。

4. 上市公司与该经营实体的主要高级管理人员签订聘用合同或者采取其他方式，就该经营实体在交易完成后的持续经营和管理做出恰当安排。

二、发行股份购买资产

上市公司发行股份购买资产，应当符合下列规定：

1. 充分说明并披露本次交易有利于提高上市公司资产质量、改善财务状况和增强持续盈利能力，有利于上市公司减少关联交易、避免同业竞争、增强独立性。

2. 上市公司最近一年及一期财务会计报告被注册会计师出具无保留意见审计报告；被出具保留意见、否定意见或者无法表示意见的审计报告的，须经注册会计师专项核查确认，该保留意见、否定意见或者无法表示意见所涉及事项的重大影响已经消除或者将通过本次交易予以消除。

3. 上市公司及其现任董事、高级管理人员不存在因涉嫌犯罪正被司法机关立案侦查或涉嫌违法违规正被证监会立案调查的情形，但是涉嫌犯罪或违法违规的行为已经终止满三年，交易方案有助于消除该行为可能造成的不良后果，且不影响对相关行为人追究责任的除外。

4. 充分说明并披露上市公司发行股份所购买的资产为权属清晰的经营性资产，并能在约定期限内办理完毕权属转移手续。

5. 证监会规定的其他条件。

上市公司为促进行业的整合、转型升级，在其控制权不发生变更的情况下，可以向控股股东、实际控制人或者其控制的关联人之外的特定对象发行股份购买资产。所购买资产与现有主营业务没有显著协同效应的，应当充分说明并披露本次交易后的经营发展战略和业务管理模式，以及业务转型升级可能面临的风险和应对措施。

特定对象以现金或者资产认购上市公司非公开发行的股份后，上市公司用同一次非公开发行所募集的资金向该特定对象购买资产的，视同上市公司发行股份购买资产。

上市公司发行股份购买资产的，除属于《上市公司重大资产重组管理办法》第十三条第一款规定的交易情形外，可以同时募集部分配套资金，其定价方式按照现行相关规定办理。

上市公司发行股份购买资产应当遵守《上市公司重大资产重组管理办法》关于重大资产重组的规定，编制发行股份购买资产预案、发行股份购买资产报告书，并向证监会提出申请。

上市公司发行股份的价格不得低于市场参考价的90%。市场参考价为本次发行股份购买资产的董事会决议公告日前20个交易日、60个交易日或者120个交易日的公司股票交易均价之一。此次发行股份购买资产的董事会决议应当说明市场参考价的选择依据，前款所称交易均价的计算公式为：

董事会决议公告日前若干个交易日公司股票交易均价＝决议公告日前若干个交易日公司股票交易总额/决议公告日前若干个交易日公司股票交易总量

此次发行股份购买资产的董事会决议可以明确，在证监会核准前，上市公司的股票价格相比最初确定的发行价格发生重大变化的，董事会可以按照已经设定的调整方案对发行价格进行一次调整。

前款规定的发行价格调整方案应当明确、具体、可操作，详细说明是否相应调整拟购买资产的定价、发行股份数量及其理由，在首次董事会决议公告时充分披露，并按照规定提交股东大会审议。股东大会做出决议后，董事会按照已经设定的方案调整发行价格的，上市公司无须按照《上市公司重大资产重组按理》第二十八条的规定向证监会重新提出申请。

特定对象以资产认购而取得的上市公司股份，自股份发行结束之日起12个月内不得转让；属于下列情形之一的，36个月内不得转让：

1. 特定对象为上市公司控股股东、实际控制人或者其控制的关联人。

2. 特定对象通过认购本次发行的股份取得上市公司的实际控制权。

3. 特定对象取得此次发行的股份时，对其用于认购股份的资产持续拥有权益的时间不足 12 个月。属于《上市公司重大资产重组管理办法》第十三条第一款规定的交易情形的，上市公司原控股股东、原实际控制人及其控制的关联人，以及在交易过程中从该等主体直接或间接受让该上市公司股份的特定对象应当公开承诺，在本次交易完成后 36 个月内不转让其在该上市公司中拥有权益的股份；除收购人及其关联人以外的特定对象应当公开承诺，其以资产认购而取得的上市公司股份自股份发行结束之日起 24 个月内不得转让。

上市公司申请发行股份购买资产，应当提交并购重组委审核。

上市公司发行股份购买资产导致特定对象持有或者控制的股份达到法定比例的，应当按照《上市公司收购管理办法》的规定履行相关义务。

上市公司向控股股东、实际控制人或者其控制的关联人发行股份购买资产，或者发行股份购买资产将导致上市公司实际控制权发生变更的，认购股份的特定对象应当在发行股份购买资产报告书中公开承诺：本次交易完成后 6 个月内如上市公司股票连续 20 个交易日的收盘价低于发行价，或者交易完成后 6 个月期末收盘价低于发行价的，其持有公司股票的锁定期自动延长至少 6 个月。

前款规定的特定对象还应当在发行股份购买资产报告书中公开承诺：如此次交易因涉嫌所提供或披露的信息存在虚假记载、误导性陈述或者重大遗漏，被司法机关立案侦查或者被证监会立案调查的，在案件调查结论明确以前，不转让其在该上市公司拥有权益的股份。

证监会核准上市公司发行股份购买资产的申请后，上市公司应当及时实施。向特定对象购买的相关资产过户至上市公司后，上市公司聘请的独立财务顾问和律师事务所应当对资产过户事宜和相关后续事项的合规性及风险进行核查，并发表明确意见。上市公司应当在相关资产过户完成后 3 个工作日内就过户情况做出公告，公告中应当包括独立财务顾问和律师事务所的结论性意见。

上市公司完成前款规定的公告、报告后，可以到证券交易所、证券登记结算公司为认购股份的特定对象申请办理证券登记手续。

换股吸收合并涉及上市公司的，上市公司的股份定价及发行按照相关规定执行。

上市公司发行优先股用于购买资产或者与其他公司合并，证监会另有规定的，从其规定。

上市公司可以向特定对象发行可转换为股票的公司债券、定向权证用于购买资产或者与其他公司合并。

第六节 重大资产重组的信息管理

一、商业机密

上市公司筹划、实施重大资产重组信息预披露前属于公司商业机密，相关人员有义务遵守保密原则，应当公平地向所有投资者披露可能对上市公司股票交易价格产生较大影响的相关信息，不得有选择性地向特定对象提前泄露。

上市公司的股东、实际控制人以及参与重大资产重组筹划、论证、决策等环节的其他相关机构和人员，应当及时、准确地向上市公司通报有关信息，并配合上市公司及时、准确、完整地进行披露。上市公司获悉股价敏感信息的，应当及时向证券交易所申请停牌并披露。

上市公司及其董事、监事、高级管理人员，重大资产重组的交易对方及其关联方，交易对方及其关联方的董事、监事、高级管理人员或者主要负责人，交易各方聘请的证券服务机构及其从业人员，参与重大资产重组筹划、论证、决策、审批等环节的相关机构和人员，以及因直系亲属关系、提供服务和业务往来等知悉或者可能知悉股价敏感信息的其他相关机构和人员，在重大资产重组的股价敏感信息依法披露前负有保密义务，禁止利用该信息进行内幕交易。

上市公司筹划重大资产重组事项，应当详细记载筹划过程中每一具体环节的进展情况，包括商议相关方案、形成相关意向、签署相关协议或者意向书的具体时间、地点、参与机构和人员、商议和决议内容等，制作书面的交易进程备忘录并予以妥当保存。参与每一具体环节的所有人员应当即时在备忘录上签名确认。

上市公司预计筹划中的重大资产重组事项难以保密或者已经泄露的，应当及时向证券交易所申请停牌，直至真实、准确、完整地披露相关信息。停牌期间，上市公司应当至少每周发布一次事件进展情况公告。

上市公司股票交易价格因重大资产重组的市场传闻发生异常波动时，上市公司应当及时向证券交易所申请停牌，核实有无影响上市公司股票交易价格的重组事项并予以澄清，不得以相关事项存在不确定性为由不履行信息披露义务。

二、监督管理和法律责任

未依照《上市公司重大资产重组管理办法》的规定履行相关义务或者程序，擅自实施重大资产重组的，由证监会责令改正，并可以采取监管谈话、出具警示函等监管措施；情节严重的，可以责令暂停或者终止重组活动，处以警告、罚款，并可以对有关责任人员采取市场禁入的措施。

未经证监会核准擅自实施《上市公司重大资产重组管理办法》第十三条第一款规定的重大资产重组，交易尚未完成的，证监会责令上市公司补充披露相关信息、暂停交易并按照《上市公司重大资产重组管理办法》第十三条的规定报送申请文件；交易已经完成的，可以处以警告、罚款，并对有关责任人员采取市场禁入的措施；涉嫌犯罪的，依法移送司法机关追究刑事责任。

上市公司重大资产重组因定价显失公允、不正当利益输送等问题损害上市公司、投资者合法权益的，由证监会责令改正，并可以采取监管谈话、出具警示函等监管措施；情节严重的，可以责令暂停或者终止重组活动，处以警告、罚款，并可以对有关责任人员采取市场禁入的措施。

上市公司或者其他信息披露义务人未按照《上市公司重大资产重组管理办法》规定报送重大资产重组有关报告，或者报送的报告有虚假记载、误导性陈述或者重大遗漏的，由证监会责令改正，依照《证券法》第一百九十三条予以处罚；情节严重的，可以责令暂停或者终止重组活动，并可以对有关责任人员采取市场禁入的措施；涉嫌犯罪的，依法移送司法机关追究刑事责任。

上市公司或者其他信息披露义务人未按照规定披露重大资产重组信息，或者所披露的信息存在虚假记载、误导性陈述或者重大遗漏的，由证监会责令改正，依照《证券法》第一百九十三条规定予以处罚；情节严重的，可以责令暂停或者终止重组活动，并可以对有关责任人员采取市场禁入的措施；涉嫌犯罪的，依法移送司法机关追究刑事责任。

重大资产重组或者发行股份购买资产的交易对方未及时向上市公司或者其他信息披露义务人提供信息，或者提供的信息有虚假记载、误导性陈述或者重大遗漏的，按照前款规定执行。

上市公司董事、监事和高级管理人员未履行诚实守信、勤勉尽责义务，或者上市公司的股东、实际控制人及其有关负责人员未按照《上市公司重大资产重组管理办法》的规定履行相关义务，导致重组方案损害上市公司利益的，由证监会责令改正，并可以采取监管谈话、出具警示函等监管措施；情节严重的，处以警告、罚款，并可以对有关人员采取认定为不适当人选、市场禁入的措施；涉嫌犯罪的，依法移送司法机关追究刑事责任。

为重大资产重组出具财务顾问报告、审计报告、法律意见、资产评估报告、估值报告及其他专业文件的证券服务机构及其从业人员未履行诚实守信、勤勉尽责义务，违反行业规范、业务规则，或者未依法履行报告和公告义务、持续督导义务的，由证监会责令改正，并可以采取监管谈话、出具警示函、责令公开说明、责令参加培训、责令定期报告、认定为不适当人选等监管措施；情节严重的，依照《证券法》第二百二十六条予以处罚。

前款规定的证券服务机构及其从业人员所制作、出具的文件存在虚假记载、误导性陈述或者重大遗漏的，由证监会责令改正，依照《证券法》第二百二十三条予以处罚；情节严重的，可以采取市场禁入的措施；涉嫌犯罪的，依法移送司法机关追究刑事责任。

参考案例
中设股份终止重大资产重组

一、终止本次资产重组的原因

本次重大资产重组标的公司近期受恒大集团商业承兑汇票逾期未能兑付的影响，营业利润不及预期，完成 2021 年承诺业绩存在较大不确定性。为保障公司全体股东及各方利益，公司董事会经股东大会授权决定终止本次重大资产重组事项，并向证监会申请撤回本次重大资产重组相关申请材料。

二、本次重大资产重组终止履行的内部审批程序

2021 年 9 月 22 日，公司召开第二届董事会第二十六次会议和第二届监事会第二十三次会议，审议通过了《关于终止发行股份及支付现金购买资产并募集配套资金事项并撤回相关申请材料的议案》等相关议案，同意公司终止本次重大资产重组事项并向证监会申请撤回本次重大资产重组相关申请材料，公司独立董事发表了事前认可意见和同意的独立意见。

根据公司 2021 年第一次临时股东大会审议通过的《关于提请股东大会授权董事会全权办理本次交易相关事宜的议案》，公司股东大会已授权公司董事会办理本次重组相关事宜，且该等授权尚在有效期内。公司董事会根据股东大会的授权决定终止本次重大资产重组，本次事项无须提交股东大会审议。

三、相关内幕信息知情人的自查情况

根据《深圳证券交易所上市公司信息披露指引第 3 号——重大资产

重组》等法律法规的要求，股票交易自查期间为披露重组报告书至披露终止重组，即自查期间为本次资产重组报告书披露之日（2021年2月18日）起至披露终止本次重组事项之日止（2021年9月24日），本次交易的内幕信息知情人核查范围包括上市公司和上市公司控股股东及其各自的董事、监事、高级管理人员，本次交易的交易对方及其董事、监事、高级管理人员，标的公司及其董事、监事、高级管理人员，为本次交易提供服务的相关证券服务机构及其他知悉本次交易的法人和自然人，以及上述相关人员的直系亲属（指配偶、父母、年满18周岁的成年子女）。

公司就自查内容向中国证券登记结算有限责任公司深圳分公司提起查询申请，目前暂未取得交易数据，待取得交易数据并完成相关自查后，公司将及时披露。

四、本次重大资产重组终止对公司的影响

根据公司与交易对方签署的发行股份及支付现金购买资产协议及业绩补偿协议及相关补充协议，本次交易协议尚需经过证监会核准后方可生效，本次重大资产重组终止，交易各方无须承担法律责任。

终止本次重组不会对公司现有生产经营活动和财务状况造成重大不利影响。公司目前经营情况正常，日常运营平稳，并将继续推进公司原定的发展战略，提升公司经营业绩和可持续发展能力。

五、承诺事项

根据《上市公司重大资产重组管理办法》及《深圳证券交易所上市公司信息披露指引第3号——重大资产重组》等法律、法规及规范性文件的规定，公司承诺自《关于终止发行股份及支付现金购买资产并募集配套资金暨关联交易事项并撤回申请文件的公告》披露之日起至少一个月内不再筹划重大资产重组事项。

六、独立财务顾问核查意见

经核查，本独立财务顾问认为：上市公司终止本次重大资产重组的

原因具有合理性，终止本次重大资产重组事项已获得董事会审议通过，独立董事已发表同意意见，上市公司根据相关规定已经及时履行了本阶段的信息披露义务，符合《上市公司重大资产重组管理办法》等法律、法规及规范性文件的规定。

第十二章

上市公司再融资

本章关键词：

股权融资、债权融资、发新股、公司债、金融债、基金、可转债、直接融资

上市公司再融资是企业上市后的第一要务。企业想要高质量发展，做大做强，打造成为行业旗舰，在国际竞争中获得竞争优势，没有充足的资金支持是不行的。没上市的企业想上市，其目的之一便是获取持续稳定的融资通道。而已上市公司再发展再扩张再创辉煌，解决募投项目资金的最佳选择当然是在资本市场正常融资，这也是上市公司所拥有的资源。

上市公司再融资类型及融资方式具有相对宽松的选择权，根据资金用途，核算融资成本、融资周期，评估融资风险，不论是发行新股还是发行债券、基金等，都要考虑其合规性，评估实用性，重视风险管理和提高效率性等。每一项融资计划都要按规定履行审核程序，做好投资者关系管理工作并履行信息披露义务。

2021年，共计有517家公司定增，127家公司发行可转债。2022年

再融资仍将偏向高端制造业和硬科技行业，从融资结构来看，定增和可转债是企业再融资的主要工具。

本章重点介绍上市公司发行新股、可转债、公司债等内容。

第一节　融资类型与比较

一、内部融资与外部融资

内部融资是来源于公司内部的融资，即公司将自己的未分配利润和折旧转化为投资的融资方式；而外部融资来源于公司外部的融资，即公司吸收其他经济主体的资金，使之转化为自己的投资的融资方式，包括发行股票、债券、银行贷款、商业信用、融资租赁等。

内部融资自主性强，只要经公司董事会、股东大会批准即可；成本低，主要是资金的机会成本，不是直接的财务成本，资金的财务风险小。不足之处是融资规模有限，往往受企业盈利能力的影响。而外部融资的最大优势是它比企业靠自身原始积累来得快、效率高，资金规模可以达到预期要求。但外部融资企业必须支付规定的借贷利息或高昂的发行费用，这就意味着企业要承担不确定的融资风险。

二、股权融资与债务融资

股权融资是指企业的股东愿意让出部分企业所有权，通过企业增资的方式引进新的股东的融资方式。股权融资所获得的资金，企业无须还本付息，但新股东将与老股东同样分享企业的盈利与增长。股权融资按融资的渠道来划分，主要有两大类，公开市场发售和私募发售。具体包括配股、增发新股等。

债务性融资是指企业通过银行或非银行金融机构贷款或发行债券等方式融入资金。债务性融资需支付本金和利息，能够带来杠杆收益，但同时也提高了企业的负债率。一般来说，债务性融资需要融资方提供抵押物或担保条件。

股权融资有如下特点：

1. 长期性。股权融资筹措的资金具有永久性，无到期日，不需归还。

2. 不可逆性。企业采用股权融资无须还本，投资人欲收回本金，需借助于流通市场。

3. 无负担性。股权融资没有固定的股利负担，股利的支付与否和支付多少视公司的经营需要而定。

债务性融资有如下特点：

1. 短期性。债务性融资筹集的资金具有使用上的时间性，需到期偿还。

2. 可逆性。企业采用债务性融资方式获取资金，负有到期还本付息的义务。

3. 负担性。企业采用债务性融资方式获取资金，需支付债务利息，从而形成企业的固定负担。

4. 流通性。债券可以在流通市场上自由转让。

三、直接融资与间接融资

直接融资就是资金持有者与资金需求者之间的一种转移或交换过程，如发行股票、公司债券、国债等方式；而间接融资是指资金持有者与资金需求者之间是通过第三方有条件达成的资金流动方式。

有条件的企业当然首选直接融资的方式为主，间接融资的方式为辅。

四、短期融资与长期融资

所有者权益类的项目主要是长期融资，企业负责期限在一年以上的为长期融资，资金占用期为一年以内的有短期借款、短期融资券、短期应付及一年内到期的长期负债和其他流动负债等。

第二节　上市公司发行新股

一、上市公司发行新股的条件

（一）必须具备的条件

根据《上市公司证券发行管理办法》第十条，上市公司募集资金的数额和使用应当符合下列规定：

1. 募集资金数额不超过项目需要量。
2. 募集资金用途符合国家产业政策和有关环境保护、土地管理等法律和行政法规的规定。
3. 除金融类企业外，本次募集资金使用项目不得为持有交易性金融资产和可供出售的金融资产、借予他人款项、委托理财等财务性投资，不得直接或间接投资于以买卖有价证券为主要业务的公司。
4. 投资项目实施后，不会与控股股东或实际控制人产生同业竞争或影响公司生产经营的独立性。
5. 建立募集资金专项存储制度，募集资金必须存放于公司董事会指定的专项账户。

（二）应当符合的要求

根据《证券法》第十二条，公司首次公开发行新股，应当符合下列条件：

1. 具备健全且运行良好的组织机构。
2. 具有持续经营能力。
3. 最近3年财务会计报告被出具无保留意见审计报告。
4. 发行人及其控股股东、实际控制人最近3年不存在贪污、贿赂、侵占财产、挪用财产或者破坏社会主义市场经济秩序的刑事犯罪。
5. 经国务院批准的国务院证券监督管理机构规定的其他条件。

上市公司发行新股，应当符合经国务院批准的国务院证券监督管理机构规定的条件，具体管理办法由国务院证券监督管理机构规定。

公开发行存托凭证的，应当符合首次公开发行新股的条件以及国务院证券监督管理机构规定的其他条件。

（三）不得公开发行证券的情形

根据《上市公司证券发行管理办法》第十一条，上市公司存在下列情形之一的，不得公开发行证券：

1. 本次发行申请文件有虚假记载、误导性陈述或重大遗漏。
2. 擅自改变前次公开发行证券募集资金的用途而未做纠正。
3. 上市公司最近12个月内受到过证券交易所的公开谴责。
4. 上市公司及其控股股东或实际控制人最近12个月内存在未履行向投资者做出的公开承诺的行为。
5. 上市公司或其现任董事、高级管理人员因涉嫌犯罪被司法机关立案侦查或涉嫌违法违规被证监会立案调查。
6. 严重损害投资者的合法权益和社会公共利益的其他情形。

（四）不得公开发行股票的情形

根据《上市公司证券发行管理办法》第三十九条，上市公司存在下列情形之一的，不得非公开发行股票：

1. 本次发行申请文件有虚假记载、误导性陈述或重大遗漏。
2. 上市公司的权益被控股股东或实际控制人严重损害且尚未消除。
3. 上市公司及其附属公司违规对外提供担保且尚未解除。
4. 现任董事、高级管理人员最近36个月内受到过证监会的行政处罚，或者最近12个月内受到过证券交易所公开谴责。
5. 上市公司或其现任董事、高级管理人员因涉嫌犯罪正被司法机关立案侦查或涉嫌违法违规正被证监会立案调查。
6. 最近一年及一期财务报表被注册会计师出具保留意见、否定意见或无法表示意见的审计报告。保留意见、否定意见或无法表示意见所涉及事项的重大影响已经消除或者本次发行涉及重大重组的除外。
7. 严重损害投资者合法权益和社会公共利益的其他情形。

二、上市公司增发新股

(一) 具体规定

根据《上市公司证券发行管理办法》第十三条，向不特定对象公开募集股份（简称"增发"），除符合本办法第二章第一节规定外，还应当符合下列规定：

1. 最近3个会计年度加权平均净资产收益率平均不低于6%。扣除非经常性损益后的净利润与扣除前的净利润相比，以低者作为加权平均净资产收益率的计算依据。

2. 除金融类企业外，最近一期末不存在持有金额较大的交易性金融资产和可供出售的金融资产、借予他人款项、委托理财等财务性投资的情形。

3. 发行价格应不低于公告招股意向书前12个交易日公司股票均价或前一个交易日的均价。

(二) 增发新股的发行方式

网上定价发行与网下配售相结合，即网下按机构投资者累计投标询价结果定价配售，网上对公众投资者定价发行。

网上网下同时累计投标询价，即网下对机构投资者累计投标询价与网上对公众投资者累计询价同步进行，通过累计计算对应不同价格的公众投资者和机构投资者的申购数量之和，按总申购量超过发行量的一定数，来确定发行价格以及配售与公开发行的数量。

(三) 信息披露

发行人在指定媒体上刊登招股意向书，向社会公众发布有关新股发行、定价以及上市情况的各项公告等。

三、上市公司配股

(一) 配股的具体条件

根据《上市公司证券发行管理办法》第十二条，向原股东配售股份

(简称"配股"),除符合本办法第二章第一节规定外,还应当符合下列规定:

1. 拟配售股份数量不超过本次配售股份前股本总额的30%。
2. 控股股东应当在股东大会召开前公开承诺认配股份的数量。
3. 采用证券法规定的代销方式发行。控股股东不履行认配股份的承诺,或者代销期限届满,原股东认购股票的数量未达到拟配售数量70%的,发行人应当按照发行价并加算银行同期存款利息返还已经认购的股东。

(二)配股的发行方式

一般采用网上定价发行的方式。配股价格的确定是在一定的价格区间由主承销商和发行人协商确定。价格区间通常以股权登记日前20或30个交易日该股二级市场价格的平均值为上限,下限为上限的一定折扣。

(三)信息披露

1. 董事会决议公告:提交股东大会审议后通过。
2. 股东大会决议公告:报有关主管部门出具意见、审核。
3. 董事会提示性公告:接到证监会复审意见书后两个工作日内公告。
4. 配股说明书:详文刊登配股内容。
5. 配股提示性公告:配股说明书后至少刊登一次。
6. 股份变动公告:缴款结束后20个工作日内登记、验资后刊登;报告中公布配股上市日。

投资者在认缴配股款的过程中,应注意留意上述几个公告。

第三节 向不特定对象发行可转换公司债券

一、发行前的注意事项

根据《上海证券交易所证券发行与承销业务指南第2号——上市公

司证券发行与上市业务办理》规则，发行前办理及关注事项如下：

上市公司拟启动可转换公司债券（简写为可转债）发行的，公司和主承销商应及时与证券交易所联系，了解发行的有关要求，做好发行相关的准备工作。

1. 披露可转债获准公告。上市公司取得证监会发行可转债核准或同意注册的文件后，应及时履行信息披露义务。

2. 指定主承销商自营证券账户。在递交申请材料至发行结束期间，主承销商应确保其填报的主承销商自营证券账户正常可用，指定在其交易单元上，并确保不改变指定交易。因证券账户状态不正常或指定交易变更引起的后果，主承销商应自行承担责任。

3. 原股东配售采用网上申购方式。上市公司拟向原股东优先配售可转债的，原股东原则上均通过上交所交易系统网上申购的方式进行配售。

4. 正确披露可转债发行相关代码。提交可转债发行公告前，上市公司应及时联系上交所公司监管部门获取可转债交易代码。可转债交易代码按顺序分配，不重复使用。上市公司应根据上交所证券代码段分配指南的规定，在发行公告中正确披露可转债发行所使用的辅助代码及对应名称。

二、业务涉及主要公告及操作列表

可转债业务涉及的主要公告及操作流程如表 12.1 和图 12.1 所示。

表 12.1　可转债业务公告

业务事项	公告序号	公告类别	业务申请表
可转债发行公告	1922	可转债发行	可转债发行申请表
可转债网上中签率及网下配售结果公告	1923	可转债网上中签率及网下配售结果	可转债配售数量申请表
可转债中签结果公告	1924	可转债中签结果	—
可转债发行结果公告	1925	可转债发行结果	可转债网上网下发行及放弃认购数量申请表
可转债中止发行公告	1926	可转债中止发行	可转债发行失败申请表
可转债上市公告	1901	可转债上市	可转债上市申请表

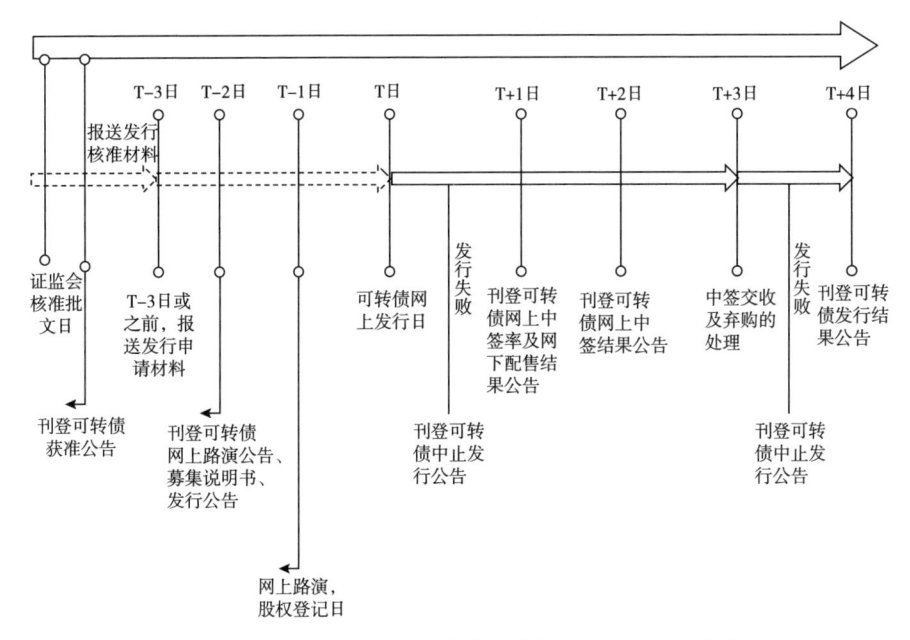

图12.1 可转债发行申请、发行准备及发行流程示意（通常情况下）

三、可转债发行工作流程

1. 可转债发行申请获得证监会发行核准批文后，发行人及其保荐机构、主承销商应及时披露《可转债获准公告》，并提交发行计划与发行方案。

需要注意的是，发行人在取得证监会核准批文后，如果申请下一交易日披露《可转债发行公告》和《可转债募集说明书》，则可以免于披露《可转债获准公告》。此种情形下，发行人及其保荐机构、主承销商应提前与上交所进行充分沟通，做好相关准备工作，直接进入可转债发行上市阶段。

2. 提交可转债发行申请前，发行人及其保荐机构、主承销商应及时联系上交所上市公司监管一部获取证券代码与证券交易简称，并沟通发行证券与上市申请相关事项。

股票代码与可转债代码及转股代码对应关系如表12.2所示。

第十二章 上市公司再融资　　423

表 12.2　股票代码与可转债代码及转股代码对应关系

股票代码	证券品种	可转债交易代码	可转债转股代码
600×××	A股证券	110000～110799	190000～190799（后三位与可转债交易代码相同，下同）
601×××	A股证券	113000～113499	191000～191499
603×××	A股证券	113500～113999	191500～191999
605×××	A股证券	111000～111499	195000～195499
688×××	科创板A股证券	118000～118499	—
689×××	科创板存托凭证	—	—

股票代码与可转债发行辅助代码对应关系如表12.3所示。

表 12.3　股票代码与可转债发行辅助代码对应关系

股票代码	证券品种	辅助代码	代码定义
600×××	A股证券	733×××	可转债申购（转债申购简称"××发债"，下同）
		744×××	可转债配号（配号简称"××配号"，下同）
		704×××	原股东配售（配售简称"××配售"，下同）
601×××	A股证券	783×××	可转债申购
		794×××	可转债配号
		764×××	原股东配售
603×××	A股证券	754×××	可转债申购
		756×××	可转债配号
		753×××	原股东配售
605×××	A股证券	713×××	可转债申购
		714×××	可转债配号
		715×××	原股东配售
688×××	科创板A股证券	718×××	可转债申购
		719×××	可转债配号
		726×××	原股东配售
689×××	科创板存托凭证	—	可转债申购
		—	可转债配号
		—	原股东配售

3. 可转债发行申请及受理流程如下：

（1）T-3日：发行人及其保荐机构、主承销商通过公司业务管理系统向上交所上市公司监管一部提交发行申请材料及相关公告；同时向上交所债券业务中心提交关于债券申请上市后作质押券参与债券质押式回购业务的申请。

发行人及其保荐机构、主承销商需提交的发行申请材料及公告包括：

①证监会"证监发字"核准批文。
②关于通过上海证券交易所交易系统上网发行可转债的申请。
③可转债发行表格。
④《可转债发行公告》。
⑤《可转债募集说明书》摘要及全文。
⑥《可转债路演公告》。

《可转债发行公告》中应明确可转债的承销方式、中止发行等情况的安排，同时明确可转债的网下发行由发行人与主承销商自行组织。

上市公司通过公司业务管理系统创建《可转债发行公告》时，应根据相关业务数据，在线填写并提交"可转债发行申请表"。

在递交申请材料至发行结束期间，主承销商应确保其填报的主承销商自营账号在其指定席位上，证券账号正常可用，确保不改变指定交易。因证券账号状态不正常或指定交易变更引起的后果，主承销商应自行承担责任。

（2）T-2日：《可转债发行公告》《可转债募集说明书》《可转债路演公告》在指定媒体上刊登。

（3）T-1日：股权登记日。发行人及其保荐机构、主承销商提交《可转债发行提示性公告》。

（4）T日：可转债网上发行日。

①《可转债发行提示性公告》在指定媒体上刊登。
②当日15：30左右，发行人及其保荐机构、主承销商向上交所上市公司监管一部申请查询网上发行申购数据（733×××/783×××/754×××）、原股东优先配售申购数量（704×××/764×××/753×

××），确定原股东优先配售数量、网上网下最终发行数量及中签率。

4. 当上市公司已有可转债在上交所上市且已进入转股期，如准备发行新可转债，在刊登发行公告前，实施以下程序：

（1）T-7日：上市公司向上交所上市公司监管一部提交《原可转债转股停牌的提示公告》，公告中说明原可转债转股停复牌的具体时间安排，即"T-2日将刊登新可转债发行公告，T-3日至T-1日（新可转债发行的股权登记日）期间原可转债转股代码将停止交易，原可转债持有人可在T-4日之前进行转股"。上市公司通过公司业务管理系统创建该公告时，应在线填写并提交"停复牌业务申请表"，原可转债转股代码停牌起始日期为T-3日（即上市公司新可转债发行公告的提交日），停牌终止日期为T-1日（即上市公司新可转债发行的股权登记日）。

（2）T-6日：《原可转债转股停牌的提示公告》在指定媒体上刊登。

（3）T-3日：原可转债转股代码开始停止交易。上市公司提交《原可转债转股复牌的提示公告》及《新可转债发行公告》。

（4）T-2日：《原可转债转股复牌的提示公告》和《新可转债发行公告》在指定媒体上刊登。

四、上市

1. 可转债发行结束后，发行人及主承销商应在2个交易日内向中国结算上海分公司申请办理可转债登记，登记业务办理完成后2个交易日内向上交所申请可转债上市。

2. 发行人及其保荐机构、主承销商应通过公司业务管理系统向上交所上市公司监管一部提交可转债上市申请文件，主要包括：

（1）《可转债上市公告》。

（2）可转债上市申请书。

（3）批准回购业务的书面文件（如获得批准）。

（4）关于同意申请上市的董事会和股东大会决议。

（5）经证监会审核的全套发行申报材料。

（6）保荐机构出具的上市保荐书和保荐协议。

（7）保荐代表人的证明文件，保荐机构向保荐代表人出具的由董事长或总经理签名的授权书，以及与上市推荐工作有关的其他文件。

（8）具有执业证券、期货相关业务资格的会计师事务所出具的募集资金到位情况验资报告。

（9）登记公司出具的可转债托管情况证明。

（10）登记公司出具的前十大债券持有人名册。

（11）可转债上市表格。

（12）交易所要求的其他文件。

根据上市公司提交的上市申请材料，上交所对公司可转债上市申请做出同意或不予同意的决定。

第四节 公司债券的发行

《证券法》《公司法》规定，公司债券是指公司依照法定程序发行、约定在一定期限还本付息的有价证券。公司债券可以公开发行，也可以非公开发行。

一、一般规定

发行公司债券，发行人应当依照《公司法》或者公司章程相关规定对以下事项做出决议：

1. 发行债券的数量。
2. 发行方式。
3. 债券期限。
4. 募集资金的用途。
5. 决议的有效期。
6. 其他按照法律法规及公司章程规定需要明确的事项。发行公司债券，如果对增信机制、偿债保障措施做出安排的，也应当在决议事项中载明。

《公司法》第一百五十四条规定，发行公司债券的申请经国务院授权的部门核准后，应当公告公司债券募集办法。

公司债券募集办法中应当载明下列主要事项：

1. 公司名称。
2. 债券募集资金的用途。
3. 债券总额和债券的票面金额。
4. 债券利率的确定方式。
5. 还本付息的期限和方式。
6. 债券担保情况。
7. 债券的发行价格、发行的起止日期。
8. 公司净资产额。
9. 已发行的尚未到期的公司债券总额。
10. 公司债券的承销机构。

二、附认股权

上市公司、股票公开转让的非上市公众公司发行的公司债券，可以附认股权、可转换成相关股票等条款。上市公司、股票公开转让的非上市公众公司股东可以发行附可交换成上市公司或非上市公众公司股票条款的公司债券。商业银行等金融机构可以按照有关规定发行附减记条款的公司债券。

上市公司发行附认股权、可转换成股票条款的公司债券，应当符合《上市公司证券发行管理办法》的相关规定。

股票公开转让的非上市公众公司发行附认股权、可转换成股票条款的公司债券，由证监会另行规定。

三、合格投资者

合格投资者应当具备相应的风险识别和承担能力，知悉并自行承担公司债券的投资风险，并符合下列资质条件：

1. 经有关金融监管部门批准设立的金融机构，包括证券公司、基金管理公司及其子公司、期货公司、商业银行、保险公司和信托公司等，以及经中国证券投资基金业协会（以下简称基金业协会）登记的私募基金管理人。

2. 上述金融机构面向投资者发行的理财产品，包括但不限于证券公司资产管理产品、基金及基金子公司产品、期货公司资产管理产品、银行理财产品、保险产品、信托产品以及经基金业协会备案的私募基金。

3. 净资产不低于 1 000 万元的企事业单位法人、合伙企业。

4. 合格境外机构投资者（QFII）、人民币合格境外机构投资者（RQFII）。

5. 社会保障基金、企业年金等养老基金，慈善基金等社会公益基金。

6. 名下金融资产不低于 300 万元的个人投资者。

7. 经证监会认可的其他合格投资者。

前款所称金融资产包括银行存款、股票、债券、基金份额、资产管理计划、银行理财产品、信托计划、保险产品、期货权益等；理财产品、合伙企业拟将主要资产投向单一债券，需要穿透核查最终投资者是否为合格投资者并合并计算投资者人数，具体标准由基金业协会规定。

证券自律组织可以在《上市公司证券发行管理办法》规定的基础上，设定更为严格的合格投资者资质条件。

四、不得公开发行公司债券的情形

存在下列情形之一的，不得公开发行公司债券：

1. 最近 36 个月内公司财务会计文件存在虚假记载，或公司存在其他重大违法行为。

2. 本次发行申请文件存在虚假记载、误导性陈述或者重大遗漏。

3. 对已发行的公司债券或者其他债务有违约或者迟延支付本息的

事实，仍处于继续状态。

4. 严重损害投资者合法权益和社会公共利益的其他情形。

五、资信状况

资信状况符合以下标准的公司债券可以向公众投资者公开发行，也可以自主选择仅面向合格投资者公开发行：

1. 发行人最近3年无债务违约或者迟延支付本息的事实。
2. 发行人最近3个会计年度实现的年均可分配利润不少于债券一年利息的1.5倍。
3. 债券信用评级达到AAA级。
4. 证监会根据投资者保护的需要规定的其他条件。

未达到前款规定标准的公司债券公开发行应当面向合格投资者；仅面向合格投资者公开发行的，证监会简化核准程序。

六、委托人

公开发行公司债券，应当委托具有从事证券服务业务资格的资信评级机构进行信用评级。

七、证监会受理与审核

证监会受理申请文件后，依法审核公开发行公司债券的申请，自受理发行申请文件之日起3个月内，做出是否核准的决定，并出具相关文件。

发行申请核准后，公司债券发行结束前，发行人发生重大事项，导致可能不再符合发行条件的，应当暂缓或者暂停发行，并及时报告证监会。影响发行条件的，应当重新履行核准程序。

承销机构应当勤勉履行核查义务，发现发行人存在前款规定情形的，应当立即停止承销，并督促发行人及时履行报告义务。

公开发行公司债券，可以申请一次核准，分期发行。自证监会核准发行之日起，发行人应当在 12 个月内完成首期发行，剩余数量应当在 24 个月内发行完毕。

公开发行公司债券的募集说明书自最后签署之日起 6 个月内有效。采用分期发行方式的，发行人应当在后续发行中及时披露更新后的债券募集说明书，并在每期发行完成后 5 个工作日内报证监会备案。

八、评估投资者

非公开发行的公司债券应当向合格投资者发行，不得采用广告、公开劝诱和变相公开的方式，每次发行对象不得超过 200 人。

发行人、承销机构应当按照证监会、证券自律组织规定的投资者适当性制度，了解和评估投资者对非公开发行公司债券的风险识别和承担能力，确认参与非公开发行公司债券认购的投资者为合格投资者，并充分揭示风险。非公开发行公司债券是否进行信用评级由发行人确定，并在债券募集说明书中披露。

九、发行与承销

发行公司债券应当由具有证券承销业务资格的证券公司承销。取得证券承销业务资格的证券公司、中国证券金融股份有限公司及证监会认可的其他机构非公开发行公司债券可以自行销售。

1. 承销机构承销公司债券，应当依据《上市证券发行管理办法》以及证监会、中国证券业协会有关尽职调查、风险控制和内部控制等相关规定，制定严格的风险管理制度和内部控制制度，加强定价和配售过程管理。

2. 承销机构承销公司债券，应当依照《证券法》相关规定采用包销或者代销方式。

3. 发行人和主承销商应当签订承销协议，在承销协议中界定双方的权利义务关系，约定明确的承销基数。采用包销方式的，应当明确包销责任。

4. 公开发行公司债券的，发行人和主承销商应当聘请律师事务所对发行过程、配售行为、参与认购的投资者资质条件、资金划拨等事项进行见证，并出具专项法律意见书。公开发行的公司债券上市后10个工作日内，主承销商应当将专项法律意见随同承销总结报告等文件一并报证监会。

十、信息披露

公开发行公司债券的发行人应当及时披露债券存续期内发生可能影响其偿债能力或债券价格的重大事项。重大事项包括：

1. 发行人经营方针、经营范围或生产经营外部条件等发生重大变化。

2. 债券信用评级发生变化。

3. 发行人主要资产被查封、扣押、冻结。

4. 发行人发生未能清偿到期债务的违约情况。

5. 发行人当年累计新增借款或对外提供担保超过上年末净资产的20%。

6. 发行人放弃债权或财产，超过上年末净资产的10%。

7. 发行人发生超过上年末净资产10%的重大损失。

8. 发行人做出减资、合并、分立、解散及申请破产的决定。

9. 发行人涉及重大诉讼、仲裁事项或受到重大行政处罚。

10. 保证人、担保物或者其他偿债保障措施发生重大变化。

11. 发行人情况发生重大变化导致可能不符合公司债券上市条件。

12. 发行人涉嫌犯罪被司法机关立案调查，发行人董事、监事、高级管理人员涉嫌犯罪被司法机关采取强制措施。

13. 其他对投资者做出投资决策有重大影响的事项。

资信评级机构为公开发行公司债券进行信用评级，应当符合以下规定：

1. 按照规定或约定将评级信息告知发行人，并及时向市场公布首次评级报告、定期和不定期跟踪评级报告。

2. 在债券有效存续期间，应当每年至少向市场公布一次定期跟踪评级报告。

3. 应充分关注可能影响评级对象信用等级的所有重大因素，及时向市场公布信用等级调整及其他与评级相关的信息变动情况，并向证券交易所或其他证券交易场所报告。

十一、债券持有人权益保护

发行公司债券的，发行人应当为债券持有人聘请债券受托管理人，并订立债券受托管理协议；在债券存续期限内，由债券受托管理人按照规定或协议的约定维护债券持有人的利益。

发行人应当在债券募集说明书中约定，投资者认购或持有本期公司债券视作同意债券受托管理协议、债券持有人会议规则及债券募集说明书中其他有关发行人、债券持有人权利义务的相关约定。

公开发行公司债券的受托管理人应当履行下列职责：

1. 持续关注发行人和保证人的资信状况、担保物状况、增信措施及偿债保障措施的实施情况，出现可能影响债券持有人重大权益的事项时，召集债券持有人会议。

2. 在债券存续期内监督发行人募集资金的使用情况。

3. 对发行人的偿债能力和增信措施的有效性进行全面调查和持续关注，并至少每年向市场公告一次受托管理事务报告。

4. 在债券存续期内持续督导发行人履行信息披露义务。

5. 预计发行人不能偿还债务时，要求发行人追加担保，并可以依法申请法定机关采取财产保全措施。

6. 在债券存续期内勤勉处理债券持有人与发行人之间的谈判或者诉讼事务。

7. 发行人为债券设定担保的，债券受托管理协议可以约定担保财产为信托财产，债券受托管理人应在债券发行前或债券募集说明书约定的时间内取得担保的权利证明或其他有关文件，并在担保期间妥善保管。

8. 发行人不能偿还债务时，可以接受全部或部分债券持有人的委托，以自己名义代表债券持有人提起民事诉讼、参与重组或者破产的法律程序。

存在下列情形的，债券受托管理人应当召集债券持有人会议：

1. 拟变更债券募集说明书的约定。

2. 拟修改债券持有人会议规则。

3. 拟变更债券受托管理人或受托管理协议的主要内容。

4. 发行人不能按期支付本息。

5. 发行人减资、合并、分立、解散或者申请破产。

6. 保证人、担保物或者其他偿债保障措施发生重大变化。

7. 发行人、单独或合计持有本期债券总额10%以上的债券持有人书面提议召开。

8. 发行人管理层不能正常履行职责，导致发行人债务清偿能力面临严重不确定性，需要依法采取行动的。

9. 发行人提出债务重组方案的。

10. 发生其他对债券持有人权益有重大影响的事项。在债券受托管理人应当召集而未召集债券持有人会议时，单独或合计持有本期债券总额10%以上的债券持有人有权自行召集债券持有人会议。

十二、内外部增信机制

发行人可采取内外部增信机制、偿债保障措施，提高偿债能力，控制公司债券风险。

内外部增信机制、偿债保障措施包括但不限于下列方式：

1. 第三方担保。

2. 商业保险。

3. 资产抵押、质押担保。

4. 限制发行人债务及对外担保规模。

5. 限制发行人对外投资规模。

6. 限制发行人向第三方出售或抵押主要资产。

7. 设置债券回售条款。

公司债券增信机构可以成为中国证券业协会会员。

发行人应当在债券募集说明书中约定构成债券违约的情形、违约责任及其承担方式以及公司债券发生违约后的诉讼、仲裁或其他争议解决机制。

第五节　金融债券的发行

金融债券是由银行和非银行金融机构发行的债券。在欧美国家，金融机构发行的债券归类于公司债券。在我国及日本等国家，金融机构发行的债券称为金融债券。

国家开发银行的金融债券发行量占整个政策性金融债券发行量的90%以上，其余主要为中国进出口银行发行。

银行等金融机构的资金来源主要为吸收存款、向其他机构借款和发行金融债券，能够比较有效地解决银行等金融机构的资金来源不足和期限不匹配的矛盾。

《全国银行间债券市场金融债券发行管理办法》规定，发行金融债券的申请与核准程序如下所述。

一、发行条件

（一）商业银行发行金融债券应具备的条件

1. 具有良好的公司治理机制。
2. 核心资本充足率不低于4%。
3. 最近3年连续盈利。
4. 贷款损失准备计提充足。
5. 风险监管指标符合监管机构的有关规定。
6. 最近3年没有重大违法、违规行为。
7. 中国人民银行要求的其他条件。

根据商业银行的申请，中国人民银行可以豁免前款所规定的个别条件。

（二）企业集团财务公司发行金融债券应具备的条件

1. 具有良好的公司治理机制。
2. 资本充足率不低于10%。
3. 风险监管指标符合监管机构的有关规定。
4. 最近3年没有重大违法、违规行为。
5. 中国人民银行要求的其他条件。

二、应向中国人民银行报送的文件

（一）金融机构（不包括政策性银行）应报送的文件

1. 金融债券发行申请报告。
2. 发行人公司章程或章程性文件规定的权力机构的书面同意文件。
3. 监管机构同意金融债券发行的文件。
4. 发行人近3年经审计的财务报告及审计报告。
5. 募集说明书。
6. 发行公告或发行章程。
7. 承销协议。
8. 发行人关于本期债券偿债计划及保障措施的专项报告。
9. 信用评级机构出具的金融债券信用评级报告及有关持续跟踪评级安排的说明。
10. 发行人律师出具的法律意见书。
11. 中国人民银行要求的其他文件。

采用担保方式发行金融债券的，还应提供担保协议及担保人资信情况说明。

如有必要，中国人民银行可商请其监管机构出具相关监管意见。

（二）政策性银行发行金融债券应报送的文件

1. 金融债券发行申请报告。

2. 发行人近 3 年经审计的财务报告及审计报告。

3. 金融债券发行办法。

4. 承销协议。

5. 中国人民银行要求的其他文件。

中国人民银行核准金融债券发行申请的期限，适用《中国人民银行行政许可实施办法》的有关规定。

三、发行与承销

金融债券可在全国银行间债券市场公开发行或定向发行。

发行金融债券的承销可采用协议承销、招标承销等方式。承销人应为金融机构，并须具备下列条件：

1. 注册资本不低于 2 亿元。

2. 具有较强的债券分销能力。

3. 具有合格的从事债券市场业务的专业人员和债券分销渠道。

4. 最近两年内没有重大违法、违规行为。

5. 中国人民银行要求的其他条件。

以招标承销方式发行金融债券，发行人应向承销人发布下列信息：

1. 招标前，至少提前 3 个工作日向承销人公布招标具体时间、招标方式、招标标的、中标确定方式和应急招投标方案等内容。

2. 招标开始时，向承销人发出招标书。

3. 招标结束后，发行人应立即向承销人公布中标结果，并不迟于次一工作日发布金融债券招标结果公告。承销人中标后应履行相应的认购义务。

四、登记、托管与兑付

1. 中央国债登记结算有限责任公司（以下简写为"中央结算公司"）为金融债券的登记、托管机构。

2. 金融债券发行结束后，发行人应及时向中央结算公司确认债权债务关系，由中央结算公司及时办理债券登记工作。

3. 金融债券付息或兑付日前（含当日），发行人应将相应资金划入债券持有人指定资金账户。

五、信息披露

1. 发行人应在金融债券发行前和存续期间履行信息披露义务。信息披露应通过中国货币网、中国债券信息网进行。

发行人应保证信息披露真实、准确、完整、及时，不得有虚假记载、误导性陈述和重大遗漏。

发行人及相关知情人在信息披露前不得泄露其内容。

2. 对影响发行人履行债务的重大事件，发行人应在第一时间向中国人民银行报告，并按照中国人民银行指定的方式披露。

3. 经中国人民银行核准发行金融债券的，发行人应于每期金融债券发行前3个工作日披露募集说明书和发行公告。

发行人应在募集说明书与发行公告中说明金融债券的清偿顺序和投资风险，并在显著位置提示投资者："投资者购买本期债券，应当认真阅读本文件及有关的信息披露文件，进行独立的投资判断。主管部门对本期债券发行的核准，并不表明对本期债券的投资价值做出了任何评价，也不表明对本期债券的投资风险做出了任何判断。"

4. 金融债券存续期间，发行人应于每年4月30日前向投资者披露年度报告，年度报告应包括发行人上一年度的经营情况说明、经注册会计师审计的财务报告以及涉及的重大诉讼事项等内容。

采用担保方式发行金融债券的，发行人还应在其年度报告中披露担保人上一年度的经营情况说明、经审计的财务报告以及涉及的重大诉讼事项等内容。

5. 发行人应于金融债券每次付息日前2个工作日公布付息公告，最后一次付息暨兑付日前5个工作日公布兑付公告。

金融债券存续期间，发行人应于每年7月31日前披露债券跟踪信用评级报告。

6. 信息披露涉及的财务报告，应经注册会计师审计，并出具审计报告；信息披露涉及的法律意见书和信用评级报告，应分别由执业律师和具有债券评级能力的信用评级机构出具。上述注册会计师、律师和信用评级机构所出具的有关报告文件不得含有虚假记载、误导性陈述或重大遗漏。

7. 发行人应将相关信息披露文件分别送全国银行间同业拆借中心（以下简写为"同业拆借中心"）和中央结算公司，由同业拆借中心和中央结算公司分别通过中国货币网和中国债券信息网披露。

同业拆借中心和中央结算公司应为金融债券信息披露提供服务，及时将违反信息披露规定的行为向中国人民银行报告并公告。

8. 金融债券定向发行的，其信息披露的内容与形式应在发行章程与募集说明书中约定；信息披露的对象限于其认购人。

六、责任与处罚

（一）发行人

发行人有下列行为之一的，由中国人民银行按照《中国人民银行法》的相关规定予以处罚。

1. 未经中国人民银行核准擅自发行金融债券。
2. 超规模发行金融债券。
3. 以不正当手段操纵市场价格、误导投资者。
4. 未按规定报送文件或披露信息。
5. 其他违反《中国人民银行行政许可实施办法》的行为。

（二）承销人

承销人有下列行为之一的，由中国人民银行按照《中国人民银行法》的相关规定予以处罚。

1. 以不正当竞争手段招揽承销业务。
2. 发布虚假信息或泄露非公开信息。
3. 其他违反《中国人民银行行政许可实施办法》的行为。

（三）托管机构

托管机构有下列行为之一的，由中国人民银行按照《中国人民银行法》的相关规定予以处罚。

1. 挪用托管客户金融债券。
2. 债券登记错误或遗失。
3. 发布虚假信息或泄露非公开信息。
4. 其他违反《中国人民银行行政许可实施办法》的行为。

（四）中介机构

注册会计师、律师、信用评级机构等相关机构和人员所出具的文件含有虚假记载、误导性陈述或重大遗漏的，由中国人民银行按照《中国人民银行法》的相关规定予以处罚。其行为给他人造成损失的，应当就其负有责任的部分依法承担民事责任。

第六节　企业短期融资券的发行

短期融资券是指中华人民共和国境内具有法人资格的非金融企业，依照《短期融资券管理办法》规定的条件和程序，在银行间债券市场发行并约定在一定期限内还本付息的有价证券。

一、企业申请发行融资券的条件

1. 是在中华人民共和国境内依法设立的企业法人。
2. 具有稳定的偿债资金来源，最近一个会计年度盈利。
3. 流动性良好，具有较强的到期偿债能力。
4. 发行融资券募集的资金用于本企业生产经营。
5. 近3年没有违法和重大违规行为。
6. 近3年发行的融资券没有延迟支付本息的情形。

7. 具有健全的内部管理体系和募集资金的使用偿付管理制度。

8. 中国人民银行规定的其他条件。

二、发行方式

目前发行短期融资券的企业都选择了簿记建档方式发行短期融资券。簿记建档是国际上比较成熟的证券发行方式，簿记建档作为一种系统化、市场化的发行定价方式，其具体流程首先由簿记建档人（也就是主承销商）进行预路演，根据反馈信息并参照市场状况，簿记建档人和发行人共同确定申购价格区间；然后进行路演，与投资人进行一对一的沟通；最后开始簿记建档工作，由权威的公证机关全程监督。簿记建档人将每一个价位上的累计申购金额录入电子系统，形成价格需求曲线，并与发行人最终确定发行价格。

三、申请备案材料

企业申请发行融资券应当通过主承销商向中国人民银行提交下列备案材料：

1. 发行融资券的备案报告。

2. 董事会同意发行融资券的决议或具有相同法律效力的文件。

3. 主承销商推荐函（附尽职调查报告）。

4. 融资券募集说明书（附发行方案）。

5. 信用评级报告全文及跟踪评级安排的说明。

6. 经注册会计师审计的企业近 3 个会计年度的资产负债表、损益表、现金流量表及审计意见全文。

7. 律师出具的法律意见书（附律师工作报告）。

8. 偿债计划及保障措施的专项报告。

9. 关于支付融资券本息的现金流分析报告。

10. 承销协议及承销团协议。

11. 《企业法人营业执照》（副本）复印件。

12. 中国人民银行要求提供的其他文件。

四、信息披露

1. 发行人应按有关规定向银行间债券市场披露信息。

发行人的董事或法定代表人应当保证所披露的信息真实、准确、完整。

2. 发行人应当在融资券存续期间按要求定期披露财务信息。

同业拆借中心应将发行人披露的信息电子版妥善保存，并向融资券投资人提供信息查询服务。

3. 在融资券存续期内，发行人发生可能影响融资券投资人实现其债权的重大事项时，发行人应当及时向市场公开披露。

下列情况为前款所称重大事项：

（1）发行人的经营方针和经营范围的重大变化。
（2）发行人发生未能清偿到期债务的违约情况。
（3）发行人发生超过净资产10%以上的重大损失。
（4）发行人做出减资、合并、分立、解散及申请破产的决定。
（5）涉及发行人的重大诉讼。
（6）法律、行政法规规定的其他事项。

第七节　证券公司债券发行

一、发行基本条件

1. 发行人为综合类证券公司。
2. 最近一期期末经审计的净资产不低于10亿元。
3. 最近一年盈利。
4. 最近两年内未发生重大违法违规行为。
5. 具有健全的股东会、董事会运作机制及有效的内部管理制度，具备适当的业务隔离和内部控制技术支持系统。

6. 资产未被具有实际控制权的自然人、法人或其他组织及其关联人占用。

7. 各项风险监控指标符合证监会规定的有关规定。

二、向证监会报送的文件

1. 发行人申请报告。
2. 董事会、股东会决议。
3. 主承销商推荐函（附尽职调查报告）。
4. 募集说明书（附发行方案）。
5. 法律意见书（附律师工作报告）。
6. 经审计的最近3年及最近1期的财务会计报告。
7. 信用评级报告及跟踪评级安排的说明。
8. 偿债计划及保障措施的专项报告。
9. 关于支付本期债券本息的现金流分析报告。
10. 担保协议及相关文件。
11. 债权代理协议。
12. 发行人章程和营业执照复印件。
13. 与债券发行相关的其他重要合同。
14. 证监会要求报送的其他文件。

三、证券公司发行债券其保证人应提供担保

公开发行债券的证券公司其担保人担保金额应不少于债券本息的总额。定向发行债券的担保金额原则上不少于债券本息的50%，担保金额不足50%或者未提供担保定向发行债券的，应当在发行和转让时向投资者做特别风险提示，并由投资者签字。值得一提的是，为债券的发行提供保证的，保证人应当具有代为清偿债务的能力，保证应当是连带责任保证；为债券的发行提供抵押或质押的，抵押或质押的财产应当由具备

资格的资产评估机构进行评估。

四、证券公司定向发行债券

定向发行的条件，除满足基本条件外，还必须达到最近一期期末经审计的净资产不低于5亿元。

证券公司定向发行的债券只能向合格投资者发行。合格投资者是指自行判断具备投资债券的独立分析能力和风险承受能力，且符合下列条件的投资者：

1. 依法设立的法人或投资组织。
2. 按照规定和章程可从事债券投资。
3. 注册资本在1 000万元以上或者经审计的净资产在2 000万元以上。

五、发行规模

其累计发行的债券总额不得超过公司净资产额的40%，在此限定规模内，具体的发行规模由发行人根据其资金使用计划和财务状况自行确定。

六、期限、利率及付息规定

企业债券的利率不得高于银行相同期限居民储蓄定期存款利率的40%。

第八节 资产支持证券

一、什么是资产支持证券

资产支持证券是指由银行业金融机构作为发起机构，将信贷资产信托给受托机构，由受托机构发行的、以该财产所产生的现金支付其收益的受益证券。即资产支持证券就是由特定目的信托受托机构发行的、代表特定目的信托的信托受益权份额，其实就是一种融资手段。

二、发起机构所具备的条件

1. 信贷资产证券化发起机构是指通过设立特定目的信托转让信托资产的金融机构。

2. 银行业金融机构作为信贷资产证券化发起机构，通过设立特定目的信托转让信贷资产，应具备以下条件：

（1）具有良好的社会信誉和经营业绩，最近3年内没有重大违法、违规行为。

（2）具有良好的公司治理、风险管理体系和内部控制。

（3）对开办信贷资产证券业务具有合理的目标定位和明确的战略规划，并且符合其总体经营目标和发展战略。

（4）具有适当的特定目的信托受托机构选任标准和程序。

（5）具有开办信贷资产证券化业务所需要的专业人员、业务处理系统、会计核算系统，管理信息系统以及风险管理和内部控制制度。

（6）最近3年内没有从事信贷资产证券化业务的不良记录。

（7）银保监会规定的其他审慎性条件。

3. 信贷资产证券化发起机构拟证券化的信贷资产应当符合以下条件：

（1）具有较高的同质性。

（2）能够产生可预测的现金流收入。

（3）符合法律、行政法规以及银保监会等监督管理机构的有关规定。

三、信贷资产证券化业务的受托机构所具备的条件

1. 特定目的信托受托机构是指信贷资产证券化过程中，因承诺信

托而负责管理特定目的信托财产并发行资产支持证券的机构。受托机构由依法设立的信托投资公司或者银保监会批准的其他机构担任。

2. 信托投资公司担任特定目的信托受托机构，应具备以下条件：

（1）根据有关规定完成重新登记3年以上。

（2）注册资本不低于5亿元，并且最近3年年末的净资产不低于5亿元。

（3）自营业务资产状况和流动性良好，符合有关监管要求。

（4）原有存款性负债业务全部清理完毕，没有发生新的存款性负债或者以信托等业务名义办理的变相负债业务。

（5）具有良好的社会信誉和经营业绩，到期信托项目全部按合同约定顺利完成，没有挪用信托财产的不良记录，并且最近3年内没有重大违法、违规行为。

（6）具有良好的公司治理、信托业务操作流程、风险管理体系和内部控制。

（7）具有履行特定目的信托受托机构职责所需要的专业人员、业务处理系统、会计核算系统、管理信息系统以及风险管理和内部控制制度。

（8）已按照规定披露公司年度报告。

（9）银保监会规定的其他审慎性条件。

3. 受托机构依照信托合同约定履行下列职责：

（1）发行资产支持证券。

（2）管理信托财产。

（3）持续披露信托财产和资产支持证券信息。

（4）依照信托合同约定分配信托利益。

（5）信托合同约定的其他职责。

4. 在信托合同有效期内，受托机构若发现作为信托财产的信托资产在入库起算时不符合信托合同约定的范围、种类、标准和状况，应当要求发起机构赎回或置换。

5. 受托机构必须委托商业银行或其他专业机构担任信托财产资金保管机构，依照信托合同约定分别委托其他有业务资格的机构履行贷款服务、交易管理等其他职责。

6. 有下列情形之一的，受托机构职责终止：

（1）被依法取消受托机构资格。

（2）被资产支持证券持有人大会解任。

（3）依法解散、被依法撤销或者被依法宣告破产。

（4）受托机构辞任。

（5）法律、行政法规规定的或信托合同约定的其他情形。

7. 受托机构被依法取消受托机构资格、依法解散、被依法撤销或者被依法宣告破产的，在新受托机构产生的，由银保监会指定临时受托机构。

受托机构职责终止的，应当妥善保管资料，及时办理移交手续；新受托机构或者临时受托机构应及时接收。

四、信贷资产证券化业务的信用增级机构应具备的条件

1. 信用增级是指在信贷资产化交易结构中通过合同安排所提供的信用保护。信用增级机构根据在相关法律文件中所承诺的义务和责任，向信贷资产证券化交易的其他参与机构提供一定程度的信用保护，并为此承担信贷资产证券化业务活动中的相应风险。

2. 信用增级可经采取内部信用增级或外部信用增级的方式。内部信用增级包括但不限于超额抵押、资产支持证券分层结构、现金抵押账户和利差账户等方式，外部信用增级包括但不限于备用信用证、担保和保险等方式。

参考案例

中威电子终止定向增发

2022年3月15日，公司收到深圳证券交易所出具的《关于终止对杭州中威电子股份有限公司申请向特定对象发行股票审核的决定》，根

据《深圳证券交易所创业板上市公司证券发行上市审核规则》第十九条、《深圳证券交易所创业板股票发行上市审核规则》第六十七条的有关规定，深圳证券交易所决定终止对公司申请向特定对象发行股票的审核。

深交所于 2021 年 8 月 19 日出具的《关于杭州中威电子股份有限公司申请向特定对象发行股票的审核问询函》询问了发行人 5 个重要问题。

问题一：目前公司无控股股东、实际控制人。请发行人补充说明：

（1）新乡产业基金壹号所拥有表决权对应股份的质押冻结情况，包括质押融资金额、平仓条件、约定的质权实现情形、履约保障、是否存在被司法冻结的情况，并结合石旭刚实际财务状况和清偿能力等说明该部分表决权对应股份是否存在较大平仓风险，新乡产业基金壹号通过本次发行成为控股股东是否存在法律障碍和重大不确定性。

（2）通过产业基金合伙企业的形式控股上市公司的原因，新乡产业基金壹号的设立时间、背景、目的、财务状况及对外投资情况、各方持有合伙份额的转让安排等，结合相关案例说明合伙企业成为控股股东是否符合相关规定，是否有利于发行人控制权稳定。

（3）最近一年一期，新乡产业基金壹号股权结构及变化情况（穿透至最终股东），并结合新乡产业基金壹号经营决策情况、各合伙人的出资情况、权利义务安排，说明新乡市人民政府作为新乡产业基金壹号实际控制人的认定依据，新乡产业基金壹号作为发行对象是否符合《创业板上市公司证券发行注册管理办法（试行）》第五十七条的相关规定。

（4）新乡产业基金壹号通过受让股份、认购本次发行股份等成为上市公司控股股东，是否已履行必要的国资审批程序及其依据。

（5）石旭刚所持委托新乡产业基金壹号行使表决权的股票限售期满时间及后续转让具体计划。

请新乡产业基金壹号出具"本次发行完成后 6 个月内不减持所持发行人的股份"的承诺并公开披露。

请发行人规范发行方案及相关认购协议，披露新乡产业基金壹号认购股票数量区间的下限,承诺的最低认购数量是否与拟募集的资金金额相匹配。

请保荐人核查并发表明确意见,发行人律师对(1)(2)(3)(4)核查并发表明确意见。

问题二:发行完成后,新乡产业基金壹号将成为公司控股股东,新乡市人民政府将成为公司实际控制人。新乡产业基金壹号的控制主体新乡投资集团有限公司(以下简称新乡投资集团)将成为发行人间接控股股东,新乡投资集团下属两家子公司与发行人存在同业竞争情形。新乡产业基金壹号及新乡投资集团均出具了《关于避免同业竞争的承诺函》《关于减少及规范与上市公司关联交易的承诺函》。请发行人补充说明:

(1)新乡市人民政府控制的与发行人经营范围存在相同或相似的企业情况,并对照《深圳证券交易所创业板上市公司证券发行上市审核问答》问题一中的要求,说明本次募投项目实施后是否新增同业竞争,对于已存在同业竞争的业务,结合控股股东及实际控制人控制的其他企业同类收入或毛利占发行人主营业务收入或毛利的比例、同业竞争是否会导致双方的非公平竞争、利益输送或让渡商业机会情形、对未来发展的潜在影响等,说明上述同业竞争是否会对发行人构成重大不利影响。

(2)请发行人结合目前经营情况、未来发展战略等,说明控股股东、实际控制人对上述构成同业竞争的资产、业务的后续安排,以及关于避免同业竞争的承诺的具体安排及实施计划,在前述安排及计划实施前如何避免出现重大不利影响的同业竞争,进一步强化相关措施的可操作性。

(3)报告期内发行人与新乡市人民政府控制的相关企业的关联交易情况,交易价格是否公允、是否已履行必要的内部决策程序,本次募投项目实施后是否新增显失公平的关联交易,本次发行完成后,实际控制人拟采取的避免关联交易的具体措施。

请保荐人和发行人律师核查并发表明确意见,请会计师核查(3)并发表明确意见。

问题三:报告期内,发行人营业收入分别为 30 680.41 万元、23 564.63 万元、20 854.86 万元和 3 090.72 万元;净利润分别为

-3 276.00万元、-8 860.19万元、-11 761.95万元和-532.93万元，处于持续下滑趋势。报告期内公司主营业务毛利率分别为32.05%、16.16%、11.96%和31.13%，波动较大。公司2018年年末至2020年年末应收账款余额总体呈上升趋势。请发行人补充说明：

（1）结合行业发展趋势、市场竞争情况、同行业可比公司业绩变动趋势、在手订单及预计执行情况等，说明公司报告期内营业收入大幅下降、持续亏损且亏损金额逐年增加的原因，盈利能力是否存在持续恶化的趋势，是否对公司持续经营构成重大不利影响，是否存在退市风险。

（2）结合产品结构量化分析2018—2020年毛利率持续下降的原因，最近一期毛利率大幅增长的原因及合理性，是否与同行业可比公司存在较大差异及其合理性。

（3）结合信用政策、同行业可比公司情况等，说明营业收入持续下降的情况下，应收账款持续增加的原因及合理性，信用政策与同行业是否存在较大差异，是否存在放宽信用政策的情形，各期营收账款回款情况、应收账款坏账准备计提是否充分。

请发行人通过列举相关经营数据、量化分析的方式补充披露上述相关风险。请保荐人和会计师核查并发表明确意见。

问题四：2020年，发行人及相关人员因实际控制人违规占用资金、违规使用募集资金被浙江证监局出具警示函，被深交所通报批评。请发行人补充说明：

（1）结合相关违规行为整改情况、占用资金归还情况等，说明本次发行是否符合《创业板上市公司证券发行注册管理办法（试行）》第十一条的规定，目前发行人内部控制制度是否健全有效。

（2）前次募集资金最终实际用于补充流动资金的金额比例，相关募投项目终止原因，已投入部分是否计提相应减值准备。

请保荐人和会计师核查并发表明确意见，发行人律师对（1）核查并发表明确意见。

问题五：截至2021年3月31日，发行人持有其他权益工具投资98.36万元，投资性房地产14 373.30万元。请发行人补充说明：

（1）最近一期末对外投资情况，包括公司名称、认缴金额、实缴金额、初始及后续投资时点、持股比例、账面价值、占最近一期末归母净资产比例、是否属于财务性投资、最近一期末是否存在持有金额较大的财务性投资（包括类金融业务）情形。

（2）若未认定为财务性投资的，详细论证被投资企业与发行人主营业务是否密切相关；结合投资后新取得的行业资源或新增客户、订单，以及报告期内被投资企业主要财务数据情况等，说明发行人是否有能力通过该投资有效协同行业上下游资源以达到战略整合或拓展主业的目的，或仅为获取稳定的财务性收益。

（3）本次发行相关董事会决议日前6个月至今实施或拟实施的财务性投资及类金融业务的具体情况。

（4）发行人及其子公司、参股公司经营范围是否涉及房地产开发相关业务类型，目前是否从事房地产开发业务，是否具有房地产开发资质等，是否持有住宅用地、商服用地及商业房产，如是，请说明取得上述房产、土地的方式和背景，相关土地的开发、使用计划和安排，是否涉及房地产开发、经营、销售等业务。

请保荐人核查并发表明确意见，请发行人律师核查（4）并发表明确意见。

第十三章

停牌、复牌、终止上市、风险警示、重新上市

本章关键词：

停牌、复牌、重新上市、强制性退市、风险警示

为保证信息披露的及时与公平，证券交易所可以根据实际情况、证监会要求、上市公司申请，决定上市公司股票及其衍生品种的停牌与复牌事宜。

上市公司出现财务状况异常情况或者其他异常情况，导致其股票存在被终止上市的风险，或者投资者难以判断公司前景，投资者权益可能受到损害，存在其他重大风险的，证券交易所对该公司股票实施风险警示。

上市公司退市新规调整重点为：

1. 将财务造假考察年限从 3 年减少为 2 年，造假金额合计数由 10 亿元降至 5 亿元，造假比例从 100% 降至 50%，并新增营业收入造假指标。

2. 明确与主营业务无关的业务收入和不具备商业实质的收入均应

当扣除。

3. 对于扣非净利润前后孰低者为负值的公司，应当在年报中披露营业收入扣除情况及扣除后的营业收入金额，会计师应当对此出具专项核查意见，以明确区分会计责任与审计责任。

4. 完善交易类退市指标过渡期安排，明确股票收盘价在新规施行前后连续低于1元且触及终止上市标准的，按照原规则进入退市整理期交易。

5. 科创板同步完善退市指标和程序，深交所统一主板和中小企业板公司的交易类退市标准。

6. 明确触及重大违法类强制退市公司的相关主体，自相关行政处罚决定事先告知书或者司法裁判做出之日起至公司股票终止上市并摘牌前，不得减持公司股份。

修订后的退市新规与新《证券法》精神高度契合。新《证券法》删除了暂停上市和恢复上市的相关规定，明确由交易所制定退市标准，交易所承担主体责任，进一步完善退市标准和退市程序，形成了财务类、交易类、规范类和重大违法类4类退市情形。新《证券法》明确入口端不再强调持续盈利能力，而是关注持续经营能力，出口端与入口端保持一致，退市标准也不再考察单一盈利指标，以组合财务指标予以替代，加速僵尸空壳企业出清，促进市场优胜劣汰。

第一节　停牌与复牌

根据《上海证券交易所股票上市规则》，上市公司出现以下情形时需申请对其股票及其衍生品种停牌或复牌：

1. 上市公司预计应披露的重大信息在披露前已难以保密或者已经泄露，可能或者已经对公司股票及其衍生品种的交易价格产生较大影响的，应当立即向证券交易所申请对其股票及其衍生品种停牌。

2. 上市公司进行重大资产重组，根据证监会和证券交易所相关规定向证券交易所申请停牌的，公司股票及其衍生品种应当按照相关规定停牌与复牌。

3. 公共传媒中出现上市公司尚未披露的重大信息，可能或者已经对公司股票及其衍生品种的交易价格产生较大影响的，证券交易所可以在交易时间对公司股票及其衍生品种实施停牌，直至公司披露相关公告的当日开市时复牌。公告披露日为非交易日的，则在公告披露后的第一个交易日开市时复牌。

4. 上市公司未在证监会和《上海证券交易所股票上市规则》规定的期限内披露季度报告，公司股票及其衍生品种应当于报告披露期限届满的下一交易日停牌一天。

公司未在法定期限和《上海证券交易所股票上市规则》规定的期限内披露年度报告或者中期报告，公司股票及其衍生品种应当停牌，直至公司披露相关定期报告的当日开市时复牌。公告披露日为非交易日的，则在公告披露后的第一个交易日开市时复牌。公司因未披露年度报告或者中期报告的停牌期限不超过两个月。停牌期间，公司应当至少发布 3 次风险提示公告。

公司未披露季度报告的同时存在未披露年度报告或者中期报告情形的，公司股票及其衍生品种应当按照前款和风险警示的有关规定停牌与复牌。

5. 上市公司财务会计报告因存在重大会计差错或者虚假记载，被证监会责令改正但未在规定期限内改正的，公司股票及其衍生品种应当停牌，直至公司披露改正后的财务会计报告当日开市时复牌。公告披露日为非交易日的，则在公告披露后的第一个交易日开市时复牌。

公司因未按要求改正财务会计报告的停牌期限不超过两个月。停牌期间，公司应当至少发布 3 次风险提示公告。

6. 上市公司的定期报告或者临时报告披露不够充分、完整或者可能误导投资者，但拒不按要求就有关内容进行解释或者补充披露的，证券交易所可以对公司股票及其衍生品种实施停牌，直至公司披露相关公告的当日开市时复牌。公告披露日为非交易日的，则在公告披露后的第一个交易日开市时复牌。

7. 上市公司在公司运作和信息披露方面涉嫌违反法律、行政法规、部门规章、其他规范性文件、《上海证券交易所股票上市规则》或证券交易所其他有关规定，情节严重而被有关部门调查的，证券交易所在调查期间视情况决定公司股票及其衍生品种的停牌和复牌。

8. 上市公司严重违反《上海证券交易所股票上市规则》且在规定期限内拒不按要求改正的，证券交易所对公司股票及其衍生品种实施停牌，并视情况决定复牌。

9. 上市公司因某种原因使证券交易所失去关于公司的有效信息来源，证券交易所可以对公司股票及其衍生品种实施停牌，直至上述情况消除后复牌。

10. 上市公司因股权分布发生变化导致连续20个交易日不具备上市条件的，证券交易所将于前述交易日届满的下一交易日起对公司股票及其衍生品种实施停牌。公司在停牌后一个月内向证券交易所提交解决股权分布问题的方案。证券交易所同意其实施解决股权分布问题的方案的，公司应当公告证券交易所决定并提示相关风险。自公告披露日的下一交易日起，公司股票及其衍生品种复牌并被证券交易所实施退市风险警示。

11. 上市公司因收购人履行要约收购义务，或收购人以终止上市公司上市地位为目的而发出全面要约的，要约收购期满至要约收购结果公告前，公司股票及其衍生品种应当停牌。

根据收购结果，被收购上市公司股权分布具备上市条件的，公司股票及其衍生品种应当于要约结果公告日开市时复牌；股权分布不具备上市条件的，且收购人以终止上市公司上市地位为目的的，公司股票及其衍生品种应当于要约结果公告日继续停牌，直至证券交易所终止其股票及其衍生品种上市；股权分布不具备上市条件，但收购人不以终止上市公司上市地位为目的的，可以在5个交易日内向证券交易所提交解决股权分布问题的方案，并参照第10条规定处理。

12. 上市公司在股票及其衍生品种被实施停牌期间，应当每5个交易日披露一次未能复牌的原因（《上海证券交易所股票上市规则》另有规定的除外）。

上市公司股票被证券交易所实行风险警示的，公司股票及其衍生品种还应当按照本风险警示的有关规定停牌和复牌。

13. 发行可转债的上市公司涉及下列事项时，应当向证券交易所申请暂停可转债的转股：

（1）主动向下修正转股价格。

（2）实施利润分配或者资本公积金转增股本方案。

（3）证监会和证券交易所认为应当停牌或者暂停转股的其他事项。

14. 可转债出现下列情形之一的，证券交易所按照规定停止可转债的交易：

（1）可转债流通面值总额少于3 000万元，且上市公司发布相关公告3个交易日后；公司行使赎回权期间发生前述情形的，可转债不停止交易。

（2）转换期结束之前的第3个交易日起。

（3）证监会和证券交易所认为必须停止交易的其他情况。

第二节　终止上市与重新上市

一、强制终止上市

上市公司触及《上海证券交易所股票上市规则》规定的退市情形，导致其股票存在被终止上市风险的，证券交易所对该公司股票启动退市程序。

退市包括强制终止上市（简写为强制退市）和主动终止上市（简写为主动退市）。强制退市分为交易类强制退市、财务类强制退市、规范类强制退市和重大违法类强制退市四类情形。

上市公司出现财务状况异常情况或者其他异常情况，导致其股票存在被强制终止上市的风险，或者投资者难以判断公司前景，投资者权益可能受到损害，存在其他重大风险的，证券交易所对该公司股票实施风险警示。

上市公司股票被实施退市风险警示的，在公司股票简称前冠以"＊ST"

字样；上市公司股票被实施其他风险警示的，在公司股票简称前冠以"ST"字样，但证券交易所另有规定的除外。公司股票同时被实施退市风险警示和其他风险警示的，在公司股票简称前冠以"＊ST"字样。

上市公司股票被终止上市的，其发行的可转债及其他衍生品种应当终止上市。可转债及其他衍生品种终止上市事宜，参照股票终止上市的有关规定执行。证券交易所对可转债及其他衍生品种的终止上市事宜另有规定的，从其规定。

（一）交易类强制退市

上市公司出现下列情形之一的，终止其股票上市：

1. 在上交所仅发行 A 股股票的上市公司，连续 120 个交易日通过上交所交易系统实现的累计股票成交量低于 500 万股，或者连续 20 个交易日的每日股票收盘价均低于人民币 1 元。

2. 在上交所仅发行 B 股股票的上市公司，连续 120 个交易日通过上交所交易系统实现的累计股票成交量低于 100 万股，或者连续 20 个交易日的每日股票收盘价均低于人民币 1 元。

3. 在上交所既发行 A 股股票又发行 B 股股票的上市公司，其 A、B 股股票的成交量或者收盘价同时触及第 1 项和第 2 项规定的标准。

4. 上市公司股东数量连续 20 个交易日（不含公司首次公开发行股票上市之日起 20 个交易日）每日均低于 2 000 人。

5. 上市公司连续 20 个交易日在上交所的每日股票收盘总市值均低于 3 亿元。

6. 证券交易所认定的其他情形。

前面规定的交易日，不包含公司股票全天停牌日。

在证券交易所仅发行 A 股股票或者 B 股股票的上市公司，首次出现股票收盘价低于 1 元的，应当在下一交易日发布公司股票可能被终止上市的风险提示公告；出现连续 10 个交易日（不包含公司股票停牌日）每日股票收盘价均低于 1 元的，应当在下一交易日发布公司股票可能被终止上市的风险提示公告，其后每个交易日披露一次，直至公司股票收盘价低于 1 元的情形消除或者证券交易所做出公司股票终止上市的决定之日（以先达到的日期为准）。

证券交易所可根据实际情况，对上述风险提示标准进行调整。

上市公司股东数量连续10个交易日（不含公司首次公开发行股票上市之日起20个交易日和公司股票停牌日）每日均低于2 000人的，应当在下一交易日发布公司股票可能被终止上市的风险提示公告，其后每个交易日披露一次，直至公司股东数量低于2 000人的情形消除或者证券交易所做出公司股票终止上市的决定之日（以先达到的日期为准）。证券交易所可根据实际情况，对上述风险提示标准进行调整。

上市公司连续10个交易日（不含公司股票停牌日）证券交易所的每日股票收盘总市值均低于3亿元的，应当在下一交易日发布公司股票可能被终止上市的风险提示公告，其后每个交易日披露一次，直至公司股票收盘总市值低于3亿元的情形消除或者上交所做出公司股票终止上市的决定之日（以先达到的日期为准）。证券交易所可根据实际情况，对上述风险提示标准进行调整。

（二）财务类强制退市

2021年11月19日，沪深交易所分别发布营业收入扣除指南，旨在明确财务类退市指标中营业收入具体扣除事项，提升财务类退市指标可执行性，落实落细退市新规。

沪深两市财务类退市指标进一步细化，具体来看，沪深交易所指南中营业收入具体扣除事项的重点内容包括以下3个方面。

1. 细化贸易、类金融业务扣除要求。

监管在实践中发现，个别公司存在用贸易、类金融等方式突击做大收入以规避退市的情形。贸易业务、类金融业务一般投入少，进入和退出成本低，难以形成稳定的业务模式，无法根本改变空壳公司的实质。

为防止个别公司通过贸易、类金融等方式突击做大收入，指南明确了应当扣除本会计年度以及上一会计年度新增的贸易业务收入与具备资质的类金融业务收入。同时对于不具备资质的类金融业务，如拆出资金利息收入，由于其本身就是与主营业务无关的收入，为防止上市公司脱实向虚，因此明确每年均予以扣除。

2. 明确"稳定业务模式"判断标准。

沪深交易所在 2020 年年报监管中发现，个别公司存在年底突击转型，新增与主业无关的业务并大额确认收入以规避退市的情形。突击转型获得的业务往往存在客户单一、业务持续稳定性较差等问题，实质上无助于提升公司持续经营能力。

如某家 *ST 公司 2020 年营业收入为 7.28 亿元，扣非归母净利润为亏损 921.96 万元，但其开展的贸易业务客户和供应商单一，并于 2020 年 10 月后已停止与该客户和供应商开展业务，后续也没有与上述客户和供应商继续合作的计划。公司若将上述收入作为新增的贸易等难以形成稳定业务模式的业务产生的收入予以扣除，则将被实施退市风险警示。

为防止公司通过各种类型的其他新增业务保壳，未形成或难以形成稳定业务模式的收入单列出来，明确应当予以扣除，同时进一步明确了年审机构判断稳定业务模式应关注的具体情形。

3. 明确将非正常交易合并取得的收入进行扣除，包括以显失公允的对价或非交易方式取得的企业合并子公司或业务产生的收入。

个别上市公司通过受托表决权、受赠子公司或业务等方式，在不付出交易对价的情况下将相关企业纳入合并报表突击增大营业收入，规避退市监管动机明显。

举例来看，2021 年上半年，某 *ST 公司实现营业收入 1.12 亿元，同比增长 1 700%，大幅增长主要是由于新设立的 SD 公司控制的全资子公司经营收入超过 8 000 万元。工商登记信息显示，SD 公司成立于 2021 年 6 月 11 日，上市公司持股 10%，其余股东将表决权全部委托给上市公司。该 *ST 公司在仅持有 SD 公司 10% 股权的情况下，将其纳入合并报表范围，以此将营业收入增加到 1 亿元以上。

为防止此类情形，指南明确要求扣除"报告期以显失公允的对价或非交易方式取得的企业合并的子公司或业务产生的收入"。

值得一提的是，本次沪深交易所在指南中强化年审机构的把关责任，细化其出具核查意见的要求，明确重点核查的情形。压严压实中介机构责任，明确年审机构和年审会计师在执行指南时，应重点核查上市公司当期收入是否真实、准确，并结合公司规模、历史经营情况等因素，进一步核查上市公司营业收入扣除事项是否符合指南要求及相关规定。

首先，对营业收入低于1亿元但扣非前后净利润孰低者为正值的公司，要求年审机构对其非经常性损益确认的准确性出具专项核查意见。

其次，为防范审计意见与营业收入扣除事项相互矛盾，对于出具标准无保留审计意见但营业收入扣除项出现不具备商业实质收入的，年审机构应当核查并做出说明。

最后，年审机构应当结合业务的可持续性及给公司创造的价值等，判断能否形成稳定业务模式。

上市公司最近一个会计年度经审计的财务会计报告相关财务指标触及相关规定的财务类强制退市情形的，证券交易所对其股票实施退市风险警示。上市公司最近连续两个会计年度经审计的财务会计报告相关财务指标触及相关规定的财务类强制退市情形的，终止其股票上市。

上市公司出现下列情形之一的，对其股票实施退市风险警示：

1. 最近一个会计年度经审计的净利润为负值且营业收入低于1亿元，或追溯重述后最近一个会计年度净利润为负值且营业收入低于1亿元。

2. 最近一个会计年度经审计的期末净资产为负值，或追溯重述后最近一个会计年度期末净资产为负值。

3. 最近一个会计年度的财务会计报告被出具无法表示意见或否定意见的审计报告。

4. 证监会行政处罚决定书表明公司已披露的最近一个会计年度经审计的年度报告存在虚假记载、误导性陈述或者重大遗漏，导致该年度相关财务指标实际已触及第1项、第2项情形的。

5. 证券交易所认定的其他情形。

前款第1项所述"净利润"以扣除非经常性损益前后孰低为准，所述"营业收入"应当扣除与主营业务无关的业务收入和不具备商业实质的收入。

公司最近一个会计年度经审计的扣除非经常性损益前后的净利润孰

低者为负值的，公司应当在年度报告或者更正公告中披露营业收入扣除情况及扣除后的营业收入金额；负责审计的会计师事务所应当就公司营业收入扣除事项是否符合前述规定及扣除后的营业收入金额出具专项核查意见。

公司未按相关规定扣除相关收入的，证券交易所可以要求公司扣除，并按照扣除后营业收入金额决定是否对公司实施退市风险警示。

上市公司股票被实施退市风险警示的，公司应当及时发布公告。公告应当包括以下内容：

1. 股票的种类、简称、证券代码以及实施退市风险警示的起始日。
2. 实施退市风险警示的原因。
3. 公司董事会关于争取撤销退市风险警示的意见及具体措施。
4. 股票可能终止上市的风险提示。
5. 实施退市风险警示期间公司接受投资者咨询的主要方式。
6. 证监会和证券交易所要求的其他内容。

上市公司股票因相关规定情形被实施退市风险警示后，公司同时满足下列条件的，可以在年度报告披露后5个交易日内，向证券交易所申请撤销对其股票实施的退市风险警示：

1. 最近一个会计年度经审计的财务会计报告不存在《上海证券交易所股票上市规则》第13.3.2条第一款第（一）项至第（三）项规定的任一情形。
2. 最近一个会计年度经审计的财务会计报告未被出具保留意见审计报告。
3. 已在法定期限内披露最近一年年度报告。
4. 超过半数董事保证公司所披露年度报告的真实性、准确性和完整性。

公司因追溯重述或者行政处罚导致相关财务指标触及《上海证券交易所股票上市规则》第13.3.2条第一款第（一）项、第（二）项规定情形被实施退市风险警示的，最近一个会计年度指前述财务指标所属会计年度的下一个会计年度。

上市公司股票因《上海证券交易所股票上市规则》第13.3.2条规

第十三章　停牌、复牌、终止上市、风险警示、重新上市定情形被实施退市风险警示的，在退市风险警示期间，公司根据证监会相关规定进行重大资产重组且同时满足以下条件的，可以向证券交易所申请撤销对其股票实施的退市风险警示：

1. 根据证监会有关上市公司重大资产重组规定，出售全部经营性资产和负债，同时购买其他资产且已实施完毕。

2. 通过购买进入公司的资产是一个完整经营主体，该经营主体在进入公司前已在同一管理层之下持续经营3年以上。

3. 会计师事务所出具专项说明显示，预计公司完成重大资产重组当年的年度财务会计报告符合《上海证券交易所股票上市规则》第13.3.7条规定的撤销退市风险警示条件。

4. 已披露完成重大资产重组后的最近一期定期报告。

5. 证券交易所规定的其他条件。

证券交易所决定撤销退市风险警示的，上市公司应当按照上交所要求在撤销退市风险警示之前一个交易日做出公告。公司股票及其衍生品种于公告日停牌一天。自复牌之日起，证券交易所撤销对公司股票实施的退市风险警示。

上市公司股票因《上海证券交易所股票上市规则》第13.3.2条规定情形被实施退市风险警示后，公司出现下列情形之一的，终止其股票上市：

1. 公司披露的最近一个会计年度经审计的财务会计报告存在《上海证券交易所股票上市规则》第13.3.2条第一款第（一）项至第（三）项规定的任一情形或财务会计报告被出具保留意见审计报告。

2. 公司未在法定期限内披露最近一年年度报告。

3. 公司未在《上海证券交易所股票上市规则》第13.3.7条规定的期限内向上交所申请撤销退市风险警示。

4. 半数以上董事无法保证公司所披露最近一年年度报告的真实性、准确性和完整性，且未在法定期限内改正。

5. 公司撤销退市风险警示申请未被证券交易所同意。

公司因追溯重述或者行政处罚导致相关财务指标触及《上海证券交易所股票上市规则》第13.3.2条第一款第（一）项、第（二）项规定情形被实施退市风险警示的,最近一个会计年度指前述财务指标所属会计年度的下一个会计年度。

证券交易所在做出终止上市决定之日后 2 个交易日内,通知上市公司并发布相关公告,同时报证监会备案。

上市公司应当在收到证券交易所关于终止其股票上市的决定后及时披露股票终止上市公告。

(三) 规范类强制退市

上市公司出现下列情形之一的,证券交易所对其股票实施退市风险警示:

1. 因财务会计报告存在重大会计差错或者虚假记载,被证监会责令改正但公司未在规定期限内改正,公司股票及其衍生品种自前述期限届满的下一交易日起停牌,此后公司在股票及其衍生品种停牌 2 个月内仍未改正。

2. 未在法定期限内披露半年度报告或者经审计的年度报告,公司股票及其衍生品种自前述期限届满的下一交易日起停牌,此后公司在股票及其衍生品种停牌 2 个月内仍未披露。

3. 因半数以上董事无法保证公司所披露半年度报告或年度报告的真实性、准确性和完整性,且未在法定期限内改正,公司股票及其衍生品种自前述期限届满的下一交易日起停牌,此后公司在股票及其衍生品种停牌 2 个月内仍未改正。

4. 因信息披露或者规范运作等方面存在重大缺陷,被上交所要求限期改正但公司未在规定期限内改正,公司股票及其衍生品种自前述期限届满的下一交易日起停牌,此后公司在股票及其衍生品种停牌 2 个月内仍未改正。

5. 因公司股本总额或股权分布发生变化,导致连续 20 个交易日不再具备上市条件,公司股票及其衍生品种自前述期限届满的下一交易日起停牌,此后公司在股票及其衍生品种停牌 1 个月内仍未解决。

6. 公司可能被依法强制解散。

7. 法院依法受理公司重整、和解和破产清算申请。

8. 证券交易所认定的其他情形。

《上海证券交易所股票上市规则》第 13.4.1 条第一款第（四）项规定的信息披露或者规范运作等方面存在重大缺陷，具体包括以下情形：

1. 上交所失去公司有效信息来源。

2. 公司拒不披露应当披露的重大信息。

3. 公司严重扰乱信息披露秩序，并造成恶劣影响。

4. 上交所认为公司存在信息披露或者规范运作重大缺陷的其他情形。

公司出现前述情形的，证券交易所可以提请上市委员会审议，并根据上市委员会的审核意见做出认定。

上市公司出现《上海证券交易所股票上市规则》第 13.4.1 条第一款第（一）项至第（四）项规定情形之一的，公司应在停牌 2 个月届满的下一交易日披露股票被实施退市风险警示的公告。公司股票及其衍生品种自公告披露日后的下一交易日起复牌。自复牌之日起，实施退市风险警示。

停牌期间前述情形消除的，公司应当及时披露并申请股票及其衍生品种复牌。

上市公司出现《上海证券交易所股票上市规则》第 13.4.1 条第一款第（五）项规定情形的，公司股票及其衍生品种自停牌 1 个月届满的下一交易日披露股票被实施退市风险警示的公告。公司股票及其衍生品种自公告披露日后的下一交易日起复牌。自复牌之日起，证券交易所对公司股票实施退市风险警示。公司应当按照要求，在其股票被实施退市风险警示前及时公告。停牌期间股本总额或者股权分布重新具备上市条件的，公司应当及时披露并申请股票及其衍生品种复牌。

上市公司股票因《上海证券交易所股票上市规则》第 13.4.1 条第一款第（一）项至第（六）项规定情形之一被实施退市风险警示后，符合下列对应条件的，可以向上交所申请撤销对其股票实施的退市风险警示：

1. 因《上海证券交易所股票上市规则》第 13.4.1 条第一款第（一）项规定情形被实施退市风险警示之日后 2 个月内，披露经改正的财务会计报告。

2. 因《上海证券交易所股票上市规则》第 13.4.1 条第一款第（二）项规定情形被实施退市风险警示之日后 2 个月内，披露相关半年度报告或者经审计的年度报告，且不存在半数以上董事无法保证真实性、准确性和完整性的情形。

3. 因《上海证券交易所股票上市规则》第 13.4.1 条第一款第（三）项规定情形被实施退市风险警示之日后 2 个月内，超过半数董事保证公司所披露半年度报告或年度报告的真实性、准确性和完整性。

4. 因《上海证券交易所股票上市规则》第 13.4.1 条第一款第（四）项规定情形被实施退市风险警示之日后 2 个月内，公司已按要求完成整改，具备健全的治理结构，运作规范，信息披露和内控制度无重大缺陷。

5. 因《上海证券交易所股票上市规则》第 13.4.1 条第一款第（五）项规定情形被实施退市风险警示之日后 6 个月内，解决股本总额或股权分布问题，股本总额或股权分布重新具备上市条件。

6. 因《上海证券交易所股票上市规则》第 13.4.1 条第一款第（六）项规定情形被实施退市风险警示后，公司可能被依法强制解散的情形已消除。

公司出现前款规定第 4 项规定情形的，证券交易所可以提请上市委员会审议，并根据上市委员会的审核意见做出认定。

上市委员会审议期间不计入上交所做出相应决定的期限。

（四）重大违法类强制退市

重大违法类强制退市，包括下列情形：

1. 上市公司存在欺诈发行、重大信息披露违法或者其他严重损害证券市场秩序的重大违法行为，且严重影响上市地位，其股票应当被终止上市的情形。

2. 上市公司存在涉及国家安全、公共安全、生态安全、生产安全和公众健康安全等领域的违法行为，情节恶劣，严重损害国家利益、社会公共利益，或者严重影响上市地位，其股票应当被终止上市的情形。

上市公司涉及《上海证券交易所股票上市规则》第 13.5.1 条第（一）项规定的重大违法行为，存在下列情形之一的，由上交所决定终止其股票上市：

1. 公司首次公开发行股票申请或者披露文件存在虚假记载、误导性陈述或重大遗漏，被证监会依据《证券法》第一百八十一条做出行政处罚决定，或者被人民法院依据《刑法》第一百六十条做出有罪生效判决。

2. 公司发行股份购买资产并构成重组上市，申请或者披露文件存在虚假记载、误导性陈述或者重大遗漏，被证监会依据《证券法》第一百八十一条做出行政处罚决定，或者被人民法院依据《刑法》第一百六十条做出有罪生效判决。

3. 公司披露的年度报告存在虚假记载、误导性陈述或者重大遗漏，根据证监会行政处罚决定认定的事实，导致连续会计年度财务类指标已实际触及相关规定的终止上市情形。

4. 根据证监会行政处罚决定认定的事实，公司披露的营业收入连续两年均存在虚假记载，虚假记载的营业收入金额合计达到 5 亿元以上，且超过该两年披露的年度营业收入合计金额的 50%；或者公司披露的净利润连续两年均存在虚假记载，虚假记载的净利润金额合计达到 5 亿元以上，且超过该两年披露的年度净利润合计金额的 50%；或者公司披露的利润总额连续两年均存在虚假记载，虚假记载的利润总额金额合计达到 5 亿元以上，且超过该两年披露的年度利润总额合计金额的 50%；或者公司披露的资产负债表连续两年均存在虚假记载，资产负债表虚假记载金额合计达到 5 亿元以上，且超过该两年披露的年度期末净资产合计金额的 50%（计算前述合计数时，相关财务数据为负值的，则先取其绝对值再合计计算）。

5. 证券交易所根据上市公司违法行为的事实、性质、情节及社会影响等因素认定的其他严重损害证券市场秩序的情形。

上市公司涉及《上海证券交易所股票上市规则》第 13.5.1 条第（二）项规定的重大违法行为，存在下列情形之一的，由上交所决定终止其股票上市：

1. 上市公司或其主要子公司被依法吊销营业执照、责令关闭或者被撤销。

2. 上市公司或其主要子公司被依法吊销主营业务生产经营许可证，或者存在丧失继续生产经营法律资格的其他情形。

3. 上交所根据上市公司重大违法行为损害国家利益、社会公共利益的严重程度，结合公司承担法律责任类型、对公司生产经营和上市地位的影响程度等情形，认为公司股票应当终止上市的。

上市公司可能触及重大违法类强制退市情形的，应当于知悉相关行政机关行政处罚事先告知书或者人民法院做出司法裁判当日，及时披露有关内容，并就其股票可能被实施重大违法类强制退市进行特别风险提示。公司股票及其衍生品种于公告披露日停牌1天，公告披露日为非交易日的，自披露日后的第一个交易日停牌1天。自复牌之日起，上交所对公司股票实施退市风险警示。公司未按前述规定申请停牌并披露的，上交所知悉有关情况后可以对公司股票及其衍生品种实施停牌，并向市场公告。公司股票因前述情形被实施退市风险警示期间，公司应当每5个交易日披露一次相关事项进展情况，并就公司股票可能被实施重大违法类强制退市进行特别风险提示。

上市公司在股票被实施退市风险警示期间，收到相关行政机关相应行政处罚决定或者人民法院生效司法裁判，未触及相关规定的重大违法类强制退市情形，且不存在其他的退市风险警示情形的，应当及时披露有关内容，公司股票及其衍生品种于公告披露日停牌1天，公告披露日为非交易日的，于披露日后的下一交易日停牌1天。自复牌之日起，证券交易所撤销对公司股票实施的退市风险警示。

上市公司在股票被实施退市风险警示期间，收到相关行政机关相应行政处罚决定或者人民法院生效司法裁判，可能触及《上海证券交易所股票上市规则》规定的重大违法类强制退市情形的，应当向上交所申请股票及其衍生品种停牌，并及时披露有关内容，就其股票可能被实施重大违法类强制退市进行特别风险提示。公司股票及其衍生品种自公告披露日起停牌；公告披露日为非交易日的，自披露日后的下一交易日起停牌。公司未按本规定申请停牌并披露的，上交所知悉有关情况后可以对公司股票及其衍生品种实施停牌，并向市场公告。证券交易所在公司披露或者上交所向市场公告相关行政机关行政处罚决定或者人民法院生效司法裁判后 5 个交易日内，向公司发出拟终止其股票上市的事先告知书，公司应当在收到证券交易所事先告知书后及时披露。

上市公司存在重大违法情形，触及退市标准的，自相关行政处罚决定事先告知书或者司法裁判做出之日起至公司股票终止上市并摘牌前，控股股东、实际控制人、董事、监事、高级管理人员不得减持公司股份。

二、主动终止上市

上市公司出现下列情形之一的，可以向证券交易所申请主动终止上市：

1. 公司股东大会决议主动撤回其股票在证券交易所的交易，并决定不再在证券交易所交易。

2. 公司股东大会决议主动撤回其股票在证券交易所的交易，并转而申请在其他交易场所交易或转让。

3. 公司向所有股东发出回购全部股份或部分股份的要约，导致公司股本总额、股权分布等发生变化不再具备上市条件。

4. 公司股东向所有其他股东发出收购全部股份或部分股份的要约，导致公司股本总额、股权分布等发生变化不再具备上市条件。

5. 除公司股东外的其他收购人向所有股东发出收购全部股份或部分股份的要约，导致公司股本总额、股权分布等发生变化不再具备上市条件。

6. 公司因新设合并或者吸收合并，不再具有独立主体资格并被注销。

7. 公司股东大会决议公司解散。

8. 证监会和证券交易所认可的其他主动终止上市情形。

已在证券交易所发行 A 股和 B 股股票的上市公司，根据前款规定申请主动终止上市的，应当申请其 A、B 股股票同时终止上市，但存在特殊情况的除外。

《上海证券交易所股票上市规则》第13.7.1条第一款第（一）项、第（二）项规定的股东大会决议事项，除须经出席会议的全体股东所持有效表决权的2/3以上通过外，还须经出席会议的除下列股东以外的其他股东所持有效表决权的2/3以上通过：

1. 上市公司的董事、监事、高级管理人员。
2. 单独或者合计持有上市公司5%以上股份的股东。

上市公司应当在《上海证券交易所股票上市规则》第13.7.1条第一款第（一）项、第（二）项规定的股东大会召开通知发布之前，充分披露主动终止上市方案、退市原因及退市后的发展战略，包括并购重组安排、经营发展计划、重新上市安排、异议股东保护的专项说明等。独立董事应当就上述事项是否有利于公司长远发展和全体股东利益充分征询中小股东意见，在此基础上发表独立意见，独立董事意见应当与股东大会召开通知一并公告。公司应当聘请财务顾问和律师为主动终止上市提供专业服务，发表专业意见，并与股东大会召开通知一并公告。股东大会对主动终止上市事项进行审议后，公司应当及时披露股东大会决议公告，说明议案的审议及通过情况。

上市公司因《上海证券交易所股票上市规则》第13.7.1条第一款第（三）项至第（七）项规定的回购、收购、公司合并以及自愿解散等情形引发主动终止上市的，应当遵守《公司法》《证券法》《上市公司收购管理办法》《上市公司重大资产重组管理办法》等有关规定及上交所的相关自律性规范文件，严格履行决策、实施程序和信息披露义务，并及时向证券交易所申请公司股票及其衍生品种停牌或复牌。公司以自愿解散形式申请主动终止上市的，除遵守法律法规等有关规定外，还需遵守《上海证券交易所股票上市规则》13.7.2条和第13.7.3条的规定。

上市公司向证券交易所提出主动终止上市申请的，至少应当提交以下文件：

1. 主动终止上市申请书。
2. 董事会决议及独立董事意见（如适用）。

第十三章 停牌、复牌、终止上市、风险警示、重新上市

3. 股东大会决议（如适用）。

4. 主动终止上市的方案。

5. 主动终止上市后去向安排的说明。

6. 异议股东保护的专项说明。

7. 财务顾问出具的关于公司主动终止上市的专项意见。

8. 律师出具的关于公司主动终止上市的专项法律意见。

9. 交易所要求的其他材料。

交易所在收到上市公司提交的主动终止上市申请文件之日后5个交易日内，做出是否受理的决定并通知公司。公司应当在收到决定后及时披露决定的有关内容，并发布其股票是否可能终止上市的风险提示公告。

交易所在受理上市公司主动终止上市申请之日后15个交易日内，做出是否同意其股票终止上市的决定。在此期间，证券交易所要求公司提供补充材料的，公司提供补充材料期间不计入上述做出有关决定的期限，但累计不得超过30个交易日。

因全面要约收购上市公司股份、实施以上市公司为对象的公司合并、上市公司全面回购股份，导致公司股票退出市场交易的，除另有规定外，交易所在公司公告回购或者收购结果、完成合并交易之日后15个交易日内，做出是否终止其股票上市的决定。

交易所在做出同意或者不同意上市公司主动终止上市决定之日后15个交易日内，以及上市公司退出市场交易之日后15个交易日内，将上市公司主动终止上市的情况报告证监会。

三、退市整理期

上市公司股票被证券交易所做出强制终止上市决定后，自证券交易所公告终止上市决定之日后5个交易日届满的下一交易日复牌，进入退市整理期交易，并在股票简称前冠以"退市"标识。交易类强制退市公司股票和主动退市公司股票不进入退市整理期交易。

退市整理期的交易期限为15个交易日。上市公司股票及其衍生品种在退市整理期内全天停牌的，停牌期间不计入退市整理期，但停牌天数累计不得超过5个交易日。累计停牌达到5个交易日后，证券交易所不再接受公司的停牌申请；公司未在累计停牌期满前申请复牌的，证券交易所于累计停牌期满后的下一交易日恢复公司股票交易。

上市公司有限售条件股份的限售期限在退市整理期间连续计算。限售期限未届满的，相关股份在退市整理期内不得流通。

上市公司应当在收到证券交易所关于终止其股票上市的决定后及时披露股票终止上市公告，并同时披露其股票进入退市整理期交易相关情况。相关公告应至少包括如下内容：

1. 终止上市的股票种类、证券简称、证券代码。
2. 终止上市决定的主要内容。
3. 终止上市后公司股票登记、转让和管理事宜。
4. 终止上市后公司的联系人、联系地址、电话和其他通信方式。
5. 公司股票在退市整理期间的证券代码、证券简称及涨跌幅限制。
6. 公司股票退市整理期交易期限及预计最后交易日期。
7. 公司股票在退市整理期交易期间公司将不筹划或者实施重大资产重组事项的说明。
8. 证券交易所要求披露的其他内容。

退市整理期届满后5个交易日内，证券交易所对上市公司股票予以摘牌，公司股票终止上市。

上市公司股票进入退市整理期的，公司在退市整理期间不得筹划或者实施重大资产重组事项。

上市公司股票存在可能被强制退市情形，且董事会已审议通过并公告筹划重大资产重组事项的，公司董事会应及时召开股东大会，决定公司股票在终止上市后是否进入退市整理期交易。

上市公司董事会根据《上海证券交易所股票上市规则》第13.6.12条规定召开股东大会的，应当选择下述议案之一提交股东大会审议：

1. 公司股票被做出终止上市决定后进入退市整理期并终止重大资产重组事项。
2. 公司股票被做出终止上市决定后不进入退市整理期并继续推进

重大资产重组事项。

前述议案应当经出席会议股东所持表决权的 2/3 以上通过。对于单独或者合计持有上市公司 5% 以下股份的股东表决情况，应当进行单独计票并披露。上市公司应当在股东大会召开通知中充分披露前述议案通过或者不通过的后果、相关风险及后续安排。

选择第 1 项议案的，上市公司董事会应当在股东大会通知中明确：如经股东大会审议通过该议案的，公司股票将在被做出终止上市决定后 5 个交易日届满的下一交易日进入退市整理期交易；如审议未通过的，公司股票将在被做出终止上市决定后 5 个交易日届满的下一交易日起，直接终止上市，不再进入退市整理期交易。

选择第 2 项议案的，上市公司董事会应当在股东大会通知中明确：如经股东大会审议通过该议案的，公司股票将在被做出终止上市决定后 5 个交易日届满的下一交易日起直接终止上市，不再进入退市整理期交易；如审议未通过的，公司股票将在被做出终止上市决定后 5 个交易日届满的下一交易日起，进入退市整理期交易。

上市公司处于破产重整期间，且经法院或者破产管理人认定，公司股票进入退市整理期交易将与破产程序或者法院批准的公司重整计划的执行存在冲突的，公司股票可以不进入退市整理期交易。

四、重新上市

证券交易所上市公司的股票被终止上市后，其终止上市情形已消除，且同时符合下列条件的，可以向证券交易所申请重新上市：

1. 公司股本总额不少于 5 000 万元。
2. 社会公众股持有的股份占公司股份总数的比例为 25% 以上；公司股本总额超过 4 亿元的，社会公众股持有的股份占公司股份总数的比例为 10% 以上。
3. 公司及董事、监事、高级管理人员最近 3 年无重大违法行为，财务会计报告无虚假记载。
4. 最近 3 个会计年度净利润均为正数且累计超过 3 000 万元，净利润以扣除非经常性损益前后较低者为计算依据。

5. 最近3个会计年度经营活动产生的现金流量净额累计超过5 000万元，或者最近3个会计年度营业收入累计超过3亿元。

6. 最近一个会计年度经审计的期末净资产为正值。

7. 最近3个会计年度的财务会计报告均被会计师事务所出具标准无保留意见的审计报告。

8. 最近3年主营业务没有发生重大变化，董事、高级管理人员没有发生重大变化，实际控制人没有发生变更。

9. 保荐机构经核查后发表明确意见，认为公司具备持续经营能力。

10. 保荐机构经核查后发表明确意见，认为公司具备健全的公司治理结构、运作规范、无重大内控缺陷。

11. 证券交易所规定的其他条件。

公司股票被强制终止上市后，公司不配合退市相关工作的，证券交易所自其股票进入全国中小企业股份转让系统挂牌转让之日起36个月内不受理其重新上市的申请。

上市公司其股票被终止上市后，作为上市公司重大违法强制退市认定依据的行政处罚决定、司法裁判被依法撤销、确认无效或被依法变更的，公司可以在知悉相关行政机关相关决定或者人民法院生效司法裁判后的10个交易日内，向证券交易所提出撤销对公司股票实施重大违法强制退市决定的申请。证券交易所于收到公司申请后的15个交易日内，召开上市委员会，根据相关行政机关相关决定或者人民法院生效司法裁判，对是否撤销对公司股票实施重大违法强制退市的决定进行审议，形成审核意见。

证券交易所根据上市委员会出具的审核意见，做出是否撤销对公司股票实施重大违法强制退市的决定。证券交易所做出撤销决定的，同时撤销对公司股票做出的终止上市决定。公司可以在证券交易所决定撤销对公司做出的终止上市决定之日起20个交易日内，向证券交易所申请其股票重新上市。

前述公司同时触及《上海证券交易所股票上市规则》规定的重大违法强制退市情形之外的风险警示、暂停上市或者终止上市情形的，证券交易所对其股票相应予以实施风险警示、暂停上市或者终止上市。

上市公司因欺诈发行被实施重大违法强制退市，其股票被终止上市后，除规定的情形外，不得向证券交易所申请重新上市。

上市公司因欺诈发行之外的其他违法行为被实施重大违法强制退市，其股票被终止上市后，进入全国中小企业股份转让系统挂牌转让之日起满5个完整会计年度，可以向证券交易所申请重新上市。公司未同时符合下列条件的，证券交易所不受理其重新上市申请。

1. 已全面纠正重大违法行为并符合下列要求：

（1）公司已就重大信息披露违法行为所涉事项披露补充或更正公告。

（2）对重大违法行为的责任追究已处理完毕。

（3）公司已就重大违法行为所涉事项补充履行相关决策程序。

（4）公司控股股东、实际控制人等相关责任主体对公司因重大违法行为发生的损失已做出补偿。

（5）重大违法行为可能引发的与公司相关的风险因素已消除。

2. 已撤换下列与重大违法行为有关的责任人员：

（1）被人民法院判决有罪的有关人员。

（2）被相关行政机关行政处罚的有关人员。

（3）被相关行政机关依法移送公安机关立案调查的有关人员。

（4）证监会、证券交易所认定的与重大违法行为有关的其他责任人员。

3. 已对相关民事赔偿承担做出妥善安排并符合下列要求：

（1）相关赔偿事项已由人民法院做出判决的，该判决已执行完毕。

（2）相关赔偿事项未由人民法院做出判决，但已达成和解的，该和解协议已执行完毕。

（3）相关赔偿事项未由人民法院做出判决，且也未达成和解的，公司及相关责任主体已按预计最高索赔金额计提赔偿基金，并将足额资金划入专项账户，且公司的控股股东和实际控制人已承诺：若赔偿基金不足赔付，其将予以补足。

4. 公司聘请的重新上市保荐机构、律师已对前述3项条件所述情况进行核查验证，并出具专项核查意见，明确认定公司已完全符合前述3项条件。

证券交易所上市委员会对股票重新上市申请进行审议，做出独立的专业判断并形成审核意见。

证券交易所根据上市委员会的审核意见，做出是否同意公司股票重新上市的决定。

公司股票重新上市后，应当在证券交易所风险警示板至少交易至其披露重新上市后的首份年度报告。

五、申请复核

发行人、上市公司或者申请股票重新上市的公司对证券交易所做出的不予上市、暂停上市、终止上市决定不服的，可以在收到证券交易所有关决定或证券交易所公告有关决定之日后的5个交易日内，向证券交易所申请复核。

申请人应当在向证券交易所提出复核申请之日后的下一交易日披露有关内容。

申请人根据前条规定向证券交易所申请复核，应当提交下列文件：

1. 复核申请书。
2. 保荐人就申请复核事项出具的意见书。
3. 律师事务所就申请复核事项出具的法律意见书。
4. 证券交易所要求的其他文件。

证券交易所在收到申请人提交的复核申请文件之日后的5个交易日内，做出是否受理的决定并通知申请人。

未能按照前条规定提交复核申请文件的，证券交易所不受理其复核申请。

申请人应当在收到证券交易所是否受理其复核申请的决定后，及时披露决定的有关内容并提示相关风险。

证券交易所设立复核委员会，对申请人的复核申请进行审议。

证券交易所在受理复核申请之日后的30个交易日内，依据复核委员会的审核意见做出是否维持不予上市、暂停上市、终止上市的决定。该决定为终局决定。

在此期间，证券交易所要求申请人提供补充材料的，申请人应当按要求予以提供。申请人提供补充材料期间不计入证券交易所做出有关决定的期限内。

申请人提供补充材料的期限累计不得超过 30 个交易日。申请人未按证券交易所要求在前述期限内提交补充材料的，证券交易所在该期限届满后继续对其所提申请进行审核，并根据《上海证券交易所股票上市规则》对其做出是否维持不予上市、暂停上市或者终止上市的决定。

申请人应当在收到证券交易所的复核决定后，及时披露决定的有关内容。

第三节　风险警示板及其他风险警示

一、风险警示板

按照《上海证券交易所股票上市规则》被实施风险警示的股票、被上交所做出终止上市决定但处于退市整理期尚未摘牌的股票，在该板进行的交易，适用《上海证券交易所风险警示板股票交易管理办法》，未做规定的，适用上交所其他有关规定。

股票进入退市整理期，其相关衍生品种可以同时进入风险警示板交易，具体事项由上交所另行规定，并报证监会批准。

上市公司股票存在下列情形之一的，自被实施风险警示措施之日起，至该措施被撤销之日的前一交易日止，在风险警示板进行交易：

1. 被实施退市风险警示。
2. 因暂停上市后恢复上市被实施其他风险警示。
3. 因退市后重新上市被实施其他风险警示。
4. 因其他情形被实施其他风险警示。

出现前款第 1 项情形的，股票简称前冠以"＊ST"标识，出现前款规定的其他情形的，股票简称前冠以"ST"标识。

退市整理股票的简称前冠以"退市"标识，自退市整理期开始之日起，在风险警示板交易30个交易日，上交所于该期限届满后5个交易日内对其予以摘牌，公司股票终止上市。

退市整理股票在风险警示板交易期间全天停牌的，停牌期间不计入前款规定的30个退市整理交易日。全天停牌的天数累计不得超过5个交易日。

二、其他风险警示

上市公司出现以下情形之一的，对其股票实施其他风险警示：

1. 公司被控股股东（无控股股东的，则为第一大股东）及其关联方非经营性占用资金，余额达到最近一期经审计净资产绝对值5%以上，或金额超过1 000万元，未能在1个月内完成清偿或整改；或公司违反规定决策程序对外提供担保（担保对象为上市公司合并报表范围内子公司的除外），余额达到最近一期经审计净资产绝对值5%以上，或金额超过1 000万元，未能在1个月内完成清偿或整改。

2. 董事会、股东大会无法正常召开会议并形成有效决议。

3. 最近1个会计年度内部控制被出具无法表示意见或否定意见审计报告，或未按照规定披露内部控制审计报告。

4. 公司生产经营活动受到严重影响且预计在3个月内不能恢复正常。

5. 主要银行账号被冻结。

6. 最近连续3个会计年度扣除非经常性损益前后净利润孰低者均为负值，且最近1个会计年度财务会计报告的审计报告显示公司持续经营能力存在不确定性。

7. 公司存在严重失信，或持续经营能力明显存在重大不确定性等投资者难以判断公司前景，导致投资者权益可能受到损害的其他情形。

上市公司出现《上海证券交易所股票上市规则》第13.9.1条第（一）项至第（六）项规定情形之一的，应当在事实发生之日及时向证券交易所报告，提交董事会的书面意见，同时进行公告并申请其股票及其衍生品种于事实发生下一交易日起开始停牌。证券交易所在收到公司报告之日后 5 个交易日内，根据实际情况，对公司股票实施其他风险警示。公司未及时公告《上海证券交易所股票上市规则》第 13.9.1 条第（一）项至第（六）项事项的，证券交易所可以在获悉相关情况后对公司股票及其衍生品种实施停牌，并向市场公告。

上市公司应当按照证券交易所要求在其股票被实施其他风险警示的前一个交易日做出公告，公告内容参照《上海证券交易所股票上市规则》第 13.3.4 条的规定。公司股票及其衍生品种自公告披露日的下一交易日起复牌，自复牌之日起，上交所对公司股票实施其他风险警示。

上市公司股票因《上海证券交易所股票上市规则》第 13.9.1 条第（一）项规定情形被实施其他风险警示的，在被实施其他风险警示期间，公司应当至少每月发布一次提示性公告，披露资金占用或违规对外担保的解决进展情况。

上市公司股票因《上海证券交易所股票上市规则》第 13.9.1 条第（二）项至第（五）项规定情形被实施其他风险警示的，在被实施其他风险警示期间，公司应当至少每月发布一次提示性公告，分阶段披露涉及事项的解决进展情况。

上市公司股票因《上海证券交易所股票上市规则》第 13.9.1 条第（一）项规定情形被实施其他风险警示后，相关情形已完全消除的，公司应当及时公告，并可以向上交所申请撤销对其股票实施的其他风险警示。公司关联方资金占用情形已完全消除，向上交所申请撤销对其股票实施的其他风险警示的，应当提交会计师事务所出具的专项审核报告、独立董事出具的专项意见等文件。上市公司违规担保情形已完全消除，向上交所申请撤销对其股票实施的其他风险警示的，应当提交律师事务所出具的法律意见书、独立董事出具的专项意见等文件。

上市公司股票因《上海证券交易所股票上市规则》第 13.9.1 条第（二）项至第（七）项规定情形被实施其他风险警示后，相关情形已完全消除的，公司应当及时公告，并可以向上交所申请撤销对其股票实施的其他风险警示。

公司股票因《上海证券交易所股票上市规则》第13.9.1条第（三）项规定情形被实施其他风险警示后，公司内部控制缺陷整改完成，内控有效运行，向证券交易所申请撤销对其股票实施的其他风险警示的，应当提交会计师事务所对其最近一年内部控制出具的标准无保留意见的审计报告、独立董事出具的专项意见等文件。

公司股票因《上海证券交易所股票上市规则》第13.9.1条第（六）项规定情形被实施其他风险警示后，公司最近一年经审计的财务报告显示，其扣除非经常性损益前后的净利润孰低者为正值或者持续经营能力不确定性已消除，向证券交易所申请撤销对其股票实施的其他风险警示的，应当提交会计师事务所出具的最近一年审计报告和独立董事出具的专项意见等文件。

上市公司股票因《上海证券交易所股票上市规则》第13.9.1条规定情形被实施其他风险警示的，在其他风险警示期间，公司根据证监会相关规定进行重大资产重组且同时满足以下条件的，可以向证券交易所申请撤销对其股票实施的其他风险警示：

1. 根据证监会有关上市公司重大资产重组规定，出售全部经营性资产和负债，同时购买其他资产且已实施完毕。

2. 通过购买进入公司的资产是一个完整经营主体，该经营主体在进入公司前已在同一管理层之下持续经营3年以上。

3. 会计师事务所出具专项说明显示，预计公司完成重大资产重组当年的年度财务会计报告符合以上规定的撤销其他风险警示条件。

4. 已披露完成重大资产重组后的最近一期定期报告。

5. 证券交易所规定的其他条件。

上市公司向上交所申请撤销对其股票实施的其他风险警示，应当同时做出公告。上交所于收到公司申请后10个交易日内，根据实际情况，决定是否撤销对其股票实施的其他风险警示。

证券交易所决定撤销其他风险警示的，上市公司应当按照上交所要求在撤销其他风险警示的前一个交易日做出公告。

公司股票及其衍生品种在公告披露日停牌1天。自复牌之日起，证券交易所撤销对公司股票实施的其他风险警示。

证券交易所决定不予撤销其他风险警示的，上市公司应当在收到上交所有关书面通知后的下一交易日做出公告。公司未按规定公告的，证券交易所可以向市场公告。

参考案例

*ST 新亿成 2022 年首家强制退市 A 股公司

2022 年 3 月 22 日，*ST 新亿公告称，因公司存在 2018 年度和 2019 年度虚增营业收入等情况，导致 2018—2020 年财务指标实际已触及相关退市规定，上交所决定终止公司股票上市。公司股票将于 3 月 30 日起进入退市整理期。

2022 年 3 月 2 日，*ST 新亿收到了上交所下发的《关于*ST 新亿公司股票停牌以及终止上市相关事项的监管工作函》，因为*ST 新亿 2018—2020 年度的财务指标实际已触及上交所《上市公司重大违法强制退市实施办法》规定的重大违法强制退市情形。

以下为证监会《行政处罚决定书》的具体内容摘要：

经查明，*ST 新亿存在以下违法事实：

一、虚假记载

经查明，*ST 新亿虚增 2018 年营业收入 1 338.54 万元、利润总额 129.11 万元，占当年披露营业收入的 100%、利润总额绝对值的 5.24%；虚增 2019 年度营业收入 572.36 万元、营业外收入 7 590 万元、利润总额 7 924.82 万元，虚增营业收入、利润总额分别占当年披露营业收入和利润总额的 55.13%、253.78%。追溯调整后，*ST 新亿 2018 年、2019 年连续两年营业收入低于 1 000 万元，2019 年由盈转亏。*ST 新亿 2018 年、2019 年度报告存在虚假记载。具体情况如下：

1. 虚增保理业务营业外收入。
2. 虚增贸易收入。
3. 虚增物业费收入。

4. 虚增租金抵账收入。

二、重大遗漏

上述违法事实，有相关公告、合同文件、财务资料、工商登记资料、银行账户资料、相关询问笔录、情况说明等证据证明，足以认定。

证监会认为，＊ST新亿的上述行为违反了2005年《证券法》第六十三条和《证券法》第七十八条第二款的规定，构成了2005年《证券法》第一百九十三条第一款所述"发行人、上市公司或者其他信息披露义务人未按照规定披露信息，或者披露的信息有虚假记载、误导性陈述或者重大遗漏"，《证券法》第一百九十七条第二款所述"信息披露义务人报送的报告或者披露的信息有虚假记载、误导性陈述或者重大遗漏"的情形。

依据2005年《证券法》第六十八条第三款和《证券法》第八十二条第三款、《信息披露违法行为行政责任认定规则》第十五条的规定，黄伟作为＊ST新亿时任董事长、财务总监、董事会秘书，负责公司的全面管理工作，决策并组织实施了＊ST新亿上述信息披露违法行为，是上述违法行为直接负责的主管人员；李勇作为＊ST新亿时任监事、子公司亿源汇金法定代表人，负责＊ST新亿监事会相关工作、亿源汇金日常经营管理工作（包括公章管理），知悉并参与了亿源汇金与阿信商贸、思北投资的铁精粉贸易事项，知悉保理业务、租金抵账协议事项，未勤勉尽责，是上述信息披露违法行为其他直接责任人员。

同时，＊ST新亿实际控制人黄伟通过多种手段组织、授意指使＊ST新亿实施信息披露违法行为，其行为已构成2005年《证券法》第一百九十三条第三款、《证券法》第一百九十七条第二款所述的情形。

综上，黄伟、李勇不存在依法从轻、减轻处罚的相关事由，证监会对其申辩意见不予采纳。

根据当事人违法行为的事实、性质、情节与社会危害程度，依据《证券法》第一百九十七条第二款的规定，证监会决定：

1. 对新疆亿路万源实业控股股份有限公司给予警告，并处以800万元的罚款。

2. 对黄伟给予警告，并处以 1 200 万元的罚款（作为直接负责的主管人员罚款 400 万元，作为 *ST 新亿实际控制人罚款 800 万元）。

3. 对李勇给予警告，并处以 300 万元的罚款。

上述当事人应自收到本处罚决定书之日起 15 日内，将罚款汇交证监会开户银行：×××，账号×××，由该行直接上缴国库，并将注有当事人名称的付款凭证复印件送证监会行政处罚委员会办公室备案。

当事人如果对本处罚决定不服，可在收到本处罚决定书之日起 60 日内向证监会申请行政复议，也可在收到本处罚决定书之日起 6 个月内直接向有管辖权的人民法院提起行政诉讼。复议和诉讼期间，上述决定不停止执行。

＊ ＊ ＊

新疆亿路万源实业控股股份有限公司对此事件高度重视，一方面组织准备证据材料，积极行使行政复议或进行行政诉讼等合法权利，维护公司和广大投资者权益；另一方面开展合规自查，进一步加强公司财务管理和信息披露工作，切实履行上市公司责任和义务。敬请广大投资者关注投资风险。

第十四章

年报编制与解读

本章关键词：

资产负债表、利润表、现金流量表、股东权益、追溯调整、合并报表、审计报告

上市公司应当在每个会计年度结束后 4 个月内披露年度报告，大多数投资者选择股票投资的参考依据就是阅读上市公司年报。

《公司法》《证券法》规定，在中华人民共和国境内公开发行股票并在证券交易所上市的股份有限公司应当按照规范要求编制和披露年度报告。

《公开发行证券的公司信息披露内容与格式准则第 2 号——年度报告的内容与格式》规定了对公司年度报告信息披露的最低要求。而对投资者做出价值判断和投资决策有重大影响的信息，不论该准则是否有明确规定，公司均应当披露。

公司可以结合自身特点，以简明清晰、通俗易懂的方式披露对投资者特别是中小投资者决策有用的信息，但披露的信息应当保持持续性，不得选择性披露。

由于国家秘密、商业秘密等特殊原因导致该准则规定的某些信息确实不便披露的，公司可以不予披露，但应当在相关章节详细说明未按该准则要求进行披露的原因。证监会认为需要披露的，公司应当披露。公司在编制和披露年度报告时应当严格遵守国家有关保密的法律法规，不得泄露国家保密信息。

发行境内上市外资股及其衍生证券并在证券交易所上市的公司，应当同时编制年度报告的外文译本。

公司年度报告中的财务报告应当经符合《证券法》规定的会计师事务所审计，审计报告应当由该所至少两名注册会计师签字。

第一节　年报的基本内容与披露规则

上市公司年报是上市公司年度报告的简称，是上市公司一年一度对其报告期内的生产经营概况、财务状况等信息进行披露的综合报告，是上市公司信息披露制度的核心内容之一。

除金融业等特殊行业的上市公司在年报披露时要按有别于其他上市公司的专门财务披露外，一般上市公司年报所披露的内容基本相同，其制作标准及格式是按《公开发行证券的公司信息披露内容与格式准则第2号——年度报告的内容与格式》的统一规定执行。

公司在编制年度报告时应当遵循如下一般要求：

1. 年度报告中引用的数字应当采用阿拉伯数字，货币金额除特别说明外，通常指人民币金额，并以元、千元、万元、百万元或亿元为单位。

2. 公司可以根据有关规定或其他需求，编制年度报告外文译本，同时应当保证中外文文本的一致性，并在外文文本上注明："本报告分别以中、英（或日、法、俄）文编制，在对中外文文本的理解上发生歧义时，以中文文本为准。"

3. 年度报告封面应当载明公司的中文名称、"年度报告"字样、报告期年份，也可以载明公司的外文名称、徽章、图案等。年度报告的目录应当编排在显著位置。

4. 公司可以在年度报告正文前刊载宣传本公司的照片、图表或致投资者信，但不得刊登任何祝贺性、恭维性或推荐性的词句、题字或照片，不得含有夸大、欺诈、误导或内容不准确、不客观的词句。

5. 公司编制年度报告时可以图文并茂，采用柱状图、饼状图等统计图表，以及必要的产品、服务和业务活动图片进行辅助说明，提高报告的可读性。

6. 公司编制年度报告应当遵循证监会上市公司行业分类的有关规定，公司可以增加披露所使用的其他的行业分类数据、资料作为参考。

公司主要会计数据和财务指标的计算和披露应当遵循如下要求：

1. 因会计政策变更及会计差错更正等追溯调整或重述以前年度会计数据的，应当同时披露调整前后的数据。

2. 对非经常性损益、净资产收益率和每股收益的确定和计算，证监会另有规定的，应当遵照执行。

3. 编制合并财务报表的公司应当以合并财务报表数据填列或计算以上数据和指标。

4. 如公司成立未满 3 年，应当披露公司成立后完整会计年度的上述会计数据和财务指标。

5. 财务数据按照时间顺序自左至右排列，左起为报告期的数据，向右依次列示前一期的数据。

根据我国现行的年报披露要求，上市公司年报及其摘要主要包括如下内容。

一、重要提示

公司应当在年度报告摘要显要位置刊登如下（但不限于）重要提示：

"本年度报告摘要来自年度报告全文，为全面了解本公司的经营成果、财务状况及未来发展规划，投资者应当到××网站仔细阅读年度报告全文。"

如有个别董事、监事、高级管理人员对年度报告内容的真实性、准确性、完整性无法保证或存在异议，重要提示中应当声明：

"××董事、监事、高级管理人员无法保证本报告内容的真实性、准确性和完整性，理由是：……，请投资者特别关注。"

如有董事未出席董事会，应当单独列示其姓名。

如果执行审计的会计师事务所对公司出具了非标准审计报告，重要提示中应当增加以下陈述：

"××会计师事务所为本公司出具了带有强调事项段、持续经营重大不确定性段落、其他信息段落中包含其他信息未更正重大错报说明的无保留意见、保留意见、否定意见、无法表示意见的审计报告，本公司董事会、监事会对相关事项亦有详细说明，请投资者注意阅读。"

创业板、科创板公司上市时未盈利的，在实现盈利前，应当提示公司未盈利的情况。

公司应当提示董事会决议通过的本报告期利润分配预案或公积金转增股本预案。

二、公司基本情况简介

公司应当以简易图表形式披露如下内容：

1. 公司股票简称、股票代码、股票上市交易所（若报告期初至报告披露日期间公司股票简称发生变更，还应当同时披露变更前的股票简称）。

2. 公司董事会秘书及证券事务代表的姓名、办公地址、电话、电子邮箱。

3. 公司应当对报告期公司从事的主要业务进行简要介绍，包括报告期公司所从事的主要业务和主要产品简介、行业发展变化、市场竞争格局以及公司行业地位等内容。

4. 公司应当采用数据列表方式，提供截至报告期末公司近3年的主要会计数据和财务指标，包括但不限于：总资产、营业收入、归属于上市公司股东的净利润、归属于上市公司股东的扣除非经常性损益的净利润、归属于上市公司股东的净资产、经营活动产生的现金流量净额、净资产收益率、每股收益。公司应当采用数据列表方式，分季度提供营业收入、归属于上市公司股东的净利润、归属于上市公司股东的扣除非经常性损益的净利润、经营活动产生的现金流量净额。如上述财务指标或其加总数与公司已披露半年度报告相关财务指标存在重大差异，应当说明主要原因。表格中金额和股本的计量单位可采用万、亿（元、股）等，减少数据位数；基本原则是小数点前最多保留5位，小数点后保留两位。

5. 公司应当披露报告期末及年报披露前一个月末公司普通股股东总数、表决权恢复的优先股股东总数（如有）及持有特别表决权股份的股东总数（如有）、前10名股东情况、以方框图形式披露公司与实际控制人之间的产权及控制关系。公司在计算前述持股比例时，仅计算普通股、表决权恢复的优先股和特别表决权股份数量。

公司应当披露报告期末公司优先股股东总数及前10名股东情况。如公司具有表决权差异安排，应当披露截至报告期末公司表决权比例前10名的股东情况。

6. 公司应当披露所有在年度报告批准报出日存续的债券情况，包括简称、代码、到期日、债券余额、利率，报告期内债券的付息兑付情况，报告期内信用评级机构（如有）对公司或债券做出的信用评级结果调整情况。公司存续面向普通投资者交易的债券的，还应当采用数据列表方式，披露截至报告期末公司近两年的主要会计数据和财务指标，包括但不限于：资产负债率、扣除非经常性损益后净利润、EBITDA全部债务比（息税折旧摊销前利润/全部债务）、利息保障倍数〔息税前利润/（计入财务费用的利息支出+资本化的利息支出）〕。

三、主要会计数据和财务指标

公司主要会计数据和财务指标的计算和披露应当遵循如下要求：

1. 因会计政策变更及会计差错更正等追溯调整或重述以前年度会计数据的，应当同时披露调整前后的数据。

2. 对非经常性损益、净资产收益率和每股收益的确定和计算，证监会另有规定的，应当遵照执行。

3. 编制合并财务报表的公司应当以合并财务报表数据填列或计算以上数据和指标。

4. 如公司成立未满 3 年，应当披露公司成立后完整会计年度的上述会计数据和财务指标。

5. 财务数据按照时间顺序自左至右排列，左起为报告期的数据，向右依次列示前一期的数据。

四、管理层讨论与分析

公司管理层讨论与分析中应当对业务经营信息和财务报告数据，以及报告期内发生和未来将要发生的重大事项进行讨论与分析，以有助于投资者了解其经营成果、财务状况及未来可能的变化。公司可以运用逐年比较、数据列表或其他方式对相关事项进行列示，以增进投资者的理解。披露应当遵守以下原则：

1. 披露内容应当具有充分的可靠性。引用的数据、资料应当有充分的依据，如果引用第三方的数据、资料作为讨论与分析的依据，应当注明来源，并判断第三方的数据、资料是否具有足够的权威性。

2. 披露内容应当具有充分的相关性。公司应当充分考虑并尊重投资者的投资需要，披露的内容应当能够帮助投资者更加充分地理解公司未来变化的趋势。公司应当重点讨论和分析重大的投资项目、资产购买、兼并重组、在建工程、研发项目、人才培养和储备等方面在报告期内的执行情况和未来的计划。

3. 披露内容应当具有充分的关联性。分析与讨论公司的外部环境、市场格局、风险因素等内容时，所述内容应当与公司的经营成果、财务状况具有足够的关联度，应当充分考虑公司的外部经营环境（包括但不限于经济环境、行业环境等）和内部资源条件（包括但不限于资产、技术、人员、经营权等），结合公司的战略和营销等管理政策，以及公司所从事的业务特征，进行有针对性的讨论与分析，并且保持逻辑的连贯性。

4. 鼓励公司披露管理层在经营管理活动中使用的关键业绩指标。可以披露指标的假定条件和计算方法以及公司选择这些指标的依据，重点讨论与分析指标变化的原因和趋势。关键业绩指标由公司根据行业、自身特点，选择对业绩敏感度较高且公司有一定控制能力的要素确定。

5. 讨论与分析应当从业务层面充分解释导致财务数据变动的根本原因及其反映的可能趋势，而不能只是重复财务报告的内容。

6. 公司应当保持业务数据统计口径的一致性、可比性，如确需调整，公司应当披露变更口径的理由，并同时提供调整后的过去 1 年的对比数据。

7. 语言简明清晰、通俗易懂，力戒空洞、模板化。

公司应当介绍报告期内公司所处行业情况，包括但不限于以下内容：

1. 所处行业基本情况、发展阶段、周期性特点以及公司所处的行业地位情况，应当重点突出报告期内发生的重大变化。

2. 新公布的法律、行政法规、部门规章、行业政策对所处行业的重大影响。创业板公司还应当结合所属行业的特点，有针对性地披露技术、产业、业态、模式等能够反映行业竞争力的信息。

科创板公司还应当结合所属行业的特点，有针对性地披露科研水平、科研人员、科研投入等能够反映行业竞争力的信息。

公司应当介绍报告期内公司从事的业务情况，包括但不限于以下内容：

1. 报告期内公司所从事的主要业务、主要产品及其用途、经营模式等内容，应当重点突出报告期内发生的重大变化。

2. 报告期内公司产品市场地位、竞争优势与劣势、主要的业绩驱动因素、业绩变化是否符合行业发展状况等内容。

公司应当披露报告期内核心竞争力（包括核心管理团队、关键技术人员、专有设备、专利、非专利技术、特许经营权、土地使用权、水面养殖权、探矿权、采矿权、独特经营方式和盈利模式、允许他人使用自己所有的资源要素或作为被许可方使用他人资源要素等）的重要变化及对公司所产生的影响。发生因核心管理团队或关键技术人员离职、设备或技术升级换代、特许经营权丧失等导致公司核心竞争力受到严重影响的，公司应当详细分析，并说明拟采取的相应措施。

公司应当分析报告期内的主要经营情况，并应当披露对报告期内的主要经营情况产生重大影响以及未来会产生重大影响的事项。对重大事项的披露应当完整全面，不能有选择地披露。包括但不限于以下内容：

1. 主要经营业务。应当包括（但不限于）收入、成本、费用、研发投入、现金流等项目，需要提示变化并结合行业发展、业务经营等情况分析变化的原因。若公司业务类型、利润构成或利润来源发生重大变动，应当详细说明。

（1）收入与成本。公司应当结合行业特征和自身实际情况，分别按行业、产品、地区、销售模式说明报告期内公司营业收入构成情况。对于占公司营业收入或营业利润 10% 以上的行业、产品、地区、销售模式，应当分项列示其营业收入、营业成本、毛利率，并分析其变动情况。对实物销售收入大于劳务收入的公司，应当按行业口径，披露报告期内的生产量、销售量和库存量情况。若相关数据同比变动在 30% 以上，应当说明原因。公司应当披露已签订的重大销售合同、重大采购合同截至本报告期的履行情况。

公司应当披露本年度营业成本的主要构成项目，如原材料、人工工资、折旧、能源和动力等在成本总额中的占比情况。如果涉及商业秘密，公司可以仅披露占比最高或最主要的单个项目。

如果因主要子公司股权变动导致合并范围变化，应当提供上年同口径的数据供投资者参考。若报告期内业务、产品或服务发生重大变化或调整，公司应当介绍已推出或宣布推出的新产品及服务，并说明对公司经营及业绩的影响。

公司应当披露主要销售客户和主要供应商的情况，以汇总方式披露公司向前 5 名客户销售额占年度销售总额的比例，向前 5 名供应商采购额占年度采购总额的比例，以及前 5 名客户销售额中关联方销售额占年度销售总额的比例和前 5 名供应商采购额中关联方采购额占年度采购总额的比例。鼓励公司分别披露前 5 名客户名称和销售额，前 5 名供应商名称和采购额，以及其是否与上市公司存在关联关系。若报告期内向单个客户的销售比例超过总额的 50%、前 5 名客户中存在新增客户的或严重依赖于少数客户,应披露其名称和销售额;若报告期内向单个供应商的采购比例超过总额的 50%、前 5 名供应商中存在新增供应商的或严重依赖于少数供应商,应披露其名称和采购额。属于同一控制人控制的客户或供应商视为同一客户或供应商合并列示,受同一国有资产管理机构实际控制的除外。

(2) 费用。若报告期内公司销售费用、管理费用、财务费用等财务数据同比发生重大变动,应当结合业务模式和费用构成,说明产生变化的主要驱动因素。

(3) 研发投入。公司应当说明本年度所进行主要研发项目的目的、项目进展和拟达到的目标,并预计对公司未来发展的影响。公司应当披露报告期末研发人员的数量、占比、学历结构和年龄结构等信息,公司研发人员构成发生重大变化的,应当说明原因及对公司未来发展的影响;说明本年度研发投入总额及占营业收入的比重,如数据较上年发生显著变化,还应当解释变化的原因。公司应当披露研发投入资本化的比重及变化情况,并对其合理性进行分析。

(4) 现金流。结合公司现金流量表相关数据,说明公司经营活动、投资活动和筹资活动产生的现金流量的构成情况,若相关数据同比发生重大变动,公司应当分析主要影响因素。若报告期公司经营活动产生的现金净流量与报告期净利润存在重大差异,公司应当解释原因。

2. 若本期公司利润构成或利润来源的重大变化源自非主要经营业务,包括但不限于投资收益、公允价值变动损益、资产减值、营业外收支等,应当详细说明涉及金额、形成原因、是否具有可持续性。

3. 资产及负债状况。若报告期内公司资产构成(货币资金、应收款项、合同资产、存货、投资性房地产、长期股权投资、固定资产、在建工程、使用权资产、短期借款、合同负债、长期借款、租赁负债等占总资产的比重)同比发生重大变动,应当说明产生变化的主要影响因素。若境外资产占比较高,应当披露境外资产的形成原因、资产规模、运营模式、收益状况等。鼓励公司结合各项营运能力和偿债能力的财务指标进行分析。

公司应当披露截至报告期末的主要资产被查封、扣押、冻结或者被抵押、质押，必须具备一定条件才能变现、无法变现、无法用于抵偿债务的情况，以及主要资产占有、使用、收益和处分权利受到其他限制的情况和安排。

4. 创业板、科创板公司上市时未盈利的，在实现盈利前应当披露尚未盈利的原因及影响，公司核心竞争力和经营活动面临的重大风险。

5. 投资状况。公司应当介绍本年度投资情况，分析报告期内公司投资额同比变化情况。

（1）对报告期内获取的重大股权投资，公司应当披露被投资公司名称、主要业务、投资份额和持股比例、资金来源、合作方、投资期限、产品类型、预计收益、本期投资盈亏、是否涉诉等信息。

（2）对报告期内正在进行的重大的非股权投资，公司应当披露项目本年度和累计实际投入情况、资金来源、项目的进度及预计收益。若项目已产生收益，应当说明收益情况；未达到计划进度和收益的，应当说明原因。

（3）对报告期内持有的以公允价值计量的境内外股票、基金、债券、信托产品、期货、金融衍生品种等金融资产的初始投资成本、资金来源、报告期内购入或售出及投资收益情况、公允价值变动情况等进行披露。

6. 重大资产和股权出售。公司应当简要分析重大资产和股权出售事项对公司业务连续性、管理层稳定性的影响。公司应当说明上述事项是否按计划如期实施，如已实施完毕，应当说明其对财务状况和经营成果的影响，以及所涉及的金额及其占利润总额的比例；如未按计划实施，应当说明原因及公司已采取的措施。

7. 主要控股参股公司分析。公司应当详细介绍主要子公司的主要业务、注册资本、总资产、净资产、净利润，本年度取得和处置子公司的情况，包括取得和处置的方式及对公司整体生产经营和业绩的影响。如来源于单个子公司的净利润或单个参股公司的投资收益对公司净利润影响达到10%以上，还应当介绍该公司主营业务收入、主营业务利润等数据。若单个子公司或参股公司的经营业绩同比出现大幅波动，且对公司合并经营业绩造成重大影响，公司应当对其业绩波动情况及其变动原因进行分析。主要子公司或参股公司的经营情况的披露应当参照上市公司管理层讨论与分析的要求。

对于与公司主业关联较小的子公司，应当披露持有目的和未来经营计划；对本年度内投资收益占公司净利润比例达50%以上的公司，应当披露投资收益中占比在10%以上的股权投资项目。

若主要子公司或参股公司的经营业绩未出现大幅波动，但其资产规模、构成或其他主要财务指标出现显著变化，并可能在将来对公司业绩造成影响，也应当对变化情况和原因予以说明。

8. 公司控制的结构化主体情况。公司存在其控制下的结构化主体时，应当介绍公司对其控制权方式和控制权内容，并说明公司从中可以获取的利益和对其所承担的风险。另外，公司还应当介绍结构化主体对其提供融资、商品或劳务以支持自身主要经营活动的相关情况。公司控制的结构化主体是指《企业会计准则第41号——在其他主体中权益的披露》中所规定的"结构化主体"。

公司应当对未来发展进行展望。应当讨论和分析公司未来发展战略、下一年度的经营计划以及公司可能面对的风险，鼓励进行量化分析，主要包括但不限于：

1. 行业格局和趋势。公司应当结合自身的业务规模、经营区域、产品类别以及竞争对手等情况，介绍与公司业务关联的宏观经济层面或行业环境层面的发展趋势，以及公司的行业地位或区域市场地位的变动趋势。公司应当结合主要业务的市场变化情况、营业成本构成的变化情况、市场份额变化情况等因素，分析公司的主要行业优势和劣势，并说明变化对公司未来经营业绩和盈利能力的影响。

2. 公司发展战略。公司应当围绕行业壁垒、核心技术替代或扩散、产业链整合、价格竞争、成本波动等方面向投资者提示未来公司发展机遇和挑战，披露公司发展战略，以及拟开展的新业务、拟开发的新产品、拟投资的新项目等。若公司存在多种业务，还应当说明各项业务的发展规划。分析和讨论应当提供数据支持，并说明数据来源。

公司对未来发展战略的披露，应当结合投资者关注较多的问题，以及公司现阶段所面临的特定环境、公司所处行业及所从事业务特征来进行。重点对公司未来主要经营模式或业务模式是否会发生重大变化，新技术、新产品的开发计划及进展，产能扩张、资产收购等重大投资计划，投资者回报安排等发展战略、发展步骤进行有针对性的描述，以帮助投资者了解公司未来发展方向及经营风格。

3. 经营计划。公司应当回顾总结前期披露的发展战略和经营计划在报告期内的进展，对未达到计划目标的情况进行解释。若公司实际经营业绩低于或高于曾公开披露过的本年度盈利预测20%以上，应当从收入、成本、费用、税负等相关方面说明造成差异的原因。公司应当披露下一年度的经营计划，包括（但不限于）收入、费用、成本计划，及下一年度的经营目标，如销售额的提升、市场份额的扩大、成本下降、研发计划等，为达到上述经营目标拟采取的策略和行动。公司应当同时说明该经营计划并不构成公司对投资者的业绩承诺，提示投资者对此保持足够的风险意识，并且应当理解经营计划与业绩承诺之间的差异。公司应当披露维持公司当前业务并完成在建投资项目所需的资金需求，对公司经营计划涉及的投资资金的来源、成本及使用情况进行简要说明。

4. 可能面对的风险。公司应当针对自身特点，遵循关联性原则和重要性原则披露可能对公司未来发展战略和经营目标的实现产生不利影响的风险因素（例如政策性风险、行业特有风险、业务模式风险、经营风险、环保风险、汇率风险、利率风险、技术风险、产品价格风险、原材料价格及供应风险、财务风险、单一客户依赖风险、商誉等资产的减值风险，以及因设备或技术升级换代、核心技术人员辞职、特许经营权丧失等导致公司核心竞争能力受到严重影响等），披露的内容应当充分、准确、具体，应当尽量采取定量的方式分析各风险因素对公司当期及未来经营业绩的影响，并介绍已经或计划采取的应对措施。

对于本年度较上一年度的新增风险因素，公司应当对其产生的原因、对公司的影响以及已采取或拟采取的措施及效果等进行分析。若分析表明相关变化趋势已经、正在或将要对公司的财务状况和经营成果产生重大影响，公司应当提供管理层对相关变化的基本判断，尽可能定量分析对公司的影响程度。

五、股本变动及股东情况

公司应当按以下要求披露报告期内的证券变动情况：

1. 公司股份变动情况，按照证监会对公司股份变动报告规定的内容与格式进行编制。

2. 证券发行与上市情况：

（1）介绍报告期内证券发行（不含优先股）情况，包括股票、可转债、分离交易的可转债、债券（包括企业债券、公司债券以及非金融企业债务融资工具）、存托凭证及其他衍生证券的种类、发行日期、发行价格（或利率）、发行数量、上市日期、获准上市交易数量、交易终止日期等。

（2）对报告期内因送股、转增股本、配股、增发新股、向特定对象发行股票（非公开发行）、权证行权、实施股权激励计划、企业合并、可转债转股、减资、内部职工股上市、债券发行或其他原因引起公司股份总数及股东结构的变动、公司资产和负债结构的变动，应当予以说明。报告期内优先股的股本变动、发行与上市情况按照相关要求予以披露。

（3）现存的内部职工股的发行日期、发行价格、发行数量等。

公司应当按照以下要求披露股东和实际控制人情况：

1. 公司股东数量及持股情况，按照证监会对公司股份变动报告规定的格式进行编制，应当披露以下内容：

（1）截至报告期末以及年度报告披露日前上一月末的普通股股东总数、表决权恢复的优先股股东总数（如有）及持有特别表决权股份的股东总数（如有）。

（2）截至报告期末持有本公司5%以上股份的股东的名称、报告期内股份增减变动的情况、报告期末持股数量、所持股份类别及所持股份质押、标记或冻结的情况。如持股5%以上的股东少于10人，则应当列出至少前10名股东的持股情况。如所持股份中包括无限售条件股份（或已上市流通股份）、有限售条件股份（或未上市流通股份），应当分别披露其数量。

如前10名股东中存在回购专户，应当予以特别说明，但不纳入前10名股东列示。如前10名股东存在委托表决权、受托表决权、放弃表决权，应当予以说明。如前10名股东之间存在关联关系或属于《上市公司收购管理办法》规定的一致行动人，应当予以说明。如有战略投资者或一般法人因配售新股成为前10名股东，应当予以注明，并披露约定持股期间的起止日期。如公司具有表决权差异安排，应当披露截至报告期末拥有公司5%以上表决权的股东的名称、报告期内表决权变动的情况、报告期末表决权数量、表决权类别及表决权受到限制的情况。如拥有公司5%以上表决权的股东少于10人，则应当至少列出公司表决权比例前10名的股东情况。

以上列出的股东情况中应当注明代表国家持有股份的单位和外资股东。

2. 公司控股股东情况。若控股股东为法人，应当披露名称、单位负责人或法定代表人、成立日期、主要经营业务等；若控股股东为自然人，应当披露其姓名、国籍、是否取得其他国家或地区居留权、主要职业及职务。

公司应当披露控股股东报告期内控股和参股的其他境内外上市公司的股权情况。如不存在控股股东，公司应当予以特别说明。

如报告期内控股股东发生变更，公司应当就变更情况予以特别说明。

3. 公司实际控制人情况。公司应当比照有关控股股东披露的要求，披露公司实际控制人的情况，并以方框图及文字的形式披露公司与实际控制人之间的产权和控制关系。实际控制人应当披露到自然人、国有资产管理机构、集体组织，或者股东之间达成某种协议或安排的其他机构或自然人，包括以信托方式形成实际控制的情况。

若实际控制人为自然人，应当披露其过去10年曾控股的境内外上市公司情况。

如实际控制人通过信托或其他资产管理方式控制公司，应当披露信托合同或者其他资产管理安排的主要内容，包括信托或其他资产管理的具体方式，信托管理权限（包括公司股份表决权的行使等），涉及的股份数量及占公司已发行股份的比例，信托或资产管理费用，信托资产处理安排，合同签订的时间、期限及变更、终止的条件，以及其他特别条款等。

如不存在实际控制人的情况，公司应当就认定依据予以特别说明。

如公司最终控制层面存在多位自然人或自然人控制的法人共同持股的情形，且其中没有一人的持股比例（直接或间接持有下一级控制层面公司的股份比例）超过 50%，各自的持股比例比较接近，公司无法确定实际控制人的，应当披露最终控制层面持股比例在 10% 以上的股东情况；如公司没有持股 10% 以上的股东，则应当披露持股比例 5% 以上的股东情况。

若报告期内公司控制权发生变更，公司应当就变更情况予以特别说明。

4. 公司控股股东或第一大股东及其一致行动人累计质押股份数量占其所持公司股份数量比例达到 80% 以上的，应当披露股票质押融资总额、具体用途、偿还期限、还款资金来源、是否存在偿债或平仓风险，以及是否会存在影响公司控制权稳定的情况。

5. 其他持股在 10% 以上的法人股东，应当披露其名称、单位负责人或法定代表人、成立日期、注册资本、主要经营业务或管理活动等情况。

6. 公司前 10 名无限售流通股股东的名称全称、年末持有无限售流通股的数量和种类（A、B、H 股或其他）。投资者通过客户信用交易担保证券账户持有的股票不应计入证券公司自有证券，并与其通过普通证券账户持有的同一家上市公司的证券数量合并计算。

如前 10 名无限售流通股股东之间，以及前 10 名无限售流通股股东和前 10 名股东之间存在关联关系或属于《上市公司收购管理办法》规定的一致行动人，应当予以说明。

7. 报告期末完成股权分置改革的公司应当按照证监会对公司股份变动报告规定的格式披露前 10 名股东中原非流通股股东持有股份的限售条件。

8. 报告期间，上市公司首次公开发行股票、再融资、发行股份购买资产或者构成重组上市的重大资产重组申请或者相关披露文件存在虚假记载、误导性陈述或者重大遗漏，被证监会立案稽查的，应当披露控股股东、实际控制人、重组方及其他承诺主体股份限制减持情况。

公司在计算上述持股比例时，仅计算普通股、表决权恢复的优先股和特别表决权股份数量。

公司应当披露股份回购在报告期的具体实施情况，包括回购股份方案披露时间、拟回购股份数量及占总股本的比例、拟回购金额、拟回购期间、回购用途、已回购数量、已回购数量占股权激励计划所涉及的标的股票的比例（如有）。公司采用集中竞价交易方式减持回购股份的，应披露减持的进展情况。

六、公司治理

公司应当披露公司治理的基本状况，说明公司治理的实际状况与法律、行政法规和证监会关于上市公司治理的规定是否存在重大差异，如有重大差异，应当说明具体情况及原因。

公司应当说明控股股东、实际控制人在保证公司资产、人员、财务、机构、业务等方面独立性的具体措施，存在影响公司独立性的，应当说明相应的解决方案、工作进度及后续工作计划。

公司应当说明控股股东、实际控制人及其控制的其他单位从事与公司相同或者相近业务的情况，存在同业竞争或者同业竞争情况发生较大变化的，公司应当说明对公司的影响、已采取的解决措施、解决进展以及后续解决计划。

创业板、科创板公司应当说明控股股东、实际控制人及其控制的其他单位从事对公司构成重大不利影响的同业竞争情况、变化及其具体影响等。

公司应当介绍报告期内召开的年度股东大会、临时股东大会的有关情况，包括会议届次、召开日期及会议决议等内容，以及表决权恢复的优先股股东请求召开临时股东大会、召集和主持股东大会、提交股东大会临时提案的情况（如有）。

公司具有表决权差异安排的，应当披露该等安排在报告期内的实施和变化情况，包括但不限于：

1. 持有特别表决权股份的主体所持普通表决权股份数量及特别表决权股份数量，以及报告期内的变化情况。

2. 特别表决权股份拥有的表决权数量与普通股份拥有的表决权数量的比例安排，持有人所持特别表决权股份能够参与表决的股东大会事项范围。

3. 持有特别表决权股份的主体及特别表决权比例是否持续符合证监会及证券交易所的规定。

4. 报告期内特别表决权股份转换为普通股份的情况及原因。

5. 保护投资者合法权益承诺措施的实施情况。

6. 特别表决权股份锁定安排及转让限制情况。

7. 持有特别表决权股份的股东是否存在滥用特别表决权或者其他损害投资者合法权益的情形。

公司应当披露董事、监事和高级管理人员的情况，包括：

1. 基本情况。现任及报告期内离任董事、监事、高级管理人员的姓名、性别、年龄、任期起止日期（连任的从首次聘任日起算）、年初和年末持有本公司股份、股票期权、被授予的限制性股票数量、年度内股份增减变动量及增减变动的原因。如为独立董事，需单独注明。报告期如存在任期内董事、监事离任和高级管理人员解聘，应当说明原因。

2. 现任董事、监事、高级管理人员专业背景、主要工作经历，目前在公司的主要职责。

董事、监事、高级管理人员如在股东单位任职，应当说明其职务及任职期间，以及在除股东单位外的其他单位的任职或兼职情况。公司应当披露现任及报告期内离任董事、监事和高级管理人员近3年受证券监管机构处罚的情况。

3. 年度报酬情况。董事、监事和高级管理人员报酬的决策程序、报酬确定依据以及实际支付情况。披露每一位现任及报告期内离任董事、监事和高级管理人员在报告期内从公司获得的税前报酬总额（包括基本工资、奖金、津贴、补贴、职工福利费和各项保险费、公积金、年金以及以其他形式从公司获得的报酬）及其全体合计金额，并说明是否在公司关联方获取报酬。

公司应当介绍报告期内召开的董事会有关情况，包括会议届次、召开日期及会议决议等内容。公司应当介绍报告期内每位董事履行职责的情况，包括但不限于：每位董事出席董事会的次数、方式，曾提出异议的有关事项及异议的内容，出席股东大会的次数，每位董事对公司有关建议是否被采纳的说明。

公司应当披露董事会下设专门委员会的成员情况，报告期内召开会议次数、召开日期、会议内容、提出的重要意见和建议，以及其他履行职责的情况。存在异议事项的，应当披露具体情况。

监事会在报告期内的监督活动中发现公司存在风险的，公司应当披露监事会就有关风险的简要意见、监事会会议召开日期、会议届次、参会监事以及临时报告披露网站的查询索引等信息；若未发现公司存在风险，公司应当披露监事会对报告期内的监督事项无异议。

公司应当披露母公司和主要子公司的员工情况，包括报告期末在职员工的数量、专业构成（如生产人员、销售人员、技术人员、财务人员、行政人员）、教育程度、员工薪酬政策、培训计划以及需公司承担费用的离退休职工人数。

对于劳务外包数量较大的，公司应当披露劳务外包的工时总数和支付的报酬总额。公司应当披露报告期内利润分配政策，特别是现金分红政策的制定、执行或调整情况，说明利润分配政策是否符合公司章程及审议程序的规定，是否充分保护中小投资者的合法权益，是否由独立董事发表意见，是否有明确的分红标准和分红比例，以及利润分配政策调整或变更的条件和程序是否合规、透明。

公司应当披露报告期内现金分红政策的制定及执行情况，并对下列事项进行专项说明：

1. 是否符合公司章程的规定或者股东大会决议的要求。
2. 分红标准和比例是否明确和清晰。
3. 相关的决策程序和机制是否完备。

4. 独立董事是否履职尽责并发挥了应有的作用。

5. 中小股东是否有充分表达意见和诉求的机会，中小股东的合法权益是否得到了充分保护等。

对于报告期内盈利且母公司可供股东分配利润为正但未提出现金利润分配方案预案的公司，应当详细说明原因，同时说明公司未分配利润的用途和使用计划。优先股股息分配政策及分配情况按相关要求进行披露。

公司应当披露股权激励计划、员工持股计划或其他员工激励措施在报告期的具体实施情况。

对于董事、高级管理人员获得的股权激励，公司应当按照已解锁股份、未解锁股份、可行权股份、已行权股份、行权价以及报告期末市价单独列示。

鼓励公司详细披露报告期内对高级管理人员的考评机制，以及激励机制的建立、实施情况。

公司应当披露报告期内的内部控制制度建设及实施情况。报告期内若发现公司内部控制存在重大缺陷，应当披露具体情况，包括缺陷发生的时间、对缺陷的具体描述、缺陷对财务报告的潜在影响、已实施或拟实施的整改措施、整改时间、整改责任人及整改效果。

公司应当披露报告期内对子公司的管理控制情况。报告期内因购买新增子公司的，公司应当详细说明在资产、人员、财务、机构、业务等方面的整合计划、整合进展、整合中遇到的问题、已采取的解决措施、解决进展以及后续解决计划。

按照规定要求披露内部控制自我评价报告的公司，应当提供披露相关信息的网站查询索引。按照规定要求对内部控制进行审计的公司，应当提供披露内部控制审计报告的网站查询索引。

会计师事务所出具非标准意见的内部控制审计报告或者内部控制审计报告与公司内部控制评价报告意见不一致的，公司应当解释原因。

公司年度财务报告被会计师事务所出具非标准意见审计报告的，公司董事会应当按照《公开发行证券的公司信息披露编报规则第14

号——非标准审计意见及其涉及事项的处理》规定，针对非标准意见涉及的事项做出专项说明。

七、环境和社会责任

属于环境保护部门公布的重点排污单位的公司或其主要子公司，应当根据法律、行政法规、部门规章及规范性文件的规定披露以下主要环境信息：

1. 排污信息。包括但不限于主要污染物及特征污染物的名称、排放方式、排放口数量和分布情况、排放浓度和总量、超标排放情况、执行的污染物排放标准、核定的排放总量。

2. 防治污染设施的建设和运行情况。

3. 建设项目环境影响评价及其他环境保护行政许可情况。

4. 突发环境事件应急预案。

5. 环境自行监测方案。

6. 报告期内因环境问题受到行政处罚的情况。

7. 其他应当公开的环境信息。

重点排污单位之外的公司应当披露报告期内因环境问题受到行政处罚的情况，并可以参照上述要求披露其他环境信息，若不披露其他环境信息，应当充分说明原因。

鼓励公司自愿披露有利于保护生态、防治污染、履行环境责任的相关信息。环境信息核查机构、鉴证机构、评价机构、指数公司等第三方机构对公司环境信息存在核查、鉴定、评价的，鼓励公司披露相关信息。

鼓励公司自愿披露在报告期内为减少其碳排放所采取的措施及效果。

鼓励公司结合行业特点，主动披露积极履行社会责任的工作情况，包括但不限于：公司履行社会责任的宗旨和理念，股东和债权人权益保护，职工权益保护，供应商、客户和消费者权益保护，环境保护与可持续发展，公共关系，社会公益事业等方面的情况。公司已披露社会责任报告全文的，仅需提供相关的查询索引。

鼓励公司积极披露报告期内巩固拓展脱贫攻坚成果、乡村振兴等工作的具体情况。

第二节　财务报表

年报所披露的财务报表一般有资产负债表、利润表、现金流量表、股东权益变动表等，阅读财务报表时，首先要了解会计报表中的会计要素，会计要素是对会计所核算的经济内容进行的基本分类。会计要素有6个，即资产、负债、股东权益、收益、费用与利润。

资产是上市公司由于过去的经济活动所形成的，目前拥有或控制，能以货币计算，并能为公司带来经济利益的经济资源。

负债是上市公司的"债务"，是公司承担的，由于过去的经济活动所形成的，能以货币计量的一种经济义务。

股东权益是公司股东对公司净资产的所有权。

公司净资产是指全部资产减全部负债后的净额。

收益是指会计期间经济利益的增加，收益包括收入和利得两部分。

费用就是一定时期内，公司为达到一定的经营目标的支出，是一种经济利益的减少。费用包括营业费用与损失。

利润是公司在一定时期内（比如一年或一个月）经营活动的成果。简单地说，公司获得了收益，为收益支付了成本，剩下的就是公司的利润了。它反映公司经营成果的最终要素，也是投资者最为关心的内容。

资产、负债、所有权益是静态的会计要素反映在某一时点上公司的规模。而收入、费用、利润是动态的会计要素，是与公司的生产经营直接联系的，反映了公司的财务状况与经营成果。静态会计要素之间、动态会计要素之间，以及静态与动态会计要素之间的关系可以用会计等式来表示。会计等式主要有以下几个：

等式1：资产＝负债＋股东权益

等式2：利润＝收益－费用

等式3：资产＝负债＋股东权益＋（收益－费用）

一、资产负债表

资产负债表是总体反映公司在一定日期全部资产、负债和股东权益的会计报表。该表反映了公司在特定日期的财务状况，因而又称为财务状况表。它表明公司在某一特定日期所拥有的经济资源、所承担的经济义务和公司所有者对净资产的要求权。资产负债表就像给公司拍摄的一张"照片"，基本反映了公司在某一特定日期的财产分布景象，可以清楚地看到公司拥有的各种资产、负债以及公司所有者能够拥有的权益。

（一）资产

资产是公司拥有或控制的、能以货币计量的经济资源。资产的本质是一种经济资源。它包括财产、债权、其他权利等。资产表现的形式有多种：货币资金、应收账款、存货、固定资产等。资产是一种能够以货币计量的经济资源。因为货币计量是会计核算的前提条件，所以，凡是不能用货币量化的经济资源，就不能列入公司的资产，如人力资源等。资产又是一种公司拥有或控制的经济资源，"拥有"的经济资源，是指公司对资产具有产权，而"控制"的经济资源，主要是指融资租赁取得的资产。

（二）流动资产

流动资产是指预期能在一年或者超过一年的一个经营周期内变现或者运用的资产。流动资产包括五个部分：货币资金、短期投资、应收款项、存货、待摊费用。

（三）货币资金

在资产负债表中，"货币资金"被列为第一项，因为这是随时可以用以支付、任何人都会马上接受而且不打任何折扣的资产，其流动性最强。货币资金包括库存现金、备用金、各种银行存款和在途资金等，以货币的金额列示。银行支票、即期汇票之类的现金等价物或流动性较强的项目也属于货币资金。但是，货币资金不包括远期支票存款、临时借条、银行退票、银行冻结存款、已指定用途的货币资金和有价证券。

一般而言，决定公司货币资金规模的因素有以下几个方面：

1. 上市公司的资产规模、业务规模。上市公司资产总额越大，相应的货币资金规模也越大；业务越频繁，货币资产也会越多。

2. 公司筹集资金能力。公司信誉好，向银行借款或发行股票、债券都会比较顺利，公司就可以适当减少持有的货币资金数量。

3. 公司对货币资金的运用能力。货币资金的运用也存在"效率"与"效益"的问题。上市公司运用货币资金的能力越强，资金在公司内部周转得就越快，公司就没有必要保留过多的货币资金。

4. 公司的行业特点。对于不同行业的公司，合理的货币资金规模会有差异，有一些历史的经验数据，投资者可以通过网络或统计年鉴查询。

（四）短期投资、长期投资

短期投资是指各种能够随时变现、持有时间不超过一年的有价证券以及不超过一年的其他投资。短期投资的变现能力非常强，因为公司可以随时在证券市场出售，这些有价证券因此常被人们称为"准现金"。

长期投资是指将资金投入不可能或不准备在一年内变现的资产，包括股权投资、债券投资和其他投资。股权投资即公司以购买股权或股票的形式对外投资。债券投资是公司以购买债券的形式对外投资。其他投资是指公司除债券和股票投资以外的投资，主要是指联营投资。

公司对外长期投资除资金投出时间有别于短期投资之外，其投资的性质与目的亦与短期投资不同。公司进行短期投资主要是利用正常经营中暂时多余的资金，购入一些不是公司本身业务上需要、但能随时变现的财物，以供经营周转之用，同时达到谋取一定利益的目的。而公司进行长期投资不是公司利用正常经营中暂时闲置的资金以谋求一定的投资收益，也不是作为调节工具在面临营运资金需要时成为随时补充的资金来源，而是公司在财务上合理调度和筹划资金，参与并控制其他公司经营决策，实现某些经营目的的重要手段。公司进行长期投资的目的具体表述为：

1. 影响和控制其他公司的重大经营决策。

2. 加强和其他公司的经济联系，以保证本公司的原料基地和销售市场。

3. 积累整笔资金，以供特定用途之需。

4. 为扩大经营规模做准备。

（五）投资收益

投资收益指公司对外投资所取得的收入或发生的损失。包括公司持有的短期股票和债券带来的收益以及长期股权投资及长期债券投资带来的收益。

公司短期持有的股票和债券，一般在出售或到期收回时，按实际收到的金额与实际成本的差额确认投资收益。

公司长期股权投资持有期间投资收益的确认因核算方法而异。若采用成本核算，在被投资单位宣告发放现金股利或分派利润时，按应收股利额确认投资收益；若采用权益法核算，按公司分享的被投资单位当年实现的净利润确认投资收益。出售或收回股权投资时，按实际收到的金额或确定的资产价值与股权投资账面价值的差额，确认投资收益。

公司长期债券投资在债券持有期间，应于每期结账时，应计利息额加上折价摊销额或减去溢价摊销额，确认投资收益。

公司若计提短期投资跌价准备及长期投资减值准备，在市价低于成本或账面价值时，冲减投资收益。在出售或到期收回短期投资时，没有冲减完的投资减值准备要加入投资收益中计算投资收益。而新资产减值准则明确了计提的减值准备在转回后不得计入损益，而应计入公积金。

较高的投资收益在一定程度上反映了公司良好的投资业绩与管理。但是，若公司过于依赖投资收益来维持公司的业绩，那么就会有"不务正业"的嫌疑。

（六）应收款项

应收款项包括应收票据、应收股利、应收账款和其他应收款等内容。在现代会计体系下，并不以发生现金的实际收入和支出，作为公司确认收益和费用的标准。如果公司已经按照合同或约定向对方提供服务或产品，而且这些服务或产品的价值也可以明确计量，不管公司是否已经从对方收到这些服务或产品的现金，公司都应该将这些服务或产品的价值计作报表中的收入，并将与这些服务或产品有关的支出计作成本或费用，这就是应计制。应计制最大的问题就是公司账面利润与现金收益的脱节，因此必须以现金流量表补充说明公司的现金状况。

应收账款也可能给公司带来损失。应收账款的存在，相应会减少公司的投资机会。因为公司的资金如不占用在应收账款上，可存入银行获取利息或投资其他项目取得相应收益。应收账款的存在，还会增加公司的管理费用。在实现商品赊销前，一般要对客户的信用情况进行分析调查，由此会产生一定的费用支出。有时为了追讨欠款会发生开支等，这些都会引起公司管理费用的增加。

应收账款收回也是有风险的，按照国际惯例，一年以上的应收账款和其他应收款有较大的坏账可能，容易产生财务状况恶化的不良后果。此外，公司也可能因为债务人的死亡或破产而无法收回其债权。这里值得一提的是，如果存在巨额重大回收风险的应收款项，注册会计师往往会就此对公司出具非标准审计报告。

（七）存货

存货是指上市公司在生产经营过程中，为销售或耗用而储备的各种资产。为销售而储备的资产，主要指产成品和可供销售的半成品；为耗用而储备的资产，主要指原材料、在产品、自制半成品、包装物、低值易耗品等。

存货在商业类上市公司主要指购入后计划转售的商品，在工业类上市公司主要包括原材料、在产品和产成品。它们以取得时的实际成本计价。确定存货成本的方法有个别认定法、先进先出法、后进先出法、加权平均法、移动平均法等。新存货准则下，取消了原先采用的存货准则中的"后进先出"法，使用了"先进先出"法。公司可在报表的会计政策一项进行说明。

存货是上市公司流动资产中重要的项目。它所占的金额通常占流动资产的大部分，一般可达到流动资产金额的 50%~80%。但存货是流动资产中变现能力较差的一种。存货过多，会影响上市公司资金的使用效益和利润的可靠性；存货过少，又会影响公司的销售。因此，为了提高公司效益，满足销货的需要，必须确定一个合理的存货量。

（八）待摊费用

待摊费用是指各种已经支付而将在一年或一个经营周期内摊销的各种费用，如预付保险费、预付租金、预付水电费等。这些项目尽管不能变现，但如果这些项目不预先支付的话，则会在下一年或下一经营周期中耗用现金或其他流动资产，故作为流动资产处理。

（九）长期资产

长期资产包括长期投资、固定资产、无形资产、递延资产和其他长期资产。

1. 长期投资。长期投资是指将资金投入不可能或不准备在一年内变现的资产，包括股票投资、债券投资和其他投资。

2. 固定资产。固定资产是指使用期限在一年以上，单位价值在规定的标准以上，并在使用过程中保持原来物质形态的资产，包括房屋及建筑物、机器设备、运输设备、工具器具等。

3. 无形资产。无形资产是指不具有实物形态的非货币性资产，如专利权、商标权、著作权、土地使用权、非专利技术以及商誉等。

4. 递延资产。递延资产是指不能全部计入当年损益的应当在以后年度内分期摊销的各项费用，包括开办费、租入固定资产的改良及大修费用支出等。

5. 其他资产。公司的其他资产是指除流动资产、长期投资、固定资产、无形资产、递延资产以外的长期资产。

（十）追溯调整

追溯调整，指对某项交易或事项变更会计政策时，如同该交易或事项初次发生时就开始采用新的会计政策，并以此对相关项目进行调整。即应当计算会计政策变更的累积影响数，并相应调整变更年度的期初留存收益以及会计报表的相关项目。

如果提供比较会计报表，对于比较会计报表期间的会计政策变更，应当调整比较期间各期的净损益和有关项目，视同该政策在比较会计报表期间一直采用；对于比较会计报表期间以前的会计政策变更的累积影响数，应当调整比较会计报表最早期间的期初留存收益，会计报表其他相关项目的数字也做相应调整。

上市公司因执行新会计准则以外的原因做出会计政策、会计估计变更或重大会计差错更正的，应根据年报准则的要求在年度报告中进行说明，并在报送年度报告的同时向证券交易所提交董事会、监事会和独立董事意见的书面报告，以及会计师事务所对上述变更、更正的有关说明。会计师事务所的说明应当包括：上述变更、更正的原因；具体的会计处理；如涉及追溯调整的，对以往各年度财务状况和经营成果的影响金额；如涉及更换会计师事务所的，是否就相关事项与前任会计师事务所进行了必要的沟通等。

上市公司在年度报告中因重大会计差错更正对以前年度财务数据进行追溯调整的，应当按照证监会有关规定，在年度报告披露之前或于年度报告披露同时以临时公告的形式披露重大会计差错更正的情况。

（十一）无形资产

无形资产是指上市公司用于生产商品或提供劳务、出租给他人或用于管理目的而持有的、没有实物形态的、使用年限超过一年的非货币性资产。它一般包括专利权、商标权、非专利技术、著作权、土地使用权、商誉、特许权、租赁权等。无形资产的突出特性在于没有实物形态，它只表明公司拥有一种法定权利，或者是表明公司拥有获得高于一般收益水平的能力。

根据无形资产的特点，依照会计准则，公司对内部开发研制的无形资产，应按实际成本计价，但必须是可辨认的、能够确指的取得无形资产的支出，才能作为成本入账，否则，即使公司拥有某项无形资产，也不能将其本金化，作为无形资产入账。如商誉，除公司合并外，不得作价入账。由于无形资产不存在物质磨损，因而也不必计提折旧。为正确计算公司的经营损益，按照谨慎性原则，无形资产从开始使用的年份起，凡有规定使用年限的应按使用年限平均摊销；对没有规定使用年限的，一般应在 10 年之内摊销。如果无形资产的价值受外部条件的影响，使有效使用期有明显变化的，应当将永久性下降的价值计入当期损益。

投资者在分析上市公司无形资产时，要看记入无形资产的内容是否确切，无形资产的摊销期是否符合实际情况。如专利权，随着科技迅速发展，影响了专利权的实际使用年限。此外，还要看无形资产的利用效果如何。

（十二）负债

负债是上市公司所承担的能以货币计量、需以资产或劳务偿付的债务。公司生产经营活动的资金，除投资者投入以外，向银行或金融机构借入资金也是一个重要来源。另外，公司在生产经营活动中由于购买材料、商品等或接受其他单位劳务供应而结欠其他单位的款项；公司由于接受投资者投入资金而应付给投资者的利润，以及应缴纳的税金、应付给职工的工资、福利费等，都属于公司的负债。

负债一般具有确切的债权人和到期日。有些负债在其确立时，并无明确的债权人和确定的日期，但其债权人和日期是可以预计的，这亦称或有负债。如售出产品的保修业务，在其保修期内，购买该产品的单位和个人都可能成为其债权人。

（十三）流动负债

流动负债是指将在一年或者超过一年的一个营业周期内偿还的债务。它包括短期借款、应付票据、应付账款、预收货款、应付工资、应缴税金、应付利润、其他应付款、预提费用等。流动负债的特点为：一是必须在一年内或一个营业周期内履行偿还的义务；二是要用公司的流动资产或新的流动负债清偿。

在流动负债中，数额比较大，经常性发生的主要有应付账款、应付利润和预提费用。

流动负债产生的原因有多种：由借贷形成的流动负债，如从银行和其他金融机构借入的短期借款；由结算过程中产生的流动负债，如公司购入原材料，货已到而货款尚未支付的待结算应付款项；由经营过程中产生的流动负债，有些费用按权责发生制原则需要预先提取，如预提费用、应缴税金、应付工资等；由利润分配产生的流动负债，如应付投资者的利润等。流动负债形成的原因明确后，有利于我们分析流动负债的形成是否合理，数额是否正常，时间上是否合适。

(十四) 股东权益

股东权益亦称产权、资本，是指上市公司投资者对公司净资产的所有权。它表明公司的资产总额在抵偿了一切现存债务后的差额部分，包括公司所有者投入资金以及尚存收益等。

根据新会计准则下的财务报表格式，新年报准则对需要在年报正文中披露的财务指标进行了增减修改，鉴于新会计准则在原三大财务报表的基础上已增加股东权益变动表，故新版年报无须在正文中列表披露股东权益变动情况。

(十五) 股本

上市公司与其他公司比较，最显著的特点就是将上市公司的全部资本划分为等额股份，并通过发行股票的方式来筹集资本。股东以其所认购股份对公司承担有限责任。股份是很重要的指标。股票的面值与股份总数的乘积为股本，股本应等于公司的注册资本，所以，股本也是很重要的指标。为了直观地反映这一指标，在会计核算上股份公司应设置"股本"科目。

公司的股本应在核定的股本总额范围内发行股票取得。但值得注意的是，公司发行股票取得的收入与股本总额往往不一致，公司发行股票取得的收入大于股本总额的，称为溢价发行；小于股本总额的，称为折价发行；等于股本总额的，为面值发行。我国不允许公司折价发行股票。在采用溢价发行股票的情况下，公司应将相当于股票面值的部分记入"股本"科目，其余部分在扣除发行手续费、佣金等发行费用后记入"资本公积"科目。

（十六）公积金

公积金是股东权益的重要内容，包括资本公积和盈余公积两部分。

资本公积是指由股东投入，但不能构成"股本"或"实收资本"的资金部分，主要包括股本溢价、接受捐赠实物资产、投入资本汇兑损益、法定财产重估增值以及投资准备金等。

盈余公积是指公司按照规定从净利润中提取的各种积累资金。盈余公积根据其用途不同分为公益金和一般盈余公积两类。公益金专门用于公司职工福利设施的支出，如购建职工宿舍、托儿所、理发室等方面的支出。依照现行规定，上市公司按照税后利润的5%～10%的比例提取法定公益金。

一般盈余公积分为两种：

一是法定盈余公积。上市公司的法定盈余公积按照税后利润的10%提取，法定盈余公积累计额已达注册资本的50%时可以不再提取。

二是任意盈余公积。任意盈余公积主要是上市公司按照股东大会的决议提取。法定盈余公积和任意盈余公积的区别就在于其各自计提的依据不同。前者以国家的法律或行政规章为依据提取，后者则由公司自行决定提取。公司提取盈余公积主要可以用于以下两个方面：

1. 用于弥补亏损。公司发生亏损时，应由公司自行弥补。弥补亏损的渠道主要有三条：

一是用以后年度税前利润弥补。按照现行制度规定，公司发生亏损时，可以用以后5年内实现的税前利润弥补，即税前利润弥补亏损的期间为5年。

二是用以后年度税后利润弥补。公司发生的亏损经过5年期间未弥补足额的，未弥补亏损应用所得税后的利润弥补。

三是以盈余公积弥补亏损。公司以提取的盈余公积弥补亏损时，应当由公司董事会提议，并经股东大会批准。

2. 用于转增资本，即所谓的"送红股"。公司将盈余公积转增资本时，必须经股东大会决议批准。在实际将盈余公积转增资本时，要按股东原有持股比例结转。盈余公积转增资本时，转增后留存的盈余公积的数额不得少于注册资本的25%。

（十七）留存收益

留存收益是指通过上市公司的生产经营活动而形成的资本，即经营所得净收益的积累。

上市公司利润扣除按国家规定上缴所得税后，即为净利润。净利润可以按照协议、合同、公司章程或有关规定，在公司所有者之间进行分配，可以作为公司所有者投资所得，也可以为了扩充公司实力追加投资；或出于以盈抵亏、预先准备的考虑等，将其中一部分留下不作分配，这部分留下的净利润与公司所有者投入资金的属性一致，均为股东权益，在会计上算为留存收益。

留存收益属股东权益，股东可以安排分配。这部分有指定用途的留存收益称为"盈余公积"。因此，留存收益可分为两类：盈余公积和未分配利润。

1. 盈余公积是指公司按照规定从净利润中提取的积累资金。

2. 未分配利润是指未作分配的净利润，有两层含义：一是这部分利润没有分给公司的投资者；二是这部分净利润未指定用途。

投资者应该知道，上市公司的盈余公积无论是用于补亏，还是用于转增资本（"送红股"），只不过是在同属股东权益的不同分类项目中的相互转换，如公司的转增股份，在减少盈余公积的同时，也增加了实收资本。这种相互转换，并不影响股东权益总额的增减。而"未分配利润"在资产负债表上有贷方余额，反映了公司现有的而尚未分配的利润；如余额在借方，则反映为公司未弥补的亏损数。

二、利润表

(一) 什么是利润表

利润表,又称收益表或损益表,是反映上市公司一定期间生产经营成果的会计报表。利润表把一定时期的营业收益与其同一会计期间的营业费用进行配比,以计算出公司一定时期的税后净利润。通过利润表反映的收入、成本和费用等情况,能够反映公司生产经营的收益情况、成本耗费情况,表明公司生产经营成果;同时,通过利润表提供的不同时期的比较数字(本月数、本年累计数、上年数),可以分析公司今后利润的发展趋势、获利能力,了解投资者投入资本的完整性。由于利润是公司经营业绩的综合体现,又是进行利润分配的主要依据,因此,利润表是会计报表中的主要报表。利润分配表反映的是公司的利润分配的情况和年末未分配利润的结余情况,它是利润表的附表。

(二) 主营业务利润对上市公司的业绩影响

上市公司主营业务利润计算公式如下:

主营业务利润 = 主营业务收入 – 折扣与折让 – 主营业务成本 – 主营业务税金及附加

主营业务收入指上市公司经营按照营业执照上规定的主营业务内容所发生的营业收入。一般来说,上市公司的主营业务收入应占公司总收入的70%以上。

根据新会计准则下的财务报表格式,新年报准则对需要在年报正文中披露的财务指标进行了增减修改,删除了原应披露的"主营业务利润"指标,将原"净利润"改为"归属于上市公司股东的净利润"等。

折扣与折让指公司销售商品时,按合同规定为了及时收回货款而给予买方的销售折扣和因商品品种质量等原因而给予买方的销货折让。

主营业务成本指上市公司经营主营业务而发生的实际成本。上市公司可以根据情况,采用先进先出法、加权平均法、移动平均法、后进先出法和个别计价法等方法,确定销售商品等的实际成本。方法一经确定，不得随意变更。如需变更，应在会计报表附注中予以说明。

主营业务税金及附加指上市公司经营主要业务而应由主营业务负担的税金及附加，包括营业税、消费税、城市维护建设税、资源税、土地增值税和教育费附加等。

上市公司主营业务反映公司的前景，主业兴，则公司兴；主业败，则公司败。无论是绩优公司，还是绩差公司，其兴败无不与主业有关。主营业务收入是上市公司生存和发展的基础，如果公司没有进行过根本性的产业转移和多种经营，主营业务收入将在相当程度上决定着公司的经营状况、盈亏与否，进而决定股东的投资回报。

主营业务左右着上市公司的业绩。一些上市公司收益虽然不算低，但是不靠主营业务利润支撑，而是靠资产重组、出售不良资产、地方政府的补贴、税收返还、投资收益来支撑，如果经营情况没有根本性改变的话，往往难以获得投资者的认可。

（三）三项费用

三项费用是指公司在会计年度内发生的期间费用，包括以下3项：

1. 营业费用。营业费用是在整个经营环节中所发生的费用，包括公司销售商品过程中发生的费用和商业性公司在进货过程中发生的费用。公司销售商品过程中发生的运输费、装卸费、包装费、保险费、展览费和广告费以及为销售公司商品而专设的销售机构的职工工资、福利费、业务费等经常费用都可记入营业费用，但生产性公司不能将其记入营业费用，而是记入材料成本。

2. 管理费用。公司在组织生产和进行管理过程中，由行政管理部门的管理行为而产生的各种费用称为管理费用。管理费用包含的内容相当复杂，包括折旧，如无形资产、长期资产、待摊费用摊销；一些税费，如车船使用税、土地使用税、印花税；行政管理部门在公司经营管理中发生的，或者应由公司统一负担的公司经费，如工会经费、待业保险费、劳动保险费、董事会费、职工教育经费、研究开发费、提取的坏账准备等。无论管理费用多么复杂，基本上都是为了公司整体的正常运转而支出的。

3. 财务费用。财务费用是指公司为筹集生产经营所需资金等而发生的费用。财务费用包括公司在生产经营中的利息支出、汇兑损失以及相关的手续费等。这里应注意，并非所有的借款利息都记入财务费用，如公司为建造固定资产而借入资金，在固定资产交付使用前发生的利息支出，要记入固定资产成本而不记入财务费用。汇兑损失主要是指公司有外币业务时，由于发生业务和月末、年底结账时汇率不同而造成的账面损失。相关手续费是指公司与金融机构往来过程中发生的各种费用，如结算费用和购买债券、发行债券支付的相关费用。

（四）营业利润和利润总额之间的关系

营业利润是指公司从生产经营活动中取得的全部利润。它等于主营业务利润与其他业务利润之和扣除期间费用（营业费用、管理费用、财务费用）等，计算公式为：

营业利润 = 主营业务利润 + 其他业务利润 - 存货跌价损失 - 营业费用 - 管理费用 - 财务费用

而上市公司利润总额计算公式为：

利润总额 = 营业利润 + 投资收益 + 补贴收入 + 营业外收入 - 营业外支出

通过营业利润和利润总额的比较，我们可以发现，营业利润是上市公司利润总额的主要来源。营业利润主要由主营业务利润和其他业务利润构成。营业利润这一指标能够比较恰当地反映公司管理层的经营业绩。

（五）净利润

根据新会计准则下的财务报表格式，新年报准则对需要在年报正文中披露的财务指标进行了增减修改，如删除了原应披露的"主营业务利润"指标，将原"净利润"改为"归属于上市公司股东的净利润"等。

其中，营业利润主要由主营业务利润和其他业务利润构成；投资收益是指上市公司对外进行股票、债券或其他投资所取得的收入或发生的损失；补贴收入是指上市公司取得的各种政府补贴收入、亏损补贴、减免增值税转入等。

营业外收入是指公司发生的与其生产经营无直接关系的各项收入，包括固定资产盘盈、处理固定资产净收益、资产再次评估增值、债务重组收益、罚款净收入、确实无法支付而按规定程序经批准后转作营业外收入的应付款项等。新债务重组准则改变了过去"一刀切"的规定，将因债权人让步而导致债务人被豁免或者少偿还的负债计入资本公积的做法，改为将债务重组收益计入营业外收入，对于实物抵债业务，引进公允价值作为计量属性。

营业外支出是指公司发生的与其生产经营无直接关系的各项支出，如固定资产盘亏、处理固定资产净损失、资产评估减值、债务重组损失、罚款支出、捐赠支出、非常损失等。

$$净利润 = 利润总额 - 所得税$$

《企业所得税法》规定，对上市公司生产、经营所得与其他所得征税，税率一般为33%。上市公司纳税并不是按利润总额为33%计算的，因为利润总额是按照会计政策计算的税前会计利润，而纳税是按照税法规定的应纳税所得额计算的，两者差异主要体现在税法与会计政策扣除项目的不同上。现在上市公司的实际税负一般都为15%，只是形式不同，有的直接按15%计算，有的按先缴纳33%、然后返回18%的先征后返方式进行。净利润就是税后利润，上市公司是根据净利润来留利和分配利润的。

（六）扣除非经营性损益后的净利润与利润的关系

非经营性损益是指上市公司发生的与生产经营无直接关系，以及虽与生产经营相关，但由于其性质、金额或发生频率，影响了真实、公允地评价公司当期经营成果和获利能力的各项收入、支出。

非经营性损益包括以下项目：交易价格显失公允的关联交易导致的损益；处理下属部门、被投资单位股权损益；资产置换损益；政策有效期短于3年，越权审批或无正式批准文件的税收返还、减免以及其他政府补贴；比较财务报表中会计政策变更对以前期间净利润的追溯调整数。

非经营性损益还可能包括流动资产盘盈、盘亏损益；支付或收取的资金占用费；委托投资损益；各项营业外收入、支出等项目。公司在编报招股说明书、定期报告或申请发行新股的材料时，应根据自身实际情况，分析上述项目的实质，准确界定非经营性损益。

非经营性损益属一次性或偶发性获得，含金量较低，且不能显示上市公司的持续盈利能力。证监会在《公开发行证券的公司信息披露规范问答第1号——非经营性损益》中特别指出，注册会计师应单独对非经营性损益项目予以充分关注，对公司在财务报告附注中所披露的非经营性损益的真实性、准确性与完整性进行核实。

（七）利润分配的主要形式

为了反映上市公司利润的分配及未分配情况，公司应该在年终编制利润分配表，作为损益表的附表对外报告。

按照现行制度规定，公司实现的利润应按一定的顺序进行分配，这一分配顺序要求在上一顺序的项目未分配以前，不得进行下一项目的分配。公司税前利润的分配顺序是：

第一步，缴纳被没收的财物、滞纳金和罚款。

第二步，弥补以前年度的亏损。

第三步，提取盈余公积。

第四步，向投资者分配利润。

向投资者分配的利润是指向各类投资者分配的利润，如向国家、其他单位、个人以及外商等投资者分配的利润，但不包括向各种债权人支付的利息。在上市公司，向投资者分配的利润包括支付的优先股股利和普通股股利。

上市公司股利分配有以下几种形式：

1. 现金股利。发放现金股利是股利发放中最常见的方式，在我国现金股利俗称"现金红利"。

2. 股票股利。这是指采用增发股票的方式向股东分派股利。发放这种股利时，一般要按法定程序办理增资手续，然后根据股东所持股票数按应发股利的等值比例折算后，发放股票。

3. 财产股利。这是指公司以现金以外的资产所发放的股利。

4. 负债股利。负债股利是指在某些特殊情况下，公司签发远期票据或用发行公司债券来抵付已宣告发放的股利。

5. 清算股利。清算股利严格地讲应称清算分摊额，它是通过对公司资产的分配，将股东缴入的部分资本予以退回，而不是一种由于盈利而对收益的分配。

(八) 送股与资本公积金转增资本的区别

送股与转增股本对一般投资者来说统称"送股"，实际上两者具有本质区别。送股俗称"红股"，是上市公司采用股票股利形式进行的利润分配，它的来源是上市公司的留存收益；而公积金转增股本是在股东权益内部，把公积金转到"实收资本"或者"股本"账户，并按照投资者所持有公司的股份份额比例的大小分到各个投资者的账户中，以此增加每个投资者的投入资本。因此，转增股本不是利润分配，它只是公司增加股本的行为，它的来源是上市公司的资本公积。

1. 送股、转增股本的会计实质。从会计角度来说，送股实质上只是将公司的留存收益转入股本账户，留存收益包括盈余公积和未分配利润，现在的上市公司一般只将未分配利润部分送股，实际上盈余公积的一部分也可送股。而转增股本则是将资本公积转入股本账户。股本、未分配利润、资本公积、盈余公积同属股东权益类账户，都是公司的净资产，这些都属于投资者所有，也就是说，经过送股、转增股本后，上市公司的股东权益并没有改变，更不会影响公司的总资产、总负债。可见，送股、转增股本行为本身只是会计上的转账而已，当然上市公司不可能因为这种行为而使公司当年或以后获利，投资者在公司中的权益当然也不可能因此增加。从另外的角度看，送股、转增股本虽然使公司发行在外的股票数量发生了变化，但这种股票数量的增加对于投资者权益无丝毫影响。这是因为股票数量是同比例增加的，每个投资者所持股数占公司总股本数的比例是不变的。既然送股、转增股本只是使投资者持有的股票增加了，而没有改变投资者在公司中的权益，那么很显然的一个结果就是每股所拥有的权益同比例地下降了，并且，如果公司下一年度的经营状况与上一年度相比变化不大的话，则下一年度的每股收益指标亦将同比例下降。

2. 送股、转增股本的负面效应。稳健、成熟的上市公司制定其分配政策是以公司的发展前景以及对后期经营业绩的预测为根据的，但由于我国股票市场发展的时间还不长，上市公司进入市场也还不久，因而部分上市公司制订分配预案的做法还不是很规范。由于这些公司在发行新股时都得到了较高的股票溢价收入，超过股票面值的这部分溢价收入被记入资本公积，因而尽管这些公司当年可借分配的利润可能不多，但都有较高的资本公积，将资本公积金转增股本是这些公司常用的做法。虽然转增股本能够获得目前的流通股股东的欢心，但由于转增股本与送股一样，都有摊薄每股收益与每股净资产的效应，势必会影响下一年度的利润分配以及下一年度的每股盈利指标。

三、现金流量表

（一）什么是现金流量表

现金流量表是以现金为基础编制的反映公司财务状况变动的报表，它反映出上市公司一定会计期间内有关现金和现金等价物的流出和流入的信息。在上市公司对外提供的3张会计报表中，现金流量表反映上市公司一定期间内现金的流入和流出，表明公司获得现金和现金等价物的能力。

根据会计准则的规定，现金是指公司库存现金以及可以随时用于支付的存款。此处的现金有别于会计上所讲的现金，不仅包括"现金"账户核算的现金，而且包括公司"银行存款"账户核算的存入金融机构、随时可以用于支付的存款，还包括其他货币资金账户核算的外埠存款、银行汇票存款、银行本票存款和在途货币资金等。

现金等价物是指公司持有的期限短、流动性强、易于转换为已知金额现金、价值变动风险很小的投资。现金等价物虽然不是现金，但其支付能力与现金的差别不大，可视为现金。

现金流量是某一段时期内公司现金流入和流出的数量。如公司出售商品、提供劳务、出售固定资产、向银行借款等取得现金，形成公司的现金流入；购买原材料、接受劳务、购置固定资产、对外投资、偿还债务等支付现金，形成公司的现金流出。现金流量信息表明公司经营状况是否良好、资金是否紧缺、公司偿付能力大小等，从而为投资者、债权人、公司管理者提供非常有用的信息。同时还应注意，公司现金形式的转换不会产生现金的流入和流出，如公司从银行提取现金，是公司现金存放形式的转换，并未改变现金流量；同样，现金与现金等价物之间的转换也不改变现金流量，如公司将一个月前购买的有价证券变现，收回现金，并不增加和减少现金流量。

现金流量表以现金的流入和流出反映公司在一定期间内的经营活动、投资活动和筹资活动的动态情况，反映公司现金流入和流出的全貌。现金流量表的主要作用有：

1. 现金流量表可以提供公司的现金流量信息，从而对公司整体财务状况做出客观评价。

2. 现金流量表能够说明公司一定期间内现金流入和流出的原因，能全面说明公司的偿债能力和支付能力。

3. 通过现金流量表能够分析公司未来获取现金的能力，并可预测公司未来财务的发展情况。

4. 现金流量表能够提供不涉及现金的投资和筹资活动的信息。

现金流量表分别按经营活动、投资活动、筹资活动反映公司的现金流入量、现金流出量和现金净流量。

经营活动是指公司投资活动和筹资活动以外的所有交易和事项，包括销售商品或提供劳务、经营性租赁、购买货物、接受劳务、制造产品、广告宣传、推销产品、缴纳税款等。公司的经济活动以经营活动为主，筹资和投资等理财活动则是次要的。经营活动是公司经济活动的主体，而且具有再生性的特点。

一般而言，上市公司经营活动产生的净现金流量应为正数，而且经营活动的现金流量占全部现金流量的比重越大，说明公司的财务状况越稳定，从而支付能力越有保证。若公司经营活动的现金净流量为负数，即使利润表中揭示的营业收入和营业利润增长很多，但相当一部分可能以赊销实现，应收账款和存货等上升过快，从而反映出公司营业利润存在不实或过度包装之嫌。

（二）其他应收款、其他应付款调节经营活动的现金流量

编制现金流量表时，经营活动现金流量的列报方法有两种：一是直接法；二是间接法。直接法是通过现金收入和支出的主要类别反映来自企业经营活动的现金流量，一般是以利润表中的营业收入为起算点，调整与经营活动有关的项目的增减变动，然后计算出经营活动的现金流量。间接法是以本期净利润为起算点，调整不涉及现金的收入、费用、营业外收支以及有关项目的增减变动，据此计算出经营活动的现金流量。

我国目前规定采用直接法，同时要求在现金流量表附注中披露将净利润调节为经营活动现金流量的信息，也就是用间接法来计算经营活动的现金流量。上市公司在净利润基础上进行调整的主要项目包括：

1. 计提的坏账准备或转销的坏账。
2. 固定资产折旧。
3. 无形资产摊销。
4. 处置固定资产、无形资产和其他长期资产的损益。
5. 固定资产报废损失。
6. 财务费用。
7. 投资损益。
8. 递延税款。
9. 存货。
10. 经营性应收项目。
11. 经营性应付项目。
12. 增值税净额。

具体调节公式是：

经营活动产生现金流量净额＝净利润＋计提的坏账准备或转销的坏账＋当期计提的固定资产折旧＋无形资产摊销＋处置固定资产、无形资产和其他长期资产的损失（减：收益）＋固定资产报废损失＋财务费用＋投资损失（减：收益）＋递延税款贷项（减：借项）＋存货的减少（减：增加）＋经营性应收项目的减少（减：增加）＋经营性应付项目的增加（减：减少）＋增值税增加净额（减：减少净额）＋其他不减少现金的费用、损失

其中经营性应收项目和经营性应付项目包括应收账款、其他应收款、预付费用、应付账款、其他应付款、预收货款等。

(三) 投资活动产生的现金流量

公司的投资活动是指与公司原定期限在3个月以上的资产有关的交易活动，包括公司长期资产的构建和不包括在现金等价物范围内的投资及其处置活动。在观察现金流量表的投资活动产生的现金流量时，应该仔细研究投资活动中的对内投资和对外投资的关系。通常，公司要发展，长期资产的规模必须增长，如果一个公司在投资活动中对内投资的现金净流出量大幅度提高，往往意味着该公司面临着一个新的发展机遇，或者一个新的投资机会，反之，如果公司对内投资中的现金净流入量大幅度增加，表示该公司正常的经营活动没有能够充分地吸纳其现有的资金。

公司的对外投资产生的现金净流入量大幅度增加时，说明该公司正大量地收回对外投资额，可能公司内部的经营活动需要大量资金，该公司内部现有的资金不能满足公司经营活动的资金需要；如果一个公司当期对外投资活动的现金净流出量大量增加，说明该公司的经营活动没有能够充分地吸纳公司的资金，从而游离出大笔资金，通过对外投资为其寻求获利机会。

如果公司的投资活动产生的现金净流量不大，只是对内投资与对外投资之间产生结构性变化，则比较直观。当公司对内投资的现金净流出量大幅度增长，即对外长期投资的现金净流入量大幅度增长，可能是公

司获得了新的市场机会，一时不能从公司外部筹集到足够的资金，只有收回对外投资；反之，如果对外投资现金净流出量大幅度增加，说明公司正在缩小内部经营规模，将游离出来的资金对外投资，寻求适当的获利机会。

实际上在分析投资活动产生的现金流量时，还应该联系到筹资活动产生的现金流量来综合考查，在经营活动产生的现金流量不变时，如果投资活动的现金净流出量主要依靠筹资活动产生的现金净流入量来解决，这就说明公司的规模扩大主要是通过从外部筹资来完成的，这意味着该公司正在扩张。

（四）筹资活动产生的现金流量

筹资活动是指导致公司资本及债务规模和构成发生变化的活动，包括吸收投资、发行股票、借入和偿还资金、分配利润等活动。当一个公司对本期实现的利润减少向投资者分配或者不分配，实际上就相当于在向投资者筹集资金，所以，利润的分配活动也属于公司的筹资活动。

分析公司的现金流量表，从现金流量表上"筹资活动产生的现金流量"项目中，可以了解该公司的筹资活动。如果筹资活动的现金净流入量大幅度增加，则该公司在扩大其经营规模，说明公司现有的资金不能满足经营的需要，又获得了新的市场机会，需要从公司外部大量筹集资金；如果筹资活动的现金净流出量大幅度增加，则说明本期大量的现金流出公司，该公司的规模在收缩。对上市公司来说，除了与其他公司所共有的贷款等间接融资功能以外，还有一项特有的在证券市场上直接融资的功能，如果某一会计期间该上市公司实现了在股市上的融资，将使该期筹资活动的现金流入量大幅增加。

（五）分析现金流量净额及补充资料

现金流量表反映公司的现金及现金等价物的增减变动情况，如果公司的现金及现金等价物在本期增加了，说明该公司本期的支付能力增强了，公司的财务状况在本期得到了改善；如果公司在本期的现金及现金等价物减少了，说明该公司支付能力降低了，公司的财务状况恶化了。

所以要考核一个公司的支付能力在本期的变动情况，可以直接观察现金流量表"现金流量净增加额"项目的金额。

在分析"现金流量净增加额"项目时，虽然现金净流量的增加代表着公司支付能力的增强，但它同时代表着公司资产中的一部分游离成现金及现金等价物的形成，这又从另一个侧面说明公司现有的经营活动不能充分地吸收公司现有的资产，使得一部分资产闲置起来，变成现金及现金等价物形式，公司由此会丧失很多盈利机会；因为处于现金状态的资金其盈利能力最弱，资金的使用效果比较差。因此对上市公司的现金流量净增加额的评价，不能仅仅局限于其数额的增加或减少，而应既立足于各家公司的具体情况，又结合其资产负债表和利润表。一家上市公司如果募集了大笔资金，但未能按时投入募股资金使用项目，由此带来的现金流量净增加额为巨额正数，就不能称其财务状况正常；而投入募股项目或其他投资项目后，现金流出必然大幅增长，这种流出对公司来说未必不好，关键是看该公司今后由此获取现金的情况如何。从投资者的角度来看，现金流量净增加额为正值的公司有较高的投资价值，因为它反映了公司实际的盈利状况和支付能力。

公司在编制现金流量表的同时还要在补充资料中披露将净利润调节为经营活动现金流量的信息，以及不涉及现金流量的投资活动和筹资活动、现金及现金等价物的净增加内容分析。补充资料内容对正表起着补充及验证作用，它能充分反映公司的非现金交易业务。可以通过用补充资料中按间接法编制的经营活动现金流量结果来验证正表中按直接法计算的结果，这两部分金额必须始终保持相等。

（六）现金流量比率

现金流量比率，是经营活动产生的现金净流量与流动负债的比率，其计算公式为：

$$现金流量比率 = \frac{经营活动产生的现金流量}{流动负债}$$

上式中，"流动负债"可以是年末流动负债总额，也可以是全年平均流动负债数额。该指标表示公司偿还即将到期债务的能力，是衡量公司短期偿债能力的动态指标。其值越大，表明公司的短期偿债能力越好，反之，则表示公司短期偿债能力越差。

对于债权人来说，现金流量比率总是越高越好。现金流量比率越高，说明公司的短期偿债能力越强；现金流量比率越低，说明公司的短期偿债能力越弱。如果现金比率达到或超过1，即现金余额等于或大于流动负债总额，那就是说，公司即使不动用其他资产，如存货、应收账款等，光靠手中的现金就足以偿还流动负债。但对于公司来说，现金比率并不是越高越好。因为资产的流动性（即其变现能力）和其盈利能力成反比，流动性越差的盈利能力越强，而流动性越好的盈利能力越差。在公司的所有资产中，现金是流动性最好的资产，同时也是盈利能力最低的资产。保持过高的现金比率，就会使资产过多地保留在盈利能力最低的现金上，虽然提高了公司的偿债能力，但降低了公司的获利能力。因此，对于公司来讲，一般不应该保持过高的现金比率，只要能保持一定的偿债能力，不会发生债务危机即可。

（七）现金再投资比率

现金再投资比率是衡量公司来自经营活动的现金的留存部分与各项资产之和的比率。其计算公式如下：

$$现金再投资比率 = \frac{来自经营活动的净现金流量 - 现金股利}{固定资产总额 + 投资 + 其他资产 + 营运资金}$$

现金再投资比率越高，表示公司可用于各项资产上的再投资的现金就越多；反之，现金再投资比率越低，表示公司可用于各项资产上的再投资的现金越少。一般而言，现金再投资比率达到8%~10%，是比较理想的比率。

（八）每股现金流量

每股现金流量是公司经营活动所产生的净现金流量减去优先股股利之后与流通在外的普通股股数的比率。其计算公式如下：

$$每股现金流量 = \frac{经营活动所产生的净现金流量 - 优先股股利}{流通在外的普通股股数}$$

上式中,"流通在外的普通股股数"应为流通在外普通股的加权平均数。该指标反映了每股流通在外的变通股的现金净流量,它通常大于每股收益,因为现金流量中包含折旧,从短期来看,它主要反映公司进行资本支出和支付股利的能力,也可用于衡量公司的盈利能力。从这个角度来说,该指标的值越大越好。

(九) 每股收益与每股现金流量之间的关系

一般而言,从短期来看,每股现金流量比每股盈余更能显示公司从事资本性支出及支付股利的能力。每股现金流量通常比每股盈余要高,这是因为公司正常经营活动中所产生的净现金流量还会包括一些从利润中扣除出去但又不影响现金流出的费用调整项目,如折旧费等。但每股现金流量也有可能低于每股盈余,如公司大量采用赊销方式,或发生大额购买货物或资本支出等。每股现金流量和每股收益之间的差异正是现金制会计和应计制会计之间的差异。

一家公司的每股现金流量越高,说明这家公司的每股普通股在一个会计年度内所赚得的现金流量越多;反之,则表示每股普通股所赚得的现金流量越少。虽然每股现金流量在短期内比每股盈余更能显示公司在资本性支出和支付股利方面的能力,但每股现金流量决不能用来代替每股盈余作为公司盈利能力的主要指标的作用。

(十) 净现金流量对总负债比率

净现金流量负债比率是经营活动产生的现金净流量与总负债之比,其计算公式为:

$$净现金流量负债比率 = \frac{经营活动所产生的现金流量}{负债总额}$$

上式中,"负债总额"可以是年末负债总额,也可以是全年平均负债总额。该项比率反映了公司用年度经营活动产生的现金净流量偿还公司全部债务的能力,体现了公司偿债风险的高低。一般而言,该比值越大,说明公司偿债能力越大,相应的风险越小;该比值越小,表明偿债能力越小,相应的风险越大。

(十一) 净现金流量对现金股利比率

净现金流量对现金股利比率,是指来自经营活动的净现金流量与当期支付的现金股利的比率,其计算公式为:

$$净现金流量对现金股利比率 = \frac{经营活动产生的净现金流量}{现金股利}$$

该指标表示公司用年度正常经营活动所产生的净现金流量来支付股利的能力,其值越大,表示公司支付股利的能力越强。反之,公司支付现金股利的能力就越低。一家公司的股利发放与公司的股利政策以及公司对投资者的态度有关。如果公司无意发放股利,而是更愿意用这些现金流量进行再投资,以扩大生产规模,期望获取较高的再投资收益,从而提高公司的盈利能力,这时,净现金流量对现金股利比率的意义就不是很大。

(十二) 资产负债表、利润表和现金流量表之间的关系

公司的财务报表多种多样,可分为基本财务报表和附表两大部分。基本财务报表包括资产负债表、损益表和现金流量表三大报表,它们从不同角度反映了公司的财务会计信息。这三张报表之间存在着一定的钩稽关系。"资产=负债+股东权益",这一等式是编制资产负债表的主要依据。"利润=收入-成本费用",这一等式是编制利润表的基本原理。"资产=负债+股东权益+(收入-成本费用)",这一等式揭示了资产负债表与利润表之间的关系。

资产负债表与利润表最简单的关系就是利润表的附表,利润分配表中的"未分配利润"项所列数字,等于资产负债表中"未分配利润"项数字。除了这一简单的对等外,还有什么呢?由会计等式三可以看出,收入与成本费用之差利润并不是一个虚无的数字,它最终要表现为资产的增加或负债的减少。这也就是两个表之间深层次的联系。公司很多的经济业务不仅会影响到公司的资产负债表,也会影响到公司的利润表。比如公司将销售业务收入不记入主营业务收入,而记入公司的往来账项,如"应收账款"贷方,这样在资产负债表上反映出应收账款有贷

方金额，同时隐瞒收入，使利润表净利润减少，未分配利润减少，反过来又影响资产负债表的"未分配利润"项目。对于投资者而言，在了解了简单的对应关系之后，通晓这一深层次的联系是很有必要的。

现金流量表与资产负债表、利润表的关系主要表现在现金流量的编制方法之中。现金流量表的一种编制方法是工作底稿法，即以工作底稿为手段，以利润表和资产负债表数据为基础，对每一项目进行分析并编制调整分录，从而编制出现金流量表。现金流量表与其他两个报表之间的钩稽关系也较为复杂而隐蔽，需要投资者在深入了解三个报表的基础上才能理解其中的关系。

在实际分析中，光凭三个报表之间的关系就对公司的生产经营下结论，未免会有些唐突，在分析过程中，还必须有效地利用其他分析工具，才能形成正确的结论。对于会计报表的使用者而言，可以通过分析会计报表之间的钩稽关系，对公司的生产经营有一个总体了解。

上市公司在年度报告全文及摘要中列示主要会计数据和财务指标时，计算主要会计数据和财务指标等的增减变化幅度所采用的比较基期的数据，应以按第7号规范问答编制的调整后财务报表相关数据为准。

四、股东权益变动表

在新会计准则下的年度财务报告中，财务报表将由"三大"变成"四大"，《企业会计准则第30号——财务报表列报》第二条规定，财务报表至少应当包括资产负债表、利润表、现金流量表、所有者权益（股东权益）变动表、附注等。

股东权益亦称产权、资本，是指上市公司投资者对公司净资产的所有权。它表明公司的资产总额在抵偿了一切现存债务后的差额部分，包括公司所有者投入资金以及尚存收益等。

在我国现行的会计核算中，为了反映股东权益的构成，便于投资者以及其他报表阅读者了解公司股东权益的来源及其变动情况，将股东权益分为实收资本、资本公积、盈余公积及未分配利润四个部分分别核算，并在资产负债表上得以反映。实收资本包括国家、其他单位、个人对公司的各种投资。资本公积包括公司接受捐赠、法定财产重估增值等形成的股东权益。盈余公积是从净利润中提取的，具有特定用途的资金，包括法定盈余公积、任意盈余公积和公益金。未分配利润是公司净利润分配后的剩余部分，即净利润中尚未指定用途的、归股东所有的资金。表达股东权益总额变动的即为财务报表的股东权益变动表，所有者权益变动表所包含的主要项目如下：

1. 上年年末余额。

加：会计政策变更。

前期差错更正。

2. 本年年初余额。

3. 本年增减变动金额（减少以"－"号填列）。

（1）净利润。

（2）直接计入所有者权益的利得和损失。

①可供出售金融资产公允价值变动净额。

②权益法下被投资单位其他所有者权益变动的影响。

③与计入所有者权益项目相关的所得税影响。

④其他。

上述（1）和（2）小计。

（3）所有者投入和减少资本。

①所有者投入资本。

②股份支付计入所有者权益的金额。

③其他。

（4）利润分配。

①提取盈余公积。

②对股东的分配。

③其他。

（5）所有者权益内部结转。

①资本公积转增股本。

②盈余公积转增股本。

③盈余公积弥补亏损。

④其他。

4. 本年年末余额。

第三节 合并会计报表

一、合并会计报表的含义和基本内容

合并会计报表，又称合并财务报表，是以母公司和子公司组成的企业集团为一个会计主体，以母公司和子公司单独编制的个别会计报表为基础，由母公司编制的综合反映母公司与子公司组成的企业集团经营成果、财务状况及变动情况的会计报表。

合并会计报表是现代化企业集团传递会计信息的重要方式，其会计信息的作用有别于个别会计报表，有利于真实反映企业集团的财务状况和经济实质、有利于正确反映企业集团的经营成果和经营规模、有利于客观评价和分析企业集团的经济活动和经营业绩。合并会计报表主要包括合并资产负债表、合并利润表、合并利润分配表和合并现金流量表。

合并资产负债表反映了母公司和子公司所形成的企业集团在某一特定日期的财务状况。合并利润表和合并利润分配表反映了企业集团在某一特定会计期间内经营成果及其分配或处理的情况，而合并现金流量表反映了企业集团在某一特定会计期间内现金流入量、现金流出量和现金增减变动情况。

新准则下合并报表范围的确定更关注实质性控制，母公司对所有能控制的子公司均需纳入合并范围，而不一定考虑股权比例。所有者权益为负数的子公司，只要是持续经营的，也应纳入合并范围。

二、合并会计报表分析应注意的问题

如何分析合并会计报表是上市公司年报解读的重要内容。要有效地掌握合并会计报表的分析技巧，应注意以下两方面的问题。

(一) 合并会计报表的编制范围

投资者应当注意纳入合并范围的子公司的全称、注册地、法定代表人、注册资本、母公司所持股权比例、经营范围等基本情况,这是构成公司整体收入的具体来源,分析母公司和子公司的营业收入、净利润、资产总额和净资产占上市公司整体的比重。如果企业的营业收入和利润主要来源于关联企业,投资者就应当特别关注关联交易的定价政策,分析公司是否以不等价交换的方式与关联交易发生交易进行会计报表粉饰。如果母公司合并会计报表的利润总额(应剔除上市公司的利润总额)大大低于上市公司的利润总额,就可能意味着母公司通过关联交易将利润"包装注入"上市公司;同时,对未纳入合并范围的子公司的全称、母公司所持股权比例、注册资本、经营情况、财务状况及未合并的原因也要进行仔细分析,分析母公司是否利用子公司作为任意调节利润的"蓄水池";投资者应当分析合并范围的变动及其影响。

(二) 上市公司内部交易的频率、性质及规模

投资者应当比照上市公司有关关联交易的披露信息,对上市公司集团内部重大交易及其未实现损益的抵销情况进行分析,确定其影响是否消除,防止上市公司重复计算利润:上市公司内部的债权、债务;上市公司内部的存货交易;上市公司内部的固定资产交易;上市公司内部的资金往来。例如,母公司对于子公司的长期股权投资用权益法核算时,母公司的长期股权投资应与子公司的所有者权益进行抵销,以免重复上市公司的资产和所有者权益,对母公司按权益法核算的投资收益进行抵销,以免重复计算上市公司的净利润。

三、上市公司如何利用收购企业改善其合并销售收入和合并利润总额

在合并会计报表体系之下,对于上市公司子公司的收入、成本及费用,可以全额计入上市公司收入、成本和费用,最后扣除子公司少数股

东应得利润之后，即上市公司所拥有的净利润。因此，有的上市公司往往通过子公司或者孙公司来实现利润结构。

合并利润表的有关科目如表 14.1 所示。

表 14.1　合并利润（部分）　　　　　　　　　　　　　　　　（元）

项目	合并数		母公司数	
	2018 年 1~6 月	2019 年 1~6 月	2018 年 1~6 月	2019 年 1~6 月
主营收入				
营业利润				
投资收益				
利润总额				
净利润				

四、如何分析会计报表附注

会计报表附注是对资产负债表、利润表、现金流量表和所有者权益变动表等报表中列示项目的文字描述或明细资料，以及对未能在这些报表中列示项目的说明等，是对会计报表的补充说明，也是财务会计报告的重要组成部分，提供了上市公司会计报表真实程度的依据或线索。会计报表附注越具体，我们判定上市公司会计报表所反映的财务状况、经营成果和现金流量情况的真实程度就越高。

证监会颁布的《会计报表附注指引（试行）》中，对上市公司会计报表附注的内容做了具体的规定，其内容包括以下方面：

1. 公司简介。
2. 主要会计政策。
3. 公司应披露其所控制的境内外所有子公司。
4. 比较会计报表项目注释。
5. 少见的报表项目及其名称，不能反映项目的性质或报表项目金额异常的（如递延税款、合并价差、资产项目金额为负数），应披露项目内容。

6. 分行业资料、关联方关系及其交易的披露。

7. 承诺事项、或有事项应披露基本情况，包括金额以及对报告期或报告期后对公司财务状况的影响。

8. 期后事项。

9. 其他有必要披露的内容。

第四节　审计报告

一、审计报告及其作用

审计报告是注册会计师根据《中国注册会计师独立审计准则》的要求，在实施了必要的审计程序后出具的，用于对被审计单位年度会计报表发表审计意见的书面文件。审计报告是审计工作的最终成果，具有法定证明效力。

注册会计师签发的审计报告，主要具有鉴证、保护和证明三方面的作用。

1. 鉴证作用。注册会计师签发的审计报告，是以超然独立的第三者身份，对被审计单位会计报表合法性、公允性及会计处理方法的一贯性发表意见。这种意见具有鉴证作用，得到了政府及其各部门和社会各界的普遍认可。会计报表是否合法、公允，主要依据注册会计师的审计报告做出判断。上市公司的股东以及潜在的投资者，主要依据注册会计师的审计报告来判断上市公司的会计报表是否公允地反映了财务状况和经营成果，以进行投资决策等。

2. 保护作用。注册会计师通过审计，可以对被审计单位出具不同类型审计意见的审计报告，以提高或降低会计报表信息使用者对会计报表的依赖程度，能够在一定程度上对被审计单位的财产、债权人和股东的权益及公司利害关系人的利益起到保护作用。在进行投资之前，投资者必须要查阅投资公司的会计报表和注册会计师的审计报告，了解上市公司的经营情况和财务状况。

3. 证明作用。审计报告是对注册会计师任务完成情况及其结果所做的总结，它可以表明审计工作的质量并明确注册会计师的审计责任。通过审计报告，可以证明注册会计师审计责任的履行情况。注册会计师的审计责任，是指注册会计师应对其出具的审计报告的真实性、合法性负责。审计报告的真实性是指审计报告应如实反映注册会计师的审计范围、审计依据、已实施的审计程序和应发表的审计意见。审计报告的合法性是指审计报告的编制和出具必须符合《注册会计师法》和《中国注册会计师独立审计准则》的规定。

二、审计报告的内容

《中国注册会计师审计准则第1501号——审计报告》规定，我国审计报告的基本内容包括：

1. 标题：审计报告的标题应统一规范为"审计报告"。

2. 收件人：审计报告的收件人是指注册会计师按照业务约定书的要求致送审计报告的对象，一般是指审计业务的委托人。审计报告应当载明收件人的全称，如"××股份有限公司全体股东"等。

3. 引言段：审计报告的引言段应当说明被审计单位的名称和财务报表已经过审计，并包括下列内容：指出构成整套财务报表的每张财务报表的名称；提及财务报表附注；指明财务报表的日期和涵盖的期间。

4. 管理层对财务报表的责任段：应当说明，按照适用的会计准则和相关会计制度的规定编制财务报表是管理层的责任，这种责任包括设计、实施和维护与财务报表编制相关的内部控制，以使财务报表不存在由于舞弊或错误而导致的重大错报；选择和运用恰当的会计政策；做出合理的会计估计。

5. 注册会计师的责任段应当说明：注册会计师的责任是在实施审计工作的基础上对财务报表发表审计意见。注册会计师按照《中国注册会计师独立审计准则》的规定执行了审计工作。《中国注册会计师独立审计准则》要求注册会计师遵守职业道德规范，计划和实施审计工作以对财务报表是否不存在重大错报获取合理保证。审计工作涉及实施审程序，以获取有关财务报表金额和披露的审计证据。选择的审计程序取决于注册会计师的判断，包括对由于舞弊或错误导致的财务报表重大错报风险的评估。在进行风险评估时，注册会计师考虑与财务报表编制相关的内部控制，以设计恰当的审计程序，但目的并非对内部控制的有效性发表意见。审计工作还包括评价管理层选用会计政策的恰当性和做出会计估计的合理性，以及评价财务报表的总体列报；注册会计师相信已获取的审计证据是充分、适当的，为其发表审计意见提供了基础。

如果接受委托，结合财务报表审计对内部控制有效性发表意见，注册会计师应当省略"但目的并非对内部控制的有效性发表意见"的术语。

6. 审计意见段：应当说明，财务报表是否按照适用的会计准则和相关会计制度的规定编制，是否在所有重大方面公允反映了被审计单位的财务状况、经营成果和现金流量。

如果认为财务报表符合下列所有条件，注册会计师应当出具无保留意见的审计报告：

（1）财务报表已经按照适用的会计准则和相关会计制度的规定编制，在所有重大方面公允反映了被审计单位的财务状况、经营成果和现金流量。

（2）注册会计师已经按照《中国注册会计师独立审计准则》的规定计划和实施审计工作，在审计过程中未受到限制。

当出具无保留意见的审计报告时，注册会计师应当以"我们认为"作为意见段的开头，并使用"在所有重大方面""公允反映"等术语。

当注册会计师出具的无保留意见的审计报告不附加说明段、强调事项段或任何修饰性用语时，该报告称为标准审计报告。

注册会计师出具非标准审计报告时，应当遵守《中国注册会计师审计准则第1502号——非标准审计报告》和《中国注册会计师独立审计准则》的相关规定。

7. 签章和会计师事务所地址：审计报告必须由注册会计师签名、盖章、加盖会计师事务所公章，并标明会计师事务所的地址。

8. 报告日期：审计报告的日期不应早于注册会计师获取充分、适当的审计证据（包括管理层认可对财务报表的责任且已批准财务报表的证据），并在此基础上对财务报表形成审计意见的日期。

9. 注册会计师在为上市公司年度财务会计报告进行审计工作中，应当根据《关于规范上市公司与关联方资金往来及上市公司对外担保若干问题的通知》的规定，对上市公司存在控股股东及其他关联方占用资金的情况出具专项说明。上市公司应当在披露年度报告的同时，在交易所网站披露该专项说明。

存在大股东及其附属企业非经营性占用上市公司资金的上市公司，应当在本次年度报告全文的"重要事项"部分的"关联债权债务往来"以及年度报告摘要中，增加披露非经营性资金占用的发生时间、占用金额、发生原因、责任人和董事会拟定的解决措施。

三、根据审计报告的条件、格式和措辞来判断其类型

根据注册会计师的审计结论及所发表的审计意见，可将审计报告分为以下 4 种：无保留意见审计报告（其中又包括标准无保留意见审计报告和附带说明段的无保留意见审计报告两种）、保留意见审计报告、否定意见审计报告、拒绝表示意见审计报告。

注册会计师经过审计后，认为被审计单位会计报表同时符合了合法性、公允性、一贯性，审计过程中审计范围未受限制，也不存在应调整而未调整的事项，就应出具标准无保留意见的审计报告。在格式方面，这类审计报告包括范围段和意见段，没有说明段。在措辞上，一般用"我们认为"的术语作为意见段的开头，以表明本段内容为注册会计师提出的意见，并表示承担对该审计意见的责任。在对会计报表的反映内容是否公允提出审计意见时，一般使用"在所有重大方面公允地反映了"的术语，因为人们已普遍认识到会计报表不可能做到完全正确和绝对公允，所以审计报告中不会使用"完全正确""绝对公允"等词汇，但也不会使用"大致反映""基本反映"等模糊不清、态度暧昧的术语。

当注册会计师出具无保留意见的审计报告时，如果认为必要，可以在意见段之后增加说明段，增加对重要事项的说明。

当注册会计师通过审计，认为被审计单位会计报表存在以下三类问题时，应在审计意见中加以保留个别重要的未调整事项、审计范围受到局部限制、个别重要的不符合一贯性原则的事项。注册会计师出具保留意见的审计报告时，应于意见段之前另设说明段，以说明所持保留意见的理由，并在意见段中使用"除存在上述问题以外""除上述问题造成的影响以外""除上述情况待定以外"等术语。除使用保留意见的特定术语之外，其余应该使用无保留意见的审计报告的术语，表示其他事项已做了公允的反映。

当未调整事项、未确定事项、违反一贯性原则的事项等对会计报表的影响程度在一定范围内时，注册会计师可以发表保留意见。但是如果其影响程度超出一定范围，以致会计报表无法被接受，被审计单位的会计报表已失去其价值，注册会计师就不能发表保留意见，又不应不发表意见，而只能发表否定意见。注册会计师在出具否定意见的审计报告时，应于意见段之前另设说明段，说明所持否定意见的理由，并在意见段中使用"由于上述问题造成重大影响""由于受到前段所述事项的影响"等专业术语，并指出会计报表"不能公允地反映""不符合……规定"等问题。

注册会计师在审计过程中，由于审计范围受到委托人、被审计单位或客观环境的严重限制，不能获取必要的审计证据，以致无法对会计报表整体反映发表审计意见时，应当出具拒绝表示意见的审计报告。注册会计师在出具拒绝表示意见的审计报告时，应于意见段之前另设说明段，以说明所持拒绝表示意见的理由，并在意见段中使用"由于审计范围受到严重限制""由于无法实施必要的审计程序""由于无法获取必要的审计证据"等术语，并指出"我们无法对上述会计报表整体反映发表审计意见"。

四、无保留意见审计报告

无保留意见审计报告，是注册会计师对被审计单位会计报表发表不带说明段的无保留意见审计报告。无保留意见是指注册会计师对被审计单位的会计报表，依照《中国注册会计师独立审计准则》的要求进行审查后确认：会计报表的编制符合《公司会计准则》及国家其他有关财务会计法规的规定；会计报表在所有重大方面公允地反映了被审计单位的财务状况、经营成果和现金流量；会计处理方法的选用遵循了一贯性原则；其审计已按照《中国注册会计师独立审计准则》的要求，实施了必要的审计程序，在审计过程中未受阻碍和限制；被审计单位会计报表不存在应调整而未予调整的重要事项。因而对被审计单位的会计报表无保留地表示满意。

五、无保留意见带说明审计报告

当注册会计师出具无保留意见的审计报告时，说明注册会计师认为需要增加说明段，以对下述重要事项做出说明：

1. 重大不确定事项。如递延费用的可收回性、所得税纠纷或诉讼案的或有事项、大宗应收账款的变现能力、所需融资款项是否能继续利用、连续出现巨额营业亏损或营运资本减少、公司无力支付到期债务、出现未保险的地震、洪水灾害损失等。

在发生重大不确定事项时，注册会计师应查明被审计单位在会计报表及其附注中，对有关事实是否做了披露，披露是否充分。但是，如果上述不确定事项发生的可能性较大，该事项又是重要的，即使会计报表附注中已做了充分披露，注册会计师亦应在审计报告中增加说明段，说明该不确定事项。

说明段的目的在于向会计报表使用者就不确定事项做出特别说明。虽然这些不确定事项在会计报表中已做了直接披露，或者通过对会计报表的仔细阅读就可以了解到，但注册会计师仍有必要在审计报告中提醒读者，在阅读会计报表时不应忽视这些不确定事项。

2. 一贯性的例外事项。假如被审计单位会计政策或其会计处理方法要改变，应当对这种改变的性质和影响做出充分说明。当被审计单位出现上述变动，且注册会计师认为这种变动是合理的，就应在审计报告的意见段之后增加说明段，说明这种改变的性质，向审计报告使用者说明这一变更。

3. 注册会计师同意偏离已颁布的会计准则。在特殊情况下，注册会计师认为，被审计单位对会计准则的偏离是必要的，是为了更公允地反映经济业务的性质，从而避免会计报表使用者的误解。如被审计单位在可预知其债务人将要破产而无法偿还其债务时，应增加坏账准备数额。此时，注册会计师应要求被审计单位在会计报表附注中进行披露，并在审计报告的意见段之后增加说明段，对这一偏离予以揭示。

4. 强调某一事项。在某些特定情况下，尽管注册会计师打算发表无保留意见，但仍想强调某个有关会计报表的具体事项，如与关联公司的重要交易以及影响会计报表可比性的会计事项等。类似这种说明性信息就应在审计报告的意见段之后增加说明段，单独进行说明。

5. 涉及其他注册会计师的工作。注册会计师有时要依赖别的会计师事务所的注册会计师代为完成部分审计工作。若对其他注册会计师的工作无法进行复查，或由其他注册会计师代为审核的部分在整个会计报表中很重要，应采用在审计报告的意见段之后增加说明段，在说明段中说明其他注册会计师的工作。

6. 被审计单位对外披露信息的重大差异。被审计单位除公布已审计会计报表和审计报告之外，还可能向公众公布总经理陈述书等信息资料。一般情况下，注册会计师没有责任证实会计报表及其附注之外的信息，但为了保护公司投资者及其他利害关系人的利益，避免卷入诉讼纠纷之中，注册会计师通常会阅读这些信息资料，并考虑其与会计报表中的信息有无重大差异。如存在重大差异，且该差异不是已审计会计报表所造成的，注册会计师的意见仍然可以是无保留的，但应在审计报告的意见段之后增加说明段，说明出现的差异。

六、保留意见审计报告

保留意见是指注册会计师对会计报表的反映有所保留的审计意见，一般是由于某些事项的存在，使无保留意见的条件不完全具备，影响了被审计单位会计报表的表达，因而注册会计师对无保留意见加以修正，对影响事项提出保留意见，并表示对该意见负责。

注册会计师经过审计后，出具了保留意见的审计报告，说明注册会计师认为被审计单位会计报表的反映就其整体而言是恰当的，但还存在着下述情况：

1. 个别重要财务会计事项的处理或个别重要会计报表项目的编制不符合《公司会计准则》及国家其他有关财务会计法规的规定，被审计单位拒绝进行调整。即被审计单位的会计处理方法与注册会计师的看法不一致，又不愿进行调整，而且这种不一致所产生的差异能够准确地计量。一般来说，注册会计师在审计过程中提出的应予调整的项目，被审计单位已经做了处理的，如调整本年度会计报表，或在不便调整时，在会计报表附注中加以反映的，审计报告中就不再表示保留，只在相应的审计工作底稿中列示。但被审计单位对于注册会计师认为比较重要的审计调整事项不进行调整，注册会计师应将这些对审计意见有较大影响的内容在审计报告中明确提出，并说明理由，指出这次调整对被审计单位提供的会计报表可能产生的影响。

2. 因审计范围受到重要的局部限制，无法按照独立审计准则的要求取得应有的审计证据。即注册会计师在审计过程中应实施的审计程序，由于审计范围受到局部限制而无法实施，也难以实施必要的替代审计程序，而且无法实施的审计程序被审计单位的会计报表可能产生影响。

3. 个别重要会计处理方法的选用不符合一贯性原则。即被审计单位的个别会计处理方法虽符合《公司会计准则》及国家其他有关财务会计法规的规定，但前后期不一致，而且这种不一致导致对会计报表反映的影响是可以计量的。

七、否定意见审计报告

所谓发表否定意见是指与无保留意见相反，提出否定会计报表公允地反映被审计单位财务状况、经营成果和现金流量的审计意见。当未调整事项、未确定事项、违反一贯性原则的事项等对会计报表的影响程度超出一定范围，以致会计报表无法被接受，被审计单位的会计报表已失去其价值，注册会计师就不能发表保留意见，又不应不发表意见，而只能发表否定意见。注册会计师经过审计后，认为被审计单位的会计报表存在下述情况之一时，应当出具否定意见的审计报告：

1. 会计处理方法的选用严重违反《公司会计准则》及国家其他有关财务会计法规的规定，被审计单位拒绝进行调整。

2. 会计报表严重歪曲了被审计单位的财务状况、经营成果和现金流量，被审计单位拒绝进行调整。

3. 公司的持续经营能力已受到重大影响。

八、拒绝表示意见审计报告

拒绝表示意见是指注册会计师说明其对被审计单位的会计报表不能发表意见，即对会计报表不发表包括肯定、否定和保留的审计意见。注册会计师在审计过程中，由于审计范围受到委托人、被审计单位或客观环境的严重限制，不能获取必要的审计证据，或对公司的持续经营能力表示怀疑，以致无法对会计报表整体反映发表审计意见时，应当出具拒绝表示意见的审计报告。

注册会计师出具拒绝表示意见的审计报告，是注册会计师实施了必要的审计程序后发表审计意见的一种方式。如果注册会计师已能确定应当出具保留意见或否定意见的审计报告，不得以拒绝表示意见的审计报告来代替。保留意见或否定意见是注册会计师在取得充分、适当的审计证据后形成的，由于被审计单位存在某些未调整事项或未确定事项等，按其影响的严重程度而表示保留或否定的意见，而并不是无法判断使用的措辞或问题的归属。拒绝表示意见是由于某些限制而未对某些重要事项取得证据，没有完成取证工作，使得注册会计师无法判断问题的归属。

九、透过现象看本质——分析非标准审计报告

我们一般将除标准无保留审计报告以外的其他四种审计报告称为非

标准审计报告，即无保留带说明段审计报告、保留意见审计报告、否定意见审计报、拒绝表示意见审计报告。

一般情况下，注册会计师在对上市公司进行审计时，都会按照审计准则并依据一定的审计程序，对上市公司的财务报表的合法性、公允性做出评价。在审计过程中，注册会计师可能会或多或少地发现一些上市公司账务处理过程中有损报表合法性、公允性的因素（这些因素可能是上市公司有意或无意留下的），并会给上市公司提出调整要求。如果上市公司根据注册会计师意见进行了调整，那么注册会计师会出具无保留意见审计报告；如果上市公司拒绝按注册会计师意见对财务报告进行调整，那么注册会计师就会根据需要调整的因素对报表公允性、合法性影响程度的大小，决定是否出具非标准审计报告，并与上市公司进行讨价还价。根据我国公司治理结构的现状及其对注册会计师执业独立性的严重影响，可以得出的结论是，上市公司一般不会允许注册会计师对其报告出具非标准审计报告的；而一旦一家上市公司被出具了非标准审计报告，那么报告"说明段"里所透露的信息就非常值得投资者和有关部门高度关注了。

参考案例

细读爱美客 2021 年度报告[①]

一、基本面

爱美客主营生物医用软组织修复材料的研发、生产和销售，企业基本情况如表 14.2 所示。

表 14.2　公司简介

公司名称	爱美客技术发展股份有限公司		
公司英文名称	Imeik Technology Development Co. Jtd.		
上市市场	深圳证券交易所	上市日期	2020 - 09 - 28

---

① 该报告于 2022 年 3 月 8 日披露。

续表

公司名称	爱美客技术发展股份有限公司		
发行价格	118.27	主承销商	中信证券股份有限公司
成立日期	2004-06-09	注册资本	21 636万元
机构类型	其他	组织形式	民营企业
董事会秘书	简勇	公司电话	010-85809026
董秘电话	010-85809026	公司传真	010-85809025
董秘传真	010-85809025	公司电子邮箱	ir@imeik.com
邮政编码	101200	信息披露网址	
证券简称更名历史	略		
注册地址	北京市昌平区科技园区白浮泉路10号北控科技大厦4喜忧参半416B室		
办公地址	北京市平谷区中关村科支园区平谷园马坊工业园区马坊镇金平西路20号字，香港皇后大道东183号合和中心54楼		
公司简介	2004年6月9日北京爱美客生物科技有限公司成立 2016年6月24日设立为爱美客技术发展股份有限公司		
主营业务	从事生物医用软组织修复材料的研发、生产和销售		

二、技术面

从二级市场看，爱美客表现出三高，即高市价（443.79元/股）、高市盈率（100.25倍）、高市值（总股本2.16亿元，总市值960.18亿元），近期最低股价391.09元/股，从技术面看股价还有上升趋势（见图14.1）。

三、2021年度报告财务数据

从2021年报财务数据看（见表14.3），仍然表现出了三高，即高收益、高成长、高分红（21元/10股）。

图 14.1　爱美股价走势

资料来源：新浪财经。

表 14.3　爱美客财务指标

报告日期	2021-12-31	2021-09-30	2021-06-30	2021-03-31
每股指标				
摊薄每股收益（元）	4.4247	3.2744	1.9642	0.7664
加权每股收益（元）	4.43	3.28	1.97	1.24
每股收益-调整后（元）	4.43	3.28	1.97	1.24
扣除非经常性损益后的每股收益（元）	4.23	——	1.9	——
每股净资产-调整后（元）	23.2467	22.1136	20.8034	19.7656

第十四章　年报编制与解读　　545

续表

报告日期	2021-12-31	2021-09-30	2021-06-30	2021-03-31
每股净资产-调整后（元）	23.2459	22.1128	20.8027	19.7998
每股经营性现金流（元）	4.3575	3.1054	2.0232	0.7156
每股资本公积金（元）	15.7641	15.7643	15.7643	15.9386
每股未分配利润（元）	5.9988	5.0707	3.7607	2.5834
调整后的每股净资产（元）	—	—	—	—
成长能力				
主营业务收入增长率（%）	104.1297	120.2871	161.8686	227.5217
净利润增长率（%）	120.8943	147.9787	195.4193	292.6655
净资产增长率（%）	10.9998	9.1473	458.0548	506.6553
总资产增长率（%）	13.6456	10.6959	437.3816	487.1316
现金流量				
经营现金净流量对销售收入比率（%）	0.6511	0.6567	0.691	0.597
资产的经营现金流量回报率（%）	0.1791	0.1348	0.0937	0.0351
经营现金净流量与净利润的比率（%）	0.9848	0.9484	1.03	0.9338
经营现金净流量对负债比率（%）	4.0088	3.3684	2.5769	1.1063
现金流量比率（%）	527.9112	510.7064	359.986	144.0651

基于公司持续、稳健的盈利能力和良好的财务状况，以及对未来发展的良好预期，在符合利润分配原则、保证公司正常经营和长远发展的前提下，为积极合理回报投资者、共享企业价值，公司拟以2021年年末总股本216 360 000股为基数，进行如下分配：

1. 向全体股东每10股派发现金股利21元（含税）。合计派发现金股利45 435.60万元（含税），现金分红金额占2021年度公司合并报表归属于母公司所有者净利润的 47.44%。

2. 本年度公司不以资本公积金转增股本，不送红股。

四、企业核心竞争力分析

公司经过多年的积累和沉淀，在医疗美容行业构建了多方面的核心竞争力，在产品、研发、生产、营销网络和团队建设等方面的竞争优势推动了销售规模的增长和品牌影响力的提升。

1. 把握中国医疗美容市场发展机遇，巩固先发优势和领先地位。
2. 丰富的已上市产品及在研产品布局推动持续增长。
3. 高素质的研发团队及行业领先的技术提供持续创新动力。
4. 坚持"直销为主，经销为辅"的差异化营销模式。
5. 先进、高标准的生产能力和高效的供应链管理。
6. 经验丰富、富有远见的管理团队及有效的人才培养机制。

五、公司治理

截至报告期末，公司治理的实际情况符合证监会、深圳证券交易所等发布的有关上市公司治理的法律法规和规范性文件的要求。

六、处罚及整改情况

处罚事宜详见表 14.4。

表 14.4　公司相关处罚事宜

名称/姓名	类型	原因	调查处罚类型	结论（如有）	披露日期	披露索引
勾丽娜	高级管理人员	公司高级管理人员近亲属买卖股票构成短线交易	中国证监会采取行政监管措施	被中国证监会北京监管局采取出具警示函的监管措施	2021年3月2日	公告编号：2021-017号《关于公司高级管理人员勾丽娜收到中国证监会北京监管局出具的警示函监管措施的公告》，披露网站巨潮资讯网

勾丽娜及王刚本人对以上行为进行了深刻反省，承诺避免此类事件

再次发生,并将根据相关规定将以上交易收益48 234.84元(扣税费后净收益)上交公司董事会。

公司及其控股股东、实际控制人诚信情况良好,不存在未按期偿还大额债务、未履行承诺或被证监会、深圳证券交易所公开谴责的情形。

我们通读了爱美客2021年度的报告,确认了该上市公司的优良质地与投资价值,同时也从公司治理模式与规范性方面予以肯定。不过,资本市场没有永远的赢家,股市有风险,投资仍需谨慎。

第十五章

境外融资

本章关键词：

熊猫债、点心债、绿色债、离岸人民币、一带一路、交易商协会

2021年，共有335家中资企业境外发行中长期债券592只，金额合计1 946亿美元，维持亚洲（除日本）G3债券第一大发行体地位。总体看，中资境外债发行主体日趋多元，优质企业发行规模占比提升，综合融资成本显著下降，绿色债券发行活跃，可持续发展类债券更加多元，服务实体经济效果更加明显，支持国家重大战略和重点领域作用更加突出，实现了提质增效。其主要特点如下所述：

一是融资成本逆势下降，更好地服务实体经济发展。

二是投资级债券占比上升，更多优质企业亮相国际资本市场。

三是可持续发展类债券类型和发行主体更加多元，助力经济社会绿色低碳转型。从行业分布来看，发行主体更加多元，改变了以往金融机构作为绿色类债券主要发行主体的情况，全面覆盖了金融机构、央企、地方国有企业、房地产企业等板块。

境外融资其实主要是通过资本市场和货币市场发行最常见的股票和

债权进行融资。

一些境内企业常常以为境内融资难度系数大,如融资渠道少、资金少、政策规范、上市融资门槛高、程序多、时间长、效率低等,而认为境外融资优势多,如资金资源多,规则简单明确,没有行政审批和人为干扰,成本可控性好,纯市场化操作,融资效果可以预期,操作团队专业性强配合程度高,融资周期短,还可以提升企业的国际地位,容易得到中外政府的双重支持等。所以,到境外融资也成为一种企业愿意尝试的募集资金的途径。

根据我国的相关政策,外资企业举借外债的管理政策较内资企业松,外资企业可以在批准的投资总额和注册资本差额内允许自由举借外债,所以为了从境外融资的方便,很多内资企业通过各种方式实现外资化。

目前境外几个离岸金融中心如英属维尔京群岛、巴拿马、开曼群岛、百慕大、中国澳门、中国香港等地是内地企业融资的主要场所。

第一节　境外融资政策支持

全球新冠肺炎疫情暴发以来,中国人民银行、国家发展和改革委员会、商务部、国务院国有资产监督管理委员会、中国银行保险监督管理委员会、国家外汇管理局等政府部门都陆续出台政策,具体贯彻落实党中央、国务院关于扎实做好"六稳"工作、全面落实"六保"任务的决策部署,推动形成以国内大循环为主体、国内国际双循环相互促进的新发展格局,进一步发挥跨境人民币业务服务实体经济、促进贸易投资便利化的作用。

一、《关于银行业金融机构境外贷款业务有关事宜的规定（征求意见稿）》

2021年9月18日,央行和国家外汇管理局发布的《关于银行业金融机构境外贷款业务有关事宜的规定（征求意见稿）》建立了本外币一体化的境内银行境外贷款政策框架（不适用于贸易融资），明确以下要点：

1. 允许境内银行在经批准的业务范围内对境外企业直接开展境外人民币贷款业务，境外贷款主体不再局限于"走出去"项目。

2. 允许境内银行向境外银行融出一年期以上中长期资金。

3. 设置了境外贷款余额上限。对一级资本净额（外国银行境内分行按营运资金计）在 20 亿元以下的境内银行，额外给予 20 亿元的初始额度。

4. 境内银行发放的境外贷款，原则上应用于境外企业经营范围内的相关支出、不得以任何形式直接或间接调回境内使用、不得用于证券投资、不得用于偿还内保外贷项下境外债务，如境外贷款用于境外直接投资，应符合国内相关主管部门有关境外投资的规定。

二、《中国人民银行国家外汇管理局关于银行业金融机构境外贷款业务有关事宜的通知》

2022 年 1 月 29 日，《中国人民银行国家外汇管理局关于银行业金融机构境外贷款业务有关事宜的通知》做出了以下规定：

1. 银行业金融机构境外贷款业务。境外贷款业务是指具备国际结算业务能力的境内银行在经批准的经营范围内直接向境外企业发放本外币贷款，或通过向境外银行融出资金等方式间接向境外企业发放一年期以上本外币贷款的行为。

境外企业是指在中华人民共和国境外（含香港、澳门和台湾地区）合法注册成立的非金融企业。

2. 境内银行应按照审慎经营原则，综合考虑资产负债情况和币种结构等各方面因素，统筹境内、境外业务发展，在境外贷款余额上限内按规定自主开展境外贷款业务，鼓励对有实际需求的境外企业优先采用人民币贷款。

3. 境内银行境外贷款余额不得超过上限，即境外贷款余额≤境外贷款余额上限。

境外贷款余额上限＝境内银行一级资本净额（外国银行境内分行按营运资金计）×境外贷款杠杆率×宏观审慎调节参数

境外贷款余额＝本外币境外贷款余额＋外币境外贷款余额×汇率风险折算因子

境外贷款余额及上限的计算均以人民币为单位，外币境外贷款余额以提款日的汇率水平折算。境内银行基于真实跨境贸易结算办理的贸易融资不纳入境外贷款余额管理。一级资本净额或营运资金以最近一期经审计的财务报告为准（采用银行法人口径）。中国人民银行、国家外汇管理局根据宏观经济形势和跨境资金流动情况对境外贷款杠杆率、宏观审慎调节参数、汇率风险折算因子进行动态调整。

境内银行应做好境外贷款业务规划和管理，确保任一时点贷款余额不超过上限。若因银行一级资本净额（营运资金）、境外贷款杠杆率或宏观审慎调节参数调整导致境外贷款余额超过上限，银行应暂停办理新的境外贷款业务，直至境外贷款余额调整至上限之内。

4. 境内银行开展境外贷款业务的，应充分了解国际化经营规则和风险管理，建立完善的业务操作规程和内控制度，报中国人民银行、国家外汇管理局或其分支机构备案后实施。提交的备案材料包括但不限于贷款流程管理、专业人员配备、风险控制制度等；与境外银行合作开展境外贷款业务的，还应建立信贷责任、管理和风险分担机制。

5. 境内银行可按现行制度规定为境外企业开立银行结算账户办理境外贷款业务，也可以通过境外企业在境外银行开立的账户办理。

6. 贷款利率应符合商业原则，在合理范围内确定。

7. 境内银行发放的境外贷款，原则上应用于境外企业经营范围内的相关支出，不得用于证券投资和偿还内保外贷项下境外债务，不得用于虚构贸易背景交易或其他形式的投机套利性交易，不得通过向境内融出资金、股权投资等方式将资金调回境内使用。如境外贷款用于境外投资，应符合国内相关主管部门有关境外投资的规定。境内银行应加强对境外贷款业务债务人主体资格、资金用途、预计的还款资金来源及相关交易背景的真实合规性审核，对是否符合境内外相关法律法规进行尽职调查，严格审查境外企业资信，并监督境外企业按照其申明的用途使用贷款资金。境内银行通过向境外银行融出资金等方式间接向境外企业发放一年期以上本外币贷款的，原则上应要求境外银行等直接债权人参照本条规定办理。

8. 境外贷款业务涉及跨境担保的，应根据有关规定，区分境内、境外债权人（受益人）分别报送跨境担保相关信息，境内银行因担保履约产生的对外债权应纳入其境外贷款余额管理。

9. 境内银行境外贷款还款币种原则上应与贷款币种保持一致。如境外企业确无人民币收入偿还境内银行境外人民币贷款，境内代理行或境外人民币清算行与参加行可为境外企业偿还境内银行境外人民币贷款所产生的跨境人民币结算需求办理人民币购售业务。境内银行可为境外企业偿还本银行境外人民币贷款所产生的跨境人民币结算需求提供外汇风险对冲和外汇结汇服务。

10. 境内银行应按照有关数据报送要求将境外本外币贷款、跨境收支、账户等信息分别报送至中国人民银行、国家外汇管理局，并于每月初5个工作日内将上月末本银行境外贷款余额变动等统计信息报告中国人民银行、国家外汇管理局。所有境外贷款业务材料留存备查，保留期限为该笔境外贷款业务结束之日起5年。

11. 境内银行在办理境外贷款业务时，应当遵守国家法律法规和相关主管部门的规定，遵循依法合规、审慎经营、风险可控的原则，切实做好境外贷款业务的风险管理工作；应按照《反洗钱法》和其他有关规定，切实履行反洗钱、反恐怖融资、反逃税义务。

12. 开发性政策性银行境外贷款以及自由贸易试验区银行境外贷款等统一按本通知模式管理，境内银行已发放境外贷款余额纳入本通知规定的境外贷款余额管理。境内银行向境外主权类机构发放贷款业务参照本通知规定执行，纳入境外贷款余额管理。境内银行通过自由贸易账户分账核算单元向境外企业发放的贷款，按自由贸易账户相关规定办理（使用境内银行总行下拨人民币资金发放的境外企业贷款须纳入境外贷款余额管理）。境内银行通过离岸账户发放的境外贷款，按离岸银行业务相关规定办理，不纳入境外贷款余额管理。

13. 中国人民银行、国家外汇管理局对27家银行境外贷款业务实行统一管理，中国人民银行副省级城市中心支行以上分支机构、国家外汇管理局各分支局按照属地管理原则对 27 家银行以外的银行境外贷款业务进行管理。开展境外贷款业务的银行应于每年 6 月 30 日之前向中国人民银行、国家外汇管理局或其分支机构报告最近一期经审计的资本数据、上年度境外贷款业务开展情况和本年度计划。

三、前海跨境融资平台

（一）什么是前海跨境人民币贷款

前海跨境人民币贷款是指符合条件的境内企业从香港经营人民币业务的银行借入人民币资金；符合条件的境内企业指在前海注册成立的，并在前海实际经营或投资的内资企业或外资企业。

（二）前海跨境人民币贷款有哪些优势

1. 内资企业无须申请外债额度。按照现行外债管理规定，内资企业是很难申请到外债额度的，而前海跨境人民币贷款新政规定，内资企业无须向外汇局申请额度。

2. 境外融资成本低于境内。一般香港银行提供境内企业的 1 年期人民币贷款利率为 4%～5%（如按 4% 贷款利率计算，相关税费约 0.58%），融资成本明显低于境内。此外还有人民币融资规避汇率风险、利率不受人民银行基准限制、贷款期限双方协商确定等优势。

3. 前海跨境人民币贷款资金用途要求与限制。借款资金的用途要求符合前海产业目录要求，用于前海的建设与发展，优先支持进口及对外支付。借款资金不得投资有价证券/金融衍生品、不得购买非自用房产、不得用于委托贷款/购买理财产品。

4. 交易结构。跨境人民币贷款涉及以下几个交易主体：前海注册企业（借款人）、境外贷款银行（目前为香港地区银行，未来将进一步放开其他地区）、境内结算银行（指深圳市银行业金融机构）、贷款监管机构（指深圳市人民银行）。

5. 跨境人民币贷款担保。根据《前海跨境人民币贷款管理暂行办法》

第十五条，境内金融机构和企业可以保证、抵押或者质押等形式，为前海跨境人民币贷款提供担保。《跨境担保外汇管理规定》放松了对跨境担保的审批，拓宽了跨境担保的方式，为跨境人民币贷款担保提供了便利。此处提到的交易模式属于借款人在境内、贷款人在境外的情形，此种借贷模式下担保应属于该规定中其他形式的跨境担保，可以自行签订跨境担保合同，除外汇局另有明确规定外，担保人、债务人不需要就其他形式跨境担保到外汇局办理登记或备案。具体担保方式也由传统的银行保函担保扩大到机构和个人保证担保、物权的抵押质押等多种形式。

6. 对港发债。《国务院关于支持深圳前海深港现代服务业合作区开发开放有关政策的批复》明确支持在前海注册、符合条件的企业和金融机构在国务院批准的额度范围内在香港发行人民币债券，用于支持前海开发建设。

7. 设立母基金。《国务院关于支持深圳前海深港现代服务业合作区开发开放有关政策的批复》明确支持设立前海股权投资母基金。在前海部际联席会议上，人民银行表示：支持设立母基金，同意在境外募集人民币资金调回境内作为基金的资金来源。国家发改委于2013年3月12日批复：原则支持设立前海股权投资母基金，并可将在香港募集人民币资金投向前海使用；母基金应在完成工商登记后一个月内到该委备案。商务部表示：同意前海母基金在投资子基金比例不超过后者基金规模10%的情况下，子基金视同内资管理，但不应涉及禁止外商投资的领域。前海管理局已草拟母基金设立方案，前海金控、国开金融已着手成立筹备小组，开展工作。

8. 前海跨境融资再创新。在前海，金融与科技相结合，金融与现代服务业相结合，在继续推进人民币资本项目可兑换、资本项下资金流动先行先试，离岸市场金融创新业务试点等金融改革的同时，前海将可能发展成为亚太乃至全球现代服务业的重要基地。

第二节 境外非金融企业债务融资

根据中国银行间市场交易商协会发布的《境外非金融企业债务融资

工具业务指引（2020版）》精神，解决境内外规则惯例接轨问题，提高市场运行效率，提升市场透明度，夯实银行间市场对外开放的制度基础，交易商协会积极推进熊猫债市场制度体系建设，致力于推动熊猫债市场发展成为规则透明、机制高效、流程规范的市场，进而推动银行间市场对外开放的持续稳健发展。

一、注册和发行

境外非金融企业发行债务融资工具应在交易商协会注册，并按照《非金融企业债务融资工具注册发行规则》中规定的发行方式发行债务融资工具。其在操作上有以下规则：

1. 发行债务融资工具应由具备非金融企业债务融资工具相关承销业务资格的金融机构承销。至少一家主承销商须在企业注册或主要营业国家或地区有子公司或分支机构，或有其他必要安排，以确保其具备开展尽职调查等工作的能力。

2. 交易商协会接受发行注册的，向境外非金融企业出具《接受注册通知书》，注册有效期2年。

境外非金融企业发行债务融资工具的，可在接受注册后12个月（含）内自主发行，12个月后发行的应事先向交易商协会备案。

3. 定向发行债务融资工具的，可在注册有效期内自主定向发行。境外非金融企业在接受注册后12个月内（含）未发行的，12个月后首期发行应事先向交易商协会备案。

4. 发行超短期融资券、资产支持票据、项目收益票据等债务融资工具品种另有规定的，从其规定。

5. 自接受注册之日起至债务融资工具债权债务关系确立前，境外非金融企业发生重大事项，或者发生非重大，但可能对投资价值及投资决策判断有重要影响事项的，参照《非金融企业债务融资工具公开发行注册工作规程》《非金融企业债务融资工具定向发行注册工作规程》相关规定进行补充信息披露或提交注册会议评议。

6. 境外非金融企业发行债务融资工具，应于每期发行文件公告前至少 3 个工作日，向交易商协会提交当期债务融资工具的募集资金使用计划书。首次发行及备案发行项目无须提交募集资金使用计划书。

二、注册文件要求

境外非金融企业发行债务融资工具，应依据交易商协会相关自律规则和《境外非金融企业债务融资工具业务指引（2020 版）》要求编制注册文件。应向交易商协会提交以下注册文件：

1. 注册报告（附境外合法注册成立的证明文件、章程性文件、有权机构决议或其他证明文件）。

2. 募集说明书。

3. 近三个会计年度经审计的财务报告，及最近一期会计报表（若有）。

4. 信用评级报告及跟踪评级安排（若有）。

5. 境内律师事务所和发行人所在国家（地区）具有相关法域执业资质的律师事务所分别出具的法律意见书。

6. 境外会计师同意函（如适用）。

7. 承销协议。

8. 交易商协会要求的其他文件。

境外非金融企业定向发行债务融资工具，应向交易商协会提交以下注册文件：

1. 注册报告（附境外合法注册成立的证明文件、章程性文件、有权机构决议或其他证明文件）。

2. 主承销商推荐函。

3. 定向发行协议或定向募集说明书。

4. 近两个会计年度经审计的财务报告，及最近一期会计报表（若有）。

5. 境内律师事务所和发行人所在国家（地区）具有相关法域执业资质的律师事务所分别出具的法律意见书。

6. 境外会计师同意函（如适用）。

7. 承销协议。

8. 交易商协会要求的其他文件。境外非金融企业如编制合并财务报表，除提交并披露合并财务报表外，原则上还应提交并披露母公司财务报表，或披露母公司财务状况中对投资者投资决策有重要影响的内容并在注册发行文件显著位置提示投资者。

境外非金融企业发行债务融资工具若公开披露信用评级报告，其评级报告应由经认可的全国银行间债券市场评级机构出具。财务报告的会计准则和审计要求应适用中国相关监管机构的规定或要求。应由企业注册所在国家（地区）具有相关法域执业资质的律师事务所出具涉及境外事项的法律意见。境内律师事务所应对涉及的境内事项出具法律意见，律师事务所应对其出具的法律意见承担法律责任。

三、募集资金使用

境外非金融企业发行债务融资工具所募集的资金可根据相关法律法规及监管要求使用于中国境内或境外。

募集资金的账户开立、跨境汇拨及信息报送等事宜，应符合中国人民银行及国家外汇管理局的有关规定。

境外非金融企业应确保募集资金用途符合相关法律法规和国家政策要求，严格按照募集说明书披露的资金用途使用募集资金，并履行相关信息披露义务。如存续期内需要变更募集资金用途，应履行相关变更程序，并至少于变更前5个工作日披露相关变更情况。变更后的募集资金用途也应符合相关法律法规及国家政策要求。

四、信息披露

1. 境外非金融企业发行债务融资工具，应通过交易商协会认可的网站公布当期发行文件。发行文件应至少包括：

（1）信用评级报告和跟踪评级安排（若有）。

（2）境内律师事务所和发行人所在国家（地区）具有相关法域执

业资质的律师事务所分别出具的法律意见书。

（3）近三个会计年度经审计的财务报告，及最近一期会计报表（若有）。

（4）境外会计师同意函（如适用）。

（5）交易商协会要求的其他文件。

2. 境外非金融企业定向发行债务融资工具的，应通过中国银行间市场交易商协会综合业务和信息服务平台对定向投资人披露当期发行文件。发行文件应至少包括：

（1）境内律师事务所和发行人所在国家（地区）具有相关法域执业资质的律师事务所分别出具的法律意见书。

（2）近两个会计年度经审计的财务报告，及最近一期会计报表（若有）。

（3）境外会计师同意函（如适用）。

（4）交易商协会要求的其他文件。

3. 境外非金融企业应定期披露相关财务信息。存续期信息披露参照《银行间债券市场非金融企业债务融资工具信息披露规则》在注册发行文件中约定。境外非金融企业在其他证券市场披露的财务信息，应在全国银行间债券市场披露。

在存续期内发生可能影响其偿债能力的重大事项、更正已披露信息差错及变更会计政策和会计估计的，应及时披露。重大事项参照《信息披露规则》对于重大事项的定义，在注册发行文件中约定。境外非金融企业在其他证券市场披露的重大事项，应在全国银行间债券市场披露。

4. 境外非金融企业发行债务融资工具，注册发行环节披露的文件应为中文或附中文版本。

存续期信息披露原则上应为中文。如境外非金融企业以英文在其他证券市场披露，应同时或在合理的最短时间内在全国银行间债券市场披露英文信息，并且按照注册发行文件指定的时间披露重要内容的中文版本。如境外非金融企业以英文在其他证券市场披露应同时或在合理的最短时间内在全国银行间债券市场披露英文信息，并且不晚于7个工作日披露中文版本或摘要。

第十五章　境外融资　　559

5. 注册发行环节披露的主要文件应为中文或附中文版本，其他文件可与定向投资人约定以中文或英文披露。存续期信息披露可由企业与定向投资人约定以中文或英文披露；如未约定，参照《非金融企业债务融资工具市场自律处分规则》第二十八条要求执行。

境外非金融企业应确保所有信息披露文件翻译准确，并对因翻译差错给投资者造成的损失承担责任。

第三节 引进战略投资者

一、什么是战略投资者

战略投资者的确切定义，目前还没有统一、权威的答案，但境内外标准基本相同。至于把目标瞄准上市公司或拟上市公司的战略投资者，是指符合国家法律、法规和规定要求，与发行人具有合作关系或合作意向和潜力，并愿意按照发行人配售要求与发行人签署战略投资配售协议的法人，是与发行公司业务联系紧密且欲长期持有发行公司股票的法人。

我国在新股发行中引入战略投资者，允许战略投资者在发行人发行新股中参与申购。主承销商负责确定一般法人投资者，每一发行人都在股票发行公告中给予其战略投资者一个明确细化的界定。

具体来讲，战略投资者就是指具有资金、技术、管理、市场、人才优势，能够促进产业结构升级，增强企业核心竞争力和创新能力，拓展企业产品市场占有率，致力于长期投资合作，谋求获得长期利益回报和企业可持续发展的境内外大企业、大集团。操作时一般要把握以下几条原则：

1. 考察境外战略投资者是否具有较好的资质条件，拥有雄厚的资金实力、交易平台、先进的管理水平等，而且对实业有较好的辨识度，有较强的投融资能力背景。

2. 境外战略投资者不仅要能带来大量资金，更要能带来先进的国际先进技术和管理，能促进被投企业产品结构、产业结构的调整升级实现国际化，并致力于长期投资合作，共同成长，谋求长远利益回报。

3. 引进境外战略投资者，要结合各自的实际情况，根据不同国情选择合适的合作对象。外资不仅想与国内外实力雄厚的企业建立战略投资合作关系，而有资金、有技术、有市场，能够增强企业竞争力和创新能力、形成产业集群的中小企业，尤其是"专精特新"小巨人企业对其更具投资吸引力，这是今后境外投融资市场的亮点。

二、境外战略投资者的分类

1. 资本实力雄厚型。此类群体投资规模大、持股量较多、市场再融资能力强，比较喜欢投资金融、房地产业。

2. 偏科技类投资型。此类群体的特点是，既有大资本，又具有技术含量高、创新能力强、品牌影响大、市场营销网络健全等优势，常常喜欢投资生物科技、能源等产业。

3. 资源整合型。此类群体具有较好的产业背景和管理水平，资源整合能力强，以谋求长期战略利益为目的，把处于同一或相近行业的对象进行产业整合，打造出具有国际影响力的大企业、大集团，从而获得长远丰厚的回报。

三、规范外商投资

根据《外商投资法》的相关规定，外商投资是指外国的自然人、企业或者其他组织直接或者间接在中国境内进行的投资活动，包括下列情形：

1. 外国投资者单独或者与其他投资者共同在中国境内设立外商投资企业。

2. 外国投资者取得中国境内企业的股份、股权、财产份额或者其他类似权益。

3. 外国投资者单独或者与其他投资者共同在中国境内投资新建项目。

4. 法律、行政法规或者国务院规定的其他方式的投资。

国家坚持对外开放的基本国策，鼓励外国投资者依法在中国境内投资。

国家实行高水平投资自由化便利化政策，建立和完善外商投资促进机制，营造稳定、透明、可预期和公平竞争的市场环境。

国家对外商投资实行准入前国民待遇加负面清单管理制度。

准入前国民待遇，是指在投资准入阶段给予外国投资者及其投资不低于本国投资者及其投资的待遇；所谓负面清单，是指国家规定在特定领域对外商投资实施的准入特别管理措施。国家对负面清单之外的外商投资给予国民待遇。

外商投资企业，是指全部或者部分由外国投资者投资，依照中国法律在中国境内经登记注册设立的企业。

对外国投资者在中国境内投资银行业、证券业、保险业等金融行业，或者在证券市场、外汇市场等金融市场进行投资的管理，国家另有规定的，依照其规定。

外商投资企业的组织形式、组织机构及其活动准则，适用《公司法》《合伙企业法》等法律的规定。

外商投资企业开展生产经营活动，应当遵守法律、行政法规有关劳动保护、社会保险的规定，依照法律、行政法规和国家有关规定办理税收、会计、外汇等事宜，并接受相关主管部门依法实施的监督检查。

外国投资者并购中国境内企业或者以其他方式参与经营者集中的，应当依照《反垄断法》的规定接受经营者集中审查。

国家建立外商投资信息报告制度。外国投资者或者外商投资企业应当通过企业登记系统以及企业信用信息公示系统向商务主管部门报送投资信息。

外商投资信息报告的内容和范围按照确有必要的原则确定，通过部门信息共享能够获得的投资信息，不得再行要求报送。

四、"一带一路"倡议——"境外融"平台

随着"一带一路"倡议的实施，中资企业加快了向"一带一路"倡议国家"走出去"的步伐。中国企业"出海"速度加快，但境外中

资企业的融资服务配套存在一定滞后，加之新冠肺炎疫情和国际政治的影响，导致融资难成为境外中资企业生存与发展的主要问题之一。

基于中国"一带一路"倡议下中资企业"走出去"遇到的"融资难"问题，由国家有关部门倡导搭建的中资企业境外融资服务平台"境外融"平台应运而生，旨在通过金融科技方式服务于即将或已经"走出去"的中资企业，为中资企业提供多样化、定制化、低成本的融资服务。

在商务部的支持下，一些市场化的境内金融服务机构也在为中资企业境外融资平台提供服务，通过互联网、区块链、大数据等金融科技手段解决境外中资企业融资难问题。

"境外融"平台已与泰国、马来西亚、菲律宾、越南、柬埔寨等周边国家分别建立融资服务平台，助力中资企业在当地的可持续发展。

五、中国金融市场进一步对外开放

2021年10月，中国金融市场双向开放再获新进展——内地与香港债券市场互联互通南向合作（"南向通"）正式上线运行，标志着债券通双向通车。"南向通"首个交易日，共有40余家内地机构投资者与11家香港做市商达成150余笔债券交易，成交金额约合40亿元，涵盖了香港市场的主要债券品种。

外商投资准入前国民待遇加负面清单管理制度基本建立，银行、证券、基金管理、期货、人身险领域的外资持股比例限制已经完全取消，业务范围也大幅度放宽，企业征信、信用评级、支付清算等领域的外资展业享受国民待遇。此外，资本市场的双向开放在持续扩大，会计、税收、交易等基础性配套制度也逐步与国际接轨。

在银行、保险、基金等领域均实现了对国外金融机构不同程度的放开。在资本市场方面，中国资产的全球吸引力增强：从股票市场看，沪深股通、沪伦通运行日渐成熟，海外投资者投资中国股票市场的渠道极大丰富；从债券市场看，"北向通"和"南向通"实现了海内外债券标的很大程度的覆盖。

2020年1月，安联保险作为第一家外商独资保险公司开业了，作为首家外商独资保险公司，它的成立意义重大。

一是标志着中国在逐步兑现实现金融开放的承诺，外资开放的大门进一步敞开，未来会有更多外商独资公司成立。

二是表明了中国在对外开放上的立场始终如一，中国有信心，也愿意接受外资的挑战和竞争，在开放中寻找发展的动力和活力。

三是说明外商机构也看好中国未来发展的潜力，投资就是投国运，没有潜力的市场不能吸引资本的到来。

第四节　外商投资证券公司

为了适应证券市场对外开放的需要，加强和完善对外商投资证券公司的监督管理，国家明确外商投资证券公司的设立条件和程序，根据《公司法》和《证券法》的有关规定执行。

扩大金融业对外开放，尤其是在2018年内确保放宽外资股比限制的落地，让外资进一步进军国内证券行业是必然趋势，同时也是外资进入中国资本市场的一个重大机遇，它将加速国内证券业分化，重新洗牌后，会提升证券业整体国际竞争力水平。境外机构投资者对中国资本市场有着巨大的投资需求，如果能够很好地利用这些资源，中国资本市场也能得到很好的发展，企业更是直接进入国际资本市场融资，降低融资难度和融资成本。通过境外股东与境内股东依法共同出资设立的证券公司搭建的平台，资本流进与输出的监管体系更加完善，对于防止系统性金融风险具有深刻意义。

一、什么是外商投资证券公司

1. 境外股东与境内股东依法共同出资设立的证券公司。

2. 境外投资者依法受让、认购内资证券公司股权，内资证券公司依法变更的证券公司。

3. 内资证券公司股东的实际控制人变更为境外投资者，内资证券公司依法变更的证券公司。

证监会负责对外商投资证券公司的审批和监督管理。

二、设立外商投资证券公司的条件

设立外商投资证券公司除应当符合《公司法》《证券法》《证券公司监督管理条例》和经国务院批准的证监会规定的证券公司设立条件外，还应当符合下列条件：

1. 境外股东具备《外商投资证券公司管理办法》规定的资格条件，其出资比例、出资方式符合《外商投资证券公司管理办法》的规定。

2. 初始业务范围与控股股东或者第一大股东的经营证券业务经验相匹配。

3. 证监会规定的其他审慎性条件。

三、境外股东的条件

外商投资证券公司的境外股东，应当具备下列条件：

1. 所在国家或者地区具有完善的证券法律和监管制度，相关金融监管机构已与证监会或者证监会认可的机构签订证券监管合作谅解备忘录，并保持着有效的监管合作关系。

2. 为在所在国家或者地区合法成立的金融机构，近3年各项财务指标符合所在国家或者地区法律的规定和监管机构的要求。

3. 持续经营证券业务5年以上，近3年未受到所在国家或者地区监管机构或者行政、司法机关的重大处罚，无因涉嫌重大违法违规正受到有关机关调查的情形。

4. 具有完善的内部控制制度。

5. 具有良好的国际声誉和经营业绩，近3年业务规模、收入、利润居于国际前列，近3年长期信用均保持在高水平。

6. 证监会规定的其他审慎性条件。

四、申请设立外商投资证券公司应提交的文件

申请设立外商投资证券公司，应当由全体股东共同指定的代表或者委托的代理人向证监会提交下列文件：

1. 境内外股东的法定代表人或者授权代表共同签署的申请表。
2. 关于设立外商投资证券公司的合同及章程草案。
3. 外商投资证券公司拟任董事长、总经理、合规负责人简历。
4. 股东的营业执照或者注册证书、证券业务资格证书复印件。
5. 申请前3年境内外股东经审计的财务报表。
6. 境外股东所在国家或者地区相关监管机构或者证监会认可的境外机构出具的关于该境外股东是否具备《外商投资证券公司管理办法》第六条第（二）项、第（三）项规定的条件的说明函。
7. 境外股东具有良好的国际声誉和经营业绩，近3年业务规模、收入、利润居于国际前列以及近3年长期信用情况的证明文件。
8. 由中国境内律师事务所出具的法律意见书。
9. 证监会要求的其他文件。

五、变更为外商投资证券公司时应提交的文件

内资证券公司申请变更为外商投资证券公司，应当向证监会提交下列文件：

1. 法定代表人签署的申请表。
2. 股东（大）会关于变更为外商投资证券公司的决议。
3. 公司章程修改草案。
4. 股权转让协议或者出资协议（股份认购协议）。
5. 拟在该证券公司任职的境外投资者委派人员的名单、简历以及相应的从业资格证明文件、任职资格证明文件。
6. 境外股东的营业执照或者注册证书、相关业务资格证书复印件。
7. 申请前3年境外股东经审计的财务报表。
8. 境外股东所在国家或者地区相关监管机构或者证监会认可的境

外机构出具的关于该境外股东是否具备《外商投资证券公司管理办法》第六条第（二）项、第（三）项规定条件的说明函。

9. 境外股东具有良好的国际声誉和经营业绩，近3年业务规模、收入、利润居于国际前列以及近3年长期信用情况的证明文件。

10. 由中国境内律师事务所出具的法律意见书。

11. 证监会要求的其他文件。

至2021年年末，市场上已存的外资控股券商共有9家，分别是高盛高华证券、瑞银证券、瑞信证券、摩根士丹利华鑫证券、汇丰前海证券（港资控股）、野村东方国际证券、摩根大通证券、大和证券、星展证券。

第五节　金融衍生产品

一、基金类

（一）品种划分

1. 封闭式基金和开放式基金。这是根据基金的运作方式分类的，主要是看基金份额是不是固定，投资者是不是允许申购和赎回。封闭式基金是指基金份额在基金合同期限内固定不变，基金份额可以在依法设立的证券交易所交易，但基金份额持有人不得申请赎回的一种基金运作方式。开放式基金是指基金份额不固定，基金份额可以在基金合同约定的时间和场所进行申购或者赎回的一种基金运作方式。这里所指的开放式基金特指传统的开放式基金，不包括ETF（交易型开放式指数基金）、LOF（上市开放式基金）等新型开放式基金。

2. 公司型基金和契约型基金。这是根据基金的组织形式来分类的，由不同国家不同的法律环境来决定。目前我国的基金全部是契约型基金，而美国的绝大多数基金则是公司型基金。

3. 股票基金、债券基金、货币市场基金、混合基金等。这是根据基金主要投资对象的不同来分类的。顾名思义，股票基金以股票投资为主，货币市场基金以货币市场工具为投资对象。在我国现行法规的规定下，以上分类的基金在各自的投资风险与预期收益方面也有明显的区别，股票基金的预期收益和投资风险都是最高的，混合基金次之，债券基金较低，而货币市场基金的预期收益和投资风险都是最低的。

60%以上的基金资产投资于股票的，为股票基金；80%以上的基金资产投资于债券的，为债券基金；仅投资于货币市场工具的，为货币市场基金；投资于股票、债券和货币市场工具，并且股票投资和债券投资比例不符合股票基金、债券基金规定的，为混合基金。

4. 成长型基金、价值型基金和平衡型基金。这是根据投资目标的不同而分类的。如成长型基金是指以追求资本增值为基本目标，较少考虑当期收入的基金，主要以具有良好增长潜力的股票为投资对象。

5. 主动型基金和被动（指数）型基金。这是根据投资理念不同而分类的，主动型基金是一类力图超越基准组合表现的基金。

被动型基金则不主动寻求取得超越市场的表现，而是试图复制指数的表现，并且一般选取特定的指数作为跟踪的对象，因此通常又被称为指数型基金。相比较而言，主动型基金比被动型基金的风险更大，但取得的收益也可能更大。

6. 特殊类型的基金。如伞型基金、保本基金、ETF 与 LOF 等。

（二）国际市场上的基金

国际市场上的基金大体分为共同基金、私募基金、封闭式基金、交易基金等，它们在不同程度上运用金融衍生品进行交易。

一般情况下，共同基金专指开放式基金。美国曾是世界上最大的共同基金市场。国外公共基金对股指期货的运用主要是资产管理和套期保值，更多的是为资产做对冲，是风险管理的手段之一。共同基金基本上是不用来做投机的，对于用多少资产比例来做对冲是有严格规定的。

20 世纪 90 年代以来，随着金融全球化趋势加深和各种投资工具创新，私募基金业获得极大发展，基金数量和规模增长迅猛。目前，美国有超过 4 000 家的私募基金，资本总额超过 5 000 亿美元。

私募基金是相对于公募的共同基金和封闭式基金而言的一种基金类

型。私募基金一般属于有限合伙人制的小型私人投资公司，种类繁多，而且投资对象多种多样，包括公开交易的证券和衍生金融产品、风险投资、杠杆买断等。索罗斯量子基金就是对冲基金，它也是私募基金的一种。

（三）指数基金

根据指数基金本身的投资操作方式，可以把指数基金分为完全被动跟踪指数的指数基金与增强型的指数基金两类。前者是完全意义上的指数基金，后者在跟踪指数的同时加入了积极投资的成分以期战胜市场，在提高收益预期的同时，也在一定程度上增加了风险与成本。

指数基金可以按照所跟踪指数对应的资产类型不同或投资区域的不同进行细分。比如在美国，根据所跟踪指数涉及的资产类别不同，可以将指数基金分成股票指数基金、债券指数基金、不动产指数基金等；又如股票指数基金可以根据投资区域的不同进行划分，如美国标准普尔500指数基金、英国富时100指数基金、日本日经指数基金等。

目前的指数基金以股票基金为主，根据基金所跟踪的股价指数的特点，可以进一步细分为以下几种类型：

1. 综合型的指数基金。综合型指数基金是目前市场中见得最多，也最为典型的指数基金，它们以市场中某一反映全市场状况的综合性指数作为跟踪标的，如我们常说的上证指数、深证成指、上证180指数、深证100指数，以及国际上著名的道琼斯工业平均数、标准普尔指数等，都属于综合型的指数。由于这些综合性的指数反映的是整个市场的平均收益，不仅具有非常强的市场代表性，也充分分散了个股的风险，所以这类综合型指数基金也就成了指数基金的主流品种。

2. 按照板块分类的局部型指数基金。这一类的指数基金以反映市场中某一板块的指数作为跟踪对象，其中最常见的是按上市公司的规模分类的指数，以及它所对应的基金，也就是大盘股指数基金、中盘股指数基金和小盘股指数基金。另外还有一种较为常见的是按投资目标进行区分的指数基金：按投资目标的风格类型进行划分，可以将股票分为价值型或成长型股票，于是也就有了价值型指数基金与成长型指数基金。

3. 行业指数基金。某些股价指数可以是描述某一特定行业上市公司股价的变化情况，由此就产生了各种类型的行业指数，以这些行业指数作为跟踪目标的指数基金就是行业指数基金。

4. 混合型指数基金。这一类的基金是上述几种类型的组合，也就是将上述的行业或板块进行复合后作为标的指数的指数基金。

所有基金产品的市场运作规则在境内外都一样，只是政策环境有所不同而已。

二、资产证券化

资产证券化是指以基础资产未来所产生的现金流为偿付支持，通过结构化设计进行信用增级，在此基础上发行资产支持证券的过程。

广义的资产证券化是指某一资产或资产组合采取证券资产这一价值形态的资产运营方式，它包括以下 4 类。

1. 实体资产证券化：实体资产向证券资产的转换，是以实物资产和无形资产为基础发行证券并上市的过程。

2. 信贷资产证券化：将一组流动性较差的信贷资产，如银行的贷款、企业的应收账款，经过重组形成资产池，使这组资产所产生的现金流收益比较稳定并且预计今后仍将稳定，再配以相应的信用担保，在此基础上把这组资产所产生的未来现金流的收益权转变为可以在金融市场上流动、信用等级较高的债券型证券进行发行的过程。

3. 证券资产证券化：证券资产的再证券化过程，就是将证券或证券组合作为基础资产，再以其产生的现金流或与现金流相关的变量为基础发行证券。

4. 现金资产证券化：现金的持有者通过投资将现金转化成证券的过程。

狭义的资产证券化是指信贷资产证券化。按照被证券化资产种类的不同，信贷资产证券化可分为住房抵押贷款支持的证券化（MBS）和资产支持的证券化（ABS）。

资产证券化的过程就是，B 把 A 转移给 C，C 以证券的方式销售给

D。B 以低成本（不用付息）拿到了现金；D 在购买以后可能获得投资回报；C 获得了能产生可见现金流的优质资产。投资者 D 之所以可能获得收益，是因为 A 不是垃圾，而是被认定为在将来的日子里能够稳妥地变成钱的好东西。SPV（特殊目的载体）是个中枢，主要是负责持有 A 并实现 A 与破产等麻烦隔离开来，为投资者的利益说话做事。SPV 进行资产组合，不同的 A 在信用评级或增级的基础上进行改良、组合、调整，目的是吸引投资者，发行证券。

（一）资产证券化交易架构

资产证券化的交易架构如图 15.1 所示。

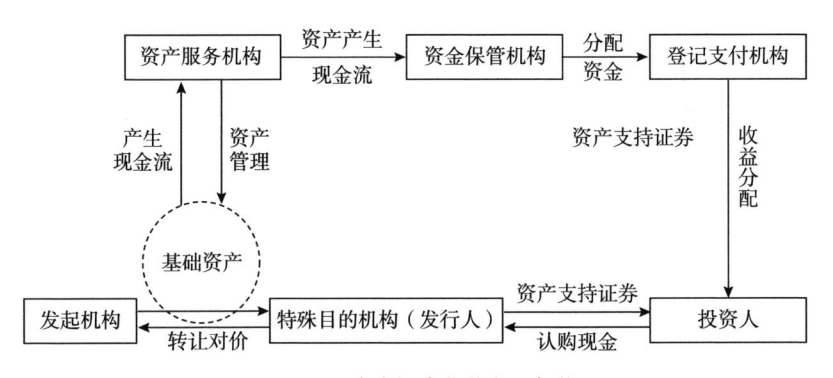

图 15.1 资产证券化的交易架构

ABS 融资模式是以项目所属的资产为支撑的证券化融资方式，即以项目所拥有的资产为基础，以项目资产可以带来的预期收益为保证，通过在资本市场发行债券来募集资金的一种项目融资方式。其特点为：

1. 最大的优势是通过在国际市场上发行债券筹集资金，债券利率一般较低，从而降低了筹资成本。

2. 通过证券市场发行债券筹集资金，是 ABS 不同于其他项目融资方式的一个显著特点。

3. 隔断了项目原始权益人自身的风险，使其清偿债券本息的资金仅与项目资产的未来现金收入有关，加之在国际市场上发行债券是由众多的投资者购买，从而分散了投资风险。

4. 通过 SPV 发行高档债券筹集资金，这种负债不反映在原始权益人自身的资产负债表上，从而避免了原始权益人资产质量的限制。

5. 作为证券化项目融资方式的 ABS，由于采取了利用 SPV 增加信用等级的措施，从而能够进入国际高档证券市场，发行那些易于销售、转让以及贴现能力强的高档债券。

6. 由于 ABS 融资模式是在高档证券市场筹资，其接触的多为国际一流的证券机构，有利于培养东道国在国际项目融资方面的专门人才，也有利于国内证券市场的规范。

（二）资产证券化基础资产负面清单

1. 以地方政府为直接或间接债务人的基础资产。不过地方政府按照事先公开的收益约定规则，在政府与社会资本合作模式（PPP）下应当支付或承担的财政补贴除外。

2. 以地方融资平台公司为债务人的基础资产。此处所指的地方融资平台公司是指根据国务院相关文件规定，由地方政府及其部门和机构等通过财政拨款或注入土地、股权等资产设立，承担政府投资项目融资功能，并拥有独立法人资格的经济实体。

3. 矿产资源开采收益权、土地出让收益权等产生现金流的能力具有较大不确定性的资产。

4. 有下列情形之一的与不动产相关的基础资产：

（1）因空置等原因不能产生稳定现金流的不动产租金债权。

（2）待开发或在建占比超过 10% 的基础设施、商业物业、居民住宅等不动产或相关不动产收益权。当地政府证明已列入国家保障房计划并已开工建设的项目除外。

5. 不能直接产生现金流、仅依托处置资产才能产生现金流的基础资产。如提单、仓单、产权证书等具有物权属性的权利凭证。

6. 法律界定及业务形态属于不同类型且缺乏相关性的资产组合，如基础资产中包含企业应收账款、高速公路收费权等两种或两种以上不同类型的资产。

7. 违反相关法律法规或政策规定的资产。

8. 最终投资标的为上述资产的信托计划受益权等基础资产。

三、房地产信托投资基金

房地产信托投资基金（REITs）是房地产证券化的重要手段，境内企业尤其是房地产企业比较喜欢在境内发行 REITs 融资。房地产证券化就是把流动性较低的、非证券形态的房地产投资，直接转化为资本市场上的证券资产的金融交易过程。房地产证券化包括房地产项目融资证券化和房地产抵押贷款证券化两种基本形式。

（一）REITs 的特点

1. 收益主要来源于租金收入和房地产升值。
2. 收益的大部分将用于发放分红。
3. 长期回报率较高，与股市、债市的相关性较低。

（二）REITs 的运作方式

一是设立特殊目的载体公司（房地产信托基金公司），向投资者发行收益凭证，类似股票发行，将募集资金投资于商场、写字楼、酒店式公寓等商业地产，并将所属经营性物业项目产生的现金流向投资者还本派息。

二是物业开发商将旗下全部或部分经营性物业资产打包，设立专门的 REITs，将其每年租金、按揭利息等现金流收益作为标的，分割成若干等份出售给投资者，之后定期派发红利，实际上给投资者提供了一种类似债券的投资方式。相比之下，商场、写字楼、酒店式公寓、停车场等商业地产收入现金流比住宅地产更稳定，因此 REITs 一般适用于商业地产。

（三）REITs 的优势

1. 基金大部分投资于房地产物业，如中国香港为 90% 以上，美国、新加坡分别为 75% 以上。
2. 投资收益主要来源于租金收入（包含房地产升值）。
3. 收益的大部分将用于发放分红，如中国香港、美国均为税后收益的 90% 以上分红给投资者。
4. 投资者持有的是 REITs 的股权，而非债权。

5. 物业单元值、物业零售化，类似于众筹上市。

6. 份额固定，类似于"老股 IPO"。

7. 长期回报率稳定并较高，与股市、债市的相关性较低。

（四）REITs 的分类

根据投资对象，可分为：

1. 权益型房地产投资信托。

2. 抵押型房地产投资信托。

3. 混合型房地产投资信托。

根据募集方式，可分为：

1. 公募型房地产投资信托。

2. 私募型房地产投资信托。

根据运行方式可以分为封闭型和开放型。

根据组织形式可以分为信托型和公司型。

（五）REITs 的税收

1. 预提所得税。根据《外商投资企业和外国企业所得税法》的规定，BVI（英属维尔京群岛）公司需缴纳外商投资企业所得税（一般情况下，对于 BVI 公司的租金收入部分应缴纳 10% 的预提所得税，出售物业时按资产净收益的 10% 缴纳预提所得税）。

2. 营业税。《外商投资企业和外国企业所得税法》规定，BVI 租金收入与不动产出售净收益须以 5% 的税率缴纳营业税。

3. 土地增值税。《土地增值税暂行条例》规定，BVI 公司须按出售物业所得的增值额来缴纳土地增值税，也就是说，缴税税基为出售物业总收入减去可扣除项目金额（可扣除项目金额包括：取得土地使用权所支付的金额，建筑物的评估价值及转让房地产有关的其他税金）且采用累进税率制度。

4. 城市房地产税。目前按照《房产税暂行条例》规定，房产税依照房产原值一次性减除 10%～30% 后的余值计算缴纳。房产税的税率依照房产余值计算缴纳的，税率为 1.2%；依照房产租金收入计算缴纳的，税率为12%。

5. 印花税。按租赁协议及房屋转让合同的0.1%及0.05%缴纳。

6. 契税。根据《契税暂行条例》的规定，BVI公司在转让土地（或楼宇）使用权时应缴纳契税，契税税率为3%~5%。

主要国家和地区REITs的税收政策比较如表15.1所示。

表15.1 主要国家和地区REITs的税收政策比较

项目	美国	澳大利亚	新加坡	中国香港
税收优惠	是	是	否	否
REITs收入	向股东和受益权凭证持有人支付的股息或收益免征公司所得税，未分配应税收入正常纳税	消极持有物业所产生的收入不缴纳所得税	消极持有物业所产生的收入不缴纳所得税	支付的收益免税，地区外收入免税，其余部分正常纳税
不动产转让	出售方对超过成本部分的收入正常纳税，如不动产持有超过10年则享受税收优惠	无	无	无
登记	对取得不动产时征收流转税	免税	减免印花税	印花税（设上限）
境内机构投资者	正常纳税	正常纳税	20%所得税	免税
境内个人投资者	正常纳税，但可享受优惠	股利正常纳税、资本利得减税	免税	免税
境外投资者	根据所得税税收协定享受减免优惠	正常纳税、资本利得减税	正常纳税	享受香港居民待遇

四、熊猫债券

熊猫债券是指外国政府、境外金融机构、外资工商企业或国际组织在我国境内发行的以人民币计值的债券，与点心债相对应，是我国债券市场双向扩张的一部分，也是推进人民币国际化的题中之义。

随着人民币进入国际货币基金组织（IMF）的SDR（特别提款权）货币篮子，为人民币的国际化奠定了一个新的基础，从此之后，我国债市的开放预期不断升温,"熊猫债"和"点心债"则分别扮演着人民币的"请进来"以及"走出去"的至关重要的一环。

熊猫债券是境外机构在中国发行的以人民币计价的债券,它与日本的"武士债券"、美国的"扬基债券"均属于外国债券的一种。由于此前境内发行成本较高,且债市开放度有限,熊猫债券在过去长达10年的时间处于"遇冷状态"。然而,随着境内债市的不断开放,离岸和在岸利差收窄,熊猫债券有望迈向新的阶段。

国际开发机构、境外非金融企业和境外商业银行已先后在我国银行间债券市场发行了人民币债券。中国银行间市场交易商协会接受了加拿大不列颠哥伦比亚省在我国银行间债券市场发行60亿元债券的注册。

五、点心债

点心债指近年兴起的香港离岸人民币债券。

很多香港人有喝午茶的习惯,而点心则是午茶的最佳伴侣。点心好吃,但量少,不能当大餐,而把"点心"的概念挪用到金融市场上,就创造出了"点心债"这一专有名词。

从息率回报来看,相对于在岸人民币债券,点心债的收益率较低,因此投资者也只能当它是"点心"。更主要的是,每次有公司在香港发行人民币债券,基本上供不应求,机构的胃口很大,这些债券的规模就跟点心一样,吃一口就没了,想多买也没有。

国家发改委公布发行点心债的新审批规定,当中包括对发行人、债券结构、监管机构以及所得款项用途等方面的要求。总体而言,拟在香港发行人民币离岸债券的任何内地非金融机构,仍必须向发改委申请,而且仅"盈利能力较强"及"信贷状况良好"的发行商会获批准。

销售有关债券的所得款项应主要用于固定资产投资,且有关投资必须符合中国有关产业发展的相关政策,这表示国有企业将有发行点心债的优先权。

以往并无特定规则规范内地企业发行点心债。新审批规定属重要规定,因其规范了审批过程并提高了透明度,令国内企业可较易来香港发行点心债。

六、绿色债券

所谓"绿色债券"，是一种专门为风力发电厂和净水系统等气候友好项目融资的金融工具。首批5亿美元绿色债券一上市，投资者便趋之若鹜，需求量是供应量的3倍还多，达到18亿美元。中国农业银行在伦敦证券交易所发行中资金融机构首单绿色债券，并与伦敦证交所集团签署《绿色金融合作备忘录》，开启中英绿色金融合作。我们认为，随着中国金融市场日渐成熟，债券将成为越来越重要的融资工具。这对于金融和经济政策问题以及环境问题都具有深远的意义，因为它增加了利用债券市场使中国向低碳/绿色经济转型的融资机会。绿色债券也适用于"一带一路"倡议沿线国家融资。

（一）绿色债券发展的关键点

1. 明确绿色项目的界定。
2. 限定绿色债券募集资金用途。
3. 加强绿色债券的款项管理。
4. 增加绿色债券的第三方认证。
5. 灵活设计绿色债券的结构。

（二）绿色债券的支持重点

绿色债券是指募集资金主要用于支持节能减排技术改造、绿色城镇化、能源清洁高效利用、新能源开发利用、循环经济发展、水资源节约和非常规水资源开发利用、污染防治、生态农林业、节能环保产业、低碳产业、生态文明先行示范实验、低碳试点示范等绿色循环低碳发展项目的企业债券。现阶段支持重点为：

1. 节能减排技术改造项目。包括燃煤电厂超低排放和节能改造，以及余热暖民等余热余压利用、燃煤锅炉节能环保提升改造、电机系统能效提升、企业能效综合提升、绿色照明等。

2. 绿色城镇化项目。包括绿色建筑发展、建筑工业化、既有建筑节能改造、海绵城市建设、智慧城市建设、智能电网建设。

3. 能源清洁高效利用项目。包括煤炭、石油等能源的高效清洁化利用。

4. 新能源开发利用项目。包括水能、风能、核能、太阳能、生物质能、地热、浅层地温能、海洋能、空气能等开发利用。

5. 循环经济发展项目。包括产业园区循环化改造、废弃物资源化利用、农业循环经济、再制造产业等。

6. 水资源节约和非常规水资源开发利用项目。包括节水改造、海水（苦咸水）淡化、中水利用等。

7. 污染防治项目。包括污水垃圾等环境基础设施建设，大气、水、土壤等突出环境问题治理，危废、医废、工业尾矿等处理处置。

8. 生态农林业项目。包括发展有机农业、生态农业，以及特色经济林、林下经济、森林旅游等林产业。

9. 节能环保产业项目。包括节能环保重大装备、技术产业化、合同能源管理、节能环保产业基地（园区）建设等。

10. 低碳产业项目。包括国家重点推广的低碳技术及相关装备的产业化、低碳产品生产项目、低碳服务相关建设项目等。

11. 生态文明先行示范实验项目。包括生态文明先行示范区的资源节约、循环经济发展、环境保护、生态建设等项目。

12. 低碳发展试点示范项目。包括低碳省市试点、低碳城（镇）试点、低碳社区试点、低碳园区试点的低碳能源、低碳工业、低碳交通、低碳建筑等低碳基础设施建设及碳管理平台建设项目。

发改委将根据实际情况，适时调整可采用市场化方式融资的绿色项目和绿色债券支持的范围，并继续创新推出绿色发展领域新的债券品种。

目前，中债－中国绿色债券指数样本券有759只，市值规模约为2.45万亿元；中债－中国绿色债券精选指数样本券有413只，市值规模约为1.85万亿元。

参考案例

金川集团成功发行2.8亿美元境外债券

金川集团是一家特大型采、选、冶、化、深加工联合企业,主要生产镍、铜、钴、铂族贵金属及有色金属压延加工产品、化工产品、有色金属化学品、有色金属新材料等。公司在全球30多个国家和地区开展有色金属矿产资源开发合作,拥有世界第三大硫化铜镍矿床,是中国最大、世界领先的镍钴生产基地和铂族金属提炼中心,镍产量居世界第三位,钴产量居世界第四位,铜产量居国内第四位,铂族金属产量居国内第一位,在全球同行业中具有较大影响力。

金川集团通过下属子公司金川集团国际资源有限公司(2019年9月11日在香港成立)于2021年2月11日成功发行2.8亿美元3年期境外债券并完成资金清分交割。本期发行债券期限3年,票面利率4.0%;定价当天最终订单过10亿美元,超额认购超过3倍;受益于强劲的订单规模,债券最终定价较初始价格指引收窄50个基点。

本期境外美元债券发行由摩根士丹利、交银国际作为全球协调人,浦发银行、兴业银行、建银国际等联席承销。

债券产品信息如下:

发行人:Jinchuan Golden Ocean Capital Limited

担保人:金川集团

担保人评级:BBB-(惠誉)稳定

预期发行评级:BBB-(惠誉)

级别:高级无抵押、固定利率债券

发行规则:Reg S

规模:2.8亿美元

期限:3年

初始指导价:4.5%区域

最终指导价:4.00%

息票率:4.00%

收益率：4.00%

发行价格：100

交割日：2021年2月10日（T+4）

到期日：2024年2月10日

控制权变更回售：101%

资金用途：偿还离岸借款和补充离岸营运资本

其他条款：香港交易所上市；最小面值/增量为20万美元/1 000美元；适用英国法

清算系统：欧洲清算银行/明讯银行

联席全球协调人、联席账簿管理人和联席牵头经办人：摩根士丹利和交银国际

联席账簿管理人和联席牵头经办人：法国巴黎银行、建银国际、民生银行香港分行、中信建投国际、信银资本、兴业银行香港分行、浦发银行香港分行、浦银国际、渣打银行和中泰国际

第十六章

境外上市

本章关键词：

VIE 架构、招股说明书、离岸注册地、红筹股、ADR、GDR、H 股

《国务院关于境内企业境外发行证券和上市的管理规定》（草案征求意见稿）和《境内企业境外发行证券和上市备案管理办法》（征求意见稿）规定，监管部门将对境内企业直接和间接境外上市活动统一实施备案管理，并要求在遵守境内法律法规的前提下，满足合规要求的协议控制（VIE）架构企业备案后可以赴境外上市。

境内企业在直接在境外发行证券或者将其证券在境外上市交易，是指注册在境内的股份有限公司在境外发行证券或者将其证券在境外上市交易。

境内企业间接在境外发行证券或者将其证券在境外上市交易，是指主要业务经营活动在境内的企业，以境外企业的名义，基于境内企业的股权、资产、收益或其他类似权益在境外发行证券或者将证券在境外上市交易。具体标准由国务院证券监督管理机构规定。

境内企业在境外发行上市的，应当依法合规经营，遵守外商投资、

国有资产管理、行业监管、境外投资等国家法律法规和规定要求,不得扰乱境内市场秩序,不得损害境内投资者合法权益和社会公共利益。

国务院证券监督管理机构依法对境内企业境外发行上市活动实施监督管理。国务院有关主管部门依法在各自职责范围内对境外发行上市的境内企业及提供相应服务的证券服务机构实施监督管理。

国务院证券监督管理机构会同国务院有关主管部门建立境内企业境外发行上市监管协调机制,加强政策规则衔接、监管协调和信息共享。

中国企业在境外上市融资一般选择中国香港、新加坡、英国、美国、日本、韩国等地市场,主要考虑因素有企业行业偏好、上市标准、发行效果、股票流通性、上市费用和维持费用、法定信息披露的基本要求,以及中介机构的匹配、政策风险、财务风险、企业决策风险等。

2020 年全年,共计 166 家中国企业在港股、美股市场成功上市,其中 34 家中概股在美股市场上市,分别有 9 家在纽交所上市,25 家在纳斯达克上市,较 2019 年的 32 家增加 2 家。132 家中国企业在港股上市,较 2019 年的 139 家减少 7 家。

2021 年共有 42 家中概股赴美上市,香港市场共有 94 家公司首发上市,在港上市的内地企业已达到 1 222 家,占香港上市公司总数的 47%。

第一节　境外上市的基本规定

《证券法》第二百二十四条规定:"境内企业直接或者间接到境外发行证券或者将其证券在境外上市交易,应当符合国务院的有关规定。"

1. 发行人应当在境外提交首次公开发行上市申请文件后 3 个工作日内,向证监会提交备案材料,包括但不限于:

(1) 备案报告及有关承诺。

(2) 行业主管部门等出具的监管意见、备案或核准等文件(如适用)。

(3) 有关部门出具的安全评估审查意见(如适用)。

（4）境内法律意见书。

（5）招股说明书。

2. 发行人境外发行上市后在其他境外市场发行上市的，应当按照本条规定履行备案程序。发行人境外上市后发行境外上市证券，应当在发行完成后3个工作日内，向证监会提交备案材料，包括但不限于：

（1）备案报告及有关承诺。

（2）境内法律意见书。

3. 发行人境外上市后发行境外上市证券购买资产，未通过一次或多次收购、换股、划转以及其他交易安排实现境内企业资产境外直接或间接上市情形的，应当按照规定履行备案程序；所购买资产为境内资产的，应当在首次公告交易事项之日起3个工作日内履行备案程序。

备案报告应就下列事项做出充分说明：

（1）本次交易有利于发行人增强持续经营能力，不存在可能导致发行人主要资产为现金或者无具体经营业务的情形。

（2）所涉及的资产权属清晰，资产过户或者转移不存在法律障碍，相关债权债务处理依法合规，履行了必要的内部决策程序。

（3）购买资产为境内经营性资产的，相关境内企业不存在违反《国务院关于境内企业境外发行证券和上市的管理规定》（草案征求意见稿）第七条、第八条规定的情形。

（4）符合国家产业政策和外商投资、境外投资、国有资产管理、外汇管理、跨境人民币管理等有关规定，履行了必要的备案、核准等程序。

特定对象以现金或者资产认购发行人发行的境外上市证券后，发行人用同一次发行所募集的资金向该特定对象购买资产的，视同发行人发行境外上市证券购买资产。

4. 存在下列情形之一的，不得在境外发行上市：

（1）存在国家法律法规和有关规定明确禁止上市融资的情形。

（2）经国务院有关主管部门依法审查认定，境外发行上市威胁或危害国家安全的。

（3）存在股权、主要资产、核心技术等方面的重大权属纠纷。

（4）境内企业及其控股股东、实际控制人最近3年内存在贪污、贿赂、侵占财产、挪用财产或者破坏社会主义市场经济秩序的刑事犯罪，或者因涉嫌犯罪正在被司法机关立案侦查或涉嫌重大违法违规正在被立案调查。

（5）董事、监事和高级管理人员最近3年内受到行政处罚且情节严重，或者因涉嫌犯罪正在被司法机关立案侦查或涉嫌重大违法违规正在被立案调查。

（6）国务院认定的其他情形。

5. 境外发行上市的境内企业应当根据《公司法》《会计法》等法律法规制定章程，完善内部控制制度，规范公司治理和财务、会计行为。

境内企业境外发行上市的，发行对象应为境外投资者，但符合相关规定或者经国务院批准的除外。境内企业境外直接发行上市有下列情形之一的，可以向符合国务院证券监督管理机构规定的境内特定对象发行：

（1）实施股权激励。

（2）发行证券购买资产。

（3）国务院证券监督管理机构规定的其他情形。

境内国有企业依照前款规定向境内特定对象发行的，应当同时符合国有资产管理部门的相关规定。

6. 境内企业境外发行上市，可以外币或者人民币募集资金、进行分红派息。

境内企业境外发行证券所募资金用途和投向，应当符合国家有关规定要求。

境内企业境外发行上市相关资金汇兑及跨境流动，应当符合国家跨境投融资、外汇管理和跨境人民币管理等规定。

国务院证券监督管理机构应当将境内企业境外发行上市备案情况向社会公开。

7. 受理审核。

（1）受理机构：证监会办公厅。

（2）审核机构：证监会国际合作部。

（3）审批数量：无数量限制。

（4）审批收费依据及标准：不收费。

（5）办理时限：自受理之日起 20 个工作日；经证监会负责人批准，可以延长 10 个工作日。

8. 申请条件。

（1）发行人是依照《公司法》设立的股份有限公司。

（2）发行人符合境外上市地上市条件。

（3）发行人按照第 9 条列明的"申请材料目录及要求"提交申请文件。

9. 申请材料。

（1）申请材料目录及要求。

①境外首次公开发行股份（包括普通股、优先股等各类股票及股票的派生形式）：

A. 申请报告及相关文件。申请报告内容包括公司演变及业务概况、股本结构、公司治理结构、财务状况与经营业绩、经营风险分析、发展战略、筹资用途、符合境外上市地上市条件的说明、发行上市方案等；相关文件包括股东大会及董事会决议、营业执照、特殊行业许可证（如适用）、公司章程、申请人及中介机构联络表。

B. 行业监管部门出具的监管意见书（如适用）。

C. 国有资产管理部门关于国有股权设置的相关批复文件（如适用）。

D. 募集资金投资项目的审批、核准或备案文件（如适用）。

E. 近 3 年（主板）或 2 年（创业板）税务部门出具的纳税证明。

F. 境内法律意见书。

G. 招股说明书（草稿）。

②境外增发股份（包括普通股、优先股等各类股票及股票的派生形式）：

A. 申请报告及相关文件。申请报告内容包括公司历史沿革、业务概况、股本结构、经营业绩与财务状况、筹资用途、前次募集资金使用情况、经营风险分析、业务发展目标、发行方案等；相关文件包括股东大会及董事会相关决议、申请人及中介机构联络表。

　　B. 行业监管部门出具的监管意见书（如适用）。

　　C. 募集资金投资项目的审批、核准或备案文件（如适用）。

　　D. 近一年税务部门出具的纳税证明。

　　E. 境内法律意见书。

　　（2）材料数量及形式。

以上材料一式三份，活页装订，并附一张光盘。申请报告、境内法律意见书均应为原件，其余材料一份原件、两份副本，副本须经律师鉴证。

　　10. 申请接收。

　　（1）接收方式：窗口接收，证监会行政许可申请受理服务中心，北京市西城区金融大街19号富凯大厦一层。

　　（2）办公时间：8：30～11：00，13：30～16：00。

　　（3）办理程序：一般程序。

　　（4）审批结果：审批通过的，发送核准批复；审批未通过的，发放不予核准批复。

　　（5）结果送达：做出行政决定后，应在10个工作日内，通过电话方式通知服务对象，并通过现场领取、邮寄、公告等方式将结果（证件及文书等）送达。

　　11. 申请人权利和义务。

　　（1）依据《行政许可法》等，申请人依法享有以下权利：

①申请人对行政机关实施行政许可，享有陈述权、申辩权；有权依法申请行政复议或者提起行政诉讼；其合法权益因行政机关违法实施行政许可受到损害的，有权依法要求赔偿。

②行政机关对行政许可申请进行审查时，发现行政许可事项直接关系他人重大利益的，申请人有权进行陈述和申辩；行政许可直接涉及申请人与他人之间重大利益关系的，申请人享有要求听证的权利。

③被行政机关依法做出不予行政许可的书面决定的，申请人有权要求行政机关说明理由，并享有依法申请行政复议或者提起行政诉讼的权利。

(2) 依据《行政许可法》等，申请人依法履行以下义务：

①申请人申请行政许可，应当如实向行政机关提交有关材料和反映真实情况，并对其申请材料实质内容的真实性负责。

②被许可人要求变更行政许可事项的，应当向做出行政许可决定的行政机关提出申请。

③被许可人需要延续依法取得的行政许可的有效期的，应当在该行政许可有效期届满30日前向做出行政许可决定的行政机关提出申请。

④被许可人以欺骗、贿赂等不正当手段取得行政许可的，应当予以撤销，行政机关应当依法给予行政处罚；取得的行政许可属于直接关系公共安全、人身健康、生命财产安全事项的，申请人在3年内不得再次申请该行政许可；构成犯罪的，依法追究刑事责任。

⑤行政许可申请人隐瞒有关情况或者提供虚假材料申请行政许可的，行政机关不予受理或者不予行政许可，并给予警告；行政许可申请属于直接关系公共安全、人身健康、生命财产安全事项的，申请人在一年内不得再次申请该行政许可。

⑥申请人未经行政许可，擅自从事依法应当取得行政许可的活动的，行政机关应当依法采取措施予以制止，并依法给予行政处罚；构成犯罪的，依法追究责任。

12. 证券公司、律师事务所存在以下情形之一的，证监会依法采取责令改正、监管谈话、出具警示函等措施，情节严重的，可以同时采取三个月到一年内不接受相关单位及其责任人出具的备案材料的措施：

(1) 备案材料内容存在相互矛盾或者同一事实表述不一致且有实质性差异的。

(2) 备案材料内容表述不清、逻辑混乱，严重影响理解的。

(3) 未及时报告或说明重大事项的。

证监会进行检查、调查或采取监管措施的，可通过派出机构实施。

发行人控制关系或控制权，是指单独或者共同、直接或者间接能够实际支配企业生产经营活动或决策的行为，包括以下情形：

(1) 持有50%以上的股权、表决权或者其他类似权益的。

(2) 能够对董事会、股东会或者股东大会等类似决策机构的决策产生重大影响的。

（3）通过合同、信托、协议等安排对经营活动、财务、人事、技术等施加重大影响或为受益所有人的。

第二节　上市方式

国内企业在海外上市的方式及途径比较多，但归纳起来一般分两类，即直接上市与间接上市。

一、境外直接上市

境外直接上市即直接以国内公司的名义向国外证券主管部门申请发行的登记注册，并发行股票（或其他金融衍生品），向当地证券交易所申请挂牌上市交易，即我们通常说的 H 股（以"Hong Kong"第一个字母"H"命名，指中国企业在香港联合交易所发行股票并上市）、N 股（以"New York"第一个字母"N"命名，指中国企业在纽约交易所发行股票并上市）、S 股（以"Singapore"第一个字母"S"命名，指中国企业在新加坡交易所上市）等。

"红筹上市"方式通常指境内企业实际控制人以个人名义在开曼群岛、英属维尔京群岛、百慕大等离岸金融中心设立壳公司，再以境内股权或资产对壳公司进行增资扩股，并收购境内企业的资产，以境外壳公司名义达到"曲线"境外上市的目的。一般操作方式为，企业实际控制人先以个人名义在英属维尔京群岛等地设立注册资本在 1 万美元左右的空壳公司，再把境内股权或资产以增资扩股方式注入空壳公司；之后以境外公司名义申请在美国、中国香港、新加坡等地上市，俗称"红筹通道"。相对于国有企业的红筹上市，业内也把多见于民营企业的这种上市路径称为"小红筹"。而作为风险资本的 3 种退出渠道（IPO、股权转让、破产清算）中获利最高的一种，境外红筹上市成为创投基金的理想选择。早年，盛大、蒙牛等有风险投资的企业到境外上市，都是采用的这种方式。

通常，境外直接上市都是采用 IPO 的方式进行。程序较为复杂，因为需经过境内、境外监管机构审批，成本较高，所聘请的中介机构也较多，花费的时间较长。但是，IPO 有三大好处：公司股价能达到尽可能高的价格、公司可以获得较大的声誉、股票发行的范围更广。所以从公司长远的发展来看，境外直接上市应该是国内企业境外上市的主要方式。

境外直接上市的主要困难在于：国内法律与境外法律不同，对公司的管理、股票发行和交易的要求也不同。进行境外直接上市的公司需通过与中介机构密切配合，探讨出符合境内、境外法规及交易所要求的上市方案。

境外直接上市的工作主要包括两大部分：国内重组、审批，境外申请上市。

境内企业境外直接发行上市的，由发行人履行备案程序，报告有关信息。

境内企业境外直接发行上市的，持有其境内未上市股份的股东申请将所持有的境内未上市股份转换为境外上市股份并到境外交易场所上市流通，应当符合证监会有关规定，并委托境内企业向证监会提交备案材料，包括但不限于：

1. 备案报告及有关承诺。
2. 境内法律意见书。

备案材料完备、符合规定要求的，证监会在 20 个工作日内出具备案通知书，并通过网站公示备案信息。

备案材料不完备或不符合规定要求的，证监会在收到备案材料后 5 个工作日内告知需补充的内容，补充材料的时间不计算在备案时限内。

二、境外间接上市

由于直接上市程序繁杂，成本高、时间长，所以许多企业，尤其是民营企业为了避开国内复杂的审批程序，以间接方式在境外上市。即国内企业在境外注册公司，境外公司以收购、股权置换等方式取得国内资产的控股权，然后将境外公司拿到境外交易所上市。

间接上市主要有两种形式：买壳上市和造壳上市。其本质都是通过将国内资产注入壳公司的方式，达到以国内资产上市的目的，壳公司可以是已上市公司，也可以是拟上市公司。间接上市的好处是成本较低，花费的时间较短，可以避开国内复杂的审批程序。但有三大问题要妥善处理——向证监会报材料备案、壳公司对国内资产的控股比例问题和选择上市时机。

境内企业境外间接发行上市的认定，应当遵循实质重于形式的原则，发行人符合下列情形的，认定为境内企业境外间接发行上市：

1. 境内企业最近一个会计年度的营业收入、利润总额、总资产或净资产，占发行人同期经审计合并财务报表相关数据的比例超过50%。

2. 负责业务经营管理的高级管理人员多数为中国公民或经常居住地位于境内，业务经营活动的主要场所位于境内或主要在境内开展。

境内企业境外间接发行上市的，发行人应当指定一家主要境内运营实体履行备案程序，报告有关信息。

三、其他境外上市方式

中国企业在境外上市通常较多采用直接上市与间接上市两大类，但也有少数公司采用存托凭证和可转换债券上市。不过这两种上市方式往往是企业在境外已上市，再次融资时采用的方式。

1. 存托凭证（DR）是一种可转让的，代表某种证券的证明，包括美国存托凭证（ADR）和全球存托凭证（GDR）。

2. 可转换债券是公司发行的一种债券，它准许证券持有人在债务条款中规定的未来某段时间内将这些债券转换成发行公司一定数量的普通股股票。

以上是我国企业在境外上市过程采用的各种上市方式。

四、上市地点

中国企业的海外上市地点，多为中国香港、美国和新加坡，多伦多、伦敦、澳大利亚、东京等地也偶有涉及。表 16.1 着重对美国、新加坡、中国香港三地做了一个简单对比。

表 16.1　三地上市比较

比较项	中国香港	美国	新加坡
基金量	多	多	一般
当地证监会监管力度	强	极强	强
对企业品牌号召力	强	较强	较强
变现能力	强	最强	强
媒体推介力度	强	一般	一般
对策略基金的吸引	有力	有力	较有力
股价上行空间	一般	大	一般
对国内企业的欢迎程度	好	较好	较好
中国政策影响力	强（裕兴之后）	一般	一般
上市费用	一般	较高	较低

第三节　香港证券市场

证监会一直高度重视内地与香港两地资本市场优势互补、协同发展，不断深化内地与香港资本市场全方位、多层次的合作。近年来，两地资本市场的密切合作没有受到国际环境的影响，在市场、产品、机构、监管等领域的务实合作不断呈现新亮点、取得新突破。在市场与产品互联互通方面，双方支持不同股权架构公司、尚未盈利的生物科技公司和科创板股票先后纳入沪深港通标的，推动 ETF 互通产品顺利实施。

政府支持并协助在香港推出 A 股指数期货，为国际投资者提供了更为便利的投资内地市场的风险管理工具，增强了香港对国际资本的服务能力和吸引力。

在内地企业赴港上市方面，证监会一直以来支持符合条件的内地企业赴港上市融资。

在机构互设方面，已有 9 家港资合资证券公司、2 家港资合资基金管理公司和 1 家港资全资期货公司在内地展业，34 家内地证券公司、25 家内地基金公司和 17 家内地期货公司在香港展业。

在监管合作方面，两地证监会定期召开高层和工作层面会议，健全完善了跨境风险防范、跨境衍生品监管等合作机制，在日常监管、执法和信息交换、人员交流等方面合作日益密切顺畅，为两地市场平稳运行提供了有力监管保障。

港交所主板上市规则包括：

1. 接受同股不同权企业上市。
2. 允许尚未盈利或者没有收入的生物科技公司来香港上市。

图 16.1 简单列示了内地企业在香港上市的基本流程。

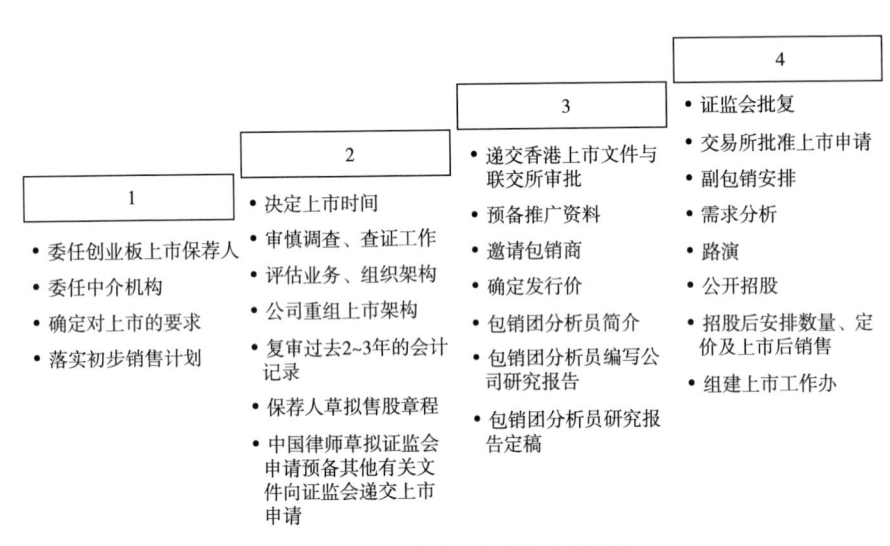

1	2	3	4
• 委任创业板上市保荐人 • 委任中介机构 • 确定对上市的要求 • 落实初步销售计划	• 决定上市时间 • 审慎调查、查证工作 • 评估业务、组织架构 • 公司重组上市架构 • 复审过去 2~3 年的会计记录 • 保荐人草拟售股章程 • 中国律师草拟证监会申请预备其他有关文件向证监会递交上市申请	• 递交香港上市文件与联交所审批 • 预备推广资料 • 邀请包销商 • 确定发行价 • 包销团分析员简介 • 包销团分析员编写公司研究报告 • 包销团分析员研究报告定稿	• 证监会批复 • 交易所批准上市申请 • 副包销安排 • 需求分析 • 路演 • 公开招股 • 招股后安排数量、定价及上市后销售 • 组建上市工作办

图 16.1　内地企业在香港上市流程

一、主板上市

香港《主板上市规则》第八章列明了股本证券上市须符合的基本条件。除非另有说明，此等条件适用于每一种上市方式，并且适用于新申请人及上市发行人（包括《主板上市规则》其他适用条款下视为新申请人的上市发行人）。

《主板上市规则》第八 A、十八、十八 A、十九、十九 A、十九 B 及十九 C 章载有寻求根据该等章节申请股本证券上市的发行人必须符合的其他条件。第八章所载规定亦适用于香港创业板发行人转板上市，但须按第九 A 章为此目的而订立的规则及规定做修订处理。

（一）发行人注意事项

1. 此等规定并非涵盖一切情况，港交所可就个别申请增订附加的规定。

2. 港交所对接纳或拒绝上市申请（包括申请由创业板转往主板上市）保留绝对酌情决定权，而即使申请人符合有关条件，亦不一定保证其适合上市。因此，港交所鼓励拟成为发行人者（特别是新申请人）向港交所寻求非正式及保密的指引，以便能及早得知上市发行的建议是否符合要求。

（二）上市基本条件

1. 发行人必须依据其注册或成立所在地的法例正式注册或成立，并须遵守该等法例及其公司章程大纲及细则或同等文件的规定。

2. 如发行人是一家香港公司，则不得是《公司条例》第十一条所指的私人公司。

3. 发行人及其业务必须属于港交所认为适合上市者。

4. 发行人必须符合《主板上市规则》第 8.05（1）条的"盈利测试"，或《主板上市规则》第 8.05（2）条的"市值/收益/现金流量测试"，或《主板上市规则》第 8.05（3）条的"市值/收益测试"。

①为符合盈利测试，新申请人须在相同的所有权及管理层管理下具备足够的营业记录。这是指发行人或其有关集团（不包括任何联营公司），或其业绩是以权益会计法记入发行人财务报表内的其他实体（视属何情况而定）须符合下列各项：

A. 具备不少于 3 个会计年度的营业记录（参阅《主板上市规则》

第4.04条），而在该段期间，新申请人最近一年的股东应占盈利不得低于2 000万港元，及其前两年累计的股东应占盈利亦不得低于3 000万港元。上述盈利应扣除日常业务以外的业务所产生的收入或亏损。

B. 至少前3个会计年度的管理层维持不变。

C. 至少经审计的最近一个会计年度的所有权和控制权维持不变。

②为符合市值/收益/现金流量测试，新申请人须符合下列各项：

A. 具备不少于3个会计年度的营业记录。

B. 至少前3个会计年度的管理层维持不变。

C. 至少经审计的最近一个会计年度的所有权和控制权维持不变。

D. 上市时市值至少为20亿港元。

E. 经审计的最近一个会计年度的收益至少为5亿港元。

F. 新申请人或其集团的拟上市的业务于前3个会计年度的现金流入合计至少为1亿港元。

③为符合"市值/收益测试"，除非港交所已根据《主板上市规则》第8.05A条的规定做出豁免，否则新申请人须符合下列各项：

A. 具备不少于3个会计年度的营业记录。

B. 至少前3个会计年度的管理层维持不变。

C. 至少经审计的最近一个会计年度的所有权和控制权维持不变。

D. 上市时市值至少为40亿港元。

E. 经审计的最近一个会计年度的收益至少为5亿港元。

④就《主板上市规则》第8.05（2）及（3）条而言，只计算新申请人主要营业活动所产生的收益，而不计算那些附带的、偶然产生的收益或收入；由账面交易（例如以物易物的虚晃交易或拨回会计上的拨备或其他纯粹因入账而产生的类似活动）所产生的收益，概不计算在内。

就"市值/收益测试"而言，如新申请人能够证明其符合下列情况，港交所会根据《主板上市规则》第8.05（3）（a）及（b）条的规定，在发行人管理层大致相同的条件下接纳发行人较短的营业记录期：

A. 新申请人的董事及管理层在新申请人所属业务及行业中拥有足够（至少3年）及令人满意的经验。新申请人的上市文件必须披露此等经验的详情。

B. 经审计的最近一个会计年度的管理层维持不变。

注：依据此条规则的矿业公司，必须遵守《主板上市规则》第18.04条的更严格规定。

在下列情况下，港交所可接纳为期较短的营业记录，并／或修订或豁免上述《主板上市规则》第8.05条所载的盈利或其他财务标准要求：

A. 发行人或其集团是《主板上市规则》第十八章的条款适用的矿业公司。

B. 发行人或其集团是新成立的"工程项目"公司（例如为兴建一项主要的基础设施而成立的公司）。

香交所认为，"基建工程"指建立基本有形架构或基础设施的工程，使一个地区或国家可借以付运经济发展所需的公需商品及服务。基建工程的例子包括道路、桥梁、隧道、铁路、集体运输系统、水道及污水系统、发电厂、电信网络、港口及机场的建设。此等"工程项目"公司的新申请人必须能够证明下列各项：

a. 其本身应是某项基建工程的其中一方，并有权兴建及营运该项基建工程（或有权摊分有关之营运权益）。该等工程项目可由申请人公司直接或透过附属或合营公司进行。港交所不会依据《主板上市规则》第8.05B（2）条考虑那些只出资但不承担有关工程发展之公司的上市申请。

b. 上市时，除了基建工程授权文件或合约所载的业务，没有从事任何其他服务。

c. 该等基建工程必须在政府授予的长期特许或授权（在一般情况下，上市时每一特许或授权工程必须有15年的剩余期限）下进行，并必须具备相当规模（申请人公司在该等工程的总资本承担当中，所占份额一般至少必须为10亿港元，有关工程才算具备相当规模）。

d. 若有关公司参与多于一个工程项目，其大部分项目正处于尚未施工或施工阶段。

e. 大部分集资所得款额将用于资助工程建设，而并非用于偿还债务或购置其他基建工程以外的资产。

f. 其不会（并会设法确保其附属公司或合资公司不会）在上市后

的前 3 年内，购入任何其他种类的资产或从事任何活动，导致业务性质改变，令业务与有关基建工程授权文件或合约所订明的不符。

g. 其主要股东及管理层必须拥有所需的经验、专业知识、营运记录以及财务实力，确保能完成有关工程并使其投入运作。尤其是，其董事及管理层在新申请人所属的业务和行业内拥有足够（至少 3 年）及令人满意的经验。新申请人的上市文件必须披露此等知识及经验的详情。

h. 港交所视情况而要求的额外文件及其他事项的披露，包括业务估值、可行性报告、敏感度分析及现金流量预测，这些文件及其他事项将包括在新申请人的上市文件内。

C. 发行人或其集团具备至少两个会计年度的营业记录，而且，发行人令港交所确信，发行人的上市符合发行人及投资者的利益，而投资者具有 8.05C（1）（2）所需的资料就申请上市的发行人及证券做出有根据的判断。在此等情况下，有关发行人须尽早咨询港交所，港交所会根据《主板上市规则》第 2.04 条施以附加的条款。

如发行人（投资公司除外；如属投资公司，则《主板上市规则》第二十一章所载的条件适用）全部或大部分的集团资产为现金及／或短期投资（按《主板上市规则》第 14.82 条的附注所界定），该发行人（投资公司除外）不会被视为适合上市。

引用《主板上市规则》第 8.05C（1）条时，发行人集团旗下经营银行业务的公司（定义见《主板上市规则》第 14A.88 条）、保险公司（定义见《主板上市规则》第 14.04 条）或证券公司（定义见《主板上市规则》第 14.04 条）所持有的现金及／或短期投资一般不计算在内。

注：若港交所怀疑经营证券公司的发行人是透过成员公司持有现金及短期投资来规避《主板上市规则》第 8.05C（1）条，则上述豁免不适用于该发行人。例如，发行人不得利用旗下份属持牌经纪但只经营小量经纪业务的成员公司持有大量现金及／或证券投资规避《主板上市规则》第 8.05C（1）条。港交所将应用原则为本方法而考虑（其中包括）因应相关成员公司的经营模式及其所进行受规管活动的现金需要（应由其过往业绩记录证明）而持有的现金及／或短期投资。

5. 如属新申请人，其申报会计师报告（参阅《主板上市规则》第四章）的最后一个会计期间的结算日期，距上市文件刊发日期，不得超过 6 个月。

6. 寻求上市的证券必须有充分的市场需求。这是指发行人必须证明将有足够公众人士对发行人的业务及寻求上市的证券感兴趣。

7. 寻求上市的证券，必须有一个公开市场，这一般指：

（1）无论何时，发行人已发行股份数目总额必须至少有 25% 的公众人士持有。

（2）对于那些拥有一类或以上证券（除了正申请上市的证券类别外也拥有其他类别的证券）的发行人，其上市时由公众人士持有［在所有受监管市场（包括港交所）上市］的证券总数，必须占发行人已发行股份数目总额至少 25%。然而，正申请上市的证券类别，则不得少于发行人已发行股份数目总额的 15%，而其上市时的预期市值也不得少于 1.25 亿港元。

8. 新申请人预期在上市时的市值不得低于 5 亿港元，而在计算是否符合此项市值要求时，将以新申请人上市时的所有已发行股份［包括正申请上市的证券类别以及其他（如有）非上市或在其他受监管市场上市的证券类别］作为计算基准。

9. 寻求上市的每一类证券（期权、权证或可认购或购买证券的类似权利除外），预期在上市时的市值（不论是新申请人或上市发行人）不得低于 5 000 万港元。

10. 如寻求上市的证券是期权、权证或可认购或购买证券的类似权利，则该等证券预期在上市时的市值（不论是新申请人或上市发行人）不得低于 1 000 万港元。

11. 申请人的上市文件内须在显眼位置披露下列资料：

（1）不包括该除外业务的理由。

（2）有关除外业务及其管理层的描述，使投资者能评估该业务的性质、范围及规模，并阐明该业务如何与申请人之业务竞争。

（3）有关证明申请人能独立于除外业务、基于各自利益来经营其业务的事实。

（4）控股股东日后是否拟将除外业务注入申请人，以及控股股东拟将或不将该除外业务注入的时间。如上市后有任何该等资料的转变，申请人须在其知悉该转变后，尽快按照《主板上市规则》第 2.07C 条的规定刊登公告。

（5）港易所认为必需的任何其他资料。

12. 控股股东在除外业务的权益包括：

（1）如该业务经由一家公司进行，控股股东作为该公司的董事（独立非执行董事除外）或主要股东之权益。

（2）如该业务经由合伙企业进行，控股股东作为该企业的合伙人之权益。

（3）如该业务是经由独资企业进行，控股股东作为该业务的所有人之权益。如该公司为一家控股公司，则申请人可以一个集团为基准，披露《主板上市规则》第 8.10（1）（a）条所规定有关该公司及其附属公司的资料。

13. 董事在该等业务的权益包括：

（1）如该业务是经由一家公司进行，董事作为该公司的董事（独立非执行董事除外）或主要股东之权益。

（2）如该业务是经由合伙企业进行，董事作为该企业的合伙人之权益。

（3）如该业务是经由独资企业进行，董事作为该业务的所有人之权益。

如该公司为一家控股公司，则申请人可以一个集团为基准，披露《主板上市规则》第 8.10（2）条所规定有关该公司及其附属公司的资料。

14. 申请在港交所作主要上市的新申请人，需有足够的管理层人员在香港。此一般是指该申请人至少须有两名执行董事通常居于香港。

15. 发行人必须委任一名符合《主板上市规则》第 3.28 条规定的公司秘书。

二、创业板上市

创业板（GEM）的定位，是为中小型公司提供一个上市的市场，此等公司相比其他在主板上市的公司带有高投资风险。因此，发行人须在其上市文件及通函中做出适当的忠告及披露,而在无损本条的一般性的原则下,应参考《创业板上市规则》第 2.20 条的规定。

由于在创业板上市的公司普遍为中小型公司,在创业板买卖的证券可能会较之于主板买卖之证券承受较大的市场波动风险,同时无法保证在创业板买卖的证券会有高流通量的市场。

(一) 发行人的一般条件

发行人必须依据中国香港、中国内地、百慕大或开曼群岛的法例正式注册成立,并须遵守该等地区的法例(包括有关配发及发行证券的法例)及其公司组织章程大纲及细则或同等文件的规定。发行人的公司组织章程大纲及细则须符合《创业板上市规则》附录三的规定,此外,(如情况属在特定司法管辖区注册成立的海外发行人)亦须符合《创业板上市规则》附录十一的规定。

发行人及其业务必须属于港交所认为适合上市者。在不损害本规则的一般性原则下,其集团资产全部或大部分属现金及/或短期投资(按《创业板上市规则》第 19.82 条附注所界定)的发行人均视作不适合上市。

引用《创业板上市规则》第 11.06（1）条时,发行人集团旗下经营银行业务的公司(定义见《创业板上市规则》第 20.86 条)、保险公司(定义见《创业板上市规则》第 19.04 条)或证券公司(定义见《创业板上市规则》第 19.04 条)持有的现金及/或短期投资一般不计算在内。如属新申请人,其申报会计师最近期申报的财政期间,不得早于上市文件刊发日期前 6 个月结束。

1. 新申请人或其集团(不包括采用权益会计法或比例综合法将其业绩在发行人财务报表内列账的任何联营公司、合资公司及其他实体)必须具备足够至少两个财政年度的适当编制的营业记录,并且从日常及正常业务经营过程中产生净现金流入(但未计入调整营运资金的变动及已付税项)。申请上市的新申请人或其集团此等在刊发上市文件前两个财政年度从经营业务所得的净现金流入总额必须最少达 3 000 万港元。

2. 申请人在刊发上市文件前的完整财政年度及至上市日期为止的

整段期间，其所有权及控制权必须维持不变。

3. 申请人在刊发上市文件前两个完整财政年度及至上市日期为止的整段期间，其管理层必须大致维持不变。

（二）上市证券条件

1. 由公众人士持有的股本证券的市值（于上市时厘定）必须最少为 4 500 万港元。

2. 于上市时，该等证券必须由不同方面的人士持有。数目将视发行的规模及性质，只作为指引而言，于上市时，公众持有的股本证券须最少由 100 个人持有（包括透过中央结算系统持有其证券的人士）。

3. 就寻求上市的可认购或购买股份的期权、权证或类似权利（权证）而言：

（1）如属新申请人的情况。

（2）有关权证的市值（于其上市时厘定）必须最少为 600 万港元。

（3）于上市时，该等权证必须由不同方面的人士持有。数目将视发行的规模及性质，只作为指引而言，于上市时，公众持有的权证须最少由 100 个人持有（包括透过中央结算系统持有其权证的人士）。

4. 如属上市发行人的情况：

（1）有关权证的市值（于其上市时厘定）必须最少为 600 万港元。

（2）于上市时，该等权证必须由不同方面的人士持有，但如果有以下情况，则不适用：

①该等权证是以发行红利证券方式向发行人股份的现有持有人派送。

②在拟作红股发行的公告日期前 5 年之内，并无情况显示发行人的股份可能集中于几个股东手中。于上市前，该等权证必须由不同方面的人事持有。数目将视发行的规模及性质，只作为指引而言，于上市时，公众持有的权证须最少由 100 个人持有（包括透过中央结算系统持有其权证的人士）。

5. 如情况属上市发行人寻求将已上市的证券类别的更多证券上市，则第（2）及（3）分段所载的限制均不适用。

6. 新申请人预期在上市时的市值不得低于1.5亿港元。而在计算是否符合此项市值要求时，将以新申请人上市时的所有已发行股份［包括正申请上市的证券类别以及其他（如有）非上市或在其他受监管市场上市的证券类别］作为计算基准。

7. 在第11.23（10）条的规定下，无论何时，发行人已发行股份数目总额必须至少有25%由公众人士持有。

8. 上市时由公众人士持有的证券中，由持股量最高的3名公众股东实际拥有的百分比，不得超过50%，但如果有以下情况，则不适用：

（1）将予上市的证券为可认购或购买股份的期权、权证或类似权利。

（2）有关证券是以发行红利证券方式向上市发行人股份的现有持有人派送。

（3）在拟作红股发行的公告日期前5年之内，并无情况显示发行人的股份可能集中于几个股东手中。

9. 对于那些拥有一类或以上证券（除了正申请上市的证券类别外也拥有其他类别的证券）的发行人，其上市时由公众人士持有［在所有受监管市场（包括港交所）上市］的证券总数，必须占发行人已发行股份数目总额的至少25%。然而，正申请上市的证券类别，则不得少于发行人已发行股份数目总额的15%，而其上市时的预期市值也不得少于4 500万港元。

10. 如发行人预期在上市时的市值超过100亿港元，另外港交所亦确信该等证券的数量，以及其持有权的分布情况，仍能使有关市场正常运作，则港交所可酌情接纳15%~25%的一个较低的百分比，条件是发行人须于其首次上市文件中适当披露其获准遵守的较低公众持股量百分比，并于上市后的每份年报中连续确认其公众持股量符合规定（参阅《创业板上市规则》第17.38A条）。此外，任何拟在香港及香港以外地区市场同时推出的证券，一般须有充分数量（事前须与港交所议定）在香港发售。

11. 尽管证券无论何时均须维持指定的最低百分比由公众人士持有，但若发行人是《收购守则》下一项全面收购（包括私有化计划）所涉

第十六章　境外上市

及的对象，港交所可考虑给予发行人一项临时的豁免，即暂时豁免其遵守最低公众持股量的规定，让其在可接受要约的期限结束后的一段合理时期内将百分比恢复至所规定水平。如获得此项豁免，发行人须在豁免期结束后立刻恢复所规定的最低公众持股量百分比。

香港主板与创业板上市条件比较见表16.2。

表16.2 主板与创业板上市条件比较

项目	香港主板上市条件及要求	香港创业板上市条件及要求
盈利要求	须具备3年的营业记录；过去3年盈利合计5 000万港元（最近1年须达2 000万港元，再之前两年合计须过3 000万港元）；在3年的业绩期，须有相同的管理层	不设最低溢利要求，但一般须显示有24个月的活跃业务和须有活跃的主营业务在活跃业务期，须有相同的管理层和持股人
市值要求	新申请人上市时的预计市值不得少于1亿港元，其中由公众人士持有的证券的预计市值不得少于5 000万港元	上市时的最低市值无具体规定，但实际上市时不能少于4 600万港元；期权、权证或类似权利，上市设计须达600万港元
股东要求（新上市）	在上市时最少须有100名股东，而每100万港元的发行额须由不少于3名股东持有	于上市时公众股东至少有100名，如公司只能符合12个月"活跃业务记录"的要求，于上市时公众股东至少有300名
公众持股要求	最低公众持股数量为5 000万港元或已发行股本的25%（以较高者为准）；但若发行人的市值超过40亿港元则可以降低至10%	市值少于40亿港元的公司的最低公众持股量须占25%，涉及的金额最少为3 000万港元；市值相等于或超过40亿港元的公司，最低公众持股量须达10亿港元或已发行股本的20%（以两者中之较高者为准）
禁售规则	上市后6个月控制性股东不能减持股票及后6个月期间控制性股东不得丧失控股股东地位（股权不得低于30%）	在上市时管理层股东及高持股量股东必须合共扭亏增盈，不少于公司已发行股本的35%，管理层股东和持股比例少于1%的管理层股东的股票禁售期分别为12个月和36个月
主要业务要求	并无有关具体规定，但实际上，主线业务的盈利必须符合最低盈利的要求	必须从事单一业务，但允许有围绕该单一业务的周边业务活动

续表

项目	香港主板上市条件及要求	香港创业板上市条件及要求
公司治理要求	主板公司须委任至少两名独立非执行董事，联交所亦鼓励（但非强制要求）主板公司成立审核委员会	须委任独立执行董事，合资格会计师和监察主任以及设立审核委员会
保荐人制度	有关聘用保荐人的要求于公司上市后即告终止（H股发行人除外：H股发行人须至少聘用保荐人至上市后满一年）	须于上市后最少两个整财政年度持续聘用保荐人担当顾问
管理层稳定性要求	申请人的业务须于3年业绩记录期间大致由同一批人管理	申请人则须在申请上市前24个月（或减免至12个月）大致由同一批人管理及拥有
业务目标声明	并无有关规定，但申请人须列出一项有关未来计划及展望的概括说明	须申请人的整体业务目标，并解释公司如何计划于上市那一个财政年度的余下时间及其后两个财政年度内达致该等目标
信息披露	一年两度的财务报告	按委披露，中期报和年报中必须列示实际经营业绩与经营目标的比较
包销安排	公开发售以供认购必须全面包销	无硬性包销规定，例如发行人要筹集新资金，新股只可以在招股章程所列的最低认购期达到时方可上市

在港交所上市的成本包括支付给保荐人、法律顾问、会计师等中介的费用，总费用根据首次发行规模的大小会有很大差异，企业应准备将5%~30%的募集资金作为发行成本。其中，标准的承销费用为募集资金的1.5%~4.0%。

三、民营企业赴香港上市需要做的基本事项

1. 变更身份，由国内企业变成"境外企业"，以境外企业身份上市；如在香港、百慕大、开曼等地注册。
2. 资产重组，做好各种报表和材料。

第十六章　境外上市

3. 提交证监会审核，出具"不反对意见函"。

4. "路演"，到中国香港、新加坡等地，向各基金公司的经理们兜售、推销，直到公开上市。

5. 聘请财务顾问全程指导，时间一般为 4~6 个月。参与企业股份制"改制"是财务顾问的业务之一，改制报告的主要内容包括股权结构、债务重组、业务重组、财务梳理等。

6. 建立中介机构合作关系，包括券商、会计师、律师、公关公司等，把企业的管理、市场营销、资本运作、财务运作等结合在一起。财务报表符合国际会计准则及上市要求。

7. 中介机构收费标准通常在 100 万元以上，企业付费可以采用现金支付、股份支付，或部分现金、部分股份支付等方式。

四、关于港股通下香港上市公司向境内原股东配售股份的备案规定

1. 根据两地证监会监管安排，港股通下香港上市公司向境内原股东配售股份的行为应当向证监会备案。

2. 香港上市公司配股申请在取得香港联交所核准后，应当将申请材料、核准文件报证监会。证监会基于香港方面的核准意见和结论进行监督。

3. 香港上市公司在提交备案材料时，应当对提交材料的文本效力做出以下原则性说明，并出具以下承诺：

（1）本次备案文件为经香港联交所审议的最终文本，与提交香港联交所的内容完全一致。

（2）为维护股东合法权益，本公司承诺向内地原股东配售股份事项，将公平对待内地投资者。

（3）自备案材料提交之日起至本次股票发行结束前，如发生重大事项，本公司承诺将及时向证监会报告。

五、内地与香港股票市场交易互联互通机制的若干规定

内地与香港股票市场交易互联互通机制包括沪港股票市场交易互联互通机制（以下简称沪港通）和深港股票市场交易互联互通机制（以下简称深港通）。

沪港通包括沪股通和沪港通下的港股通。沪股通是指投资者委托香港经纪商，经由香港联交所在上海设立的证券交易服务公司，向上交所进行申报（买卖盘传递），买卖沪港通规定范围内的上交所上市的股票。沪港通下的港股通，是指投资者委托内地证券公司，经由上交所在香港设立的证券交易服务公司，向联交所进行申报（买卖盘传递），买卖沪港通规定范围内的联交所上市的股票。

深港通包括深股通和深港通下的港股通。深股通是指投资者委托香港经纪商，经由联交所在深圳设立的证券交易服务公司，向深交所进行申报（买卖盘传递），买卖深港通规定范围内的深交所上市的股票。深港通下的港股通，是指投资者委托内地证券公司，经由深交所在香港设立的证券交易服务公司，向联交所进行申报（买卖盘传递），买卖深港通规定范围内的联交所上市的股票。沪港通下的港股通和深港通下的港股通统称港股通。

上交所、深交所和联交所开展内地与香港股票市场交易互联互通机制相关业务，应当履行下列职责：

1. 提供必要的场所和设施。
2. 上交所、深交所分别在香港设立证券交易服务公司，联交所分别在上海和深圳设立证券交易服务公司；对证券交易服务公司业务活动进行管理，督促并协助其履行相关规定所赋予的职责。
3. 制定相关业务规则，对市场主体的相关交易及其他活动进行自律管理，并开展跨市场监管合作。
4. 制定证券交易服务公司开展相关业务的技术标准。
5. 对相关交易进行实时监控，并建立相应的信息交换制度和联合监控制度，共同监控跨境的不正当交易行为，防范市场风险。
6. 管理和发布相关市场信息。

7. 证监会规定的其他职责。

证券交易服务公司应当按照证券交易所的相关业务规则或通过证券交易所的相关业务安排履行下列职责：

1. 上交所证券交易服务公司提供沪港通下的港股通相关服务，深交所证券交易服务公司提供深港通下的港股通相关服务；联交所在上海设立的证券交易服务公司提供沪股通相关服务；联交所在深圳设立的证券交易服务公司提供深股通相关服务。

2. 提供必要的设施和技术服务。

3. 履行沪股通、深股通或港股通额度管理相关职责。

4. 制定沪股通、深股通或港股通业务的操作流程和风险控制措施，加强内部控制，防范风险。

5. 上交所、深交所设立的证券交易服务公司应当分别制定内地证券公司开展港股通业务的技术标准，并对拟开展业务公司的技术系统进行测试评估；联交所在上海和深圳设立的证券交易服务公司应当分别制定香港经纪商开展沪股通、深股通业务的技术标准，并对拟开展业务公司的技术系统进行测试评估。

6. 为证券公司或经纪商提供技术服务，并对其接入沪股通、深股通或港股通的技术系统运行情况进行监控。

7. 证监会规定的其他职责。

中国证券登记结算有限责任公司、香港中央结算有限公司开展内地与香港股票市场交易互联互通机制相关业务，应当履行下列职责：

1. 提供必要的场所和设施。

2. 提供登记、存管、结算服务。

3. 制定相关业务规则。

4. 依法提供名义持有人服务。

5. 对登记结算参与机构的相关活动进行自律管理。

6. 证监会规定的其他职责。

境外投资者的境内股票投资，应当遵循下列持股比例限制：

1. 单个境外投资者对单个上市公司的持股比例，不得超过该上市公司股份总数的10%。

2. 所有境外投资者对单个上市公司 A 股的持股比例总和,不得超过该上市公司股份总数的 30%。境外投资者依法对上市公司战略投资的,其战略投资的持股不受上述比例限制。境内有关法律法规和其他有关监管规则对持股比例的最高限额有更严格规定的,从其规定。

第四节 英国证券市场

英国的发行与上市审核制度比较特殊。在英国,发行和上市是分离的,如果一个公司仅想发行股票而并不想让其股票在交易所交易,那么它就不需要进行实质性审核。如果一个公司希望其股票在交易所上市,那么它就要受到英国上市委员会和伦敦证券交易所的双重审核。这两重审核都包含了实质审核的内容。也就是说,英国上市委员会和伦敦证券交易所都会对公司的盈利、行业前景、管理等提出要求和门槛。如果通过了双重审核,就可以在伦敦证券交易所上市。

一、政府机构的审核

对于上市股票而言,发行公司需要得到伦敦证券交易所或者英国上市管理署(UKLA)的上市许可。发行公司必须将招股说明书以及其他文件交伦敦证券交易所/UKLA 审核,经审核后才能在报纸上公开刊登,并抄送一份招股说明书给公司注册署备案,由其监管股票发行的登记。对于非上市股票的发行而言,公司只需向公司注册署进行注册登记,就可以向公众发行股票。

UKLA 的审核是依据两个规则进行的:上市规则和招股说明书规则。上市规则主要是针对公司本身是否符合上市的要求,这其中包括对公司规模、盈利、管理等的要求。而招股说明书规则是对招股说明书本身的格式和披露的内容做出审查。对于拟上市公司而言,UKLA 的具体要求如表 16.3 所示。

表16.3　UKLA对拟上市公司的具体要求

项目	上市条件
公司条件	发行人必须是按照英国《公司法》批准注册的合格公司，其经营管理运作与该公司的章程一致
经营要求	申请上市的公司，必须有自己的主营业务，且必须是独立并有收入的主营业务，一般至少有3年经营记录
公司管理	申请IPO的公司，其董事会和高管人员必须包括以往3年主营业务的主管人员 董事会成员应有较高专业技能和经验，确保与公司利益无冲突
运营资本	运营资本必须充足。财务报表与注册所在地的法律和交易所认可的会计准则一致，并按英美国际会计准则进行了独立审计
发行股份	必须是可以自由转让的证券 最低市值为70万英镑 公众持股不少于25% 预购该证券的承诺和期权比例一般情况下不得高于发行数的20%

二、伦敦证券交易所的审核

伦敦证券交易所的上市分成主板市场和二板市场（AIM）。主板主要为具备一定规模、盈利良好、通过UKLA上市审核的公司服务，而AIM板主要是为中小企业提供服务。所有在伦敦证券交易所交易的股票都必须符合其"准入标准"和"披露标准"。"准入标准"主要是证券本身交易规则、交易手段的标准，包括证券必须可以电子交易、可以自由议价、遵守交易所的交易流程等。"披露标准"则要求每个证券符合其相应监管机构规定的披露标准。

由于在伦敦证券交易所AIM板市场交易的股票为非上市股票，因此，申请至AIM板挂牌交易的公司无须经UKLA核准，仅须经伦敦证券交易所同意即可。申请公司除须指定辅导公司以协助其完成申请程序外，还须指定一名股票经纪商，并递交申请文件（包括董事背景、发起人、主要营业及财务状况等），伦敦证券交易所通常于收件后72小时内完成审核工作。

三、英国各股票市场上市规则比较

英国股票市场分伦敦证券交易所（主板市场）、AIM（二板市场）及场外交易（OFEX），其各自上市规则如表 16.4 所示。

表 16.4 英国各股票市场一览

主要上市规则	主板市场	二板市场	场外交易
保荐商及保荐期	必须指定	需要指定注册的保荐人	需要终身保荐人
营业史要求	3 年经审计的全面经营记录	无需具备三年的经营记录	无要求
上市证券的市值	至少 70 万英镑	无要求	无要求
公众持股比例	至少 25%	没有最低限制	无要求
营运资金	企业在上市后的 12 个月内必须有足够的运营资金	无要求	无要求

（一）英国伦敦证券交易所上市条件

1. 公司一般须有 3 年的经营记录，并须呈报最近 3 年的总审计账目。如没有 3 年经营记录，某些科技产业公司、投资实体、矿产公司以及承担重大基建项目的公司，只要能满足伦敦证券交易所《上市细则》中的有关标准，亦可上市。

2. 公司的经营管理层应能显示出为其公司经营记录所承担的责任。

3. 公司呈报的财务报告一般须按国际或英美现行的会计及审计标准编制，并按上述标准独立审计。

4. 公司在伦敦证券交易所的注册资本应超过 70 万英镑，且至少有 25% 的股份为社会公众持有。实际上，通过伦敦证券交易所进行国际募股，其总股本一般要求不少于 2 500 万英镑。

5. 公司须按伦敦证券交易所规范要求（包括欧共体法令和 1986 年版《金融服务法》）编制上市说明书，发起人需使用英文发布有关信息。

(二) 英国伦敦证券交易所 AIM 市场的上市条件

在伦敦证券交易所推出的 AIM 板块交易的股票，严格意义上来说并不是上市的股票，但是由于通过了伦敦证券交易所的"交易审核"，取得了"交易许可证"，则可以在伦敦证券交易所的 AIM 板块交易。对于这些公司，伦敦证券交易所全权进行审核，其审核要求包括了形式审核和实质审核。

英国在 1980 年年底建立了二板市场，即 AIM 市场。在 AIM 板上市的公司中，公司规模基本上是比较小型的，80% 的公司市值低于 3 000 万英镑。在 122 家通过发起上市募集资金的公司中，超过 75% 的公司募集资金范围在 100 万～1 000 万英镑。在众多规模不大及新兴的公司募资需求下，AIM 板在 2004 年共募集 46 亿英镑，在 2005 年募集 60 亿英镑，且在 AIM 板上市的公司已有超过 50 家转升至伦敦交易所主板市场。

AIM 板对于企业的上市标准没有特定的要求，但是拟在 AIM 板上市的公司还是必须具备一些足以吸引投资者的基本特征。保荐人及投资者在选择项目时，一般考虑的因素包括：

1. 合理的董事局构成。公司必须聘用一名英国公民作为公司的独立非执行董事，保荐人、经纪人及投资者均要求上市公司董事局内最少要有 2 名独立非执行董事。

2. 强有力的管理团队。公司具有一个强有力的管理团队，重要或关键的职位均由具有丰富经验和能力的人员担任。

3. 具有竞争力的产品或服务。公司提供的产品或服务在行业中具有一定的竞争力，显示出较强的发展潜力。

4. 完善的财务控制体系和管理报告系统。公司有完善和严密的财务控制体系和管理报告系统，能够提供及时准确的管理报表。

5. 至少一年的盈利营业记录。

6. 较好的增长前景。公司必须能够在一个有可塑性的商业计划中展示未来良好的盈利增长前景。

7. 海外拓展计划。海外机构投资者非常关注企业是否已经进入国际市场，以及将来是否有海外拓展计划。

在 AIM 板上市由于不需经过交易所或证券监督管理机构的实质性审批，所以上市进程非常快，一般 3～6 个月即可完成全部上市过程。其基本上市流程如图 16.2 所示。

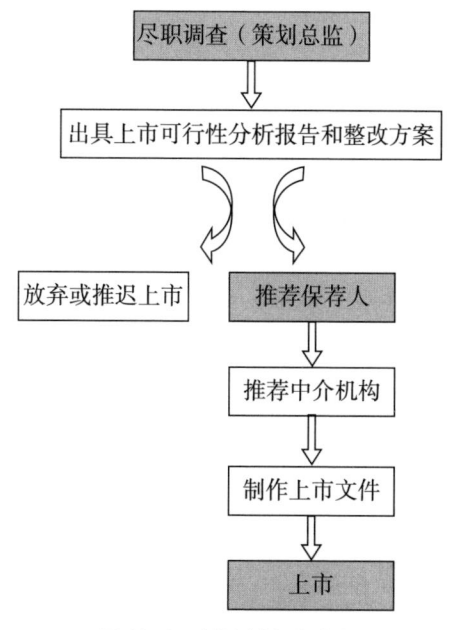

图 16.2　AIM 板上市流程

资料来源：天使投资 http：//www.myvc.com.cn/。

企业支付给中介机构的收费标准及中介机构收取费用的付款程序如表 16.5 和图 16.3 所示。

表 16.5　中介机构收费情况

中介机构	收费（一般收费标准，根据具体情况收费有浮动）
保荐人	人民币 150 万～200 万元
策划总监	人民币 150 万～200 万元
美国律师	人民币 70 万～90 万元
中国律师	人民币 40 万～50 万元
报告会计师	人民币 120 万～150 万元
审计会计师	人民币 80 万～150 万元
公关	人民币 30 万～50 万元
承销商	融资金额的 3%～5%
总数	人民币 640 万～890 万元

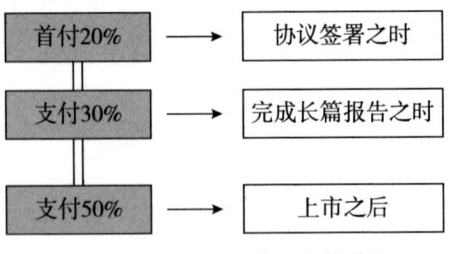

```
首付20%  →  协议签署之时
支付30%  →  完成长篇报告之时
支付50%  →  上市之后
```

图 16.3　中介机构费用付款进程

公司上市后的维护成本主要包括两部分：保荐人年费、交易所年费。

1. 保荐人年费：根据企业资产规模、市值的大小，保荐人的收费也有差异，一般情况下在 25 000 英镑左右。

2. 交易所年费。其计算遵循如下标准：

（1）上市年费以上市公司 11 月 30 日的市值为基础进行累进计算。

（2）上市年费以直线法进行累进计算，最低年费 5 125 英镑，最高年费 20 525 英镑。

（3）市值小于 3.5 亿英镑的公司支付固定年费 5 125 英镑。

（4）市值大于 3.5 亿英镑的公司，市值每增加 100 万英镑，年费增加 7.7 英镑，直至最高年费 20 525 英镑。

四、申请伦敦证券交易所主板市场上市的主要步骤

1. 通常总共需要两年时间徘徊公司募股，大多数顾问会建议从决定到执行的时间至少为一年。这有助于企业保持稳定，并确保适当的内部财务和管理控制已就位，以及公司董事会的适当组成，还可留出时间深入执行制度和纪律，从而将问题消灭在萌芽状态。

2. 募股程序本身的时间表很短，通常为自顾问指导之日后 3 ~ 4 个月。但时间表也取决于具体情况，是否有任何新股或已有股票将随同募股发行（通常不需要），以及（如有上述情况）发售方式（如零售、机构发售、员工配股或优先配股、组合方式）；是否将被承销；发行是否会扩展至国际投资人以及任何所需的股票发行前的重组范围。时机选择

中的另一个关键因素是审计师为了准备详细的审计报告和简短的审计报告以及审验营运资本所需的工作量。

3. 募股中所涉及的主要步骤如下：

(1) 顾问的委任和聘请。

(2) 尽职调查和法定审查。

(3) 先期进行的重组。

(4) 先期进行的营销。

(5) 招股说明书和验证。

(6) 发售/承销。

(7) 影响日之前的董事会会议。

(8) 影响日。

(9) 准入。

(10) 准入后事项等。

4. 目前在伦敦证券交易所主板上市的中国企业有浙江东南电力、江西铜业、大唐发电、中国石化、上海石化、燕山石化、沪杭甬、中国国航、中国石油、中国电信、中国联通、华能国际、广深铁路、中海油、中国移动、中国铝业、华润创业、中国钢铁、煤气。

五、沪伦通存托凭证业务

沪伦通存托凭证业务就是上海证券交易所与伦敦证券交易所互联互通存托凭证业务，是指符合条件的在伦敦证券交易所上市的境外基础证券发行人在境内公开发行存托凭证并在上海证券交易所上市，以及符合条件的在上海证券交易所上市的境内上市公司在境外发行存托凭证并在伦敦证券交易所上市。具体规则如下：

1. 以非新增股票为基础证券在境内公开发行存托凭证的，境外基础证券发行人应当按规定提交以下申请文件：

(1) 招股说明书及境外基础证券发行人授权董事签署的确认意见。

(2) 境外基础证券发行人的申请报告。

(3) 境外基础证券发行人关于本次发行的有关决议。

（4）发行保荐书和保荐工作报告。

（5）最近3年的财务报告和审计报告，以及最近一期的财务报告。

（6）境内律师出具的法律意见书和律师工作报告。

（7）公司注册文件和公司章程。

（8）存托协议和托管协议。

（9）保荐协议。

（10）证监会要求的其他文件。

2. 保荐人及其保荐代表人应当按照下列要求履行保荐职责，证监会另有规定的除外：

（1）按照《证券发行上市保荐业务管理办法》履行保荐职责，重点就境外基础证券发行人风险因素和信息披露合规情况、境内外法律制度差异、存托凭证持有人保护、发行上市涉及的跨境转换安排、基础股票存放安排等事项进行核查和披露。

（2）按照《保荐人尽职调查工作准则》的规定，并参照《保荐创新企业境内发行股票或存托凭证尽职调查工作实施规定》中关于已在境外上市红筹企业的相关规定，开展尽职调查工作。

境外基础证券发行人和保荐人应当到境外基础证券发行人在境内设立的证券事务机构所在地的证监会派出机构申请办理辅导备案和辅导验收事宜。

3. 从事跨境转换业务的境内证券公司可基于跨境转换及对冲风险的目的按照相关主管部门的规定买卖存托凭证对应的基础股票及下列投资品种，但在境外市场的资产余额不得超过证监会规定的上限。

（1）货币管理工具。

（2）对冲基础股票市场风险和汇率风险的金融产品或工具。

（3）证监会认可的其他投资品种。

境内证券公司开展上述跨境交易以及境内存托人按照存托协议的约定参与分红派息等公司行为，应当符合国家关于跨境资金管理的有关规定，并及时向证监会和上交所报告境外投资及跨境资金流动情况。

4. 境内上市公司存在下列情形之一的，不得以其新增股票为基础证券在境外发行存托凭证：

（1）本次发行申请文件有虚假记载、误导性陈述或者重大遗漏。

（2）上市公司的权益被控股股东或者实际控制人严重损害且尚未消除。

（3）上市公司及其附属公司违规对外提供担保且尚未解除。

（4）现任董事、高级管理人员最近36个月内受到过证监会的行政处罚，或者最近12个月内受到过证券交易所公开谴责。

（5）上市公司或者其现任董事、高级管理人员因涉嫌犯罪正被司法机关立案侦查或者涉嫌违法违规正被证监会立案调查。

（6）最近一年及一期财务报告被注册会计师出具保留意见、否定意见或者无法表示意见的审计报告。保留意见、否定意见或者无法表示意见所涉及事项的重大影响已经消除或者本次发行涉及重大重组的除外。

（7）严重损害投资者合法权益和社会公共利益的其他情形。

5. 境内上市公司以其新增股票为基础证券在境外发行存托凭证的，发行价格按比例换算后原则上不得低于定价基准日前20个交易日基础股票收盘价均价的90%。

6. 境内上市公司以新增股票为基础证券在境外发行存托凭证购买资产的，应当符合《上市公司重大资产重组管理办法》第四十三条规定的条件。

投资者及其一致行动人通过存托凭证和其他方式拥有境内上市公司权益的，应当合并计算其权益，并遵守证券监管、外资管理等规定，履行法定义务。

单个境外投资者持有单一境内上市公司权益的比例不得超过该公司股份总数的10%；境外投资者持有单一境内上市公司A股权益的比例合计不得超过该公司股份总数的30%。境外投资者依法对境内上市公司战略投资的除外。

境外存托人因履行存托职责持有基础股票，不适用境内上市公司股东权益变动的相关规定。

7. 境外证券经营机构可基于跨境转换及对冲风险的目的按照相关主管部门的规定买卖存托凭证对应的境内基础股票及以下投资品种，但在境内市场的资产余额不得超过证监会规定的上限。

（1）货币市场基金。

（2）国债。

（3）证监会认可的其他投资品种。

境外证券经营机构开展上述跨境交易以及境外存托人按照存托协议的约定参与分红派息等公司行为，应当符合国家关于跨境资金管理的有关规定。

第五节　美国证券市场

美国新股发行和上市的审核主体有很多，包括联邦范围内的美国证券交易委员会（SEC）、每个州各自的证券监管部门以及各个证券交易所。这些部门的监管权责和范围各有不同。SEC审核在所有地区发行的证券，各个州的监管部门只负责审核在本州发行的证券，各个交易所则只负责审核在本交易所交易的证券。

一、美国证券交易委员会对发行的审核

SEC审核的主要内容是企业在招股说明书中有没有公布所有投资者感兴趣的信息。SEC网站的信息显示，SEC"只检查公开的内容是否齐全，格式是否符合要求，而不管公开的内容是否真实可靠，更不管公司经营状况的好坏……坚持市场经济中的贸易自由原则，认为政府无权禁止一种证券的发行，不管它的质量有多糟糕"。

审核的具体流程是，企业和承销商向SEC提交注册登记书，一个独立的审计者要向SEC提供一份审计报告。接下来，SEC要根据企业的性质组织一个审核小组进行审核。这个审核小组通常由律师、会计师、分析师等专业人员组成。然后，SEC根据审核情况向企业发意见书，意见

书中通常会提出关于企业信息披露的问题，以及企业注册登记书中提出事项的补充说明。经常提出的问题包括：

1. 公司的产品、服务等所属行业的情况。
2. 新产品的开发、生产、营销以及客户满意度。
3. 是否有关联交易未被披露。
4. 对财务报表遗漏的风险因素的说明。

企业根据 SEC 的意见书写一封回复信并且附上修改后的注册登记书。SEC 会再根据修改过的注册登记书中不清楚的地方发出第二封意见书。一般来说，这种发意见书和回复意见书的过程会持续两到三个月，直到 SEC 认为所有投资者需要了解的信息都被披露为止。

在整个审核过程中，有两个关键点需要注意。第一，SEC 会对企业的盈利状况、未来的盈利预期等实质性问题提出疑问，但是这些疑问一般仅由于 SEC 认为有一些投资者需要知道的信息没有得到披露，也就是说不符合"披露原则"，而并不是因为 SEC 对这些指标有硬性要求。

一个典型的例子是："我们注意到在你们的报告中指出了你们在新兴市场上的利润下降了。我们认为新兴市场的主权债务存在比较大的风险，在你们的招股说明中，请提供你们在新兴市场主权债务的头寸，以及可能导致的风险。"

在这个例子中，SEC 虽然提出了公司在新兴市场上的利润下降，但是并没有将这个利润下降问题作为公司不能上市的理由，而是将新兴市场主权债务的头寸作为披露的要求提出。

还可以举出一个跟风险有关的案例："我们注意到在你们的报告中提到你们购买了许多评级比较低的公司债券，请你们在以后的报告中披露你们对这些债券的风险计量方法，以及针对这些债券的会计准则。"

在这个例子中，风险虽然被提出来，但是 SEC 并没有把风险过大作为企业不能上市的理由，而是要求企业充分披露计量风险的方法和会计准则。

第二，在 SEC 的审核中，并没有专门针对真实性的审核，也就是说

第十六章　境外上市　　617

对真实性的要求主要隐含在 SEC 保留事后追究的权利中。在 SEC 的法案中提到，在事前审核中，对信息的真实性不做审核，如果事后发现信息造假，发行的公司对报告中的造假要负全部责任，承销商和独立的审计公司要为自己为何在尽职调查中没有发现问题负相应的责任。

二、美国各州监管部门的审核

在 1996 年美国《国家证券市场改进法》出台之后，一部分证券不需要通过州一级的审核，这些证券包括：

1. 在纽交所、纳斯达克、美交所等部分指定交易所上市的证券，或者在与这些交易所平级的交易所上市的证券。

2. 共同基金。

3. 只固定销售给某些机构投资者的股票（并没有在法案中详细说明哪些机构投资者）。

4. 政府发行的债券、市政债，银行发行的证券以及商业票据。

虽然这些证券免于州一级监管部门的审核，但是除去第一种证券（在某些指定的交易所上市的证券），其余证券仍有可能需要在各个州登记。另外，所有交易商和做市商都必须在当地监管部门注册并接受监管。

如上文所描述的，在很多全国性市场交易的证券是免受州监管部门监管的。对于不在那些市场交易的证券，每个州的监管部门会审核以保证在证券发行的过程中没有欺诈和非法行为。州的监管法案包括 3 种不同的注册方式：通知注册、协调注册和资质注册。其中，协调注册适用于那些已经在联邦注册，但是又不符合《国家证券市场改进法》中豁免范围的证券，这些证券发行人只需要向州证券监管部门提供 3 份联邦的招股说明书，并且提供一些额外的信息（每个州要求的额外信息不同）。

三、美国各交易所对上市的审核

各个交易所是私人所有的上市公司。这些交易所受 SEC 的监管，并要对股东负责。很多交易所出于品牌战略的需要，会对在该交易所上市的证券做出一些规定。例如纽交所的上市要求中就包括了这样几项要求：

1. 规模：至少有 400 个或以上的股东，至少有 110 万股股票，市场上对这个公司的估值不得少于 4 000 万美元。

2. 盈利状况：过去 3 年的收入总和不低于 1 200 万美元，最近一年的收入不低于 500 万美元，下一年的预计收入不低于 200 万美元；或者是全球市值不低于 5 亿美元，最近一年的收入不低于 1 亿美元，以及过去 3 年现金流的总和不低于 2 500 万美元；或者（对于有母公司的子公司上市而言）全球的市值不得低于 5 亿美元，而且运营时间不得少于 12 个月。

因此，对于在全美范围内的交易所上市的公司而言，实质审核是在交易所进行，而不是在各个州进行。

四、美国证券交易所上市条件

（一）数量标准

1. 股东净资产 400 万美元，最近一个财政年度或最近三年之中两年的税前收入为 75 万美元；800 个公众股东及 50 万公众股，或 400 个公众股东及 100 万公众股，或 400 个公众股东及 50 万公众股；前 6 个月每日平均交易量达到 2 000 股；股价 3 美元，公众持股市值达 300 万美元。

2. 股东净资产 400 万美元，公司历史 2 年；800 个公众股东及 50 万公众股，或 400 个公众股东及 100 万公众股，或 400 个公众股东及 50 万公众股；前 6 个月每日平均交易量达到 2 000 股；股价 3 美元，公众持股市值达 1 500 万美元。

3. 股东净资产 400 万美元，全部市场价值 500 万美元；800 个公众股东及 50 万公众股，或 400 个公众股东及 100 万公众股，或 400 个公众股东及 50 万公众股；前 6 个月每日平均交易量达到 2 000 股；公众持股市值达 1 500 万美元。

(二) 质量标准

在评估是否达到挂牌标准时，交易所还要考虑质量因素。例如公司业务性质，公司产品的市场，公司管理的口碑，历史记录和成长性，财务稳健程度，表现出来的盈利能力和未来展望。

五、纳斯达克上市条件

企业想在小资本市场上市，只要符合下面的三个条件及一个原则，就可以向 SEC 及全美证券交易商协会（NASD）申请挂牌。

1. 先决条件。经营生化、生技、医药、科技（硬件、软件、半导体、网络及通信设备）、加盟、制造及零售连锁服务等公司，经济活跃期满一年以上，且具有高成长性、高发展潜力者。

2. 消极条件。有形资产净值在 500 万美元以上，或最近一年税前净利在 75 万美元以上，或最近 3 年其中 2 年税前收入在 75 万美元以上，或公司资本市值在 5 000 万美元以上。

3. 积极条件。SEC 及 NASD 审查通过后，需有 300 人以上的公众持股（在国外设立控股公司，原始股东必须超过 300 人）才能挂牌。所谓的公众持股依美国证管会手册规定，公众持股人的持有股数需要在整股以上，而美国的整股即为基本流通单位 100 股。

4. 诚信原则。纳斯达克流行一句话：任何公司都能上市，但时间会证明一切。意思是说，只要申请的公司秉持诚信原则，挂牌上市是迟早的事，但时间与诚信将决定一切。

美国的纳斯达克市场分为两个市场：全国市场和小型资本市场。全国市场上又分两类企业——有盈利的企业和无盈利的企业。

就全国市场而言：

第一个条件是资产净值，有盈利的企业资产净值要求在 400 万美元以上，无盈利的企业资产净值要求在 1 200 万美元以上。

第二个条件是净收入，也就是税后利润，要求有盈利的企业以最新的财政年度或者前三年中两个会计年度净收入的 40 万美元；对无盈利的企业没有净收入的要求。

第三个条件是公众的持股量。任何一家公司不管在什么市场上市流通，都要考虑公众的持股量，通常按照国际惯例，公众的持股量应是 25% 以上。比如说，在股票市场上，同一个公司 A 股价格是 10 美元，而 B 股才 1 美元或 2 美元。这是为什么呢？就是因为 B 股没有公众持股的要求，没有充分的公众持股量，也就没有很好的流通性，市价就会很低。市价一低就没有公司愿意在你的市场发行股票或者能够发行股票。如果是这样，你这个市场就无法利用了。美国纳斯达克全国市场要求，有盈利的企业公众的持股要在 50 万股以上，无盈利的企业公众持股要在 100 万股以上。

第四个条件是经营年限。纳斯达克对有盈利的企业经营年限没有要求，无盈利的企业经营年限要在 3 年以上。

第五个条件是股东人数。有盈利的企业公众持股量为 50 万～100 万股的，股东人数要求在 800 人以上；公众持股多于 100 万股的，股东人数要求在 400 人以上。无盈利的企业股东人数要求在 400 人以上。股东人数是与公众持股量相关的，有事实上的公众持股就必然有一定的股东。我国的《公司法》规定，A 股上市公司持有 1 000 股的持股人要 1 000 人以上，这才能保证它的流通性。如果持股人持股量很大，那么股东人数就相应减少了。

六、场外柜台交易系统进入条件

按照美国相关法律规定，企业满足下列条件可向 NASDR 提出申请进入场外柜台交易系统（OTCBB）：

1. 企业的净资产达到 500 万美元或年税后利润超过 75 万美元或市值达 5 000 万美元。

2. 流通股达 100 万股。

3. 最低股价为 4 美元。

4. 股东超过 300 人。

5. 有 3 个以上的做市商等。

第六节　新加坡证券市场

2019年10月24日，世界银行发布的《2020年营商环境报告》中，新加坡排名仅次于瑞士，位列世界第二，被评为亚洲营商环境最好的国家。

企业到新加坡上市多是因为以下原因：

1. 新加坡股市是独立开放的公开市场，上市条件明确，新交所可帮助企业解决各种上市问题。

2. 采取差异化及包容性上市标准，对创新型经济、有潜力的企业上市融资极具吸引力。

3. 交易便捷，二级市场流通性好。

4. 欢迎中国制造业、特别是高科技企业去新交所IPO上市，且一般估价较高。

5. 再融资能力强。企业首发上市后，可根据自身业务发展需要及市场状况，自由决定在二级市场再次募集资金。

6. 没有外汇及资金流动管制，发新股及售旧股所得资金可自由汇出。

7. 在新加坡IPO成功后有利于在国际上树立更好的企业形象及IP价值提升。

8. 中国企业进入双循环可借新加坡这个跳板走向世界市场。

一、主板上市规则

（一）主板上市程序

图16.4简单列示了新加坡市场主板上市的流程。

（二）主板上市基本要求

企业无论是在新加坡本地还是在外国注册，如果寻求在新加坡交易所主板上市，只需要满足表16.6中所列示的三项标准中的任何一项即可。

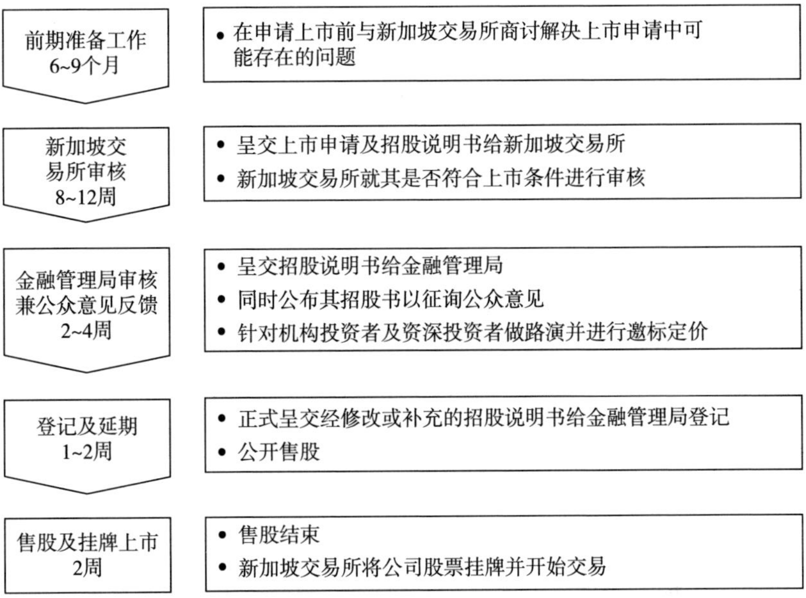

前期准备工作 6~9个月	• 在申请上市前与新加坡交易所商讨解决上市申请中可能存在的问题
新加坡交易所审核 8~12周	• 呈交上市申请及招股说明书给新加坡交易所 • 新加坡交易所就其是否符合上市条件进行审核
金融管理局审核兼公众意见反馈 2~4周	• 呈交招股说明书给金融管理局 • 同时公布其招股书以征询公众意见 • 针对机构投资者及资深投资者做路演并进行邀标定价
登记及延期 1~2周	• 正式呈交经修改或补充的招股说明书给金融管理局登记 • 公开售股
售股及挂牌上市 2周	• 售股结束 • 新加坡交易所将公司股票挂牌并开始交易

图 16.4　新加坡主板上市流程

表 16.6　新加坡上市 3 项标准

项目	标准 1	标准 2	标准 3
税前利润	过去最近 3 年的累计税前利润超过 750 万新元，同时该 3 年每年的税前利润均超过 100 万新元	过去最近 1 年或 2 年的累计税前利润超过 1 000 万新元	无
上市资本值	无	无	根据发行价格，在公开发行时的资本总市值至少为 8 000 万新元
售股量及股权分布	公司市值少于 3 亿新元，至少发行 25% 的股份；如果市值超过 3 亿新元，新加坡交易所可批准公司酌减上市发售量，最低不可少于 12% 的股份，有不少于 1 000 名的公众股东		
	如果是第二上市，全球股东至少 2 000 名		
业务经营记录	3 年	无	无
管理层连续服务年限	3 年	1 年或 2 年，视情况而定	无
会计准则	新加坡、美国或国际会计准则		
持续上市义务	有	有	有
	如果同时亦在其他国际认可的交易所上市，企业可以国际交易所的上市义务为准		

上述不同的上市标准是为了满足不同行业、不同类型的企业的上市需要。对于快速发展而且对投资者具有吸引力的企业，如果只有较短但很好的盈利记录，有的或者还没有开始盈利，则可以遵循标准 2 或标准 3 在主板上市。

（三）其他要求

除上述上市数量标准外，所有上市申请者也需要披露企业经营的业务、前景、管理层的组成、经验、与企业的利益冲突以及其他要求披露的事项。

（四）上市费用

当企业被批准在交易所首次挂牌，以及当已上市的企业发售新级别证券时，应缴付首次上市费及文件审阅费。此外，上市企业每年也须付上市年费，如表 16.7 所示。

表 16.7 新加坡上市费用一览

费用		主板	
		金额（新元）	标准
首次上市费	最低	50 000	市值小于等于 5 亿新元
	最高	200 000	市值大于等于 20 亿新元
	变动费率/百万新元	100 ×（市值/百万）	市值介于 5 亿~20 亿新元
年费	最低	25 000	市值小于等于 10 亿新元
	最高	100 000	市值大于等于 40 亿新元
	变动费率/百万新元	25 ×（市值/百万）	市值介于 10 亿~40 亿新元
审阅费	最低	3 000	按个案复杂性计算
	最高	10 000	

二、凯利板挂牌上市要求

凯利板是亚洲第一个为本地和国际成长型公司设立的由保荐人监督

的上市平台。

新加坡被誉为全球金融中心之一，它蓬勃的金融服务业不仅为充满活力的本国经济，也为广大的亚太地区和世界其他地区提供服务。在新交所上市的公司中，超过 1/3 是外国公司，共占市场总资本的 30%。

（一）凯利板上市条件

1. 保荐制。申请上市的公司必须由认可的保荐人引导上市，保荐人评估该公司是否适合在凯利板上市。

2. 招股文件。申请者必须呈交招股文件。凯利板将获得新加坡金融管理局（MAS）的批准，使申请者豁免《新加坡证券及期货法》（SFA）的某些限制。因此，在凯利板上市不需要招股说明书。

不过，在凯利板挂牌的信息披露标准将维持不变，因为投资者将根据所披露的信息做出决定。因此在内容上，对凯利板上市公司招股文件的披露要求与招股说明书相同。为了确保及时准确的信息披露，《新加坡证券及期货法》中有关民事和犯罪的条款对招股文件仍然有效。

豁免计划书的做法也意味着申请人不需要再向金融管理局呈交和登记招股文件，而是呈交给新交所。为了给予公众表达其顾虑和意见的渠道，并且多提供一种防范风险的措施，招股文件将呈交在新交所的 Catalodge 网页上至少 14 天，以征询公众意见。

3. 数值标准。由于保荐人将决定一个公司是否适合上市，因此对上市申请者财务指标没有最低要求。

4. 股权分布。为了促进公司上市后的交易活动，股权分布要求如下：发行资本的 15% 必须由公众持有，并且至少有 200 个股东。

5. 锁股期。为了将发起人的自身利益与公众持股人的利益挂钩，发起人出售股权将受到限制。

（二）上市费用

凯利板上市费用如表 16.8 所示。

表 16.8　凯利板上市费用

项目	首次上市费	年度上市费
最低收费	30 000 新元	15 000 新元
最高收费	100 000 新元	50 000 新元
变动收费（每百万新元）	100 新元	25 新元
增发证券的上市费（每次）	—	8 000 新元

注：与中央托收公司（CDP）服务有关的其他应收费用和主板相同。

（三）监管机制

在这个由保荐人监督的市场上，新交所将继续通过上市标准和持续性义务规则管理上市公司，它也将保留对公司的处罚权利。而对于公司的直接监督，则由保荐人执行。

保荐人是在管理公司财务以及指导公司遵守条例等方面，具有丰富经验和相应资格的专业公司。新交所将通过严格的审批和持续性义务规则，授权并管理这些保荐人。详见图 16.5。

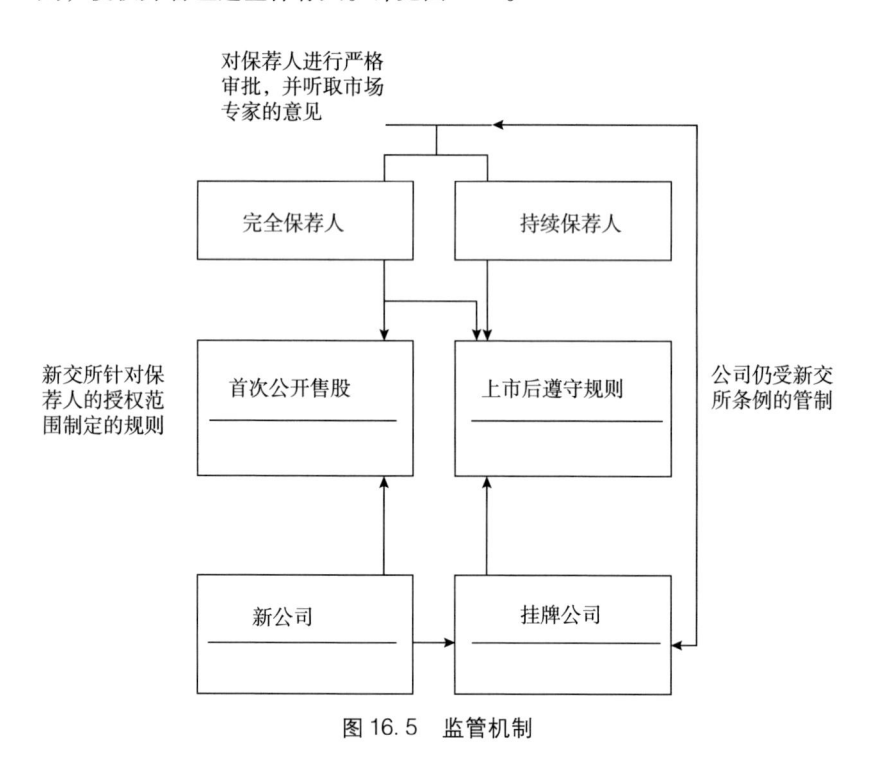

图 16.5　监管机制

新交所认可的保荐人分为两种：上市及持续保荐人和持续保荐人。上市及持续保荐人负责在首次公开招股过程中评估一个公司是否符合上市标准，并协助该公司筹备上市。同时，上市及持续保荐人和持续保荐人将在负责上市公司的公共责任及义务方面继续扮演指导和监督的角色，但持续保荐人不负责评估及协助公司进行首次公开招股。当保荐人确认或怀疑有任何违反规定的行为时，应该及时通知新交所。

保荐人的审批与持续性义务：鉴于保荐人在凯利板中的重要作用，新交所在保荐人的选择和保留其资格方面有严格的标准。具体地说，保荐人必须拥有令人满意的工作记录和信誉。除此之外，从事凯利板工作的专业队伍必须是经注册的专业人士。保荐人及注册的专业人士在通过审批之后，必须始终维持高质量的工作。新交所将对保荐人进行定期评估，如果保荐人或注册的专业人士被确定或被怀疑违反规定，新交所将展开适当的调查。保荐人或注册的专业人士可被控上纪律委员会，处罚方式包括训斥、罚款、限制职责范围、暂停职务、撤销资格（保荐人）、取消注册（注册的专业人士）和接受教育等。

第七节　韩国证券市场

韩国投资者对中国企业投资的需求较高，中国企业在韩国科斯达克市场（KOSDAQ）上市时能够得到较高的企业评估；不仅是上市时，上市后还能以较低费用维持上市和持续融资资金。另外，在韩国上市的费用成本大约是新加坡的1/3。

一、中国企业赴韩交所主板市场的上市条件

到主板上市的多以制造业、金融业等大型优质企业为主，上市条件如下：

1. 净资产在约100亿韩元。

2. 3年经营业绩：最近会计年度的利润至少约25亿韩元、销售收入约300亿韩元，累计利润约50亿韩元，平均年销售收入约200亿韩元。

3. 股权结构：要求最低公众持股数量1 000名、在韩交所募股不少于100万股、小股东份额须占股本的30%以上。

二、韩国创业板企业上市条件

创业板是以IT（信息技术）、BT（生物技术）等小规模风险企业为主的市场，不符合收益条件的可通过创业板上市委员会的技术和潜力评估上市。

1. 风险企业，只要其小股东持股比例达到20%，监事认为适合上市，即可登记上市。

2. 一般企业有3种选择：一是建立企业为3年，股东交付的资本金为5亿韩元，小股东持股比例不低于20%，有经常收益，无资本蚕食情况，负债比例不超过同行业平均水平的15倍，经监事同意；二是自有资本为100亿韩元，资产总额为500亿韩元，小股东持股比例不低于20%，负债比例不到同行业的平均数，经监事同意；三是自有资金为1 000亿韩元，股票分散率为20%，资本金蚕食不足50%，负债比例不超过同行业的400%。经监事同意，一般企业可以根据自己的情况登记上市。

三、中国的中小企业赴韩上市的步骤

中国的中小企业赴韩上市的平均承销费用只占企业融资额的5%。因此，对于资金力量相对薄弱的企业而言，赴韩创业板上市是一个不错的选择。

韩国证交所要求，只要事先与该所就发行和上市有关事项进行沟通，并充分准备好资料，从提交准备上市审查申请书到上市只需3个月的时间。

中小企业在韩交所上市要经过3个步骤：上市准备、上市审查、公募及上市。首先要选定主承销商，然后提交上市预审申请书和有价证券备案书，最后定价发行、挂牌交易。而韩交所也要经过尽职调查、上市审查和需求预测几个程序，然后企业便可发行上市。

第八节　日本证券市场

日本东京证券交易所对非日本公司上市的主要要求如表16.9所示。

表16.9　东京证券交易所对非日本公司上市的主要要求

净资产	公司提出上市申请日前1年的公司净资产必须达到100亿日元以上					
税前利润	最近3年的税前利润每年都要达到20亿日元以上					
红利分配	公司提出上市的前1年必须进行红利分配，而且要能显示公司今后具有良好的红利分配前景					
股份有限公司成立年限	• 公司提出上市申请的前1年度最后一天为止，该公司应设立股份有限公司至少5年 • 若是民营企业，则需有5年经营业绩，且提交了东京证交所认为合适的财务文件，才可申请上市					
上市股数须按超过此标准交易单位区分的股数标准进行交易	股数	2 000万股	100万股	200万股	100万股	2万股	2万股
	交易单位	1 000（以下类推）	500	100	50	10	1
股东人数	已经上市	公司股票如已在其他交易所上市，且流通状况良好，上市时的公司股东人数须达到1 000人以上					
	仅在东京证交所上市	在日本国内的股东人数须达到2 000人以上					
其他	• 公司必须提供近3年每年的年度和中期财务报告，且要有注册会计师签字的审计报告，所有财务报告不能有虚假的记载 • 公司必须承诺，对公司股票的转让不做任何限制 • 公司须制定符合东京证交所规定的股票样式 • 公司须提交经认可的各种有重要影响的合并、收购和分离的财务文件					

参考案例

瑞科生物 IPO

2021 年瑞科生物跻身全球独角兽榜单。

瑞科生物曾于 2021 年 7 月 16 日首次提交申请港交所上市，但因未能在 6 个月内通过聆讯而被自动列为"失效"。

2022 年 1 月 21 日，瑞科生物再次向港交所递交招股书，联席保荐人为摩根士丹利、招银国际、中信证券。公司拟全球发售 3 085.45 万股，其中香港发售股份数目为 308.55 万股，国际发售股份数目为 2 776.9 万股。招股价为 24.80 港元，每手 500 股，一手入场费为 12 524.97 港元。公司预计将于 3 月 31 日在港交所上市，拟募资最多达 7.65 亿港元。基石投资者为扬子江药业集团、嘉实国际、红杉资本，并且此前曾获清池资本、淡马锡、君联资本、红杉中国等知名机构支持。

瑞科生物是一家创新型疫苗公司，由自主研发的新型佐剂技术驱动，目前共拥有涵盖宫颈癌、新冠肺炎、成人结核病、带状疱疹、手足口病及流感等广泛疾病的 12 款高价值疫苗组合。公司主要专注于 HPV（人乳头瘤病毒）候选疫苗的研发，其核心产品 REC603 处于 III 期临床试验阶段，有望成为首款获批上市的国产九价疫苗。此外，瑞科生物还已开始布局 mRNA（信使核糖核酸）疫苗领域，目前正在开发 mRNA 新冠肺炎疫苗。

财务数据显示，公司成立近 9 年时间，还没有产品实现商业化。公司连年亏损，2019 年、2020 年以及 2021 年前 9 个月，公司亏损总额分别为 1.38 亿元、1.79 亿元及 5.2 亿元；同期研发成本分别为 6 330 万元、1.31 亿元及 3.72 亿元。

据招股书显示，公司曾于 2019 年 3 月~2021 年 6 月共完成 4 轮融资，累计融资额达 23.51 亿元。投资方包括红杉资本、君联资本以及淡马锡等知名投资机构。截至 2021 年 6 月公司 C 轮融资完成时，其估值已攀升至 89.65 亿元。

此次 IPO 募资将会用于多款疫苗产品的临床试验以及注册等，包括重组 HPV 二价候选疫苗 REC601、REC602，伴佐剂二代 HPV 候选疫苗

REC604a、REC604b，以及新冠肺炎疫苗 ReCOV。瑞科生物已经获得 46 项专利。

瑞科生物超过 1/3 的员工持有该公司股权，并继续在未来 5 年内对 80 位新加入的骨干员工开展大力度的股权激励，以巩固集体奋斗的经济基础。

震坤行等拟赴美上市企业获"无异议回复"

证监会经与相关行业主管部门沟通协调，近期对震坤行等拟赴美上市企业出具了无异议回复。这表明监管部门积极落实金融委 2022 年 3 月 16 日会议精神，继续支持符合条件的企业到境外上市，努力保持境外上市渠道畅通。

2022 年 3 月 27 日，证监会举行了一场视频交流会议，中美双方监管机构都充分知悉对方关切，正在相向而行，努力寻求解决问题的方案。

2021 年 12 月，证监会研究起草了《国务院关于境内企业境外发行证券和上市的管理规定（草案征求意见稿）》，并同步起草了《境内企业境外发行证券和上市备案管理办法（征求意见稿）》，向社会公开征求意见。

《国务院关于境内企业境外发行证券和上市的管理规定（草案征求意见稿）》共五章二十八条，主要内容为：

一是完善监管制度。对境内企业直接和间接境外上市活动统一实施备案管理。

二是加强监管协同。建立境内企业境外上市监管协调机制，强化监管协同；境外上市备案管理与安全审查等机制做好衔接；完善跨境证券监管合作安排，建立备案信息通报等机制。

三是明确法律责任。明确未履行备案程序、备案材料造假等违法违规行为的法律责任，提高违法违规成本。

四是增强制度包容性。结合资本市场扩大开放实践和支持企业发展需要，明确在股权激励等情形下，境外直接发行上市可向境内特定主体发行；进一步便利"全流通"；放宽境外募集资金、派发股利的币种限制，满足企业在境外募集人民币的需求。

证监会《境内企业境外发行证券和上市备案管理办法（征求意见稿）》共二十四条，主要内容为：

一是明确备案管理适用范围及相关认定标准。

二是明确备案主体和备案程序。

三是明确重大事项报告要求，加强事中事后监管。

四是明确境外证券公司的备案要求。

证监会表示，国家扩大资本市场对外开放的方向不会改变，支持企业依法合规到境外上市、用好两种资源的态度不会改变，规范的目的是为了促进发展。

参考文献

1. 《公司法》，2022 年修订。
2. 《证券法》，2019 年修订。
3. 《上海证券交易所股票上市规则》，2020 年 12 月修订。
4. 《深圳证券交易所股票上市规则》，2022 年修订。
5. 《深圳证券交易所创业板股票上市规则》，2022 年修订。
6. 《首次公开发行股票并上市管理办法》，2020 年修订。
7. 《上海证券交易所科创板股票上市规则》，2022 年修订。
8. 《科创板首次公开发行股票注册管理办法（试行）》，2020 年 7 月修订。
9. 《上海证券交易所科创板发行上市审核业务指南第 3 号——业务咨询沟通》，2021 年发布。
10. 《上海证券交易所证券发行与承销业务指南第 5 号——科创板首次公开发行股票》，2021 年发布。
11. 《深圳证券交易所上市委员会工作细则》，2020 年 12 月修订。
12. 《上市公司章程指引》，2019 年 4 月修订。
13. 《北京证券交易所股票上市规则》，2021 年 9 月发布。
14. 《证券交易所管理办法》，2021 年 10 月修订。
15. 《北京证券交易所向不特定合格投资者公开发行股票注册管理办法》，2021 年 10 月发布。
16. 《北京证券交易所交易规则（试行）》，2021 年 11 月 2 日发布。

17. 《北京证券交易所投资者适当性管理办法（试行）》，2021年9月17日发布。
18. 《北京证券交易所上市公司业务办理指南第7号——信息披露业务办理》，2021年11月2日发布。
19. 《北京证券交易所上市公司股份协议转让业务办理指引》，2021年11月2日发布。
20. 《北京证券交易所上市公司持续监管办法》，2021年10月30日发布。
21. 《非上市公众公司信息披露管理办法》，2021年10月修订。
22. 《全国中小企业股份转让系统精选层挂牌审查细则（试行）》，2020年2月发布。
23. 《全国中小企业股份转让系统投资者适当性管理办法》，2021年修订。
24. 《全国中小企业股份转让系统股权激励和员工持股计划业务办理指南》，2021年11月修订。
25. 《上海证券交易所章程》，2021年2月修订。
26. 《股份有限公司境外公开募集股份及上市（包括增发）》，2019年修订。
27. 《上海证券交易所与伦敦证券交易所市场互联互通存托凭证业务监管规定（试行）》，2018年发布。
28. 《证券发行与承销管理办法》，2020年修订。
29. 《上市公司重大资产重组管理办法》，2019年修订。
30. 《公开发行证券的公司信息披露内容与格式准则第2号——年度报告的内容与格式》，2021年6月28日发布。
31. 《公开发行证券的公司信息披露内容与格式准则第3号——半年度报告的内容与格式》，2021年6月28日发布。
32. 《上海证券交易所风险警示板股票交易管理办法》，2020年修订。
33. 《外商投资证券公司管理办法》，证监会第140号。
34. 《境外非金融企业债务融资工具业务指引（试行）》，2020年修订。
35. 《公司债券发行与交易管理办法》，2021年2月修订。

36. 《公开发行证券的公司信息披露内容与格式准则第 53 号——北京证券交易所上市公司年度报告》，2021 年 10 月 30 日发布。
37. 《北京证券交易所上市公司向上海证券交易所科创板转板办法》，2022 年发布。
38. 《深圳证券交易所关于北京证券交易所上市公司向创业板转板办法（试行）》，2022 年发布。
40. 《关于银行业金融机构境外贷款业务有关事宜的规定（征求意见稿）》，2021 年发布。
41. 《中国人民银行国家外汇管理局关于银行业金融机构境外贷款业务有关事宜的通知》，2022 年发布。
42. 《境外非金融企业债务融资工具业务指引（2020 版）》。

后记

《企业上市全程指引》更新至第五版的修订工作随着全面注册制的施行终于可以暂时停笔截稿了。其实，自2019年8月修订完《企业上市全程指引》第四版以来我就没有停止过再修订工作，因为科创板注册制的试行，国务院、证监会、沪深交易所及相关政府部门对资本市场尤其是股票发行与交易的一系列的管理办法、上市规则也一直在不断修订并推陈出新。所以，这几年，为了对读者负责，我随时收集整理变化中的各项政策及规则条例，对第四版增印时稍作部分修订，直到2021年11月15日北交所首批81家企业实现了上市开门红，我终于把全面注册制下的新规更新至第五版，奉献给亲爱的读者朋友们。

中共中央政治局就完善金融服务、防范金融风险举行第十三次集体学习时，习近平总书记在主持学习中发表重要讲话，深刻阐明金融与经济的关系："金融是国家重要的核心竞争力，金融安全是国家安全的重要组成部分……金融活，经济活；金融稳，经济稳。经济兴，金融兴；经济强，金融强。经济是肌体，金融是血脉，两者共生共荣。"

从上交所的"老八股"到2 113只上市股票（含科创板），从深交所的"深市老五股"到2 615家上市公司（含创业板），再到北交所开板81家，而今的新三板曾超过10 000家挂牌企业，看这些资本市场的弄潮儿，它们为中国成为世界经济大国并走向经济强国做出了不可磨灭的贡献。它们的发展史就是中国改革开放40多年资本市场的发展史。见证并亲历这一段历史的人都不得不承认，包括股票市场在内的资本市场是国家核心竞争力的重要组成部分。

人类历史的进步得益于科技的发展，但是，如果没有一个强大的资本市场支撑，人类是难以追逐科技梦想的。

2021年是中国共产党建党100周年，奋斗百年路，共筑强国梦，要实现强国梦，不仅需要科技的推动，更需要资本的力量，科技、资本、产业的深度融合是实现我们共同目标的基本保证。

《企业上市全程指引》一书就是专为正在创业、准备上市，或已在上市路上，或已是上市公司的企业家、企业中高管人员服务的随身伴侣。第五版的第五章有关北交所的介绍是新增章节，而主板、科创板、创业板、新三板章节里的重要规则与相关操作程序也分别做了修订更新。根据《外商投资法》，对境外融资章节做了相应补充与修订。根据《国务院关于境内企业境外发行证券和上市的管理规定（草案征求意见稿）》，对境内企业去境外包括香港市场上市的架构设计与操作规则做了补充与完善。对企业上市前的资本运作与上市后的再融资及其融资工具章节也进行了筛选与更新。希望第五版《企业上市全程指引》能给你带来实用的帮助，并伴随你的企业登陆资本市场各板块再创辉煌。

有人说："中国资本市场皇冠上的明珠就是科创板。"因为它是解决卡脖子工程的硬科技企业上市融资的主赛场。而北交所是主攻专精特新"小巨人"企业上市融资的前沿阵地，也是资本围猎的靶场，说不定有一天北交所会成为中国的"纳斯达克"。我虽不敢妄言称是，但我祈祷梦想成真！

最后，真诚感谢本书第一版的资深策划彭锦华老师，资深责编许志老师，第四、第五版责编丰虹老师，经他们精心打造的书都具高品质。我是幸运的，是他们的启发让我找到了修订此书的真正动力与创作中的灵感。有中信出版社的力推，让我们相识互助，我将陪伴各位读者走进浩瀚的资本市场，去寻找自由、诗和远方！

周　红

2022年3月28日于北京